*Über dieses Buch* Wer sie von ihren öffentlichen Auftritten her – vom Fernsehen, von Vorträgen und Podiumsdiskussionen – kennt, wird kaum glauben wollen, daß Margarete Mitscherlich in diesem Jahr ihren 70. Geburtstag feiert. Ihr Name steht inzwischen für einen Typus intellektuellen und politischen Engagements, der in der Bundesrepublik im allgemeinen und bei Frauen im besonderen immer noch viel zu selten anzutreffen ist. Ihr öffentliches Auftreten hat ihr nicht nur Bewunderung und Anerkennung, sondern auch Ablehnung und Feindschaft eingetragen, denn die »Verhältnisse« und die Menschen, die sie herstellen, mögen nichts weniger als Kritik. Margarete Mitscherlichs Arbeiten über weibliche Sozialisation und Sexualität, über Geschlecht und Aggression, über Frauenhaß und Männerhaß, über Narzißmus und Masochismus haben eine Bresche in die Phalanx der noch immer von Männern und ihren Vorstellungen dominierten psychoanalytischen Orthodoxie geschlagen. Nicht davon zu trennen ist Margarete Mitscherlichs aktives und temperamentvolles Engagement für die Frauenbewegung. Sie streitet in ihren Büchern und Auftritten gegen die fortgesetzte gesellschaftliche Diskriminierung des »anderen Geschlechts«, gegen alle Tendenzen, die dem Befreiungsprozeß der Frauen die Spitze abbrechen möchten. Sie streitet aber auch gegen den neuen Konservatismus in Teilen der Frauenbewegung, gegen den modischen Kult von »Mütterlichkeit« und weiblicher »Friedfertigkeit«. Der vorliegende Band vereinigt Beiträge zu jenen Themen, denen Margarete Mitscherlichs Aufmerksamkeit gilt.

*Die Herausgeber* Die Herausgeber gehören dem Redaktionsteam der psychoanalytischen Zeitschrift »Psyche« an.

# Befreiung zum Widerstand
Aufsätze über Feminismus,
Psychoanalyse und Politik

Margarete Mitscherlich
zum 70. Geburtstag

Herausgegeben von
Karola Brede, Heidi Fehlhaber,
Hans-Martin Lohmann,
Detlef Michaelis und
Mechthild Zeul

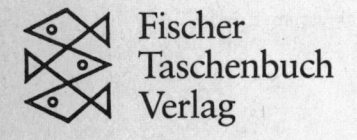

Fischer
Taschenbuch
Verlag

Originalausgabe
Veröffentlicht in der Fischer Taschenbuch Verlag GmbH,
Frankfurt am Main, Juli 1987

© 1987 Fischer Taschenbuch Verlag GmbH, Frankfurt am Main
Umschlaggestaltung: Jan Buchholz/Reni Hinsch
Gesamtherstellung: Clausen & Bosse, Leck
Printed in Germany
1680-ISBN-3-596-26789-7

# Inhalt

Mechthild Zeul
Vorwort . . . . . . . . . . . . . . . . . . . . . . . . . . . 9

Sophinette Becker und Cordelia Stillke
Von der Bosheit der Frau . . . . . . . . . . . . . . . . . . 13

Karola Brede
Der Organismus in der Soziologie und
in der sozialhistorischen Frauenforschung . . . . . . . . . . 24

Johannes Cremerius
Die Einrichtung des Zulassungsverfahrens
1923 bis 1926 als machtpolitisches Instrument
der »Psychoanalytischen Bewegung« . . . . . . . . . . . . . 36

Helmut Dahmer
Bilder einer Ausstellung . . . . . . . . . . . . . . . . . . . 54

Mario Erdheim
Mann und Frau – Kultur und Familie
*Beiträge zu einer psychoanalytischen Theorie der Weiblichkeit* 65

Iring Fetscher
Masken der Politik – Politik als Maske . . . . . . . . . . . . 74

José Antonio Gimbernat und José Gonzalez
Eine spanische Art der »Unfähigkeit zu trauern«
*Der Übergang zur Demokratie und die Verleugnung
der Vergangenheit* . . . . . . . . . . . . . . . . . . . . . . 92

Ute und Jürgen Habermas
Parteinehmendes analytisches Denken
*Brief an eine Freundin* . . . . . . . . . . . . . . . . . . . 104

Gertrud Koch
»Eine verliebte Ärztin spielt Traumdetektiv!«
*Zu Alfred Hitchcocks Film* Spellbound *(USA 1945)* . . . . . . . 108

Willi Köhler
Die zwei Passionen der M. M. . . . . . . . . . . . . . . . . . 115

Piet C. Kuiper
Ausbildungs- oder Einbildungsanalyse . . . . . . . . . . . . . 120

Yela Loewenfeld
Zur Genese des Tics eines neunjährigen Knaben . . . . . . . . 127

Hans-Martin Lohmann
»Versöhnen statt spalten« – eine populäre Parole
der achtziger Jahre und was dahintersteckt . . . . . . . . . . . 131

Alfred Lorenzer
Aggression als notwendiger Kampf . . . . . . . . . . . . . . . 139

Eugen Mahler
Brauchen Kinder auch heute noch Märchen? . . . . . . . . . . 148

Maya Nadig
Der feministische Umgang mit der Realität und
die feministische Forschung
*Zehn Thesen* . . . . . . . . . . . . . . . . . . . . . . . . . . 162

Paul Parin
Abstinenz? . . . . . . . . . . . . . . . . . . . . . . . . . . . 172

Goldy Parin-Matthèy
Alt sein . . . . . . . . . . . . . . . . . . . . . . . . . . . . . 179

Gabriele Raether
Freud – ein Antifeminist?
*Frauenbewegung und Psychoanalyse
um die Jahrhundertwende* . . . . . . . . . . . . . . . . . . . 183

Jan Philipp Reemtsma
…ultra crepidam . . . . . . . . . . . . . . . . . . . . . . . . 197

Ellen Reinke
Frühe Ichentwicklung und weibliche Selbstentwertung –
eine moderne Variante weiblicher Emanzipation . . . . . . . . 204

Alice Schwarzer
Tollkühn . . . . . . . . . . . . . . . . . . . . . . . . . . 213

Rudolf Schweikart
Spiegelungen
*Literarische Antworten auf die Frage nach dem Selbst* . . . . . . 217

Volkmar Sigusch
Momente der Transferation . . . . . . . . . . . . . . . . . . 225

Thure von Uexküll
Psychoanalyse und Biologie . . . . . . . . . . . . . . . . . . 235

Rolf Vogt
Die Angst des Helden . . . . . . . . . . . . . . . . . . . . 243

Barbara Vogt-Heyder
Ist die Ehe überholt? . . . . . . . . . . . . . . . . . . . . . 259

Herbert Wiegandt
Marginalien zur »Trauerarbeit« . . . . . . . . . . . . . . . . 269

Mechthild Zeul
Johanna die Wahnsinnige
*Versuch einer psychoanalytischen Deutung* . . . . . . . . . . . 286

Die Autorinnen und Autoren . . . . . . . . . . . . . . . . . 302

# Mechthild Zeul
# Vorwort

Margarete Mitscherlichs Persönlichkeit, ihre intellektuelle und moralische Haltung und Einstellung haben uns, ihre Freundinnen und Freunde, ihre Mitarbeiter und alle diejenigen, die ihre Beiträge zur Psychoanalyse schätzen, dazu angeregt, mit unseren Arbeiten ihren 70. Geburtstag zu feiern.
Die internationale Wiederanerkennung der deutschen Psychoanalyse nach der Niederlage des Nationalsozialismus ist vor allem das Verdienst von Margarete und Alexander Mitscherlich. Sie, die nicht mit dem nationalsozialistischen System kollaboriert und eine zutiefst demokratische Vorstellung von Gesellschaft hatten, übernahmen die Aufgabe, das verlorene Ansehen der Psychoanalyse wiederherzustellen. Die zweideutige Haltung verschiedener Mitglieder der Psychoanalytischen Vereinigung während der Nazi-Diktatur hatte zu einem schweren Prestigeverlust der Psychoanalyse geführt. Ihre Unterwerfung unter die nationalsozialistische Ideologie zog eine Pervertierung ihrer genuin sozialen und therapeutischen Funktion nach sich.
Die Psychoanalyse, die Margarete Mitscherlich vertritt, ist sich ihrer sozialen Verantwortlichkeit bewußt; vermittels ihres tiefenhermeneutischen Ansatzes vermag sie nicht nur individuelle, sondern auch kollektive Pathologien zu entschlüsseln und zu verstehen. Als Psychoanalytikerin weiß Margarete Mitscherlich um die Perspektivlosigkeit der Arbeit mit dem Patienten, der Wiederherstellung von psychischer Gesundheit und der Wahrnehmung der durch die Behandlung neugewonnenen Freiheiten in einer von willkürlichen Kräften bestimmten Gesellschaft, in der Aggression an der Tagesordnung ist und in der Gegner nach dem Freund-Feind-Schema verfolgt und gejagt werden.
Die aufklärerische, gesellschaftskritische Psychoanalyse der Mitscherlichs verfügt über eigene, sehr spezifische Elemente, die eine scharfsinnige Analyse der Genese unsolidarischer kollektiver Organisationsfor-

men ermöglichen. Sie erlaubt, unbewußte Motivzusammenhänge für repressive soziale Verhaltensweisen aufzuspüren und unter dem Schein demokratischer Verkehrsformen jene autoritären und projektiven Syndrome sichtbar werden zu lassen, die das kollektive Erbe der jüngsten deutschen Geschichte sind. Wenn die bundesrepublikanische Gesellschaft nicht fähig ist – so argumentieren die Mitscherlichs –, sich kollektiv mit der Vergangenheit zu konfrontieren und sie zu betrauern, wird sie sich nicht zu einer wirklichen Demokratie entwickeln können.
Unerschrocken und mutig sagte Margarete Mitscherlich häufig unbequeme Wahrheiten. Unverständnis und ungerechtfertigte Kritik schüchterten sie nicht ein, sie blieb vielmehr immer ihren Überzeugungen treu. Sie erlag niemals der Versuchung, auf diejenigen zu hören, die von ihr Anpassung forderten; weder Druck noch verführerische Versprechungen konnten sie je dazu bewegen, sich konventionell zu verhalten.
Der beständige Kampf gegen eine engstirnige, eindimensionale, medizinalisierte Psychoanalyse charakterisiert das Werk und das Leben der Mitscherlichs. Dieser Konzeption von Psychoanalyse verliehen sie Gestalt und Gültigkeit in der Gesellschaft. Mit der Gründung des Sigmund-Freud-Instituts Anfang der 60er Jahre institutionalisierten sie eine Gestalt der Psychoanalyse, die sich interdisziplinär öffnet und in der Tradition freudianischer Kultur- und Gesellschaftskritik steht. Die Sorge um die Pflege ihrer Substanz gehörte zum engagiert vorgebrachten Anliegen der Mitscherlichs. Sie vertraten die Ansicht, daß Psychoanalyse nur dann wirklich etwas zur therapeutischen Praxis und zum Wissen um menschliches Verhalten beiträgt, wenn sie als Wissenschaft und Forschung lebendig bleibt. Das Sigmund-Freud-Institut entwickelte sich dank des Enthusiasmus, der Leidenschaft für die Psychoanalyse und des unermüdlichen Arbeitseinsatzes der beiden zu einem Ort schöpferischer Tätigkeit. Eine neue Psychoanalytikergeneration hatte die Möglichkeit, aktiv an kritischer und kreativer Forschung und Praxis teilzunehmen. Sie erlernte von Margarete Mitscherlich und anderen erfahrenen Analytikern eine Psychoanalyse, die nicht auf Klinik reduziert war. Die Mitscherlichs lehrten, daß der Psychoanalytiker, der das Wissen um die enge Verknüpfung von individueller und kollektiver Pathologie aufgibt, leicht zum Apologeten einer Ideologie wird, der herrschende Interessen legitimiert und auch als praktizierender Psychoanalytiker trotz seiner medizinischen Besessenheit scheitert.

Aber Margarete Mitscherlichs Arbeit und Persönlichkeit wären freilich nur unvollständig beschrieben, würde die spezifische eigene Verbindung unerwähnt bleiben, die sie zwischen Psychoanalyse und Feminismus hergestellt hat. Ihr Beitrag ist originell und engagiert. Ihre kompetente und kritische Analyse der Bedingungen der Frau in der heutigen Gesellschaft, die Analyse der Männerherrschaft, die reiche und fruchtbare Anwendung psychoanalytischer Kategorien im Dienst der Befreiung der Frau und der intellektuelle Kampfgeist Margarete Mitscherlichs lassen auf eine Gesellschaft hoffen, in der Frau-Sein nicht mehr gleichbedeutend ist mit unterdrücktem weiblichen Geschlecht. Wie Simone de Beauvoir in Frankreich, so steht Margarete Mitscherlich in der Bundesrepublik dafür, daß die Emanzipation der Frau keine abstrakte Utopie, keine bloße Phrase mehr ist, sondern Wirklichkeit: Das »andere Geschlecht« erkennt sich in ihrer Person als das menschliche.

Margarete Mitscherlich hat in zahlreichen Publikationen zur Verbreitung der Psychoanalyse in der Bundesrepublik, in Europa und im außereuropäischen Ausland beigetragen. Sie hat das Wissen um psychische Gesundheit und um die Emanzipation von Individuen und Kollektiven erweitert.

Die Herausgeber haben ihre in- und ausländischen Freunde eingeladen, mit ihren Arbeiten zu diesem Band beizutragen. Sie machten den Autoren keine thematische Vorgabe; als Bezugspunkt galt ihnen vielmehr die Person Margarete Mitscherlichs. Die Arbeiten sind deshalb sehr heterogen, spiegeln aber zugleich die Vielfalt intellektuellen und professionellen Denkens Margarete Mitscherlichs wider. Schematisch lassen sie sich jedoch den Themen zuordnen, die ihre wissenschaftliche Arbeit ausmachen: der klinischen und der angewandten Psychoanalyse, dem Feminismus und aktuellen politischen Fragestellungen.

Sophinette Becker und Cordelia Stillke
Von der Bosheit der Frau

I

Freud hat seine erstmals in »Totem und Tabu« vorgetragenen Spekulationen über den Mord am Urvater, in denen er seine klinische Erfahrung insbesondere mit der pathogenen Vaterproblematik des Phobikers und des Zwangsneurotikers durch Analogieschluß auf die phylogenetische Ebene transponiert, als einen »wissenschaftlichen Mythus« bezeichnet. Dieser zielte auf den selber noch prähistorischen Umschlagspunkt der Gattungsgeschichte in Kulturgeschichte, d. h. auf die Menschwerdung des Mannes durch Gewalt- und Triebverzicht. Die Frauen, die in diesem Prozeß nur als Objekt der Libido und des Verzichts vorkommen, haben – wie Freud später zeigen wird – auch an dessen Reproduktion auf ontogenetischer Ebene nur beschränkten Anteil: Als bereits Kastrierte fehle ihnen der zwingende Grund, die ödipale Position zu verlassen; die Möglichkeit einer, wenn auch nur idealtypischen verdrängungslosen Aufhebung des Ödipuskomplexes in den strukturkonstitutiven Mechanismus der Über-Ich-Bildung wird ihnen abgesprochen.
Die von Margarete Mitscherlich entworfene Imago der friedfertigen Frau kann als Gegenentwurf zu Freuds Urvaterkonstrukt gelesen werden: Sie signalisiert nicht nur dessen Kritik, sondern trägt selbst die Züge eines wissenschaftlichen Mythos. Als Position der Kritik legt sie eine in Freuds später Theorie des männlichen Ödipuskomplexes enthaltene – seinem sonst so verläßlichen Skeptizismus widerstreitende – fortschrittsoptimistische Dimension offen. Diese steckt in dem Gedanken, daß – im Vergleich zu den Defizienzen des Weibes – die Subjektwerdung des Mannes, seine Befreiung aus den inzestuös-familialen Verstrickungen durch die gewissermaßen kathartische Wirkung der Kastrationsangst im Kern garantiert sei. Die Frau dagegen gilt ihm als ewig infantiles, immer schon zur Neurose disponiertes Mängelwesen.

In Opposition dazu arbeitet M. Mitscherlich sehr einfühlsam die Schattenseiten des männlichen Entwicklungsprozesses heraus: die allzu frühe Vertreibung des Knaben aus der präödipalen Beziehung zur Mutter, der ihm auferlegte Zwang zur »Entidentifizierung« ihr gegenüber, aus dem eine durch elterliche und gesellschaftliche Erwartungen erpreßte Männlichkeit resultiert. An Greensons (1968) optimistischer Konzeption, derzufolge diese Entidentifizierung die Bedingung für eine ungestörte Vateridentifikation und eine stabile männliche Geschlechtsidentität sei, wird die Dimension traumatisierender gesellschaftlich produzierter Zwänge und gewaltsam forcierter Trennungen vom Liebesobjekt sichtbar, mit denen die Subjektivität des Mannes erkauft ist: »Wenn die Mutter in unserer Gesellschaft den Knaben von sich wegstößt und in das hineindrängt, was noch bei vielen als ›männlich‹ verstanden wird, erleben wir es allzu oft, daß sie damit eine für ihn wichtige Identifikationslinie traumatisch unterbricht. Dadurch kann sie den untergründigen Haß des Knaben auf seine Mutter – und später alle Frauen – noch verstärken, der nach Zilboorg, Chasseguet-Smirgel und anderen in der frühen Abhängigkeit von der allmächtig erlebten Mutter seine Wurzeln hat« (72).* Solange sich also Frauen ihr Verhalten als Mütter von gesellschaftlichen Rollenstereotypen vorschreiben lassen, verewigen sie selbst ihre Entwertung durch die Männer, die in deren Mutterhaß die stärkste Bastion hat.

Aus dieser Perspektive wird hinter Freuds – an Gewaltkonnotationen reichen – Formulierungen über die »Zertrümmerung« des männlichen Ödipuskomplexes eine mögliche weitere Sinnschicht kenntlich. Wenn er davon spricht, daß dieser »förmlich unter dem Schock der Kastrationsangst« zerschelle, und diesen Prozeß im Sinne eines Ritus der Initiation als katastrophischen »Sieg der Generation über das Individuum« (Freud 1925, S. 29) deutet, so läßt das nicht nur an das väterliche Gesetz, sondern auch an die gesellschaftlich verordnete Gewalt der Mütter denken, die »männliche Stärke« durch Liebesentzug erzwingen will. In diesen Formulierungen klingt ein – dem psychoanalytischen Denken sonst ganz fremder – Zug zum Euphemismus und zur Rationalisierung erfahrener Gewalt an, so als würde auch hier einmal das gelobt, was hart macht.

Im Kontrast dazu hat der wissenschaftliche Mythos von der friedfer-

---

\* Alle Seitenangaben ohne weitere Hinweise beziehen sich auf M. Mitscherlich (1985)

tigen Frau einen dezidiert antimythischen Zug; er beansprucht lediglich, die von der psychoanalytischen Tradition der Frau zugeschriebenen Defizite neu zu betrachten. Die Angst des Mädchens vor Liebesverlust, sein Verharren in fixierungsartigem Gebundensein an die primären Objekte, sein schwaches Über-Ich werden als Grundlage potentieller Vermögen eines weiblichen Kultursubjekts betrachtet, das aufgrund seiner stärkeren Objektbezogenheit, die Freud nur als Schwäche empfand, der männlichen Gewalt Einhalt gebieten und eine humanere Moral durchsetzen soll und kann.
Die friedfertige Frau ist eine späte Gestalt der Aufklärung, wie ihre Vorgänger und Vorgängerinnen ein der Vernunft ohne Hybris, doch streitbar dienendes Wesen. Ihre Subjektqualitäten sind eng verbunden mit dem, was weibliche wie männliche Analysanden in der Kur schmerzlich lernen: Trauerarbeit zu leisten, Schuldgefühle zu ertragen, notwendige Trennungen zu vollziehen, die Realität anzuerkennen. Das sind in erster Linie Modi des reflexiven Umgangs des Individuums mit sich selbst, Formen introspektionsgeleiteter Selbstreflexion, die seine Konfliktfähigkeit erweitern. Aufklärung hat immer versucht, solche Positionen zu vergesellschaften, sie zu allgemein identifikationsfähigen Imagines der Gattung zu stilisieren, und sie hat darin ihre Grenze.
M. Mitscherlichs Appell an die Frauen, ihre Trauerarbeit als Kritik nach außen zu wenden, männlichen Herrschafts- und Gewaltanmaßungen beharrlich entgegenzutreten, ist auf einen Jahrhunderte beanspruchenden Transformationsprozeß des Geschlechterverhältnisses bezogen: er bleibt oft so global und geduldheischend wie diese Perspektive und klingt mitunter wie eine allzu maßvoll-rationale Durchhalteparole. M. Mitscherlich bleibt dabei der Tradition psychoanalytischer Aufklärung verhaftet, die sich kollektive Veränderungsprozesse nur auf dem Wege einer Über-Ich-Modifikation vorstellen kann.
Jedenfalls hat auch der Mythos von der friedfertigen Frau hier seine materiale Verankerung. M. Mitscherlich schreibt: »Das Über-Ich ist die jüngste seelische Instanz in der Entwicklung des Menschen und daher veränderungsfähiger als das Ich und vor allem das Es. Das Über-Ich ist immer Träger bestehender Werturteile, für den Mann wie für die Frau. Die sich mit den wandelnden Gesellschaftsformen verändernden moralischen Inhalte ändern auch Struktur und Inhalte des Über-Ichs. Dennoch pflegen alte archaische Anteile aus den ersten Lebensjahren wie auch aus überkommenen Traditionen, Seite an Seite neben den

Neuformungen bestehen zu bleiben« (46). Damit erweist sich dieser wissenschaftliche Mythos als regulative Idee, die zuallererst die weibliche Selbstentwertung transzendieren helfen soll; er intendiert die historisch offenkundig veränderten Erfahrungen vieler Frauen und die aus ihnen resultierende Potentialität als offensive Über-Ich-Position zu etablieren. Aber die Hoffnung auf ein »doppeltes«, d. h. gleichermaßen aus mütterlichen und väterlichen Imagines gebildetes Über-Ich, das dadurch reifer und flexibler wird, daß in ihm die widersprüchlichen Niederschläge des ungleichzeitigen historischen Prozesses erfahrbar bleiben, hat zugleich einen ausgrenzenden Zug: zu untersuchen ist, ob nicht der Mythos von der friedfertigen Frau um seiner Rationalität willen ein Verdikt über alles Präödipale, Aggressive und Destruktive am Weibe ausspricht und damit Gefahr läuft, wichtige weibliche Veränderungspotentiale zu beschneiden.

## II

M. Mitscherlich thematisiert selbst die Grenzen ihres Konstrukts, wenn sie im Nachwort resümierend schreibt, es entspreche nicht der Wirklichkeit, »dem Bild des aggressiven, unfriedfertigen Mannes ein Bild der nicht-aggressiven, friedfertigen Frau entgegenzusetzen, um damit sozusagen ein Modell oder Rezept zur Lösung aller gesellschaftlichen Probleme und Konflikte anzubieten« (181). Genau diese Polarisierung aber durchzieht das ganze Buch. Weder die Schattenseiten noch die gesellschaftssprengenden Möglichkeiten weiblicher Aggression werden thematisiert. Frauen kommen meist als Opfer vor, selten als Täterinnen, und wenn, dann als männlich identifiziert. Im Gegensatz dazu halten wir es für den Kampf der Frauen gegen Herrschaft – und zwar gegen jede, nicht nur die der Männer über die Frauen – für unerläßlich, das auch bei Frauen vorhandene Gewaltpotential offenzulegen. Dieses besteht seiner Natur nach sicher nicht nur aus notwendiger und vernünftiger Aggression, sondern auch aus blindem Haß, aus gefährlichen destruktiven Abgründen. Denen geht jedoch M. Mitscherlich viel zu wenig nach, deutet sie bestenfalls an oder weist sie zurück.

M. Mitscherlich spricht von den »untergründigen« Aggressionen der Frauen, die diese in »Vorwurfs- oder Opferhaltung« umwandeln, und

dadurch eine »wenig erfreuliche passive Aggression« ausüben. Um die »Angst vor notwendigen Aggressionen zu überwinden«, müsse man als Frau seine »masochistische Unschulds- und Vorwurfshaltung aufgeben«. Voraussetzung dafür sei, mit »Aggressionen besser umzugehen und Schuldgefühle besser zu ertragen« (9). Die Unschulds- und Opferhaltung aufzugeben und die untergründigen Aggressionen wirklich wahrzunehmen, würde allerdings sehr viel mehr bedeuten als die Angst vor »notwendigen«, »den jeweiligen Situationen entsprechenden« (18), also reifen Aggressionen zu überwinden. Gerade der angstfreiere Umgang mit ihren archaischen Aggressionen könnte die Frauen befreien. M. Mitscherlich fordert die Frauen auf, aggressiver zu sein. Soweit sie jedoch Manifestationen und Ursachen weiblicher Aggression untersucht, charakterisiert sie sie als unproduktiv oder gar nicht so recht vorhanden. Dies gilt für Aggressionen zwischen Frauen, für Männerhaß und insbesondere für den Haß der Tochter auf die Mutter.
Dieser wird allzu rasch erledigt mit dem Argument, daß dadurch die Frauen nur wieder mit Schuldgefühlen überhäuft würden. Natürlich ist das Konzept der »krankmachenden« Mutter psychoanalytisch nicht haltbar, weil es die psychische Realität und damit die Psychoanalyse als Konflikttheorie ausschaltet. Aber den Haß auf die Mutter – auch den »ungerechtfertigten« – bewußt zu erleben und durchzuarbeiten, ist notwendiger Teil der Anerkennung der »untergründigen Aggression« der Frau. Der Verdacht, daß sich hinter dem Mutterhaß »unbewußte Identifikationen mit männlichem Frauenhaß verbergen« (30), reicht da nicht aus. Wichtige Hinweise auf besonders folgenreiche Konflikte zwischen Mutter und Tochter in der analen Phase (32), insbesondere in bezug auf Trennungswünsche und aggressive Impulse (40, 144), bleiben leider konsequenzlos für M. Mitscherlichs Gesamtkonzept der weiblichen Aggression.
Die genau darauf gerichteten Ausführungen von Chasseguet-Smirgel und anderen werden wegen ihres mangelnden Gesellschaftsbezuges abgelehnt. M. Mitscherlichs eigener Gesellschaftsbezug entschärft jedoch den Haß zwischen Mutter und Tochter: Die von der Tochter als allmächtig phantasierte Mutter sei »hinsichtlich ihrer Stellung in Familie und Gesellschaft doch weitgehend machtlos«. »Gegen ihr besseres Wissen« (von dem unklar bleibt, woher sie es bezieht), müsse sie ihr »Kind zur Anpassung... anspornen«, um ihm »größere Kränkungen zu ersparen... doch das ist dann der Anlaß dafür, daß viele Kinder ihre

Mütter... ablehnen oder gar hassen« (86). Das »objektive Verhalten der Mutter und ihre Machtlosigkeit« nehme die von ihr völlig abhängige Tochter nicht wahr oder verkehre sie nicht selten in ihr Gegenteil. An der »übermäßigen Abhängigkeit der Tochter von der Mutter« und den Haßgefühlen der Tochter auf die Mutter sei die Gesellschaft schuld, die die Erziehung der Kinder der Mutter allein überlasse (87). Das mag alles stimmen, aber es erhellt die Schärfe des Konflikts eigentlich nicht, depotenziert vielmehr die Mutter zu einem Opfertier – die auch die ihr »zugeschriebene Rolle der allmächtigen Mutter« nur »übernimmt... um ihre aus der Kindheit stammenden Gefühle der Hilflosigkeit zu überwinden...« (163) – und impliziert gewissermaßen ein Haßverbot für Töchter. Erst recht, wenn die Tochter dann noch erfährt, wie hart der Haß der Tochter die Mutter trifft, besonders wenn sie alt und einsam und »den Vorwürfen ihrer Kinder besonders hilflos ausgesetzt« (91) ist. Diese Art von Gesellschaftsbezug hat etwas Lähmendes an sich.

M. Mitscherlich nimmt die Freudsche Auffassung vom »schwächeren«, weniger unerbittlichen Über-Ich der Frau wieder auf und versucht, sie positiv zu füllen: Weil das Mädchen die Verbote der Eltern nicht wie der Junge aus Kastrationsangst, sondern aus Angst vor Liebesverlust verinnerliche, sei diese Verinnerlichung nicht so tief und rigide wie beim Mann. Deshalb (und das konnten wir bei Freud, dem M. Mitscherlich diesen Gedanken zuschreibt, nirgends finden) sei die Frau auch »weniger als der Mann der Neigung verfallen, angsterregende Gefühle, die sie in sich selber verabscheut, auf andere projizieren zu müssen, um selbstdestruktive Tendenzen abzuwehren und um diese Opfer irrationaler Aggressionen dann ohne Schuldgefühle verfolgen zu können« (12). Die bei Mädchen mehr aus Angst vor Liebesverlust denn aus Kastrationsangst verinnerlichten elterlichen Gebote könnten deshalb nicht nur zu einem »schwächeren« Über-Ich führen, sondern »auch zur Bildung eines Über-Ichs, das mehr auf die Erhaltung der Liebe nahestehender Menschen als auf die gesetzestreue Einhaltung von Verboten und Geboten um ihrer selbst willen ausgerichtet ist. Die weibliche Moral könnte deshalb... liebevoller und humaner sein als die rigide affektisolierende der männlichen Welt. Wegen ihrer Objektbezogenheit und ihrem vordringlichen Bedürfnis, geliebt zu werden, besteht für die Frau allerdings die Gefahr, sich mit männlichen Gesetzen und Wertvorstellungen und Verhaltensvorschriften und den dazugehörigen

Vorurteilen unkritisch zu identifizieren« (12). Aus diesen Thesen folgert M. Mitscherlich dann, daß Frauen (soweit sie nicht männlich identifiziert sind) weniger für Militarismus, Antisemitismus und »Law-and-order-Fetischismus« anfällig seien.
Es ist sicher richtig, daß Frauen mehr objektbezogene und weniger narzißtische Ängste (im Sinne von Ehrverlust) haben. Daraus jedoch auf eine geringere Projektionsneigung bei Frauen zu schließen, gelingt nur, wenn man die präödipale Entwicklung und ihre z. T. sadistischen Über-Ich-Vorläufer vernachlässigt – die Projektion ist im wesentlichen ein archaischer Abwehrmechanismus. Hier rächt sich, daß M. Mitscherlich die Erkenntnisse M. Mahlers und M. Kleins zwar referiert, aber nicht in ihre Auffassung von der weiblichen Aggression und vom weiblichen Über-Ich integriert. Gerade aus den Schwierigkeiten der so empfindlichen Phase der Wiederannäherung, deren zentrales Thema die Integration guter und böser Selbst- und Objektrepräsentanzen ist, resultieren heftigste Projektionsneigungen – wie man etwa bei Borderline-Patienten beobachten kann. Wenn Frauen vor allem durch die Angst vor Liebesverlust determiniert sind, dann kann gerade daraus die unbedingte Notwendigkeit entstehen, »nur gut« zu sein und alle »schlechten« Anteile auf andere projizieren zu müssen. »Law-and-order-Fetischismus« kann dann als äußerer Garant des eigenen »Nur-gut-Seins« gerade für Frauen sehr wichtig sein.
Außerdem differenziert M. Mitscherlich nicht klar genug zwischen der stärkeren Objektabhängigkeit von Frauen und einer größeren Objektbeziehungsfähigkeit, die allein zu einer »liebevolleren, humaneren Moral« führen könnte. Wenn man etwa an Menschen mit einer narzißtischen Persönlichkeitsstörung (Kernberg), einer allergischen Objektbeziehung (Marty) oder an bestimmte Herzphobiker denkt, dann sind das alles Menschen, die extrem abhängig von der Zuwendung des Objekts sind, dieses jedoch mißbrauchen, manipulieren und in seiner Eigenart wenig wahrnehmen und anerkennen.
Im Hinblick auf den Antisemitismus, der im wesentlich eine Über-Ich-Krankheit sei, nimmt M. Mitscherlich an, daß ihm »Frauen weniger aufgrund eigener... Konflikte und Projektionen... verfallen, sondern vielmehr als Folge ihrer Identifikationen mit männlichen Vorurteilen« (156). Sie begründet dies ebenfalls mit dem »schwächeren« Über-Ich der Frauen und deren angeblich geringerer Projektionsneigung. M. Mitscherlich weist zwar darauf hin, daß das Über-Ich des Antisemiten

mehr aus »Dressaten« (Grunberger, 1962) denn aus internalisierten Objektbeziehungen besteht, aber sie zeigt nicht, warum Männer für Dressate empfänglicher sein sollten als Frauen. Die Attraktion des »manichäischen Paradieses« (Grunberger, 1962) für Frauen diskutiert sie nicht. Statt dessen behauptet sie zur Untermauerung ihrer These, daß »abgewehrte Analität in Form von Zwängen oder als moralischer Sadismus... sich in unserer Kultur beim Mann ausgeprägter als bei der Frau« finde. »Frauen können... eine gewisse Unordnung häufig besser ertragen als Männer« (156). Diese Behauptung wird nicht weiter begründet und kann auch von uns kaum nachvollzogen werden – oder sind alle zwanghaften Putzteufel männlich identifiziert?
Die von Projektion und anal-sadistischen Impulsen freigesprochene Frau ist dann für M. Mitscherlich selbst als KZ-Wächterin nicht Täterin, sondern fügt sich nur »ergeben... den... Anforderungen, die ihr zugemutet wurden...« (157).
Ebenso sind nach M. Mitscherlich die Frauen in den letzten beiden Kriegen von den Männern »zur Teilnahme gezwungen« worden (82); eigene Motive der Frauen dafür, die Männer in den Krieg zu schicken – etwa die Delegation von eigenen mörderischen Anteilen an die Männer –, untersucht sie nicht.
Gesellschaftliche Veränderung erhofft sich M. Mitscherlich davon, daß die Frauen ihre Identifikation mit männlichen Idealen aufgeben und »ihre ›friedfertige‹, vernünftigere und objektbezogenere Einstellung zu vielen Lebensfragen stärker zur Geltung... bringen« (183). Wir meinen im Gegensatz dazu, daß Frauen nur wirksam gegen Krieg, Rassismus und Faschismus kämpfen können, wenn sie sich ihrer höchst eigenen Barbarei und Destruktivität bewußt werden. Aus dieser Bewußtwerdung könnte auch die Kraft resultieren, die Frauen brauchen, um, wie es M. Mitscherlich ja fordert, kämpferischer zu werden und mehr Macht in der Gesellschaft auszuüben. M. Mitscherlichs »Religion der Schwäche« (Nietzsche, 1926, S. 261) dagegen schläfert ein, weil »sie unterstützt, was die Geschichte den Frauen aufgetragen hat, nämlich keine Lust am eigenen Haß zu empfinden« (Türmer-Rohr, 1985).
Der entscheidende Fortschritt der neueren psychoanalytischen Literatur über die weibliche Entwicklung (insbesondere Chasseguet-Smirgel und Torok) besteht in der Akzentuierung einer genuin weiblichen Sexualität. Während Freuds Auffassung der weiblichen Entwicklung im wesentlichen eine Defekttheorie war, besteht das entscheidende Ver-

dienst der französischen Revision in der Hinwendung zur spezifischen Konflikthaftigkeit der sexuellen Entwicklung der Frau. Ein entsprechender Fortschritt der psychoanalytischen Theorie in bezug auf die genuin weibliche Aggression besteht erst in Ansätzen. Die »friedfertige Frau« bringt ihn nicht, da sie ebenfalls ein Defektmodell ist. M. Mitscherlich spricht zwar von der Notwendigkeit, die den weiblichen Schuldgefühlen zugrunde liegenden Aggressionen (16) bewußt zu machen, aber sie sagt, wie wir gezeigt haben, wenig Inhaltliches über diese Aggressionen. Bei den von M. Mitscherlich der Gesellschaftsblindheit geziehenen, M. Klein nahestehenden französischen Autorinnen (besonders Chasseguet-Smirgel und Torok), findet sich dagegen Anregendes zu dem Zusammenhang zwischen den spezifisch weiblichen Schuldgefühlen und dem Schicksal der anal-sadistischen Triebanteile bei Frauen.

M. Mitscherlich beschreibt vor allem die Machtlosigkeit der Frauen, die von vielen Männern ja sehr gefürchtete Macht der Frauen stellt sie fast ausschließlich als eine männliche Projektion dar. Die Anerkennung dieser Macht bedeutet nicht, die Unterdrückung der Frauen zu verleugnen – im Gegenteil, die Verleugnung der Macht ist Teil dieser Unterdrückung. Wichtig scheint uns überdies, die Verführung für Frauen, ihre Macht geheim auszuüben, ohne öffentlich zu Täterinnen zu werden, zu verstehen – vielleicht überlassen sie deshalb auch den Männern die öffentliche Exhibition von Macht.

M. Mitscherlich betont immer die autoaggressiven Anteile der weiblichen Neigung zu Schuldgefühlen und zu Masochismus. Die ungemein aggressive, ja sadistische triumphale Seite dieses Masochismus erwähnt sie jedoch nur beiläufig: Sie spricht von der »für uns« (Frauen) »wie für die Betroffenen wenig erfreulichen passiven Aggression« (9) und von der »dauernden Vorwurfshaltung« (97). Sie erwähnt die Verachtung der Frauen gegenüber Männern (73, 76) und die Infantilisierung von Männern durch Frauen (78, 146); letztere relativiert sie jedoch gleich wieder, wenn sie betont, daß der Mann die Frau »zur Mutter« mache, »nicht sie ihn zum Kind« (138) – als sei das eine Alternative. Bei alledem verschweigt sie jedoch den Befriedigungscharakter, den Lustgewinn der masochistischen Haltung der Frau. Sie erwähnt zwar, daß »Selbstquälerei und Selbstbeschuldigungen des Masochisten... eine Befriedigung von sadistischen und von Haßtendenzen« bedeuten und daß »psychischer Masochismus ohne die andere Seite der

›Medaille‹, d. h. ohne psychischen Sadismus... nicht vorstellbar« (147) ist. Aber genau das füllt sie nicht inhaltlich; man erfährt zu wenig über die Destruktivität der Frauen. Und die muß doch enorm sein, wenn sie so stark abgewehrt werden muß oder solche Schuldgefühle auslöst. Wer je versucht hat, etwa die Frau eines Alkoholikers zu behandeln, der spürt die untergründige Gewalttätigkeit des weiblichen Masochismus so stark am eigenen Leibe, daß er versteht, daß Freud angesichts des Masochismus den Todestrieb entdeckte. Und er sieht auch, anders als M. Mitscherlich, Frauen in »dienstleistenden Berufen« nicht nur »ihre Liebeswünsche sublimieren« (11), sondern vor allem ihre unbewußten Aggressionen realisieren (z. B. als Krankenschwester).

Die Frage bleibt also: Welche Destruktivität muß bei Frauen so heftig abgewehrt werden? Die psychoanalytische Literatur stimmt darin überein, daß der Individuationsprozeß bei Mädchen schwieriger und empfindlicher verläuft als beim Jungen. Es liegt nahe, daß die bereits erwähnte, hierfür so erhebliche Wiederannäherungsphase (und die dazugehörige präödipale Triangulierung) für das Mädchen einen »*crucial point*« seiner Entwicklung bedeutet. Da die Wiederannäherungsphase zeitlich mit der anal-sadistischen Entwicklungsstufe zusammenfällt, sind es wohl vor allem anal-sadistische Impulse, die bei Mädchen besonders heftig sind und ebenso massiv abgewehrt werden müssen (vgl. auch Chasseguet-Smirgel und Torok, 1977). Der angstfreie Zugang zu diesen tabuisierten Impulsen scheint uns einer der wesentlichen Schlüssel für die Entwicklung einer genuinen weiblichen Aggression zu sein.

Der Mythos von der friedfertigen Frau erscheint insgesamt als verharmlosende Idealisierung des von der psychoanalytischen Tradition immer wieder präsentierten Mängelwesens Frau, entwertet diese letztlich und wirkt dadurch quietistisch. »Die Friedfertigkeitsbehauptung enthält ein... Haßverbot. Sie will Frauen den bösen Blick nehmen. Dieser aber ist *ein* Mittel der Erkenntnis« (Türmer-Rohr, 1985).

## Literaturverzeichnis

CHASSEGUET-SMIRGEL, J. (1977): Die weiblichen Schuldgefühle. In: dies. (Hrsg.): *Psychoanalyse der weiblichen Sexualität*, Frankfurt am Main.
FREUD, S. (1912/1913): *Totem und Tabu*, Gesammelte Werke (GW), IX, S. Fischer, Frankfurt am Main, seit 1960.

ders. (1921): Massenpsychologie und Ich-Analyse, GW, XIII.
ders. (1925): Einige psychische Folgen des anatomischen Geschlechtsunterschieds, GW, XIV.
GREENSON, R. R. (1968): Dis-identifying from mother: its special importance for the boy. *Int. J. of Psa.* 49, 370–374.
GRUNBERGER, B. (1962): Dynamische Motive des Antisemitismus, *Psyche* 16, 255–272.
KERNBERG, O. F. (1980): *Borderline-Störungen und pathologischer Narzißmus*, Frankfurt am Main.
MARTY, P. (1974): Die allergische Objektbeziehung. In: Brede, K. (Hrsg.): *Einführung in die psychosomatische Medizin*, Frankfurt am Main.
MITSCHERLICH, M. (1985): *Die friedfertige Frau*, S. Fischer, Frankfurt am Main.
NIETZSCHE, F. (1926): *Der Wille zur Macht*, GW, XIX, S. 261, München.
TOROK, M. (1977): Die Bedeutung des »Penisneides« bei der Frau. In: Chasseguet-Smirgel (Hrsg.): *Psychoanalyse der weiblichen Sexualität*, Frankfurt am Main.
TÜRMER-ROHR, C. (1985): Haßverbot für Frauen. Friedfertigkeit als therapeutische Aktion, *Psychologie heute*, September 1985.

Karola Brede
Der Organismus in der Soziologie und
in der sozialhistorischen Frauenforschung

1. Dominanz des Körpers

Der menschliche Organismus wird typischerweise als Körper, d. h. als eigenständiges, aus seiner Beziehung auf mentale Vorgänge herausgelöstes Objekt thematisiert. Bei aller kritischen Distanz zu Wissenschaften, die schon lange so verfahren, wie die naturwissenschaftlich orientierte Medizin oder etwa die Ergonomie, herrscht diese Perspektive auch in der neueren öffentlichen Diskussion vor. Bekannt sind – um nur einige Beispiele zu nennen – die vielfältigen Bestrebungen, Schadstoffe und Gifte durch gesunde Ernährung vom Körper fernzuhalten oder den Körper gegen die iatrogenen Folgen von medikamentösen Chemotherapien zu schützen. Eine zentrale Forderung in der feministischen Frauenbewegung richtet sich gegen die Enteignung des weiblichen Körpers, insbesondere die seiner natürlichen Funktionen bei Schwangerschaft und Geburt durch die Medizin und durch staatliche Politiken.
Ähnlich steht im Zentrum sozialwissenschaftlicher Betrachtung der Organismus als unterwerfbarer und gelehriger Körper. Die Individuen unterzögen seine Funktionen und Äußerungsweisen der innengesteuerten Kontrolle. Nicht der Naturhaftigkeit repräsentierende Leib steht im Vordergrund, sondern der die Beherrschbarkeit innerer Natur versprechende Körper. Aber dieser Objektstatus des Körpers ist längst nicht die einzige Facette im Verhältnis von Individuum und Organismus. Ich will zeigen, daß die Leibgebundenheit unseres Verhaltens und Handelns nicht die unwichtigste in einer ganzen Reihe von Relationen ist, in die wir zu unserem Körper gesetzt sind. Diese Relationen können unter dem Gesichtspunkt ihrer Relevanz für soziales Handeln bestimmt werden. Ich thematisiere sie im Zusammenhang bekannter soziologischer Ansätze, in denen auf den Organismus Bezug genommen ist. Daran wird sich der Versuch anschließen, auf dem Gebiet der so-

zialhistorisch-feministischen Frauenforschung zu prüfen, ob das so entwickelte Organismuskonzept es erlaubt, die politische Aktualität zu verdeutlichen, die in der Beschäftigung mit dem weiblichen Körper und der — aus heutiger Sicht doch auch befremdend anmutenden — weiblichen Geschlechtsrolle in der bürgerlichen Gesellschaft des 19. Jahrhunderts und um die Jahrhundertwende enthalten ist.

## 2. Körperobjekt und Körpersubjekt

Auch und gerade in einer soziologisch vertretbaren — und das heißt für mich immer zugleich: einer nicht-biologistischen — Konzeption vom menschlichen Organismus ist ein Ort für die Naturhaftigkeit der vergesellschafteten Individuen vorzusehen. Am Organismus läßt sich ein Körpersubjekt aufweisen, das für soziales Handeln ebenso konstitutiv ist wie das Körperobjekt. (1) Als *Körperobjekt*, als das Einen-Körper-Haben hat der Organismus vielfältige Aspekte. Er ist physisches Objekt und darin für die Naturwissenschaften von Bedeutung. Er ist sensomotorisches Medium, das Empfindungen und Impulse transportiert. Für Theorien sozialen Handelns haben sich die Aspekte des personrelativen Körperobjekts sowie des Körpers als leiblichem Ausdrucksmittel in der Interaktion als wichtig erwiesen. Auf die *Person-Relativität des Körperobjekts* wird vor allem in Parsons' Sozialisationstheorie abgehoben. Danach macht sich das Individuum seinen Körper — dessen Funktionen und geschlechtsspezifische Vorgänge — von Geburt an in Lernprozessen zu eigen und verfügt zunehmend über die in seinem Körper bereitstehende Energie. Insoweit der Körper vom Individuum bei der Darstellung sozialer und persönlicher Identität verwendet wird, ist er *leibliches Ausdrucksmittel* in der Interaktion. Nach dieser vornehmlich im Symbolischen Interaktionismus entfalteten Auffassung erläutern körperliche Gesten den vom Subjekt mitgeteilten Handlungssinn. Über den Körper wird gestisch und mimisch verfügt, zumindest so weit, wie er selber als biologisches Universum es zuläßt. (2) In das, was mit *Körpersubjekt* bzw. mit dem Ein-Körper-Sein gemeint ist, gibt Plessner einen Einblick. Das Körpersubjekt steht danach für die nicht-reflexive Zentrierung einer Handlung im Individuum, als »Leib in der Mitte einer Sphäre, die entsprechend seiner empirischen Gestalt ein absolutes Oben, Unten, Vorne, Hinten, Rechts, Links, Früher und Später kennt« (Plessner, 1928, S. 294). Diese eigentümlich zentrische Position des Organismus macht es dem Individuum unmöglich, seines Körpers umfassend »habhaft« zu werden. »Es ist zwar richtig«, schreibt Mead, »daß das Auge den Fuß sehen kann, doch sieht es nicht den Körper als Ganzes. Wir können unseren Rücken nicht sehen; wir können Teile davon berühren, wenn wir beweglich sind, aber eine Erfahrung unseres ganzen Körpers können wir nicht gewinnen« (Mead, 1934a, S. 178).

Die aufgeführten Sichtweisen von Körperobjekt und Körpersubjekt treten wissenschaftsgeschichtlich mit unterschiedlich großer Deutlichkeit hervor. So prägte die Auffassung des Organismus vorwiegend als Körpersubjekt die Diskussion weit über die Jahrhundertwende hinaus. Sie brachte Richtungen wie den Neovitalismus hervor, hat zu organizistischen Sinngebungen für den gesellschaftlich-historischen Prozeß geführt und nicht zuletzt zur Begründung der psychoanalytischen Triebtheorie beigetragen. Gegenwärtig überwiegen in der Soziologie Auffassungen, die verschiedene Bedeutungen des Organismus als Körperobjekt hervorheben. Damit Einseitigkeiten sichtbar werden, die diese Konzentration auf das Körperobjekt nach sich zieht, sei die Unterscheidung von Körperobjekt und Körpersubjekt an die theoretischen Ansätze von Parsons und Mead herangetragen.

Das Verlassen vitalistischer und organologischer Positionen, die die Soziologie zu Beginn des Jahrhunderts intensiv beeinflußt hatten, bedeutet unbestreitbar einen Wissenschaftsfortschritt. Durkheims Bestimmung des Neugeborenen als tabula rasa, auf der Erziehung »im Menschen ein neues Sein« (Durkheim, 1922, S. 31) errichte, schloß ein aus damaliger Sicht gewiß kühnes Forschungsprogramm ein. Die Befreiung von verschiedenen Spielarten des Biologismus war das Ziel, dem der Ausbau einer radikal sozialwissenschaftlichen Position galt und wonach auch das Individuum gesellschaftlich hervorgebracht ist (vgl. etwa Parsons, 1959, S. 625 f.).

In der sich etablierenden Soziologie begann nicht zuletzt aufgrund des Einflusses der Parsonsschen Theorie eine Sicht auf den Organismus zu überwiegen, durch die biologische Tatbestände in die Stellung vernachlässigbarer Residuen abgedrängt wurden. Das Verhältnis der Soziologie zur Biologie seither ist so gesehen einerseits Ergebnis eines Wissenschaftsfortschritts, der zur Konsolidierung des Gegenstands der Soziologie beitrug. Andererseits verdankt sich diese Gegenstandsabgrenzung einem reaktiven Verhältnis zu dem vormals invasorischen Geltungsanspruch der Biologie. Das heißt aber, es ist durchaus aussichtsreich, sich auf die Spur von Sachverhalten zu begeben, die im Zuge dieses rigorosen Kurswechsels möglicherweise zu Unrecht ausgespart wurden, zumal neue restaurative Spielarten des Biologismus das sich selbst überlassene Grenzgebiet des »Lebensprozesses« gleichsam zu besetzen suchen; ich denke an entsprechende Bestrebungen in der Soziobiologie, aber auch in der Ökologie und der Psychoanalyse.

Der Wissenschaftsfortschritt besteht bezogen auf den soziologischen Zugang zum Organismus zum einen darin, daß der Organismus theoretisch (nur) so weit bedeutsam wird, wie er gesellschaftlich beeinflußbar, »plastisch« ist. Die Richtung der Einflußnahme auf das organische Substrat weist dabei – einem gebräuchlichen Bild von der Überordnung gesellschaftlicher und der Unterordnung körperlicher Vorgänge folgend – von oben nach unten. Im Zuge des Sozialisationsprozesses unterwerfen die Individuen ihren Körper und seine Reaktionen soziokulturell geltenden, anderen Handlungsteilnehmern zugänglichen Interpretationen, besonders bezüglich noch reifender biologischer Funktionskreise und damit auch des anatomischen Geschlechts. Zum anderen wird nun in der Soziologie davon ausgegangen, daß aller körperlicher Ausdruck in Gestik und Mimik, soweit er für soziales Handeln relevant ist, intersubjektiv geteilte Bedeutungen (leiblich) darstellt. Die Darstellungsfunktion des Körpers wird so zum Bestandteil gesellschaftlicher Handlungen. Was die beschriebene Ausrichtung von Ebenen des gesellschaftlichen Einflusses auf den Körper – vom kulturellen und sozialen System über das der Persönlichkeit bis hinunter zum Organismus (Parsons) – und die Unterstellung immer schon vergesellschafteten, körperlich-sinnhaften Ausdrucks theoretisch verbieten, ist die Umkehrung der Richtung, aus der die Gesellschaft und die »Welt« des Organischen aufeinander Einfluß nehmen; immer ist es die Gesellschaft, die sich das organische Leben in Form der Vergesellschaftung der inneren Natur unterwirft. Auch nicht die ausnahmsweise Lokalisierung von Verhaltensweisen, Einstellungen und Neigungen in der physiologischen Konstitution, in ererbten Anlagen, in vom Somatischen aufs Psychische gerichteten Lebensvorgängen ist hiernach zulässig, soll nicht der Verdacht des Biologismus erneut aufkommen.

Die Abwehr des biologischen Reduktionismus durch die Soziologie hat sich als Forschungsprogramm bewährt, wie die unzähligen sozialwissenschaftlich-empirischen Untersuchungen über den Erwerb von Grundqualifikationen und Kompetenzen sozialen Handelns zeigen. Um so erstaunlicher ist es, daß Talcott Parsons in einem Grenzfall soziologischer Betrachtung, nämlich bei den psychosomatischen Störungen, seine antireduktionistische Grundüberzeugung anscheinend suspendiert. Psychosomatische Erkrankungen führt Parsons darauf zurück, daß der Organismus, wenn und soweit er nicht psychisch repräsentiert ist, »selber« tätig wird, und darauf, daß sich »organische Interessen« (Parsons, 1959, S. 648) geltend machen. Der Organismus geriert sich hier also als handelndes Subjekt, das dem gesellschaftlichen System gegenübertritt. Eine Aktivität des Organismus, die dem sozialen Handeln der Individuen inhärent wäre, kennt Parsons nicht.

Demgegenüber ist Meads Auffassung von der gesellschaftlichen Handlung durch die Bestimmung des Organismus als aktiv mitgeprägt. Der Organismus nimmt wahr, ist eingestellt, tätig, aufmerksamkeitsgerichtet, von ihm gehen Impulse aus. Dieser Aspekt des Organismus, dessen eigentümliche Nicht-Reflexivität ich eingangs als »Körpersubjekt« bezeichnet habe, ist bei Mead der Kategorie des »I« vorbehalten. Das aufmerkende »I« kann sich äußeren und inneren, vom Körper herkommenden Reizen wie einer Schmerz- oder Lustempfindung zuwenden. Ob Körperreize tatsächlich wahrgenommen werden, hängt allerdings nicht von der Unabweisbarkeit einer Empfindung ab, sondern davon, ob diese Empfindung zur Darstellung einer Intention innerhalb einer Handlung herangezogen wird. Es gibt keinen Schmerz an sich, sondern nur den mittels Gesten – z. B. durch ein schmerzverzerrtes Gesicht oder betonten Gleichmut – mitgeteilten Schmerz. So gesehen, tritt auch bei Mead der Organismus zunächst nur unter dem Aspekt des Körperobjekts hervor, indem er gesellschaftlich und individuell interpretiertes Ausdrucksmittel ist. Dennoch kann man bei Mead auch einen biologischen Bezugspunkt für diese Kategorie rekonstruieren. Anhaltspunkt hierfür ist Meads Annahme eines »biologischen Individuums«.

Das Subjekt sei dieses biologische Individuum, »das niemals auftritt« (Mead, 1934b, S. 422)*. Im »I« ist der Rückbezug auf das biolo-

---

* Dieses biologische Individuum kann nur als objektiv gegebene Seinsweise im philosophisch-anthropologischen Sinne aufgefaßt werden. Es reagiert auf die Gesten anderer biologischer Individuen unmittelbar, d. h., ohne daß diese durch gesellschaftlich vorgegebene Bedeutungen festgelegt wären. Die Gesten, d. h. die ausdrückliche Haltung, die bio-

gische Individuum, auf dessen naturhaft unmittelbares Körper-Sein in der gesellschaftlich organisierten Handlung in spezifischer Weise gewahrt, nämlich in der zeitlichen und räumlichen Zentrierung des einleitenden Akts einer Handlung im Individuum und der Gerichtetheit des Handlungsimpulses auf die Gesten anderer. In die Kategorie des »I« ist, so gesehen, der Aspekt des Körpersubjekts eingegangen, um nicht zu sagen: bei Mead darin aufgehoben.

Verbindet man zusammenfassend die Position von Mead mit der von Parsons, dann ergibt sich: Die Aneignung des Organismus vollzieht sich als Vergesellschaftung innerer Natur, wobei es immer die Gesellschaft ist, die sich das organische Leben unterwirft und nicht umgekehrt. Die gesellschaftlich organisierten Handlungen, zur Teilnahme an denen die Individuen aufgrund ihres Sozialisationsprozesses so befähigt werden, laufen zum einen außerhalb des Individuums als symbolische Interaktion ab, zum anderen im Individuum in Prozessen des analysierenden und das Ergebnis der Analyse darstellenden Entwerfens von Handlungen und schließlich rückbezogen auf ein biologisch handelndes Individuum, das indessen nur als Konstrukt über eine positiv nicht bestimmbare, innere Natur vorliegt. Von der Stellung des Menschen als biologischem Individuum, als das er in eine Reihe mit den subhumanen Spezies gestellt ist, zeugen nurmehr die Zentrierung der Initialphase der gesellschaftlichen Handlung im Individuum sowie die Gerichtetheit der Aufmerksamkeit auf alter ego.

## 3. Weiblicher Körper

Mit Hilfe der Unterscheidung von Körperobjekt und Körpersubjekt kann die Aktualität verdeutlicht werden, die Untersuchungen der sozialhistorisch-feministischen Frauenforschung zukommt. In diesen Untersuchungen wird die Entwicklung der weiblichen Geschlechtsrolle zur Vergesellschaftung des weiblichen Körpers in der bürgerlichen Gesellschaft in Beziehung gesetzt. Zentrale Thesen beziehen sich auf die

---

logische Individuen einander aufzeigen, geben einer Handlung ihren physischen und sozialen Charakter. Im Unterschied zu dieser anthropologischen Objektivität ist Gesellschaftlichkeit (auch) subjektiv erst gegeben, wenn an die Stelle der unmittelbaren Handlung hier und jetzt die gesellschaftlich organisierte Handlung getreten ist, von der die Theorie der symbolischen Interaktion im wesentlichen handelt.

Genese des weiblichen »Geschlechtscharakters« (vgl. Ehrenreich, 1978; Hausen, 1976) und auf die von der Medizin ausgeübte gesellschaftliche Kontrolle über die Frauen durch die Enteignung und Pathologisierung ihres Körpers (vgl. Ehrenreich, 1978; Rodenstein, 1978; Fischer-Homberger, 1979; Heintz u. Honegger, 1981; Honegger, 1983), nicht zuletzt des körperlich-dramatischen Ausdrucks in der Hysterie (vgl. Smith-Rosenberg, 1973; Schaps, 1982).

Unter der Herrschaft von Männern sei der weibliche Körper aus seiner person-relativen Stellung herausgelöst und seine Anatomie zum Ausgangspunkt für die Bestimmung des weiblichen Geschlechtscharakters gemacht worden. Die Männer hätten ihre privilegierte Stellung auf kulturellem, sozialem und politischem Gebiet dadurch aufrechterhalten, daß sie den Frauen die Fähigkeit zu allgemeingültigen geistigen Leistungen absprachen. Sie hätten dafür gesorgt, daß die bürgerliche Frau ihr (weibliches) Geschlecht – anders als die Männer das ihre – nie vergaßen. Wie mit vielen Quellen belegt wird, diente das biologisch angebbare Geschlecht zur gesellschaftlichen Festlegung der Frauen auf ein enges Rollenrepertoire von Kranker und Mutter. Beide Rollenzuweisungen beruhten indessen auf der bloßen Projektion einer vorgeblich schwachen, anfälligen und für die Mutterschaft prädestinierenden Natur des weiblichen Körpers in männlich-normative Erwartungen an die Frau.

Erschwerend und erleichternd zugleich für die Verinnerlichung dieser Projektion als weiblicher Geschlechtsrolle und für die Herausbildung einer frauenspezifischen »somatischen Kultur« (Rodenstein) sei das Bündnis bzw. stillschweigende Einverständnis zwischen Arzt und bürgerlicher Frau hinzugekommen. Indem der Arzt sich der leidenden Frau aus naturwissenschaftlich versachlichter Lust am Erschauen und Erkunden des weiblichen Körpers (und aus Geschäftsinteresse) zuwandte, habe die Frau in ihm einen Verbündeten gefunden, der ihr durch die Definition ihrer Symptome als im weiblichen Körper angelegte Krankheitsneigung die Möglichkeit eröffnete, ihren eigenen, person-relativen Körper zumindest unter dem Vorzeichen des Pathologischen zu akzeptieren.

Die Zahl frauendiskreminierender Einstellungen ist seit der Jahrhundertwende sicher nicht zurückgegangen. Doch statt offen nivellierender, den Frauen die geschlechtsübergreifende Individuation absprechender Definitionen des Weiblichen mittels des Körpers scheinen verdeckt diskriminierende Haltungen zu überwiegen. Ohne Anstoß zu erregen, kann man zumindest öffentlich nicht mehr wie noch Simmel (in seinem Essay über »Weibliche Kultur« aus dem Jahre 1902) behaupten, daß die Frauen »ihr Tun nicht zu einem jenseits des Tuns weiter existierenden Objektiven führen, daß der Strom ihrer inneren Lebendigkeit seine Mündung unmittelbar aus seiner Quelle speist« (Simmel, 1902, S. 294f.). Zur Erklärung der untergeordneten gesellschaftlichen Stellung der Frauen führen wir eher sozioökonomische und sozialstaatliche Bedingungen der Benachteiligung an, können wir Besonderheiten von weiblichen Sozialisationsverläufen und eine individuelle Reproduktion der kollektiven Entwertung der Frau benennen. »Moderne« Argumentationsmuster bringen auf diese Weise den Bewußtseinsabstand zum Ausdruck, der zur Situation der bürgerlichen Frau um die Jahrhundertwende besteht. Sie legen nahe, das biologische Geschlecht habe seine Definitionskraft über die Frau verloren und sei der Aufklärung über strukturelle Benachteiligungen von Frauen gewichen. Die angeführten Ergebnisse der sozialhistorischen Frauenforschung zeigen indessen deutlich, daß das Frauenbild des 19. Jahrhunderts gleichwohl nicht überholt ist. Trotz des historisch abrupten Wechsels von einer biologischen zu einer sozialwissenschaftlich informierten Deutung des Geschlechterverhältnisses läßt sich doch eine geschichtliche, am weiblichen Körper ansetzende Kontinuität in der Verinnerlichung des biologistischen Frauenbildes behaupten. Sie ist, wie die nachfolgenden Aspekte verdeutlichen sollen, schwer aufzubrechen, weil sie zunehmend unmittelbar mit der Vergesellschaftung des Körpers, der Überwachung seiner Funktionen durch gesellschaftliche (staatliche, soziale, medizinische) Einrichtungen verschränkt ist.

1. In der anhaltenden Polarisierung der Geschlechter ist die Gefahr angelegt, die Verwirklichung von Gleichheitsforderungen könnte unvermittelt in die Übernahme eines von Männern verkörperten Persönlichkeitsbildes einmünden. Eine mit dem Männlichen assoziierte, eingeschränkte und zugleich narzißtisch überhöhte Rationalität sowie eine deformierende Gefühlskontrolle übernehmen und verinnerlichen hieße aber die als überlegen empfundene Sensibilität verlieren, die Frauen sich bewahrt und teilweise in der Verarbeitung leidvoller Erfahrungen von Unterdrückung erst ausgebildet haben. Über den eigenen Körper bzw. das körperbezogene Wissen und Erleben wieder als Teil

der eigenen Person und als Grundlage selbständigen Urteilens und Entscheidens zu verfügen, bietet sich daher als Grundlage für den Entwurf eines positiven Frauenbildes an. Sozialisatorische (Wieder-)Aneignung der biologischen Funktionen, besonders des Gebärens und der Mutterschaft, als Teil des person-relativen Körpers verankert die Forderung nach einem eigenständigen Identitätsentwurf in einer Geschichte frauenspezifischer Erfahrungen.

Vor diesem Hintergrund gewinnen die Bestrebungen einen spezifischen Sinn, der Medizin die autoritative Verfügung über Funktionen des weiblichen Körpers zu entwinden und den institutionell gefestigten Überschneidungen zwischen biologischen Vorgängen und deren krankheitsartiger Störung durch Formen der Selbsthilfe und durch alternative Gesundheitseinrichtungen entgegenzutreten. Es geht darum, den Zirkel schicksalhafter Wiederholung von gesellschaftlicher Unterdrückung aufzubrechen, der in der Fremdverfügung über den weiblichen Körper immer schon angelegt ist. Bei einigen Frauenforscherinnen erweckt daher die Tatsache Skepsis, daß gegenwärtige restaurative gesellschaftspolitische Entwicklungstendenzen mit der Formulierung und Durchsetzung eines solchen positiven Selbstbildes der Frau konvergieren. Die Reprivatisierung der Wohlfahrt (vgl. Rose, 1981), die Einflußnahme von öffentlichen Beratungsdiensten auf das Gesundheitsverhalten von Frauen (vgl. Riedmüller, 1984) und die weiterhin zunehmenden Leistungsangebote der Medizin (vgl. Rodenstein, 1984) sind, so ist zu befürchten, imstande, gerade die körperbezogene Bewußtseinsbildung in Dienst zu nehmen und damit das weitergehende Interesse der Frauen an Selbstbestimmung zu durchkreuzen.

2. Das Eindringen einzelner Frauen in Berufe, die bislang Männern vorbehalten waren, ebenso wie in Politik und Kultur könnte den Anfang einer allgemeinen Aufwertung der Stellung von Frauen in der Öffentlichkeit bilden. Allerdings fordert das Heraustreten aus dem privaten Raum von Kleinfamilie und Nachbarschaft der Frau ein verändertes Verhältnis zu den gestischen und mimischen Darstellungsmöglichkeiten ihres Körpers ab. Es entspricht den Bemühungen um ein positives Selbstbild, wenn Frauen von sich verlangen, daß das Auftreten in der Öffentlichkeit und die Teilhabe an deren Diskursstil mit einer Darstellung persönlicher Identität vereinbar bleibt, in der Bedürfnisse, Gefühle und Intentionen expressiv, mittels körperlichen Ausdrucks

symbolisiert werden. Indessen zeugen die leiblichen Ausdrucksmöglichkeiten nicht von einer überlegenen weiblichen Logik, »einer andersartigen Rationalisierung, einer Kohärenz, die sich auf etwas ganz anderes bezieht« (Balbo, 1984, S. 196). Hinweise auf eine solche Logik sind kleinen Gemeinschaften mit reziproker Bedürfnisbefriedigung und affektiv-solidarischen Bindungen entnommen, für die nicht die Notwendigkeit besteht, Interessen öffentlich zu vertreten. Eine solche Gesellungsform als ein »ganz Anderes« zu idealisieren, wie Ulrike Prokop befürchtet (vgl. Prokop, 1976, S. 69), kann daher mit dem Verzicht auf die ohnehin ungesicherte Teilhabe an öffentlicher Auseinandersetzung gleichbedeutend sein. Zumindest wiederholt sich hierin die Gleichsetzung des Männlichen mit dem Öffentlichen, Universellen und des Weiblichen mit dem Privaten, Partikularen, eine Gleichsetzung, die mit dem Ordnungsverlangen restaurativer Kräfte mehr gemein hat als mit Veränderungen, die im Interesse der Frauen liegen.

3. Die weibliche Hysterie ist zum Sinnbild für ein gegen den eigenen Körper gewendetes Aufbegehren dagegen geworden, daß den Frauen die umfassende Teilhabe am gesellschaftlichen Leben versagt wird. Sie steht für den Verlust der Möglichkeit zu aktiver Beeinflussung und Gestaltung der komplexen gesellschaftlichen Wirklichkeit. Von der Unterscheidung zwischen Körperobjekt und Körpersubjekt her gesehen, steht hinter diesem Bild die Besinnung nicht auf ein »ganz Anderes«, sondern auf eine vorgängige, im geschlechtsunabhängig gegebenen Mensch-Sein begründete Gleichheit. In Bestimmungen wie der Welt gegenüber aktiv, aufmerksamkeitsgerichtet, eingestellt, tätig zu sein, unterscheiden sich Frauen in nichts vom anderen Geschlecht. Ein Unterschied entsteht erst durch die Bedeutungen, die das biologisch weibliche Geschlecht im Verlauf des Sozialisationsprozesses erhält. Erst dann verbindet sich die Aufmerksamhaltung mit einer spezifischen Richtung, etwa der masochistischen Wendung aggressiver Impulse gegen die eigene Person, einer Verarbeitungsweise, von der es heißt, sie gehöre zur Natur der Frau.
Margarete Mitscherlichs psychoanalytische Denkweise verlegt solchen trügerischen Evidenzurteilen den Weg, und zwar wirksamer als eine Soziologie mit Berührungsängsten gegenüber dem Biologischen. Die Frau verfüge, so sagt Margarete Mitscherlich, von Geburt an über die gleichen aggressiven Potentiale wie der Mann. Diese Potentiale werden

auch in der Entwicklung des kleinen Mädchens »gebraucht, um Aktivität, Individuation, Abgrenzungsfähigkeit... zu fördern« (Mitscherlich, 1985, S. 181). Sich als Frau im späteren Leben wieder auf diese Fähigkeiten besinnen und sie für den politischen Kampf um Gleichstellung mit den Männern in Anspruch nehmen heißt daher auch, nicht an männliche Normen anknüpfen. Entscheidend ist, daß in der Annahme von aggressiven Potentialen der Vorgriff auf eine Individuierung der Frau zu gelingen scheint, die nicht mehr an deren historisches, durch die Struktur realer gesellschaftlicher Verhältnisse bedingtes männliches Zerrbild gekettet ist.

## Literaturverzeichnis

BALBO, L. (1984), Crazy Quilts: Gesellschaftliche Reproduktion und Dienstleistungsarbeit, in: Kickbusch u. Riedmüller (Hrsg.), a. a. O., S. 179–200.

DURKHEIM, E. (1922): *Erziehung und Soziologie*, Düsseldorf 1972.

EHRENREICH, B. u. D. ENGLISH (1978): *For Her Own Good. 150 Years of the Experts' Advice to Women*, Garden City, N. Y.

FISCHER-HOMBERGER, E. (1979): *Krankheit Frau und andere Arbeiten zur Medizingeschichte der Frau*, Bern.

HAUSEN, K. (1976): Die Polarisierung der »Geschlechtscharaktere« – Eine Spiegelung der Dissoziation von Erwerbs- und Familienleben, in: Werner Conze (Hrsg.), *Sozialgeschichte der Familie in der Neuzeit Europas*, Stuttgart, S. 363–393.

HEINTZ, B. u. C. HONEGGER (1981): Zum Strukturwandel weiblicher Widerstandsformen im 19. Jahrhundert, in: Honegger, C. u. B. Heintz (Hrsg.), *Listen der Ohnmacht. Zur Sozialgeschichte weiblicher Widerstandsformen*, Frankfurt am Main, S. 7–68.

HONEGGER, C. (1983): Überlegungen zur Medikalisierung des weiblichen Körpers, in: A. E. Imhof (Hrsg.), a. a. O., S. 203–213.

KICKBUSCH, I. u. B. RIEDMÜLLER (Hrsg.): *Die armen Frauen. Frauen und Sozialpolitik*, Frankfurt am Main 1984.

MEAD, G. H. (1934a): *Geist, Identität und Gesellschaft*, Frankfurt am Main 1968.

ders. (1934b): Identität und Reflexionsprozeß, in: ders., a. a. O., S. 403 bis 429.

MITSCHERLICH, M. (1985): *Die friedfertige Frau. Eine psychoanalytische Untersuchung zur Aggression der Geschlechter*, Frankfurt am Main.

PARSONS, T. (1959): An approch to psychological theory in terms of the theory of action, in: S. Koch (Hrsg.), *Psychology: a study of a science*, III. Formulations of the person and the social context, New York, S. 612–711.

PLESSNER, H. (1928): *Die Stufen des Organischen und der Mensch*. Einleitung in die philosophische Anthropologie, Berlin ²1965.
PROKOP, U. (1976): *Weiblicher Lebenszusammenhang. Von der Beschränktheit der Strategien und der Unangemessenheit der Wünsche*, Frankfurt am Main.
RODENSTEIN, M. (1984): Somatische Kultur und Gebärpolitik. Tendenzen in der Gesundheitspolitik für Frauen, in: Kickbusch u. Riedmüller (Hrsg.), a. a. O., S. 103–134.
RIEDMÜLLER, B. (1984): Frauen haben keine Rechte. Zur Stellung der Frau im System sozialer Sicherheit, in: Kickbusch u. Riedmüller (Hrsg.), a. a. O., S. 46–72.
ROSE, H. (1981): Wohlfahrt ohne Frauen. Neubetrachtung einer klassischen Sozialpolitiktheorie, in: Kickbusch u. Riedmüller (Hrsg.): a. a. O., S. 15–45.
SCHAPS, R. (1982): *Hysterie und Weiblichkeit. Wissenschaftsmythen über die Frau*, Frankfurt am Main.
SIMMEL, G. (1902): Weibliche Kultur, in: ders., *Philosophische Kultur*. Gesammelte Essais, Potsdam, 3. Aufl. o. J., S. 268–311.
SMITH-ROSENBERG, C. (1972): Weibliche Hysterie. Geschlechtsrollen und Rollenkonflikt in der amerikanischen Familie des 19. Jahrhunderts, in: Honegger, C. u. B. Heintz (Hrsg.), *Listen der Ohnmacht. Zur Sozialgeschichte weiblicher Widerstandsformen*, Frankfurt am Main 1981, S. 276 bis 300.

Johannes Cremerius
Die Einrichtung des Zulassungsverfahrens
1923 bis 1926 als machtpolitisches Instrument
der »Psychoanalytischen Bewegung«


Freud hat mit dem Nürnberger Kongreß 1910 beginnend die »Psychoanalytische Bewegung« als ein Instrument der Machtpolitik aufgebaut. Damit geriet er in den Konflikt zwischen Bewahren und Festlegen des Erreichten einerseits und kritischer Revision desselben andererseits. Jetzt auch beginnt in der Psychoanalyse der Kampf zwischen dem, womit man sich gegen den Status quo wendet, und dem, was sie an ihn bindet (vgl. Cremerius, 1986).
Wo Machtpolitik betrieben wird, kommt es zum Kampf um die Macht. Er äußerte sich in der Psychoanalyse einmal in Auflehnung gegen den Repräsentanten der Macht in Form von Abfall- und Spaltungsbewegungen, zum anderen in Form von Sichhinwegsetzen über den Widerstand gegen bestimmte theoretische Annahmen und bestimmte organisatorische Vorstellungen desselben. Nachfolgend werde ich am Beispiel des Zulassungsverfahrens wie an der Frage der Laienanalyse die beiden letzteren Formen des Machtkampfes darstellen. (Bei der autoritär-hierarchischen Struktur der »Psychoanalytischen Bewegung« ist es naheliegend, daß diese beiden Themen auch Gegenstand der Diadochenkämpfe unter den Schülern wurden.) Ich beginne mit der Geschichte der Einführung des Zulassungsverfahrens.
Das Zulassungsverfahren als Teil der systematischen Ausbildung ist von Freuds Schülern organisiert worden. Es trägt deutliche Züge machtpolitischen Denkens. Freud selbst hat daran keinen Anteil. Ja, mehr noch, so werde ich zeigen, ist es seinen theoretischen Grundannahmen (Indikationsstellung zur psychoanalytischen Behandlung und Prognostik) wie seinen Vorstellungen davon, wer Analytiker sein dürfe und wer nicht, diametral entgegengesetzt. Die Einführung des Zulassungsverfahrens markiert also einen Punkt in der Geschichte der »Psychoanalytischen Bewegung«, an dem seine Schüler sich erstmalig bedenkenlos über fundamentale Ansichten des »Meisters« hinwegsetzten und Widerstand gegen sie leisteten. – Nirgendwo reflektiert die

Literatur der Zeit, soweit ich sehen kann, diese Kontroverse, nirgendwo begründet sie, warum man bei der Abweichung von Freuds Ansichten seine indikatorisch-prognostischen Kriterien ignorierte.
Freud hat zu diesem Punkt keine Stellung bezogen, obgleich das Verfahren auch vor seiner Tür in Wien im Wiener Lehrinstitut praktiziert wurde. – Hier wird erstmalig deutlich, daß der Paragraph in der Satzung der DPG »Der Zweck der Vereinigung: Pflege und Weiterentwicklung der von Freud begründeten Wissenschaft der Psychoanalyse –« bei vielen nur noch ein Lippenbekenntnis war. Als Lippenbekenntnis erweist sich die Formulierung auch in der späteren Opposition gegen Freuds Kampf für die Laienanalyse (die Verwalter der Psychoanalyse schränkten die Zulassung auf Laien immer stärker ein, bis schließlich nur noch Ärzte [in den USA] oder Ärzte und Psychologen [in der Bundesrepublik Deutschland] zugelassen werden durften) wie in der Beschränkung der Ausbildungsinstitute auf die Produktion praktizierender Psychotherapeuten und der damit verbundenen Nivellierung der Ausbildung. Von Freuds Vorstellung, daß in einem idealen Ausbildungsinstitut außer Psychoanalyse Geschichte der Literatur, Mythologie, die Geschichte der Zivilisation und die Psychologie der Religionen gelehrt werden sollten, wird – wie die Lehrpläne der meisten psychoanalytischen Institute in der Bundesrepublik Deutschland zeigen – kaum etwas realisiert.
Als Eitingon auf dem Salzburger Kongreß 1924 die Forderung nach einer Auswahl der Kandidaten stellte (vgl. 1924, S. 233), lagen Freuds negative Erfahrungen mit der Indikationsstellung und Prognostik in der Psychoanalyse seit vielen Jahren vor.
Die Kollegen wußten, daß für Freud nur wenige Daten vor Analysebeginn bedeutsam waren: ein gewisser Bildungsgrad (vgl. 1895 d, S. 77), ein »verläßlicher Charakter« (1905 a, S. 21), ein »deutlicher Behandlungswunsch«, die »Einsicht in die Vergeblichkeit anderer Behandlungsverfahren« (ebenda, S. 20) und das »Vorliegen einer Übertragungsneurose« (1923 a, S. 109 ff.). Seine Kontraindikationen waren: »persönliche Bekanntschaft« (1913 c, S. 456 f.), »Antipathie auf Seiten des Analytikers« (1895 d, S. 264 und 1904 a, S. 9), »Psychosen, eingeengte Intelligenz«, »zu hohes Alter« (1905 a, S. 21), »akute Krise« oder »akute Symptomatologie« wie »Hoffnung auf schnelle Heilung« und »unfreiwillige Konsultation« (ebd., S. 21; vgl. auch Cremerius, 1984).

Diese Beurteilungskriterien sind der Niederschlag von Erfahrungen, die Freud als Ratschläge an seine Schüler weitergeben wollte. Er hat nie daran gedacht, zu empfehlen, sie in einer Exploration vom Abfragetypus zu ermitteln. So hat er sich auch selber nicht bemüht, sie vor Behandlungsbeginn festzustellen. Er hat sich anscheinend auf seinen Eindruck, sein Gefühl, verlassen. In einem Erstgespräch von Minuten, maximal einer Stunde, wie er es machte, ließen sich alle diese Punkte auch gar nicht hereinholen. Oft verzichtete er überhaupt auf das Erstgespräch und begann gleich mit der ersten Stunde im Liegen, so im Falle des »Rattenmannes«. Zu dieser Unbekümmertheit gehört auch, daß er sich an andere seiner Kriterien nicht hielt. So nahm er Dora, die gegen ihren Willen vom Vater in Analyse geschickt wurde, in Therapie und viele Personen, die ihm bekannt oder mit denen er befreundet war (Reik z. B.), auch solche, mit denen er gleichzeitig zusammenarbeitete (z. B. das Ehepaar Strachey) und sogar seine eigene Tochter Anna. Das schuf natürlich große Verwirrung unter seinen Schülern (vgl. Cremerius, 1981).

Die Quintessenz seiner indikatorisch-prognostischen Erfahrungen heißt: Im Zweifelsfalle ist eine Probebehandlung angezeigt: »Eine andere Art der Erprobung als einen solchen Versuch hat man nicht zur Verfügung, noch solange fortgesetzte Unterhaltungen und Ausfragungen in der Sprechstunde würden keinen Ersatz bieten« (Freud, 1913c, S. 455). Der Patient, stellt er fest, läßt wesentliche Mitteilungen aus, unterdrückt sie, verschiebt viele Beziehungen: »... im Grunde: wieviel Unrichtiges und Unwahres hat er Ihnen das erste Mal erzählt!« (1922a, S. 174), so daß genaue Auskünfte über die Lebensgeschichte, »soweit sie mit der Krankengeschichte zusammenfällt, nicht zu erhalten sind« (1905e, S. 174). Die Verfügung über eine konsequente, verständliche, lückenlose Krankengeschichte fiele mit der Heilung zusammen (vgl. ebd., S. 175).

Und schließlich heißt es: »Unsere Diagnosen erfolgen sehr häufig erst nachträglich. Sie sind von der Art wie die Hexenprobe des Schottenkönigs.« Erst, nachdem die Hexe gekocht worden war, schmeckte er an der Suppe, ob sie eine gewesen war oder nicht. »Wir kaufen tatsächlich die Katze im Sack« (1933a, S. 167).*

---

* Wie recht Freud damit hatte, zeigt ein Bericht Gaddinis, wo sich die Katze im Sack als Betrüger, als Hochstapler erwies: In den 60er Jahren gelang es einem jungen Juden, eine

Aber auch die Probebehandlung, dieses ihm so viel sicherer erscheinende Verfahren, hat er nicht immer angewandt. Selbst im Falle des »Wolfsmannes«, den er doch nicht als reine Übertragungsneurose verstanden haben kann, machte er keine Probebehandlung. Auch im Falle des Dr. Frink aus New York, der nach dem ersten Abschnitt der Analyse psychotisch wurde und dann später für immer hospitalisiert werden mußte, hat er keine Probeanalyse gemacht (vgl. Jones, 1957, S. 131).

Die behandlungstechnische Begründung gegen jede Art von indikatorisch-prognostischem Interview liefert Freud 1913: »Sie [lange Vorbesprechungen] verhindern nämlich, daß der Patient dem Arzt in einer fertigen Übertragungseinstellung gegenübertritt, die der Arzt erst langsam aufdecken muß, anstatt daß er die Gelegenheit hat, das Wachsen und Werden der Übertragung von Anfang an zu beobachten. Der Patient hat so eine Zeitlang einen Vorsprung, den man ihm in der Kur nur ungern gönnt« (1913c, S. 456f.).

Unbekümmert um diesen theoretisch wie behandlungstechnisch wohlbegründeten Standpunkt Freuds, dessen Gültigkeit für die Frage der Analysierbarkeit von Kandidaten – dem zentralen Aspekt der Zulassung – unbestreitbar ist, legt das Berliner Psychoanalytische Institut 1925 fest: die unwiderrufliche Aufnahme oder Ablehnung einesKandidaten von dem Eindruck abhängig zu machen, den drei Interviewer gewonnen haben (vgl. Bernfeld, 1962, S. 444). Kaum war diese Festlegung getroffen – sie war nur eine von vielen –, schlug Jones Eitingon, dem Promotor der organisierten Ausbildung, vor, die Gründung eines internationalen Unterrichtsausschusses zu beantragen. Der Antrag wurde auf dem Homburger Kongreß 1925 angenommen. Seitdem gibt es diese Instanz, die über die Einhaltung der Ausbildungsregeln wacht.

---

volle Lehranalyse zu durchlaufen und bereits die ersten Patienten zu behandeln, bevor man entdeckte, daß er ein Hochstapler war. Seine Fähigkeit, seinen Analytiker zu befriedigen, war außerordentlich. Seine imitative Übertragung wurde nicht erkannt. Im Gegenteil war er der Lieblingsanalysand seines Lehranalytikers. Der Lehranalytiker war alt, ebenfalls Jude, und seine Familie war österreichischen Ursprungs. Deutsch war seine zweite Sprache. Unter anderen Dingen produzierte der »Kandidat« in seiner Analyse Erinnerungen oder Träume, in denen vage und konfuse Erinnerungen an ein deutsches KZ auftauchten, in dem er angeblich gewesen sein wollte. Erst am Ende der Analyse erkannte der Lehranalytiker aufgrund von *Informationen aus der Außenwelt*, daß er das Opfer eines Hochstaplers geworden war (J. C. Gaddini, 1984, S. 11; Übersetzung von mir, J. C.).

Das System funktionierte sofort: Helene Deutsch konnte bald über das Wiener Ausbildungsinstitut berichten, daß hier die »qualitative« Auswahl der Bewerber sich günstig auswirke: von zahlreichen Bewerbern seien im letzten Jahr nur vier zur Ausbildung zugelassen worden (1926, S. 139).
Balint ist aufgefallen, daß es für den Zeitraum bis zum Ende des Zweiten Weltkrieges keine Publikationen gibt, die sich mit der persönlichen Qualifikation der Bewerber für die Zulassung zur Ausbildung beschäftigen (vgl. ders., 1947). Diese Feststellung Balints besagt nicht, daß man sich nicht mit Selektionsfragen beschäftigt hat. Sie weist nur darauf hin, daß diese Probleme ausschließlich »hinter verschlossenen Türen« im kleinen Kreis des Unterrichtsausschusses stattfanden (ebd., S. 308), daß also die Mitglieder von einer offenen Diskussion dieses Themas ausgeschlossen wurden. Daß es Kriterien gab und wie dieselben aussahen, geht aus den Feststellungen von Anna Freud und Hanns Sachs hervor. Anna Freud stellt fest: »Der Typus, den die heutigen Lehrinstitute bevorzugen, ist den Analytikerpersönlichkeiten der ›heroischen‹ Vorzeit gerade entgegengesetzt, d. h. ihre Kandidaten sind zumeist psychisch stabil, nicht exzentrisch, erfolgreich in Studium und Beruf, der Außenwelt angepaßt, eher realitätstüchtig und arbeitsam als weitschauend und schöpferisch in ihrer Veranlagung« (1972, S. 21). Und daß jene, die vor dieser Zeit zur Analyse fanden, jetzt nicht mehr zugelassen würden: »Personen, die aus dem Rahmen des Gewöhnlichen herausfielen. Sie waren die Unkonventionellen, die Zweifler, die Unzufriedenen im eigenen Beruf, die Wissensdurstigen, denen die offizielle Wissenschaft nicht genug zu bieten hatte. Unter ihren waren auch Sonderlinge, Träumer, Sensitive, die das neurotische Elend an der eigenen Person erfahren hatten. Was sie in der Literatur hinterlassen haben, zeugt von ihrer Eignung zur analytischen Arbeit« (ebd.). Auch aus der Feststellung von Sachs, dem ersten »Berufslehranalytiker« (er analysierte in den ersten beiden Jahren seiner Lehranalytiker-Tätigkeit am Berliner Institut 25 Personen, ganz oder teilweise, zum Zwecke der Ausbildung), geht hervor, daß es solche Kriterien gab und daß er ihren Wert bezweifelte. Aufgrund seiner 10jährigen Erfahrung als Lehranalytiker stellt er fest: »Es ist paradox, daß es eine Gruppe gibt, die ungeeignet für den Beruf des Analytikers ist, weil sie zu wenig psychoneurotische Symptome aufweist. Sie sind gut an die Realität angepaßt und – soweit das von außen zu beurteilen ist – gut integriert, außer daß sie

eine gewisse Rigidität zeigen, die auf die offensichtliche Bedeutung narzißtischer Züge zurückzuführen ist. Diese Leute haben ihre psychischen Konflikte erfolgreich mit Hilfe einer starken narzißtischen Abwehr vollständig verdrängt. Ihre Freiheit von auffälligen neurotischen Symptomen hängt von einer starken Verdrängung ab und hat in ihrem Gefolge eine Unfähigkeit, das Unbewußte zu erreichen und seine Äußerungen zu verstehen. Anstrengungen, sie mit der Sprache des Unbewußten bekanntzumachen, sind Diskussionen mit Blinden über Farbtafeln vergleichbar. Es ist kaum notwendig hinzuzufügen, daß diese Abgeschlossenheit von ihrem eigenen Unbewußten jedes wirkliche Verstehen des Unbewußten von Anderen ausschließt, obwohl sie intellektuell Zugang zu seinen Mechanismen haben können. Solch eine narzißtische Mauer von Widerstand niederzureißen, wäre eine übermenschliche Aufgabe; außerdem ist es kaum zu rechtfertigen, die Umwandlung einer gut angepaßten Person in etwas nicht Vorhersehbares aus dem einzigen Grunde zu versuchen, sie für den einzigen Beruf auszubilden, für den sie jetzt und mit aller Wahrscheinlichkeit nie besonders gut ausgestattet sind« (Sachs, 1947, S. 157).

Die Kriterien, die Anna Freud und Hanns Sachs beklagen, sind Normalität und Angepaßtheit. Es hat 30 Jahre gedauert, bis die Institute erkannten, daß auf diesem Wege unanalysierbare (vgl. Gitelson, 1954) und konservativ-konventionelle Bewerber, »Normopathen« (Bird, 1968), Imitationskandidaten (Gaddini, 1984), von denen Limentani sagt, sie würden zunehmend an die Stelle der »normalen« Kandidaten treten (1984, S. 23), Kernberg spricht von »dull-normal«-Bewerbern (1984), bevorzugt das Zulassungsfilter passieren.

Balint und Bernfeld bezweifeln, daß es den Vertretern dieser Art des Zulassungsverfahrens wirklich um die Ermittlung von Qualifikation und Kompetenz ging. Balint glaubt, es habe nur den Wert von Initiationsriten gehabt: »Sie sollen den Neuling zwingen, sich mit dem Clan zu identifizieren, den Initiator und seine Ideale zu introjezieren, um aus diesen Identifikationen ein starkes Über-Ich zu errichten, das ihn lebenslang beeinflußt.« »Die so Identifizierten«, fährt er fort, »sondern sich in ›Abstammungs‹-Gruppen ab, sind den Mitgliedern ihrer eigenen Gruppe gegenüber nachsichtig und gegenüber allen anderen Gruppen kritisch und folgen im allgemeinen ihren Meistern blind« (1966, S. 317). Auch Bernfeld äußert sich in seiner bewegenden Anklage gegen das psychoanalytische Ausbildungssystem des Jahres 1952 in gleicher

Weise: Das Berliner Ausbildungssystem zeigt »alle Merkmale einer Verschulung«, einer »vorpsychoanalytischen Ausbildung, auf Fragen der Verwaltung und Institutspolitik hin orientiert« (1962, S. 438). Geheimhaltung und Initiationsriten kennzeichnen hierarchisch-autoritäre Strukturen, vor allem Religionsgemeinschaften und Sekten. Sie stellen das Ende einer wissenschaftlichen Vereinigung dar. Bernfeld spricht von einem »Ausbildungsmodus« im Geiste der preußischen Armee« (ebd., S. 456).

Ich komme jetzt zum Streit über die Frage der Laienanalyse: War bis zum Ende des Ersten Weltkrieges die Zulassung zur Psychoanalyse einzig und allein vom Lehranalytiker abhängig, der sie nach erfolgreicher persönlicher Analyse aussprach, änderte sich dies ab 1925. Im Verlauf der fortschreitenden Anerkennung der Psychoanalyse – 1925 wird die psychoanalytische Behandlung in die preußische Gebührenordnung (PREUGO) und die Allgemeine Deutsche Gebührenordnung für Ärzte (ADGO) aufgenommen, und 1926 schickte der erste allgemeine ärztliche Kongreß für Psychotherapie in Baden-Baden ein Grußtelegramm an Sigmund Freud – verstärkte sich die Tendenz, sich machtpolitisch zu orientieren. Ein Mittel dazu sahen viele Analytiker darin, den Zugang zur psychoanalytischen Vereinigung bevorzugt Ärzten zu ermöglichen. Aus der zeitlichen Koinzidenz zwischen dem drohenden Prozeß gegen Theodor Reik (im Winter 24/25) und der Tendenz, Nicht-Ärzte nur in Ausnahmefällen zuzulassen, gewinne ich den Eindruck, daß man den drohenden Prozeß zum willkommenen Anlaß nahm, diese Absicht zu verwirklichen: Kaum war die Anklage gegen Reik wegen Kurpfuscherei erhoben worden, entschloß sich die Wiener Vereinigung am 4. Februar 1925, dem Vorbild der Londoner und New Yorker Psychoanalytischen Vereinigung folgend, zur Schaffung des Status der außerordentlichen Mitgliedschaft. Die ordentliche Mitgliedschaft sollte von nun an nur noch graduierten Ärzten vorbehalten sein (Leupold-Löwenthal, 1984, S. 101).\*

Folgt man der Darstellung des Streites um die Frage der Laienanalyse in Jones' Freud-Biographie, gewinnt man den Eindruck, Freud habe seine Schrift zur Verteidigung der Laienanalyse 1926 gegen die Bedrohung

---

\* Die New Yorker Psychoanalytische Vereinigung hatte bereits 1924 folgenden Beschluß gefaßt: »Die Mitgliedschaft bleibt weiterhin ausschließlich Doktoren der Medizin vorbehalten« (Oberndorf, 1925).

von außen verfaßt. Das ist mit Sicherheit nur die halbe Wahrheit. Jones vernachlässigt die andere Hälfte derselben, weil er – wie viele andere Analytiker – zu den Bedrohern von innen gehörte, zu den Gegnern der Laienanalyse. In Wirklichkeit war nämlich die Gefahr von außen für die Psychoanalytische Vereinigung, wie Sablik (1985) nachweist, gar nicht so groß. Die wirkliche Gefahr bestand in einer Monopolstellung der Ärzte in der Psychoanalyse zuungunsten der Nicht-Ärzte: »Die Bewegung gegen die Laienanalyse scheint mir nur ein Ableger des alten Widerstandes gegen die Analyse im allgemeinen zu sein. Unglücklicherweise sind viele unserer Mitglieder so kurzsichtig oder durch ihre Berufsinteressen so verblendet, daß sie sich dem anschließen«, schreibt Freud am 19. Juli 1926 an Eitingon (Jones, 1957, S. 345). An diesem Brief fällt auf, wie vorsichtig Freud sich ausdrückt: Mit »viele unserer Mitglieder« war nämlich vor allem Eitingon selbst gemeint, der sehr entschieden für ein Mediziner-Monopol eintrat: 1927 stellte er auf dem Internationalen Kongreß in Innsbruck den Antrag, man sollte grundsätzlich als Vorberuf den des Arztes vorsehen und nur bei Vorliegen besonderer Eignung Ausnahmen zulassen (vgl. Eitingon, 1928, S. 140). Dort stellte er sich auch gegen den Antrag Ferenczis, seine Gruppe nichtärztlicher Analytiker in die IPV aufzunehmen (vgl. Jones, 1957, S. 347), und hatte damit Erfolg. In seiner Schrift zur Laienanalyse äußert Freud seine Betroffenheit darüber, daß seine Schüler »für das ausschließliche Anrecht der Ärzte auf die analytische Behandlung der Neurotiker eintreten« (1926e, S. 273). Diese Einstellung seiner Schüler war Freud nicht neu. Schon 1919 mußte der Plan Bernfelds, eine »Gesellschaft von psychoanalytisch interessierten Nicht-Ärzten« zu organisieren, die der Wiener Psychoanalytischen Vereinigung lose angegliedert sein sollte, fallengelassen werden.
Als Ferenczi sechs Jahre später den Plan wieder zum Aufleben brachte – er wollte auf dem Internationalen Kongreß in Bad Homburg 1925 beantragen, daß man unter seinen Auspizien eine Zweiggesellschaft »Freunde der Psychoanalyse« gründete –, wurde dieser von einem dem Kongreß vorangehenden Komitee einstimmig abgelehnt. Beide Male geschah dies gegen Freuds ausdrückliche Befürwortung einer solchen nicht-ärztlichen psychoanalytischen Gesellschaft (Jones, 1957, S. 343). Es ist bemerkenswert, daß Jones keine Gründe für die beiden Ablehnungen angibt. Ich werde später auf seine Gründe zurückkommen.
Aus einem Brief Freuds vom 27. 3. 1926 an Paul Federn, damals Ge-

schäftsführender Vorsitzende der Wiener Psychoanalytischen Vereinigung, erfahren wir, daß die Frage der Laienanalyse in der Vereinigung zu heftigen Auseinandersetzungen geführt hat: »Lieber Herr Doktor, ich danke für Ihren ausführlichen Bericht über die Diskussion der Laienfrage in der Vereinigung. An meiner Stellungnahme wird dadurch nichts geändert. Ich verlange nicht, daß die Mitglieder sich meinen Anschauungen anschließen, aber ich werde dieselben privatim, öffentlich und vor dem Gericht ungeändert vertreten, auch wenn ich allein bleiben sollte. Vorläufig sind ja immer einige unter ihnen, die auf meiner Seite stehen. Aus der Differenz mit den anderen werde ich keine Affäre machen, solange sich dies vermeiden läßt. Gewinnt die Angelegenheit an Bedeutung, so werde ich allerdings die Gelegenheit dazu benutzen, ohne Störung unserer sonstigen Beziehungen, den derzeit nur nominellen Vorsitz der Gesellschaft aufzugeben. Der Kampf für die Laienanalyse muß irgendeinmal ausgefochten werden. Besser jetzt als später. Solange ich lebe, werde ich mich dagegen sträuben, daß die Psychoanalyse von der Medizin verschluckt wird. Es ist natürlich kein Grund, diese meine Äußerungen vor den Mitgliedern der Vereinigung geheimzuhalten. Mit herzlichen Grüßen Ihr Freud« (Federn, 1967, S. 269 ff.).

Wie heftig diese Auseinandersetzungen geführt wurden und mit welchen Argumenten, dokumentieren die Diskussionsbeiträge einiger Analytiker, die vor dem Internationalen Psychoanalytischen Kongreß in Innsbruck 1927 in der Internationalen Zeitschrift für Psychoanalyse abgedruckt wurden. Ich gebe nur die Gegenstimmen wieder, weil sie einen tiefen Einblick in den damaligen Zustand der psychoanalytischen Gemeinschaft gewähren.

Da sind zunächst Argumente zu nennen, die die Psychoanalyse als Heilverfahren mißverstehen, die verraten, daß diese Analytiker Freuds Verständnis der Psychoanalyse als eines dialogischen Prozesses zur Aufdeckung des Unbewußten nicht teilen:

*Felix Deutsch:* »Das Heilgeschäft ist eine ärztliche Sache. Das wäre der Weisheit letzter Schluß. Für Geld gesund machen darf nur der Arzt. Das steht im Gesetz.« Deutsch räumt ein, die didaktische Analyse könne als Ausnahme betrachtet werden, denn da wolle man erziehen und nicht heilen (1927).

*Paul Schilder* meint in seinem kurzen Statement: »Wer geheilt werden will, gehört zum Arzt.« Zu Erziehungs- und Lehrzwecken könne man die Laienanalyse evtl. gestatten (1927).

Ferner sind Argumente zu nennen, die eine anatomisch-physiologische Vorbildung des Analytikers fordern. Sie implizieren ein naturwissenschaftliches Verständnis der Psychoanalyse und negieren die Bedeutung der von Freud geforderten geisteswissenschaftlichen Vorbildung (vgl. Freud 1913 b, S. 449 f., hier S. 19). Diese Gegner der Laienanalyse führen die noch heute gebräuchlichen Argumente an: Der nichtärztliche Analytiker könne organische Krankheiten übersehen und beginnende psychotische Prozesse nicht erkennen:

*Karen Horney:* Sie vertritt 1927 die Meinung, daß die medizinische Vorbildung dem Psychoanalytiker mehr biete als andere Bildungswege (1927);

*C. P. Oberndorf:* »Zwar könne ein Arzt ohne psychoanalytische Ausbildung nie Psychoanalytiker werden, wie sollte dies aber andererseits eine Person ohne Kenntnis der Physiologie, Anatomie und Pathologie sein?« (1927);

*E. Jones:* Die Zahl der Laienanalytiker solle gering gehalten werden, sie sollten nur ganz bestimmte, von Ärzten ausgewählte Fälle unter ständiger Aufsicht analysieren können, also keine selbständige Praxis führen (1927 b). Freuds Abneigung gegen die Psychiater lasse ihn die Gefahr des Auftretens eines schizophrenen Geschehens in der psychoanalytischen Kur übersehen, die ein Laienanalytiker gar nicht wahrnehmen würde (1927 a);

*F. Deutsch:* In der Psychoanalyse melde sich stets das Organische zu Wort (1927).

Weiter nenne ich standespolitische Interessen, bei denen sich Prestige und Geld aufs vorteilhafteste vereinen. Kein Dokument dieser Zeit aus den eigenen Reihen deckt die Kontroverse zu Freuds Standpunkt so rückhaltlos auf wie Jones' Rezension von Freuds »Die Frage der Laienanalyse«.

*E. Jones:* »Berufsmäßig zum Zwecke des Lebensunterhaltes« sollten überwiegend nur ärztliche Analytiker arbeiten, »zu anderen Zwecken« – es handelt sich um die nicht-therapeutische Anwendung der Psychoanalyse – sollten Laienanalytiker ausgebildet werden. – »Der von Freud angedeutete Konkurrenzneid der Ärzte müsse gerecht gesehen werden: »Wenn man bedenkt, daß viele Laienanalytiker, deren Ausbildung nur den vierten Teil der Lehrzeit eines ärztlichen Analytikers beansprucht, und denen kein bestimmter Lebensstandard vorgeschrieben ist, wie den Ärzten (in manchen Städten muß ein Arzt in bestimmten teuren Vierteln praktizieren, oder er kann überhaupt darauf verzichten), bald das finanzielle Niveau der analytischen Arbeit herabdrücken würden. Dieses unerquickliche Beispiel sollte nur angeführt werden, um zu zeigen, daß die Ausführungen dieses Buches [»Die Frage der Laienanalyse«] auch an dieser Stelle unvollkommen sind« (Jones, 1927a).

S. *Goodmann* fragt: »Haben wir uns nicht auch durch den Wunsch beeinflussen lassen, uns aus Gründen des Sozialprestiges und des wirtschaftlichen Vorteils die offizielle Identifikation als Ärzte zu erhalten?« (1977, S. 144).

30 Jahre später kaschiert Jones den hier unverdeckt ausgesprochenen Futterneid mit einer rationalen Begründung: »Und was würde geschehen, wenn diejenigen, die beabsichtigen, die Psychoanalyse zu erlernen, erführen, daß dazu das Studium der Medizin belanglos sei? Würde es dann mit der Zeit nicht tatsächlich belanglos werden? Wie viele von ihnen würden soviel Donquichotterie aufbringen, langwierige Jahre voll Mühe und großer Kosten für ein Studium in unnötiger Richtung auf sich zu nehmen? Dies könnte dazu führen, daß die Mehrzahl der Analytiker Nichtmediziner wären, und man müßte damit rechnen, daß die psychoanalytische Praxis zu ihrem großen praktischen und theoretischen Schaden in zunehmendem Maße von der Medizin losgelöst würde. Darüber hinaus würde vielleicht ihre Aussicht, jemals als voll gültiges Fach der exakten Wissenschaften anerkannt zu werden, so gut wie völlig verschwinden« (Jones, 1957, S. 342). Die Fadenscheinigkeit dieser Begründung ist um 1960, zu einer Zeit, als bereits die großen wissenschaftlichen Leistungen nichtärztlicher Analytiker vorlagen, offenkundig.

Zum Schluß noch ein Argument von Jones, das ich unter den Oberbegriff »curiosa« fasse: Jones tritt für eine »Verkettung der Psychoanalyse mit der Wissenschaft« ein, da diese sich sonst zu einem »esoterischen Kult« statt zu einer Wissenschaft entwickeln würde. Nur die medizinische Vorbildung sei eine Gewähr dafür, daß es in der Entwicklung der Psychoanalyse nicht zu einer Flucht ins Übernatürliche komme, zu einer Verdünnung des Geistes in Intellektualisierung. Nur die medizinische Vorbildung sei ein Schutz gegen solche Tendenzen,

denn der Arzt könne keinen Glauben an eine unabhängige und »freie« Seele haben (vgl. Jones, 1927b). Diese Zitate machen deutlich, daß schon damals keine einheitliche Denkungsart in der psychoanalytischen Gemeinschaft mehr existierte, daß es bereits keinen Konsensus mehr über die Grundannahmen der Psychoanalyse gab.
Am Schluß dieses dramatischen Innsbrucker Kongresses brachte der Vorsitzende folgenden Resolutionsantrag ein: »Der Kongreß empfiehlt den Unterrichtsausschüssen, bei den Ausbildungskandidaten zu psychoanalytischen Therapeuten auf das Vorhandensein bzw. auf die Erwerbung der vollen ärztlichen Ausbildung Nachdruck zu legen, jedoch keinen Kandidaten einzig aus dem Grunde der fehlenden ärztlichen Qualifikation zurückzuweisen, wenn derselbe eine besondere persönliche Eignung und eine entsprechende wissenschaftliche Vorbildung besitzt« (Internationaler Unterrichtsausschuß, 1927, S. 484).
Wie sehr dieser Kompromiß bloß Papier war, zeigt folgender Vorfall: Die provokative Frage Anna Freuds, ob ein ordentliches Laienmitglied der Wiener Gruppe, z. B. sie selbst, Mitglied der New Yorker Psychoanalytischen Vereinigung werden könne, wurde mit einem klaren Nein beantwortet (May, 1976, S. 1234). Da die Amerikaner diesem Resolutionsantrag nicht zustimmen konnten, stellte Radó den Antrag, der Internationale Unterrichtsausschuß (1925 auf dem Homburger Kongreß als ein Organ der vereinigten Berliner und Wiener Institute konstituiert) solle einen Entwurf über Zulassungsbedingungen erstellen und dem nächsten Kongreß vorlegen (vgl. Radó, 1927). Dazu Balint: »Während seiner Existenz in den Jahren von 1925 bis 1938, also in der Zeit der raschesten Ausbreitung der Psychoanalyse, war der Internationale Unterrichtsausschuß, die Versammlung der Elite der ganzen analytischen Welt, nicht imstande, irgend etwas Gedrucktes hervorzubringen, außer Berichten ganz nutzloser Streitereien« (1966, S. 321). So ist es bis in die jüngste Gegenwart geblieben. Die nationalen Verbände suchen jeweils eine den politischen Verhältnissen ihres Landes angepaßte Lösung. Eine befriedigende Lösung für alle nationalen Verbände ist bis heute nicht gefunden worden, wie der IPA-Newsletter vom Juli 1986 zeigt. Der neue Präsident der IPA, R. S. Wallerstein, stellt dort fest, daß es drei Dinge gibt, die ihm so wichtig erscheinen, daß er sie den Mitgliedern mitteilen möchte. Eines davon sei: das zentrale Problem unserer kollektiven Rolle bei der Etablierung und Aufrechterhaltung unserer Qualifikations- und Ausbildungsmaßstäbe in der ganzen Welt (1986, S. 1).

Die Entschiedenheit, mit der Freud in dem zitierten Brief an Paul Federn für die Laien und gegen das Ärztemonopol eintrat, konnte er de facto nicht durchhalten. Er sah sich zu taktischem Handeln gezwungen, nachdem er erkennen mußte, daß sich seine Hoffnung, »daß sich die Vereinigung in ihrer ganzen Masse auf den von mir vertretenen Standpunkt stelle« (Jones, 1957, S. 347) nicht erfüllen werde. Dies vor allem dann, als Brill im Herbst 1925 erklärt hatte, er habe beschlossen, falls die Wiener ihre Haltung in der Frage der Laienanalyse gegenüber Amerika beibehielten, die Beziehung mit Freud abzubrechen (vgl. Jones, ebd., S. 444). In einem Brief an Eitingon vom 22.3.1927 spricht Freud dann davon, daß er einen »diplomatischen Ausweg« für am zweckmäßigsten hielte – in der Art, daß man keine bindende Entscheidung treffe, weil, so erklärt ein späterer Brief an Eitingon vom 30.6.1927, er alles vermeiden wolle, was »als Vorwand zu einer Spaltung dienen könne« (Jones, ebd., S. 347).\*

Als die Gefahr der Spaltung vorbei war, der Internationale Unterrichtsausschuß die Entscheidung über die Frage der Laienanalyse vertagt hatte und die Amerikaner nicht von ihrer ablehnenden Einstellung abzubringen waren, wirft Freud den letzteren vor, sie hätten die Tendenz, »aus der Psychoanalyse nur eine Dienstmagd der Psychiatrie zu machen« (Jones, ebd., S. 354), und formuliert 1929 seinen Standpunkt noch einmal, jetzt unmißverständlich deutlich: »Die letzte Maske des Widerstandes gegen die Psychoanalyse, die ärztlich-professionelle, ist die für die Zukunft gefährlichste« (Brief an Ferenczi vom 27. April 1929; Jones, ebd., S. 351).

Was Freud in dem Streit um die Laienanalyse nicht sah, waren zwei Dinge: Er sah nicht, daß er selber durch widersprüchliche Formulierungen und widersprüchliches Verhalten in dieser Frage seine Anhänger verwirrt hatte. *Auf der einen Seite* hatte er die Bedeutung der Laien für die Psychoanalyse betont – »Es fragt sich nur, ob nicht die Aus-

---

\* Die Laienanalytiker haben sich nach Freuds Tod gegen ihre Ausschließung gewehrt und eigene Institute gegründet, die sich von der IPV abspalteten und eigene Wege gingen. So gründeten Clara Thompson, Erich Fromm und H. S. Sullivan das »William Alanson White Institute« in New York, das Laien zur Ausbildung zuläßt (May, 1976, S. 1240). Auch Theodor Reik gründete eine Organisation, die »Nicht-Ärzten« offensteht, die »National Association for Psychoanalysis« (ebd., S. 1260). Im Gegensatz zu der oben erwähnten Gründung versteht letztere sich als zur IPV gehörig, auch wenn sie nicht offiziell von ihr anerkannt ist.

übung der Psychoanalyse eine ärztliche Schulung voraussetzt, welche dem Erzieher und Seelsorger vorenthalten bleiben muß, oder ob nicht andere Verhältnisse sich der Absicht widersetzen, die psychoanalytische Technik in andere als ärztliche Hände zu legen. Ich bekenne, daß ich keine solche Abhaltungen sehe. Die Ausübung der Psychoanalyse fordert viel weniger ärztliche Schulung als psychologische Vorbildung und freien menschlichen Blick; die Mehrzahl der Ärzte aber ist für die Übung der Psychoanalyse nicht ausgerüstet und hat in der Würdigung dieses Heilverfahrens versagt« (Freud, 1913b, S. 449f.) – und ihre Bedeutung jenseits der Therapeutik hervorgehoben: »Ich sage Ihnen, die Psychoanalyse begann als eine Therapie, aber nicht als Therapie wollte ich sie Ihrem Interesse empfehlen, sondern wegen ihres Wahrheitsgehaltes, wegen der Aufschlüsse, die sie uns gibt über das, was dem Menschen am nächsten geht, sein eigenes Wesen, und wegen der Zusammenhänge, die sie zwischen den verschiedensten seiner Betätigungen aufdeckt. Als Therapie ist sie eine unter vielen, freilich eine prima inter pares. Wenn sie nicht ihren therapeutischen Wert hätte, wäre sie nicht am Kranken gefunden und durch mehr als dreißig Jahre entwickelt worden« (Freud, 1933a, S. 163). *Auf der anderen Seite* schrieb er: »[...] solange die Schulen nicht bestehen, die wir für die Heranbildung von Analytikern wünschen, sind die ärztlich vorgebildeten Personen das beste Material für den künftigen Analytiker« (Freud, 1926e, S. 294). Und ein Jahr zuvor hatte er an Professor Tandler, Stadtrat für das Wohlfahrts- und Gesundheitswesen der Stadt Wien, am 8.5.1925 geschrieben, daß die Laien nur im Delegationsverfahren zur psychoanalytischen Therapie zuzulassen seien: »Das therapeutische Interesse bleibt gewahrt, wenn dem Arzt die Entscheidung vorbehalten ist, ob ein bestimmter Fall dem psychoanalytischen Verfahren unterzogen werden muß oder nicht. Solche Entscheidungen habe ich selbst in allen Fällen von Dr. Reik getroffen.« Als Sicherheit dafür, daß Analysen nicht von Unkundigen durchgeführt werden, bietet Freud die Bildung eines »Aufsichtsorganes« in der Wiener Psychoanalytischen Vereinigung an (Sablik, 1985, S. 14).
Besonders verwirrend aber muß sein Eintreten für die Militärpsychiatrie auf seine Schüler gewirkt haben. Er stellte die Psychoanalyse während des Ersten Weltkrieges in den Dienst der Heilung von Kriegsneurotikern mit dem Ziel der Rückführung der Soldaten zur kämpfenden Truppe. Auf dem Budapester Kongreß 1918 stellten diejenigen Psycho-

analytiker, die als Militärärzte diese Therapien durchgeführt hatten, ihre Ergebnisse vor: »Wir hoffen«, schreibt das Präsidium des Budapester Kongresses zwei Wochen später an das Sanitäts-Department des Hohen Königlich-Preußischen Kriegsministeriums in Berlin, »daß die psychoanalytische Behandlungsmethode speziell auf dem so wichtigen Gebiet der Kriegsneurose und auch in der Nachbehandlung der neurotischen Kriegsinvaliden bedeutende Erfolge zeitigen wird« (Brecht et al., 1985, S. 27).

Das andere, was Freud nicht sah, war, daß die Organisation der »Psychoanalytischen Bewegung« zu einem machtpolitischen Instrument wurde und die Psychoanalyse den Gesetzen der Machtpolitik unterwarf (vgl. Cremerius, 1986). Der Kampf um die Macht und deren Erhaltung führte dabei nicht selten zu Kompromissen und Anpassungsleistungen dort, wo die therapeutischen Grundannahmen sie verbieten. So brachte Freud Opfer, um eine Spaltung der psychoanalytischen Bewegung zu verhindern, ließ sich auf Kompromisse ein, um das Berliner Psychoanalytische Institut im NS-Deutschland nach 1933 zu retten (vgl. Brecht et al., 1985, S. 100 ff.), schwieg zu dem nicht-analytischen Zulassungsverfahren und der Verschulung der Ausbildung am Berliner Psychoanalytischen Institut und ging, wie ich oben ausgeführt habe, eine Liaison mit der Militärpsychiatrie ein, um die Psychoanalyse gesellschaftsfähig zu machen.

Es läßt sich feststellen, daß die Kräfte, die sich Freud 1925 erstmalig – und dann später immer wieder – entgegenstellten, dieselben waren, die er selber mit der Schaffung der »Psychoanalytischen Bewegung« in Gang gesetzt hatte. Die machtpolitische Struktur der Organisation ebnete den revolutionären Geist der Psychoanalyse ein und banalisierte ihn schlußendlich. Sie führte dazu, daß seine Schüler die von ihm eingeschlagene Bahn der Anpassung an die Macht fortsetzten und dabei über wesentliche Grundsätze des Lehrers hinweggingen. Sie führte ferner dazu, daß es zwischen ihnen zum Streit um die Macht kam, der schließlich die Psychoanalytische Bewegung in ihrer Existenz bedrohte. Das ist bis heute so geblieben: Diadochenkämpfe, Abspaltungen und Abfallbewegungen kennzeichnen die psychoanalytische Gemeinschaft. Freud könnte seine Besorgnis um den Bestand der Psychoanalytischen Bewegung, die er 1924 nach der Auflösung des Komitees formulierte, heute mit noch größerer Berechtigung wiederholen: »Ich habe das Komitee überlebt, das mein Nachfolger werden sollte, vielleicht über-lebe ich noch die Internationale Vereinigung, hoffentlich überlebt mich die Psychoanalyse« (Brief an Ferenczi vom 20. März 1924; Jones, 1957, S. 85). An den beiden dargelegten Problemen, dem Zulassungsverfahren und der Laienanalyse, habe ich gezeigt, daß bereits 1925/1926 Teile seines Werkes und seiner Vorstellungen von Psychoanalyse vor ihm das Zeitliche gesegnet hatten.

## Literaturverzeichnis

BALINT, M. (1947): Über das psychoanalytische Ausbildungssystem (1947). In: Die Urformen der Liebe und die Technik der Psychoanalyse. Bern/Stuttgart (Huber/Klett) 1966, 307–333.
BERNFELD, S. (1962): Über die psychoanalytische Ausbildung (1952). Psyche, 38 (1984) 437–459.
BIRD, B. (1968): On candidate selection and its relation to analysis. Int. J. Psycho-Anal., 49, 513–526.
BRECHT, K., V. FRIEDRICH, L. M. HERMANNS, J. J. KAMINER und H. J. DIERK (Hg.) (1985): »Hier geht das Leben auf eine sehr merkwürdige Weise weiter...« Zur Geschichte der Psychoanalyse in Deutschland. Hamburg (M. Keller).
CREMERIUS, J. (1981): Freud bei der Arbeit über die Schulter geschaut. Seine Technik im Spiegel von Schülern und Patienten. Jb. Psa., Beiheft 6, 123–158.
ders. (1984): Der Analytiker als Diagnostiker. Vortrag auf der Arbeitstagung der Mitteleuropäischen Psychoanalytischen Vereinigung in Maastricht am 16. 4. 1984 (Unveröff. Ms.).
ders. (1986): Spurensicherung. – Die »Psychoanalytische Bewegung« und das Elend der psychoanalytischen Institution. Psyche, 40, 1063–1091.
DEUTSCH, F. (1927): Diskussion der Laienanalyse. Int. Z. Psa., 13, 214–215.
DEUTSCH, H. (1926): Report of the training institute of the Vienna Psycho-Analytical Society. Int. J. Psycho-Anal., 7, 137–139.
EITINGON, M. (1924): Bericht über die Berliner psychoanalytische Poliklinik, in der Zeit vom Juni 1922 bis März 1924. Int. Z. Psa., 10, 229–240.
ders. (1928): Report of the president of the international training commission. Int. J. Psycho-Anal., 9, 135–156.
FEDERN, E. (1967): How Freudian are the Freudians? Some remarks of an unpublished letter. J. of the history of the behavioral sciences, III, Nr. 3, 269 bis 281.
FREUD, A. (1972): Der Analytiker und seine Umwelt. In: Schwierigkeiten der Psychoanalyse in Vergangenheit und Gegenwart. Frankfurt (Fischer) 1969, 11–24.

FREUD, S., und J. BREUER (1895 d): Studien über Hysterie. Gesammelte Werke (GW), I, S. Fischer, Frankfurt am Main seit 1960.
FREUD, S. (1905 a): Über Psychotherapie. GW V, 11–26.
ders. (1905 b) [1890]: Psychische Behandlung (Seelenbehandlung). GW V, 287–315.
ders. (1913 b): Geleitwort zu O. Pfister. Die psychoanalytische Methode. GW X, 448–452.
ders. (1913 c): Zur Einleitung der Behandlung. GW VIII, 453–478.
ders. (1922 a): Traum und Telepathie. GW XIII, 163–191.
ders. (1923 a) [1922]: »Psychoanalyse« und »Libidotherie«. GW XIII, 209–233.
ders. (1926 e): Die Frage der Laienanalyse. GW XIV, 207–286.
ders. (1933 a): Neue Folge der Vorlesung zur Einführung in die Psychoanalyse. GW XV.
GADDINI, E. (1984): Changes in psychoanalytic patients up to the present day. In: R. S. Wallerstein (Hg.): Changes in analysts and their training. Int. Psa. Ass. Monograph Series, *4*, 6–19.
GITELSON, M. (1954): Therapeutic problems in the analysis of the »normal« candidate. Int. J. Psycho-Anal., *35*, 174–185.
GOODMANN, S. (Hg.) (1977): Psychoanalytic education and research. New York (Int. Univ. Press).
HORNEY, K. (1927): Diskussion der Laienanalyse. Int. Z. Psa., *13*, 203.
Internationaler Unterrichtsausschuß (1927): Resolutionsantrag an die Generalversammlung vom 2.9.1927. 10. Internationaler Kongreß, Insbruck 1927. Int. Z. Psa., *13*, 484.
JONES, E. (1927 a): Besprechung von S. Freud: Die Frage der Laienanalyse. Int. Z. Psa., *13*, 101–107.
ders. (1927 b): Diskussion der Laienanalyse. Int. Z. Psa., *13*, 169–192.
ders. (1953–57): Leben und Werk von Sigmund Freud. 3 Bde. Bern (Huber) 1960–62.
KERNBERG, O. (1984): Changes in the nature of psychoanalytic training, structure of the training and the standards of the training. In: R. S. Wallerstein (Hg.): Changes in analysts and their training. Int. Psa. Ass. Monograph Series, *4*, 56–62.
LEUPOLD-LÖWENTHAL, H. (1984): Zur Geschichte der »Frage der Laienanalyse«. Psyche, *38*, 97–120.
LIMENTANI, A. (1984): Veränderungen bei den Kandidatenpatienten. In: R. S. Wallerstein (Hg.). Veränderungen bei Analytikern und in der Analytikerausbildung. Schriftenreihe der Int. Psa. Vereinigung, *4*, 24 ff.
MAY, U. (1976): Psychoanalyse in den USA. In D. Eicke (Hg.): Die Psychologie des 20. Jahrhunderts, Bd. II. München (Kindler) 1219–1265.
OBERNDORF, C. P. (1925): Internationaler Kongreß in Bad Homburg. Int. Z. Psa., *11*, 527.

RADÓ, S. (1927): Antrag, Geschäftliche Sitzung, 2.9.1927. Int. Z. Psa., *13*, 494.
SABLIK, S. (1985): Freud and Tandler. Sigmund Freud House Bull., *9*, 12–19.
SACHS, H. (1947): Beobachtungen eines Lehranalytikers. Psa. Quart., *16*, 157–168.
SCHILDER, P. (1927): Diskussion der Laienanalyse. Int. Z. Psa., *13*, 212.
WALLERSTEIN, R. S. (1986): Mitteilung des Präsidenten. IPA-Newsletter, XVIII, Nr. *3*, 1.

# Helmut Dahmer
# Bilder einer Ausstellung*

»man wird sie sowieso verbieten«
(Freud, 17.4.1933**)

Als es vor mehr als einem halben Jahrhundert mit der Weimarer Republik zu Ende ging und die (noch immer) herrschende Klasse Hitlers kleinbürgerlicher Massenbewegung den Weg zur politischen Macht, zur Zerschlagung der Arbeiterbewegung, zur Vernichtung der Juden und zu einem neuerlichen Versuch der kriegerischen Expansion freigab, hat die kleine Gruppe der nicht direkt bedrohten deutschen Psychoanalytiker die Probe schlecht bestanden. Der Fortbestand ihrer Institution, des von Max Eitingon 1920 begründeten Berliner Psychoanalytischen Instituts, ging ihr über alles. Über Nacht wurden die jüdischen, die sozialistischen (und gar die jüdisch-marxistischen) Kolleginnen und Kollegen für die nicht-jüdischen und nicht-sozialistischen Psychoanalytiker(innen) zu Sicherheitsrisiken, mit denen man möglichst nichts mehr zu tun haben wollte. Am Beginn des heillosen Versuchs, mit dem NS-Regime zu einer Koexistenz oder gar zu einer Kooperation zu kommen und derart die Psychoanalyse zu »retten«, stand die Trennung von den psychoanalytischen Repräsentanten des Fremden, dem die Assimilation verweigert wurde und das zur Vernichtung bestimmt war, und die Trennung von den psychoanalytischen Repräsen-

---

* Zur Eröffnung der Ausstellung »›Hier geht das Leben auf eine sehr merkwürdige Weise weiter‹ – Zur Geschichte der Psychoanalyse in Deutschland« im Hamburger Institut für Sozialforschung am 11.1.1987.
Für Margarete Mitscherlich-Nielsen.
** »Freud vertrat mir gegenüber den Standpunkt, daß s. E. eine Änderung unseres Vorstandes die Regierung nicht abhalten würde, die Psychoanalyse in Deutschland zu verbieten — — ›man wird sie sowieso verbieten‹.« Felix Boehm, Ereignisse 1933–1934 (Bericht vom 21.8.1934); in: Brecht, K., u. a. (1985), S. 100. Das Gespräch Felix Boehms mit Freud fand am 17.4.1933 in Wien (im Beisein von Paul Federn) statt.

tanten des Unbehagens in der bürgerlichen Kultur, die für deren Überwindung und für die Vorbereitung einer neuen, freieren stritten.* Reich und Simmel, Fenichel, Bernfeld und Jacobson standen auf den Fahndungslisten und auf den Listen mit den Autoren verbotener Bücher. Die faschistisch hergestellte Volks- und Pogromgemeinschaft machte mobil gegen das ihr Fremde, gegen alles, was gegen die prekären Grenzen des herrschenden Bewußtseins und der Nation opponierte, gegen alles, was das herrschende Realitätsprinzip – die historische Scheidewand zwischen Möglich und Unmöglich – in Frage stellte. Den Akteuren von damals, den Psychoanalytikern Felix Boehm und Carl Müller-Braunschweig, schien die Trennung von den jüdischen und sozialistischen Kollegen ein nicht zu großes Opfer. Doch diese Opferbereitschaft und das Opfer trafen die von Fremden begründete** Wissenschaft vom Bewußtseinsfremden in ihrem Kern. Aufmerksame Beobachter haben das sogleich erkannt:

»Die Deutsche Gruppe führt nur mehr ein Scheindasein... Auch die Tage der Wiener Gruppe, der ich von 1913–23 angehörte, sind gezählt.« Brief Karl Landauers an Westerman Holstijn vom 5.10.1933. (In: Brecht, K., u. a. (1985), S. 57).

»As you know I visited Vienna, Praha and Berlin. In Vienna I did see Anna Freud.« She »did say that the analysis hat to go before all things, but I think it is a too easy and simple formulation of it. When we now have to see in Berlin in what terrible way Boehm has to conceal so many of the scientific facts, and that they are forced of the German government in reality, not only formally, to be in accordance with the German theories, then I think it is an illusion that they can held the analytical science pure. My opinion, therefore, is that they are *not neutral*, but perhaps the best one can say, they are passively forced to give up something of the penetrant knowledge of analysis. I do not believe they are doing it consciously, but in the long

---

* »Unsere Kultur übt einen fast unerträglichen Druck auf uns aus, sie verlangt nach einem Korrektiv. Ist es zu phantastisch zu erwarten, daß die Psychoanalyse trotz ihrer Schwierigkeiten zur Leistung berufen sein könnte, die Menschen für ein solches Korrektiv vorzubereiten?« Freud (1926e), S. 285.
** »Es ist vielleicht auch kein bloßer Zufall, daß der erste Vertreter der Psychoanalyse ein Jude war. Um sich zu ihr zu bekennen, brauchte es ein ziemliches Maß von Bereitwilligkeit, das Schicksal der Vereinsamung in der Opposition auf sich zu nehmen, ein Schicksal, das dem Juden vertrauter ist als einem anderen.« Freud (1925e), S. 110.

run the anxiety and the collaboration with the german psychotherapy must have an influence.« Bericht von Nic Hoel (Oslo) für Ernest Jones vom 4.1.1935. (A. a. O., S. 113.)
»Am Abend nach dem Kongreß« (der Breslauer Tagung der Psychotherapeuten Anfang Oktober 1935) »hatte ich ein längeres Gespräch mit dem Gauvorsitzenden der Mark Brandenburg der ›Allgemeinen deutschen ärztlichen Gesellschaft für Psychotherapie‹, Dr. Gauger im Hotel Monopol in Breslau... Ich suchte Gauger an der Hand von einigen Beispielen aus meiner Praxis nachzuweisen, daß ich niemals die Erfahrung gemacht hätte, daß die Psa. zersetzend auf die Vaterlandsliebe wirke. Gauger hörte sehr interessiert zu und meinte u. a., daß die von mir betriebene Psa. s. E. nicht die von Freud sein könne.« Bericht von Felix Boehm vom 4.12.1935 über die Verhandlungen zwischen jüdischen und »arischen« Mitgliedern der DPG über einen »freiwilligen« Austritt der Nicht-»Arier« am 30.11. und 1.12.1935 in Berlin, zu denen auch Ernest Jones aus London angereist war. (A. a. O., S. 116f.)

Für die meisten der im »Reich« verbliebenen Psychoanalytiker aber ging das Leben, wie der 1937 aus der Schweiz nach Deutschland zurückgekehrte John F. Rittmeister (der sich im gleichgeschalteten Berliner Institut, dem »Deutschen Institut für Psychologische Forschung und Psychotherapie«, ausbilden ließ, dann dessen Poliklinik leitete und 1943 als Angehöriger der Widerstandsgruppe »Rote Kapelle« hingerichtet wurde) am 15.10.1939 an Schweizer Freunde schrieb, »auf eine sehr merkwürdige Weise weiter, nämlich teilweise so, wie wenn gar nichts wäre«,* und das vor wie nach 1945. Doch das Trauma der Vertreibung aus ihrer kulturellen Matrix – aus Deutschland, Österreich und Ungarn – durch die Nazis hat die Psychoanalyse verwandelt: es hat das Ausscheren der Psychoanalytiker-Mehrheit aus der Avantgarde der kulturrevolutionären Intelligenzija nach sich gezogen. Die Erfolge der Psychoanalyse in den angelsächsischen Zufluchtsländern und ihre Wiederauferstehung im Nachkriegs-Westdeutschland waren durch Selbstkastration erkauft. Die Psychoanalyse, die sich unter dem Druck des faschistischen Regimes von ihren Juden und ihren Internationalisten, von den Fremden und Subversiven trennte, verlor damit das, was

---

\* Brief Rittmeisters an Fam. Dr. Storch, Münsingen. In: Brecht, K., u. a. (1985), S. 171.

an ihr befremdet hatte und was Ungezählten, die sich im Käfig der Gegenwartskultur gefangen fühlten, Hoffnung gab. Sie verlor das »Weltinteresse«, dessen Freud sich noch acht Jahre vor dem Untergang der Weimarer Republik gewiß war.* In dem – im Vergleich zur österreichischen, ungarischen und deutschen Psychoanalyse vor 1933 – ohnehin konformistischeren Milieu der englischen und nordamerikanischen Freudianer kam weniger die Orginalität als die aus Angst geborene politische Abstinenz der Flüchtlinge zur Geltung. Die Psychoanalyse im Nachkriegs-Westdeutschland wurde – den einen Mitscherlich, der ihr als Galionsfigur diente, einmal abgerechnet – geprägt von Menschen, die die rassistische Diktatur durch Anpassung überlebt hatten und nun die auf Neurosentherapie reduzierte Psychoanalyse Kriegsteilnehmern – Wehrmachtsoffizieren, die des durchlebten Grauens Herr zu werden hofften – zu vermitteln suchten. Theoretisch lebten die Psychoanalytiker in der Bundesrepublik von der re-importierten, verwissenschaftlicht-neutralisierten Psychoanalyse. Ihr Klassiker war lange Zeit Heinz Hartmann, der schon 1933 den szientistischen Fluchtweg aus Zeit und Politik proklamiert hatte. Seit Hitler verhält sich das Gros der Psychoanalytiker in der Neuen wie in der Alten Welt wie gebrannte Kinder: konformistisch und timide in Denken und Praxis. Abgesehen von ein paar »Weißen Raben« unter ihnen weichen die in die Eremitage, in ein luxuriöses Ghetto zurückgedrängten Freudianer »brennenden Zeitproblemen« (Parin, 1978) nach Möglichkeit aus. In den gegen den gesellschaftlichen Status quo gerichteten demokratischen Bewegungen der Nachkriegszeit haben sie als Citoyens und Diagnostiker kaum eine Rolle gespielt; erst fünfzig Jahre nach 1933 hat eine Minderheit sich wieder in einer Protestbewegung, der für den Frieden, engagiert. Die in Zeitschriften und auf Kongressen immer wieder einmal beklagten Defizite der theoretischen Diskussion und der Ausbildung sind die auch im Inneren der psychoanalytischen Organisationen wahrnehmbaren Folgen von Vertreibung und Anpassung: hat die kritische Wissenschaft kapituliert, wird sie steril und dogmatisch. Die

---

\* »Wenn der Traum so gebaut ist wie ein Symptom..., dann ist die Psychoanalyse nicht mehr eine Hilfswissenschaft der Psychopathologie, dann ist sie vielmehr der Ansatz zu einer neuen und gründlicheren Seelenkunde, die auch für das Verständnis des Normalen unentbehrlich wird. Man darf ihre Voraussetzungen und Ergebnisse auf andere Gebiete des seelischen und geistigen Geschehens übertragen; der Weg ins Weite, zum Weltinteresse, ist ihr eröffnet.« Freud (1925 d), S. 73.

Mehrzahl der heutigen Psychoanalytiker nimmt an den aktuellen geistigen und politischen Auseinandersetzungen nicht teil. Nur einzelne Figuren – die beiden Mitscherlichs oder Horst-Eberhard Richter in der Bundesrepublik, Paul Parin in der Schweiz – erinnern an die große Zeit der psychoanalytischen Aufklärung, fallen aus dem nachfaschistischen Rahmen der Psychoanalyse heraus und sind darum für ihre Zunftgenossen mehr oder weniger – Luft.

Nach dem auch von ihnen als »Zusammenbruch« erlebten Untergang des »Dritten Reiches« haben die deutschen Psychoanalytiker, statt ihren Weg durch die Weimarer Republik, die Hitlerzeit und den Krieg zu reflektieren und ihre Theorie und Praxis von Grund auf zu revidieren, einfach die reduzierte und eingeschliffene Praxis fortgeführt. 1950 hat dann einer von denen, die für die »Rettung« der Psychoanalyse als Institution unter Verzicht auf die Psychoanalyse als Revolution verantwortlich waren, mit dem Segen der Internationalen Psychoanalytischen Vereinigung (IPA) die deutsche Psychoanalyse als Organisation noch einmal neu gegründet (als DPV). Auf diesem nachhitlerischen Neubeginn basierte die Legende der Deutschen Psychoanalytischen Vereinigung. Ihre Mitglieder haben in der Folge ihre Vorgeschichte, die ihrer Gründer und auch die Geschichte der Opfer aus den Reihen der Psychoanalytischen Bewegung einfach vergessen.\* Seit 1950 nahm die DPV das für sich in Anspruch, was der CDU-Kanzler Helmut Kohl erst in unseren Tagen für die Generation der Entsetzlich-Unbefangenen reklamierte: die (imaginäre) »Gnade der späten Geburt«. Als nach Jahrzehnten des Wiederaufbaus und des Wachstums der neuen Organisation ein Sprecher der deutschen Delegation auf dem Jerusalemer IPA-Kongreß von 1977 in aller vermeintlichen Unschuld den Vorschlag machte, den nächsten Kongreß (im Jahre 1981) nach (West-)Berlin ein-

---

\* In der Kontroverse zwischen den Verteidigern der DPV-Legende und den Wiederentdeckern der Geschichte der Psychoanalyse im Hitlerreich habe ich einem der Apologeten folgende Fragen gestellt (und warte noch immer auf Antwort):
»Warum müssen heute jüngere Kollegen erst bei der *Psyche*-Redaktion anfragen, um wen es sich bei den von den Nazis umgebrachten Psychoanalytikern gehandelt habe? Warum hat die Trauer um Landauer, Rittmeister und andere in vier Jahrzehnten nicht einmal dazu hingereicht, die psychoanalytischen Arbeiten dieser Kollegen zu sammeln und herauszugeben? Warum wurde nicht einmal von seiten der DPV oder der DPG versucht, eine Revision des Urteils des Reichskriegsgerichts gegen Rittmeister zu erreichen? Warum gibt es nicht einen Band mit Lebensdokumenten, Fotos, Schriften aller Opfer des Faschismus aus den Reihen der Psychoanalytiker?« (Dahmer, 1984a, S. 43 ‹bzw. S. 42›.)

zuberufen, löste dieser Vorschlag der Erben der Verfolger bei den Verfolgten und ihren Erben berechtigte Empörung aus. Eine für zu viele westdeutsche Psychoanalytiker charakteristische Reaktion auf solche Empörung ist Jahre später von einem verantwortlichen DPV-Funktionär mit den folgenden Worten, die in keiner künftigen Geschichte der Psychoanalyse fehlen dürfen, formuliert worden: »Daß da noch soviel Sensitivitäten in Jerusalem hochkamen, war für uns eine schmerzliche Erfahrung.« *

Die pseudo-naive Seelenlage deutscher Psychoanalytiker wurde damals in Jerusalem erstmals wirklich in Frage gestellt. Fünf, sechs Jahre später stellte die Zeitschrift *Psyche* ihren Lesern Resultate der wenigen historischen Untersuchungen über die Schicksale der Psychoanalyse im »Dritten Reich« (G. C. Cocks u. a.) vor und brachte damit die Fassade der »antifaschistisch-demokratischen« Nachkriegs-Psychoanalyse zum Einsturz.** Wie in der westdeutschen Gesellschaft generell, wie in den verschiedenen Gruppen deutscher Mandarine, die sich ihrer ruhmlos-ruchlosen Vergangenheit konfrontiert sahen, war auch die Antwort vieler Psychoanalytiker, die sich im Schutz der DPV-Fassade den Luxus erlaubt hatten, ihren eigenen Weg durch Diktatur und Krieg einfach zu vergessen, zu *irrealisieren* (G. Anders, 1967, S. 147), Wut und Haß. Nicht nur die Hysteriker – wie Freud meinte –, sondern auch die heutigen Psychoanalytiker leiden an »Reminiszenzen«. Nun erst, vier, fünf Jahrzehnte danach, wurde die Geschichte der Psychoanalyse in ihrer für die Gegenwart entscheidenden Phase historisch rekonstruiert und in einer für das Selbstverständnis und die politische Moral relevanten Weise nacherlebt. Die *Psyche* hat das Eis der psychoanalytischen Nachkriegsnormalität aufgebrochen.*** In ihrem Kielwasser haben dann Vertreter der jüngeren Psychoanalytiker-Generation (mit Billigung der IPA und der DPV) eine Ausstellung mit Bildern und Texten zur Geschichte der Psychoanalyse in Deutschland zusammengestellt, die zunächst nur für die Teilnehmer des Hamburger IPA-Kongresses im Sommer 1985 bestimmt war und seitdem in mehreren westdeutschen Städten gezeigt worden ist.

---

\* Albrecht Kuchenbuch im Interview mit U. Geuter (1985), S. 57.
\*\* Vgl. den von Lohmann (1984) herausgegebenen Sammelband.
\*\*\* Vor allem mit den ersten, dem Thema »Psychoanalyse unter Hitler« gewidmeten Heften (11/1982, 12/1983 und 10/1984).

In den letzten Jahren hat sich auch in der DPV (wie zuvor schon in anderen nationalen psychoanalytischen Gesellschaften) eine Oppositionsgruppe herausgebildet (»Psychoanalytischer Arbeitskreis ›Siegfried Bernfeld‹«), die sowohl gegen die Kümmerform der Psychoanalyse als Psychotechnik (und die ihr entsprechende Ausbildung) Front macht als auch gegen die politische Abstinenz der Psychoanalytiker-Mehrheit.* Stimmen werden laut, die das einträchtige Beschweigen der NS-Vergangenheit, die doch die Lebensgeschichten der Patienten ebenso wie die ihrer Therapeuten geprägt hat, in den Nachkriegs-Psychoanalysen als Kunstfehler werten (S. Speier, 1987).
Im Verlauf der Debatten über Geschichte und Selbstverständnis deutscher Psychoanalytiker war einer der Standard-Einwände der »Beschweiger«: Wieso denn ausgerechnet die Psychoanalytiker sich vor und nach 1933 anders hätten verhalten sollen als die übrigen deutschen Mandarine, die doch auch mehrheitlich zu den Braunen übergingen oder doch stillhielten und nach dem »Zusammenbruch« davon nichts mehr wissen wollten?** Dieser Einwand aber ist Symptom jener *Selbstvergessenheit*, in die das Trauma von 1933 die Psychoanalytiker geworfen hat. Unterstellt wird, der Freudschen Kulturkritik und der aus ihr abgeleiteten Neurosentherapie ließen sich keinerlei Maximen für die politische Praxis entnehmen, oder eben: die Psychoanalyse – späte Frucht der »liberalen« Ära bürgerlicher Klassenherrschaft – sei mit jederlei politischen Verhältnissen vereinbar.*** In Wirklichkeit sind die Psychoanalytiker, auch wenn sie »rein therapeutisch« zu arbeiten meinen, mit Ideologie-Kritik beschäftigt, nach NS-Jargon also »zersetzend tätig«. Ihren Patienten, die sich aus dem Bann der eigenen Lebensgeschichte zu befreien suchen, stehen sie bei, wenn sie sich wie Ödipus durch die Legenden und Rätsel ihrer Vita hindurchfragen, bis sie sich

---

\* Zur Information über die sich in und außerhalb der IPA herausbildenden psychoanalytischen Oppositionsgruppen siehe die Dokumentation der (vom 30.5. bis 1.6.1986) in Zürich abgehaltenen Tagung »Institutionalisierung – Desinstitutionalisierung. Zur Geschichte und Gegenwart der Psychoanalytischen Linken«, die 1987 im Kore-Verlag (Traute Hensch), Freiburg, erscheint.
\*\* Vgl. auch dazu Geuter und Kuchenbuch (1985), S. 58.
\*\*\* »Die Toleranz gegen sich selbst gestattet mehrere Überzeugungen: diese selbst leben verträglich beisammen, – sie hüten sich, wie alle Welt heute, sich zu compromittiren. Womit compromittirt man sich heute? Wenn man Consequenz hat. Wenn man in gerader Linie geht. Wenn man weniger als fünfdeutig ist.« Nietzsche, Götzen-Dämmerung; Streifzüge eines Unzeitgemäßen, 18 (»Zum ›intellektuellen Gewissen‹«); 1889, S. 122.

als Autoren ihrer bewußtlosen neurotischen Produktionen wieder erkennen. Und stets sind die privaten Lebenslügen mit den öffentlichen verwoben. Darum ist die Kritik der Tabus, die die falschen Lebensverhältnisse sichern, die Kritik an der Massen-Einbindung der Individuen, an den ihnen übergestülpten und aufgeschwätzten »Identitäten«, die Kritik am politischen Aberglauben, die Befreiung von der »loyalen Denkhemmung« (Freud, 1927, S. 371) das A und O der Freudschen Psychoanalyse. Faschisten und Stalinisten haben die Psychoanalytiker aus gutem Grund verfolgt, verjagt und getötet, soweit sie sich nicht als apolitische Humantechniker für Aufbau- und Durchhalte-Projekte einspannen ließen. Hatte nicht Freud gesagt, als Psychoanalytiker sei er weder »rot«, noch »braun«, sondern »fleischfarben«?* Und ist eine »fleischfarbene« Politik nicht die einzige, die die Individuen daran erinnert, daß sie endliche und zerbrechliche Wesen sind, denen nur ein kurzes Leben zur Verfügung steht – daß es außer diesem Leben für sie nichts gibt, daß es also wirklich »der Güter höchstes« ist und daß sie sich nicht um das ihnen erreichbare Glück betrügen lassen dürfen?!
Die Lehren, die sich aus den Schicksalen der Psychoanalyse im Hitlerreich ziehen lassen, sind einfach: Die Selbstkastration, die Flucht in eine vermeintliche politische Neutralität und die Reduktion der Freudschen Aufklärung auf eine Technik hat der Generation der Felix Boehm und Carl Müller-Braunschweig nichts genutzt. Doch hat jene Generation, als sie aus ihrer Not eine Tugend machte, die psychoanalytische Tradition selbst nachhaltig verändert, so daß das Original der Sache heute erst wieder entdeckt werden muß und von vielen professionellen Psychoanalytikern gar nicht mehr als solches erkannt wird. Hitler hat nicht nur die deutschen Arbeiterorganisationen zerschlagen, sondern auch die Psychoanalytische Bewegung zum Stehen gebracht. Die Geschichte des Berliner Psychoanalytischen Instituts zeigt, daß der bloße Fortbestand einer Institution nicht auch den Fortbestand jener Einsichten und Intentionen garantieren kann, die einmal zur Gründung der Institution motivierten. Sobald aber Menschen von und für Institutionen leben, verleugnen sie, daß in der Regel das, was einer neuen Idee als

---

* »Man warf Freud vor, weder schwarz noch rot, weder Faschist noch Sozialist zu sein, und er antwortete: ›Nein, man sollte fleischfarben sein – von der Farbe gewöhnlicher Menschen.‹« Clark (1979, S. 551) zitiert einen Bericht von Joan Rivière (aus dem Jahre 1939).

Organon dienen sollte, ihr Kolumbarium wird. Die Psychoanalyse kann nur »gerettet« werden und die Psychoanalytiker können sich nur retten, wenn sie kritisch-publizistisch und praktisch-politisch gegen jene gesellschaftlichen Gruppen kämpfen, die auf die Einschränkung und Abschaffung demokratischer Freiheiten und Einrichtungen hinarbeiten und versuchen, Massen für solche massenfeindlichen Ziele in Bewegung zu bringen. Und die dem Konformismus abgerungenen neuen Einsichten Freuds und seiner Schüler werden nur dann nicht wieder verlorengehen, wenn Psychoanalytiker den impliziten politischen Maximen der psychoanalytischen Aufklärung folgen, statt ihre eigene Sache zu verraten.

Kritische Theorien unterliegen einem Erosionsprozeß, der sie dem Common sense angleicht. Die psychoanalytische Kritik ist längst vor 1933 in das Prokrustesbett der damals an deutschen Universitäten einflußreichen Mandarin-Ideologie des Neukantianismus gepreßt worden. Die Lehre, der zufolge Wissenschaft nur zur Rationalisierung von Mitteln zu *vorgegebenen* Zwecken taugt und ihre Würde eben im Verzicht auf die Rationalisierung von *Zielen* der kollektiven und individuellen Praxis besteht, hat der Zurichtung der Psychoanalyse zu einer Technik, die auch faschistischen Zwecken dienstbar gemacht werden kann, den Weg bereitet. Die »wissenschaftliche« Eingrenzung und Abstumpfung der Kritik war die Voraussetzung dafür, daß die Psychoanalyse im »Dritten Reich« im Verbund mit anderen psychologischen Schulen zu einer *staatlich* anerkannten Psychotherapie avancierte. »Verwissenschaftlichung« und Medizinalisierung der Psychoanalyse haben auch ihren problematischen Siegeszug in der Neuen Welt ermöglicht.

Es wird noch vieler Kämpfe und Debatten bedürfen, um die Psychoanalyse wieder zu dem zu machen, was sie in ihren Anfängen war: zu einer Kritik der Gegenwartsgesellschaft und ihrer Mythen, die unter günstigen Umständen Menschen, die an der Kultur kranken, heilt, indem sie antizipatorisch Tabus in Frage stellt, die für unaufgeklärte Massen noch sakrosankt sind – indem sie für Therapeuten und Patienten Freiheiten in Anspruch nimmt, die eingeschüchterten Gefolgschaften als »skandalös« erscheinen. Sollten die oppositionellen Gruppen in den heutigen psychoanalytischen Organisationen sich durchsetzen, sollten die bestehenden Formen der Organisation und der Ausbildung als untauglich erkannt und aufgegeben werden, sollte die Fehlentscheidung gegen die »Laienanalyse« revidiert und sollten von Psychoanalytikern mehr Nicht-Therapeuten als Therapeuten ausgebildet werden, sollten schließlich die Psychoanalytiker den abgebrochenen Diskurs mit der sozialwissenschaftlichen, der künstlerischen und der politischen Intelligenzija wieder aufnehmen und die Flucht in die politische Neutralität als einen Irrweg erkennen – käme also die Psychoanalyse tatsächlich wieder in Bewegung, so wäre ihr neuerlich ein »Weltinteresse« sicher. Die Erben Freuds hätten dann bewiesen, daß wenigstens sie – Spezialisten für fortwirkende Vergangenheiten – aus ihrer Geschichte lernen können, soviel, daß sie dem, was in unserer Gegenwart sich vorbereitet, nicht ahnungs- und wehrlos zum Opfer fallen. Psychoanalytiker würden aus der Masse der Jasager desertieren und sich den Neinsagern anschließen, die ihre Hoffnungen auf den Brüderaufstand gegen die stete Wiederholung der Mordgeschichte setzen.

## Literaturverzeichnis

ANDERS, G. (1967): *Tagebücher und Gedichte*. München (Beck) 1985.
BRECHT, K., u. a. (Hg.) (1985): »Hier geht das Leben auf eine sehr merkwürdige Weise weiter...« Zur Geschichte der Psychoanalyse in Deutschland; Katalog und Materialiensammlung zur Ausstellung... Hamburg (M. Kellner) 1985.
CLARK, R. W. (1979): *Sigmund Freud*. S. Fischer, Frankfurt am Main 1981.
COCKS, G. C. (1975): Psyche and Swastika. Neue Deutsche Seelenheilkunde, 1933–1945. Ph. Diss., University of California, Los Angeles, Ann Arbor (Xerox Univ. Microfilms).
DAHMER, H. (Hg.) (1980): *Analytische Sozialpsychologie*. Bd. 1 und 2. Frankfurt (Suhrkamp) 1980.
ders. (1984 a): Brief an Tobias Brocher (17.3.1984). In: Redaktion der Zs. Psyche, Hg., »Psychoanalyse unter Hitler...« (1984), S. 40–43. (Ferner in: DPV-Vorstand, Hg., »Dokumentation...« (1984), S. 40–43.)
ders. (1984 b): »Psychoanalyse unter Hitler« – Rückblick auf eine Kontroverse. *Psyche, 38,* H. 10, S. 927–942.
DPV-Vorstand (Hg.) (1984): Dokumentation des DPV-Vorstands zum Briefwechsel Ehebald–Dahmer. Berlin, September 1984.
FREUD, S. (1925 d <1924>): »Selbstdarstellung«. Gesammelte Werke (GW) XIV, S. Fischer, Frankfurt am Main, seit 1960, S. 31–96.
ders. (1925 e <1924>): Die Widerstände gegen die Psychoanalyse. GW XIV, S. 97–110.

ders. (1926e): Die Frage der Laienanalyse. Unterredungen mit einem Unparteiischen. GW XIV, S. 207–296.
ders. (1927c): *Die Zukunft einer Illusion*. GW XIV, S. 323–380.
GEUTER, U., und A. KUCHENBUCH (1985): »Jedes Land wird darauf achten, daß seine Bevölkerung gesund ist.« Ein Gespräch mit Dr. Albrecht Kuchenbuch, Sekretär des Organisationskomitees für den 34. internationalen psychoanalytischen Kongreß in Hamburg. *Psychologie heute, 12*, Juli 1985, S. 56–58.
HARTMANN, H. (1933): Psychoanalyse und Weltanschauung. Die Psychoanalytische Bewegung, V. Jg., Wien (Sept.–Okt.) 1933, H. 5, S. 416–429.
LOHMANN, H.-M. (Hg.) (1984): *Psychoanalyse und Nationalsozialismus. Beiträge zur Bearbeitung eines unbewältigten Traumas*. Frankfurt am Main 1984, Fischer Taschenbuch 6786.
NIETZSCHE, F. (1889): Götzen-Dämmerung oder Wie man mit dem Hammer philosophiert. *Sämtliche Werke* (ed. Colli und Montinari); Krit. Studienausg. in 15 Bänden, München (dtv) 1980, Bd. 6, S. 55–161.
PARIN, P. (<1977> 1978): Warum die Psychoanalytiker so ungern zu brennenden Zeitproblemen Stellung nehmen. Eine ethnologische Betrachtung. In: Dahmer (Hg.), 1980, Bd. 2, S. 647–662. (Auch in: Parin, *Der Widerspruch im Subjekt;* Ethnopsychoanalytische Studien; Frankfurt am Main 1978, S. 7–19.)
Redaktion der Zs. *Psyche* (Hg.) (1984): Psychoanalyse unter Hitler, Dokumentation einer Kontroverse. Frankfurt am Main, April 1984.
SPEIER, S. (1987): Die ges(ch)ichtslosen Psychoanalytiker – die ges(ch)ichtslose Psychoanalyse. *Psyche, 41*, Juni-Heft 1987.

# Mario Erdheim
# Mann und Frau – Kultur und Familie
*Beiträge zu einer psychoanalytischen Theorie
der Weiblichkeit*


Die Schwierigkeiten der Psychoanalyse mit einer Theorie der Weiblichkeit hängen auch mit ihrer Ambiguität gegenüber der Adoleszenz zusammen. Das von J. Chasseguet-Smirgel 1964 herausgegebene und 1974 ins Deutsche übersetzte Buch über »Weibliche Sexualität« geht zum Beispiel auf die Menstruation wohl deshalb nicht ein, weil sie in den ersten drei Lebensjahren nicht vorkommt und ihr folglich innerhalb der traditionellen psychoanalytischen Theorie keine Bedeutung für die Ausprägungen der Weiblichkeit zugesprochen werden muß.
Selbstverständlich soll es jetzt nicht darum gehen, die Relevanz der frühen Kindheit für die Lebensgeschichte abzustreiten, sondern nur darum, den Aufruhr der Adoleszenz in seiner Wichtigkeit für die soziokulturellen Entwicklungen des Individuums richtig einzuschätzen. Das gilt besonders dann, wenn untersucht werden muß, was veränderbar, und das heißt kulturell bedingt ist.
Es ist ja der Determinismus der frühen Kindheit, also die These von der ausschließlichen Prägsamkeit der ersten Lebensjahre, welche den Blick des Psychoanalytikers auf die Familie und darin weiter auf die Mutter einschränkt. Dem Kleinkind wird die Familie zum alles umfassenden Kosmos, worin ihm Mutter und Vater als Sonne und Mond, die Geschwister als die anderen Gestirne erscheinen mögen, aber in der Pubertät zerbricht dieser Kosmos, und es kommt zum Antagonismus zwischen Kultur und Familie.
Das Verhältnis zwischen Familie und Kultur kann auf zwei verschiedene Arten definiert werden: als Kontinuum oder als Antagonismus. Je nachdem für welches Modell man sich entscheidet, wird sich eine andere Auffassung der Adoleszenz ergeben. Die Vorstellung, Familie und Kultur bildeten ein Kontinuum, wird etwa durch Gotthelfs Satz »Zuhause muß beginnen, was leuchten soll im Vaterland« umschrieben; oder anders gesagt: Was Hänschen (in der Familie) nicht lernt, lernt Hans (in der Kultur) nimmermehr. Diese Kontinuumsthese zeigte im-

mer eine Wahlverwandtschaft mit jener Form der Kulturkritik, die den Zerfall des Familienlebens beklagt und Jugendkriminalität, Drogensucht und Sittenverwahrlosung darauf zurückführt. Danach fängt der Niedergang der Kultur mit dem Zerfall der Familie an. Die Kontinuumsthese weist auch eine große Affinität zum Determinismus der frühen Kindheit auf: die Bedeutung der ersten Jahre für das Leben des Individuums entspricht dann der Bedeutung der Familie für die Kultur; beide Theorien verstärken sich gegenseitig, und für die Turbulenz der Adoleszenz bleibt eigentlich kein Raum mehr übrig.

Betrachtet man hingegen Familie und Kultur als antagonistisch, das heißt, in einem unversöhnlichen Widerspruch zueinander stehend, so ergeben sich andere Perspektiven.

Im »Unbehagen in der Kultur« (1930: 462 f.) hatte Freud auf den Antagonismus verwiesen. »Kultur« erscheint dort als ein über die Menschen ablaufender Prozeß, der immer mehr Individuen in Abhängigkeit voneinander bringt. Freud faßte »Kultur« dynamisch auf, nämlich als Bewegung, und was er im Sinn hatte, war der Geschichtsprozeß, in welchem sich Weltgeschichte konstituiert.

Zu diesem Kulturbegriff gehört nun alles, was diese Bewegung ausmacht: die Entwicklung der Produktivkräfte ebenso wie der Produktionsverhältnisse, die Schaffung neuer Vergesellschaftungsformen, die vom Stamm zur Nation, zu Kulturkreisen und schließlich zur Menschheit führten, aber auch die Produktion neuer universalistischer Symbolsysteme, die eine übergreifende Kommunikation ermöglichen.

Diesem Kulturbegriff stellte Freud antagonistisch einen Familienbegriff entgegen, in welchem diejenigen Kräfte gefaßt sind, die sich der kulturellen Bewegung widersetzen. Familie ist das, was daraufhin tendiert, sich inzestuös abzuschließen; das, was die Individuen daran hindert, neue Abhängigkeiten mit Fremden einzugehen, und statt dessen die alten Abhängigkeiten verstärkt, so auch die Geborgenheit des Gewohnten vermittelnd.

Die Familie zentriert sich um Intimitätsstrukturen herum, wohingegen sich Kultur um das Phänomen der Arbeit herum strukturiert. Familie und Kultur stellen so einen unauflösbaren Antagonismus dar: beide sind notwendige, aber untereinander konfliktive Formen menschlichen Zusammenlebens; sie können nicht – da sie verschiedenen Grundprinzipien gehorchen – ineinander überführt oder voneinander abgeleitet werden. Der Mensch wird immer zwischen ihnen hin- und hergerissen bleiben, ohne sie miteinander versöhnen zu können.

Der Antagonismus zwischen Kultur und Familie kann als ein Produkt der Evolution betrachtet werden, und zwar als eines, wodurch die Spezifität der Humangeschichte möglich wird, nämlich einerseits Wissen zu tradieren sowie eine jenseits der Biologie festgemachte Kontinuität zu gestatten, andererseits aber auch Neues zu schaffen, das mit der Tradition bricht.

Die menschliche Geschichte ist eine Geschichte von Revolutionen, weil der Mensch eben nicht von einer durch die Kultur bedingten Familie konditioniert ist und damit auch nach Verhältnissen streben kann, die den Horizont seiner Ursprungsfamilie transzendieren. Der Antagonismus steht in enger Wechselwirkung mit der von Freud so hervorgehobenen Zweizeitigkeit der sexuellen Entwicklung: der erste Triebschub, der von der ödipalen Phase aufgefangen wird, führt zur Anpassung an die stabile, konservative Familienstruktur, der zweite, der mit der Pubertät einsetzt, zur Anpassung an den dynamischen, innovativen und expansiven Kulturprozeß (Parin, 1976).

Sieht man vom Antagonismus zwischen Kultur und Familie ab, so vermag man die Notwendigkeit der Zweizeitigkeit der sexuellen Entwicklung gar nicht einzusehen: Das Individuum müßte sich nur der Familie anpassen und hätte im gleichen Zug sich auch die Kultur angeeignet – wozu also die ganze Verwirrung der Adoleszenz?

Adoleszenz- und »Antagonismus«-Theorie sind in der Psychoanalyse zwei einander bedingende Theoriegruppen. Trennt man sie und berücksichtigt man den einen Teil nicht, so kommt es auch zum Auseinanderfallen der Psychoanalyse in einen klinischen Bereich, in welchem die Kulturtheorie keinen Platz hat, und in einen kulturtheoretischen Zweig, der die konkrete, psychoanalytische (Fall-) Geschichte des Individuums ausblenden muß.

Für das Subjekt konstituiert sich der Antagonismus erst mit dem zweiten Triebschub, der zur Aufgabe der ersten, an die Familie gebundenen Liebesobjekte führen und das Finden neuer, nicht inszestuöser Liebesobjekte ermöglichen sollte. Die psychische Funktion des Antagonismus und der Imagines von Kultur und Familie lassen sich in Analogie zu Vater- sowie Mutterrepräsentanzen und zum Ödipuskomplex erläutern (Erdheim, 1984). So wie sich das Kleinkind von der Mutter trennen, das heißt, die Symbiose aufgeben muß, um seine Autonomie auf-

zubauen, ebenso wird auch der Jugendliche die Loslösung von der Familie in Gang bringen müssen. Für den Heranwachsenden stellt das Verschlungen-werden-Können durch die Familie eine Gefahr dar, die der einstigen Bedeutung der Mutter für das Kleinkind verwandt ist. Und ebenso wie der Vater als das »dritte Objekt« Rettung verspricht, ebenso repräsentiert die Kultur ein der Familie gegenüberstehendes »drittes Objekt«. Beim Kleinkind hebt die Repräsentanz des Vaters den Umgang mit den Triebregungen auf das höhere Integrationsniveau des Ödipuskomplexes; beim Adoleszenten ist es die Imago der Kultur, die zum Beispiel die im Rahmen der Familie entstandenen Aggressionen auf das höhere Integrationsniveau des Antagonismus zwischen Familie und Kultur bringt.
Gelingt die frühe Triangulation nicht, so kommt es zu Defizienzen in der Mutterrepräsentanz. In der Wiederannäherungsphase, also vom achtzehnten Monat an, entscheidet sich, ob die Triangulierung tragfähig ist und die Legierung der »guten« und »bösen« Partialobjekte glückt oder ob sich die Spaltungstendenzen durchsetzen und das Kind von den Ambivalenzen zur Mutter so stark beansprucht wird, daß es sich dem Vater kaum oder gar nicht zuwenden kann. Es scheint mir sinnvoll zu sein, nun auch von den Defizienzen der Familienimago zu sprechen und sie für Entwicklungsstörungen ebenso ernst zu nehmen wie Mängel in der Mutterrepräsentanz. In der Latenz- und Pubertätszeit zum Beispiel kann der Heranwachsende von den familiären Problemen so in Anspruch genommen sein, daß er sich der Kultur (etwa in Form der Schule oder Jugendgruppen) nicht zuwenden kann. Schon aus diesem Umstand dürfen wir schließen, daß es dem Individuum nicht gelungen ist, eine die Ambivalenzen vereinigende und den Loslösungsprozeß ermöglichende Familienimago zu bilden. Die Familie kann zum »guten Objekt« werden, von dem sich das Individuum gar nicht trennen kann, während die Kultur als das Gefährliche, Böse erscheint. In seinem Buch »Patient Familie« (1970) hat Richter solche Familienimagines mit den Stichworten »Sanatorium«, »Theater«, »Festung« beschrieben.
Dem Antagonismus zwischen Kultur und Familie bzw. dessen Niederschlag im Verhältnis zwischen den entsprechenden Imagines messe ich für den Verlauf der Adoleszenz eine ähnliche Bedeutung zu wie dem Ödipuskomplex für die Kindheit.
In beiden Fällen handelt es sich um die Herausbildung entscheidender

Organisatoren der Erfahrung. Als Analytiker sind wir daran gewöhnt, den Einfluß der Mutter- und Vaterrepräsentanzen auf die Gestaltung der sozialen Beziehungen zu beachten. Aber als ebenso wichtig erweisen sich die bewußten und unbewußten Bilder, die wir von Kultur und Familie in uns tragen: Sie organisieren unsere Einstellung zur Arbeit, damit auch zur Kreativität, ebenso wie unsere politischen Zielsetzungen und unser Verhältnis zu Wandel und Kontinuität.

Wie der Ödipus-Komplex so wird auch der Antagonismus zur Quelle vielfältiger und quälender Spannungen, die besonders in Zeiten eines beschleunigten Wandels in Erscheinung treten.

Als Beispiel mag der Hinweis auf Shakespeares »Romeo und Julia« genügen: Beide durchbrechen sie das von der Familie gesetzte Verbot; ihre Liebe ist eine (im Sinne Freuds) *kulturelle* Macht, insofern sie neue, den Partikularismus der Familie überwindende Normen setzt, und am Schluß des Stücks erscheint der Fürst, der das Ende der am Prinzip der Blutrache festhaltenden Familienherrschaft verkündet. In diesem Falle verkörpert die politische Herrschaft das humanere Gesetz und begünstigt den sozialen Wandel, der ja den Bereich der Herrschaft weiter ausdehnt; Romeo und Julia werden zu Märtyrern der neuen Ordnung deklariert. Zwar ist ihr Tod zufällig (ein Bote kam nicht rechtzeitig an und leitete das tödliche Mißverständnis ein), aber Romeo und Julia scheitern auch an den durch den Bruch mit der Familiensolidarität hervorgerufenen Schuldgefühlen. Ihr Tod erhält deshalb auch etwas Exemplarisches: wer so liebt und die Tradition mißachtet, wird nicht alt.

*Julia:* O Romeo! Warum denn Romeo?
Verleugne deinen Vater, deinen Namen!
Willst du das nicht, schwör dich zu meinem Liebsten,
Und ich bin länger keine Capulet
(...)
O Romeo, leg deinen Namen ab
Und für den Namen, der dein Selbst nicht ist
Nimm meines ganz!
*Romeo:* Ich nehme dich beim Wort
Nenn Liebster mich, so bin ich neu getauft
Und will hinfort nicht Romeo mehr sein.

Die sich an der Triebhaftigkeit des Es nährende Autonomie des Individuums bedarf des Antagonismus zwischen Familie und Kultur, um sich entfalten zu können. Es ist daher nicht überraschend, daß dort, wo die Autonomie des Subjekts Herrschaftsformen bedroht oder in Frage stellen konnte, der Antagonismus möglichst entschärft werden muß. Gelingt es, wenigstens die *Imagines* von Kultur und Familie zur Deckung zu bringen, so ist einer der wirksamsten Mechanismen für die gesellschaftliche Produktion von Unbewußtheit in Gang gebracht.

In »Massenpsychologie und Ich-Analyse« (1921) verweist Freud darauf, daß Institutionen – also kulturelle Einrichtungen – wie Familien unter der Vorspiegelung der Illusion eines mächtigen Vaters funktionieren. Freud zeigte auch die Vorteile dieser Lösung: die libidinösen Bindungen in der Institution erlauben, das Aggressionspotential einzudämmen. Aber das gilt nur innerhalb der Institution; um so stärker werden die Aggressionen gegen Außen, gegen das der Institution Fremde anwachsen. Am Beispiel der Kirche, das Freud in der »Massenpsychologie« anführt, kann man eingehend das Verhältnis zwischen Kulturschaffung und Kulturdestruktion untersuchen. Indem die Struktur der Familie der Institution übergestülpt wird, wird der Antagonismus zwischen Familie und Kultur auf einem gesellschaftlichen Niveau wirksam: Institutionen negieren – wie eben die Familie – immer mehr die Kultur in ihrer Dynamik, schließen sich inzestuös ab und beginnen, kulturzerstörerische Einflüsse auszuüben.

Eine andere Möglichkeit, den Antagonismus zwischen Familie und Kultur zu entschärfen, und zwar auch im Dienste der gesellschaftlichen Produktion von Unbewußtheit, besteht in dessen Verschiebung auf das Geschlechterverhältnis. Zentrale Bereiche dessen, was in einer Gesellschaft als »männlich« bzw. »weiblich« gilt, erscheinen dann als durch Macht- und Gewaltverhältnisse geregelte Versuche, den Antagonismus zu bewältigen und die Position des Mannes auf Kosten der Frau davon zu entlasten.

Die bürgerliche Fassung des Verhältnisses fand in Schillers »Lied von der Glocke« den oft zitierten Ausdruck:

Der Mann muß hinaus
Ins feindliche Leben
Muß wirken und streben
Und pflanzen und schaffen
Erlisten, erraffen,

Muß wetten und wagen,
Das Glück zu erjagen.
(...)
Und drinnen waltet
Die züchtige Hausfrau,
Die Mutter der Kinder
Und herrschet weise
Im häuslichen Kreise.

Was »männlich« ist, wird mit der Kultur und ihrer Bewegung, das »Weibliche« aber mit der Familie und ihrer Stabilität assoziiert. Die bürgerliche Gesellschaft versuchte, diese Aufteilung dadurch zu zementieren, daß sie das Kinderhaben der Geschlechtsdefinition der Frau zuschlug – eine Frau, die nicht Mutter ist, gilt nicht als vollständige Frau –, die Vaterfunktionen jedoch aus der Definition von Männlichkeit aussparte\*.
Auf diese Weise kann sich der Mann der unangenehmen Spannung des Antagonismus entziehen. Die Autonomie, die er sich, die kulturelle Bewegung ausnützend, aneignet, ist brüchig; er wird immer äußerer Stützen, zum Beispiel der Institutionen bedürfen, die ihn in seiner Rolle als Mann von der gesellschaftlichen Produktion von Unbewußtheit abhängig machen, und in seinem Verhältnis zur Frau wird er – teilnehmend an der Phantasie, sie sei die Herrin des Hauses – in die Rolle des Kindes schlüpfen. Aus der Familienposition der Frau erscheint schon die Wahrnehmung des Antagonismus als ein Symptom dafür, daß etwas mit ihrer Weiblichkeit nicht stimmen kann. Das gesellschaftliche Interpretationsangebot lautet: Weil die Frau ihre Weiblichkeit und Mütterlichkeit nicht akzeptiere, dränge es sie nach außen in die Kultur.
Das auch von Margarete Mitscherlich scharf kritisierte Freudsche Theorem des Penisneids verbaute während langer Zeit den psychoanalytischen Zugang zur Frau, indem es lediglich die herrschende und bewußte Meinung, die Frau gehöre ins Haus, übernahm. Sobald die

---

\* Um wiederum mit Schiller zu sprechen:
   Er stürmt ins Leben wild hinaus
   Durchmißt die Welt am Wanderstabe.
   Fremd kehrt er heim ins Vaterhaus;
   (...)

Penisneid-These gegen die kulturelle Tätigkeit der Frau gewendet wird, verwandelt sie sich bestenfalls in Bewußtseins-Psychologie und hat nichts mit einer das Unbewußte erforschenden Psychoanalyse zu tun\*.

In ihrem Buch über »Die friedfertige Frau« kommt Margarete Mitscherlich wiederholt auf das Problem der Macht zu sprechen und verweist ebenfalls auf die manipulative Wirkung der postulierten Identität von Familie und Kultur.

Man versuche, schreibt sie in dem Kapitel über »Frauen und Aggression«, »die Frau davon zu überzeugen, daß sie die Macht in der Familie besitze. Nur indem sie diese Macht sanft ausübe, könne sie die bösen Verhältnisse in dieser Welt ändern. (...) Folglich fällt es vielen Frauen schwer, mit Macht umzugehen. Sie vermeiden es ängstlich, irgendwelche Positionen, die sie in Verbindung mit Macht oder Einfluß bringen können, zu übernehmen. Vermutlich nehmen sie die psychoanalytischen Vorstellungen von der Allmacht der Mutter, wie sie für das Erleben des abhängigen Kleinkindes bestehen, als gesellschaftlich real hin. Kindliche Phantasie und Realität werden einander gleichgesetzt, so daß gesellschaftliche Wirklichkeit nicht mehr unverzerrt wahrgenommen werden kann. Das hat zur Folge, daß oft auch analytisch geschulte Frauen ihre Wünsche nach Selbständigkeit unterdrücken und – trotz besserem Wissen – ihre Aggressionen in eine masochistische Opferhaltung umwandeln.« (1984: 10)

Die Halbierung der Welt auf die Familie verunmöglicht der Frau einen kulturellen Umgang mit der Aggression; im magischen Familien-Zirkel, in welchem sie eingesperrt ist, muß sie die Aggression masochistisch gegen sich wenden. So kommt es ebenfalls zum Schein eines »typisch« weiblichen Charakterzuges. Während der Mann den Antagonismus vermeiden und seine Geschlechtsidentität doch behalten kann, gerät die Frau in ein unlösbares Dilemma: wendet sie sich von der Familie ab der Kultur zu, gilt sie nicht als »richtige« Frau; beschränkt sie sich auf die Familie, merkt sie, daß ihr eine Hälfte des Lebens abgeht.

---

\* Ihre Gültigkeit beschränkt sich auf das (familiäre) Verhältnis zur Mutter. »Mir scheint«, schreibt Chasseguet-Smirgel, »der Penisneid ist keine als Selbstzweck konzipierte ›Männlichkeitsforderung‹, sondern eine Revolte gegen die Person, die als Ursprung der narzißtischen Kränkung erscheint: die allmächtige Mutter.« (1964: 163)

Depressivität ist eine häufige Reaktion auf dieses Dilemma. Aber die Frauenbewegung hat die festgefügten Verhältnisse zum Tanzen gebracht, die Gleichsetzung von Frau und Familie bzw. von Mann und Kultur in Frage gestellt und damit die Auseinandersetzung in den Bereich von Kultur und Politik getragen.

# Iring Fetscher
# Masken der Politik – Politik als Maske

Warum fasziniert die Maske? Manche Masken lassen uns erschrecken, andere sollen zumindest Heiterkeit bewirken. Mit Masken wird gespielt, aber auch eingeschüchtert, verhüllt, verborgen, betrogen. Warum nehmen wir die Verhüllung und Tarnung des Gesichts ernster als die des übrigen Leibes? Hinter dem Geheimnis der Maske verbirgt sich die des Gesichts.
Ein lebendiges Gesicht spricht zu uns. Es offenbart die Eigenschaften eines Menschen, seinen Gemütszustand, seine Stimmung. In einem Gesicht können wir »lesen«, oder glauben es doch zu können. Beim Pokerspiel und in der Politik kommt es oft darauf an, dem Mitspieler oder Partner zumindest den augenblicklichen Gemütszustand zu verbergen, weil dieser aus ihm nützliche Schlüsse auf unsere Karten bzw. unsere Absichten ziehen könnte. Das Pokerface ist eine »Maske«, ein zur Maske erstarrtes, regungslos-gleichmütiges Gesicht. Aber auch das steifgefrorene Lächeln des Filmschauspielers oder des populären Politikers ist eine Maske, hinter der er seine wahren Gemütsregungen verbirgt. Die vom Lächler vorgegebene Liebenswürdigkeit ist »professionell aufgesetzt«, entspricht nicht der wahren Gesinnung. Vielfach verfehlt der sich Verstellende aber auch seinen Zweck, sein Gesicht wird sozusagen als Maske entlarvt. Sein Zweck war es ja, gerade das bemühte Lächeln als »Ausdruck wohlwollender Freundlichkeit« zu »verkaufen«. Als Verkäuferlächeln, als Maske des Verkäufers, entlarvt nützt es daher nichts mehr, verfehlt es seinen Zweck.
Was unterscheidet Masken von lebendigen Gesichtern? Das maskenhafte Gesicht erleichtert die Antwort. Masken sind starr, leblos, unveränderlich, wie gefroren. Sie halten eine Grimasse dauerhaft fest, fixieren den flüchtigen Augenblick, den einen Ausdruck für immer. Deshalb erscheinen uns auch die Toten, als ob sie Masken trügen, und man nimmt ihnen die »Totenmaske« ab, die realistisch wiedergibt, wozu sie als Gestorbene geworden waren. Der Tote hört nichts mehr und lernt

nichts mehr, er hat aufgehört, sich zu verändern, darum wird sein Gesicht zur Maske, vor der wir – falls wir ihn gut gekannt haben – vielleicht erschrecken.
Das Gesicht eines Kindes, eines jungen Mädchens zumal, ist meist noch weich und verschwommen, aus ihm kann sich vieles und Verschiedenartiges entwickeln, ein träumerischer Ausdruck mag über seinen Zügen liegen, oder wird er nur von uns, den Betrachtern, in sie hineingelegt? Die meisten Kindergesichter sind schön, weil – oder solange – negative Erfahrungen, Leid und Schmerzen, Bosheit und Gemeinheit ihnen noch nicht ihren Stempel aufgedrückt haben. Und doch handelt es sich um alles andere als um ausdrucksvolle Masken. Kinder haben noch nicht gelernt, ihre Züge zu verstellen, deshalb spiegelt ihr Gesicht jede schwankende Stimmung ihres Gemüts, jedes Gefühl getreu wider. Im Laufe des Lebens wird diese Beweglichkeit der Gesichtszüge abnehmen und den Ausdruck eines Charakters annehmen.
Die griechische Tragödie kannte bereits besondere »*Charaktermasken*« für bestimmte typische Rollen. Durch sie sollten die für Berufe und »Typen« eigentümlichen Züge übertreibend herausgestellt werden, damit jeder sie auf den ersten Blick identifizieren konnte. Karl Marx hat diesen Terminus aufgegriffen und als Folge spezifischer Rollenzwänge interpretiert, die z. B. in einer Marktwirtschaft fungierende Kapitalisten prägen. Die Charaktermaske wird, ihm zufolge, von den Eigenschaften bestimmt, die für eine bestimmte Funktion im Rahmen der Produktionsweise erforderlich sind. Sie haften dem konkreten Menschen gleichsam an, er kann sich zwar subjektiv von diesen Eigenschaften und seiner Charaktermaske als Unternehmer »unterscheiden«, fürs Funktionieren der Produktionsweise und seine soziale Realität und Bedeutung aber ist allein die Charaktermaske relevant. Erst in der neueren Soziologie kommt übrigens die Bezeichnung »Rolle« für die verschiedenen sozialen Funktionen auf, wobei angenommen wird, daß jeder Mensch eine Vielzahl unterschiedlicher Rollen spielen könne, ohne deshalb mehrere »Charaktermasken« aufzusetzen. Die Charaktermaske, so dürfte Marx zu verstehen sein, ist gerade nicht beliebig wechselbar. Sie verwächst mehr oder minder fest mit dem eignen Gesicht. »Wir werden [...] finden, daß die ökonomischen *Charaktermasken der Personen* nur die Personifikation der ökonomischen Verhältnisse sind, als deren Träger sie sich gegenübertreten« (MEW 23, S. 100). Im Fall des Kapitalisten bedeutet das: »Die *ökonomische Charakter-*

*maske* des Kapitalisten hängt nur dadurch an einem Menschen fest, *daß sein Geld fortwährend als Kapital funktioniert«* (ebd., S. 591). Aber nicht nur Personen, auch Produktionsmittel wie Maschinen sind unter den Bedingungen einer kapitalistischen Produktionsweise mehr und mehr durch ihre kapitalistische Charaktermasken gekennzeichnet, die man von ihrer materiellen Gestalt unterscheiden muß: »Das stets *wachsende Gewicht* der im lebendigen Arbeitsprozeß unter der Form von *Produktionsmitteln* mitwirkenden *vergangenen Arbeit* wird […] ihrer, dem Arbeiter selbst […], *entfremdeten Gestalt zugeschrieben, ihrerer Kapitalgestalt.* Die praktischen Agenten der kapitalistischen Produktion und ihre ideologischen Zungendrescher *sind ebenso unfähig,* das *Produktionsmittel von der antagonistischen gesellschaftlichen Charaktermaske, die ihm heute anklebt, getrennt zu denken,* als ein Sklavenhalter den Arbeiter selbst von seinem Charakter als Sklave« (ebd., S. 635). Die Charaktermaske klebt also Personen wie Produktionsmitteln (z. B. Maschinen) an. Sie kann – durch den kritischen Analytiker – von jenen losgelöst werden. Die Maschine ist eben nicht notwendig immer »Kapital«, sie kann auch – im Besitz von assoziierten Produzenten – zu deren bewußt und gemeinsam angewandten Arbeitsmittel werden, das nicht der Mehrwerterzeugung, sondern der Bedürfnisbefriedigung und Arbeitserleichterung dient. Freilich kann man Marx in diesem Zusammenhang vorwerfen, daß er den Einfluß der Charaktermaske Kapital auf die konkrete Gestalt der Produktionstechnik unterschätzt hat.

Übrigens hat Marx den Terminus Charaktermaske gelegentlich auch frei, weniger terminologisch exakt, gebraucht, um die schlaue politische Verstellung eines Louis Bonaparte zu charakterisieren: »Hinter dem Ministerium Barrot hatte er (Louis Bonaparte) sich scheinbar eklipsiert, die Regierungsgewalt in die Hände der Ordnungspartei abgetreten und die *bescheidene Charaktermaske* angelegt, die unter Louis-Philippe der verantwortliche Garant der Zeitungspresse trug, die *Maske des homme de paille.* Jetzt warf er die Larve weg, die nicht mehr der leichte Vorhang war, worunter er seine eigne Physiogomie verstekken konnte, sondern die *eiserne Maske,* die ihn verhinderte, eine eigne Physiognomie zu zeigen« (MEW 8, S. 149).

Wenn der künftige Napoleon III. die Charaktermaske des »Strohmanns« anlegt, dann heißt das nicht mehr, als daß er sich verstellt und so tut, als führe er lediglich die Beschlüsse anderer (hier der »Ordnungspartei«) aus. Die »eiserne Maske«, die er sich überstülpt, als er

sich auf den Weg zur Diktatur begibt, macht die eigene Physiognomie überflüssig. Der kleine Neffe verkleidet sich als der große Onkel und gewinnt damit die Wahl. Louis Bonaparte hat nur noch Masken und ist *kein* Charakter mehr. Ein höchst moderner Mensch.
Den kritischen Gedanken der Charaktermaske im eigentlichen Marxschen Sinn darzustellen, verwendet Bertolt Brecht im »Guten Menschen von Sezuan« eine wirkliche Maske: Um nicht im Dschungel des wirtschaftlichen Kampfes ums Überleben unterzugehen, muß die gutherzige Shen Te von Zeit zu Zeit in die Maske ihres geschäftstüchtigen und hartherzigen Vetters Shui Ta schlüpfen. Der Zuschauer erlebt anteilnehmend die Ereignisse, die sie zu jener Verstellung zwingen. In der Maske des Vetters erklärt sie am Ende dem Göttlichen Gericht, warum sie sich immer wieder »verkleiden« mußte: »Ich habe nichts getan, als die nackte Existenz meiner Kusine gerettet, Euer Gnaden. Ich bin nur gekommen, wenn die Gefahr bestand, daß sie ihren kleinen Laden verlor. Ich mußte dreimal kommen. Ich wollte nie bleiben. *Die Verhältnisse haben es mit sich gebracht, daß ich das letzte Mal geblieben bin.* Die ganze Zeit habe ich nur Mühe gehabt. Meine Kusine war beliebt, und ich mußte die schmutzige Arbeit verrichten. Darum bin ich verhaßt« (Gesammelte Werke, Bd. IV, S. 1599).
Die sozialen Verhältnisse zwingen Shen Te die Charaktermaske auf. Auch wenn sie sie anfangs immer wieder einmal abzulegen versucht, zuletzt ist sie genötigt, sie ständig aufzubehalten. Schließlich steht Shen Te als Shui Ta vor den Richtern und soll sich für das Verschwinden der Shen Te verantworten. Die Lösung der Frage: Shen Te und Shui Ta sind ein und dieselbe Person, wird von den idealistischen Göttern ignoriert. Sie bleiben dabei, daß es »gute Menschen«, wenigstens einen »guten Menschen«, Shen Te, gibt und ziehen sich in ihre wolkige Nichtigkeit zurück. Als kleiner Tabakladenbesitzer kann Shen Te es sich nicht mehr leisten, ihr gütiges Gesicht »nackt« zu zeigen. Ohne die Maske des geschäftstüchtigen und harten Vetters, ohne die Charaktermaske des Kleinunternehmers kann sie in dieser Welt nicht überleben. So lautet die didaktische Schlußfolgerung des Brechtschen Stückes.
Das Thema hat ihn nicht losgelassen. In dem »finnischen Volksstück« »Herr Puntila und sein Knecht Matti« wird die umgekehrte Prozedur vorgeführt: Nicht das Aufsetzen der Charaktermaske, bis sie schließlich zum bleibenden Gesicht der Person wird, zeigt das Stück, sondern die punktuelle Ablegung der Maske im Zustand der Volltrunkenheit.

Gezeigt wird, wie der Prolog verkündet, »ein gewisses vorzeitliches Tier Estatium possessor, auf deutsch Gutsbesitzer genannt. Welches Tier, als sehr verfressen und ganz unnützlich bekannt [...]«. Der Gutsbesitzer Puntila hat aber eine Schwäche, er betrinkt sich in regelmäßigen Abständen unmäßig und möchte dann alle Welt liebevoll umarmen. Unvermeidlich sympathisiert der Zuschauer mit dem Trunkenen und lächelt voller Mitleid über dessen paradoxe Klagen. Puntila weiß nämlich während dieses Zustandes, der ihn vorübergehend der Charaktermaske des Estatium possessor entkleidet, sehr wohl um die Brutalität, Bosheit und Geldgier seines Verhaltens im nüchternen Zustand. Darum bittet er um milde Beurteilung des nüchternen Puntila, plädiert beinahe überzeugend für mildernde Umstände, wobei er die Topoi der bürgerlichen Rechtsprechung auf den Kopf stellt:
»Regelmäßig ist es so: die ganze andere Zeit bin ich vollkommen normal, so wie du mich jetzt ansiehst«, sagt der trunkene Gutsbesitzer seinem Chauffeur Matti und fährt fort: »Ich bin im vollen Besitz meiner Geisteskräfte, ich bin Herr meiner Sinne. *Dann kommt der Anfall.* Es beginnt damit, daß mit meinen Augen irgend etwas nicht mehr stimmt. Anstatt zwei Gabeln – er hebt eine Gabel hoch – sehe ich nur noch eine.« *Matti:* »*Da sind Sie also halbblind?*« *Puntila:* »*Ich seh nur die Hälfte von der ganzen Welt.* Aber es kommt noch böser, indem ich während dieser Anfälle von totaler, sinnloser Nüchternheit einfach zum Tier herabsinke. Ich habe dann überhaupt keine Hemmungen mehr. Was ich in diesem Zustand tue, Bruder, das kann man mir überhaupt nicht anrechnen. Nicht, wenn man ein Herz im Leibe hat und sich immer sagt, daß ich *krank bin.* [...] Ich bin dann direkt *zurechnungsfähig.* Weißt du, was das bedeutet, Bruder, zurechnungsfähig? Ein *zurechnungsfähiger Mensch ist ein Mensch, dem man alles zutrauen kann...*« (Werke, Bd. IV, S. 1616).
In seinem Zustand »sinnloser, totaler Nüchternheit« verhält sich Puntila, wie es der Charaktermaske des Gutsbesitzers, des ländlichen Unternehmers, entspricht. Die Bezeichnung »zurechnungsfähig« verweist auf die Rechtsförmigkeit der Beziehungen, die dann allein zwischen den Personen – als Warenbesitzern – gelten. Als Käufer der Ware Arbeitskraft und Verkäufer von Getreide, Vieh und Holz agiert der Gutsbesitzer – nur auf seinen Vorteil bedacht –, um Profit zu maximieren. Längst handelt es sich bei diesem agrarischen Unternehmer nicht mehr um einen feudalen Grundherren, dem auch die Sorge um seine Bauern

noch am Herzen liegt. Nur im Zustand der Trunkenheit kommt etwas von dem »Menschen« wieder zum Vorschein, den die Zwänge des wirtschaftlichen Konkurrenzkampfes bei nüchternem Verhalten vollständig zum Verschwinden gebracht haben. Brecht spielt hier mit den Metaphern und stellt die »Grundannahmen« der bürgerlichen Alltagsmoral wie der Rechtsprechung auf den Kopf: Nicht die Trunkenheit ist sinnlos, sondern die Nüchternheit, nicht der Trunkene ist böse, sondern der Nüchterne, nicht der Alkoholiker ist krank, sondern der Nüchterne. Der Zurechnungsfähige ist zugleich derjenige, »dem man alles zutrauen kann«, also auch der, welcher Verbrechen und alle Arten von Gemeinheiten begeht – zum Beispiel: seine Tochter an einen vertrottelten und schwächlichen Diplomaten verheiratet, mit dessen Hilfe er an Staatsaufträge zu kommen hofft.

Im »Puntila« geht Brecht von der Annahme aus, daß die Charaktermaske beim nüchternen Agrarkapitalisten schon so fest mit seinem Gesicht verwachsen ist, daß sie nur noch gewaltsam – mit Hilfe von literweisem Aquavit – vorübergehend wieder abgespült werden kann.

Im »Kaukasischen Kreidekreis« setzt der Regisseur Brecht allen Figuren der herrschenden Kaste Masken auf. Der Gouverneur und die Gouverneursfrau, der fette Fürst und die Panzerreiter sind eindrucksvoll maskiert. Sie repräsentieren die unterdrückende Macht des bedrohenden Staates. Für Menschlichkeit aber entsteht Raum in dem Chaos eines beginnenden Krieges. Wenn Grusche im Unterschied zu Shen Te keinen Vetter braucht, durch dessen Maske sie sich retten muß, so liegt das einzig an den beinahe märchenhaften Umständen, die sie auf den anarchistischen Armeleuterichter Azdak treffen lassen:

»... nach diesem Abend verschwand der Azdak
und war nicht mehr gesehen.
Aber das Volk Grusiniens vergaß ihn nicht und gedachte noch
Lange seiner Richterzeit als einer kurzen
Goldenen Zeit, beinahe der Gerechtigkeit.«

Man könnte auch sagen, es war eine Zeit, da die mütterliche Magd Grusche – obwohl sie keine teuren Anwälte bezahlen und nur ihr gutes Herz in die Waagschale werfen konnte – Gerechtigkeit fand, ohne eine Maske aufsetzen zu müssen, und als die raffinierte Maske der Gouverneursfrau ihr nichts nützte, weil der Armeleuterichter Azdak sie durchschaute.

Zwei Annahmen hat Brecht miteinander kombiniert, als er Shui Ta und Puntila auf die Bühne brachte: einmal die von Marx übernommene Theorie, daß sich Personen, um unter kapitalistischen Verhältnissen zu überleben, eine »Charaktermaske« aufsetzen müssen, die ganz bestimmte egoistische und harte Verhaltensweisen von ihnen verlangt. Zum anderen die – so klar von Marxisten nicht unterstellte – *natürliche Güte* der Menschen, die dazu führt, daß es sie allemal erhebliche *Mühe* kostet, diese »negative« Charaktermaske und ihre Verhaltenszwänge aufzunehmen, weil sie einer quasi triebhaften Anlage zum »Gutsein« in ihnen widerspricht. Shen Te wird von dem Widerspruch zwischen ihrer natürlichen Güte und dem sozialen Verhaltenszwang der Ladenbesitzerin förmlich zerrissen und kann nur in der Doppelexistenz mit dem Vetter Shui Ta zusammen überleben. Puntila leidet wenigstens noch im Suff an seiner nüchternen Gemeinheit und Geldgier, die doch nur Ausdruck sozialer Verhaltenszwänge ist. In einem Gedicht »Die Maske des Bösen« hat Brecht seine Überzeugung von der natürlichen Güte des Menschen indirekt zum Ausdruck gebracht:

An meiner Wand hängt ein japanisches Holzwerk
*Maske eines bösen Dämons,* bemalt mit Goldlack.
*Mitfühlend sehe ich*
Die geschwollenen Stirnadern, andeutend
*Wie anstrengend es ist, böse zu sein«*
    (Gesammelte Werke, Bd. III, S. 850).

Um so böse zu sein, wie es zum Überleben in einer antagonistischen Klassengesellschaft erforderlich ist, muß man sich gewaltig anstrengen. Der Stückeschreiber erkennt an der japanischen Dämonenmaske, wieviel Anstrengung es kostet, dieses Maß an Bosheit aufzubringen.

Bis jetzt habe ich von der Maske überwiegend im metaphorischen Sinn gesprochen. Unter »Charaktermaske« hatten wir mit Marx jene Fixierung des Charakters verstanden, die durch die Übernahme einer bestimmten Funktion innerhalb des Gesellschaftssystems entsteht. Das Gemeinsame mit der »künstlichen Maske« war hier die Fixierung bestimmter Züge, der Verlust der Fähigkeit, wechselnden eigenen Empfindungen Ausdruck zu geben, auf veränderte Umstände durch verändertes Verhalten zu reagieren, kurz Mitmenschen als Du und nicht als

Ding gegenübertreten. Der »gefrorene Charakter« ist nicht mehr lernfähig. Freilich wird niemand *ganz* mit jener Charaktermaske identisch, die seine soziale Funktion ihm aufzwingt. »Dahinter« bleibt noch immer der Mensch versteckt, auch wenn es unter Umständen erhebliche Mühe macht, ihn noch zu entdecken.

Die Masken, die sich Faschingsnarren und -närrinnen aufsetzen, haben im Grunde die umgekehrte Bedeutung. Indem sie frei das »künstliche Gesicht« (und die Verkleidung) wählen, versuchen sie durch ihr Äußeres vorübergehend etwas von dem zu verwirklichen, was ihnen im Alltagsleben versagt war: Während der Ölkrise gingen viele Autofahrer an Fasching als Ölscheichs verkleidet. Das war eine billige und illusorische Wunscherfüllung. Tiefer geht schon die Lust vieler Faschingsteilnehmer, endlich mal Prinzen und Prinzessinnen zu sein, Generäle und Obersten und was weiß ich noch für »Honoratioren«.

Während die Charaktermaske das lebendige Gesicht in eine Art »Maske« verwandelt, sucht der Maskenträger zu Fasching mit seiner Maske und durch seine Maske einen »unterdrückten Teil seiner selbst« zu offenbaren. Das war ja wohl auch der ursprüngliche Sinn derartiger Feste: einmal die Fesseln der Konvention abstreifen zu können, um so »angesehen«, so erschreckend, so verführerisch, so ausgelassen, so geil zu sein, wie man im eingeschränkten bürgerlichen Alltag einfach nicht sein und erscheinen »darf«.

Die Freude am Überstülpen der Tiermaske oder der eines Satyrs könnte dem Umstand zuzuschreiben sein, daß sie das Animalische auszuleben erlaubt. An Weiberfastnacht nützen im Rheinland die häßlichsten Mädchen und Frauen das Privileg der Maske und der damit gewonnenen Anonymität, um auf »Männerfang« zu gehen, wozu sie »sonst« kaum den Mut hätten. Merkwürdig: die »natürliche Maske« des Unternehmers führt zur Unterdrückung seines eigentlichen Gesichtes, und die künstliche Maske des Faschingsteilnehmers drückt etwas von dem aus, was er im Alltag verbergen mußte (wenn er die Maske wirklich freiwillig selbst gewählt oder gar gestaltet hat: der Vorzug des Maskenbildners, der zugleich Schauspieler ist, bestünde darin, daß er am besten diesen Zweck verwirklichen kann).

Was aber ist die »Maske des Politikers«? Im Zeitalter der illustrierten Presse und des Fernsehens, der Bildplakate mit braungebrannten Kandidaten und der professionellen Werbeberater ist sie mehr und anders als die »traditionelle« Charaktermaske und doch auch etwas anderes als die Faschingsmaske. Wenn sich ein Kanzlerkandidat von Public-Relations-Experten und Kosmetikern, Herrenausstattern und Brillenfabrikanten beraten läßt, dann sucht er nicht mit deren Hilfe etwas »auszudrücken«, was in seinem bisherigen Leben unterdrückt wurde, sondern er möchte einen, *genau auf die Wirkung beim Publikum kalkulierten, günstigen Eindruck erwecken*. Man rät ihm z. B., die Haare etwas lockerer und kürzer zu tragen, eine randlose Brille anzuschaffen, hellere Anzüge zu kaufen, sich vor hellem Hintergrund fotografieren zu lassen, keine zu scharfen Fotos zuzulassen usw. Aber nicht nur Kleidung und Haarschnitt, Brillenfassung und Hintergrund werden ihm vorgeschlagen, auch die Wortwahl und der Gesichtsausdruck wird – mit Hilfe von Experten – einstudiert. Damit nähert sich der Politiker zweifellos dem Schauspieler an, nur daß er eine *einzige Rolle* zu spielen hat: die des glaubwürdigen, gütigen, ernsten und doch nie im Zweifel sich befindenden Staatsmannes, der zugleich der freundliche Nachbar im Schrebergarten sein könnte. Ein Mensch wie du und ich, nur eben noch mehr.

Früher entstanden solche »Idealfiguren« allenfalls in populären Trivial-Romanen, heute werden sie »fürs Leben selbst« von Experten hergestellt. Kein Wunder, daß schließlich ein Berufsschauspieler zum erfolgreichen Präsidentendarsteller gewählt wurde. Keiner konnte sich besser den Regieanweisungen der Experten der öffentlichen Meinungsbildung anpassen, keiner seine Rolle gleich gut spielen, keiner so gut den Anweisungen seiner Souffleure folgen.

Die bewußt gestaltete Erscheinung des Politikers, wie sie für Foto, Film und Fernsehen benötigt wird, geht über die gleichsam »naturwüchsig entstehende« Charaktermaske hinaus. Man darf sich aber fragen, ob es nicht Rückwirkungen auf den Charakter der Person hat, wenn sie sich so zur öffentlichen Schaustellung als erfolgsgewisser Politiker zurechtmachen läßt. Was wird hinter diesen »Masken der Politik« aus den Menschen? Wie kann derjenige, der tagaus, tagein den »Selbstsicheren« und »Überzeugten« spielen muß, je berechtigtem Zweifel und notwendiger Selbstkritik Raum geben? Wird er nicht – um einen Terminus von Karl Deutsch zu gebrauchen – »unfähig zu lernen«, weil er – durch die Suggestion seiner »Macht« – glaubt, es nicht nötig zu haben? Intelligente Menschen haben Mühe, sich einer einzigen Rolle auf Jahre und Jahrzehnte hinaus anzupassen, weniger intelligente erliegen allzuleicht der Suggestion, die sie auf andere auszuüben suchen

und glauben zuletzt selbst an sie. Was Bertolt Brecht »Verfremdung« nannte, dafür haben sie keinen Sinn. Sie sollen ja auch nicht so aussehen wie Schauspieler, die den Präsidenten oder den Kanzler »spielen«, sondern wie »richtige Präsidenten und richtige Kanzler«.
Freilich, gerade das tägliche Fernsehen, das immer wieder das gleiche »Bild« des führenden Staatsmannes zeigt, kann ungewollt auch dazu beitragen, den »Bann zu brechen«, die einstudierte Pose und Maskerade als solche zu entlarven. Gelegentlich haben Politiker schon dadurch an Ansehen und Attraktivität verloren, daß man sie zu oft im Fernsehen zeigte. Ich erinnere mich z. B. daran, wie die Unglaubwürdigkeit eines hochgestellten Politikers immer sichtbarer wurde, je öfter er im Brustton ehrlicher Überzeugung seine Wahrheitsliebe beteuerte. So perfekt ist niemand, daß er jahrelang mit Erfolg die gleiche Rolle spielen könnte, ohne je einen gravierenden Fehler zu begehen. Für den Schauspieler auf der Bühne ist es nicht so tragisch, wenn er einmal aus der Rolle fällt – er hat noch andere; aber für denjenigen, der nur eine *einzige* Rolle hat und kennt, ist es tödlich, wenn das Publikum ihm diese Rolle nicht »mehr abnimmt«. Aus diesem Grunde sind Skandale oder »Gesichtsverluste« in unserer Fernsehwelt so destruierend. Gewisse Personen und ihr »Image« sind durch sie derart »entwertet«, daß es kaum mehr möglich ist, sie als »Wahllokomotiven« zu verwenden, so schön auch immer die Plakate mit ihren Porträts sein mögen. Bildlich gesprochen: die perfekte Maske des mediengerechten Politikers darf nie auch nur um einen Millimeter verrutschen, weil sie als bloße Maske unter keinen Umständen erkannt werden darf.

Eine weit ältere Form »politischer Verkleidung« oder »Maskierung« ist die *Uniform*. In monarchischen Zeiten sprach man auch von »des Kaisers« oder »des Königs Rock«. Uniformiert waren nicht nur die Militärs, sondern auch die Beamten. Es gab Hofuniformen, Diplomatenuniformen, und noch heute kennen wir Polizeiuniformen und Uniformen der Förster. Von politischer Bedeutung ist vor allem die militärische Uniform, auch wenn sie im Zeitalter der Fallschirmjäger- und Tarnanzüge viel von ihrem goldenen Glanz, allerdings kaum von ihrem einschüchternden Schrecken verloren hat. Die Uniformierten heben sich von der »Masse der Zivilisten« durch ihre gemeinsame Kleidung ab. In einem meiner Briefe aus der Garnisonszeit zähle ich eine ganze Reihe von Unteroffizieren und Wachtmeistern, Leutnants und

Fähnrichen namentlich auf, um mit dem Satz zu schließen, »außerdem waren da noch drei Zivilisten«. Die »Innenansicht« der Uniformierten kennt also die Individualisierung durchaus, während umgekehrt die »Außenwelt« als »Masse der Zivilisten« gleichsam gesichtslos wird. Für die Zivilwelt sieht das umgekehrt aus: Ein Soldat ist in erster Linie Soldat, ein Offizier, repräsentiert seinen Truppenteil, seinen Dienstgrad, seine Armee, sein Land. Erst in letzter Linie ist er auch ein Individuum. Wie die Maske das Gesicht, so versteckt die Uniform das einmalige Individuum.

Dieses »Versteckt«-sein hat auf den Uniformträger eine ähnlich enthemmende Wirkung wie die Faschingsmaske auf den Narren am Rosenmontag und Faschingsdienstag. Namentlich in der Gruppe werden durch das Gefühl der uniformierten Zusammengehörigkeit eine ganze Reihe von moralischen und ästhetischen Hemmungen aufgehoben, die dem »zivilisierten Privatmenschen« anerzogen worden sind. Die Uniform erleichtert das kollektive Regredieren und damit auch das Ausagieren von Aggressionen ohne Gewissensbisse. Ähnliche Phänomene können sich zwar auch unter Bandenmitgliedern ohne Uniform zeigen, aber die Uniform leistet – vor allem für größere Massen – einen wertvollen Beitrag dazu. Auf der anderen Seite verlangt der Ehrenkodex des Soldaten (und namentlich des Offiziers), daß sich der Uniformierte »in der Öffentlichkeit würdig benimmt«, da ja primär nicht sein persönliches Ansehen, sondern das seiner Truppe auf dem Spiele steht. Es gibt oder gab doch einen speziellen Ehrenkodex für Uniformierte, der sich erheblich von den zivilen Umgangsregeln Nichtuniformierter unterscheidet. Diese Sonderstellung wollte Graf Baudissin durch die Losung vom »Staatsbürger in Uniform« aufheben. Es ist ihm nur unvollkommen gelungen. Die Entbehrungen und Risiken des Soldatenberufs verlangen offenbar eine psychische Kompensation, die dem Uniformierten in Gestalt des herausgehobenen Bewußtseins seiner »Besonderheit«, seiner »besonderen Ehre« und »Würde« zuteil werden soll.

Wenn auch weniger als dem Kleid des Priesters haftet bis zum heutigen Tage der militärischen Uniform etwas beinahe Sakrales an. Wer einen zivilen Anzug schmutzig macht, begeht schlimmstenfalles »groben Unfug«, wer aber die Uniform eines – noch dazu hochrangigen – Offiziers mit seinem eignen Blut bespritzt, wie der Abgeordnete der hessischen Grünen Frank Schwalba-Hoth, der hat offenbar ein »Sakrileg« begangen, und von dem müssen sich schleunigst alle Rechtdenkenden

lautstark »distanzieren«. Die Uniform ist »unantastbar«, auf sie darf man »nichts kommen lassen«. Merkwürdig, daß der Sinn für ein solches Tabu ausgerechnet in dem Volk besonders lebendig ist, dessen Uniformträger während des Zweiten Weltkrieges in der Tat auf ihre Uniform einiges »kommen ließen«, und nicht nur auf die schwarze der SS.
Die Uniform verwandelt den Menschen. Der *Hauptmann von Köpenick* hat das meisterhaft demonstriert. Eine einigermaßen sitzende Offiziersuniform macht aus einem überall herumgestoßenen Gelegenheitsarbeiter, der sich mühsam der Abschiebung entzieht, mit einem Male eine mächtige Respektsperson. Die Uniform verleiht ihrem Träger Autorität und Befehlsgewalt. Ihre Sprache versteht jeder, zumal wenn sie durch Bewaffnung komplettiert wird.

Der »rechtmäßig« Uniformierte wird kaum zugeben, daß er »maskiert« sei. Der Hauptmann von Köpenick kann es nicht leugnen. Er, der Zivilist, hat sich die Uniform als Maskierung unrechtmäßig angeeignet. Die Uniform kommt ihm nicht zu. In diesem Fall gibt es also eine Art »Maskierungsrecht« für eine bestimmte Gruppe von Menschen und für alle anderen ein Maskierungsverbot. Umgekehrt geht es bei der Diskussion um ein verschärftes Demonstrationsrecht in der Bundesrepublik darum, ob Demonstranten sich vermummen dürfen. Daß Faschingsnarren es dürfen, steht außer Frage. Sie stehen in diesem unserem Lande gewissermaßen unter allerhöchstem Schutz. Sie dürfen sogar die vergrößerten Schwellköpfe führender Politiker tragen, deren Popularität sie damit bekunden. Anders aber soll – nach dem Willen namentlich bayrischer Konservativer – der Demonstrant sich verhalten, der für seine politische Überzeugung protestierend auf die Straße geht. Er ist gehalten, sein Gesicht unverhüllt zu zeigen, damit er von den aufmerksamen Bewachern angemessen identifiziert, fotografiert, registriert und computergespeichert werden kann. Auch das Vermummen des Gesichts ist also ein Privileg, das nur demjenigen erteilt wird, der ein Zertifikat politischer Harmlosigkeit erbringen kann. Kehren wir nach diesen Ausflügen in die Welt der Politik und der Uniformierten zur Frage nach der Bedeutung der Maske und des Maskierens zurück.
Nur der Mensch – so nehmen jedenfalls viele Anthropologen an – erkennt sich im Spiegel, kennt also sein Gesicht. Ohne dieses Wissen um

das eigene Spiegelbild hätte die bewußte Tarnung durch eine Maske keinen Sinn. Die Tiere, die sich »tarnen«, tun das ja nicht bewußt, sondern haben die Fähigkeit hierzu im Laufe der Evolution angenommen. Naturvölker, die noch enger mit der sie umgebenden Biosphäre verbunden sind, benützen für ihre rituellen Tänze und Zeremonien häufig Tiermasken. Sie drücken in ihnen etwas von der dunkel empfundenen eigenen Tierhaftigkeit, oft auch ihre Zusammengehörigkeit mit ihrem Stamm aus. Wir – in der sogenannten europäischen Hochkultur – kennen Tiermasken nur noch in Gestalt komischer Karikaturen. Nicht die eigene Animalität, sondern die Tierähnlichkeit des »Anderen« stellen wir dar und bloß.
Die »Maske« des Politikers, der sich mit Hilfe von Spezialisten ein »Image« herstellen läßt, soll ihm nach Möglichkeit so fest aufsitzen, daß – jedenfalls das Publikum – nie die Maskenhaftigkeit erkennt. Das heißt aber: Er gibt zugunsten der publikumswirksamen Maske seine eigene Individualität auf. Zugleich – und das stellt die Schwierigkeiten seiner Aufgabe dar – muß er bedacht sein, als eindrucksvolle »Persönlichkeit« zu erscheinen. »Persönlichkeiten« werden übrigens auch in den Anzeigen der Unternehmungen für »repräsentative« und »leitende Posten« gesucht. Was darunter zu verstehen ist, könnte man in Anlehnung an Benjamin als *Imitation von Aura* bezeichnen. Persönlichkeiten in diesem Sinne sollen auf eine sichtbare und zugleich akzeptable Weise »etwas Besonderes« sein. Je eindeutiger die sozial präformierten Standards sind, nach denen die Unternehmungen ihre Leitenden aussuchen, um so schwieriger wird es, zugleich etwas »Besonderes« zu präsentieren. Ähnlich geht es den Politikern, die schließlich ihre bloße physische Partikularität als »Individualität« und »persönliche Eigenart« verkaufen. Etymologisch stammt das Wort »Person« übrigens von dem lateinischen »persona«, was – in der Zusammensetzung – »persona tragica« soviel wie *Maske* bedeutet. Noch in der Aufzählung der »dramatis personae« ist die Doppelbedeutung von Personen und Masken (Charakteren) enthalten.
Im Lateinischen jedenfalls war *persona* zunächst nicht der eigentliche Mensch, die unverwechselbare Individualität, sondern die Rolle, der angenommene »Charakter«: »Personam alienam ferre« hieß, eine fremde Rolle spielen, die einem nicht natürlich ist. Erst von hier aus dürfte sich das Wort der heutigen Bedeutung allmählich angenähert haben: »die Persönlichkeit, der Mensch, insofern er eine gewisse Rolle

spielt, auf eine gewisse Art oder in einem gewissen Verhältnisse auftritt«. So gesehen ist es im Grunde eine Tautologie, wenn wir sagen, die »eindrucksvolle Persönlichkeit« ist die Maske, die ein Politiker aufsetzt, um »anzukommen«. Mehr als andere muß er sich daher hüten, »aus der Rolle zu fallen« und »sein wahres Gesicht« (falls es ein solches überhaupt noch gibt) erkennen zu lassen. Aus diesem Grunde stellen »versehentliche Ausstrahlungen oder Radioübertragungen« von Politikeräußerungen, die nicht für die Öffentlichkeit gemeint waren, eine solche Sensation dar. Besonders leicht haben es hierbei Menschen, die hinter ihrer professionellen »persona« gar keine individuellen Züge mehr aufweisen oder deren »Sozialisation« ihnen von Haus aus schon die Züge adressiert hat, die sie als »Politiker-persona« zeigen sollen. Ich nehme an, daß die ehrgeizige und an die Oberschicht überangepaßte Kleinbürgerin, die zur Zeit britische Premierministerin ist, sich in dieser Lage befindet. Man könnte - vielleicht - sagen, daß ihre Charaktermaske sich zugleich als Politikerimago eignet, was in vielen anderen Fällen nicht zutrifft. Das würde zugleich bedeuten, daß sie nur unter besonders historischen Umständen an die Spitze ihrer konservativen Partei gelangen konnte, nachdem die Imagines der traditionellen Konservativen ihre Attraktivität (vorübergehend?) verloren hatten. Sie mußte sich nicht verstellen und wurde gerade durch ihre »kleinbürgerliche Durchschnittlichkeit in Höchstperfektion« extrem populär. Während die Angehörigen der herrschenden Oberschicht Englands längst von Skepsis und Resignation gezeichnet sind, strömt diese Dame aus dem unteren Mittelstand noch ungebrochen jenes Selbst- und Sendungsbewußtsein aus, das vor hundert und mehr Jahren für die halbfeudale englische Bourgeoisie und ihre Politiker einmal selbstverständlich war. Auf einer etwas höheren Ebene hat General de Gaulle der Welt ein ähnliches Schauspiel geboten. Der begabte Offizier aus kleinem Amtsadel mit dem national klingenden Namen und dem lothringischen Wohnsitz erschien nicht nur dem ironischen Winston Churchill wie die »Reinkarnation der Jungfrau von Orleans« – übrigens mit einer ähnlichen Distanz, ja Feindseligkeit gegenüber den »Angelsachsen«, auch wenn er deren Hilfe bis zum Sieg über Nazideutschland gern in Anspruch nahm.

De Gaulle dürfte einer jener »Glücksfälle« sein, bei denen die Sozialisation genau die Charaktermaske erzeugt hat, die der erfolgreiche Politiker – in einer bestimmten Krisensituation – benötigt. Die streng nationalistische Familie und die Militärschule von St. Cyr legten an, was dann – in einer der größten Katastrophen der französischen Geschichte – »gebraucht« wurde: die charismatische Gestalt des »Retters der nationalen Ehre«. De Gaulle legte sich nicht diese Maske zu, er ließ sich nicht das »Image« des Retters des Vaterlands »machen«, er fühlte sich als Retter und als Inkarnation Frankreichs, und die modernen Medien – vor allem das Radio, in dem er zum besetzten Frankreich sprach – verbreiteten seine Botschaft.

Ein ähnlicher Glücksfall in einer ganz anderen Situation war Willy Brandt, von dem Heinrich Böll einmal gesagt hat, er sei der erste deutsche Kanzler gewesen, der kein »Herrenvolkskanzler« war. Für die Generation der Dreißig- bis Vierzigjährigen, die 1969 auf Willy Brandt hofften und seine Losung »mehr Demokratie wagen« begeistert aufnahmen, war Willy Brandt die Inkarnation eines »anderen Deutschland«, das bis dahin im politischen Establishment noch kaum zum Zuge gekommen war. Der gelassene Demokrat, der demokratische Sozialist, der bewährte Antinazi, so etwas hatte es unter den bisherigen Kanzlern noch nicht gegeben. Auch Willy Brandt brauchte sich kein Image herstellen zu lassen, keine Maske aufzusetzen, um so zu wirken. Selbst seine Gesten, die manche als »theatralisch« empfanden – wie z. B. der Kniefall vor dem Denkmal der Opfer des Warschauer Gettos –, wurden von denjenigen, deren Ideale er inkarnierte, spontan als Ausdruck seines Seins und Empfindens verstanden, nicht als einstudierte Haltung, wie die meisten Shakehands und Abrazos von Politikern, die wir fast täglich im Fernsehen bewundern können.

Vielleicht ist es nicht gerecht, wenn ich den Eindruck erwecke, es gäbe für Politiker nur die Alternative zwischen dem gesichtslosen Maskenträger, der sich von Public-Relations-Spezialisten zurechtmachen läßt, und denjenigen, deren Sozialisation zufällig schon das Image erzeugt hat, das in einer bestimmten historischen Situation für eine bestimmte Funktion benötigt wird und demokratische Zustimmung findet. Schließlich gibt es auch den lebendigen Menschen, der sich wandeln kann, dessen Gesicht sich ändert, der keine Maske aufsetzt, der eigene Fehler zugibt und sich korrigiert, kurz, der lernfähig bleibt. Wenn wir aber in der jüngsten Geschichte nach Beispielen solcher Männer suchen, dann fallen – mir wenigstens – nur solche ein, die am Ende jedenfalls meist als Politiker scheitern, auch wenn sie als Menschen sich gerade dadurch bewährt haben: ich denke an Heinrich Albertz, der –

nachdem er seinen Fehler erkannte – als Regierender Bürgermeister zurücktrat, aber auch an Gustav Heinemann, der die Aufrüstungspolitik Konrad Adenauers als Mitglied seines Kabinetts nicht mittragen wollte und seinen Hut nahm. Heinemann freilich hat später noch einmal als Justizminister und Bundespräsident – befreundet mit dem vielfach angefeindeten christlichen Sozialisten Helmut Gollwitzer – Politik mitbestimmt. Es gibt lebendige, lernfähige Menschen – auch unter Politikern, aber die Bedingungen der Fernseh- und Werbetechniker überlassenen Massendemokratien sind ihnen nicht besonders günstig. Nicht zufällig drängt sich dem zeitgenössischen Soziologen der Begriff der »sozialen Rolle« immer häufiger auf. Um aber eine Rolle überzeugend spielen zu können, eine Rolle, die uns ja nicht »auf den Leib geschrieben« zu sein pflegt, sind Masken, Verkleidungen, Verstellungen nötig oder zumindest nützlich. Die Politik der Maske ist für den heutigen Politiker schier unentbehrlich geworden...

Masken – außerhalb des Theaters – dienen dem Schutz, der Tarnung, der Verführung, der Einschüchterung. Auch die Ritterrüstungen waren in einem gewissen Sinne »Masken«, aber sie waren durch das Wappen, das der kämpfende Ritter führte, zugleich Erkennungszeichen, nicht nur Schutz. Die Feudalgesellschaft verbarg das Individuum hinter dem Schleier des *Rituals*. Das Ritual distanzierte, klassifizierte und ließ doch den einzelnen dahinter frei. Noch die konventionellen Formen bürgerlicher Höflichkeit hatten eine vergleichbare Funktion. Hinter der »höflichen Umgangsweise« konnte sich die private Individualität bewahren.

In der telegenen Massendemokratie wird die Privatperson zum wirksamen Werbemittel stilisiert, die ritualisierte Öffentlichkeit zur »Show«, hinter der sich nichts mehr verbirgt als der Wille zum Erfolg und die Suche nach Beifall. In der klassischen Feudalgesellschaft war das Individuum eins mit seinem Stand und mit seinem Hause. Von beiden war ihm in der Regel sein Verhalten vorgeschrieben. Die bürgerliche Revolution hat diese Formen aufgesprengt und das strebende Individuum freigesetzt. In der Frühphase dieser Emanzipation wurde mit begeisterter Freude die Eigenart und der Eigensinn des Individuums entdeckt: Künstler begannen ihre Bilder zu signieren und wurden als große Persönlichkeiten gefeiert, die individuelle Liebe setzte sich – oft qualvoll und tragisch – gegen ständische Zwänge durch. Konventionen wurden als »unwahr« und »verlogen« abgestreift, man sprach von der »Maske der Höflichkeit«, Wahrhaftigkeit und Ehrlichkeit stiegen in der Rangordnung der Tugenden zusammen mit Sparsamkeit und Fleiß nach oben. Bald aber verhüllte die »bürgerliche Charaktermaske« aufs neue das offene Gesicht. Schon Rousseau klagte darüber, daß es in einer Gesellschaft der vehementen individuellen Konkurrenz und der Gegensätze an Eigentum und Einkommen unmöglich sei, Erfolg zu haben, ohne »all diese Leute (die Konkurrenten) zu täuschen oder zugrunde zu richten. Hier haben wir die verderbliche Quelle der Gewalttätigkeiten, des Verrats, der Heimtücke und all' der anderen Scheußlichkeiten, *die ein Zustand notwendig macht, in dem jeder, während er vorgibt, zum Glück, zum Wohlstand und zum Ansehen der anderen beizutragen, nur danach strebt, das seine über sie und auf ihre Kosten zu heben*« (*Œuvres,* Hachette V., S. 106). So folgt auf die begeisternde Befreiung und Entdeckung des bürgerlichen Individuums – schon nach wenigen Jahrhunderten – ein gesellschaftlicher Zustand, der gerade die Angehörigen der besitzenden Klasse in ihrem individuellen Konkurrenzkampf zur Tarnung ihres Egoismus zwingt. Zwar entlastet die wirtschaftsliberale Ideologie von solchem Zwang, aber die konkurrierenden Individuen haben sich nie allein auf sie verlassen, und in dem Maße, wie der Markt faktisch suspendiert und für weite Sektoren der Wirtschaft durch marktbeherrschende Einheiten zurückgedrängt wurde, stieg der Bedarf an Maskierung, Verhüllung, glänzender Verpackung von Waren und warenförmigen Personen. Zu ihnen gehört letztlich auch der gutvermarktete Politiker, dessen Maske so etwas wie die glänzende Verpackung ist, die bekanntlich zum erheblichen Teil die Käufer motiviert. Damit wäre denn auch das Rätsel der Politikermaske entschlüsselt: Diese Maskierung ist eine besondere Art der Verpackung. Aus diesem Grunde ist es nur konsequent, wenn die gleichen Experten, die für Waschmittel und Hustenbonbons Verpackung und Werbung entwerfen, auch für die verkaufsfördernde Darstellung der Politiker sorgen. Psychologen – soweit sie in der Enge ihrer Institutionen und Erklärungsmodelle nicht selbst schon zu innerlich erstarrten Maskenträgern geworden sind – mögen uns erklären, wie es kommt, daß trotz des verbreiteten Wissens um die Bedeutung von Werbung diese immer noch wirksam ist, warum das Wissen um die Maskenhaftigkeit den Maskenträgern nicht schadet – jedenfalls nicht, solange sie sich an die Anweisungen kompetenter Maskenbildner halten.

## Literaturverzeichnis

BRECHT, B. (1942): Die Maske des Bösen. In: *Gesammelte Werke*, 10, Frankfurt am Main 1967, S. 850.
ders. (1950): Herr Puntila und sein Knecht Matti. In: *Gesammelte Werke*, 4, Frankfurt am Main 1967, S. 1609–1717.
ders. (1953): Der gute Mensch von Sezuan. In: *Gesammelte Werke*, 4, Frankfurt am Main 1967, S. 1487–1607
MARX, K. (1867): *Das Kapital. Kritik der politischen Oekonomie*, Erster Band. In: *Marx Engels Werke* (MEW), Bd. 23, Berlin 1955.

José Antonio Gimbernat und José Gonzalez
Eine spanische Art der »Unfähigkeit zu trauern«
*Der Übergang zur Demokratie
und die Verleugnung der Vergangenheit*

Das große Werk von Margarete und Alexander Mitscherlich »Die Unfähigkeit zu trauern« wurde 1973 ins Spanische übersetzt und hervorragend rezipiert. Es ist nicht nur eine grundlegende Arbeit zum Verständnis der sozialen Verhaltensweisen in der bundesdeutschen Nachkriegsgesellschaft, seine profunden und umfassenden psychosozialen Kategorien liefern zugleich ein Instrumentarium, das geeignet ist, Analysen und Interpretationen auch für andere Länder zu eröffnen. Als Beitrag zur Ehrung Margarete Mitscherlichs, ihrer intellektuellen und moralischen Persönlichkeit, ihres bewundernswerten Kampfgeistes für die menschliche Freiheit, ihrer beharrlichen Bemühungen, eingeschliffene, repressive Verhaltensweisen in der Gesellschaft zu entlarven, skizzieren die Autoren dieses Artikels eine hypothetische Analyse, die zeigen soll, wie die »Unfähigkeit zu trauern« für die Interpretation analoger Situationen fruchtbar gemacht werden kann.
Der Übergang zur Demokratie in Spanien, der 1977 stattfand und die frankistische Diktatur beendete, zeigt im Vergleich mit der heutigen bundesdeutschen Demokratie Ähnlichkeiten und zugleich enorme Unterschiede. Zum einen war die Schaffung einer demokratischen politischen Struktur in Deutschland eine Auflage der Sieger des Zweiten Weltkriegs. A. und M. Mitscherlich schreiben: »... wir wissen bis heute nicht, welche Staatsform wir selbst spontan nach dem Kollaps der Naziherrschaft gewählt hätten; wahrscheinlich eine ähnlich gemildert autoritäre von Anfang an, wie sie sich heute aus den demokratischen Grundlagen... entwickelt haben« (S. 19). Dagegen läßt sich in bezug auf Spanien sagen, daß das demokratische System von einem großen Teil der Bevölkerung gewählt worden ist und den intensiven Erwartungen weiter Kreise der Gesellschaft entsprach, die gegen die frankistische Diktatur für eine wirkliche Demokratisierung der politischen Institutionen gekämpft hatten.
Der zweite Unterschied bezieht sich auf die Umstände, unter denen sich

die Demokratisierung vollzog. Deutschland konzentrierte sich wie besessen auf die Wiederherstellung einer florierenden Wirtschaft und auf den Wiederaufbau des Zerstörten. »Werktätigkeit und ihr Erfolg verdeckten bald die offenen Wunden, die aus der Vergangenheit geblieben waren« (S. 23). Der »durchschnittliche« Deutsche identifizierte sich eher mit den Werten des materiellen Wohlstands als mit den Inhalten der politischen Demokratie. In Spanien dagegen geschah der Übergang zur Demokratie inmitten einer wirtschaftlichen Krise mit wachsender Unterbeschäftigung bis hin zu den etwa drei Millionen Arbeitslosen von heute (20 %).

Zudem hat es in Deutschland einen Bruch zwischen zwei verschiedenen politischen Systemen gegeben, dem Nationalsozialismus des Dritten Reiches und der von den Siegern auferlegten Demokratie. Dies bewirkte einen Prozeß der Entnazifizierung, der eine – nicht allzu große – Zahl von hohen politischen Ämtern, die öffentliche Verwaltung und vor allem die Streitkräfte betraf. In Spanien vollzog sich der Übergang zur Demokratie ohne abrupte Brüche mit dem frankistischen Regime. Der von den Linken sogenannte »revolutionäre Bruch« verwandelte sich in einen »demokratischen Bruch«, und schließlich mußte man sich mit einem »Konsens« arrangieren zwischen den ehemals oppositionellen Kräften und den Teilen des alten Regimes, die beim Tod des Diktators keinen anderen Ausweg sahen als das demokratische System. So entstand in bezug auf das politische Modell ein Kompromiß, in dem zwangsläufig demokratische Ideale verletzt wurden, und auf diese Weise dauert das frankistische Erbe trotz unvermeidlicher Veränderung fort.

Führende Größen der Diktatur spielten also auch im Demokratisierungsprozeß eine Hauptrolle. Die Funktionäre der Bewahrung frankistischer Grundsätze sind paradoxerweise auch für deren Beseitigung verantwortlich. Das frankistische Parlament mußte sich in einer Art politischem Harakiri selbst auflösen, um einem vom Volk gewählten Parlament den legitimen Zugang zu gewähren. Dieser Übergang ohne Bruch zwang denn auch über einen beträchtlichen Zeitraum zur Koexistenz von demokratischen und autoritären Institutionen. Die ersten kommunalen Wahlen fanden erst im März 1979 statt, vier Jahre nach Francos Tod; bis dahin waren die von Francos Regierung gewählten alten Autoritäten im Amt.

Aber bei aller Unterschiedlichkeit der beiden Demokratisierungsprozesse sehen wir uns heute in Spanien einer demokratischen Realität gegenüber, der man eine Diagnose stellen kann, die nicht allzu verschieden von der ist, die A. und M. Mitscherlich in den sechziger Jahren der Bundesrepublik gestellt haben: formale Demokratie mit zunehmenden autoritären Tendenzen, mit einer nationalen Souveränität, die durch die Abhängigkeit von den USA eingeschränkt ist, in einem Prozeß der Technokratisierung der Politik und mit wachsender Apathie in der Bevölkerung. Wir haben in diesen letzten Jahren einer beschleunigten Auszehrung der Demokratie beigewohnt. In kurzer Zeit und in einem rapiden historischen Tempo haben, was den Mangel an Demokratie betrifft, ähnliche Prozesse wie in anderen europäischen Ländern stattgefunden. Die Gründe dafür sind komplex; es handelt sich um ein weitverbreitetes Phänomen, auch gibt es soziale und politische Gründe, die für die Vorgänge in Spanien typisch sind, und von daher dürften monokausale Erklärungen ungenügend sein. Aber es scheint uns eine solide Hypothese, daß der Mangel an echter Trauerarbeit in bezug auf die Franco-Diktatur in der spanischen Gesellschaft dabei eine wichtige Rolle spielt.

Die Diktatur dauerte etwa 40 Jahre. Und die spanische Gesellschaft unterstützte sie oder ertrug sie zumindest resigniert. Der Widerstand – den es immer gab – im Innern und draußen erhielt niemals genügend Rückhalt in der Gesellschaft, um den Verlust an Souveränität aufzuwiegen, den das frankistische Regime für das spanische Volk bedeutete. Das Regime erfuhr immer ausreichende aktive oder wenigstens passive Unterstützung, um im Kontext des demokratischen Europa überleben zu können. Zweifellos wird diese Tatsache als kollektive Schande empfunden, und die Demokratie hat es vorgezogen, diese Schande zu vergessen, statt Trauerarbeit zu leisten. Das hat zu systematischem Vergessen, zu einer Verleugnung der Realität der Diktatur und einer kollektiven Unfähigkeit zu trauern geführt.

Setzt man dort, wo Bundesrepublik steht, Spanien ein, sind Sätze wie die folgenden immer noch zutreffend: »Daß zwischen dem in der Bundesrepublik (Spanien) herrschenden politischen und sozialen Immobilismus und Provinzialismus einerseits und der hartnäckig aufrechterhaltenen Abwehr von Erinnerungen, insbesondere der Sperrung gegen eine Gefühlsbeteiligung an den jetzt verleugneten Vorgängen der Vergangenheit andererseits ein determinierender Zusammenhang besteht« (S. 9). »*Dementsprechend sieht unsere Hypothese die gegenwär-*

*tige politisch-gesellschaftliche Sterilität durch Verleugnung der Vergangenheit hervorgerufen.* Die Abwehr kollektiv zu verantwortender Schuld – sei es die Schuld der Handlung oder die Schuld der Duldung – hat ihre Spuren im Charakter hinterlassen. Wo psychische Abwehrmechanismen wie etwa Verleugnung und Verdrängung bei der Lösung von Konflikten, sei es im Individuum, sei es im Kollektiv, eine übergroße Rolle spielen, ist regelmäßig zu beobachten, wie sich *die Realitätswahrnehmung einschränkt und stereotype Vorurteile sich ausbreiten;* in zirkulärer Verstärkung schützen dann die Vorurteile wiederum den ungestörten Ablauf des Verdrängungs- und Verleugnungsvorganges« (S. 23 f.; Hervorhebungen von den Autoren dieses Beitrags).
A. und M. Mitscherlich legen es nahe, diese Hypothese auf andere nationale Kollektive auszudehnen: »Natürlich beherrschen solche Abwehrvorgänge nicht nur die deutsche Szene, sie sind allgemeinmenschliche Reaktionsformen« (S. 27).
Es geht also darum zu sehen, wie im Fall Spaniens die unbewältigte Vergangenheit und die nicht geleistete Trauerarbeit es uns unmöglich machen, eine wirkliche Demokratisierung der Gesellschaft zu erreichen, die tiefer reicht als eine bloß formale. Wenn ein Individuum, sobald es einer belastenden Vergangenheit begegnet, der Konfrontation aus dem Wege geht, so stört das seine seelische Entwicklung, seine zwischenmenschlichen Beziehungen und seine kreativen Fähigkeiten. In der sozialen Dimension bewirkt ein solches Verhalten das Funktionieren eingeschliffener, pragmatischer politischer Formen, die zum Ziel haben, daß sich das Individuum der Realität beuge, ihr gehorche, sie nicht verändere, sie nicht menschlicher mache. Die scheinbar unausweichliche Realität der Allmacht immanenter Gesetze wird bestärkt, was in letzter Konsequenz in sozialen und politischen Immobilismus mündet. Die öffentliche Geschäftsführung erscheint trotz Machtwechsel immer gleich. Die Politiker sind austauschbar. Der Außenminister der heutigen sozialistischen Regierung war in der konservativen Regierung der UCD (Unión de Centro Democrático) Justizminister. Sicher fand sich ein Übermaß an Ideologie in der Opposition zur Diktatur während der vordemokratischen Phase, aber es gab auch eine aktive Utopie. Heute haben die spanischen Politiker vor allem gelernt, daß es keine Utopie gibt.
»Die Unfähigkeit zu trauern« beschreibt die Vorgänge einer kollektiven Ich-Entleerung infolge der Verdrängung der Vergangenheit. Es

fehlt der Mut zum Experimentieren, eine konservative Einstellung setzt sich durch, die Gesellschaft scheint in ihren politischen Ideen erschöpft zu sein. Mit dem Untergang der Herrschaft (dort der Nazis, hier der Frankisten) bei den Gesellschaften die grundlegenden Orientierungen verlorengegangen.

Aber eine Vergangenheit kann, weil keine kritische Konfrontation, keine Bewältigung stattgefunden hat, mit all ihren brutalen und aggressiven Tendenzen latent fortbestehen. Am 23. Februar 1981 besetzte eine Gruppe von Militärs das spanische Parlament und versuchte einen Staatsstreich mit dem Ziel, die Vergangenheit zurückzuholen. In jenen langen Stunden hatten die spanischen Demokraten nicht so sehr Angst vor der Gruppe der Aufständischen, sondern davor, daß in militärischen Kreisen, in den politischen Gruppen der Rechten, in wesentlichen Teilen der Finanz, der Kirche und der Gesellschaft allgemein kein ausreichender Widerstand gegen die Rückkehr zur Vergangenheit einsetzen würde, ja daß man diese Rückkehr sogar fördern würde – mit dem Ergebnis, daß die Demokratie nur ein kurzes Zwischenspiel in unserer Geschichte gewesen wäre. Eine Erklärung für diese Vorgänge könnte sein, daß eine kollektive Bearbeitung der Reue, Trauer und Scham, die eine Konfrontation mit dem Faktum der unglaublichen Dauer der Diktatur bedeutet hätte, nicht stattgefunden hat. Die Abwehrmechanismen haben dies verhindert.

Es bleibt also, wie im Fall der Bundesrepublik, zu erforschen, warum so viele den Sprung vom reaktionären Gestern zum demokratischen Heute gemacht haben. Hinter dem demokratischen Schein leben viele autoritäre Einstellungen fort, schließlich hat die bedingungslose Zustimmung während 40 Jahren Diktatur oder auch das bloße In-ihr-Leben den Charakter derer stark geprägt, die nun in einer Art politischem Transformismus als »Immer-schon-Demokraten« erscheinen.

Hinter all diesem steht das, was A. und M. Mitscherlich als Derealisierung infolge der Vergangenheitsverleugnung beschrieben haben. In der selektiven Erinnerung wird letztlich übermittelt, daß Franco allein an allem schuld sei. Bei seinem Tod distanzierten sich all jene, die mit ihm zusammengearbeitet hatten, von dieser Kollaboration. Und diejenigen, die sich dem frankistischen System entgegenstellten, machen sich heute paradoxerweise zu Komplizen der Verleugnung, Derealisierung und Verharmlosung. Diese Art von Erinnerung produziert nur fahle, schemenhafte Bilder. Man gewöhnte sich an, vom frankistischen Regime gleichsam euphemistisch als von einem »autoritären« System zu sprechen und zu vergessen, daß es zu Anfang ausgesprochen totalitär und über die ganze Zeit eine Diktatur gewesen war. Auf diese Weise wird versucht, das Fehlen eines effektiveren Widerstandes gegen die Unterdrückung in der damaligen Gesellschaft zu rechtfertigen; denn aus der Tatsache, daß es keinen effektiven Widerstand gab, läßt sich nicht ableiten, daß es ihn nicht hätte geben können.

In der individuellen Pathologie versucht der Patient, seine Erinnerung seinen Wünschen anzupassen, und lehnt jede Eigenverantwortung ab. Überträgt man das auf die kollektive Diagnose, so kann man im Fall Spaniens einen Abschied von der Vergangenheit durch deren Derealisierung annehmen, einen Vorgang, der sich in den Dienst der eigenen Rechtfertigung stellt, so daß man am Ende denken könnte, den Frankismus habe es in Spanien nie gegeben. Wie in dem von uns kommentierten Werk deutlich wird, definiert der *consensus omnium* willkürlich die Grenzen der kollektiven Schuld. Die damaligen Ereignisse erscheinen schließlich als quasi natürliche Phänomene. Diese zu jenen Ereignissen hergestellte falsche Distanz zeigt sich in schwerfälligen Amtshandlungen der Regierungen, in symbolischen Verhaltensweisen, in Fragen, die man als solche des schlechten Geschmacks definieren muß: Im Sommer 1985 verbrachte der Regierungschef Felipe Gonzalez einige Urlaubstage an Bord der »Azor«, der Yacht, die Franco in seinen Ferien, wenn er angeln wollte, zu benutzen pflegte, und die der offiziellen Propaganda als Zeichen für seine Sportlichkeit und die »Menschlichkeit« seines Privatlebens galt.

Eine letzte Betrachtung zur nicht geleisteten Trauerarbeit. Zu Recht bemerken A. und M. Mitscherlich, daß der Mangel an Einfühlung in die Opfer der Vergangenheit eine Folge dieser fehlenden Trauerarbeit sei. In der heutigen spanischen Gesellschaft ist der Mangel an Einfühlung gegenüber den Opfern des Frankismus, gegenüber den Emigranten und Nachkommen von Emigranten, die jahrzehntelang außerhalb ihres Landes leben, die ihr Leben in der Fremde, manchmal mit sehr spärlichem Erfolg, neu organisieren mußten, deutlich wahrnehmbar. Im allgemeinen werden die Opfer vergessen. Nach zehn Jahren Demokratie fordern Soldaten, die für die legitime Regierung der spanischen Republik gekämpft haben und inzwischen alt geworden sind, immer noch ihre vollständige Rehabilitierung; und erst 1986 haben sie die Begnadigung einer Gruppe von demokratischen Soldaten erreicht, die

in den letzten Jahren der Diktatur von Militärgerichten verurteilt worden waren. Erst wenn es gelingt, mit Hilfe echter Trauerarbeit die moralischen und intellektuellen Einstellungen zu überwinden, die den Frankismus hervorgebracht und ermöglicht haben, wird man sich darauf verlassen können, daß die Vergangenheit vergangen ist und nicht unbemerkt die Gegenwart beeinflußt.
1986 lag der Beginn des Spanischen Bürgerkrieges 50 Jahre zurück. Die öffentliche Meinung hat dieses Datum nicht zum Anlaß genommen, den Bürgerkrieg und seine Folgen kritisch zu untersuchen. Ernsthaftes Nachdenken über die Gründe dieses Krieges, über die Grausamkeiten und begangenen Verbrechen, über die nachfolgende Unterdrückung und das Exil, über seine Auswirkungen auf die Nachkriegsgesellschaft ist ausgeblieben. Vielmehr wird der Bürgerkrieg als eine Besonderheit der Vergangenheit angesehen und die Diktatur als ein böser Traum, der sich niemals wiederholen darf.
Diese kollektive Verleugnung der Vergangenheit begann bereits in der Zeit der Diktatur. Weite Teile der Mittelschicht, Nutznießer der wirtschaftlichen Entwicklung der sechziger Jahre, schlossen die Augen vor der realen politischen Repression und dem Mangel an Freiheiten. So wurde vielen erst, als Francos Tod sich ankündigte, klar, daß sie in einer Diktatur gelebt hatten. Bis dahin hatten sie den Rat »Misch dich nicht in die Politik« als Abwehrmechanismus benutzt, einen Rat, den Franco selbst seinen Ministern gab. Und man konnte recht gut leben und die günstige wirtschaftliche Konjunktur der sechziger Jahre ausnutzen, wenn man sich nicht in die Politik einmischte und sich gegenüber der Realität taub und blind stellte.

## Der Pakt des Schweigens

Aber der wichtigste Teil des Derealisierungs- und Verleugnungsprozesses vollzog sich in den ersten Jahren des Übergangs. Die Konsens-Politik, die die Verfassung von 1978 ermöglichte, basiert auf einem *Pakt des Schweigens über die Vergangenheit*. Praktisch alle Parteien des parlamentarischen Spektrums akzeptieren diesen Pakt des Schweigens – obgleich das niemals öffentlich gesagt wird – mit der Absicht, ein Rezept für die Koexistenz aller Spanier zu finden. So wird die Vergangenheit systematisch verleugnet; man versucht, einen dichten Schleier der Ignoranz und des Vergessens über die 40 Jahre frankistischer Diktatur zu breiten. Dieser Pakt des Schweigens, der bis heute in Kraft ist, hat unseres Erachtens folgende Implikationen:

1. Er war die Grundlage der Verfassung von 1978. Ohne diesen Pakt wäre die Verfassung nicht zustande gekommen, aber das Schweigen über die Vergangenheit zwang zu Beschränkungen, die zu erkennen wir erst einige Jahre später in der Lage waren.
2. Der Pakt des Schweigens erlaubt es der *politischen Rechten*, zu »vergessen« und sich von ihrer frankistischen Vergangenheit, von ihrer loyalen Zusammenarbeit mit der Diktatur zu distanzieren.
3. Die *politische Linke* sieht sich gezwungen, auf ihr eigenes »historisches Gedächtnis« des antifrankistischen Kampfes, der Solidarität, der radikalen demokratischen Forderungen zu verzichten. Sie verzichtet damit auf ein politisches Kapital, das sie in langen Jahren der Unterdrückung erworben hat.
4. Die *Führer der politischen Rechten* nehmen zu diesem Pakt Zuflucht, um ihre Vergangenheit der Kollaboration dem Dunkel des Vergessens zu überlassen.
5. In den letzten Jahren haben auch bestimmte *Führer der politischen Linken* versucht den Pakt zu benutzen, um ihre radikalere Vergangenheit zu verdunkeln. So wird z. B. versucht, die frühere Zugehörigkeit zur Kommunistischen Partei zu verbergen, um sich, mit neuem Gesicht, der sozialistischen Macht zu nähern.
6. Das beste Beispiel für dieses Vergessen und die Revision der Vergangenheit ist vielleicht König Juan Carlos. Seit dem versuchten Staatsstreich im Februar 1981 haben die öffentlichen Medien systematisch ein Bild des Königs als eines »Immer-schon-Demokraten« präsentiert, der den Putschisten entschieden die Stirn geboten habe. Seitdem wird der Übergang völlig neu definiert und Juan Carlos als überzeugter Demokrat und eigentlicher Urheber des spanischen Demokratisierungsprozesses dargestellt. Diese Heiligenlegende ist zu einem Tabu geworden, das niemand in Frage stellen will. Der Pakt des Schweigens erstreckt sich bis auf die frankistische Vergangenheit des Königs und auf sein Auftreten in den ersten Jahren des Übergangs. Diese Neubestimmung der Lage ist von besonderer Bedeutung, weil es starke Identifizierungen mit der Figur des Königs gibt. Viele Personen mit frankistischer Vergangenheit, die aktiv oder passiv mit der Diktatur kollaboriert haben, definieren die eigene Identität über das Bild von Juan Carlos neu.

Der Pakt des Schweigens hat eine weitere Folge: die Neuschaffung der »politischen Klasse«. Diesen Vorgang wollen wir auf zwei Ebenen analysieren, zuerst auf einer allgemeinen und dann auf einer konkreten Ebene der Entwicklung der PSOE (Partido Socialista Obrero Español), die heute an der Regierung ist.

Eigenartig sind die Veränderungen der politischen Sprache. In den ersten Jahren des demokratischen Übergangs hörte man auf, von der »politischen Klasse« zu sprechen, einerseits, weil eine stärkere öffentliche Teilnahme an politischen Ereignissen einsetzte, und andererseits, weil die alte politische Klasse des Frankismus sich gerade erst neu formierte und noch keine alternative politische Klasse entstanden war. Für einige Zeit war die Politik keine Aufgabe von Professionellen mehr, sondern Aufgabe aller Bürger. Aber wenige Jahre später wurde der Begriff der »politischen Klasse« wieder eingeführt und damit eine neue Realität beschrieben: Die Politik ging wieder in die Hände von Spezialisten über.

Aber wie ist diese neue Klasse entstanden? Wiederum sind die Analogien zum »Fall Deutschland« deutlich. A. und M. Mitscherlich schreiben: »Es scheint ein nicht weltfernes Unternehmen, ein typisches Individuum zu konstruieren, das in die Nazizeit hineinwächst, sie durchlebt, in den neuen Staat Bundesrepublik hineinwächst und sich in ihm anpaßt. Dieser ›Typus‹ hat bis heute die Geschicke der Bundesrepublik in seinen Händen gehalten« (S. 134). Die Unterschiede mißachtend, kann man Ähnliches über viele Politiker im heutigen Spanien sagen. Bei vielen von ihnen ging der Wandlungsprozeß außerordentlich schnell vonstatten. Sie sind von einer »unauflöslichen Bindung« an die Diktatur und die Person des Diktators zu einem Status als »Immer-schon-Demokraten« übergegangen. Diese politische Wandlung konnte nicht ohne Abwehrmechanismen geschehen, welche die Herstellung eines neuen Selbstbildes ohne extreme Traumata möglich machten. Und in diesem Zusammenhang spielt die kollektive Verleugnung der Vergangenheit eine wichtige Rolle. Eines der schweren Probleme der ersten Jahre des Übergangs liegt genau hier: Wir befanden uns in einer *Demokratie ohne Demokraten* oder mit »Immer-schon-Demokraten« und ihrer autoritären Vergangenheit, einer Vergangenheit, die im Falle eines Staatsstreiches von neuem aufbrechen könnte.

Eine verbreitete Taktik der Selbstdarstellung war es, sich selbst als *Techniker* zu definieren. Hohe Funktionäre der nicht mehr existierenden UCD (Unión de Centro Democrático) – einige von ihnen sind heute in der PSOE – definieren, von ihrem vorgeblichen Status als »Techniker« aus, ihre Kollaboration mit dem Frankismus neu. Das verschiedentlich geäußerte Alibi lautete: »Ich hatte zu Francos Zeiten hohe technische Ämter inne, ich habe sie jetzt (im Übergang) und werde sie in Zukunft haben.« Dabei ist es gleichgültig, ob es sich um eine Demokratie handelt oder um einen neuen Autoritarismus nach einem hypothetischen siegreichen Staatsstreich. Es scheint leider eine politische Konstante in unserem Land zu sein, daß die Politiker in den Institutionen überleben und sich deren Wandel anpassen. Wir haben kurzlebige Institutionen und langlebige Politiker.

Ein besonderes Problem stellen vielleicht die »legitimierten Techniker« dar. Mit dieser Bezeichnung – wir vermeiden absichtlich das Attribut »intellektuell« – beziehen wir uns auf diejenigen, die gleich nach dem Bürgerkrieg die Reichsidee vertraten, dann die Institutionen der frankistischen »organischen Demokratie« und heute schließlich die parlamentarische Demokratie und die konstitutionelle Monarchie. Und das immer »a posteriori«. Es gibt »legitimierte Techniker« des *Status quo*, die Spezialisten darin zu sein scheinen, das Existierende durch die bloße Tatsache seiner Existenz zu rechtfertigen, unabhängig davon, ob es sich um eine Diktatur oder eine Demokratie handelt. A. und M. Mitscherlich zitieren für Deutschland den Fall Hans Globke. In Spanien gehören viele Lehrer der politischen und der »natürlichen« Rechten zu dieser Kategorie.

Die Neudefinition des Politikers als eines Technikers impliziert seine Geschicklichkeit darin, die Macht zu manipulieren und gleichzeitig alle dem politischen System immanenten Ideale taktisch einzusetzen, ohne sich wirklich mit ihnen zu identifizieren. Diese fehlende Identifizierung ermöglicht ihm den Wechsel von einer politischen Partei zur anderen und ist Teil eines tieferen Identitätsmangels. In den letzten Jahren sind wir in vielen Fällen Zeugen jener Wahrheit geworden, die A. und M. Mitscherlich hier aussprechen: »Daß der Politiker nicht mehr daraus sein Image gewinnt, daß er sich mit den Inhalten seiner Politik auf Gedeih und Verderb identifiziert, sondern in jeder Lage möglichst effektvoll seine Person zu retten versteht« (S. 314).

Was die konkrete Entwicklung der PSOE angeht, so kann es leicht geschehen, daß sich konservative Tendenzen einschleichen, deren Wurzeln im systematischen Vergessen der Vergangenheit liegen. Neue Formen des Autoritarismus und des Rückgangs der demokratischen politischen Kultur tun sich vor uns auf; so die Legitimation einer bestimmten Politik, die mit dem Mangel an *Alternativen* begründet wird: »Entweder ich oder das Chaos«; der Versuch, sich durch Pfründen oder Drohungen *Treue* zu sichern; der *Triumphalismus* der Wahlrhetorik und ihrer Slogans: »Viel und gut« oder »Auf den richtigen Weg«; die Manipulation der öffentlichen Meinung, die beim Referendum zum Verbleib Spaniens in der NATO auf die Spitze getrieben wurde; der bewußte Versuch einer Entpolitisierung großer Teile der Bevölkerung. All diese Techniken des Machtgebrauchs erinnern an frühere autoritäre Zeiten. Ihre Präsenz in unserem politischen Leben wird von Mal zu Mal stärker.

Hinzuweisen ist noch auf den Schritt von der Moralisierung der Politik, die die PSOE nach ihrem ersten Wahlsieg versprochen hatte, zu der radikalen Trennung von Ethik und Politik, die sie jetzt postuliert. Das politische Terrain ist neu definiert worden, als nicht ethisch, und hier haben die kalkulierte Zweideutigkeit, die planvoll provozierte Verwirrung und die Nichterfüllung der Wahlversprechen ihren Platz. Der ethische Appell an das Gewissen des einzelnen verkehrt sich ins Gegenteil: Nach dem NATO-Referendum rühmten hohe sozialistische Funktionäre öffentlich diejenigen Vorkämpfer, die das Interesse der Partei über ihr eigenes Gewissen stellen und, ihre persönlichen Überzeugungen beiseite lassend, den Parteiapparat unterstützten, indem sie sich für ein Ja zur NATO einsetzten. Aber eben dieser Verrat der eigenen Überzeugungen um einer pragmatischen Realpolitik willen, immer im Dienst der Autorität, kennzeichnete den Opportunismus der frankistischen Politiker.

Max Weber schrieb seinerzeit, daß nach jeder emotionalen Revolution – als solche könnten wir heute die Begeisterung bezeichnen, die durch den politischen Wechsel in Spanien hervorgerufen wurde – der traditionelle Alltag sich wieder durchsetze und in gewissem Maße zur Vergangenheit zurückkehre. Die Helden des Glaubens verschwinden, der Glaube selbst wandelt sich zu den bloßen Phrasen der Schurken und Techniker der Politik, und es wandelt sich das Gefolge, der der triumphierenden Behörde unterstellte Apparat, zu einer ganz gewöhnlichen Gruppe von *Pfründenempfängern,* von Personen, die *von* der Politik leben, weil sie wirtschaftlich von ihr abhängig sind, und die diszipliniert die Anweisungen der Obrigkeit in Kraft setzen.

Wir stimmen A. und M. Mitscherlich zu, wenn sie schreiben: »Die Suche nach der Wahrheit über die Vergangenheit stellt den ersten Schritt zur Quittierung des Wiederholungszwanges dar« (S. 134). Die Tabus, die auf der Vergangenheit lasten, auf dem Frankismus und dem »demokratischen Bruch«, den die politische Linke in den ersten Jahren des Übergangs postulierte, müssen aufgehoben werden. Wenn wir aus der politischen Sackgasse, in der wir uns befinden, herauskommen wollen, wenn wir die Demokratie stärken wollen, wenn wir eine authentische partizipative Demokratie oder eine Demokratie als Moral erreichen wollen, müssen wir kollektiv über unsere Vergangenheit nachdenken und den auf ihr lastenden Pakt des Schweigens überwinden.

## Literaturverzeichnis

MITSCHERLICH, A. und M. (1970): *Die Unfähigkeit zu trauern*. München 1977.

# Ute und Jürgen Habermas
# Parteinehmendes analytisches Denken
*Brief an eine Freundin*

Liebe Margarete,
trotz ihrer unbarmherzig-gleichgültigen Konventionalität und Zufälligkeit sind es dann doch die vom Kalender diktierten Einschnitte, die den immer stärker beschleunigten Rhythmus der Jahre und der Jahrzehnte für kurze Momente unterbrechen. Haben wir nicht soeben noch Alexanders 70. Geburtstag in St. Gallen, in einem großen, weitgeöffneten Kreis gefeiert? Nun steht wieder ein Tag bevor, der zu einem Augenblick des erinnernden Innehaltens auffordert.
Wir haben Dich damals, vor 25 Jahren in Heidelberg, zuerst im Zusammensein mit Alexander kennengelernt. In dieser komplexen, spannungsreichen, vitalen und immer wieder strahlenden, ausstrahlenden Beziehung schien alles gebündelt zu sein, was Euch vorantrieb und interessierte. Ihr beide wart, mit Euren Gesten, Blicken, ritualisierten Kämpfen und Diskussionen ein unwiderstehliches Paar. Niemals wieder haben wir lebhafter empfunden, was Interesse heißt: Dazwischensein, und Initiative: Anstoßgeben. Mathias und die gemeinsame Arbeit in der Klinik; Freud als Provokation, als überwältigend gegenwärtiger Klassiker, als fortgesetzter Prozeß der Aneignung, als Mission; ein gesellschaftliches, offenes, intellektuelles Haus von großbürgerlichem Lebensstil; das weit gespannte Netz der professionell-freundschaftlichen Kontakte mit den Lehrern und Kollegen aus der Schweiz, aus Holland, aus London, New York und Kalifornien – in diesem Kontext haben wir Euch kennengelernt.
Alexander hatte seine Wurzeln immer noch in der heimischen psychosomatischen Medizin; auch sah er sich unruhig und neugierig in der Kulturanthropologie um, in der Ethologie, in Sozialisationsforschung und Familiensoziologie. Aber Du warst es, Margarete, die aus London, aus der Erfahrung einer großen Analyse, aus dem Geist der heroischen Anfänge, aus der Begegnung mit Anna Freud, Paula Heimann und Melanie Klein einen authentischen Freud mitgebracht hatte. Jedenfalls bot

sich uns, aus der Entfernung, dieses Bild: Als erste initiiert, warst Du die Autorität in Fragen der Textauslegung, der analytischen Praxis und beim Aufbau eines psychoanalytischen Ausbildungssystems in der Bundesrepublik. Du warst mit der neuen Lehre identifiziert, Du warst anerkannt als die Expertin. In Sachen psychoanalytischer Theorie hat Alexander bis zuletzt jeden seiner Gedanken an Deinem Widerspruch getestet. Ebenso hat jene erste Generation von Psychoanalytikern, die aus der Heidelberger Klinik hervorgegangen ist, von Deinem Eifer, Deinem Engagement, Deiner Kenntnis gezehrt. In Heidelberg hat sich die geistige Infrastruktur herausgebildet, die sich erst in Frankfurt (nach einer Übersiedlung, die Dir schwerfiel) einer größeren Öffentlichkeit darbot. Hier ging die Heidelberger Saat im Boden eines breiteren Kommunikationszusammenhangs auf, nämlich in dem einzigartigen Zusammenspiel von »Psyche«, Ausbildung, institutionalisierter Forschung, Professionspolitik, ausgreifender Publizistik und großangelegten Konferenzen. Damals kamen Paula Heimann, René Spitz und immer wieder die alten Freunde: Jeanne Lampl de Groot, Fritz Redlich, die Loewenfelds, Thure von Uexküll und Paul Parin.

Liebe Margarete, Du bist uns nie als Analytikerin begegnet. Wir haben nur sehen können, daß auch ein Analytiker abends aufatmet, wenn sich die Anspannung der Gespräche mit den Patienten gelockert hat. Vor allem haben wir gesehen, daß Leidenschaft für die Therapie, daß lebenslange kritische Auseinandersetzung mit der analytischen Theorie nicht davor bewahren, immer wieder selbst in den Sog schmerzender Konflikte und verletzender Konstellationen hineinzugeraten. Du hast Dich gegen die Verwundungen eines offensiv gelebten Lebens nicht immun machen können. Du hast am meisten gelitten in den Jahren, die einen kränker werdenden Alexander Schritt für Schritt von der aktiven Berufsarbeit, von der politischen Öffentlichkeit, vom intellektuellen Mittun, von Eurer Kooperation entfremdet haben. Anderes, wie der Abschied vom Institut, kam hinzu. Diese Jahre der Lösung, der Ablösung von vielem, woraus Du bis dahin gelebt hattest, liegen jetzt hinter Dir. Wenn irgend etwas Bewunderung verdient, dann der Umstand, wie Du in diesem letzten Jahrzehnt noch mehr Du selber geworden bist, wie Du Altes, nun ganz aus eigener Kraft, fortgesetzt und Neues begonnen hast.

Zusammen mit Alexander hattest Du die Studie über »Die Unfähigkeit zu trauern« zu einer Stunde veröffentlicht, als die Nervenstränge der politischen Kultur dieses Landes durch kein anderes Buch deutlicher und heilsamer hätten erregt werden können. Du hast Dir diese Sensibilität fürs Zeitdiagnostische nicht nur bewahrt; inzwischen lebst Du so sehr aus Deiner Zeitgenossenschaft, daß Du immer wieder auf Themen der Stunde reagierst – auf eine nicht zu bewältigende Schuldfrage, auf den Antisemitismus und die Behandlung der Asylanten, auf die neurotischen Muster der Rüstungspolitik. Du schreibst und intervenierst zornig und aufklärend, parteinehmend und analytisch, aber nie Angst machend, immer auf der Hut vor den falschen Idealisierungen, immer auf den Spuren der Vergangenheit in der Gegenwart.

Du hast Dich schon früh mit der Psychoanalyse der Weiblichkeit befaßt, mit Freuds Frauenbild und der Rolle des Penis-Neides. Du hast von Simone de Beauvoir gelernt, standest in enger Verbindung mit Alice Schwarzer, hast Deine eigenen biographischen Erfahrungen verarbeitet. Aber dieses analytische Interesse hast Du inzwischen so wirkungsvoll in ein öffentliches Engagement verwandelt und in eine publizistische Ermutigungsarbeit umgesetzt, daß Du mit Deinem Auftreten und Deiner Person für eine ganze Generation jüngerer Frauen zum Vorbild geworden bist.

Du hast Dich von Anbeginn dafür eingesetzt, daß die Psychoanalyse als Beruf auch in Deutschland institutionalisiert wurde. Du hast Dich dann eine Weile im Zentrum der Macht eines stark ritualisierten und wenig transparenten Ausbildungssystems aufgehalten. Auch aus dieser Rolle hast Du Dich gelöst, nicht frei von Affekten und vielleicht sogar ein wenig ungerecht gegen das Produkt Deiner eigenen Arbeit. Die fällige Kritik an den Erstarrungen der institutionalisierten Psychoanalyse hat auch etwas von der Schonungslosigkeit einer Selbstkritik. Dabei fürchtest Du den Beifall falscher Freunde nicht: Für die ignoranten Verächter der Psychoanalyse hast Du stets nur Verachtung übrig gehabt.

Du bist, liebe Margarete, eine streitbare Intellektuelle, das sehen heute alle; wenige sehen die massiven Kränkungen, die Du dafür in Kauf nehmen mußt. Die Häme von »Nationalzeitung« und »Bild« gereicht Dir zur Ehre. Du bist mit einer deutschen Mutter und einem dänischen Vater aufgewachsen, mal jenseits, mal diesseits der dänisch-deutschen Grenze. Das hat Dich vor dem deutschen Mief bewahrt, vor einem Milieu, dessen vorurteilsbeladene Enge unsere Blicke arretiert und die Gefühle lähmt. Nichts regt Dich mehr auf als Deutsch-Provinzielles, mangelnder Kosmopolitismus, bodenständige Bornierung, fehlende

Zivilisation. Deine Einstellung gegenüber Deutschland ist, so haben wir es uns zurechtgelegt, durch die doppelte Nationalität des Elternhauses und durch die Ambivalenzen der Eltern mitgeprägt. Obgleich schon als Schülerin gegen die NS-Umgebung sensibilisiert, mit ihr konfrontiert, von ihr abgeschreckt und verfolgt – das Gegenbild des zivilen und zivilisierten, des zivilcouragierten Dänen stets vor Augen –, bist Du doch auf das Schmerzlichste identifiziert mit Deiner Mutter, Deiner Muttersprache und dem Land Deiner Mutter. Ein Vaterland, für das man stirbt, war es nie. Aber doch »das eigene Land«, über das Du 1985 mit hinreißendem Charme vor dem begeisterten Publikum der Münchener Kammerspiele eine denkwürdige Rede gehalten hast.
Daß Du aus dem hellsichtigen Schmerz dieser Identifizierung auch in Zukunft kein Hehl machen mögest, wünschen Dir und uns allen

Ute und Jürgen

Gertrud Koch
»Eine verliebte Ärztin spielt Traumdetektiv!«
*Zu Alfred Hitchcocks Film* Spellbound
*(USA 1945)*

*Spellbound* geht auf Motive eines Romans von Francis Beeding, *The House of Dr. Edwardes,* zurück, den Hitchcock selber charakterisiert als »melodramatischer und wirklich verrückter Roman, über einen Irren, der die Herrschaft über eine Irrenanstalt an sich reißt. In dem Roman waren sogar noch die Krankenpfleger Irre und stellten alle möglichen Dinge an. Meine Absicht war viel vernünftiger, ich wollte nur den ersten Psychoanalyse-Film drehen.«[1] Nun hatte den »ersten Psychoanalyse-Film« ja bereits G. W. Pabst 1926 gedreht, *Geheimnisse einer Seele,* in dessen Gefolge sich die britische *Pool*-Filmproduktion bewegte[2], und nicht zuletzt die frühen surrealistischen Filme zeigen sich von der Psychoanalyse beeinflußt. Hitchcocks Absicht, einen »vernünftigen« Film über Verrücktheit zu drehen, muß dagegen eher im Kontext des amerikanischen Films der 40er Jahre gesehen werden.

Der Verbreitung der Psychoanalyse als Psycho-*Technik* in den USA entsprach in gewisser Weise ein mehr am Pragmatismus orientiertes kulturelles Selbstverständnis. Im Film schlug sich das in einer ganzen Reihe von Filmen nieder, in denen psychoanalytische Erklärungen für das Verhalten ihrer Charaktere im Sinne eines scientifisch legitimierten »Realismus« fungierten. In den meisten dieser Filme werden deterministische Bezüge zwischen einem singulären »Kindheitstrauma« und dem späteren abweichenden Verhalten der Charaktere hergestellt. Die Handlung kulminiert in der Aufdeckung der Ursprungsszene in der Kindheit. Diese verkürzt deterministische Lesart der Psychoanalyse paßt sich ein ins klassische Erzählkorsett des Kriminalfilms, der dieses Muster mit Vorliebe verwandte.

Das Bild des Psychoanalytikers wird amalgamiert mit dem des Detektivs, die therapeutische Sitzung wird als Verhör inszeniert, das mit den Mitteln des Indizienbeweises dem Täter seine Tat aufspürt. Die Einfütterung der Psychoanalyse als dramaturgisches Modell in Melodrama und Kriminalfilm war in den 40er Jahren immerhin so verbreitet, daß es bereits filmische Parodien darauf gab. In *The Locket* (1946) entspinnt sich folgender Dialog zwischen dem Arzt Dr. Blair und seiner vom Kino heimgekehrten Ehefrau Nancy:

*Nancy:* I had a wonderful time. I'm all goose pimples.
*Dr. Blair:* A melodrama?
*Nancy:* Yes, it was ghastly. You ought to see it. Henry. It's about a schizophrenic who kills his wife and doesn't know it.
*Dr. Blair* (laughing): I'm afraid that wouldn't be much of a treat for me.
*Nancy:* That's where you're wrong. You'd never guess how it turns out. Now it may not be sound psychologically, but the wife's father is one of the...
*Dr. Blair:* Darling, do you mind? You can tell me later.[3]

In diesem Modell zerfällt die Welt in zwei klar voneinander abgegrenzte Bereiche: Die visuelle Dramatisierung erfolgt über die subjektive Weltsicht der Verrückten, Kranken, die Handlungsdramaturgie über die detektivische Rekonstruktion, die das Narrenschiff steuert. Am Ende von *Kings Row* (1942), in dem der Protagonist nach Wien aufbricht, um die Wissenschaft der Psychoanalyse zu studieren, jubelt am Ende der Chor auf dem Soundtrack: »I am the master of my fate, I am the captain of my soul.«

*Spellbound* beginnt mit dem Shakespeare-Motto »In uns selbst... nicht in den Sternen liegt unsere Schuld«, um dann einen langen Rolltitel anzufügen, der mitteilt:

»Die Psychoanalyse – ein wesentlicher Faktor der Handlung dieses Films – ist die Methode, welche die moderne Seelenheilkunde anwendet, – seelische Krankheiten zu heilen. Der Psychoanalytiker versucht den Kranken zu veranlassen, über seine verborgenen Konflikte zu sprechen, um die verschlossenen Türen seiner Seele zu öffnen. Wenn die Komplexe, unter denen der Patient leidet, aufgedeckt und gedeutet sind, lösen sich Krankheit und Verwirrung auf – die dämonischen Kräfte sind aus seiner Seele verbannt.«[4]

Schon in dieser kurzen Zusammenfassung, die den »vernünftigen« Rahmen für den Film abstecken soll, wird deutlich genug, daß kathartische Wirkung allein schon von Aufdeckung und Deutung versprochen wird: Wie der Vampir beim ersten Tageslicht zu Staub zerfällt,

sollen »dämonische Kräfte« aus der Seele des Kranken fahren. Nun ist eine solch exorzistische Vorstellung von der Psychoanalyse keineswegs als sonderlich vernünftig anzusehen, und wenn ein solches Modell Sinn macht, dann allenfalls den, anschlußfähig an die Suspense-Erwartungen des Thrillers zu bleiben. Die vorgeschobene Rationalität des neuen »psychologischen Realismus« erweist sich schnell als Rationalisierung, in deren Gewand ältere mythologische Vorstellungen wieder auftauchen, die vom Arzt als Magier, als Wunderheiler. In populären Mythen, wie sie von der Massenkultur formuliert werden, liegen Magie und Wissenschaft dicht beieinander, die Heilserwartung wird verschoben auf den »Gott in Weiß«. Franz Kafka hat den Sog zur Re-Sakralisierung in »Ein Landarzt« aufgespürt:
»So sind die Leute in meiner Gegend. Immer das Unmögliche vom Arzt verlangen. Den alten Glauben haben sie... verloren; der Pfarrer sitzt zu Hause und zerzupft die Meßgewänder, eines nach dem andern; aber der Arzt soll alles leisten mit seiner zarten chirurgischen Hand. Nun, wie es beliebt: ich habe mich nicht angeboten; verbraucht ihr mich zu heiligen Zwecken, lasse ich auch das mit mir geschehen.«[5]
In *Spellbound* läßt sich hinter dem pseudo-scientifischen Programm die trivialkulturelle Ausformung einer christlichen Erlösungsphantasie unschwer ausmachen: Schuld wird durch Liebe genommen. Hitchcock war offenbar von Beedings Roman fasziniert worden, weil in ihm das Thema der Verrücktheit stark mit religiösen Blasphemien gekoppelt ist, so hat dort Edwardes, ein Verehrer schwarzer Messen, auf seiner Fußsohle ein Kreuz eintätowieren lassen, damit er es bei jedem Schritt mit Füßen treten kann.[6]
Das detektivische Handlungsmodell der Aufdeckung einer Tat, die in die frühe Kindheit zurückführt, wird in *Spellbound* ergänzt von einem zweiten Motiv, dem der Liebe als heilender, schuldlösender Kraft. Auf der Dimension filmischer Genres vermischen sich Kriminalfilm und Melodrama, und Hitchcock zieht einen Teil der Wirkung aus der spielerischen Konfrontation beider. Was in der psychoanalytischen Therapie in der komplexen Interaktion von Übertragungen überhaupt erst hergestellt werden soll, Liebesfähigkeit, setzt *Spellbound* bereits voraus. Schon bei der ersten Begegnung zwischen der Psychoanalytikerin (Ingrid Bergman), die von einem verliebten Kollegen als »der Eisberg, die Hüterin der Wahrheit« charakterisiert wird, und dem unter Amnesie leidenden, falschen Dr. Edwardes (Gregory Peck), werden beide von

der Liebe erfaßt. In gewisser Weise erzählt der Film also mehr von den begleitenden Rettungsphantasien von Patienten, als die manifeste Erzählebene vorsieht.

Liest man *Spellbound* unter dem Aspekt, was er an populären Wunschphantasien enthält, so stößt man rasch auf Verführungsphantasien in bezug auf die Therapeuten selbst. Nicht zufällig wird in *Spellbound* die Rettung und Heilung eine wechselseitige, in der letzten Endes die Psychoanalytikerin vom Patienten geheilt wird, weil er ihre Liebesfähigkeit erweckt, ihre Weiblichkeit erobert: »Daß wir in Zukunft nur nicht durcheinanderbringen, wer wen gerettet hat!« sagt er zu ihr, nachdem er ihr das Leben gerettet hat.

Hitchcock selbst hat sich von *Spellbound* vor allem in ästhetischer Hinsicht distanziert. Das »vernünftige« Konzept führte in der Tat zu einer Überfrachtung des Films mit langen Dialogszenen, in denen die Meisterdetektive ihr Vorgehen erklärten, Schlüsse zogen und verhörten. Dagegen stehen die Einstellungen und Sequenzen, die aus der subjektiven Sicht der Protagonisten inszeniert sind und am ehesten dazu angetan sind, die Gefühlswelt zu evozieren, die einer pathologischen Wahrnehmung der Welt zugrunde liegt. Die Trennung in die rationale Welt der scientifischen Detektive und die irrationale Verzerrung bringt auf der visuellen Ebene eine Diskrepanz mit sich. Während nämlich die »erklärenden« Dialogszenen mit einer distanzierten Kamera gedreht sind, verwendet Hitchcock die subjektive Einstellung, in der die Kamera die Blickperspektive des Protagonisten einnimmt, immer dann, wenn das Symptom selbst gezeigt werden soll.

Optisch bindet sich die Darstellung des Symptoms an die graphische Figur von dunklen Linien auf einer weißen Fläche. Die erste dieser Figuren entwirft Ingrid Bergman mit einer Gabel auf einem weißen Tischtuch, und nur sie bemerkt, daß es diese Figur ist, die den verstörten Ausbruch beim Essen bei Edwardes / Ballantine auslöst. Kamera und Montage, die dem Paar die erste gemeinsame Perspektive schaffen, arbeiten danach immer wieder mit der Trennung des Paares von der übrigen Welt. Das Spiel mit Vordergrund und Hintergrund, Subjektivität und Umwelt funktioniert über diese optische Isolierung. Hitchcock, der ja zu Recht bemerkt, daß im Grunde die Dominanz der Dialogszenen die filmische Wirkung szenischen Erlebens reduziert, hat dieses Prinzip in *Spellbound* bis zu fast zwanghaften Manierismen getrieben, die nur mühsam darüber hinwegtäuschen, daß der Film ästhetisch nicht ganz gelungen ist. Wenn Gregory Peck das Glas Milch trinkt, das der kluge Alte mit einem Schlafpulver versetzt hat, dann verwendet Hitchcock ein extremes Arrangement, um den Zuschauer mit der Position Pecks zu identifizieren: Die Kamera suggeriert die Perspektive dessen, der das Glas an den Mund setzt, indem er aus dem Inneren des Glases und dem sich drehenden Flüssigkeitsspiegel heraus filmt. Verzerrt durch die Glaswand verschwimmt der Raum, und dadurch wird das Gefühl evoziert, Bewußtsein zu verlieren wie in einer Ohnmacht. Am Ende, wenn die detektivische Klimax erreicht und der wahre Täter entlarvt ist, dreht sich eine riesige Hand mit Revolver um die eigene Achse, um den Schuß sozusagen direkt ins Gesicht des Betrachters abzufeuern, der in der Position des Selbstmörders sistiert ist durch die Kamera. Diese Einstellungen sind deswegen mißlungen, weil sie die behauptete subjektive Perspektive ins Groteske verzerren und damit gerade den gegenteiligen Effekt erreichen: Distanzierung, ironische Brechung.

Filmisch »funktionieren« eigentlich nur die Einstellungen, die im klassischen Verfahren gedreht und geschnitten sind, aus der »realistischen« Perspektive, einem plausiblen Blickwinkel des Helden heraus. Wenn Pecks Blick auf die schwarz-weiß gemusterte Bettdecke über der schlafenden Ingrid Bergman fällt, wenn das leuchtende Weiß vom Waschbecken und der Badewanne in seinem subjektiven Blick bedrohlich gleißend aufscheint, dann vermittelt sich darin weit mehr von der verrückten Wahrnehmung als in den manieristisch überhöhten Tricks.

Die ästhetischen Mängel in *Spellbound* verweisen freilich auf ein prinzipielles Problem: Was ist an der Psychoanalyse verfilmbar? Pabst hat mit Hilfe von Karl Abraham und Hanns Sachs ja schon einmal einen ähnlichen Versuch zur Illustration unternommen, und auch *Geheimnisse einer Seele* mutet heute doch eher etwas hilflos an mit dem Versuch, eine Art visuelles Kreuzworträtsel psychischer Phänomene und psychoanalytischer Deutungsmuster zu schaffen. Mit gutem Grund setzten die von Hanns Sachs beeinflußten, an der Avantgarde ansetzenden Filmemacher der *Pool*-Gruppe voraus, daß die Beziehung zwischen Film und Psychoanalyse nicht in der Abbildung und Veranschaulichung der therapeutischen Methode liegt, sondern in der spezifischen Möglichkeit des Films, subjektive Verzerrungen und Perspektiven hervorzurufen durch die ästhetische Irritation z. B. von Raumwahrnehmungen, Geräuschfixierungen und latentem Assoziationsreichtum.

Alfred Lorenzer hat die Differenz zwischen der »Detektiv-Analogie« und einem tiefenhermeneutischen Verstehensansatz am Beispiel eines Kapitels der Psychoanalyse als angewandter Wissenschaft für die »Kultur-Analysen« herausgearbeitet.[7] Im Gegensatz zur Definition der Psychoanalyse als detektivischer »Indizienwissenschaft« geht es viel mehr darum, Einzelheiten in einem szenischen Verstehen aus dem Kontext von Interaktionsformen und individuierten Lebensentwürfen heraus zu ergänzen. Läßt man sich also vom detektivischen Gestus der Oberfläche von *Spellbound* nicht vorschnell einnehmen, dann gewinnen gerade die Sequenzen, die scheinbar belanglose Nebenstränge einflechten, an Bedeutung: daß die ästhetisch gelungenen Sequenzen einen ambivalenten Charakter bewahren, in dem Aggression und Sexualität ineinander verstrickt erscheinen. Das Bild der friedlich schlafenden Ingrid Bergman, auf das die Streifen der Bettdecke hinlaufen, erscheint dann als das eigentlich beunruhigende vor dem flott rationalisierten Trauma des Schuldkomplexes, der sicherer Auflösung harrt. Hinter der Maske des Detektivs, der Tat und Schuld recherchiert, taucht das Reich der Wünsche auf – und der Ängste, die sie auslösen. Wenn man so will, harrt hinter der Rationalisierung des Schuldmotivs das sexuelle Tabu. Nicht zufällig erscheint so der eigentlich beunruhigende Faktor als ein doppelsinniger Text: Dunkle, rote Flecken auf einer weißen Fläche verbinden das Liebespaar. Wenn der in Panik geratene Peck das Schlafzimmer von Ingrid Bergman verläßt, hat er ein aufgeklapptes Rasiermesser in der Hand; während sie im Zug ihm von ihrer entdeckten Weiblichkeit vorschwärmt, hat er nur Augen für das Messer, das sie in der Hand hält. Rote Flecken auf weißem Tuch, die Angst, in einen Abgrund zu rasen, dieselbe Angst, die sich mit dem Bild des aufgespießten kleinen Bruders verbindet: Auf der Ebene des Melodramas, des Liebesfilms, vermischen sich die klaren detektivischen Spuren zur Angst vor Verletzung; Deflorations- und Kastrationsangst weben mit am filmischen Text.
Jahre später wird Hitchcock in *Marnie* (1964) deutlicher; auch dort wird das detektivische Spiel der Aufdeckung einer kriminellen Handlung zur Deckerinnerung einer sexuellen Szene, zur Angst vor der Defloration. Die psychologischen Qualitäten der Filme Hitchcocks liegen in der Fähigkeit, Ambivalenz ästhetisch inszenieren zu können als Angstlust; die psychoanalytische Deutung setzt er zu deren rationalisierenden Abwehr ein. Die Ausgangsphantasie von *Spellbound*, daß ein

Patient seine Analytikerin durch Liebe überwältigt, ist so gesehen schon fast eine Rachephantasie gegenüber der angepaßten und in ihrem sexuellen Kern verstümmelten Psychoanalyse als Psycho-*Technik:* die List der Vernunft, die sich in ihr nicht mehr wiedererkennen kann.

## Anmerkungen

1 TRUFFAUT, F. (1963): *Mr. Hitchcock, wie haben Sie das gemacht?*, München, S. 154.
2 Zu dieser Gruppe vgl. FRIEDBERG, A.: »Borderline«, in *Frauen und Film*, Heft 36, Frankfurt am Main 1984, S. 25–34.
3 BORDWELL, D., STAIGER, J., THOMPSON, K. (1985): *The Classical Hollywood Cinema. Film Style and Mode of Production to 1960.* New York, S. 20f.
4 Die Zitate, einschließlich des Aufsatz-Titels entstammen dem Transskript der deutsch synchronisierten Fassung von *Spellbound;* dt. Titel: *Ich kämpfe um dich.*
5 KAFKA, F.: »Ein Landarzt«, in ders., *Das Urteil und andere Erzählungen*, Frankfurt am Main 1952, Fischer Taschenbuch 19, S. 78.
6 TRUFFAUT, F.: a. a. O.
7 LORENZER, A.: »Tiefenhermeneutische Kulturanalyse«, in Hans-Dieter König, Alfred Lorenzer et al., *Kultur-Analysen*, Frankfurt am Main 1986, Fischer Taschenbuch 7334, S. 11–98.

# Willi Köhler
# Die zwei Passionen der M. M.

Psychoanalytiker, gleich welchen Geschlechts, können Beruf und Berufung häufig nicht verleugnen – wenn sie es denn überhaupt wollen. Sie haben ihr Verhalten gleichsam mit einer Schutzschicht umgeben. Auch wenn sie nicht, wie psychoanalytisch halbgebildete Laien, bei jeder Gelegenheit mit psychoanalytischen Begriffen und Konzepten hantieren und die Analytiker-Attitüde herauskehren, zeigen sie doch hin und wieder ein gewisses Lächeln, den Anflug einer »Spiegel-Haltung«, und nicht selten geben sie sich übermäßig »neutral« und verbindlich, als fürchteten sie, parteiisch zu erscheinen, wagen kaum ein offenes deutliches Wort und meiden abrupte Gesten und Gesichtsregungen.
Solches »Tarn-Verhalten« ist vor allem älteren Analytikern eigen, sonderlich denen der orthodoxen Richtung. Jüngere und sozialkritisch orientierte Analytiker hingegen neigen zu übertrieben gegenteiligem Verhalten, als müßten sie sich und anderen beweisen, wie spontan und kommunikativ der Mensch dank der »reinigenden« Wirkungen der Psychoanalyse sein kann.
Anders Margarete Mitscherlich. Wer sie nicht kennt, ihr zum erstenmal begegnet, würde sicherlich jeden anderen Beruf, nur nicht den einer Psychoanalytikerin, vermuten, ganz abgesehen davon, daß es ihm schwerfallen dürfte, ihr Alter zu schätzen. Margarete Mitscherlich verzichtet im persönlichen Umgang, aber auch bei »fachlichen« Auftritten, auf psychoanalytische Verhaltenssignale, so daß man sich in Gesprächen mit ihr immer wieder in Erinnerung rufen muß, daß man einer bekannten, anerkannten Psychoanalytikerin und einer vielgelesenen analytischen Autorin gegenübersteht. Sie ist in der persönlichen Begegnung so spontan, so offen, so temperamentvoll und »natürlich«, wie man es sich, korrumpiert von Klischees, von einer Wissenschaftlerin schwer vorstellen kann, erst recht nicht von einer Analytikerin.
Kommt in ihrer Gegenwart das Gespräch auf die Psychoanalyse, auf ein allgemeines oder auch spezielles Thema, hat man nach kurzer Zeit

leicht den Eindruck, als scheue sie sich, psychoanalytische Begriffe in den Mund zu nehmen, als wolle sie verhindern, daß analytische Gedankengänge die Oberhand gewinnen. Sie pflegt, jedenfalls in der Unterhaltung, mit Bedacht und Nachdruck, wie es scheint, eine »jargonfreie« Ausdrucksweise, und wer ihr wiederholt zugehört hat, spürt etwas von ihrer Überzeugung, daß die »normale« Sprache, die Sprache des Alltags, die Sachverhalte, die ihr wichtig sind, genauer, auch anschaulicher zu vermitteln vermag als jede professionelle Begriffssprache, mit der sich die Dinge ja auch trefflich verschleiern lassen. Rationale, aber lebensferne Terminologien, wie sie Männer typischerweise konstruieren, um sie sich in ihren theoretischen Konkurrenzkämpfen um die Ohren zu schlagen, diese abgehobenen Begriffssysteme und Metasprachen sind Margarete Mitscherlichs Sache nicht. Sie will, scheint es, immer etwas anderes sagen, und dieses andere läßt sich offensichtlich auch nur in einer »anderen« Sprache ausdrücken.
Auch den erfolgreichen (weil anders geschriebenen?) Büchern der Margarete Mitscherlich merkt man an, daß die Autorin sich am liebsten, wenn es nur ginge, der analytischen Profi-Sprache völlig enthielte. Hat die Doppelsprachigkeit als gebürtige Dänin, das »Aufwachsen an der Grenze«, wie sie es selbst einmal genannt hat, bei ihr ein heilsames Mißtrauen gegenüber Sprachen, gegenüber ihrer Gedankenverschleierung und Definitionsgewalt entstehen lassen? Wie viele Angehörige der »skeptischen Generation« (Schelsky) dürfte sich auch Margarete Mitscherlich nach all den unsäglichen, im Namen von Theorien und Ideologien begangenen Barbareien der Väter-Generation nicht so leicht auf das gedankenverführerische Glatteis von wissenschaftlichen und politischen Systemen locken lassen.
Obwohl Margarete Mitscherlich, so gesehen, alles andere als eine typische oder gar orthodoxe Analytikerin ist – so scheint sie von der Psychoanalyse doch geradezu besessen zu sein. Die Psychoanalyse, eine ihrer zwei Passionen, ist nach ihrer Überzeugung nicht nur ein hervorragendes, wenn nicht das beste Erkenntnisinstrument, sondern auch ein bewährtes Mittel zur Verbesserung, zur Humanisierung des Menschen- und Weltzustandes.
In dieser Hinsicht ist Margarete Mitscherlich eine treue Freud-Anhängerin, und dies unbeschadet der Tatsache, daß sie dem »Übervater« in anderer Hinsicht gehörig die Leviten liest und gar nicht daran denkt, sein Erbe für unantastbar oder gar für heilig zu halten. Dennoch – auf

die Psychoanalyse als Methode und Lehre läßt sie nichts kommen. Die Psychoanalyse als Weg zur Selbst- und Welterkenntnis, zur Selbständerung und -umkehr, daran glaubt sie mit einer Ernsthaftigkeit und Unerschütterlichkeit, die gelegentlich wie Naivität anmuten, allerdings alles andere sind als dies, sondern durch und durch reflektierte Haltung und Überzeugung.

Sigmund Freud, der Begründer einer revolutionären Seelenkunde, der »Kolumbus der Seele«, Sigmund Freud ist für sie, trotz all seiner Unzulänglichkeiten, seiner Zeitabhängigkeiten, der große Mentor und Lehrherr, der die Werkzeuge für die seit Jahrhunderten ersehnte Verbesserung und Höherentwicklung des allzu unzulänglich konzipierten Menschen entwickelt hat. Bei ihrem Temperament, ihrem Wagemut versteht es sich von selbst, daß sie »ihrem« Freud nicht alle Ansichten durchgehen läßt, vor allem nicht seine Ansichten über das weibliche Geschlecht. Die patriarchalischen Elemente seines Theoriengebäudes, etwa der nur als skurril zu bezeichnende »Penis-Neid«, sind für sie nicht nur Symptome männlich-chauvinistischer Selbstüberschätzung, sondern auch wissenschaftlich verbrämte Instrumente zur Unterdrückung der Frau. Daß viele ihrer männlichen, aber auch weiblichen Kollegen an solchen Vorstellungen festhalten und sie der »Ketzerei« bezichtigen, erscheint ihr einerseits nicht verwunderlich, sondern eher »systemkonform«, und kann sie andererseits in ihrer Kritik nicht irremachen. Sie kann und will mit Freuds rührend hilfloser Frage »Was will das Weib?« nichts anfangen. Das Weib will nichts anderes als der Mann. Alles andere ist ihm, dem Weib, anerzogen, angedrillt, angedichtet. Nicht nur die Wahrheit, auch der Mensch ist für Margarete Mitscherlich unteilbar. Die Anatomie gebiert keine unterschiedlichen Seelen. Entweder entwickeln sich Mann und Frau in Zukunft gemeinsam oder gar nicht.

Damit sind wir bei Margarete Mitscherlichs zweiter Passion. Manche Feministinnen – und Feministen, so es denn solche geben sollte – tragen die Insignien ihres Geschlechterkampfes gleichsam vor sich her. Sie schlagen bei jeder Gelegenheit mit verbalen Knüppeln zu und gebärden sich, als befänden sie sich auf einem permanenten Kreuzzug. Sie diskutieren sozusagen nur mit voller Breitseite. Kein Gesprächsgegenstand ist ihnen zu gering, um ihn nicht als Anlaß für ein Geschlechterscharmützel zu nehmen. Was sie sagen und tun, ist sicher grundsätzlich richtig, doch immer eine Spur zu dick aufgetragen, so daß man (Mann)

häufig der Versuchung erliegt, zu widersprechen und sich auf einen, freilich sinnlosen, Streit einzulassen, auch wenn man die Ansichten, die einem da um die Ohren geklatscht werden, im Grunde teilt.
Anders Margarete Mitscherlich. Sie ist Feministin, versteht sich auch so, und im Zweifelsfall ist mit ihr nicht zu spaßen. Doch ihr Reden und Tun sind ohne Attitüde. Alles Aufgetragene, Manierierte ist ihr zuwider, und es fiele ihr nicht im Traum ein, ihren nun wahrlich engagierten Feminismus wie eine Fahne aufzuziehen. So wie sie gern verbirgt, daß sie Analytikerin ist, so neigt sie auch dazu, ihre feministische Position, gelegentlich bis zu Unkenntlichkeit, zu kaschieren, was sie allerdings nicht daran hindert, ihre Auffassungen in aller Schärfe vorzutragen, wenn es sein muß.
Für Margarete Mitscherlich ist die Sache der Frauen kein ideologischer Gegenstand, keine Frage von Parteientreue, sondern vielmehr eine, wenn man will, »wertneutrale« Sache, die alle Menschen angeht, gleich in welcher Zeit, in welcher Gesellschaft. Menschen gehen ihr über alles, und sie dürfte kaum zu bewegen sein, sich einer Aufgabe bedingungslos, wie es unter Männern heißt, zu widmen, ohne auf den Preis zu achten. Sie läßt sich von niemanden die Entscheidung darüber abnehmen, bis zu welchem Punkt sie mitgeht.
Margarete Mitscherlich lebt den Feminismus, also braucht sie ihn nicht zur Schau zu stellen. Und wer sie nicht kennt, käme, feministische Selbstdarstellerinnen vor Augen, schwerlich auf den Gedanken, daß sie in der Frauenbewegung, auch außerhalb der Bundesrepublik, eine zwar eher stille, bedächtige, aber um so wirksamere, um so verbindendere Rolle spielt. Sie ist, bei aller Aktivität, weder eifernd noch verbissen geworden – keine Spur von Überspannung, Verkrampftheit, von mühsam gestyltem Frauenrechtlertum. Sie ist allen Hilfsbedürftigen gegenüber von einer Fürsorglichkeit, von einer Hilfswilligkeit, die auch dann nicht zu erschüttern ist, wenn ihre Pläne, etwa die Niederschrift einer längeren Arbeit, durchkreuzt werden und ein terminliches Chaos ihr ohnehin rastloses Leben überzieht.
Obwohl vielbeschäftigt, immer noch analytisch praktizierend, als Referentin und Rednerin gefragt, mit »Ehren-Ämtern« überhäuft, ist sie von einer bemerkenswerten Lockerheit, ja Fröhlichkeit, wie sie Erfolgsmänner, die von Streß, Beweisnot und Leistungszwang geschüttelten Energiebündel, in vergleichbarer Position schwerlich aufbringen dürften.

Dabei hat es Margarete Mitscherlich in dieser »Männerwelt« wahrlich nicht leicht, so wenig wie in der von Männern dominierten Psychoanalyse, diesem kultgleich organisierten Männerbündnis, dem sie mehr als nur ein Dorn im Auge ist. In dieser Hinsicht ergeht es ihr noch ärger als Alexander Mitscherlich, der zwar auch kritischer Außenseiter, aber immerhin »wehrhafter« Mann war – und der nun zuweilen als positive Leitfigur gegen sie ausgespielt wird. Was Neider und Mißgünstige ihr nicht verzeihen, sind Erfolg, Anerkennung und Verehrung, die ihr reichlich zuteil werden, Zuwendungen, auf die Männer nicht nur spekulieren, sondern die sie nur allzu gern für sich allein reklamieren. So weiß denn Margarete Mitscherlich nur zu gut, wovon sie redet, wenn sie in Diskussionen erklärt, eine Frau müsse, auch in der Psychoanalyse, mindestens doppelt so gut sein wie ein Mann, wenn sie eine vergleichbare Position erreichen wolle. Und dieses sagt sie nicht jammernd, sondern lachend, trotz allem...

# Piet C. Kuiper
# Ausbildungs- oder Einbildungsanalyse

> Sag, welch wunderbare Träume
> halten meinen Sinn umfangen.
> *Mathilde Wesendonk*

Mit Margarete Mitscherlich fühle ich mich in einer dezennienlangen bedeutungsvollen Freundschaft tief verbunden. Die Fragestellung, die in dieser Arbeit entwickelt wird, war auch Thema in unseren von mir so geschätzten Gesprächen und ist sowohl Ausdruck einer Sorge, die wir teilen, als auch einer gemeinsamen Hoffnung, daß sich die Psychoanalyse als ein Weg zur Befreiung des Menschen weiterentwickelt und nicht auf einen Pfad der neuen Illusionen, Idealisierungen, Fälschungen und Verleugnungen der Realität gerät.

Persönliche Erfahrungen haben mich zu einem Überdenken der gelegentlich weniger erfreulichen ›Erfolge‹ von Ausbildungsanalysen geführt. Meine Schlußfolgerung lautet: Nicht die Psychoanalyse ist für solche Konsequenzen verantwortlich zu machen, sondern die Unvollkommenheit ihrer Anwendung. Das hat direkte Konsequenzen für unsere psychoanalytische Technik: Es ist an der Zeit, die Psychoanalyse gegen ihre Liebhaber zu verteidigen, damit sie wieder ein Mittel wird – ich zitiere Alexander Mitscherlich –, die Welt besser zu verstehen. Diese Welt ist nicht nur die oft bedrohende Innenwelt, sondern auch die Außenwelt, vor der die Ausbildungsanalyse den Kandidaten oft genug lehrt, die Augen zu verschließen, damit er sich in sein illusorisches Reich von Fiktionen und Phantasien zurückziehen kann.

Meines Erachtens ist es möglich, Hypothesen zu formulieren, die Erklärungsansätze dafür liefern, warum wir in bestimmten Fällen das gewünschte Ziel nicht erreichen.

Viele Psychoanalytiker teilen die Überzeugung, daß das lange Zeit herrschende Energieumsetzungsmodell der Ichpsychologie wenig therapeutische Vorteile bietet und zuviel Nachdruck auf die Anpassung legt, als ob etwa die Anpassung der amerikanischen Gesellschaft an den Vietnamkrieg nicht eher ein Zeichen von Psychopathologie als von Gesundheit wäre.

Modische Tendenzen in der Psychoanalyse bevorzugen Interpretationen der frühesten Entwicklungsphasen des Kindes, die man als psychoanalytische Tiefseevisionen bezeichnen kann. Man macht sich kaum Gedanken um eine Validierung dieser Interpretationen. Die Übereinstimmung von Analytiker und Analysand, das »Tallyargument«, wie es R. Wallerstein nennt, gilt als Beweis.

Ich möchte an einem von Dr. R. Smeets formulierten Beispiel klarmachen, wie das gemeint ist.

Ein Mann von 40 Jahren begibt sich in ein Liebesabenteuer, fühlt sich äußerst wohl dabei und ist voller neu gewonnener Energie. Aber bald macht sich doch ein deutliches Heimweh bemerkbar. Er will zurück zum häuslichen Herd und zu seiner gewohnten Umgebung, seiner Frau, seinen Kindern. Es ist vollkommen klar, daß er in seiner Analyse die von Mahler als »*practising period*« und »*reapproachment*« bezeichneten Entwicklungsphasen neu erlebt.

Der Analysand fühlt sich wie ein Adler, stets höher steigend und alle Realitäten dieser Welt tief unter sich lassend. Seine Körpergefühle zeigen mit Sicherheit, wie er das alles in seiner frühkindlichen Entwicklung erlebt hat. Adler heißt auf lateinisch »Aquila«; wir haben in der Analyse die Wiederbelebung und Wiederholung der aquilinen Phase vor uns. Analytiker und Analysand verstärken einander in weltabgewandten Phantasien, und der Sinn für die Wirklichkeit wird kräftig unterminiert.

In diesem Fall sucht man in der Gegenwart nach der Vergangenheit; in anderen Fällen wird das Ganze noch viel weiter getrieben: Es gibt Vertreter der sogenannten hermeneutischen Richtung, die den Standpunkt vertreten, Analytiker und Analysand verstünden einander und erzielten über die von ihnen beiden entworfene Deutung Einvernehmen. So erhält die Vergangenheit einen neuen, tiefen Sinn. Eine Sinngebung wird erobert, und es ist diese Sinngebung, die heilend wirkt: *the healing story*. Fragen nach dem Realitätsgehalt dieser Story wären Szientismus, ein Sich-anhängen-Wollen an die Naturwissenschaften, und das haben wir hinter uns gelassen. Mit dem Badewasser Naturwissenschaft haben wir das Kind Wissenschaft ausgeschüttet.

In meinem Buch »Die Verschwörung gegen das Gefühl« habe ich versucht, das Problem Verstehen versus Erklären, Naturwissenschaft versus ›Geisteswissenschaft‹, kausale Erklärung versus hermeneutische Methoden mit Hilfe Nicolai Hartmanns Einsicht, die er in seinem Buch »Der Aufbau der realen Welt« beschrieben hat, einer Lösung zuzuführen. Zudem bietet die umfangreiche und klare Arbeit Wallersteins »Psychoanalysis as a science: a response to new challenges (Psa Quarterly, 1986)« viele Anknüpfungspunkte zu einer fruchtbaren Diskussion über diese Thematik.

Man kann zeigen, welche in der Ausbildung erworbenen oder verstärkten Haltungen besonders störend wirken.

1. Die Teilidentifikation mit dem Analytiker:
   Das interpretierende Verhalten wird vom Lehranalytiker übernommen, und der durch seine Lehranalyse ›wiedergeborene‹ Kandidat geht jetzt deutend durch die Welt. Er deutet sich selbst, anstatt zu erleben. Er hat anstelle seiner ursprünglichen Charakterneurose eine Zwangsneurose erworben. Indem er seinem Deutungszwang nachgibt, kann er große Teile seiner Angst und Wut gegenüber dem Analytiker abwehren. Er wird zum Meister seiner eigenen Gefühle, und seine Mitmenschen sind nicht länger bedrohend, denn er versteht sie. Wenn sie etwas tun, begreift er, warum sie es tun, und kann daher die Worte aussprechen: »Ruhe meine Seele.«
2. Die Ausbildungsanalyse vermittelt dem Analysanden einen besonderen Status. Er durchschaut seine Mitmenschen; und nicht nur das: selbst wenn er eine grausame Wirklichkeit erlebt, hat er jetzt die Fähigkeit erworben, die unvermeidlichen Frustrationen besser zu ertragen. Damit hat er sogar teilweise recht. Aber wenn er meint, daß er nun wirklich Angst und Schmerz ›ertragen‹ kann, etwa wenn er ein Karzinom bekommt oder von einem schweren Verlust betroffen wird, so erwartet ihn eine große Enttäuschung. Warum sollte die Realität nur deshalb nicht schrecklich sein, weil er eine Analyse hinter sich hat?
3. Oft sind narzißtische Phantasiegebilde schwer zugänglich, und der Analysand wird um so weniger imstande sein, sie zu korrigieren, je größer die abgewehrte Angst ist. Man kann annehmen, daß Kastrationsängste und Ängste, die mit dem analen Stadium zusammenhängen, in den meisten Analysen durchgearbeitet werden. Der Analytiker und später auch der Analysand sind sich darüber im klaren,

daß – jedenfalls in unserem Teil der Welt – Kastration nicht zu den wahrscheinlichsten Begebenheiten des Lebens gehört.

Aber mit den Ängsten, die Freud in »Hemmung, Symptom und Angst« beschreibt, hat es eine ganz andere Bewandtnis. Die automatische Angst ist die Angst, von einer Katastrophe vernichtet zu werden. Alle späteren Ängste wurzeln in dieser automatischen Angst, und aus ihr entwickelt sich später die Todesangst.

Also doch Deutungen die präödipale Phase betreffend?

Ich sage nicht, daß man die präödipale Phase nicht in seine Deutungsarbeit einbeziehen soll. Mir geht es darum, daß man nicht versäumt zu erklären, wie man seine Deutungen zu validieren gedenkt. Über den Tod reden wir nicht gerne. Todesangst ist jedoch ein Phänomen, das nicht nur den Kinderphantasien angehört. Als Ausbildungsanalytiker vermeiden wir lieber den Gedanken an den Tod, dem wir doch sehr viel näher sind als unsere Kandidaten.

> Ay, but to die and go we know not where,
> to lie in cold obstruction and to rot,
> (...)
> to bath in fiery floods or to reside
> in thrilling regions of thick-ribbed ice
> (...)
> The weariest and most loathed wordly life
> that age, ache, penury and imprisonment
> can lay on nature is a paradise,
> to what we fear of death.
>   *Shakespeare*, Measure for Measure III, 1.

Deutsche Übersetzung von Wolf Graf Baudissin:

> Ja! Aber sterben! Gehn, wer weiß wohin,
> Daliegen, kalt, eng eingesperrt und faulen:
> (...)
> Getaucht in Feuerfluten oder schaudernd
> Umstarrt vom Wüsten ew'ger Eismassen!
> (...)
> Das schwerste, jammervollste ird'sche Leben,
> Das Alter, Armut, Schmerz, Gefangenschaft
> Dem Menschen auferlegt – ist ein Paradies
> Gen das, was wir vom Tode fürchten!

Wir können es uns selbst und anderen nicht verübeln, daß wir nicht gerne darüber reden. Aber wenn wir das vernachlässigen, lassen sich auch nicht die narzißtischen Phantasien bewußt machen, mit denen diese entsetzlichen Ängste abgewehrt werden. Aus den Phantasien von ewiger Jugend, Berühmtheit, ja unsterblichem Ruhm, läßt sich ablesen, was gefürchtet wird.

Abwehr und Angst können in ihrem Zusammenwirken dazu führen, daß eine sehr eigene Variante der Psychoanalyse entwickelt wird. Man ist dann genau so unsterblich wie Freud; und meistens wird ein Teil aus der Psychoanalyse herausgenommen und für das Ganze ausgegeben. Oft zeigen diese Formen der Neoanalyse eine Ähnlichkeit mit dem Prophetenwahn, der in einer vergleichbaren geistigen Umgebung entsteht.

4. Die unbewußten oder kaum bewußten Größenphantasien, die zu den Charakterneurosen gehören, können zu unerwünschten Verhaltensweisen führen. Wenn man mit dem vagen Bewußtsein lebt, mir kann nichts Ernstes passieren, ist es unerträglich, wenn ein analytischer Kollege von einem schmerzlichen Verlust oder einer schweren Krankheit getroffen wird. Das bedeutet, es kann auch mir passieren, und darf von daher nicht sein. Es werden Vernichtungsängste angesprochen, aber der Analytiker verneint sie. Daher will er auch den Teil der Außenwelt, der zu der Verleugnung Anlaß gab, nicht mehr wahrhaben, will nichts mehr von ihm wissen und geht an dem Haus des früheren Freundes vorbei. Die Konsequenz für unsere Technik ist klar: Die narzißtischen Phantasien und Vernichtungsängste, die mit ihnen abgewehrt werden, müssen durchgearbeitet werden.

Ich nenne ein weiteres Gebiet der Wirklichkeitsverfälschung, das die beiden Themen betrifft, die zur Trauerarbeit gehören.
Leid, so sagt man, soll verarbeitet und bewältigt werden. Oft wird dabei suggeriert: und dann kann das Leben wieder in seinem vertrauten Gang weitergehen. Die Realität der Lebensgeschichte wird so vergessen. Es wird nicht mehr wie zuvor, wie wäre das möglich? Es gibt Sorgen, die vorübergehen, aber für große Verluste gilt das nicht. Es existiert ein neurotisches Sich-Festklammern an der Vergangenheit, aber es besteht auch die Fiktion, daß eine Psychoanalyse die Vergangenheit im Nichts versinken lassen kann. Man kann mit einem schweren Ver-

lust leben lernen und auch dann und wann glücklich sein. Das ist das Ziel der Trauerarbeit, zu mehr kann sie nicht dienen.

Zum Problemkreis der Trauerarbeit gehören auch die quälenden Selbstvorwürfe und die Schuldgefühle; wir Analytiker wissen, woher sie stammen. Ihre Ursache ist die auf die eigene Person gerichtete Aggression, die durch Frustration geweckt wird. Man kann die Wirklichkeit verfälschen, wenn man Phantasien für Realität hält, aber auch wenn man Wirklichkeit zum Phantasiegebilde erklärt und Einsicht zu Gefühl: Haben wir nicht unserem an Leukämie verstorbenen Kind, unserem Partner, unseren Eltern irgendwann einmal Leid verursacht? Dieses Schuldgefühl ist nicht nur ein Gefühl, es speist sich aus einem Wissen und wäre auch besser mit Schuldbewußtsein bezeichnet. Das Wissen um unsere Schuld ist auf eine unabhängig von uns bestehende Realität bezogen; das wunscherfüllende Denken besteht gerade darin anzunehmen, es ginge nur um Gefühle. So als wäre unsere Schuld rein subjektiv, aber leider ist sie objektiv gegeben. Wir sind nicht imstande, unsere Schuld wiedergutzumachen, und werden mit einem entsetzlichen Zuspät konfrontiert. Vorgestern wäre es noch möglich gewesen, gestern auch noch, aber jetzt nicht mehr. »*What's done can not be undone*«, sagt Macbeth, und Lady Macbeth ruft, das Blut auf ihren Händen gewahrend, aus, daß der Ozean nicht ausreicht, es abzuwaschen, und stürzt sich die Mauer hinab.

Wenn unser Analysand akzeptieren soll, daß er mit seinem Schuldbewußtsein weiter leben muß, weil er schuldig ist, helfen wir ihm nicht, wenn wir sein Wissen zum Gefühl erklären. Aber wir werden diese Neigung immer haben, weil wir selbst nicht schuldig sein wollen. Nur erweisen wir unserem Kandidaten einen schlechten Dienst, wenn wir ihn mit Illusionen trösten, statt ihn mit der Realität zu konfrontieren. Wir werden zu Hohepriestern eines Geheimbündnisses und Kardinälen einer neuen Religion, wenn wir unseren Kandidaten gegen die Unbilden des Lebens und die bitteren Einsichten in die Realität schützen wollen. Der abhängige Kandidat und der freundliche Analytiker bieten einander Sicherheit. Wir können hier Rilke zitieren: Ach, sie verdecken sich nur miteinander ihr Los.

Es gilt zu akzeptieren, daß die menschliche Situation oft eine tragische ist, und nicht selten gilt, was Augustinus sagt: *non posse non peccare*, es ist unmöglich, es nicht falsch zu machen. Anna Freud und R. Wallerstein haben ihre Sorge darüber ausgesprochen, daß unsere Ausbildungsanalysen oft weniger erfolgreich sind als unsere therapeutischen Analysen. Identifikationen, die Tatsache, daß die Trennung nicht wirklich vollzogen wird und die Trauerarbeit nicht wirklich zustande kommt, verstärken die Risiken, die in der psychoanalytischen Situation »eingebaut« sind.

Selbstverständlich wäre es Unsinn, die ganze Chirurgie abschaffen zu wollen, weil eine bestimmte Operationstechnik verbessert werden muß. Wir brauchen in unserem Fall nur die praktischen Konsequenzen aus Freuds Arbeiten über die Angst zu ziehen.

Nach diesen Ausführungen über Angst, Narzißmus und Illusionen möchte ich einige Bemerkungen zu der psychischen Gesundheit machen. Nehmen wir Freuds Beschreibung der Gesundheit, nämlich imstande sein zu lieben, zu arbeiten und zu spielen, als Ausgangspunkt. Zur Gesundheit gehört, daß wir uns selbst und unseren Mitmenschen den Genuß gönnen, genießen zu können. Wenn Leid und Trauer zum Anlaß von Vermeidungsreaktionen, Flucht oder Aggressionen werden, kann von Gesundheit nicht die Rede sein. Zum Menschsein gehört Hilfsbereitschaft.

Wir dürfen es uns und anderen nicht verübeln, daß wir Schwierigkeiten haben mit den Problemen der Vergänglichkeit und der Unwiderruflichkeit des Daseins, der Schuld und dem Tod. Sokrates und Freud haben uns gelehrt, daß Selbsterkenntnis ohne Erkenntnis der Wirklichkeit nicht möglich ist und die Umkehrung genausowenig. Wir können unseren Analysanden helfen, ihre Ängste, soweit sie von innerpsychischen Konflikten bestimmt sind, zu überwinden. Wir können jedoch weder die Schwierigkeiten des Lebens, noch drohende politische Konflikte, Krankheiten und kränkende Verluste aus der Welt schaffen.

Wir helfen ihnen am wenigsten, wenn wir aus der Ausbildungsanalyse eine Einbildungsanalyse machen. Wir helfen ihnen auch nicht, wenn wir die Realität selektiv präsentieren.

Ich zitiere Hugo von Hofmannsthal: »Es ist nun einmal der Wille meines gnädigen Herrn, die beiden Stücke, das lustige und das traurige, mit allen Personen und der richtigen Musik, so wie er sie bestellt und... bezahlt hat, gleichzeitig auf der Bühne serviert zu bekommen.«

# Yela Loewenfeld
# Zur Genese des Tics eines neunjährigen Knaben

Jimmy, ein Junge von neun Jahren, wurde wegen eines bedenklichen Tics zu mir in die Behandlung geschickt. Es hatte damit begonnen, daß er die Lippen wie zum Pfeifen spitzte, dann aber nur den Laut »F« ausstieß. Später jedoch verstärkte sich der Tic in erheblichem Maße. Der Knabe warf den Kopf zurück, mit einem Ausdruck von Horror und Todesangst im Gesicht. Der Oberkörper wand sich wie im Schmerz, die Arme waren wie zur Abwehr erhoben. Das Ganze dauerte den Bruchteil einer Sekunde. Die Bewegungen des Jungen wirkten so ansteckend, daß bald die ganze Schulklasse von seinem Tic ergriffen wurde. Die Lehrerin war machtlos. Ja, sie selbst fühlte manchmal den Drang, die »verrückten« Bewegungen nachzuahmen. Zu diesem Zeitpunkt wurde die Mutter des Knaben informiert, ihr Sohn bedürfe dringend psychiatrischer Behandlung.

Die Mutter, die den Tic wohl bemerkt hatte, hoffte, er würde durch Nichtbeachtung wieder verschwinden, wie so manche kindliche Unart. Sie brachte Jimmy an einem späten Herbstnachmittag zu mir. Ich fand Mutter und Sohn im Wartezimmer, innig aneinander geschmiegt. Der Arm des Knaben lag auf dem Oberschenkel der Mutter, deren Rock ein wenig zu kurz schien. Was mir besonders auffiel, war die abscheuliche Kopfbedeckung der Mutter. Sie trug eine schwarze Pelzmütze tief in die Stirne gezogen, und die Mütze sah wie zerrupftes Haar aus. Flüchtig ging mir der Gedanke durch den Kopf: »Das Haupt der Medusa.« Ich nahm Jimmy mit in mein Office. Er schien völlig unbefangen; er war ein stämmiger, hübscher Junge. Kaum hatte er sich gesetzt, stieß er hervor: »Sie ist schrecklich, ich hasse sie.« »Wen meinst du?« fragte ich, nicht ahnend, daß er von seiner Mutter sprach, mit der ich ihn gerade in so liebevoller Haltung angetroffen hatte. »Die da draußen. Sie denkt, sie weiß alles besser, was gut für mich ist, was mir schmeckt, wer meine Freunde sind, wann ich müde bin.«

Während er sich immer mehr ereiferte in seinem Zorn, setzte der Tic ein, er stieß den Laut »F« aus, warf den Kopf zurück und wand sich wie von Schmerz und Horror ergriffen. In diesem Augenblick ging der volle Mond auf. Von meinem Büro blickt man auf einen Park mit einem See, und wenn der Mond an einem klaren Abend auf das Wasser scheint, ist es jedesmal ein erstaunlicher Anblick. Jimmy hatte so etwas noch nie gesehen. »Was ist das?« »Der Mond.« Er rannte ans Fenster. »Bei uns gibt es das nicht. Wir haben nur hohe Häuser. Oh, sie muß das sehen.« Damit rannte er hinaus und kam mit der Mutter zurück, die er fürsorglich ans Fenster führte. Hand in Hand standen die beiden und schauten auf den Mond über dem Wasser. Jimmy löschte das Licht aus. Dieser Widerspruch, der Konflikt des Knaben, der mit Zorn und Verachtung von der Mutter sprach, wenn sie abwesend war, und die Zärtlichkeit eines Liebenden, wenn er mit ihr zusammen war, war das Bemerkenswerte in jener ersten Sitzung.

Ehe ich Jimmy wiedersah, hatte ich ein Gespräch mit der Mutter. Wieder trug sie die abscheuliche Pelzmütze, die tief in die Stirn gezogen war. Der untere Teil des Gesichtes und die etwas plumpe Gestalt machten einen angenehmen Eindruck. Sie war Anwältin von Beruf, hatte im Büro ihren Mann, ebenfalls einen Rechtsanwalt, kennengelernt; sie heirateten, als sie bereits 33 Jahre alt war. Kurz nach Jimmys Geburt erkrankte ihr Mann an Pneumonie und starb. Frau W. gab ihren Beruf auf und widmete sich völlig ihrem Söhnchen. Sie blieben in der Wohnung, in der sie mit Jimmys Vater eine kurze harmonische Zeit verbracht hatten. Die Wohnung bestand aus einem geräumigen Wohnzimmer und einem kleinen Schlafzimmer. In den ersten Jahren teilte sie mit dem Kind das Schlafzimmer, später schlief er im Wohnzimmer, bis sie selbst zu Bett ging; dann trug sie das schlafende Kind in das kleine Zimmer nebenan.

Konflikte entstanden, als das Kind zu schwer wurde, um getragen zu werden, und sie ihn wecken mußte, um ihn in sein kleines Schlafzimmer zu führen. In jener Zeit glaubte sie bemerkt zu haben, daß Jimmy den Laut »F« vor sich hinmurmelte. Sie schenkte dem weiter keine Beachtung. Den beängstigenden Tic, dessentwegen sie in die Schule gerufen worden war, glaubte sie vor ungefähr einem Jahr bemerkt zu haben. Frau W. war bereit, alles zu tun, was dem Kind helfen würde. Der Junge war ihr einziger Lebensinhalt. Den Beruf hatte sie aufgegeben, sie ging abends nie aus, um den Sohn nicht allein zu Hause zu

lassen. Freunde konnte sie nicht einladen, da Jimmy im Wohnzimmer schlief, bis sie selbst ins Bett ging.
Die einzige Abwechslung war das sonntägliche Mittagessen beim Bruder ihres verstorbenen Mannes. Regelmäßig gingen Mutter und Sohn am Sonntag zum Onkel und seiner Frau. Jimmy liebte den Onkel; er war sein Vaterideal geworden. Er war groß und kräftig, ein leidenschaftlicher Angler. Er brachte Jimmy viele männliche Spiele bei, nahm ihn mit zu Fußball- und Baseballspielen usw.
Jimmy kam von jetzt ab allein zu mir. Am Beginn der Stunde schimpfte er immer tüchtig auf seine Mutter. »Sie«, so pflegte er verächtlich auf sie hinzuweisen. Er sagte niemals »meine Mutter«. Während der Ausbrüche von Ärger stellte sich häufig der Tic ein. Jimmy warf den Kopf zurück, sein Gesicht trug den Ausdruck von Todesangst und Horror, der Oberkörper wand sich, die Arme waren wie zur Abwehr erhoben. Diese Anfälle waren von ganz kurzer Dauer.
In eine Sitzung kam Jimmy ganz besonders verdrossen: »Sie ist zu dumm und eigensinnig. Sie hört nicht auf mich.« Die Nachbarwohnung, die aus einem großen Wohnzimmer und Küche bestand, war freigeworden. Das junge Liebespaar, das bisher dort gewohnt hatte, war ausgezogen. Er versuchte nun, »ihr«, seiner Mutter, klarzumachen, daß sie beide diese Wohnung nehmen sollten, denn dann seien alle Probleme gelöst, und er müsse nicht mehr mitten in der Nacht gestört werden, »um ins andere Zimmer zu gehen«. Als ich einwandte, daß die Wohnung des Liebespaares doch um ein Zimmer kleiner war, wurde er ganz wütend. »Sie sind genauso schwer von Begriff wie sie.« Er erschrak. »Sind Sie mir böse?« Ich beruhigte ihn, er könne bei mir alles sagen, nahm aber die Gelegenheit wahr, ihm seine Wünsche zu deuten. In der Nachbarwohnung mit dem einen großen Raum wäre er dann immer mit der Mutter zusammen, so wie das Liebespaar, das gerade ausgezogen war. Er blickte mich böse an, ging ans Fenster, schaute hinaus und sprach kein Wort mehr bis zum Ende der Stunde.
Langsam im Laufe von Monaten kamen die verdrängten Erinnerungen und Phantasien zurück. Er hatte gar nicht geschlafen, wenn die Mutter sich auskleidete, sondern mit Neugier und Verlangen ihren nackten Körper beobachtet. Zu jener Zeit entstand das zwanghafte Ausstoßen des Lautes »F«. »F« stand für »Fuck«. Durch dieses zwanghafte Symptom blieben des Knaben verbotene Wünsche unterhalb der Schwelle

des Bewußtseins, und doch gab ihm das Symptom des Tics eine unbewußte Befriedigung.
Das Trauma, das den Tic in so erschreckend dramatischer Weise verschlimmert hatte, war die schwarze Pelzmütze auf dem Kopf der Mutter. Diese Mütze war in Jimmys Unbewußtem zum Symbol geworden, dem Symbol des »Mons veneris«, der schwarzen Schamhaare, die das gefährliche weibliche Genitale bedecken und verhüllen. Der tägliche Anblick der Pelzmütze auf dem Kopf der Mutter machte es fast unmöglich, die frühen ödipalen, aggressiven, sadistischen und mit Kastrationsängsten besetzten Phantasien in der gesicherten Verdrängung zu halten. Der Tic war die letzte Barriere, die sie vom vollen Durchbruch ins Bewußtsein fernhielt. Jimmy war überzeugt, daß die Mutter am Tode des Vaters schuld hatte. Der Vater, von dem er nur selten und ohne Liebe oder Sehnsucht sprach, war ein Schwächling. Statt ihn, seinen Sohn, zu beschützen, war er einfach gestorben.
Mit dem Bewußtwerden der symbolischen Bedeutung der Mütze verlor das Symbol seine magische Kraft, und der beschwörende Tic konnte aufgegeben werden. Am längsten hielt er am Murmeln des Lautes »F« fest, was ja mehr lustbetont als beängstigend war. Mit dem Verschwinden des Tics konnte die Behandlung beendet werden.

Noch eine Bemerkung zu dem Tic im Kindesalter. Jimmys Schulkameraden verstanden im Unbewußten die Bedeutung des Tics. Es war ein Anklang an ihre eigenen früh-ödipalen Phantasien, eine Angst, von der sie sich durch gesunde Verdrängung befreit hatten. Durch die Nachahmung von Jimmys Bewegungen erlebten sie eine flüchtige Identifizierung mit seinen Problemen und Ängsten, ohne ihnen jedoch zum Opfer zu fallen. Nur in der Schulstunde unter Jimmys Einfluß beherrschte sie der Tic. Ohne seine Gegenwart waren die frühkindlichen ödipalen Probleme wieder völlig verdrängt und machtlos.
Man könnte den Vorgang vergleichen mit der Wirkung eines Horrorfilms auf den Menschen, der sich nur während der Vorstellung mit dem Schrecken identifiziert.

Hans-Martin Lohmann
»Versöhnen statt spalten« – eine populäre Parole
der achtziger Jahre und was dahintersteckt

> »Ich habe es nie verstehen können, daß die einen sich einen
> Pelzmantel kaufen können und die anderen nicht«
> (Josef Neckermann 1986 in einem Fernsehinterview)

1

Man hat es eigentlich immer schon geahnt, daß nicht der unglückselige und vorhersehbar scheiternde Kanzlerkandidat der SPD, Johannes Rau, der Erfinder der Parole »Versöhnen statt spalten« ist. Die SPD vollzieht immer nur nach, was andere, und viel Pfiffigere, schon längst erkannt haben. Andere, zum Beispiel Josef Neckermann. Dieser, alerter Kriegsgewinnler unter Hitler, nach dem »Zusammenbruch« rasch mit einem Persilschein ausgestattet und in den bundesrepublikanischen fünfziger Jahren, in denen so viele erstaunliche Karrieren gelangen, einer der erfolgreichsten Aufsteiger des Wirtschaftswunders – Josef Neckermann also wurde zum Multimillionär nicht, weil er, um es einmal schnöde materialistisch auszudrücken, dem kapitalistischen Profitmotiv und seinem elaborierten Instinkt für die richtige Marktlücke folgte, sondern aufgrund seines ausgeprägten Sinns für soziale Gerechtigkeit und Chancengleichheit. Er konnte es, wie er dem Talkmaster Joachim Fuchsberger kürzlich anvertraute, nach dem Krieg, als die Masse des deutschen Volkes in Elend und Armut dahinsiechte, einfach nicht ertragen, daß nur die wenigen Reichen Zugang zu den besseren materiellen Gütern dieser Erde haben sollten; deshalb gründete er seinen Versandgroßhandel für die Unterprivilegierten, die Habenichtse und Kleinstverdiener, damit auch sie der Segnungen des Kapitalismus teilhaftig würden: Versöhnen statt spalten.
Bis in die Mitte der sechziger Jahre prosperierte die westdeutsche Gesellschaft dank der Garantie eines umfassenden sozialen und poli-

tischen Konsenses, der die Spaltung dieser Gesellschaft in Klassen und unterschiedliche Einkommensschichten, die divergierenden Interessen und Ansprüche gegenüber dem Staat, die Unvereinbarkeiten und Widersprüche in der Verteilungspolitik domartig überwölbte. Einig war man sich darin, daß die zwölf Jahre des »tausendjährigen Reiches« eine höchst bedauerliche Entgleisung der deutschen Geschichte gewesen seien, die es schnell zu vergessen gelte. Einigkeit herrschte auch darin, daß (die von den Westalliierten importierte) Demokratie und Kommunismus sich ausschlössen, daß also Kommunisten und ihre Sympathisanten aus der »Gemeinschaft der Demokraten« zu entfernen seien. Konsens gab es schließlich in der Überzeugung, daß man gesellschaftliche Gegensätze – z. B. zwischen Lohnarbeit und Kapital, zwischen den großen Konfessionen, zwischen alten und neuen Einheimischen (den Vertriebenen), zwischen den Generationen – auf prinzipiell friedlichem Wege ausgleichen könne. Versöhnen statt spalten: Dieser Devise folgte sowohl die CDU Konrad Adenauers und Ludwig Erhards (»Sozialpartnerschaft«, »Lastenausgleich«, »Wiedergutmachung«) als auch mit gewisser Verspätung die SPD Erich Ollenhauers und Herbert Wehners, die 1959 im Godesberger Programm ihren Versöhnungswillen definitiv festschrieb.

Erst die Generation von »1968« stellte diesen Konsens radikal in Frage. Produkt und Opfer der stillschweigenden Übereinkunft zwischen den am sozialen und politischen Prozeß maßgeblich beteiligten Gruppen, Klassen und Organisationen, legte die Protestgeneration den Finger auf die Narbe, die Versöhnung hieß. Und siehe da, die Narbe war keineswegs verheilt, sie sprang plötzlich wieder auf, Blut und Eiter flossen aus der schlecht vernarbten Wunde der Vergangenheit. Entdeckt und öffentlich zur Sprache gebracht wurden all jene Tabuthemen, von denen die westdeutsche Gesellschaft zwanzig Jahre lang nichts hatte wissen wollen. Die Generation der Eltern mußte sich peinvolle Fragen gefallen lassen: Was habt ihr damals unter Hitler gemacht? Wieviel habt ihr gewußt von dem, was geschah? Könnt ihr reinen Gewissens gegen Gewalt als Mittel und Motor gesellschaftsverändernder Praxis sein, wenn Gewalt doch das ist, was diese, die bürgerliche Gesellschaft im Innersten zusammenhält? Ist es nicht Gewalt, wenn die reichen Industrienationen des Westens die armen Länder der Dritten Welt ebenso friedlich wie schamlos ausbeuten? Und was ist mit Chile und Vietnam?

Blickt man von heute aus auf jene Jahre zurück, so bleibt als Fazit, daß die Protestgeneration von 1968 den auf Amnesie und Abspaltung beruhenden inneren Frieden der bundesrepublikanischen Gesellschaft, ihr gutes Gewissen und ihre »Identität« nachhaltig verletzt hat. Wie tief und schmerzhaft diese Läsionen waren, läßt sich an der Wut ablesen, mit der nicht nur der konservative Block, sondern auch Teile des sozialdemokratisch beherrschten Staatsapparats auf die Herausforderung reagierten. Noch in der Unverhältnismäßigkeit der Schärfe, mit der in einer Art Allparteienkoalition die Berufsverbote durchgesetzt und der staatliche Kampf gegen den Terrorismus der Roten Armee Fraktion aufgenommen wurden, enthüllt sich die tiefe Irritation, die die Protestbewegung im gesellschaftlichen Bewußtsein hinterließ.

Trotz staatlicher Repression gegen die außerparlamentarische Linke und trotz des Versuchs der Sozialdemokratie, den reformistischen Flügel der Protestbewegung zu integrieren, darf für die anderthalb Jahrzehnte zwischen 1965 und 1980 konstatiert werden, daß zum erstenmal in der noch jungen Geschichte des westdeutschen Staates die »kulturelle Hegemonie«, nach der Peter Glotz heute so verzweifelt wieder sucht, auf die Linke überging. Zum erstenmal sah sich der konservative Bürgerblock nicht nur politisch, sondern auch intellektuell in der Opposition. Die gesellschaftlich verbindlichen oder zumindest vorherrschenden »Werte«, die in dieser Phase kreiert und hegemonial ins allgemeine Bewußtsein drangen, waren nicht länger von harmonistischen, identitäts- und einheitsstiftenden Vorstellungen geprägt, vielmehr von dem gesellschaftstheoretisch und -kritisch stimulierten Wissen, daß die kapitalistische Form der Vergesellschaftung Reibungsverluste und Widersprüche erzeugt, die nicht konsensuell und durch sozialstaatliche Eingriffe und Regulierungen zu überwinden sind. Statt von »Identität« und »Nation« war die Rede von antagonistischen Klassen und Klasseninteressen, statt von Sozialpartnerschaft von Kapitalverwertungsprozessen, statt von sekundären Tugenden wie Pünktlichkeit, Ordnung und Fleiß von »Bedürfnissen« und »Subjektivität«.

Gewiß, es war damals längst nicht alles Gold, was glänzte. Der Zerfall der Protestbewegung zu Beginn der siebziger Jahre in miteinander rivalisierende dogmatische kommunistische »Kaderparteien«, die alle Merkmale des Sektenhaften mit sich schleppten, der voluntaristische Avantgardismus dieser Gruppen, die sich als kämpferische Vorhut einer imaginären »revolutionären Klasse« verstanden, der verbiesterte, alltags- und lebensfeindliche Ultrabolschewismus der Revolutionäre von eigenen Gnaden – all das war wenig dazu angetan, die kulturelle Hegemonie der westdeutschen Linken auf Dauer zu stellen. Im Gegenteil. Je autoritärer und kompromißloser der Revolutionarismus der linken Sekten sich gerierte, desto leichteres Spiel hatte der konservative Block, der jetzt Morgenluft zu wittern begann. Als seit etwa 1975 die antitotalitaristische Kritik der französischen Neuen Philosophen (André Glucksmann, Bernard-Henri Levy) über den Rhein schwappte, fiel sie bei vielen Intellektuellen auf fruchtbaren Boden. Mit der – berechtigten, aber verspäteten – Kritik am Stalinismus und an der Sowjetunion wurde zugleich das Marxsche Paradigma der Gesellschaftsanalyse und -kritik freiwillig verabschiedet.

Dennoch ist festzuhalten, daß sich der bewußtseinshegemoniale Anspruch der westdeutschen Linken bis weit in die Ära der Kanzlerschaft Helmut Schmidts zu behaupten vermochte. Will man diesen Anspruch auf eine Formel bringen, so lautet er: Spalten statt versöhnen. Diese Formel ist nur dann mißverständlich, wenn man von der Fiktion ausgeht, die existierende Gesellschaft *sei* mit sich im reinen, sie *sei* in ihren inneren Beziehungen befriedet und nach außen friedlich, sie *habe* das Versprechen von Freiheit, Gleichheit und Brüderlichkeit materiell eingelöst. Die Linke hat, mit einigem historischen Recht auf ihrer Seite, solchen Vorstellungen immer mißtraut, sie als Ideologie und Illusionsbildung entlarvt. Hinter den friedlichen Mitteln erkannte sie die Gewalt der Zwecke, hinter dem Versprechen der Gleichheit reale Ungleichheit, hinter der Abstraktion des freien Individuums die Konkretion von Unfreiheit und Abhängigkeit, hinter dem positiven Begriff der Nation die häßliche Fratze der Xenophobie, hinter dem Glanz der bürgerlichen Kultur die Barbarei. Die historische Aufgabe der Linken war es (und ist es bis heute geblieben), nicht am Schein von Versöhnung und »Identität«, mit welchem die Klassengesellschaft sich und ihre Geschichte gern umgibt, mitzuweben, sondern das real Unversöhnte, das Verleugnete und Verdrängte, das Schuldhafte und Nichtidentische rücksichtslos beim Namen zu nennen: Spalten statt versöhnen.

## 2

Die Wende hat inzwischen stattgefunden, und die Bilder und Worte, die sie besiegelten, sind uns allen vertraut. Versöhnen statt spalten. Bitburg und Bergen-Belsen, wo wäre da ein Unterschied, der eine Name hebt den anderen auf. Ein Nullsummenspiel. Gerechtigkeit und Nachsicht für alle. Wer wüßte noch Täter und Opfer auseinanderzuhalten? Ist der gefallene deutsche Soldat, der im Januar 1945 die Ostfront gegen die heranrückende Rote Armee zu halten half, um der deutschen Zivilbevölkerung Schlesiens und Ostpreußens die Flucht nach Westen zu ermöglichen, nicht ebenso Opfer wie das jüdische Kind, das unmittelbar vor der Befreiung Treblinkas noch umgebracht wurde? War Dresden nicht genauso fürchterlich wie Auschwitz? Und wenn die israelische Armee Massaker in Palästinenserlagern anrichtet – was wäre das denn anderes als ein »Holocaust«? Ein gesamteuropäisches Phänomen offenbar: Während der deutsche Bundeskanzler von der »Gnade der späten Geburt« spricht und seine Hände in Unschuld wäscht, ordnet der spanische Ministerpräsident zum fünfzigsten Jahrestag des Beginns des Spanischen Bürgerkriegs an, daß sich zwei Veteranen des Krieges, ein Altsozialist und ein Altfalangist, »über den Gräbern« die Hand zur Versöhnung reichen. Es ist genug, wen interessiert noch, wer Täter, wer Opfer war. Deutsche Historiker verfallen auf Orwellsche Rattenkäfige, um zu beweisen, daß der Krieg der Bolschewisten gegen die russische Bourgeoisie das Vorbild für Hitlers Vernichtungskrieg gegen die Juden war, womit ein Stückchen deutscher »Identität« wiederhergestellt ist. Wir können und sollen stolz sein auf unsere tausendjährige Geschichte – Barbarossa, der staufische und der preußische Friedrich, Bismarck sind auch in der DDR wieder zu Ehren gekommen –, Mord und Totschlag hat es immer in der Weltgeschichte gegeben. CSU-Abgeordnete und CDU-Bürgermeister reißen antisemitische Zoten. »Die sollen sich doch nicht so haben.« Ende der Schonzeit. Fassbinder. Das deutsche Volk stirbt aus, der Anteil von Ausländern an der Gesamtbevölkerung nimmt rapide zu. Die Deutschen können ruhig aussterben, sagt Frau Mitscherlich. Aber wir haben einen Anspruch auf »Identität«, »Sinn« muß her, wir lassen uns unser schönes Land von den Nörglern und Schwarzsehern nicht miesmachen. Versöhnen statt spalten.

Was da seit ein paar Jahren an Versöhnungsgestik und Versöhnungsrhetorik widerlich sich breitmacht, ist die alte konservative Sehnsucht nach einem entpolitisierten Kollektiv der Erinnerungslosen und Entsorgten, das die Opfer von einst und heute marginalisiert und der Amnesie überantwortet. Je blinder und unkontrollierter die Dynamik der dritten industriellen Revolution sich entfaltet, je unüberschaubarer die sozialen und ökologischen Folgekosten sind, die dieser Fortschritt verlangt, desto energischer drängen die Konkursverwalter des Fortschritts darauf, daß von den Opfern geschwiegen werde. Der ganze Versöhnungsmummenschanz dient dazu, die »faux frais« (Marx) des kapitalistischen Industrialismus bewußtseinsmäßig so zu sozialisieren, daß diejenigen, die die Zeche zu bezahlen haben, dies nicht einmal mehr merken, daß sie ihre Wut und ihre Aggressionen nicht gegen die Verursacher kehren, sondern gegen die, die auf die Verursacher hinweisen. Den Betrogenen wird das Bewußtsein davon ausgetrieben, daß sie die Betrogenen sind: Sie kennen keine Parteien mehr, sie kennen nur noch Deutsche. Niemand will aus der »Identität« der Deutschen herausfallen, alle wollen darin sein. Selbst der armseligste Schlucker, wenn er denn schon nichts anderes hat, will am Phantom der Dazugehörigkeit partizipieren. Volksgemeinschaft hieß das einmal. Heute dämmert uns eine postfaschistische, modernisierte Volksgemeinschaft, deren Zuchtmittel nicht mehr der Blockwart, sondern der Computer ist. Und den Befehl, ihr beizutreten, gab Nietzsche: Du sollst dein Schicksal lieben.[1]

Die Protestgeneration von »1968« war seit Menschengedenken die erste Generation in Deutschland, die den Kultus um Konsens, »Heimat«, »Identität« und »Nation« als spezifisch deutsche Ideologie entlarvt hat. Was in Ländern mit alten revolutionären und demokratischen Traditionen selbstverständlich ist – das Bewußtsein davon, daß das Zusammenleben von Individuen und Klassen konflikthaft ist und daß Konflikte und divergierende Interessen artikuliert und ausgefochten werden müssen –, mußte bei uns erst mühsam eingeübt werden. »Die BRD ist Opposition nicht gewöhnt, die mag sie nicht.«[2] Das änderte sich erst mit dem Auftreten der Protestbewegung. Zum erstenmal seit 1933 kam es in den späten sechziger und frühen siebziger Jahren zu einer breiten und bewußtseinswirksamen Rezeption marxistischer und freudianischer Konflikttheorien, die es ermöglichte, daß Gesellschaft nicht mehr in harmonistischen, »ganzheitlichen« Kategorien beschrieben und analysiert wurde, sondern in solchen der Negativität und der Unversöhnlichkeit.

Von den konservativen gesellschaftlichen Kräften, die keineswegs nur

dem traditionellen politischen Rechtsblock zuzurechnen sind, wird »1968« als tragischer Zwischenfall in der Geschichte der Bundesrepublik, als Einbruch einer historischen Irregularität betrachtet, deren Folgen es schnellstens zu beseitigen gilt. »Die Rebellion von 1968 hat mehr Werte zerstört als das Dritte Reich. Sie zu bewältigen ist daher wichtiger, als ein weiteres Mal Hitler zu überwinden.« »Hitler haben wir, wenn auch vielleicht nicht endgültig, bewältigt. Nicht bewältigt aber haben wir die Bewältigung Hitlers, wie sie zur Studentenrevolution von 1968 und zu den fundamentalen Umwertungen der Folgezeit geführt hat... Die Wende, die wir benötigen, besteht nicht darin, daß wir ein weiteres Mal 1933 oder 1945 verdauen, sondern daß wir den nachträglichen Ungehorsam gegen Hitler überwinden.«[3] Die Katze ist aus dem Sack. Die Parole »Versöhnen statt spalten«, die an tiefsitzende korporativistische Instinkte der Deutschen appelliert, dient dem politischen und ideologischen Bedürfnis, jenen Geist der Kritik zum Schweigen zu bringen, der die Bundesrepublik in den siebziger Jahren überhaupt erst aus dem Sumpf einer muffigen Bananenrepublik (mit notorischer Begünstigung ihrer privatunternehmerischen, klerikalen und rechtsradikalen Klientel) aufs Niveau eines halbwegs zivilisierten politischen Gemeinwesens gehoben hat. Der Impetus der Versöhnungsrhetorik richtet sich frontal gegen den »Geist von 1968«, der als Kritik der herrschenden Zustände und als Gedenken der Opfer der angestrebten technologischen Totalrenovierung des westdeutschen Kapitalismus als lästiges Hindernis, gleichsam als Memento im Wege steht. Zum futuristischen Aufbruch ins 21. Jahrhundert, zur Massenproduktion von Hightech-Schrott, der Arme und Reiche gleichermaßen beglückt und die Frage nach dem gesellschaftlichen Gebrauchswert überflüssig macht,[4] bedarf es einer Mentalität, die derjenigen primitiver Gesellschaften entspricht, in denen Stammesbewußtsein das A und O von Bewußtsein überhaupt ist.
Solange es aber noch Individuen und Gruppen gibt, denen vorm neudeutschen Stammesbewußtsein graust, welche die Entsorgung der Vergangenheit von den schwarzen Schlacken der Erinnerung und die Versorgung der Zukunft mit unkalkulierbaren Risiken intellektuell und praktisch sabotieren – so lange bleiben die gigantischen privaten und staatlichen Kapitaleinsätze ihrerseits mit unkalkulierbaren Risiken behaftet. Deshalb darf von den heutigen und zukünftigen Opfern so wenig die Rede sein wie von denen der nationalsozialistischen Volksge-

meinschaft. Erst wo die Amnesie total geworden ist, wo im Namen von
»Identität«, »Nation«, »Patriotismus«, »deutscher Kultur«, Vereinsmeierei und Gemütlichkeit alle Spuren des gesellschaftlich Nichtidentischen restlos getilgt sind – erst dort dürfen sich die Utopisten des Fortschritts am Ziel wähnen. An der Linken und den mit ihr verbündeten sozialen Bewegungen wird es liegen, ob das Erreichen dieses Ziels – die störungsfreie Selbstreproduktion des Kapitals – verhindert werden kann.

## Anmerkungen

1 Vgl. NIETZSCHE, F. (1966): *Werke,* Bd. 2, Hg. K. Schlechta, München, S. 1033
2 BRÜCKNER, P. (1984): *Versuch, uns und anderen die Bundesrepublik zu erklären,* Berlin, S. 36
3 Zit. nach *DER SPIEGEL,* Nr. 2, 1987, S. 27
4 Vgl. POHRT, W. (1976): *Theorie des Gebrauchswerts,* Frankfurt am Main

# Alfred Lorenzer
# Aggression als notwendiger Kampf

1930 schrieb Freud im Rückblick auf vier Jahrzehnte psychoanalytischer Theoriebildung:
»Ich erkenne, daß wir im Sadismus und Masochismus die stark mit Erotik legierten Äußerungen des nach außen und nach innen gerichteten Destruktionstriebes immer vor uns gesehen haben, aber ich verstehe nicht mehr, daß wir die Ubiquität der nicht erotischen Aggression und Destruktion übersehen und versäumen konnten, ihr die gebührende Stellung in der Deutung des Lebens einzuräumen... Ich erinnere mich meiner eigenen Abwehr, als die Idee des Destruktionstriebs zuerst in der psychoanalytischen Literatur auftauchte, und wie lange es dauerte, bis ich für sie empfänglich wurde.«[1]

Es ist die Rede vom Aggressionstrieb in der Fassung als »Todestrieb«, die Freud 1920 vorstellte. Aber die Bemerkung kann getrost breiter ausgelegt werden: Das Thema Aggression war erst 1908 in der Psychoanalyse aufgegriffen worden – von Adler, und das sollte nicht ohne Folgen bleiben: Der »Aggressionstrieb«[2] geriet in den Sog der Auseinandersetzung um Adler und – bei beiden »Parteien« – ins Terrain der Ichfunktionen (wobei dieses »Ich« freilich noch nicht jene vom Es abgegrenzte Instanz war).
1915 schreibt Freud:
»Es ist bemerkenswert, daß im Gebrauch des Wortes ›hassen‹... die Unlustrelation die einzige entscheidende scheint. Das Ich haßt, verabscheut, verfolgt mit Zerstörungsabsichten alle Objekte, die ihm zur Quelle von Unlustempfindungen werden, gleichgültig, ob sie ihm eine Versagung sexueller Befriedigung oder der Befriedigung von Erhaltungsbedürfnissen bedeuten. Ja, man kann behaupten, daß die richtigen Vorbilder für die Haßrelation nicht aus dem Sexualleben, sondern aus dem Ringen des Ichs um seine Erhaltung und Behauptung stammen.«[3]

Immerhin, der Haß diente damals als Instrument der Erhaltung und Behauptung. Noch deutlicher wird dies wenige Zeilen später:
»Der Haß ist als Relation zum Objekt älter als die Liebe, er entspringt der uranfänglichen Ablehnung der reizspendenden Außenwelt von seiten des narzißtischen Ichs. Als Äußerung der durch Objekte hervorgerufenen Unlustreaktion bleibt er immer in inniger Beziehung zu den Trieben der Icherhaltung, so daß Ichtriebe und Sexualtriebe leicht in einen Gegensatz geraten können, der den von hassen und lieben wiederholt.«

Das ist bemerkenswert. Eine kurze Weile figuriert die Aggression als notwendiges Verteidigungsmittel, als Mittel der Selbstbehauptung. Liebe und Haß ließen sich als zusammengehörige Pole einer Lebensbewegung verstehen, in der die Zuwendung zum Anderen, der Wunsch zur Verschmelzung, der Fähigkeit zur Abrenzung gleichwertig korrespondiert. Aggression galt als Kampf um Eigenständigkeit, als Kampf um Anerkennung, um wechselseitigen Ausgleich der Interessen.
Bekanntlich hielt diese Gegenüberstellung nur wenige Jahre. An die Stelle der Pole ›Liebe‹ und ›Selbsterhaltung‹ trat das mythische Gegensatzpaar ›Eros‹ und ›Todestrieb‹. In »Das Ich und das Es« skizziert Freud die Entwicklung selbst:
»Über die Triebe habe ich kürzlich (Jenseits des Lustprinzips) eine Anschauung entwickelt, die ich hier festhalten und den weiteren Erörterungen zugrunde legen werde. Daß man zwei Triebarten zu unterscheiden hat, von denen die eine, *Sexualtriebe* oder *Eros,* die bei weitem auffälligere und der Kenntnis zugänglichere ist. Sie umfaßt nicht nur den eigentlichen ungehemmten Sexualtrieb und die von ihm abgeleiteten zielgehemmten und sublimierten Triebregungen, sondern auch den Selbsterhaltungstrieb, den wir dem Ich zuschreiben müssen und den wir zu Anfang der analytischen Arbeit mit guten Gründen den sexuellen Objekttrieben gegenübergestellt hatten. Die zweite Triebart aufzuzeigen, bereitete uns Schwierigkeiten; endlich kamen wir darauf, den Sadismus als Repräsentanten derselben anzusehen. Auf Grund theoretischer, durch die Biologie gestützter Überlegungen supponierten wir einen *Todestrieb,* dem die Aufgabe gestellt ist, das organische Lebende in den leblosen Zustand zurückzuführen, während der Eros das Ziel verfolgt, das Leben durch immer weitergreifende Zusammenfassung der in Partikel

zersprengten lebenden Substanz zu komplizieren, natürlich es dabei zu erhalten. Beide Triebe benehmen sich dabei im strengsten Sinne konservativ, indem sie die Wiederherstellung eines durch die Entstehung des Lebens gestörten Zustandes anstreben. Die Entstehung des Lebens wäre also die Ursache des Weiterlebens und gleichzeitig auch des Strebens nach dem Tode, das Leben selbst ein Kampf und Kompromiß zwischen diesen beiden Strebungen. Die Frage nach der Herkunft des Lebens bliebe eine kosmologische, die nach Zweck und Absicht des Lebens wäre *dualistisch* beantwortet.«[4]

Wir sehen, die Aggression erhält hier den Rang eines Grundtriebes – jenseits des Lustprinzips. Aggression wird zum Grundpol einer Naturdialektik und gewinnt als »Todestrieb« eine mystische Weihe. Aber wie bei der Figur der »Frau Welt« in den mittelalterlichen Kathedralen zeigt der Rücken dieser Gestalt eine Schlangenbrut: Destruktion. Im Todestrieb das Abbild der bestehenden Weltverhältnisse zu sehen – wie dies seit Reich immer wieder geschah –, bereitete in der Folge deshalb auch keine Mühe. So einleuchtend diese Auslegung in gesellschaftskritischer Sicht auch heute noch anmutet, sie enthält die bedenkliche Versuchung, Aggression insgesamt mit dem Bösen zu identifizieren – und Aggression so in schroffem Gegensatz zum Selbsterhaltungstrieb zu sehen (der nun – wir hörten es eben – dem Eros zugeschlagen wird). Die von der Selbstbehauptung abgetrennte Aggression wird danach der beständigen Bändigung durch die Libido[5] bedürftig, bestenfalls ist sie legitimierbar als Reaktion auf erlittene Frustrationen. Aber damit erweist sich nun in anderer Weise ihre Primitivität; sie ragt als Reflex infantiler Erfahrung in das Handeln der Erwachsenen: Sie wird zum Restposten einer Unmündigkeit, sofern sie nicht Vorbote kommender Auflösung ist.

Barbara Lantos hat Bedenken gegen die Abtrennung der Aggression von der Selbstbehauptung angemeldet und Belege zur Vermutung beigebracht, »daß Freud mit der Vernachlässigung der Selbsterhaltungstriebe gar nicht zufrieden war«.[6]

Sie selbst verfolgt das Ziel, den »vernachlässigten Zusammenhang zwischen Selbsterhaltung und Aggression wieder herzustellen«. Aber auch sie bleibt dem Gedanken, eine Psychoanalyse des produktiven Kampfes zu restituieren, fern. Was sie von der Selbsterhaltung sagt: »Nach meiner Ansicht ist diese in der analytischen Theorie ein Stiefkind geblieben«, gilt auch für die Aggression. Es werden beide Teile des Gespanns ›Selbsterhaltung und Aggression‹ auf mindere Plätze verwiesen. Lantos selbst postuliert:

»Nach meiner Ansicht enthält die zweite Trieblehre nur die primär gegen das menschliche Objekt gerichtete, um die Frustrations-Aggression ergänzte Rivalitäts-Aggression. Ich glaube jedoch, wir müssen, um jede menschliche Manifestation zu erfassen, auch jene andere Art der affektlosen Aggression einbeziehen, die das neutralisierte Derivat der Selbsterhaltungstriebe darstellt und die wir Aktivität nennen wollen.«[7]

Selbsterhaltung und Aggression könnten, sofern sie zusammengedacht werden, also beide nur in der domestizierten Form affektloser neutralisierter Derivate gesehen werden. Das aber hieße für die Aggression: Sie ist triebfern. Während die Libido sich geradlinig-offener Abkunft vom Trieb – dem Eros – rühmen darf und seine sinnlich-unmittelbaren Anteile nicht zu verstecken braucht, dürfte die der Selbstbehauptung dienende Aggression nur in jener sozial akzeptablen, gezähmten Form, »die wir Aktivität nennen wollen«, auftreten. »Aktivität« – man ist geneigt, jene berühmte Bemerkung Freud anläßlich der Einwände gegen den Begriff Sexualität in Erinnerung zu rufen: »Man gibt zuerst in den Worten nach und dann allmählich auch in der Sache.«[8]
Freilich eilte im Falle Aggression die Nachgiebigkeit in der Sache der Bedächtigkeit in der Wortwahl voraus. Denn die Polarität von »Liebe und Haß« verschob sich ja vorher schon zu einer Schieflage. Einer aggressionslos-entsinnlichten Selbstbehauptung konstrastierte eine zum Symptom erstarrte »primitive« Aggressivität, die – auch unter Psychoanalytikern – um so geringeres Ansehen beanspruchen durfte, je höher der Ahnherr »Todestrieb« ins Mystische erhoben wurde.
Weshalb fällt es der Psychoanlyse so schwer, die produktive Funktion der Aggression und deren Wurzeln in einem »kreativen« Unbewußten (Ubw) zu erkennen, obgleich sie in der Auflösung der Sexualpathologie ein Vorbild der Auseinandersetzung mit dem Unbewußten erarbeitet hat?
Sehen wir uns dieses Vorbild an. In anderen Zusammenhängen[9] habe ich die Rolle der Patienten und die Vorbedingungen des Freudschen Denkens für die Konstitution der Psychoanalyse skizziert. Hier möchte ich die institutionelle Seite genauer in den Blick nehmen: Basis der

Psychoanalyse, und d. h. der Freudschen Erkenntnisse, war ein vorgegebener Untersuchungsgegenstand: Krankheit, Hysterie, Zwangsneurose, Depression, paranoide Entwicklungen usw. bzw. der Kranke, der die ärztliche Sprechstunde aufsuchte. An diese Phänomene richtete der Arzt Freud seine Fragen mit dem Ziel, das dahinter wirksame »Kräftespiel«[10] aufzudecken. Das aber heißt: Hinter dem Sichtbaren suchte er etwas ›ganz anderes‹. Sein Ergebnis war: Hinter dem sozial unanstößigen Bild der Krankheit erschien das sozial Anstößige, nämlich Sexualpathologie. Zunächst verblieb dieser Ansatz einer Entlarvung verborgener Zusammenhänge innerhalb des – schon von den Vorgängern Freuds entworfenen – Traumamodells. Das Traumamodell wurde von ihm zunächst so ausgeführt: Das Opfer einer Krankheit erwies sich als Opfer einer Sexualattacke. Wie bekannt, zwang die Vertiefung in die Problematik Freud zu einer weiteren Drehung der Umkehrschraube: Das Krankheitsopfer wurde als Sexualtäter erkannt. Als Täter in Gedanken, in der Phantasie, jedenfalls aber als Täter. Hinter der Sexualattacke erschien – ohne jene einfach zu verleugnen, wie dies eine allzu naive Auslegung heute vermutet – der Sexualwunsch des Krankheitsopfers. Die Spannung zwischen den Erscheinungen (die sich dem Analytiker darboten) und den dahinter verborgenen Kräften erwies sich nun vollends als schroffer Gegensatz: Die Krankheit enthüllte sich als Zwangsabstinenz eines Sexualwunsches.

Nimmt man dieses Modell zum Vorbild, dann wird freilich schnell klar, warum sich die Psychoanalyse mit der Aggressivität so schwer tat (und tut). Sie behandelt die Aggressionsproblematik ausschließlich unterm Aspekt der Traumatisierung. Und je tiefer sie darin eindrang, desto mehr konzentrierte sie sich auf die Opfersituation der Leidenden. Dies ist nicht zu kritisieren. Im Gegenteil, dieses Jahrhundert bot mehr Anlässe, sich in diesen Zusammenhang zu vertiefen, als die Psychoanalyse bisher zu verarbeiten vermochte. Freilich verbindet sich mit dieser Konzentration auch eine Versuchung. Jenen anderen Anteil der Aggressionsproblematik zu übergehen, der – analog zur Aufklärung der Sexualpathologie – erst im nächsten, darauf folgenden Schritt erkennbar werden kann: der »Wunsch«, und das heißt hier, der Aggressionswunsch als Basis der Selbstbehauptung – in Spannung zu einem Verhalten, das von einer zwanghaften Aggressionsabstinenz gekennzeichnet ist; der Aggressionswunsch in Spannung zu einer für die Individuen

leidvollen, aber sozial geforderten Aggressionslosigkeit; die Normalität eines unerträglichen Friedens.
Der Übergang vom Traumamodell zum Konfliktmodell – das ist der notwendige Schritt, der analog zur psychoanalytischen Aufklärung des Sexualkonfliktes das Gegensatzpaar von Sexualität und Selbsterhaltung als Grundmomente der Lebensbewegung durchsichtig machen kann.
So zwingend dieser Gedankenschritt sich ohne längeres Zutun aus dem psychoanalytischen Erkenntnismodell selbst ableiten läßt, so ungeklärt bleiben – eben deshalb – die Schwierigkeiten, die sich diesem einfachen Schluß offenbar in den Weg gestellt haben. Vielleicht ist es klärend, wenn ich hinzufüge, wie dieser Schluß sich mir aufdrängte: in Auseinandersetzung mit den Analysen, die Margarete Mitscherlich über »Die friedfertige Frau«[11] vorgelegt hat.
Es ist gewiß nicht verwunderlich, wenn sich abstrakt-theoretische und metatheoretische Überlegungen aus aufschlußreichen kasuistischen Präsentationen und den damit verbundenen Überlegungen ergeben. Genauer besehen, entspricht eine solche Rückbindung an konkrete psychoanalytische Fallerfahrung und Fallauseinandersetzung der Grundforderung an eine psychoanalytische Theoriebildung. Das trifft auch für den Gewinn aus den Analysen über »Die friedfertige Frau« zu. Verallgemeinern wir den Gewinn, indem wir die Veränderungen skizzieren, die dem psychoanalytischen Konzept in Auseinandersetzung mit der »friedfertigen Frau« abverlangt werden.
Die erste einschneidende Veränderung ist die Herausarbeitung eines »Konfliktmodells« auf der Basis einer veränderten Konfliktdimension.
Erinnern wir uns: die ärztliche Suche nach den pathogenen Körperprozessen verließ bei Freud das somatisch-nosologische Erklärungsterrain, indem sie aufs psychosoziale Erkenntnisfeld geriet. Sie entdeckte im Kern der Krankheit einen sozialen Konflikt, der eine ganz bestimmte Dimension darbot: die Spannung zwischen den *Generationen*, das Verhältnis zwischen Mutter und Kind, das Eltern-Kind-Verhältnis. Dieses Konfliktfeld wird in den Mitscherlichschen Analysen nicht verlassen, wohl aber wird es ergänzt durch eine andere Perspektive, durch eine andere Konfliktlinie: die *Geschlechtsdifferenz*.
Nun fällt diese Konfliktlinie in doppelter Hinsicht aus den gewohnten psychoanalytischen Denkmodellen heraus. Die Problematik der

Zwangsfriedlichkeit läßt sich zwar auch auf die Kindheitskonflikte zurückführen; schließlich werden auch diese Lebensentwürfe innerhalb des infantilen Entwicklungsprozesses gebildet und von einer zur anderen Generation weitergegeben. Als Verhaltens*anweisungen,* als Denk- und Handlungs*muster* deuten sie aber von vornherein über den infantilen Lebensrahmen hinaus: Der Konflikt thematisiert die Lebensordnung der sekundären Sozialisation. Die Aggressionsproblematik verdichtet sich in unserer Gesellschaft an der Geschlechtsdifferenz erwachsener Individuen. Sie ist von vornherein darauf bezogen, und zwar auf eine Weise, die deutlich von dem abstizt, wie sich die Sexualproblematik der psychoanalytischen Erkenntnis zeigte: Diese entlarvte sich in der lärmenden Szenerie zumal der hysterischen Bilder, im Verweis auf eine sozial auffallende infantile Dramatik. Bei der Zwangsfriedlichkeit ist das Geschehen an beiden Polen stiller, die Aggressionsproblematik erscheint im Kindheitsverhältnis um so unauffälliger, je deutlicher die Selbstbehauptung zum Verschwinden gebracht wird, um sich im Erwachsenenbild dann unauffällig darzubieten: als Normalität. Es bedurfte eines absichtsvoll geschärften Blickes, um in der Normalität die untergegangenen Möglichkeiten zu erkennen und die Zielrichtung der Unterdrückung der Selbstbehauptungsimpulse thematisieren zu können: im Geschlechtsverhältnis.

Nun weist genetisch wie funktional jede Einregelung des Geschlechtsverhältnisses über den familialen Rahmen hinaus. Geschlechtsspezifische und auf die Regelung des Geschlechtsverhältnisses zielende Zwangsabstinenz kann weder genetisch noch funktional strikt intrafamilial begriffen werden. Das berührt wiederum einen blinden Fleck im üblichen psychoanalytischen Denken. Zwar ist die Ausgrenzung des soziokulturellen Gesamtzusammenhanges auch bei allen anderen Themen ein Irrtum. Doch schlägt dieser nicht so unmittelbar zu Buche wie im Falle der Thematisierung der Selbstbehauptungs- und Anerkennungsprozesse entlang der Geschlechtsgrenze und im Dienste der generellen Regelung des Geschlechtsverhältnisses.

Brechen wir unsere kurze Skizze ab. Wir haben gesehen, das Modell der »friedfertige(n) Frau« impliziert Änderungen der gewohnten psychoanalytischen Denkmodelle. Änderungen, die ein verschüttetes Terrain der Aggressionsproblematik sichtbar werden lassen und damit Fingerzeige für eine weitere Vertiefung in die unentwickelte Aggressionsproblematik geben. Was wir lernen können, ist:

1. Auch bei der Aggressionsproblematik muß das Traumamodell erweitert werden zu einem Konfliktmodell, das es möglich macht, auch auf der Triebebene Aggression als Selbstbehauptung zu denken.
2. Dies kann nur geschehen, wenn man – wie von Margarete Mitscherlich in ihren Fällen vorgeführt – jene Konfliktlinie in die Psychoanalyse einführt, an der Aggression als Selbstbehauptung in drastischer Gebrochenheit erkennbar wird: die Regulierung des Geschlechtsverhältnisses mit Hilfe einer geschlechtsspezifischen Aggressionsverteilung; die Unterdrückung betrifft kulturell-regelhaft die weiblichen Lebensentwürfe bis hin zur Aufzehrung des Selbstbehauptungspotentials.
3. Wie man sieht, kann die Problematik nur gesellschaftskritisch – und in gesellschaftsspezifischer Sicht – entschlüsselt werden, und eben damit wird unvermeidlich ein doppelter Widerstand im psychoanalytischen Denken provoziert. Durch die Zumutung, die Bildung der Persönlichkeitsstruktur entlang der Geschlechtsgrenze *und* geschichtlich-konkret zu denken.

Doch es verhält sich mit diesem Widerstand nicht anders als mit den Widerständen der Analysanden. Sie signalisieren Erkenntnischancen. Daß die Einführung der Geschlechtsdifferenz mit einer geschichtlich gewordenen Konfliktthematik weit über die Aggressionsfrage hinaus bedeutsam ist, das zeigen neuere historische Analysen, in denen erkennbar wird, wie unsere bewußten wie unbewußten Lebensentwürfe ihre genaue inhaltliche Profilierung in gesellschaftlichen Umstellungsphasen gewonnen haben – und wir unsere Patienten auch in der Analyse nicht zureichend verstehen, wenn wir den Zusammenhang ihres individuellen Erlebens mit den kulturellen Bewegungen der Zeit nicht zu sehen vermögen, wenn wir nicht die gesellschaftlichen Verbote und Gebote in ihnen und uns beim Namen nennen können.

## Anmerkungen

1 FREUD, S.: *Gesammelte Werke* (GW), XIV, S. 479.
2 ders.: GW, X, S. 102.
3 ders.: GW, X. S. 230.
4 ders.: GW, XIII, S. 268 f.
5 ders.: GW, XIII, S. 376.
6 LANTOS, B. (1958/1959): in *Psyche*, XIII, S. 162.
7 dies.: Ibid., S. 167
8 FREUD, S.: GW, XIII, S. 99
9 LORENZER, A. (1984): *Intimität und soziales Leid; Archäogogie der Psychoanalyse*, S. Fischer, Frankfurt am Main.
10 FREUD, S.: GW, II/III, S. 614.
11 MITSCHERLICH, M. (1985): *Die friedfertige Frau*, S. Fischer, Frankfurt am Main

# Eugen Mahler
# Brauchen Kinder auch heute noch Märchen?*

Diese Frage hat Bruno Bettelheim umfassend und positiv beantwortet. Sein Buch »Kinder brauchen Märchen« ist – dem Vorwort zufolge – ein Plädoyer dafür, Kinder so zu »akzeptieren, wie sie sind, und ihnen zu geben, was sie brauchen... um den Sinn im eigenen Leben immer wieder neu zu finden... Märchenbilder und -symbole... stehen in einem innigen Verhältnis zur inneren Realität des Kindes (und natürlich, wenn auch oft verschüttet, zur inneren Realität der Erwachsenen), und sie können ihm darum Hilfe, Anregung, Trost und Mut in einer Weise übermitteln, die es unmittelbar versteht.« Sein Buch richtet sich zugleich gegen den Einwand, »Märchen schilderten kein wahrhaftiges Bild des Lebens« und gegen die »Sorge, der kindliche Geist könnte mit Märchenphantasien so überfüttert werden, daß er nicht lernt, mit der Realität umzugehen« oder gegen die Befürchtung, Ungeheuer und Grausamkeiten im Märchen machten den Kindern nur unnötig Angst. Nur schönfärberische, erfundene Kindergeschichten aber, in denen das Böse nicht vorkomme, das im Märchen überwunden werden muß, ließen das Kind in seinen Nöten allein, meint Bettelheim. Das Kind, dem aus falscher Rücksichtnahme eine nur gute, heile Welt vorgespielt werde, könne schließlich in »seinen eigenen Augen selbst zum Ungeheuer werden«, wenn es in sich entsprechende, der »heilen Welt« entgegengesetzte Gefühle und Impulse verspüre.

Bettelheim wäre falsch verstanden, würde man dem Kind Märchen vorlesen, weil es »verordnet« ist, weil das Kind diese nun einmal für seine Entwicklung braucht. Ohne die gemeinsame Faszination und ohne gemeinsame Betroffenheit (auf verschiedenen Ebenen und in verschiedenen Rollen) käme das Beste nicht zustande. In der Regel stiftet das Märchen diese Gemeinsamkeit aber mühelos über das Unbewußte; denn so wie der Traum die »via regia« zum Unbewußten ist, so kann es

* Vortrag auf der Tagung »Kind und Märchen« am 29.11.1986 in Kassel

auch das Märchen sein. Auf der rationalen Ebene verstehen wir Märchen zunächst ebensowenig wie unsere Träume. Für das Märchen bedeutet das ein besonderes Glück. Läge die Bedeutung der Märchen offen zutage und hätte man sie ernst genommen – es gäbe sie längst nicht mehr. Sie wären durch die Jahrhunderte der Zensur strenger Erzieher und der Geistlichkeit zum Opfer gefallen, spätestens zur Zeit der Inquisition. *Märchen* sind nämlich auch *Gegengeschichten*, gegen die herrschende, d. h. christliche Interpretation der Realität, Gegengeschichten der Großmütter gegen die alleingültigen (biblischen) Geschichten der Pfarrer. Sosehr die Märchen christlich geprägte Züge haben mögen, so viele Mythen, alter Aberglaube und Erinnerungen an vergessene und unterdrückte Geschichte sind auch in ihnen aufgehoben. Es wären viele, weil respektlos, entlarvend und widerborstig, auf den Index gekommen, aber es sind ja »nur« Märchen, die man wie die Träume als Schäume abtun kann.
Wie ist es heute? Brauchen unsere Kinder immer noch die alten Märchen? Sind sie, die Kinder des hochtechnologischen Zeitalters, uns Erwachsenen nicht weit voraus? Sind sie nicht fasziniert vom »Krieg der Sterne«, steuern in Videospielen Raketen und vernichten als Weltraumhelden feindliche oder außerterrestrische Raumschiffe? Oder kommt in Gestalt von E. T. eine Märchengestalt, halb Kind, halb Tier, aus dem Weltall ins Kinderzimmer zurück? Ist das technisch Machbare und Reale inzwischen nicht phantastischer als der »Geist in der Flasche« im Märchen? Sind wir, die wir an unserem »es war einmal...« hängen, nicht völlig antiquiert?
Wenn wir aber der Überzeugung sind, die Menschheit befinde sich auf einem aberwitzigen Irrweg und steuere, getrieben von dunklen, archaischen Kräften, aber in moderner, technischer Perfektion auf ihre eigene Vernichtung zu, oder wenn wir vom Umfang der fortschreitenden Umweltzerstörung wissen – wie sagen wir es unseren Kindern? Brauchen wir, brauchen sie dazu Märchen?
Ich weiß es nicht. Das uns selbst Unerträgliche können wir nicht den Kindern aufbürden. Wie steht es dann aber mit der Wahrheit und der Hilfe für die Kinder?
Geburt, Hilflosigkeit, Abhängigkeit von guten Mächten und Ausgeliefertsein an böse Mächte, Enttäuschungen, Ungerechtigkeiten, Mut zur Selbsthilfe und Selbstbehauptung, Liebe, Alter und persönlicher Tod, alle erdenklichen Lebenskrisen – an all dies, auch an das Böse in uns

selbst, führt das Märchen in Bildern und Andeutungen heran. Im Märchen kommt es selbst aus den tiefsten Nöten heraus, in der Regel durch die Leistung eines Helden oder einer Heldin, zu einem guten Ende. Der Glaube an das gute Ende mag uns heute verlorengegangen sein. Ein Märchen, das in unseren aktuellen Nöten richtungsweisend trösten könnte, gibt es vielleicht nicht; eher drängen sich Mythen auf, in denen Schuldverstrickungen ausweglos von einer Katastrophe zur nächsten bis zum tragischen Ende führen.

Wozu also brauchen Kinder heute noch Märchen? Nicht zu billigem Trost – den liefern die Märchen nicht. Unsere Kinder aber werden heranwachsen und über kurz oder lang mit dem Ausmaß unserer kollektiven Existenzbedrohung konfrontiert sein. Die Frage ist, ob sie dann den Kopf in den Sand stecken und den vielen Verführungsangeboten erliegen oder ob sie in ihrem Denken selbständig und widerstandsfähig genug geworden sind, um eigene Antworten zu finden und kreative Ideen zu entwickeln, die dazu beitragen könnten, das Unheil abzuwenden. In dieser Richtung könnten so viele Märchen einen wirksamen Beitrag leisten, daß mir die Auswahl schwerfällt.

Ich habe nun drei Märchen ausgewählt, die ich bei den Vorarbeiten zu diesem Beitrag meinen beiden jüngsten Töchtern – 6 und 10 Jahre alt – vorgelesen habe; das erste nur der Jüngsten, das zweite und dritte beiden.

Vorab möchte ich das folgende bemerken.

1. Es könnte so erscheinen, als wollte ich meine eigenen Kinder mit Hilfe der Märchen analysieren. Aber wir lesen die Märchen nicht in pädagogischer oder psychoanalytischer Absicht. Über alle Fragen und Gedanken, die sich spontan einstellen, reden wir natürlich.
2. Wollte man die Märchen den Kindern erklären oder deuten, Interesse, Zauber und unmittelbare Wirkung gingen verloren.
3. Einige Äußerungen meiner Kinder werde ich im Zusammenhang mit dem Thema preisgeben, was mir Schuldgefühle macht.
4. Ich will hier kein Erziehungsbeispiel geben, sondern ich will berichten, was sich zugetragen hat. Der Verlauf war jedesmal anders, als ich erwartet hatte.

*Das erste Märchen* hatte sich Anna, die 6jährige, aufgrund einer Abbildung ausgesucht: *»Das häßliche junge Entlein«* (von Hans Christian Andersen). In meiner Erinnerung war es ein relativ harmloses und we-

nig grausames Märchen. Das häßliche, kleine, graue Entlein weiß ebensowenig wie die gelbflauschigen älteren Entengeschwister, wie die Entenmutter, der ganze Hühnerhof und zunächst der Leser, daß es ein junger Schwan ist. Es erfährt Spott und Erniedrigung. Die Entenmutter, die anfangs zu ihm hält, aber auch mehr und mehr enttäuscht wird, kann es schließlich nicht mehr schützen. Es ist zuletzt so gekränkt, daß es den Hühnerhof verläßt und am liebsten sterben möchte. Auf seiner abenteuerlichen Wanderung helfen ihm alle möglichen Tiere, besorgen ihm Futter, spenden Wärme. Auf die Dauer kann es aber nirgendwo bleiben, weil es nie zu den anderen paßt. Schließlich freundet es sich mit Wildenten an, die seine Andersartigkeit wie selbstverständlich hinnehmen. Da kommen Jäger; die Enten fliegen auf – und werden alle erschossen.
Anna hielt sich die Ohren zu und schrie:
»Hör auf, das ist ja wie in Wirklichkeit – dazu brauche ich kein Märchen!« Ich hatte Mühe, sie zu bewegen, sich auch das gute Ende noch mitanzuhören: Das früher häßliche junge »Entlein« trifft, inzwischen fast erwachsen, auf andere Schwäne, es verliebt sich im Spiegelbild des Wassers in seine eigene Schönheit und schließlich auch in eine Schwanenfrau. Anna war etwas getröstet. Für die Jäger hatte sie aber kein Verständnis. Am Fuldaufer hatte sie einmal eine Ententreibjagd miterlebt. Mit ihrem daran beteiligten Patenonkel, der Förster und Jäger ist, lebt sie seither wegen des Tiere-Totschießens im Konflikt. Das kam jetzt zur Sprache.
Mit dieser Ablehnung befand sich Anna in Gesellschaft mit Bettelheim, der anhand dieses Märchens zwischen Kunst- und Volksmärchen differenziert.
»Das Märchen ›Das häßliche junge Entlein‹ von Hans Christian Andersen ist die Geschichte eines Vogels, der zuerst wenig gilt, aber schließlich all denen, die ihn verhöhnt und verspottet haben, seine Überlegenheit beweist... Doch wie alle Andersen-Märchen ist auch dieses, so reizvoll es ist, eher eine Geschichte für Erwachsene. Kinder finden natürlich Gefallen daran, aber es hilft ihnen nicht; es lenkt sogar ihre Phantasie in eine falsche Richtung. Das Kind, das sich mißverstanden und nicht geachtet fühlt, wünscht sich vielleicht, ein anderes Lebewesen zu sein, aber es weiß, daß es das nicht ist. Seine Aussicht auf Erfolg im Leben liegt nicht darin, daß es sich zu einem Wesen anderer Natur auswächst, wie das Entlein zum Schwan wird,

sondern darin, daß es bessere Eigenschaften entwickelt und Höheres vollbringt, als andere erwarten, und dabei doch gleicher Natur wie seine Eltern und Geschwister bleibt. Im echten Märchen ist der Held am Anfang wie auch am Ende stets auch ein menschliches Wesen, selbst wenn es im Lauf der Geschichte in ein Tier oder sogar in Stein verwandelt wird.
Wenn man ein Kind ermutigt, sich für ein Wesen anderer Art zu halten, führt man es, so sehr ihm der Gedanke auch zusagen mag, in die entgegengesetzte Richtung dessen, was das Märchen zum Ausdruck bringt: daß es etwas tun muß, um Überlegenheit zu erringen. In ›Das häßliche junge Entlein‹ ist nicht davon die Rede, daß etwas geleistet werden muß; die Dinge sind vom Schicksal bestimmt und ereignen sich entsprechend, ob der Held etwas unternimmt oder nicht. Im Märchen dagegen ist es die Aktivität des Helden, die sein Leben ändert.
Daß man seinem Schicksal nicht entrinnen kann – eine niederdrückende Weltsicht –, ist in ›Das häßliche junge Entlein‹ mit seinem guten Ausgang so deutlich wie in dem traurigen Ende von Andersens Märchen ›Das kleine Mädchen mit den Schwefelhölzern‹, einer zutiefst bewegenden Geschichte, die sich aber kaum für die Identifizierung eignet. Ein Kind in seinem Elend mag sich zwar mit der Heldin identifizieren, doch führt dies nur zu völligem Pessimismus und Defätismus...« (Bettelheim, 1981, S. 121 f.).

Nun, ich weiß nicht, was in Anna vor sich ging. Mitleid mit dem »häßlichen jungen Entlein« hatte sie bestimmt. Von außen, »objektiv« gesehen, hat sie selbst aber keinen Grund, sich als solches zu fühlen. Mich selbst bewegte beim Vorlesen die Ablehnung des Andersartigen und das für die Menschengesellschaft so typische Ausgrenzungsverhalten.
Anna regte am meisten die Jagszene auf, die in dem Märchen eher randständig ist. Dabei ist sie auf ihren Jäger-Onkel auch stolz. Als neulich Panzerwagen der Bundeswehr mit furchteinflößendem Getöse auf der Straße hinter unserem Haus vorbeidonnerten, meinte sie: »Gott sei Dank haben wir den Erwin im Haus, der hat wenigstens ein Gewehr!« Die Unterscheidung zwischen eigenen und feindlichen Panzern interessierte sie dabei wenig. Sie fand alle miteinander »blöd« und zum Abschießen.
Mir fiel später noch etwas anderes ein. Gelegentlich bekommen wir

von Fischern lebendige Aale, die ich dann auch schlachte – ein ziemlich grausiges Geschäft. Einmal, vor wenigstens zwei Jahren, sahen die Kinder neugierig und gelassen zu, wie ich den schlüpfrigen, zuckenden Aalen mit einem scharfen Messer den Kopf abschnitt. Ihre Gelassenheit schrieb ich dem Aufwachsen auf dem Lande und der damit verbundenen relativen Natürlichkeit zu. Als ich vor kurzem wieder Aale erhielt und sie wie früher schlachten wollte, verwehrte Anna mir dies. Ich meinte dann: »Wer Fleisch essen will« – und Anna ißt gern Aal, anderen Fisch und Fleisch – »der muß Tiere auch manchmal selber schlachten können. Das macht der Erwin ja auch.« Anna: »Die Aale brauchen wir jetzt aber nicht zum Essen, und«, so fügte sie eindringlich hinzu, »stell dir vor, du wärst der Aal...«

Schließlich setzten wir die Aale wieder in der Fulda aus, was ihr dann auch wieder ein bißchen leid tat. Trotzig, auch sich selbst gegenüber, bemerkte sie: »Lieber esse ich überhaupt kein Fleisch mehr... mit Ausnahme von Hühnerschenkeln!« Tiere lieben und doch gern Fleisch essen war das Problem, das sie zur Zeit offenbar am meisten beschäftigte.

*Das zweite Märchen* »Von einem, der auszog, das Fürchten zu lernen« schlug ich vor, weil es am nächsten Tag in einem meiner Seminare an der Gesamthochschule Kassel Thema war. Meine Töchter kannten es zwar schon, ebenso wie ich, waren aber bereit, es sich nochmals anzuhören. Als ich zu lesen angefangen hatte, kamen mir Bedenken. Anna hatte gerade in der letzten Zeit Anflüge von Dunkelangst und wollte zum Einschlafen wenigstens ein kleines Licht in ihrem Zimmer haben.

Das Märchen beginnt wie folgt:

»Ein Vater hatte zwei Söhne, davon war der ältere klug und gescheit und wußte sich in alles wohl zu schicken, der jüngste aber war dumm, konnte nichts begreifen und lernen; und wenn ihn die Leute sahen, sprachen sie: ›Mit dem wird der Vater noch seine Last haben!‹ Wenn nun etwas zu tun war, so mußte es der älteste allzeit ausrichten: hieß ihn aber der Vater noch spät oder gar in der Nacht etwas holen und der Weg ging dabei über den Kirchhof oder sonst einen schaurigen Ort, so antwortete er wohl: ›Ach nein, Vater, ich gehe nicht dahin, es gruselt mir!‹ Denn er fürchtete sich. Oder, wenn abends beim Feuer Geschichten erzählt wurden, wobei einem die Haut schaudert, so sprachen die Zuhörer manchmal: ›Ach, es gruselt mir!‹ Der jüngste saß in einer Ecke und hörte das mit an und konnte nicht

begreifen, was es heißen sollte. ›Immer sagen sie, es gruselt mir! Es gruselt mir! Mir gruselt's nicht: das wird wohl eine Kunst sein, von der ich auch nichts verstehe.‹
Nun geschah es, daß der Vater einmal zu ihm sprach: ›Hör du, in der Ecke dort, du wirst groß und stark, du mußt auch etwas lernen, womit du dein Brot verdienst. Siehst du, wie dein Bruder sich Mühe gibt; aber an dir ist Hopfen und Malz verloren.‹ – ›Ei, Vater‹, antwortete er, ›ich will gerne was lernen; ja, wenn's anginge, so möchte ich lernen, daß mir's gruselte; davon verstehe ich noch gar nichts.‹ Der älteste lachte, als er das hörte, und dachte bei sich: Du lieber Gott, was ist mein Bruder ein Dummbart, aus dem wird sein Lebtag nichts: was ein Häkchen werden will, muß sich beizeiten krümmen. Der Vater seufzte und antwortete ihm: ›Das Gruseln, das sollst du schon lernen, aber dein Brot wirst du damit nicht verdienen.‹«

Gerade in diesem Augenblick wird der Vater vom Küster besucht, der Hilfe verspricht. Bei ihm in der Kirche könne der Junge das Gruseln schon lernen: »Tut ihn nur zu mir, ich will ihn schon abhobeln.« Im dunklen Glockenstuhl soll er einmal die Glocken läuten, wo der Küster, der ihm vorausgeeilt ist, als Gespenst verkleidet auf ihn wartet. Nachdem die Gestalt auf dreimaliges Anrufen nicht reagiert, stößt der Junge sie kurzentschlossen die Treppe hinunter. Danach schläft er im Küsterhaus unbekümmert ein. Er wird von der Küstersfrau geweckt, die ihn nach dem Verbleib ihres Mannes fragt, der vor dem Jungen auf den Kirchenturm gestiegen sei. Davon wisse er nichts: »Aber«, so sagt er weiter, »da hat einer dem Schalloch gegenüber auf der Treppe gestanden, und weil er keine Antwort geben und auch nicht weggehen wollte, so habe ich ihn für einen Spitzbuben gehalten und hinuntergestoßen...«
An dieser Tat fühlt sich der Junge mit einigem Recht nicht schuld. Vom Vater wird er aber dennoch ausgeschimpft und hinausgeworfen, was er gelassen hinnimmt, und mit 50 Talern in der Tasche begibt er sich auf die Wanderschaft, um das Gruseln zu lernen. Da er dabei ständig vor sich hinspricht: »Wenn's mir nur gruselte – wenn's mir nur gruselte«, werden die Leute auf ihn aufmerksam und schicken ihn an alle mögliche schaurigen Orte. So verbringt er eine Nacht unter einem Galgen mit Gehängten, ohne daß ihm gruselt, und drei Nächte in einem verzauberten Schloß. Die Warnung, viele hätten versucht, dort drei

Nächte zu überstehen, aber keiner habe es überlebt, schreckt ihn nicht. Die Versprechung des Königs, er bekomme außerdem noch seine Tochter, verlockt ihn auch nicht sonderlich. Er geht hin, um das Gruseln zu lernen; dazu ist er ausgezogen. Er nimmt ein Feuerzeug und Werkzeuge mit in das verwunschene Schloß. In der ersten Nacht hat er es zuerst mit zwei großen Katzen zu tun. Sie fordern ihn zu einem Spiel auf, trachten ihm aber nach dem Leben. Der Junge erkennt das rechtzeitig und macht die Katzen unschädlich, indem er ihnen die Krallen herausreißt. Dann tauchen eine Unzahl weiterer schwarzer Katzen und Hunde auf, die sein Feuer löschen wollen. Er wird mit allen fertig, ohne daß ihm gruselt. In der zweiten Nacht fallen zwei Menschenhälften aus dem Kamin. Sie fügen sich zu einem gräßlichen Mann zusammen, der dem Jungen den Platz am Feuer streitig machen will, aber der bleibt standhaft. Dann fallen noch mehr Männer aus dem Kamin und fangen an, mit Knochen und Totenschädeln zu kegeln. Der Junge beteiligt sich an dem Spiel, nicht ohne vorher die Totenköpfe auf der von ihm mitgebrachten Drehbank schön zu Kegelkugeln abzurunden. Bei dem Spiel verliert er etwas Geld. In der dritten Nacht wärmt er mit seiner eigenen Körperwärme einen Toten, der, wiedererwacht, ihn umbringen will. Der Junge wirft den Toten zurück in seinen Sarg, und wieder gruselt es ihn nicht. Zu guter Letzt will ihn ein Riese töten. Der Junge bezwingt ihn, indem er seinen Bart in einen Amboß klemmt und ihn mit einer Eisenstange verprügelt. Der Riese gibt auf und zeigt dem Jungen die im Keller verborgenen Schätze. Am nächsten Morgen belohnt ihn der König mit seinem Anteil, und mit der Königstochter wird Hochzeit gefeiert. Der Held ist soweit ganz zufrieden, bedauert aber, daß er immer noch nicht weiß, was gruseln heißt. Das Ende des Märchens ist bekannt. Die verärgerte Gemahlin schüttet dem Schlafenden auf Anraten der Zofe einen Eimer Wasser mit zappelnden Gründlingen ins Bett. Im Erwachen ruft er aus: »Ach was gruselt mir, was gruselt mir, liebe Frau! Ja, nun weiß ich, was gruseln ist.«

Ich will hier nicht versuchen, das Märchen insgesamt zu deuten. Im wörtlich wiedergegebenen Anfangsteil enthält es viele hintersinnige und kritische Anspielungen auf Erziehung und Anpassung. Meine Töchter fanden es komisch, daß der Held das Gruseln ausgerechnet durch Gründlinge gelernt haben soll. Sie hatten oft genug mit lebenden Fischen zu tun, mit Aalen, aber auch mit Massen von Gründlingen, die im Mai, in der Fischtreppe hinter dem Haus, alljährlich flußaufwärts

ziehen. Sie hatten sie im Netz, füllten sie in Eimer, trugen sie die Stufen hoch und setzten sie oberhalb des Wehrs wieder in den Fluß. Sie wollten ihnen die beschwerliche Wanderung erleichtern. Gegruselt hat es sie dabei nie. Aber die Taten des Märchenhelden imponierten ihnen sehr.
Später bemerkte ich, daß Anna noch einmal aus dem Bett geklettert war, durch den dunklen Gang freudig bewegt dem Klo zuschritt und dabei vor sich hin sagte: »Wenn's mir nur gruselte...«
Über den Heldentaten des Jungen, sich mit ihm identifizierend, hatte sie ihre eigenen Ängste vergessen, und sie bemerkte gar nicht, daß in ihrem Zimmer vor dem Einschlafen kein Licht mehr brannte. Das Märchen hatte ihr also, entgegen meiner Befürchtung, nicht mehr Angst gemacht, sondern ihr geholfen, ihre eigenen Ängste zu überwinden. Sie hat das Märchen im Sinne ihrer eigenen aktuellen Ängste verstanden und bestimmte Anteile zu ihrer eigenen Stabilisierung integriert. Es wäre immerhin möglich, daß sie es einem Erfahrungsschatz zuschlägt, auf den sie jederzeit auch im Zusammenhang mit anderen neuen Problemen wieder zurückgreifen kann. Um dazu ein paar Stichpunkte zu liefern, will ich einige der bekannten Interpretationen dieses Märchens hier wenigstens noch kurz streifen.
Bettelheims Deutung dessen, »der auszog, das Fürchten zu lernen«, ist eher negativ. Er sieht in ihm einen in seinem Gefühlsleben sehr beeinträchtigten, unter einer besonderen Gefühllosigkeit leidenden Jungen.

»Es gibt Märchen, die davon erzählen, daß es notwendig ist, daß man sich fürchten kann. Ein Held kann haarsträubende Abenteuer bestehen, ohne sich zu fürchten, aber er kann im Leben erst Befriedigung finden, nachdem er die Fähigkeit, sich zu fürchten, wiedererlangt hat. In einigen Märchen erkennt der Held schon zu Anfang, daß diese Unfähigkeit, sich zu fürchten, ein Mangel ist. Im Grimmschen ›Märchen von einem, der auszog, das Fürchten zu lernen‹ ist das der Fall... Der Held besteht schreckliche Abenteuer, aber er fühlt keinerlei Furcht dabei. Mit übermenschlicher Kraft und mit einem Mut, den man als übermenschlich bezeichnen könnte, wenn er Angst dabei gehabt hätte, erlöst der Held das Schloß eines Königs aus seiner Verzauberung. Der König sagt ihm, zur Belohnung dürfe er seine Tochter heiraten. ›Das ist all' recht gut‹, antwortete der Held, ›aber ich weiß immer noch nicht, was Gruseln ist.‹ Der Antwort liegt die Erkenntnis zugrunde, daß der Held, solange er unfähig ist,

Furcht zu empfinden, noch nicht reif ist zu heiraten. Dies wird noch dadurch bekräftigt, daß er, obwohl er seine Frau liebt, doch immer wieder sagt: ›Wenn's mir nur gruselte! Wenn's mir nur gruselte!‹ Schließlich wird ihm im Ehebett das Gruseln beigebracht. Seine Frau lehrt es ihn eines Nachts, als sie ihm die Decke wegzieht und einen Eimer mit kaltem Wasser voller Gründlinge über ihn herschüttet. Als die kleinen Fische um ihn herumzappeln, ruft er: ›Ach was gruselt mir, was gruselt mir, liebe Frau! Ja, nun weiß ich, was gruseln ist!‹ Dank seiner Frau erfährt der Held dieser Geschichte im Ehebett, was ihm im Leben bisher gefehlt hat...« (Bettelheim, 1981, S. 328 f.).

Ein Aspekt des Märchens ist damit sicherlich getroffen, einer, der vielleicht gerade heute aktuell ist; es könnte ja sein, daß wir mehr oder weniger alle gefühlsgestört sind wie dieser Märchenheld. Schließlich leben wir alle statt unter natürlichen, lebensfreundlichen Bedingungen in einem verwunschenen Technik-Zauberschloß, und es gruselt uns auch angesichts der unübersehbaren atomaren Drohung und der fortschreitenden Umweltzerstörung bemerkenswert wenig.
Anders wird der Held von Carl-Heinz Mallet (1981, S. 93), einem Lehrer und Märchendeuter, beurteilt. Er hält ihn für einen unerschrockenen, eigenwilligen Jungen, der die Anpassung an das Übliche, an die Norm verweigert. Er durchschaut z. B., daß sich hinter einem Gespenst nur ein verkleideter Spitzbube verbergen kann usw.
Vollends idealisiert wird der Held von Kurt Stiasny (1972, S. 81). Er sieht in ihm einen zukünftigen Künstler oder Wissenschaftler, kurz einen, der über Tod und Leben mehr wissen will als die anderen, einen »Faust«, der erkennen will, »was die Welt im Innersten zusammenhält«, einen, dem es gelingt, mit selbstgewählten Werkzeugen auch den mächtigsten, lebensbedrohlichen Zauber und Zauberer zu bezwingen und unter seine Kontrolle zu bringen, und der so auch die unter der Erde liegenden Schätze bergen kann.
*Das dritte Märchen »Der treue Johannes«* wählten wir nach dem Inhaltsverzeichnis aus als eines, das wir alle noch nicht kannten.

In diesem fühlt – wie in vielen Märchen – ein alter, weiser und besorgter König sein Ende nahen. Er empfiehlt seinen noch unmündigen Sohn, der später König werden soll, der Obhut des treuen Johannes an. Dieser soll den Sohn in die vielen Gemächer des Schlosses und allmählich in die Regierungsgeschäfte einweihen; nur ein Zimmer des Schlosses dürfe er nicht betreten, ja, er dürfe nicht einmal hineinsehen. Es drohe dort große Gefahr für den Prinzen. Der Raum enthalte das Bildnis der Königstochter vom goldenen Dache. Sollte der Prinz das Bild zu Gesicht bekommen, werde er in Ohnmacht fallen und Unglück über ihn kommen. Natürlich kann der treue Johannes letztlich nicht verhindern, daß sich der Prinz (in das Bildnis) verliebt; er kann aber durch tollkühne Leistungen das über dem Prinzen schwebende Unheil abwenden und für ihn die Braut erringen. Dazu gehört, daß der treue Johannes ein wunderbares, dem Prinzen zugedachtes Pferd töten muß, weil dies sonst mit dem Prinzen durchgegangen und ihn für immer entführt hätte. Er muß das golddurchwirkte Nachtgewand des Prinzen vernichten, weil dieses sonst den Prinzen bis auf die Knochen verbrannt hätte, und er muß zuletzt drei Tropfen Blut aus der Brust der Braut saugen, sonst wäre diese gestorben. Der getreue Johannes konnte das alles bewerkstelligen, weil er weise Raben belauscht hatte, die wußten, was zu tun ist, aber er erhielt die Auflage, mit niemandem darüber zu sprechen; sonst werde er zu Stein. Natürlich verstand niemand den Sinn dieser Taten, und der König, der ihn gern geschützt hätte, konnte nicht verhindern, daß ein Gericht den treuen Johannes zum Tod auf dem Scheiterhaufen verurteilte. Da er nun doch sterben mußte, berichtete er, warum er das alles getan hatte. Der König ließ sofort die Flammen löschen, aber es war zu spät. Johannes war zu Stein geworden. Der König ließ ihn in seinem Schlafgemach aufstellen, da er und die Königin ihm ihr Glück verdankten. Zu diesem Glück gehörten auch zwei wunderschöne, lebhafte kleine Zwillingssöhne.

Bis hierher folgten meine Töchter der Erzählung voller Spannung. Schwierigkeiten gab es erst, als es um die Erlösung des treuen, zu Stein gewordenen Johannes ging.

Als nämlich eines Tages die Königin in der Kirche war und der König allein zu Hause, umspielt von seinen beiden Knaben, dachte er wieder an das schlimme Schicksal des treuen Johannes, das dieser für ihn erlitten hatte. Da tönte es aus dem steinernen Johannes: »Du kannst mich wieder lebendig machen, wenn du dein Liebstes daran wenden willst.« Da rief der König: »Alles, was ich auf der Welt habe, will ich für dich hingeben!« Sprach der Stein weiter: »Wenn du mit deiner eigenen Hand deinen beiden Kindern den Kopf abhaust und

mich mit ihrem Blut bestreichst, so erhalte ich das Leben wieder.«
Der König erschrak...

Ebenso meine Töchter. Ich selbst ärgerte mich, daß ich keine bessere Gute-Nacht-Geschichte ausgesucht hatte. Ich wurde von den Mädchen unterbrochen. Anna: »Hättest du das gemacht?« Ich: »Natürlich nicht!« Lieselotte: »Und wenn es Gott befohlen hätte?« * Ich: »Auch dann nicht!« Mit meiner sofortigen und entschiedenen Stellungnahme waren meine Töchter sehr zufrieden, und sie blieben es auch, als sich beim weiteren Vorlesen herausstellte, daß meine Äußerung völlig neben der Moral der Geschichte lag.

»Denn nachdem der König nämlich, mit eigener Hand, seinen Söhnen den Kopf abgeschlagen und mit ihrem Blute den steinernen Johannes bestrichen hatte, kehrte das Leben zurück, und der getreue Johannes stand wieder frisch und gesund vor ihm. Er sprach zum König: ›Deine Treue soll nicht unbelohnt bleiben‹, und nahm die Häupter der Kinder, setzte sie auf und bestrich die Wunde mit ihrem Blut, davon wurden sie im Augenblick wieder heil, sprangen herum und spielten fort, als wäre ihnen nichts geschehen.« Die Königin, vom Kirchgang zurück, wurde auch noch auf die Probe gestellt, und sie entschied sich trotz allen Entsetzens und aller Trauer ebenfalls dafür, daß der König den Kindern den Kopf abhauen solle. Darauf holte der König die gesunden Kinder und den erlösten Johannes aus dem Schrank, wo er sie zuvor versteckt hatte, und »da lebten sie zusammen in Glückseligkeit bis an ihr Ende«.

Meine »falsche« Entscheidung war, wie mir nachträglich klar wurde, auch aus einem ganz anderen Grunde wichtig. Schließlich konnte man mir allerhand zutrauen, da ich es ja fertiggebracht hatte, den Aalen bei lebendigem Leibe die Köpfe abzuschneiden oder überzähligen Hähnen beim Schlachten den Kopf abzuhauen – mit guten Begründungen. Auf dieser Ebene lag jedenfalls das Problem, das Anna und ich im Zusammenhang mit dem Märchen vom häßlichen jungen Entlein besprochen hatten. Annas Phantasien bei ihrer ansatzweisen Dunkelangst könnten

---

* Lieselotte interessierte sich neuerdings für biblische Geschichten und hatte im Religionsunterricht von der von Gott befohlenen, dann aber doch verhinderten Opferung Isaaks durch seinen Vater Abraham gehört. Daran hatte auch ich schlagartig gedacht.

ja ebenfalls damit zu tun gehabt haben. Die Gründlinge allerdings ließen die Kinder nicht gruseln. Gründlinge werden ja auch nicht geschlachtet, sondern pfundweise zum Wehr hinaufgetragen und wieder ausgesetzt. So war es sicher gut zu wissen, daß ich klar entschieden den Kindern nicht dasselbe wie den Aalen antun würde – selbst wenn es Gott befehlen sollte. Darüber haben wir natürlich nicht ausdrücklich gesprochen. Es erscheint ja auch für das wache Bewußtsein absurd-märchenhaft, was aber nicht ausschließt, daß das Unbewußte sich nicht seinen eigenen Reim darauf macht.

Die wiedergegebenen Beispiele zeigen, wie Kinder Märchen aufnehmen und jeweils zu ihrem Nutzen verwenden, und es ergab sich jeweils ein nicht vorhergesehener Dialog zwischen mir und den Töchtern. Die Märchen waren so zugleich ein Mittel, sich mit mir und den eigenen sado-masochistischen Phantasien auseinanderzusetzen. Außerdem zeigten sie, wie sich in einer scheinbar hoffnungslosen Lage immer noch ein Weg auftat, sich und andere zu befreien, die Dinge zum Guten zu wenden und zu überleben.

Der, *der auszog, um das Fürchten zu lernen,* von Vater und Bruder, von seiner eigenen Familie und der des Küsters verachtet, weil er zu nichts nütze war, verdankte sein Glück allein der eigenen Unerschrockenheit. Er ließ sich nicht einschüchtern, und er behielt auch in der schlimmsten Gefahr sein hellwaches Denken und seinen klaren Kopf.

Auch *der treue Johannes* vollbrachte unmöglich scheinende Taten. Mit seiner Hellhörigkeit, seiner Umsicht und seiner Fähigkeit zu entschiedenem und kaltblütigem Handeln bezwang er ein zuvor als unausweichlich und allein schicksalhaft dargestelltes Verhängnis. Liebe und Treue zu König und Königssohn waren das ihn leitende Motiv.

Wenn Märchen so zu der Einsicht beitragen könnten, daß man einen »rettenden Gedanken immer nur selber denken kann« (Mitscherlich in einer mündlichen Mitteilung), um dann auch »die Welt besser bestehen« zu können (ders., 1964), dann brauchen Kinder, brauchen wir alle auch heute noch oder heute ganz besonders Märchen. Vielleicht lassen sich mit Märchen die Überlebenschancen viel besser begreifen als mit Mythen.

Die Märchen ziehen nämlich wie Vagabunden um die Welt und durch die Jahrtausende, verkleiden sich zeitgemäß und überwinden, ebenso mühelos wie listenreich, die Zeiten, Grenzen und Herrschaftsbereiche.

Sie narren die Obrigkeit und verspotten die Pfaffen. Der Held verkriecht sich, wenn Gefahr droht, notfalls in den Rockfalten von des Teufels Großmutter, um wieder hervorzuspringen, wenn die Großmütter das Sagen haben. Mythen dagegen sind ausgearbeitet, von herrschaftlich-dichterischem Rang und von durchgeformter Tragik. Märchen sind Geschichten des Volkes. Ihre Helden sind Menschen, auch wenn sie vorübergehend in Tiere oder gar Steine verwandelt werden. Die Helden der Mythen sind königlichen Geblüts oder Halbgötter. In den Mythen pflanzen sich Schuld und Sühne, Verbrechen und Rache von Generation zu Generation fort. Erbsünde, Vater-, Bruder- und Gattenmord, die verbotene Liebe zur Mutter führen zum tragischen Ende ganzer Familien, Sippen und Völker. Wie einem Wiederholungszwang gehorchend, setzt sich das Unheil unaufhaltsam fort bis zur endgültigen Katastrophe. Wenn es in den Märchen meist anders zugeht, so sind sie deshalb nicht oberflächlich oder kindisch; ihr gutes Ende ist nicht Verleugnung, Verdrängung oder Schönfärberei. Gevatter Tod ist stets mit dabei. Aber wenn der Held sich verändert und bewährt hat, wird das Ende gut. In Mythen scheint es oft, als würden Wandlung und Reifung der Helden auf Grund fixierter Affekte und fixierter Herrschaftsverhältnisse gar nicht angestrebt, so daß das Verhängnis wie naturwüchsig und schicksalhaft sich fortpflanzt. Das Märchen dagegen zielt auf Veränderung, Reifung und nach einer Trauer- und Wandlungsphase auf diesseitiges Leben.

Wenn am Feindbild-Mythos festgehalten wird, können die politischen Riesen, können wir uns zugrunde richten und das in der Apokalypse angekündigte Weltenende herbeiführen. Verständigung und Veränderung dagegen könnten märchenhaft sein.

## Literaturverzeichnis

BETTELHEIM, B. (1977): *Kinder brauchen Märchen,* dtv 1481.
FREUD, S. (1900): *Die Traumdeutung, Gesammelte Werke 2/3.*
MALLET, C.-H. (1981): *Kennen Sie Kinder?* Hamburg.
MITSCHERLICH, A. (1964): Die Welt besser bestehen. Zum 25. Todestag Sigmund Freuds, in: *Frankfurter Rundschau* vom 23.9.1964.
STIASNY, K. (1972): *Was Grimmsche Märchen erzählen,* Bd. II, Schaffhausen.

Maya Nadig
Der feministische Umgang mit der Realität
und die feministische Forschung
*Zehn Thesen* *

Vorbemerkung

Es ist das Verdienst von Margarete Mitscherlich-Nielsen, sich als Psychoanalytikerin mit zentralen Problemen feministischer Wissenschaft zu beschäftigen. In ihrem letzten Buch »Die friedfertige Frau. Eine psychoanalytische Untersuchung der Aggression der Geschlechter« kommt dies exemplarisch zum Ausdruck. Die Autorin zeigt darin am Beispiel der Psychoanalyse, wie schwierig es ist, eine frauenspezifische Fragestellung in einer etablierten Wissenschaft durchzusetzen. Die psychoanalytische Metatheorie sucht nicht nur die soziale Unterdrückung der Frau und ihre Reaktion darauf immer wieder mit biologistischen Theorien zu erklären, sondern ihre Vertreter bezeichnen teilweise auch heute noch einen feministischen Denkansatz als unanalytisch.

Margarete Mitscherlich-Nielsen verbindet den psychoanalytischen, selbstreflexiven Ansatz mit einem gesellschaftspolitischen feministischen und macht deutlich, mit welchen inneren und äußeren Problemen Frauen in einer patriarchalen Gesellschaft zu kämpfen haben; die gesellschaftlichen Verhältnisse werden in ihrer Verankerung in der Psyche der Frau aufgedeckt.

»Denn gerade weil Wertnormen in den Trieben der Menschen oder deren Abwehr verankert sind, lassen sich Gesellschaftsordnungen so schwer verändern. Schon aus diesem Grund konnte die gesetzlich eingeführte Gleichberechtigung der Geschlechter bisher konkret keine Gleichberechtigung bewirken... Ohne mühevolle Durcharbeitung und Bewußtmachung tradierter Haltungen, abgewehrter Triebbedürfnisse und dazugehöriger Verachtung der Frau wird sich die Beziehung zwi-

* Vortrag gehalten anläßlich der Jahresversammlung des *Vereins feministische Wissenschaft, Schweiz*, am 29. November 1986 in Bern.

schen den Geschlechtern kaum verbessern können« (Mitscherlich, 1985: 54).

»Intrapsychische Konflikte entstehen aber nicht im leeren Raum, sondern innerhalb einer menschlichen Umgebung, das heißt, sie sind psychische Verarbeitungen und Verinnerlichungen von elterlichen, bewußten und unbewußten Haltungen, Vorbildern, Forderungen, Projektionen etc., die wiederum gesellschaftstypische Machtstrukturen und Werturteile widerspiegeln« (a. a. O.: 74).

Mitscherlich-Nielsen spürt der eigenen unbewußten Involviertheit in die Herrschaftsstrukturen nach: »Herrschaft kann nur aufrecht erhalten werden, wenn sie sich auf verschleierte sadomasochistische Befriedigung aufbaut. Dann verbindet sich die Lust am Erteilen von Befehlen mit der Lust, die Befehlshaber zu befriedigen und Gehorsam, Ordnung, Unterwerfung zu genießen« (a. a. O.: 7).

Frauen lernen zwar, einfühlend, emotional und intuitiv zu sein, aber sie haben Mühe mit Aggressionen, mit Abrenzung und mit selbstbewußtem Fordern von Macht, Position und Einfluß.

»Die tiefe Angst, die Liebe der Menschen, die einem am nächsten stehen, durch seine Aggressionen und Entwertungstendenzen zerstört zu haben, ist besonders für Frauen oft kaum zu bewältigen. Sie reagieren wegen ihrer übergroßen Liebesbedürfnisse auf solche unbewußten Schuldgefühle nicht selten depressiv, was ihre Neigung, abhängig von den Meinungen und der Zuwendung anderer zu sein, noch verstärkt; allzu große Abhängigkeit ruft wiederum untergründige Aggressionen wach, auf die erneut mit Schuldgefühlen reagiert wird« (a. a. O.: 16).

Genau hier setzt die Schwierigkeit der Frauen in der Wissenschaft an: Zwar sind sie als weiblich sozialisierte Wesen von ihrer psychischen Konstitution her geeignet, die eigenen Gefühle und ihre Subjektivität zu beachten und damit umzugehen, aber sie haben – aufgrund ihrer allzu großen Friedfertigkeit[1] – Mühe, die andere Bedingung feministischer Forschung zu erfüllen, nämlich die Abgrenzung, die soziale Herausforderung und den Kampf.

»Wer sich als Frau dazu entschließt, seine Fähigkeiten offen zu nutzen, selbständig Entscheidungen zu fällen, für Verhaltensänderungen bei sich und den anderen zu kämpfen, seine Angst vor notwendigen Aggressionen zu überwinden, muß seine masochistische Unschulds- und Vorwurfshaltung aufgeben... Das setzt auch voraus, daß Frauen ler-

nen, mit ihren Aggressionen bewußter umzugehen und Schuldgefühle besser zu ertragen« (a. a. O.: 9).
Es werden zwei Probleme deutlich: die Hemmung der Frau, sich in der Öffentlichkeit zu bewegen, zu entfalten und durchzusetzen und ihre gleichzeitige Eignung für unentfremdetes Arbeiten; diese aber wird leicht von innen und von außen entwertet.

Mit den folgenden Thesen will ich versuchen, einige der Grundprobleme feministischer Forschung zu umreißen.

## 1.

Gibt es überhaupt eine Forschungsweise, die als spezifisch feministisch bezeichnet werden kann? Wenn von *feministischer Forschung* gesprochen wird, dann werden implizit verschiedene Orientierungen vorausgesetzt: Bearbeitung von Frauenthemen, Annahme der Unterdrückung der Frau (auch in den wissenschaftlichen Institutionen), Wunsch nach Gleichberechtigung und Kampf um Veränderung. Diese Punkte beziehen sich auf inhaltliche, weltanschauliche und politische Orientierungen derjenigen, die forschen, und nicht auf den Forschungsprozeß selber. Daß Feministinnen davon ausgehen, Frauen in patriarchalen und sexistischen Gesellschaften seien unterdrückt und setzten sich auf politischer, alltäglicher, kultureller und intellektueller Ebene ein, um dies zu verändern, scheint selbstverständlich. Was aber bedeutet es für den Forschungs- und Erkenntnisprozeß selber, wenn Feministinnen forschen?

## 2.

Ich verstehe unter feministischer Wissenschaft den Versuch, in einer männerdominierten Gesellschaft, die sexistische Wissenschaft betreibt, die Lebenszusammenhänge der Frau in den historischen Kultur-, Klassen- und Produktionsverhältnissen so zu untersuchen, daß die Art der Geschlechterbeziehung und die Situation der Frauen ihren adäquaten Raum erhalten. Es ist das Ziel, diese Zusammenhänge in einer Weise zu deuten und darzustellen, welche die objektive und subjektive

Bedingung des Frau-Seins in Rechnung stellt. Feministische Wissenschaftlerinnen haben den aufklärerischen Anspruch, Ideologie, Unterdrückung und Unbewußtmachung im Lebenszusammenhang der Frau in der Praxis und Theorie aufzuspüren und aufzuzeigen. Dieses *Erkennen und Aufdecken von Zusammenhängen* soll in der Folge auch emanzipatorisches und politisches Handeln ermöglichen.

3.

Die Frage nach dem Spezifischen in der feministischen Forschung kann nicht an sich beantwortet werden, sie muß im *historischen und sozialen Raum,* in dem die Forschung stattfindet, betrachtet werden.
Die Richtigkeit einer Theorie und Methode ist abhängig von der Situation, in der sie verwendet wird.
Der historische und soziale Raum, in dem sich feministische Wissenschaftlerinnen bewegen, steht im Widerspruch zu ihren eigenen Interessen und Erfahrungen. Frauen leben in einer patriarchalen Gesellschaft immer in einer relativ feindlichen Umgebung, auf die sie sich aber, um zu überleben, auch einlassen. Ebenso lassen sich Forscherinnen, um überhaupt Forscherinnen zu werden, auf die Bedingungen der herrschenden Bildungsinstitutionen ein. Gleichzeitig aber müssen sie sich davon abgrenzen. Insofern befinden sie sich in einem Dilemma – sowohl in ihrem Alltag als auch in der wissenschaftlichen Institution.

4.

Der Zwang, als Unterdrückte in und von der herrschenden Gesellschaft zu leben, von ihr geprägt zu sein und gleichzeitig gegen sie zu denken, zu handeln, wahrzunehmen und die Resultate dieses Tuns auch noch so darzustellen, daß sie verstanden werden und eine aufklärerische Wirkung haben, erfordert von Frauen eine höchst komplexe Pendelbewegung zwischen der *Identifikation* mit dominierenden Institutionen und der *Abgrenzung* davon, ein Sich-Einlassen auf Etabliertes und Distanzierung davon, um zu überprüfen, was dabei erfahren wurde. Es geht aber nicht nur um ein Oszillieren zwischen Einfühlen und Abgrenzen, sondern gleichzeitig um ein Zuhören und Beobachten mit einem an der eigenen Subjektivität geschärften Gehör und mit einem durch kritische Theorie und Wissen geschulten Verstand. Nur so können etablierte Relevanz- und Werthierarchien aufgebrochen werden. Nur so können Wissens- und Handlungszusammenhänge neu konstruiert werden. Bleibt frau in einer einseitigen Sicht der Anklage und der Gegenposition stecken, so umgeht sie die Wahrnehmung ihrer Involviertheit und damit die unangenehme Erkenntnis, daß sie selber Teil des angeklagten Systems ist.

5.

Ein weiterer erschwerender Punkt feministischer Forschung ist die *Beschaffenheit des Gegenstandes*. Es soll Erkenntnis über das Entwertete, Unterdrückte, Fremde und Unbewußt-Gemachte gewonnen werden. Es wird nach Zusammenhängen und Verhältnissen gesucht, deren Beschaffenheit in der herrschenden Kultur keinen Raum hat; sie wurden verdrängt, unsichtbar gemacht und ideologisiert. Es geht also um Zusammenhänge, die uns als Angehörige des Systems selber unbekannt und in unserem Denken tabuisiert sind, so daß wir an sie nicht selbstverständlich und mit adäquatem Vorwissen herangehen können. Vorurteile und Tabus, die geistesgeschichtlich, theoretisch, terminologisch und moralisch tief verankert sind, erschweren den Zugang zum gesuchten Bereich und dessen Realität.

6.

Wollen Feministinnen an diese in ihnen und in ihrer Gesellschaft unbekannten Bereiche herankommen, dann müssen sie in einer besonderen Weise mit sich selber und mit dem Forschungsgegenstand umgehen. Sie müssen die Barrieren und Verbote, die in ihnen drin stecken und die das erforschte Feld umgeben, ständig mit in Betracht ziehen, indem sie sie suchen, wahrnehmen und abbauen. Ethnozentrismus, Projektionen, feministischer oder machistischer Sexismus, Angst vor dem Fremden und Tabuierten und andere Abwehrmechanismen im Forschungsverlauf verhindern Erkenntnis und fördern die Entfremdung der Forscherin. Diese Mechanismen verweisen die Forscherinnen immer nachhaltiger auf die Beteiligung ihrer eigenen *Subjektivität im Erkenntnisprozeß.*

## 7.

Der Forschungsgegenstand der *Ethnologie* und der Psychoanalyse ist ähnlich beschaffen wie derjenige der Feministinnen: Es wird das Unbekannte, Verdrängte und Entwertete untersucht. Beide Disziplinen arbeiten mit dem Einsatz der eigenen Subjektivität. Die Ethnologen und Ethnologinnen waren dazu gezwungen, weil sie als Fremde in einer fremden Kultur mit dem Unbekannten umgehen mußten. Sie mußten lernen, ihre eigenen Reaktionen auf das Fremde als Kulturschock, der sie auf ihre eigene Kultur verweist, zu verstehen und diesen von der Realität in der fremden Kultur zu unterscheiden.
Die *Psychoanalyse* arbeitete von Anfang an mit dem expliziten und bewußten Einsatz der eigenen Subjektivität im Analyseverlauf, der gleichzeitig ein Erkenntnisprozeß ist. Da sie bei der Suche nach dem Unbewußten ständig auf Tabus und Grenzen der eigenen Kultur und Klasse stoßen, die durch Identifikation verinnerlicht und verdrängt sind, müssen sich die Analytikerinnen selber einer Analyse unterzogen haben, in der das eigene Unbewußte erforscht und seine Funktionsweisen verstanden werden. Die Erforschung des eigenen Unbewußten schützt zwar nicht vor weiterer Teilhabe an Tabus und vor Abwehrmechanismen, aber sie ermöglicht ein flexibleres Verhältnis zu diesen Mechanismen.

## 8.

Ethnopsychoanalyse will den unbewußten Anteilen im Verhältnis von Subjekt und Gesellschaft selbstreflexiv und ideologiekritisch nachspüren, indem die *Subjektivität und das Unbewußte der Forscherin als Erkenntnisinstrument* eingesetzt und mitberücksichtigt werden. Arbeitstagebücher, Zweier- oder Gruppenbesprechungen mit Kolleginnen können die Funktion einer Supervision übernehmen, in welcher der vorerst unbewußte Zusammenhang der subjektiven Irritationen

mit dem Forschungsgegenstand gesucht werden kann. Sensibilisierung und Selbstreflexion für diese Bereiche muß erst gemeinsam erarbeitet und eingeübt werden – sie ist keine Selbstverständlichkeit, sondern widerspricht den gelernten Kriterien der Wissenschaftlichkeit.
So werden eigene Gefühle, Arbeitsstörungen, Irritationen nicht einfach als weibliche Unfähigkeit abgetan, sondern auch als ein Datum über den Forschungsprozeß verstanden. Das geschieht meist innerhalb der fremden Kultur, in der auch mit der teilnehmenden Beobachtung, also auch mit dem Oszillieren zwischen Sich-Einlassen und Sich-Abgrenzen gegenüber realen Verhältnissen, gearbeitet wird. Dieses Vorgehen erlaubt es, die eigenen Barrieren gegenüber dem Gegenstand oder dem Gegenüber zu entdecken und abzubauen; es erlaubt also eine sukzessive Annäherung an die Realität durch eine langsame Distanzierung von den eigenen eingefahrenen Sichtweisen und Rollenidentifikationen.

## 9.

Ich denke, daß diese Art des Umganges mit sich und dem Alltag sehr geeignet ist, um der Forscherin in einer männlichen Institution durch das Chaos der Hierarchien, Machtspiele, Ideologien und Selbstentfremdungen hindurch eine Orientierung zu bieten:
a) Dieser Umgang ermöglicht es der Wissenschaftlerin, ihre *unbewußten Identifikationen* mit der herrschenden, männlichen Wissenschaft und den dazugehörigen Rollen, der Sprache, Terminologie und den Verhaltensweisen aufzudecken.
b) Er erlaubt es, die *Tabus und Strukturen* anzugehen, die auch *innerhalb der feministischen Gruppe* vorhanden sind und die eine feministische Forschungsarbeit oft stark hemmen oder gar zerstören können: z. B. das Verbot, als Frau Erfolg zu haben; das Verbot, sich als Feministin in den etablierten Institutionen zu bewegen; die reale oder projizierte Angst vor dem Neid und der Rache der Kolleginnen und Kampfgenossinnen, die zu selbstgewählter Einschränkung und Bitterkeit führt; die unbewußte Fortführung der angelernten, kleinbürgerlichen oder bürgerlichen Rivalität unter den Frauen in den eigenen Reihen; die Generationenspannung zwischen älteren und jüngeren Feministinnen, die oft der schwierigen und ambivalenten

Mutter-Tochter-Beziehung gleicht; die implizite Hierarchie und Kompetenzmarkierung, welche die eigene Unsicherheit verbirgt und die anderen erschreckt.

c) Der Ansatz ermöglicht es, die *eigene Beteiligung am Thema* zu verstehen: Unverarbeitete Kränkungen als Frau erschweren den Zugang zu einer bestimmten Realität, die diese Kränkungen wieder anrührt; schwer leidende Gesprächspartnerinnen bringen die Forscherin oft zum unkontrollierten Agieren, sie muß weglaufen oder sich als Rettungsengel opfern; Entwertung oder Überidentifikation verhindern die Wahrnehmung der Realität und ihrer Strukturen. Die feministische Forscherin sucht gern nach Beweisen für das Elend der Frau, einerseits, oder nach utopischen Alternativen, andererseits; aber masochistische Identifikation oder Idealisierung und Exotisierung verzerren die Wahrnehmung der Realität.

d) Das Ernstnehmen der eigenen Reaktion, also der *Gegenübertragung* auf den Forschungsgegenstand und die Daten, erlaubt Rückschlüsse auf unsichtbare Strukturen im untersuchten Thema, Feld oder Gegenüber. Es ist für eine Frau besonders schwierig, mit dem Thema Frau umzugehen, wenn eigene tief verdrängte Wunden und Verletzungen angerührt werden und die Abwehr zusammenzufallen droht. In einem solchen Augenblick kommen existentielle Probleme mit ins Spiel, deren Bewältigung zentral ist. Wird das Problem als zwar durch die Forschungsarbeit ausgelöstes, aber eigenes und biographisches erkannt, so können darin Hinweise auf die Strukturen des Forschungsgegenstandes gefunden werden. Die eigenen unbewußten Konflikte sprechen auf etwas Unsichtbares im Forschungs-Gegenstand oder im Forschungs-Setting an. Von hier aus kann nun ein roter Faden in neue, vielleicht unvermutete Zusammenhänge des Themas führen. Werden die eigenen Spannungen hingegen auf den Forschungs-Gegenstand verschoben und projektiv ausagiert, so erstarrt der Erkenntnisprozeß und die Grenzen der alten Denk- und Wertstrukturen können nicht überschritten werden.

## 10.

Es gibt keine feministische Methode oder Wissenschaft an sich; es gibt nur einen speziellen Umgang als Paria (vgl. Elisabeth Lenk, 1981) mit der eigenen Unterdrückung und daher mit der Welt. Dieser spezielle Umgang mit der Welt ist immer vom historischen und sozialen Raum abhängig, in dem gehandelt wird. Er ist auch im wissenschaftlichen Arbeiten einer Feministin notwendig. Feministische Forscherinnen sind – weil sie das Verdrängte, Entwertete und Unbekannte entdecken wollen, aber gleichzeitig innerhalb der herrschenden und männlichen Gesellschaft und Wissenschaftsbetriebe arbeiten müssen – darauf angewiesen, in einer sehr sorgfältigen und besonderen Weise mit dem Gegenstand, den Theorien, den Begegnungen und Beziehungen in der Arbeit sowie mit sich selber umzugehen. Sie müssen das auch im Alltag stattfindende Oszillieren zwischen Anpassung und Abgrenzung im Wissenschaftsbetrieb bewußt begleiten und zu einem Teil der Arbeit machen. So besteht die Chance, wirklich neue Inhalte zu finden und nicht nur alte verinnerlichte Vorurteile gegen sich selber zu reproduzieren. Soweit zum Forschungs- und Erkenntnisprozeß.

Doch frau kann diesen schwierigen Prozeß nicht allein gegen die üblichen Entwertungen ihrer Arbeit und ihres Vorgehens durchhalten, ohne daran zu zerbrechen. Sie ist existenziell auf die Unterstützung von und die Diskussion mit anderen Frauen angewiesen, sie braucht eine Lobby, die sie vertritt, und eine Frauen-Kultur, in der sie sich positiv spiegeln, wiedererkennen und auseinandersetzen kann.

Was aber den Zugang von Frauen zu wissenschaftlichen Stellen, Forschungsgeldern und Machtpositionen betrifft, handelt es sich um eine *politische Frage, um reale Machtverhältnisse*. Diese können nur verändert werden durch die politische Forderung nach der gleichberechtigten Beteiligung von Frauen an universitären Stellen, in Expertenkommissionen und in Forschungsgremien. Die Realisierung feministischer Forschung setzt also zwei Dinge voraus: den besonderen Umgang mit dem Forschungsprozeß und den politischen Kampf um mehr Frauen und Kolleginnen im Wissenschaftsbetrieb.

## Anmerkung und Literatur

1 Es ist charakteristisch, daß der Titel des Buches oft dahin mißverstanden wird, als ginge es darum, die Frau als das andere und friedlichere Wesen zu stilisieren, das daher auch geeignet sei, die Welt zu retten. Gerade diesem Klischee will das Buch aber entgegenwirken und zeigen, »daß es der Wirk-

lichkeit nicht entspricht, dem Bild des aggressiven, unfriedfertigen Mannes ein Bild der nicht-aggressiven, friedfertigen Frau entgegenzusetzen, um damit sozusagen ein Modell oder Rezept zur Lösung aller gesellschaftlichen Probleme und Konflikte anzubieten« (a. a. O.: 181).

Es geht darum, wie der Unterschied zwischen den Geschlechtern auf eine verschiedene »Verarbeitung und Äußerung aggressiver Impulse oder Triebregungen« zurückzuführen ist. Diese Unterschiede versteht Mitscherlich-Nielsen als ein Produkt historischer Prozesse:

»Offensichtlich sind seit Jahrhunderten bewußte und unbewußte Methoden ›gesellschaftlicher Arbeitsteilung‹ am Werk; eine Trennung der gesellschaftlichen Praxis in männliche Durchsetzungs- und Eroberungsmentalität mit all den bekannten, heute allerdings ins Extrem getriebenen zerstörerischen Konsequenzen auf der einen Seite und der bewahrenden, sich aufopfernden, dienenden Mentalität auf der anderen Seite, mit den ebenfalls nicht zu übersehenden Konsequenzen für innere und äußere Lebensführung« (a. a. O.: 181).

LENK, E. (1981): Pariabewußtsein und Geselllschaftskritik bei einigen Schriftstellerinnen seit der Romantik. In: *Katabole* 1, 44–58.

MITSCHERLICH, M. (1985): *Die friedfertige* Frau. *Eine psychoanalytische Untersuchung zur Aggression der Geschlechter.* Frankfurt am Main: S. Fischer.

# Paul Parin
# Abstinenz?

Vor langer Zeit, irgendwann in den fünfziger Jahren, waren wir zu Gast beim Hamburger Psychoanalytischen Institut, das damals noch nicht Michael Balint-Institut hieß. Es wurde über psychoanalytische Behandlungen berichtet, das sogenannte »Fallseminar« der jüngeren Hamburger Kolleginnen und Kollegen. Michael Balint und Willi Hoffer waren aus London gekommen. Eine der Analysen ging gar nicht gut. Der Analysand nahm kaum Notiz von seinem Analytiker und war nur an seinen ungezählten sexuellen Abenteuern interessiert.
In der Diskussion sprach Michael Balint, ungewohnt energisch: »Sie müssen Ihrem Patienten den Sexualverkehr verbieten. Wissen Sie nicht, daß Freud geschrieben hat, die Analyse müsse in Abstinenz durchgeführt werden.« Ich widersprach; das habe Freud nicht geschrieben und nicht gemeint. Darüber entspann sich ein Streitgespräch mit Balint. Jeder blieb bei seiner Behauptung. Vom Patienten war nicht mehr die Rede. Dann war Mittagspause. Ich benützte die Zeit, um in den blauen Bänden nachzulesen.
Zur Fortsetzung der Diskussion erschien ich bewaffnet mit Freud-Zitaten; ich war immerhin ein noch junger Analytiker, und Balint war der berühmte Kenner der Werke des Meisters. Balint begann die Diskussion. Er müsse sich für seine Fehlerinnerung entschuldigen. Freud habe nie gemeint, daß die analytische Kur von Patienten sexuelle Abstinenz verlange. Frustriert vom unbefriedigenden Verlauf des vorgetragenen »Falles«, sei er unter die Herrschaft seines verbietenden, asketischen Überichs geraten; das habe die Fehlleistung bewirkt.
»Abstinenz« hatte einen der feinfühligsten und klügsten Analytiker für kurze Zeit verwirrt. Kein Wunder, daß Abstinenz, die Forderung nach Verzicht auf Triebbefriedigung, ein psychosoziales Stereotyp, das eine zentrale Stelle im traditionellen Wertgefüge unserer Kultur (und so mancher anderer Kulturen) einnimmt, psychoanalytisches Denken und Handeln immer wieder beeinflußt, beeinträchtigt und verzerrt hat.

Man kann in *einem* Satz zusammenfassen, was mit der Abstinenz in der psychoanalytischen Kur wirklich gemeint ist: *Der Analytiker soll die unbewußten Triebwünsche des Analysanden womöglich nicht befriedigen, sondern deuten.*\* Das meinte Freud, und das – und nichts anderes – ist noch heute gültig. Die wirklich nötigen Einschränkungen ergeben sich aus dem »Vertrag«, mit dem das »setting« festgelegt ist. Die Forderung, der Analysand solle während der Analyse keine lebenswichtigen Entscheidungen treffen, sondern sie bis zum Ende der Behandlung aufschieben, mußte wegen der immer längeren Dauer der Kuren relativiert werden: Solche Entscheidungen sollten erst fallen, wenn die Motive in der Analyse genügend geklärt worden sind.

Freud, der hoffte, daß die Energie der unbefriedigten Triebregungen der Analyse zugute kommen und sie weitertreiben würde, hat das »womöglich« im obigen Satz ernst genommen. Er wies darauf hin, daß das Ausmaß der Frustration, das ein Analysand hinnehmen kann, nicht immer sehr groß ist; er empfiehlt, Toleranz und Takt walten zu lassen. Durch das »widening scope«, die Anwendung der Analyse auf Kinder, Jugendliche, auf schwere, sogar psychoseähnliche Störungen hat sich eine weitergehende Duldung von Triebbefriedigungen in der Analyse als nötig erwiesen. Schließlich hat das vertiefte Verständnis des Übertragungsgeschehens gezeigt, daß die Regel »deuten statt befriedigen« nicht wörtlich genommen werden darf. So zum Beispiel sollte die Übertragung »positiver« Wünsche auf den Analytiker oder vielmehr auf seine idealisierte Imago während geraumer Zeit zugelassen, also befriedigt und nicht gedeutet werden.

Abstinenz oder, wie es heißt, »die Abstinenzregel« wird darum heute nicht so sehr auf den Patienten als auf den Analytiker bezogen. Auch dafür läßt sich ein Satz formulieren: *Der Analytiker sollte sich in der Analyse die Befriedigung der eigenen Triebwünsche versagen.* Sofern der Rahmen des »Vertrages«, der äußerlichen Regelung des »setting« nicht verlassen wird, sind an dieser Regel so viele Einschränkungen anzubringen, daß sie sich mehr oder weniger auf ihren historischen Kern reduziert: Der Analytiker soll keine direkte sexuelle Befriedigung mit seinem Patienten anstreben. Seit die Gegenübertragung ernst ge-

---

\* Ich schreibe jeweils »Analytiker« und »Analysand«, wo es heißen muß »Analytiker oder Analytikerin« und »Analysand oder Analysandin«, als eine durch Sprachgewohnheiten bedingte Kurzform.

nommen und studiert wird, ist es klar geworden, daß kein Analytiker ausschließlich mit »autonomen« Ichfunktionen analysiert. Jede, auch die wissenschaftliche Neugier wird von infantilen, voyeuristischen Regungen getragen; in den Wunsch zu helfen können sich magische Allmachtswünsche einfügen; sogar der unerläßliche Wunsch, den Analysanden zu verstehen, ist ohne eine emotionelle Beteiligung nicht möglich, in die unbewußte sexuelle Regungen eingehen. Die tiefe Befriedigung, die wir in »guten« Analysestunden empfinden, ist auf die wechselseitige Übertragung zielgehemmter objektbezogener Wünsche zurückzuführen und erneuert sich im identifikatorischen Austausch von Gefühlen im gemeinsamen Erleben. Daran kann der muntere Ausdruck »Arbeitsbündnis«, der die Lust an der Analyse zu versachlichen sucht, nichts ändern.

Die Abstinenzforderung an den Analytiker mag von den Ratschlägen herkommen, er sollte wie ein klarer Spiegel nichts als die Regungen des Patienten aufnehmen, sollte kühl und unberührt wie ein Chirurg seine oft schmerzenden Operationen ausführen. Freud wollte offensichtlich den helfenden Eros des traditionellen, väterlich-eingreifenden Arztes aus der Analyse bannen. Es entstanden zahlreiche Verhaltensvorschriften, die in Ausbildungsanalysen durch Beispiele und in den Seminaren als Mahnung vermittelt werden. Der Analytiker soll keine Fragen beantworten, keine Ansichten äußern und sein Urteil nicht preisgeben, soll vor allem schweigen und sich ganz unsichtbar machen, bis er endlich die richtige Deutung zu geben weiß; er soll immer neutral sein, als ob er kein Privatleben, keine Familie, keine Eigenschaften, keine Bedürfnisse, keine Weltanschauung und keine kulturelle oder politische Zugehörigkeit hätte. Er soll keine Geschenke annehmen und keine geben, soll es vermeiden, seine Patienten außerhalb des Sprechzimmers zu treffen, soll auch keine gemeinsamen Bekannten mit seinen Analysanden haben. Das Sprechzimmer müsse ansprechend, aber neutral eingerichtet sein. Ich kenne solche Zimmer, an denen nie etwas geändert werden durfte. Es gibt Analytiker, die sich jahrzehntelang gleich kleideten und Mühe hatten, eine schadhaft gewordene Seidenkrawatte nach Jahren mit einer genau gleich gemusterten zu ersetzen. Kurz: Analytiker sollen vokal, affektiv und existentiell stumm sein – bis auf ihre legitime Handlung, das Deuten – nie krank sein, nie voll Lebensfreude oder deprimiert, abstinent in jeder Hinsicht.

Es gibt viele Analytiker, die sich redlich Mühe geben, diese Abstinenzregel einzuhalten. Kaum einer wird lange daran festhalten, daß das Bild, das sich seine Patienten von ihm machen – abgesehen von den übertragenen Imagines –, wirklich neutral ist.
Als unser Zürcher Seminar noch in der Kirchgasse war, sprach Paula Heimann einmal bei uns über psychoanalytische Technik. Über die Illusion, sie selber oder irgendeine oder irgendein Analytiker(in) erschienen den Patienten als unbeschriebenes Blatt, brachte sie uns zum Lachen. »Ich zum Beispiel«, sagte sie, »gebe meinen Patienten aus dem Londoner Mittelstand das Bild einer ehemaligen Puffmutter. Ich habe üppige Formen, etwas zu bunte Kleider, zu kurze Röcke, zuviel Schmuck und Make-up. Die meisten denken, aber die wenigsten werden es sagen: Die ist wie eine ungarische Puffmutter oder war das früher, bevor sie Analytikerin geworden ist. Ungarisch, weil die meisten Bordelldamen in London Ungarinnen sind und weil sie meinen Akzent für ungarisch halten.«
Es erhebt sich die Frage, wieso eine solche Regel aufgestellt wird, die niemand einhalten kann und die niemals den gewünschten Erfolg hat, den Analytiker aus den sozialen und emotionalen Bindungen heraus in die kühl gedämpfte Atmosphäre einer spiegelnd zugewandten Neutralität zu verweisen.
Auf das andere Problem, daß die wirkliche Befolgung der ganzen Regel jeden analytischen Prozeß verhindern würde, brauche ich nicht einzugehen; es ist durchaus hypothetisch.
Ob, wann und wie diese oder jene der genannten Vermeidungen oder Verzichte beobachtet werden sollten, darüber gibt es eine reiche Literatur, viel Lesenswertes in Falldarstellungen. Zumeist kommt man zum Schluß: Ja, man sollte wohl, *aber*...! Ich erspare es mir, auch den didaktisch gemeinten Diskurs darüber zu resümieren, der erst durch die unsinnige Propagierung der Abstinenz nötig geworden ist. Hingegen will ich zwei seltener reflektierte Probleme untersuchen:
1. Wenn sich die Abstinenzregel aus der Theorie der Technik und aus der praktischen Erfahrung nicht begründen läßt – gibt es andere, kulturelle Faktoren, von denen sie sich ableitet?
2. Haben Forderungen nach Abstinenz, auch wenn sie nicht oder nicht vollständig befolgt werden, Folgen für den konkreten analytischen Prozeß?

Freud hat überzeugend dargelegt, daß unsere Zivilisation durch Triebverzicht erkauft worden ist. Verzicht oder Aufschub der Befriedigung muß erzwungen werden, wenn nicht die Individuen selber den Zwang dazu übernehmen. Die Kulturen, die es mit der Verinnerlichung des Verzichts am weitesten gebracht hätten, wären zu den größten kulturellen Leistungen befähigt. Von den Religionen, die bis in unser Jahrhundert hinein die kulturellen Werte verwaltet haben, mit denen wir unser Verhalten weitgehend noch heute legitimieren, waren es die christlich-reformierten, die den andauernden selbstverantworteten Triebverzicht als generelles Prinzip vertreten. (Die Einhaltung von Fastenzeiten in katholischen und anderen Religionen bezieht sich jeweils auf eine ganz bestimmte Gelegenheit zu einem definierten Zweck.) Es liegt nahe anzunehmen, daß der Einfluß der angelsächsischen Kultur auf die Psychoanalyse nicht nur geographisch und zeitlich mit der Aufrichtung der Abstinenzregel zusammenfällt, sondern daß die psychoanalytische Lehre unreflektiert das Prinzip befolgt: Je mehr ich verzichte, desto besser wird die Leistung sein. Daß dies dem Erfolg der Analyse, die Triebabwehr zu ermäßigen, diametral widerspricht, ist leicht einzusehen.

In Ländern katholischer Kultur wird die Abstinenzregel oft besonders ernst genommen; viele Beispiele ins Absurde gesteigerter »Abstinenz« sind mir aus Italien und Lateinamerika bekannt. Da in jenen Ländern die Kontrolle von Trieb und Sünde traditionell äußeren Instanzen, der Familie und der Kirche, überlassen ist, muß sich wahrscheinlich jeder Analytiker viel unerbittlicher selber kontrollieren. Dieses Verhalten imponiert als zwanghafte Rigidität. Es sind mir keine Analytiker aus sogenannt animistischen Kulturen bekannt, in denen Triebverzicht an ganz bestimmte Gelegenheiten, oft definiert als Tabu-Vorschriften, gebunden ist. Ein solches kulturelles Muster käme den Erfordernissen der Psychoanalyse am besten entgegen.

Auf die Frage, wie sich die Etablierung der Abstinenzregel – ob sie nun ganz, teilweise oder gar nicht befolgt wird – auf die Analyse ausgewirkt hat, habe ich nur die Antwort: ungünstig, kontraproduktiv oder ganz verderblich.

»Dans le doute abstiens toi« – Wenn du zweifelst, enthalte dich. Dieses Sprichwort trifft und betrifft den Alltag des Analytikers. Die Offenheit, die er mittels der freischwebenden Aufmerksamkeit zu bewahren trachtet, versetzt ihn in den Zustand andauernden Zweifels. Hinter jeder Äußerung seines Analysanden steht eine andere Wahrheit, ein »unendlicher« Prozeß. Es ist unsere Aufgabe, die Unsicherheit auszuhalten. Doch liegt es leider nahe, sich zu enthalten. Der erste Schritt ist das Schweigen; auf Fragen nicht zu antworten; neutral zu sein in jeder Hinsicht. Damit ist Zweifel, Unsicherheit und das Gefühl der Ohnmacht, am Prozeß nur teilzunehmen, ohne ihn zu steuern, leiten oder beherrschen zu können, gebannt. Wer diese Möglichkeit wählt, kann sie allzuleicht durch die gebotene Abstinenz legitimieren. Mit dem Streben nach Neutralität wirkt der Analytiker unberührt, vielleicht unberührbar. Statt sich der Entfaltung von übertragenen Gefühlen, Wünschen, Hoffnungen und Ängsten zur Verfügung zu halten, hat er ein ganz bestimmtes Verhältnis zum Analysanden installiert: ein Machtgefälle.

Jede Analyse beginnt, den Beteiligten mehr oder weniger bewußt, damit, daß der Analytiker als der Mächtigere erlebt wird: Er weiß Bescheid, er wird helfen. Sein Wissen und sein soziales Prestige ergeben Projektionen von Übermacht, deren Abbau unerläßlich wäre. Mit der sogenannten Abstinenz wird das Bild des übermächtigen Analytikers befestigt. Es ist eine Tatsache, daß in jedem Dialog der Stumme, nicht Berührbare, der nichts von sich preisgibt und keine Gefühle zu haben scheint, als der Mächtige erlebt wird, der andere, der spricht und fühlt, sich als ohnmächtig erlebt. Die Konstellation solcher Dialoge etabliert sich in der frühen Kindheit jedes oder fast jedes Menschen in unserer Kultur.

Den Analytiker schützt Macht vor Zweifel und Unsicherheit. Sie gibt ihm die Kraft, schwer erträgliche Ansprüche, die auf ihn übertragen werden, auszuhalten. Macht verschafft auch Befriedigung. Der narzißtische Genuß von Macht kann – auch ohne den so häufigen Zuschuß sadistischer Aggression – kompensatorisch für die Frustration objektbezogener Wünsche einspringen. Nicht nur die einsamen Machthaber des öffentlichen Lebens, auch Analytiker können darunter leiden, daß man sie nicht liebt. Ich selber, der ich viele scheinbar so gut etablierte Regeln kritisiere, muß gelten lassen, daß Analytiker ihre eigenen Wünsche nicht mittels der Analysanden befriedigen sollten. Allzu leicht wird übersehen, daß wir uns narzißtischen Macht- und Allmachtgenuß verschaffen, da dies doch zum Wohl des Patienten geschieht und die Abstinenz uns bestens legitimiert. Unversehens sind wir aus der Analyse, die allen Gefühlen offen sein sollte, ausgestiegen und haben uns in ein Machtspiel eingelassen, in dem wir alle Chancen haben und der Analysand nur eine einzige: die Analyse aufzugeben.

Die Analyse ist nicht »das Leben selbst«. Das »setting« macht sie zu einer experimentellen Situation. Wie man das »setting« aufrechterhält, das weiß jeder, der sich mit den Übertragungen auseinanderzusetzen hatte, die an den unvermeidlichen Brüchen im »setting« in Erscheinung treten, am Ende jeder Sitzung, bei Unterbrechungen usw. Wie mit den ebenso unvermeidlichen Brüchen und Einbrüchen des lebendigen Analytikers in das Spiel der Projektionen und Übertragungen umzugehen ist, habe ich oben mit den Worten von Paula Heimann angedeutet.

»Das Leben selbst« jedoch lehrt uns Analytiker. Zurückhaltung und Schweigen – gefolgt von wohlüberlegtem Handeln, das ist es, was einem Menschen Macht verschafft. Genau das wäre das Resultat, das der perfekt abstinente Analytiker erzielen würde. Kaiser Haile Selassié von Ethiopien, dessen Souveränität längst konstitutionell eingeschränkt war, regierte während 32 Jahren als absoluter Herrscher. Er hatte die Gewohnheit, seinen Helfern, Anhängern und Sbirren (wie Nicolò Machiavelli die Geheimpolizisten nannte) täglich sein Ohr zu leihen, nie zu sagen, was er dachte oder beabsichtigte, jede Auseinandersetzung zu vermeiden und dann erst zu handeln. Dieses Machtspiel machte ihn jahrzehntelang unantastbar, als seine Leibwache und Armee ihn längst schon stürzen wollten.\* Aus den Biographien von Charles de Gaulle und Marschall Tito wissen wir, daß sich ihre ungeheure persönliche Macht über alle, die mit ihnen zu tun hatten, auf dieselbe Taktik gründete, für die sie ein ungewöhnliches Talent entwickelt hatten. Zumindest Titos Mitarbeiter waren allerdings bis über seinen Tod hinaus überzeugt, daß eine unüberwindbar gütige väterliche Autorität von ihm ausging, auch dann, wenn man seine Entschlüsse weder verstehen noch billigen konnte. Der wirklich abstinente Analytiker könnte das gleiche Lob, die gleiche hilflos-gläubige Hochachtung seiner Analysanden erfahren.

---

\* Ryszard Kapuściński (1978): *König der Könige. Eine Parabel der Macht*, Köln 1984.

# Goldy Parin-Matthèy
# Alt sein

Die Alten.

Am meisten liebe ich die Alten
die ihren Kaffee selber
nach eigenem Rezept
brauen
die immer härter werden
mit wachsendem Muskelschwund
die sagen:
Wenn ihr unter Altersweisheit versteht
daß man sich abfindet
sucht Euch einen Jüngeren.   *(Rainer Malkowski)*

Wie ist denn das Bild, die Rollenideologie, welche die Gesellschaft den Alten zuweist? Alte Menschen haben asexuell zu sein, kontinuierlich Dankbarkeit zu zeigen und die Gesellschaft durch Übernahme eines nach innen gekehrten Gestus der Trauer von dieser zu entlasten. Denn Alter wird naturgemäß mit Tod assoziiert. Und der wird ideologisch mit Blochs rundem Bild vom »lebenssatten Tod«, dem Gefühl verbrämt, nichts versäumt, alles gekostet zu haben, daß alles geregelt ist und die andern gut weiterleben können. Diesen Tod gibt es vielleicht noch manchmal, aber er ist anachronistisch in unserer Gesellschaft, die keine Zukunft offeriert.
Mir hat der radikale, illusionslose Song von Bert Brecht (Mahagonny-Oper) schon immer imponiert.

Laßt Euch nicht verführen
zu Fron und Ausgezehr
Was kann Euch Angst noch rühren
Ihr sterbt mit allen Tieren
und es kommt nichts nachher.

Der paßt besser in unsere Zeit und verbindet überraschenderweise das Schicksal der Alten mit dem der Jungen: das no future. Dieses Gefühl ist für die Alten naturgegeben, für mich ist es wohl die bedeutendste neue Erfahrung mit dem Alter, aber wie müssen das die Jungen erleben?

»Alter«, wie es heute bei uns auftritt, ist genausowenig naturgegeben wie »Jugend«, wenn man es vom Produktionsprozeß her anschaut. Die einen sind »noch nicht«, die andern »nicht mehr« zu verwerten; deshalb trifft beide ein reduzierter sozialer Status und wenig gesellschaftlich anerkanntes Prestige. Sie kosten nur und bringen nichts, dazu sind sie noch lästig. Welch eine Chance:

Es gibt immer mehr alte Menschen in unserer Gesellschaft, deren Schicksal der Vereinsamung, Hinsterben der Freunde, Elend und Krankheit, Gebrechlichkeit und Tod durch Abschieben in Heime, Aussonderung nicht mehr völlig verdrängt werden kann. Das unausweichliche Sichtbarwerden der Endlichkeit des Lebens paßt nicht in die Ideologie der Machbarkeit der Menschen und Dinge.

Für die Alten wird als Orientierungsmuster das Jungbleiben propagiert: Man spricht jetzt vom »goldenen Herbst des dritten Lebensabschnittes«. Die neue, den Alten zugeteilte Rolle ist der aktiv kämpfende Senior: Seine freigesetzten Kräfte nach Ausscheiden aus dem Berufsleben sollen gesellschaftlich, sozial gerichtet wirksam gemacht werden und die Probleme des Alterns selber lösen. Dafür wird sogar der Sex enttabuisiert. Der Protest der »Gray panthers« kämpft zum Teil mit Erfolg für selbstverwaltete altersspezifische Institutionen, was dem Jugendprotest noch nicht so gut gelungen ist. Mit diesen »Senioren im sonnigen Herbst« gelingt die Verdrängung des elenden Alters und seiner Ursachen mit allen Folgen der »Professionalisierung der Nächstenliebe« einigermaßen.

Eine Gesellschaft, die ein so entfremdetes Menschenbild erzeugt wie die kapitalistische Industriegesellschaft, in der nur das Kauf- und Tauschbare zählt, kann sich nicht einlassen auf das Störende, aus ihrer Sicht Kranke, nicht Verwertbare und den Tod. Das sind ja Formen radikaler Konsumverweigerung, das muß weg. Krankheit wird isoliert in einzelne spezialistisch behandelbare Symptome. Und der durch die große Maschine Medizin enteignete Tod erwartet den, der sich nicht mit aller Kraft wehrt.

Mao hat den Alten eine besondere politische Rolle zugewiesen. Das hat mir anfangs sehr gefallen. Durch die Revolution waren die alten Strukturen der Großfamilie zerstört und damit die unentfremdete Funktion der alten Leute. Er hat die »Omas« und »Opas« politisch eingesetzt, sie sollten den jungen Generationen schildern, wie schlecht ihr Leben vor der Revolution war, so daß ihre Errungenschaften leuchten. Er hat die »rollenlose Rolle« der Alten als »oral history« fruchtbar einzusetzen versucht, aber einseitig, nicht im Sinne Freires, wo der Alte nicht nur seine Erfahrungen lehrt, sondern im Dialog mit den Jungen belehrt wird. Das ist dort wie hier, in hierarchisch strukturierten Gesellschaften, nicht zu haben, die Benützung und Beschwörung der »Erfahrung der Alten« ist eine Ideologie.

Natürlich gibt es in vielen vor- und nachkapitalistischen Ländern den Rat der Alten, eine Gerontokratie, die sich als Wahrer der Normen des jeweiligen Establishments sehen, deren Unbeweglichkeit, Starrheit und Verknöcherung die Gesellschaft in der gleichen Starrheit halten soll. Wenn ich mir das Bild der Regierungsbank des Obersten Sowjets, geschart um Andropow und die depressiven steinernen Gesichter, anschaue, die wie aus einer klinischen Demonstration von »Die Altersdepression« aussehen, kann ich nur sagen, daß solche Machtfülle zu tragen nicht glücklich macht. Das sind die alten Männer, die die Jungen in den Krieg schicken.

Ich persönlich finde, die Situation der Alten, die nicht mehr mitmachen müssen, die nicht mehr verwertbar gemacht werden können, bietet eine subkulturelle Chance, da sind Möglichkeiten emanzipatorischer Gegennormen und Subversion. Bert Brechts »Die unwürdige Greisin«, die nach einem arbeitsschweren Leben jetzt als Greisin alles tut, was »man« nicht tut. Auch Giraudoux' »Irre von Chaillot« lebt als Alte so, wie sie es in ihren großbürgerlichen Kreisen niemals durfte, sie verschenkt Geld.

Auffallend, daß diese emanzipatorischen Lösungen an weiblichen Alten, an Greisinnen demonstriert werden. Ein kauziger Greis mag noch toleriert werden, ist weniger schockierend, eine Frau, eine Greisin aber, die der »Würde des Alters« ein Schnippchen schlägt, weder bedürfnislos noch sparsam und zurückhaltend ist, ist ein Skandal.

Auch ich, die ich sowieso nie in institutionellen Arbeitsprozessen eingeklemmt war, spüre jetzt im Alter ein noch weiteres Wegfallen von Anpassungsdruck: An- und Aussehen werden immer unwichtiger, meine Falten sind eben meine Falten. Ich muß überhaupt nicht mehr, meine anarchistische Grundhaltung »ni dieu, ni roi« tritt noch stärker hervor.

Ein sehr schöner Spruch, oral und rund, fällt mir am Ende ein, er ist bedeutsam für mich, weil ich ihn mir so lange gemerkt habe (den Autor weiß ich leider nicht).

> Du gehst zurück
> wirst Tier und Pflanze
> Du gehst zurück
> und löst dich in das Ganze.

Gabriele Raether
Freud – ein Antifeminist?
*Frauenbewegung und Psychoanalyse
um die Jahrhundertwende*

# 1

Wenn man dem verbreiteten Antifeminismus der Gegenwart auf die Spur kommen will, muß man etwas von seiner Genese und Vorgeschichte wissen. Bis etwa zur Mitte des 18. Jahrhunderts läßt sich, in der Tradition der christlichen Lehre und einer männlich beherrschten Jurisdiktion und Philosophie, Frauenfeindlichkeit recht eindeutig nachweisen. Spätestens mit Rousseau und dem Aufkommen bürgerlicher Vorstellungen aber wird die Situation unübersichtlicher und komplizierter: Ins Spiel kommt jetzt nicht nur ein neuer Typus von Wissenschaft, sondern auch ein neuer Affekt, der sich an der Stellung des weiblichen Geschlechts entzündet. In auffälliger zeitlicher Parallelität zur Entstehung der modernen Frauenbewegung und weiblicher Konkurrenz im Berufsleben bemächtigen sich verstärkt seit Mitte des 19. Jahrhunderts – animiert durch eine verbreitete (Natur-) Wissenschaftsgläubigkeit – nicht nur Theologen, Philosophen und Juristen des Themas »Weiblichkeit«, sondern auch Ärzte, Biologen und Psychologen. Helene Stöcker (1869–1943), eine heute fast vergessene Frauenrechtlerin des radikalen Flügels der bürgerlichen Frauenbewegung, merkte zu diesem Phänomen kritisch an: »Von Fichtes Schrift ›Über die Bestimmung des Gelehrten‹ abgesehen, ist mir im Augenblick kein Werk gegenwärtig, das sich mit der ›Bestimmung des Mannes‹ befaßte. Diese Tatsache ist um so verwunderlicher, als man sich nicht zu retten weiß vor der Fülle von Büchern, die von der ›Bestimmung‹ des Weibes handeln und die fast ausschließlich von *Männern* geschrieben sind. Es ist sonderbar – aber wenn ein Mann auf dieses Gebiet kommt, dann geht *alle* Klugheit und Klarheit, alle Konsequenz der Weltanschauung verloren; dann gibt es nur noch empfindungsvolle Hymnen und Phrasen auf der einen, kategorische, auf einen unklaren ›Natur‹begriff begründete Imperative auf der *anderen* Seite... Wunderbar genug,

daß der Mann immer noch kein Gefühl für die Komik dieses Vorgehens hat.«[1] Stöcker protestierte vor allem gegen das »Dogmatische, Doktrinäre, Absolutistische, ...daß ein einzelner seine ganz subjektive Meinung für eine objektive Wahrheit nimmt... Darum verschone man uns endlich mit törichten Dekreten über die ›Bestimmung‹ des Weibes. Die ›Bestimmung‹ der Frau ist in erster Linie einmal – *Selbstbestimmung*, so gut wie die des Mannes.«[2] Gleichwohl sei es nicht nur im Interesse des Kampfes für Selbständigkeit und Berufstätigkeit der Frau notwendig, Frauenrechtlerin zu sein, sondern auch deshalb, um der beabsichtigten Vergewaltigung der Frauen durch die männliche antifeministische Publizistik wirkungsvoll entgegenzutreten.[3]
Die Flut der antifeministischen Literatur des 19. und frühen 20. Jahrhunderts war beträchtlich. Erwähnt seien Autoren wie Arthur Schopenhauer (dessen Schrift *Über die Weiber* von 1851 um die Jahrhundertwende neu aufgelegt wurde), Friedrich Nietzsche (der freilich von einigen Feministinnen auch positiv rezipiert wurde), Paul J. Möbius (*Über den physiologischen Schwachsinn des Weibes*, 1900) und vor allem Otto Weininger mit seinem umfangreichen Werk *Geschlecht und Charakter* (1903), das eine ungeheure Wirkung ausübte.[4] Neben Helene Stöcker waren es in erster Linie die österreichische Frauenrechtlerin Rosa Mayreder (*Kritik der Weiblichkeit*, 1905), Alice Rühle-Gerstel (*Das Frauenproblem der Gegenwart*, 1932) und Grete Meisel-Hess (1879–1922), eine heute ebenfalls fast vergessene Figur des radikalen Flügels der bürgerlichen Frauenbewegung, die sich gegen den wissenschaftlich verbrämten Antifeminismus der Männer zur Wehr setzten. Meisel-Hess hat sich sogar in einer kleinen Schrift direkt mit Weiningers Pamphlet auseinandergesetzt.
Es gehört heute zum feministischen common sense, den Begründer der Psychoanalyse, Sigmund Freud, in einem Atemzug mit Gestalten wie Schopenhauer, Möbius und Weininger zu nennen.[5] Als Beleg für Freuds angebliche Frauenfeindlichkeit wird vorzugsweise seine Theorie vom Penisneid der Frau sowie seine Unterscheidung von klitoridalem (»unreifen«) und vaginalem (»reifen«) Orgasmus angeführt. Daß Freud aber – trotz mancher Irrtümer, die ihm bei der »Bestimmung« der Frau und der weiblichen Sexualität unterliefen – in seinem Urteil generell wesentlich zurückhaltender und eingestandenermaßen ratloser, auf jeden Fall weniger apodiktisch reagierte als seine männlichen Zeitgenossen, wird von vielen Feministinnen heute gern übersehen.

Merkwürdigerweise wird Freud immer wieder mit Weininger in Zusammenhang gebracht, und zwar so, als habe er einerseits den Jüngeren gefördert und andererseits manches von ihm übernommen. Diese Legende soll hier entzaubert werden, da sie jeder sachlichen Grundlage entbehrt. Darüber hinaus soll gezeigt werden, daß die Charakterisierung Freuds als Antifeminist höchst problematisch ist. Von der radikalen bürgerlichen Frauenbewegung in den ersten Dekaden unseres Jahrhunderts wurde Freud nicht selten als wissenschaftlicher Kronzeuge für das sexuelle Elend vieler Frauen und die pathogene bürgerliche Sexualmoral angerufen. Freuds Schriften wurden von den frühen Feministinnen nicht nur häufig zitiert; der Entdecker des Unbewußten publizierte seinerseits in der von Helene Stöcker herausgegebenen Zeitschrift *Mutterschutz* (1908 in *Die Neue Generation* umbenannt) und war Vorstandsmitglied in dem von Stöcker und anderen Frauen ins Leben gerufenen »Bund für Mutterschutz und Sexualreform«. Der »Antifeminismus« Freuds dürfte so denn doch in einem etwas anderen Licht erscheinen.

2

Man kann Otto Weiningers antifeministisches (und antisemitisches) Opus leicht als monströse Phantasie eines Psychopathen abtun, in dessen pseudowissenschaftliches Dickicht man sich gar nicht erst begeben muß. Man braucht nur eine kleine Zitatensammlung aus *Geschlecht und Charakter* zusammenzustellen, um zu erkennen, wie anmaßend, haltlos und pauschal Weiningers Urteile über »die Frau« und »den Juden« ausfallen. Auf diese Weise begibt man sich allerdings der Möglichkeit, der enormen Popularität des Buches auf die Spur zu kommen, einer Popularität, die der Erklärung bedarf. Die Verbreitung, die Weiningers Werk gefunden hat, läßt sich weder aus der Tatsache seines aufsehenerregenden Selbstmords wenige Monate nach Erscheinen von *Geschlecht und Charakter* ableiten noch aus dem Umstand, daß Berühmtheiten wie Karl Kraus und August Strindberg zu den Bewunderern der ersten Stunde zählten. Vordergründig galt diese Bewunderung dem »glänzenden Stilisten« Weininger, seiner »allumfassenden Gelehrsamkeit«, »der Ansammlung gelehrter Ausdrücke«, der »Fülle neuer Aspekte« und dem »enormen Aufwand«. Solche Aussagen sind so diffus und allgemein wie die Behauptungen des Weiningerschen Werkes. Etwas präziser sind da schon die Bewertungen Ludwig Wittgensteins, der als Vierzehnjähriger an Weiningers Begräbnis teilnahm und dem es Jacques Le Rider zufolge[6] darum ging, »Achtung für eine Art, sein Denken authentisch zu leben«, zu beweisen und Respekt gegenüber einer tödlichen Gefahr zu bezeugen, »die auf jedem Denken lastet, das in die Falle der Wörter gegangen ist«.[7] All das aber sind, wie gesagt, nur vordergründige Aspekte. Um die Popularität von *Geschlecht und Charakter* zu verstehen, muß man realisieren, daß Weininger, neben Möbius der bekannteste »moderne Großinquisitor«[8] des Antifeminismus, uralte Vorurteile über Frauen mit neuen »wissenschaftlichen« Erkenntnissen aus Biologie und Psychologie in einer Weise kontaminierte, die der gängigen Diffamierung des weiblichen Geschlechts weit entgegenkam. Der Anklang, den Weiningers Buch fand, hat nicht nur mit dem Was, sondern auch mit dem Wie zu tun: Scheinbar naturwissenschaftlich abgesichert, trat hier eine antifeministische Philosophie auf den Plan, der jedermann abnehmen mochte, das Rätsel der Weiblichkeit sei nun endlich wissenschaftlich gelöst. Es war eben gerade diese brisante Mischung, welche *Geschlecht und Charakter* eine so große Gemeinde zuführte.

*Geschlecht und Charakter*, mit dem nicht eben bescheidenen Untertitel »Eine prinzipielle Untersuchung«, ist neben allem anderen auch ein aufschlußreiches Dokument der Wissenschaftsgeschichte, ein Zeugnis männlicher Anmaßung und schließlich ein Werk, das auf ebenso merkwürdige wie lächerliche Weise im Mittelpunkt von Plagiatsvorwürfen stand. Als Student besuchte Weininger nicht nur Lehrveranstaltungen der Philosophie, sondern auch solche der Psychologie, Pädagogik, Biologie, Medizin, Physik und Chemie und lernte auf diesem Weg die gärenden Themen der Zeit ebenso kennen wie einige ihrer führenden Vertreter. Offenbar sah sich Weininger bald schon als synoptischen Universalgelehrten, denn es verblüfft, mit welcher Unbekümmertheit und Geschwindigkeit er sein Riesenwerk zu Papier brachte.

Die Aufklärung der Vererbungsgesetze gehörte damals zu jenen »fälligen« Themen, an denen die biologische Forschung arbeitete. Obwohl Weininger die Mendelschen Vererbungsgesetze, die 1865 erstmals formuliert worden waren und um 1900 erst wirklich bekannt wurden, wohl kaum für sein Buch verwerten konnte, so wenig wie auch die Chromosomentheorie der Vererbung, entschied er sich vorschnell für

das, was auf der Straße lag. In seiner Begeisterung für die Vererbungslehre erkannte er in allem einen »Erbfaktor« – menschliche Verhaltensweisen und Eigenschaften erschienen ihm durchweg als angeboren. Auch sonst gab sich Weininger als Wissenschaftler großzügig: Die experimentelle Verifikation oder Falsifikation seiner kühnen Hypothesen lehnte er als zeitraubend und kleinlich ab.
Im Herbst 1901 legte Weininger Freud den ersten Teil seiner Dissertation, die zunächst den Titel *Eros und Psyche* führte, zur Begutachtung vor. Freud distanzierte sich von der Arbeit nicht zuletzt deshalb, weil er an der Art, in welcher Weininger das Thema der Hysterie erörterte, tiefes Unbehagen empfand.[9] Er empfahl Weininger, er solle sich für seine Forschungen Zeit nehmen und sich zunächst einmal gründlicher mit der Materie vertraut machen.[10] Aber gerade für diese Form der Gründlichkeit, die so charakteristisch für Freuds Arbeitsweise war, besaß Weininger nicht genügend »Volkszählungsbeamten-Geduld«, wie er hochmütig bekannte.[11]
Freud ging offenbar davon aus, daß kein Kollege von der Universität Weiningers Arbeit fördern und honorieren würde, worin er sich freilich täuschte. Vielmehr fand Weininger sehr bald wohlwollende Gutachter an der Philosophischen Fakultät,[12] was dazu führte, daß er sein Manuskript noch einmal überarbeitete und in eine eher philosophische Terminologie kleidete. Zwischen der Einreichung der Arbeit im Jahre 1902 und der endgültigen Drucklegung von *Geschlecht und Charakter* fügte Weininger wohl noch das eine oder andere Kapitel hinzu.
Schon bald nach der Veröffentlichung des Buches gab es Ärger, sowohl für Weininger wie für Freud. Als erster reagierte Möbius mit einem Plagiatsvorwurf gegen Weininger. Titel und Ideen von *Geschlecht und Charakter* seien von ihm übernommen und lediglich in einen philosophischen Jargon übertragen worden. Daraufhin drohte Weininger Möbius mit einer Verleumdungsklage, falls er seinen Vorwurf nicht binnen dreier Monate zurückziehe. Aber schon vor Ablauf der drei Monate hatte sich Weininger umgebracht.[13]
Die nächste Runde in diesem Spiel wurde von Wilhelm Fließ eröffnet. Fließ, ein in Berlin lebender Hals-Nasen-Ohren-Arzt und seit 1887 enger Freund und Vertrauter Freuds, erhob gleich zweifachen Plagiatsvorwurf, und zwar gegen Weininger und dessen langjährigen Intimus Hermann Swoboda. Darüber hinaus bezichtigte er Freud der Vermittlungstätigkeit und des Verrats. Wie aus etlichen Briefen, die zwischen

Fließ und Freud in der Angelegenheit (die ihre Freundschaft endgültig beendete) gewechselt wurden,[14] hervorgeht, war Freuds Rolle weitgehend harmlos. Folgendes hatte sich abgespielt.

Im Oktober 1900 hatte Swoboda – der seinerseits ein Jahr darauf seinen Freund Weininger des Plagiats bezichtigte – eine Kur bei Freud begonnen und mit diesem wohl des öfteren über die Idee der menschlichen Bisexualität gesprochen. Dies war nun offenbar ein Thema, mit dem sich Fließ schon länger intensiv beschäftigt und über das er mehrfach mit Freud konferiert hatte. Von der Annahme der Bisexualität alles Lebendigen hatte Swoboda wiederum Weininger berichtet, woraufhin dieser sich des Themas bemächtigte und seine pseudowissenschaftlichen Behauptungen über die Anteile von M(männlich) und W(weiblich) bei jedem Individuum aufstellte. Homosexualität, so Weiningers These, sei eine angeborene und ganz normale sexuelle Zwischenstufe, bei der nur eben mehr W als M vorkomme. Obwohl Weininger zu dem Ergebnis gelangte, daß es bei den Individuen nur jeweils unterschiedliche Mischungsverhältnisse von W und M gebe, ließ er sich nicht davon abhalten, seine extrem frauenfeindliche und frauenverachtende »ethische Phänomenologie« zu formulieren, in der von der »organischen Verlogenheit des Weibes« die Rede ist und davon, die Frau wolle einzig den Koitus: »...das Weib, auch das Weib im Manne, ist das Symbol des Nichts.«[15]

Der Kreis der Plagiatsvorwürfe schließt sich mit Fließ' Anklage, Swoboda habe die Annahme einer 28- bzw. 23-Tage-Periodizität von ihm, Fließ, gestohlen und auch hier sei der Informationsfluß über Freud gelaufen.

Diese Affäre verdient in zweierlei Hinsicht Beachtung. Einmal verdeutlicht sie prototypisch die Arroganz, mit der sich Männer wie Möbius und Weininger über die »Bestimmung der Frau« – und die konnte nur die ihrer Minderwertigkeit sein – ausließen. Das war für die Zeit um 1900 gewiß kein singulärer Fall, so wenig wie die Zwanghaftigkeit, mit welcher männliche Wissenschaftler um ein vermeintliches »geistiges Eigentum« stritten. Zum andern begründete die Plagiatsaffäre die bis heute ungebrochene Legende, Freud habe in irgendeinem positiven Zusammenhang mit Weininger zu tun gehabt. Dabei gehörte Freud ganz im Gegenteil zu den wenigen, die von Anfang an und sehr energisch auf Distanz zu Weiningers Spekulationen und wissenschaftlichen Kurzschlüssen gegangen waren. Weininger selber notierte: »Freud hat mir erklärt, in dieser Form könne er mein Buch nicht empfehlen: hatte ich auch gar nicht gewünscht. Ich solle mir Zeit nehmen, zehn Jahre, und alles in lauter Specialuntersuchungen genau beweisen, alles, z. B. auch daß M am frühesten eine Glatze bekommt. Ich hab ihm gesagt, ich will nicht selber eine Glatze haben, wann E(ros) u(nd) P(syche) endlich erscheinen wird.«[16] Freuds eindeutige Haltung gegenüber Weininger bewahrte ihn nicht davor, künftig als geistiger Komplize des Autors von *Geschlecht und Charakter* betrachtet zu werden.

## 3

Um die Jahrhundertwende war die Frauenbewegung längst aus dem Stadium einer unbedeutenden Sekte herausgetreten. Neben der proletarischen Frauenbewegung, die der marxistischen Sozialdemokratie und der Theorie vom Klassenkampf verpflichtet war, gab es eine breite bürgerliche Frauenbewegung, die in einen gemäßigten und in einen radikalen Flügel gespalten war. Die radikalen bürgerlichen Frauen suchten immer wieder die Kooperation mit den in der Sozialdemokratie organisierten Frauen, was von diesen freilich mit dem Hinweis abgelehnt wurde, jene verwechselten den Geschlechterkampf mit dem Klassenkampf. Die proletarische Frauenbewegung ging davon aus, mit dem Umsturz der kapitalistischen Gesellschaftsordnung werde sich die Geschlechterfrage ganz von allein lösen.

Der radikale Flügel der bürgerlichen Frauenbewegung kümmerte sich besonders intensiv um Probleme, die mit dem sexuellen Elend der bürgerlichen Frau, mit der konventionellen Ehe und den Auswüchsen der (männlichen) Doppelmoral zusammenhingen. Während die eher gemäßigten Frauen dieses Thema weitgehend ausklammerten – wohl aus Gründen der Prüderie und aus Angst vor den fälligen Konsequenzen –, zeigten die proletarischen Frauen schon deshalb kein Interesse an dieser Diskussion, weil sie die Verhältnisse in der Arbeiterschaft viel weniger betraf. Die Sexualmoral, die im männlichen und weiblichen Proletariat verankert war, war längst nicht so einschränkend und rigide wie die bürgerliche. Auf Keuschheit vor der Ehe wurde nicht jener Wert gelegt, der für das Bürgertum maßgebend war; vorehelicher Geschlechtsverkehr war in der Arbeiterschaft gang und gäbe, und es existierte eine Art ungeschriebener Ehrenkodex, demzufolge spätestens dann geheiratet wurde, wenn ein zweites Kind kam.[17] Die proletarische Frauenbewegung sah also gar keinen Anlaß, sich vorrangig mit der »sexuellen Frage«, die die radikalen bürgerlichen Frauen beschäftigte, auseinanderzusetzen.

Die bereits erwähnte Grete Meisel-Hess[18] widmete dem verbreiteten sexuellen Elend vieler bürgerlicher Frauen eine Reihe Bücher fiktionaler wie nicht-fiktionaler Art. Als regelrechte Enzyklopädie der damals herrschenden Sexualmoral darf ihr Werk über *Die sexuelle Krise. Eine sozialpsychologische Untersuchung* von 1909 gelten.[19] 1917 erschienen aus ihrer Feder drei weitere Bände zu dieser Thematik.[20]

Im Jahre 1904 publizierte Meisel-Hess eines ihrer ersten Bücher unter dem Titel *Weiberhaß und Weiberverachtung. Eine Erwiderung auf die in Dr. Otto Weiningers Buche ›Geschlecht und Charakter‹ geäußerten Anschauungen über ›Die Frau und ihre Frage‹.*[21] Das Buch ist weniger aus inhaltlichen Gründen von Interesse – in dem Versuch, Weininger zu widerlegen, wirkt es eher hilflos –, als vielmehr deshalb, weil es ein Indikator dafür ist, daß die radikalen Feministinnen nicht länger gewillt waren, sich die »Bestimmung der Frau« von Männern vorgeben zu lassen. Über Weiningers Pamphlet heißt es: »Was er da vorbringt in endloser Wiederholung und Ausspinnung..., ist so verworren, verfilzt, mit Ekelhaftem und Unwahrem vollgestopft, daß man es kaum entwirren kann.«[22]

Was Meisel-Hess in ihrer Auseinandersetzung mit Weininger an eigenen Gedanken lediglich andeutet, entfaltet sie detailliert in *Die sexuelle Krise*: Kritik an der sexuellen Unterdrückung der Frau. Die konventionelle bürgerliche Ehe sei eine Verbindung ohne Liebe und deshalb für alle Betroffenen eine Zumutung. Aufgrund des gegebenen Frauenüberschusses, der durch Kriege noch verschärft werde, würde nur ein Teil der Frauen wenigstens in den Genuß ehelicher Versorgung gelangen. »Nach der Volkszählung von 1900 waren in Deutschland unverheiratete Frauen: im Alter von 18 bis 40 Jahren 44 %, im Alter von 18 bis 25 Jahren, also im blühendsten Lebensalter, in dem der Glückshunger der Frau am stärksten ist, 78 %!«[23] Auch wenn 34 % der Frauen zwischen 25 und 40 Jahren doch noch heiraten würden, bleibe die Frage, was sie bis dahin mit ihrer Sexualität anfangen und was aus den vielen werde, die vergeblich warteten. »Die Doppelmoral gibt dem Mann alle sexuellen Rechte, der Frau nur drei Chancen: die Ehe, das Zölibat oder die Prostitution.«[24] Um diesem entwürdigenden Zustand zu entkommen und ein Leben in Selbstbestimmung und Gleichberechtigung zu führen, ist es Meisel-Hess zufolge notwendig, daß Frauen einen qualifizierten Beruf ergreifen, und zwar ohne die Kopplung solcher Berufstätigkeit an ein Heiratsverbot, wie das z. B. im Falle von Lehrerinnen und Telefonistinnen damals üblich war. Bei ehelicher wie außerehelicher Mutterschaft solle die Frau beruflich freigestellt werden, während der Vater, der Staat oder eine sonstige soziale Institution die materielle Versorgung gewährleisten müsse. Schon aus solchen Forderungen geht hervor, daß Meisel-Hess sexuelle Beziehungen auch junger und unverheirateter Frauen für wünschenswert hält – für die Zeit um 1900 eine wahrlich revolutionäre Vorstellung.

Im Zusammenhang der Erörterung der für den Menschen so wichtigen »sexualen Versorgung«, die sie in einer (glücklichen) Ehe immer noch am besten aufgehoben sieht, kommt Meisel-Hess auf »Professor Freud« zu sprechen. Als Frau in einer unglücklichen Ehe in erzwungenem Zölibat leben zu müssen, während der Mann sich bei Prostituierten schadlos hält, empfindet sie als ebenso zerstörerisch und krankmachend wie das wirkliche Zölibat. Um die psychopathologischen Folgen des sexuellen Elends der Frau zu belegen, bezieht sich Meisel-Hess ausführlich auf Freuds und Breuers *Studien über Hysterie* von 1895 sowie auf Freuds zwischen 1893 und 1906 entstandene Schriften zur Neurosenlehre.[25] »Professor Freud führt aus, daß Neurosen und Psychosen sich notwendig einstellen müssen bei mangelnder sexueller Befriedigung, und zwar gerade bei ganz gesund veranlagten Individuen, die mit keiner psychopathischen Disposition etwa von Natur aus behaftet sein müssen... Alle verschiedenen Formen der Neurasthenie, der Hysterie, die Mischformen der Hystero-Neurasthenie und besonders die deutliche ›Angst- und Zwangsneurose‹, sie stammen zumeist aus schädlicher Art des sexuellen Verkehrs, besonders aus ›frustraner Erregung‹ ohne deren genügende Befriedigung, aus sexuellen Spannungen, die weder somatisch noch psychisch genügend gelöst werden, aus erzwungener vollständiger oder teilweiser Abstinenz, kurz aus sexueller Entbehrung aller Art bei gesundem (!!!), das heißt bei normal bedürftig veranlagtem Geschlechtsempfinden.«[26] Hier und an anderen Stellen ihres Buches führt Meisel-Hess Freud als wissenschaftliche Autorität und ernstzunehmenden Forscher und Ratgeber hinsichtlich des sexuellen Elends der Frau an. Der Entdecker der Psychoanalyse wird als Mann vorgestellt, der als Verbündeter der radikalen bürgerlichen

Frauenbewegung in ihrem Kampf um sexuelle Autonomie gilt. »Vor allem aber«, so zitiert Meisel-Hess Freud zustimmend, »muß in der öffentlichen Meinung Raum geschaffen werden für die Diskussion der Probleme des Sexuallebens; man muß von diesen reden können, ohne für einen Ruhestörer oder für einen Spekulanten auf niedrige Instinkte erklärt zu werden.«[27]

Das Lehrgeld für eine neue, weniger repressive sexuelle Kultur müssen Meisel-Hess zufolge in erster Linie die Frauen zahlen, die sich über die durch Generationen tradierte »Ehrbarkeit« hinwegsetzen, um nicht zu sexuellen »Krüppeln« zu werden.[28] Es müsse hinfort eine Art gesellschaftlich approbiertes »Konkubinat« geben,[29] damit die Frauen nicht des »erotischen Hungertodes... sterben«, ebenso die Möglichkeit der erotischen Freundschaft und des Flirts.[30] Immer aber bleibt klar, daß ohne die volle ökonomische Befreiung der Frau auch keine Freiheit in der Beziehung zum Mann zu haben ist: »Die Frau will Anteil an ›Geld, Macht, Ehren‹, gewiß – und das aus erster Hand, nicht nur über den Umweg der Ehe; vor allem aber will sie freie Verfügung über die Gestaltung ihres Lebens, und diese Möglichkeit gibt ihr nur die wirtschaftliche Selbständigkeit.«[31]

Was Meisel-Hess vor rund achtzig Jahren forderte, klingt in unseren Ohren vertraut und selbstverständlich. Bemerkenswert bleibt aber, mit welcher Eindringlichkeit die sexuelle Unterdrückung der Frau beschrieben und analysiert wird – eine Unterdrückung, die ja heute noch keineswegs in allen Punkten als beseitigt gelten kann – und mit welcher Vorbehaltlosigkeit Freud als Verfechter der Sache der Frau herangezogen wird. Freud – ein Antifeminist? Eher komisch wirkt heute Meisel-Hess' Bemerkung, für die von ihr anvisierte »neue Frau« gebe es leider noch nicht die richtigen Männer, es dauere noch etwa hundert Jahre, bis sich auch der »neue Mann« herangebildet habe: Während sich die Frauen in einer Phase der Regeneration befänden, verharrten die Männer in einer Degenerationsphase.[32]

Hier sei im Nebenbei daran erinnert, daß die von Meisel-Hess formulierte Kritik der herrschenden bürgerlichen Sexualmoral und ihre Vorschläge zu Reformen von der russischen Revolutionärin Alexandra Kollontai, die bis heute als die konsequenteste Vertreterin der »freien Liebe« gilt, aufgegriffen und im nachrevolutionären Rußland ansatzweise in die Tat umgesetzt wurden – jedenfalls soweit das im bolschewistischen Rußland der frühen zwanziger Jahre möglich war.[33]

Die Propagierung neuer (sexueller) Lebensformen tangierte notwendig auch das Problem der Mutterschaft und des Mutterschutzes. Den Feministinnen des radikalen Flügels der bürgerlichen Frauenbewegung galt die Erfahrung der Mutterschaft als wichtige Lebenserfahrung, ja Verpflichtung für eine Frau, wenngleich sie über das Wie und Wann frei entscheiden wollten. Eheliche und außereheliche Mutterschaft wurden von ihnen grundsätzlich gleichgestellt, was sich konsequenterweise auch auf die Forderung nach staatlichem Mutterschutz ausdehnte.
Der 1905 von Helene Stöcker[34] und anderen ins Leben gerufene »Bund für Mutterschutz«, der sich schon bald »Bund für Mutterschutz und Sexualreform« (BfMS) nannte, setzte sich zum Ziel, die moralische und juristische Verurteilung unehelicher Mütter und Kinder, männliche Doppelmoral und, später, den Paragraphen 218 zu bekämpfen wie umgekehrt für umfassende Sexualaufklärung, etwa über Verhütungsmittel, einzutreten. Während sich die gemäßigten Frauen des bürgerlichen Flügels in dieser Frage ebenso zurückhielten wie die Politikerinnen der proletarischen Frauenbewegung, erfuhr der Bund von Anfang an Unterstützung durch eine Reihe fortschrittlicher Männer, zu denen bekannte Sexualwissenschaftler wie Magnus Hirschfeld, Iwan Bloch, Max Marcuse und eben auch Freud gehörten. Bereits 1909 zählte der BfMS Ortsgruppen in elf Städten und insgesamt 4000 Mitglieder, wovon ein Drittel Männer waren. Das Publikationsorgan des Bundes war die von Stöcker herausgegebene Zeitschrift *Mutterschutz*, die 1908 in *Die Neue Generation* umbenannt wurde und bis 1933 existierte.
1907 wurde eine österreichische Sektion des Bundes gegründet, zu dessen Vorstandsmitgliedern Freud gehörte. Ein Jahr später veröffentlichte er im *Mutterschutz* zwei kleinere sexualwissenschaftliche Arbeiten, die Schriften *Die ›kulturelle‹ Sexualmoral und die moderne Nervosität* und *Über infantile Sexualtheorien*.[35] Als im Jahre 1911 die Internationale Vereinigung für Mutterschutz gegründet wurde, schloß sich Freud, wie andere prominente Wissenschaftler und Schriftsteller auch, dem Unterstützungsaufruf an.
Wie ihre Mitkämpferin Meisel-Hess berief sich auch Stöcker auf Freudsche Erkenntnisse: »Eine auf die sexuellen Tatsachen des Lebens gegründete, allgemein anerkannte Sexualmoral besitzen wir bis jetzt noch nicht. Professor Freud, dessen Forschungen wir gerade in bezug auf die Zerstörung des Aberglaubens auf sexuellem Gebiet so vieles verdanken, erklärt, daß wir von den biologischen Vorgängen, aus de-

nen das Leben der Sexualität besteht, noch lange nicht genug wissen, um aus unseren vereinzelten Einsichten eine zum Verständnis des Normalen wie des Krankhaften genügende Theorie aufstellen zu können.«[36] Freud seinerseits hatte offensichtlich keinerlei Probleme, mit einer so radikalen und von weiten Teilen der Öffentlichkeit befehdeten Frau wie Helene Stöcker zu kooperieren, den BfMS durch seine Mitgliedschaft und publizistisch zu fördern und in feministischen Veröffentlichungen als wissenschaftliche Kapazität zitiert zu werden. Im Vergleich zu vielen seiner männlichen Zeitgenossen, deren vornehmste Aufgabe darin bestand, auf wissenschaftlichem Wege die »Minderwertigkeit« der Frau zu »beweisen«, zeigte sich der Erforscher des Unbewußten erstaunlich offen und unkonventionell, so daß die Annahme erlaubt ist, Freud sei ein Sympathisant der Frauenbewegung um die Jahrhundertwende gewesen.

Der Kahlschlag, den der Nationalsozialismus hinterlassen hat, betrifft auch unser gegenwärtiges Wissen über frühe Verbindungen und Gemeinsamkeiten von Frauenbewegung und Psychoanalyse. Im Maße, wie radikale Vorkämpferinnen der Frauenbewegung wie Grete Meisel-Hess und Helene Stöcker heute weitgehend vergessen sind, obwohl es sich immer noch lohnte, ihre Schriften zu studieren, in dem Maße ist auch verlorengegangen, daß Freud mehr und anderes war als nur die Legende, die sich heute um seinen Namen rankt.

## Anmerkungen

1 STÖCKER, H., *Die Liebe und die Frauen*, Minden 1920, S. 59
2 Ebd., S. 60, 63 f.
3 Ebd., S. 61 ff.
4 Weiningers Werk erschien 1923 bereits in 25. (!) Auflage. 1980 wurde es in der Bundesrepublik – bei Matthes & Seitz – neu aufgelegt, versehen mit fragwürdigen Nachworten, die sich eher wie Rechtfertigungen lesen. Das Buch wurde früh in verschiedene Sprachen übersetzt; noch 1975 erschien eine französische Ausgabe.
5 Vgl. z. B. Stichwort »Antifeminismus« in: WEILAND, D., *Geschichte der Frauenemanzipation in Deutschland und Österreich*. Biographien, Programme, Organisationen, Düsseldorf 1983, S. 24 ff.
6 LE RIDER, J., *Der Fall Otto Weininger. Wurzeln des Antifeminismus und Antisemitismus*, Wien/München 1985. Le Riders ausgezeichneter und quellenkundiger Untersuchung, die sich passagenweise wie ein Kriminalroman

liest, verdankt der vorliegende Aufsatz mehr, als im einzelnen ausgewiesen ist.
7 Ebd., S. 228 f.
8 Ebd., S. 78
9 Ebd., S. 173
10 Zit. nach ebd., S. 29 f.
11 Ebd.
12 Ebd., S. 31 ff.
13 Ebd., S. 82 f.
14 Die einschlägigen Briefe Freuds und Fließ' sind abgedruckt sowohl bei Le Rider, a. a. O., S. 88 ff., wie bei MASSON, J. M. (Hg.), *Sigmund Freud, Briefe an Wilhelm Fließ 1887–1904*, Frankfurt am Main 1986, S. 504 ff.
15 WEININGER, O., *Geschlecht und Charakter. Eine prinzipielle Untersuchung*, München 1980, S. 358, 398
16 Le Rider, a. a. O., S. 29 f.
17 Vgl. NIGGEMANN, H., *Emanzipation zwischen Sozialismus und Feminismus. Die sozialdemokratische Frauenbewegung im Kaiserreich*, Wuppertal 1981, S. 256 ff.
18 Grete Meisel-Hess wurde 1879 in Prag als Tochter eines Fabrikanten geboren. In Wien studierte sie Philosophie, Biologie und Soziologie. Seit 1908 lebte sie in Berlin, wo sie ein Jahr später den Architekten Gellert heiratete und 1922 starb. In heutigen Lexika figuriert sie, sofern sie überhaupt erwähnt wird, als Theoretikerin der Sexualreform und als Verfasserin einer Geschlechterphilosophie.
19 Jena 1909
20 *Das Wesen der Geschlechtlichkeit*, 2 Bde., und *Die Bedeutung der Monogamie*, Jena 1917
21 Wien 1904
22 Ebd., S. 47
23 MEISEL-HESS, *Die sexuelle Krise*, a. a. O., S. 4
24 Ebd., S. 77
25 Vgl. FREUD, S., *Gesammelte Werke* (GW) Bd. I, S. 37 ff., 57 ff., 75 ff., 355 ff., 377 ff., 405 ff., 423 ff., 489 ff., 555 ff.; GW Bd. V, S. 147 ff.
26 MEISEL-HESS, *Die sexuelle Krise*, a. a. O., S. 400 f.
27 Ebd., S. 404
28 Ebd., S. 374, 383
29 Ebd., S. 64
30 Ebd., S. 116
31 Ebd., S. 262
32 Ebd., S. 355
33 Vgl. KOLLONTAI, A., *Die neue Moral und die Arbeiterklasse*, Münster 1977; vgl. auch G. Raether, *Alexandra Kollontai zur Einführung*, Hamburg 1986

34 Helene Stöcker wurde 1869 in Elberfeld geboren. Sie studierte Nationalökonomie, Literatur und Philosophie und promovierte zum Dr. phil. Wegen ihres Engagements für die Frauenbewegung, ihrer pazifistischen Einstellung und ihres unkonventionellen persönlichen Lebensstils – sie lebte länger als ein Vierteljahrhundert in »wilder Ehe« mit einem Mann zusammen – war sie häufig Zielscheibe öffentlicher Angriffe. Obwohl sie nie einer Linkspartei angehörte, wurde sie doch immer wieder als Sozialistin bezeichnet, was wohl damit zu tun hat, daß sie mehrfach die Sowjetunion bereiste und durchaus positiv, wenn auch nicht unkritisch über die dortigen Verhältnisse berichtete. 1933 mußte sie emigrieren, sie starb, fast vergessen, 1943 im New Yorker Exil. Genaueres zu H. Stöcker bei I. Richarz-Simons, Helene Stöcker. Sexualreformerin und Pazifistin, unveröff. Man.; R. Aspöck, Helene Stöcker und der Bund für Mutterschutz, unveröff. Man.

35 Vgl. GW VIII, S. 143 ff., 171 ff.

36 STÖCKER, H., *Ehe? Zur Reform der sexuellen Moral*, Berlin 1911, S. 40

# Jan Philipp Reemtsma
...ultra crepidam

Oft habe ich mich über Literaten, Literasten und Literaturwissenschaftler geärgert, die in Ausübung ihres Faches in fremdem Jargon dilettierten. Eine Zeitlang war die Heisenbergsche Unschärferelation en vogue; später dann die Psychoanalyse. Nicht getröstet, aber in meinem Ärgern ausgewogen wurde ich erst beim Anblick einer größeren Ansammlung Psychoanalytiker, die über Literatur redeten, daß es ein germanistisches Zweitsemester hätte rühren mögen. – Aber was soll das forensische Gewundere? Ist der Anblick zweier Schafherden, die so einträchtig wie wechselseitig das The-grass-is-always-greener praktizieren, so wenig alltäglich? Und warum sollten Psychoanalytiker über, sagen wir, Goethe anders reden als Frau Leutn. v. Straubingen aus dem »Aldermann«? Nun, sie sollten eben nicht, weil sie nicht sollten und weil sie anders können sollten. (Und was die Literaturwissenschaftler alles können sollten – darüber ein andermal.)
›Psychoanalytische Literaturtheorie‹ oder ›Literaturinterpretation‹ – kein Mensch weiß genau, was das ist und sein soll. Freuds »Gradiva« ist von Bonapartes »Poe« und Eisslers »Goethe« so entfernt, wie Literaturinterpretationen nur sein können, und nimmt man dann noch Lacans Meditationen über den »Stibitzten Brief«, Mitscherlich-Nielsens »Kafka«, Wittels' »Kraus« und was man will hinzu, so ist das Verbindende nur noch im Wort ›psychoanalytisch‹ zu suchen und auch nicht recht zu finden, denn mit ihm wird eigentlich nur die Tatsache bezeichnet, daß in allen Texten Wörter vorkommen, die man sich angewöhnt hat, zum Vokabular der Psychoanalyse zu rechnen. Und mit diesem Kriterium unterscheiden sich die Beiträge der Psychoanalytiker und Psychoanalytikerinnen zur Literatur nicht mehr von denen der Literaturwissenschaft (nicht zur Psychoanalyse, denn ganz symmetrisch ist die Chose nicht) zur Literatur.
Plausibel aber ist das Interesse der beiden Disziplinen aneinander. Die Literaturwissenschaft hat es von Fachs wegen mit den großen und

kleinen Selbstverständigungsversuchen der Menschen, oft der Menschheit zu tun. Sie tut klug daran, sich dort umzutun, wo über die kleinen und großen Selbstverständigungsversuche der Individuen Auskunft gegeben wird. Das Interesse der Psychoanalyse an der Literatur ist hierzu das Komplement, hat sie es doch mit den – oft gescheiterten oder scheiternden – Selbstverständigungen von Menschen zu tun, die in ihrer Bedeutung zunächst nicht über die individuelle Lebens- und Leidensgeschichte hinausweisen. Eine Psychoanalyse, zumal eine, die jene Gründungsurkunde, die »Zur Frage der Laienanalyse« heißt, ernst nimmt, wird bei diesen Erkundungen nicht bleiben, sondern weiter auf jene von großen oder kleinen Kollektiven akzeptierten Individualäußerungen sehen, die Literatur heißen, und in ihnen das Ge- oder Mißlingen kollektiver Selbstverständigungen betrachten.

Eine denkbar schlechte Ausgangsfrage für ein solches Unterfangen ist aber die nach der die dichterische Profession ermöglichende Deformation. Die *reductio ad neurosam* ist, fast so oft sie unternommen wurde, eine ad absurdum gewesen. Was das Reden über Literatur angeht, sind die »Mittwochsprotokolle« – ausgenommen die dort zu findenden Mahnungen Freuds, Literatur nicht über jene Leisten zu schlagen, bei denen die anderen nicht geblieben waren – trüb stimmende Protokolle untersekundanerhafter Kicherallüren. Daß der Spießer endlich auf gut psychoanalytisch beweisen kann, was er immer schon ahnte, daß der Künstler nämlich einen Sparren habe, hindert ihn nicht an der Weigerung, sich mit diesem den Star stechen zu lassen.

Nehmen wir nun Freud selbst, so können wir an seinem eigenen gleichfalls vorhandenen Nicht- oder Mißverstehen von Literatur zwanglos mitdemonstrieren, wie an diesem Unverständnis die Zunft selbst Schaden nahm. Ich meine z. B. seine Gedanken zu Sophokles' »Ödipus, der Herrscher«. In der »Traumdeutung« heißt es bekanntlich: »Daß die Sage von Ödipus einem uralten Traumstoff entsprossen ist, welcher jene peinliche Störung des Verhältnisses zu den Eltern durch die ersten Regungen der Sexualität zum Inhalte hat, dafür findet sich im Texte der Sophokleischen Tragödie selbst ein nicht mißzuverstehender Hinweis. Jokaste tröstet den noch nicht aufgeklärten, aber durch die Erinnerung der Orakelsprüche besorgt gemachten Ödipus durch die Erwähnung eines Traums, den ja so viele Menschen träumen, ohne daß er, meint sie, etwas bedeute: ›Denn viele Menschen sahen auch in Träumen

schon / sich zugesellt der Mutter: doch wer alles dies / für nichtig achtet, trägt die Last des Lebens leicht‹.«[1]
Freud hält das Stück des Sophokles zwar für formal gelungen (»der Arbeit der Psychoanalyse vergleichbar«[2]), letztlich aber nur für eine naive Wiederholung oder Wiedergabe des Mythos. Weil er dies tut, verkennt er die Bedeutung der von ihm zitierten Stelle. Der »Ödipus« des Sophokles ist nicht der Mythos von Ödipus in Dramenform, sondern diese setzt jenen – und seine Kenntnis durch den Zuschauer! – voraus. Die Form des Stückes spielt mit dem Mythos, den sie dadurch interpretiert. Ich will dies nur für die zitierte Stelle zeigen; es handelt sich bei ihr nämlich um einen Witz. Er steht an der Stelle im Stück, wo Ödipus bei seiner aufklärend-kriminalistischen Tätigkeit endlich an die Schwelle kommt, hinter der die Investigation in Selbstanalyse umschlagen könnte; er erwähnt das Orakel und fragt, ob dieses möglicherweise etwas mit dem Unglück der Stadt zu tun haben könnte. In diesem Augenblick interveniert Jokaste mit ihrem Verweis auf die jedermann bekannten Träume. Würde man Ödipus' Verdacht nun fortführen, müßte man sagen: Und du tatest, was andre nur träumten. Dieses antizipiert der Hörer (genauer: das Stück setzt auf diese Antizipierung) und erlebt dann, daß – kurz vor dem Ziel – die Enthüllung nicht weitergeht; daß gerade was zum Schlüssel getaugt hätte, dem weiteren Verbergen dient. Damit dieser Witz funktioniert, müssen seine Bestandteile bekannt sein. Das heißt, es müssen nicht nur Inzest- und Vatermordträume bekannt, sondern es muß auch klar sein, daß der Mythenstoff und diese Träume vom selben Seelenmaterial sind. – Mit anderen, gewichtigeren Worten: Die Tragödie des Sophokles setzt das psychoanalytische Wissen, das Freud an ihm als eigene Entdeckung demonstrierte, als bekannt voraus.
Sophokles benutzt den Mythos wie Freud Sophokles, nämlich als metapsychologische Einsicht, einer »mißverständlichen sekundären Bearbeitung«[3] unterworfen, die es in der Interpretation abzutun gilt. Daß Freud kurz vor dieser Einsicht war, zeigt sein bereits zitiertes »der Arbeit der Psychoanalyse vergleichbar«. Warum er den Vergleich nicht wirklich zog, mag hier unerörtert bleiben; hingewiesen sei nur darauf, daß zur offenbaren Nichterkenntnis die Nichtkenntnis literarischer Techniken entscheidend beigetragen hat. Und auch, daß das natürlich zwar beklagenswert ist, aber gar nicht anders sein kann; die Zeit für

das nötige Lesepensum ist bei einem therapieerfüllten Alltag eben nicht vorhanden.

Hätte Freud die Möglichkeit zu einer solchen Erkenntnis gehabt, so hätte er die Überlegung anschließen können, wie es denn zugegangen sei, daß ein solches psychologisches Wissen, das kollektiv und wie selbstverständlich zur Verfügung stand, verschwinden konnte. Hier hätten sich interessanteste Gedanken zur Sozialpsychologie anschließen können... – kurz, wir wären heute weiter im Denken. – Und auch ein grundsätzlich anderer Umgang mit Literatur hätte folgen können. Er hätte, wie Freud es im »Motiv der Kästchenwahl« tat, literarische Werke als Beiträge zur Metapsychologie ernstnehmen müssen, als Re-Individualisierungen von psychologischen Erfahrungsgesetzen. Freud selbst nannte ja die metapsychologischen Spekulationen ein Phantasieren, und die bekannteste metapsychologische Einsicht, die Instanzenlehre, ist, wie wir wissen, nach einem platonischen Gleichnis gebildet. Freud hätte also einen Zustand herbeiführen können, in dem die Psychoanalyse nicht über Literatur redet (die entschlüsselt werden müßte, dechiffriert als Mitteilung einer Verfasserseele, die nicht hätte Literatur zu produzieren brauchen, wenn ihr der Interpretationsbefund rechtzeitig abkuriert worden wäre), sondern eingesehen hätte, daß sie und die Literatur wenigstens sehr oft über dasselbe reden, aufeinander aber nicht reduzierbar sind.

Margarete Mitscherlich-Nielsen hat dies in einem ihrer Aufsätze getan. »In dem 1967 veröffentlichten Buch ›Die Unfähigkeit zu trauern‹ schrieben wir, daß es bisher noch keinem unserer Schriftsteller gelungen sei, mit seinen Werken das politische Bewußtsein und die soziale Kultur der Bundesrepublik tiefergehend zu beeinflussen. (...) die Auseinandersetzung mit der Nachkriegsgesellschaft war in den fünfziger Jahren selten. (Wolfgang) Koeppen war der erste, der sich in drei Romanen mit der unmittelbaren deutschen Gegenwart beschäftigte. 1951 wurde ›Tauben im Gras‹ veröffentlicht, es folgten 1953 ›Das Treibhaus‹ und 1954 ›Der Tod in Rom‹. Seine Bücher legten nicht nur die Rückkehr der Nazis, den Aufstieg der Opportunisten und das Wiedererwachen faschistischer Mentalität bloß, sie zeigten auch, mit welchen Methoden die noch unvollständig verdrängte Vergangenheit in der Gegenwart wieder Fuß zu fassen vermochte ... Ich sehe es hier nicht als meine Aufgabe an, ein Urteil über die literarische Qualität der Romane Wolfgang Koeppens abzugeben... vielmehr möchte ich untersuchen,

wie es dazu kam, daß Wolfgang Koeppen die deutsche Nachkriegsgegenwart mit so viel Distanz und analytischer Schärfe einerseits und so viel Kenntnis andererseits zu sehen vermochte.«[4]
In der Beschränkung auf ein in knappen Strichen gezeichnetes Porträt des Autors zeigt die Autorin, daß sie die Auskunft für ausreichend hält, er sei ein Außenseiter, dessen stets enttäuschte Sehnsucht, achten zu können, Respektlosigkeit weniger als Resultat denn als Einsicht hervorbrachte, der zwar resigniert hat an der Möglichkeit, mit seinen Werken das politische Bewußtsein und die soziale Kultur der Bundesrepublik tiefergehend zu beeinflussen, dessen Blick darüber aber – im Bewußtsein der Furcht »mit Bewußtsein zu versteinern«[5] – klar geblieben ist. Dessen, wie ich hinzufügen darf, »Treibhaus« manch grüne Parlamentenherrlichkeit hätte verhindern können, wenn Romane dies könnten.
»Verglichen mit den politischen Büchern Koeppens wurde 13 Jahre später, 1967, unser Buch ›Die Unfähigkeit zu trauern‹ ein Verkaufserfolg. Warum?«[6] Mitscherlich-Nielsen sucht die Antwort in der veränderten politischen Situation und in einer Generation, die bereit war, Vergangenes zu sehen und dessen Spuren in der Gegenwart. Ebenso wichtig aber scheint mir, daß es falsch gelesen wurde. Man las es nämlich – und ich erinnere mich an eigene ähnlich fehlgegangene Lektüre zu jener Zeit – als optimistisches Buch, als eine Art psychoanalytisches Manifest einer neuen Ostpolitik. Indem man aber aus ihm nur das herauslas, was die Tagespolitik dann nachliefern konnte, verfehlte man es und machte es wirkungslos wie Koeppens Romane.
Daß er über die Deutschen gesprochen habe, als wenn er keiner wäre, hieß es auch einmal über Johannes v. Müller, und die Dänin Margarete Mitscherlich-Nielsen weiß nämliche Eigenschaft an Wolfgang Koeppen zu schätzen; sie redet nicht über seine Bücher und ihn, sondern mit seinem literarischen Werk gemeinsam urteilt sie über Deutschland: »Obwohl Siegfried seine Familie verabscheut und sich innerlich und äußerlich von ihr zu trennen versucht, bleibt er ein Kind seiner Eltern und seiner Tradition, von der er doch nichts wissen will. Ilse Kürenberg, die emigrierte deutsche Jüdin und Frau des Dirigenten, der seine (Siegfrieds) Symphonie mit Erfolg aufführt, lehnt seine Musik ab. ›Was sie hörte, waren Dissonanzen, einander feindliche unharmonische Klänge, ein Suchen ohne Ziel, ein unbeharrliches Experiment, denn viele Wege wurden eingeschlagen und wieder verlassen, kein Gedanke

erfüllt und von Verzweiflung beherrscht. Sie wollte nicht beunruhigt werden, sie hatte in ihrem Leben gelernt, daß es besser sei, Leid und Wehmut zu fliehen. Sie wollte nicht leiden, nicht mehr.‹ Sie hatte genug gelitten. Sie hatte genug von Tod, Elend und Unglück. Es ist allzu real über sie und ihre Familie, ihre ›Rasse‹ eingebrochen. Die will mit diesen faustisch deutschen verzweifelten und zerstörerischen inneren Auseinandersetzungen nichts mehr zu tun haben. Auch die sieht in Siegfried immer noch ein Mitglied seiner Familie. Koeppen gibt ihr recht, denn am Ende seines Romanes wird sie wiederum das Opfer eines Deutschen. Gottlieb Judejahn, Siegfrieds Onkel, ein alter, unbeirrbarer, mörderischer Nazi, schießt auf sie und tötet sie.«[7]

Das über den bloßen Befund am Text hinausgehende Identifikationsspiel mit einer Romanfigur belegt, daß im Roman und in der Abhandlung das gleiche verfolgt wurde, womit zusammenhängt: Jene deutsche Art und Weise nicht zu lieben, die sich wiedererkennt in jener Romanfigur, die einen verballhornten Köln-Bonner Vorort und den nie aufgegebenen deutschen Siegfrieden im Namen trägt, und jene deutsche Seele nicht zu mögen, die der melancholische Famulus aus dem zweiten Teil ist, nur musizierend.

Es gibt auch eine andere Bemerkung über besagten Siegfried Pfaffrath, aber es ist zugleich eine über Koeppens Prosa, und mit ihr wird die Kooperation zwischen Literatur und Psychoanalyse benannt: »Siegfried, obwohl auch ein Pfaffrath, stellt das kreative Element dar, er versucht, eine andere Welt heraufzubeschwören; die Verzweiflung, der Verfall, die Aussichtslosigkeit seiner Zeit, die Distanzierung von ihr werden mit Hilfe seiner Musik dargestellt, in der neue, bisher unbekannte Tonverbindungen den Zugang zu neuen Denk- und Gefühlsweisen öffnen möchten... Die Musik ist für ihn ›eine Annäherung an die Wahrheit der Dinge, die nur unmenschlich sein konnte‹.«[8]

Margarete und Alexander Mitscherlichs »Die Unfähigkeit zu trauern« war eine Schrift, die es mit jenen deutschen verzweifelten und zerstörerischen inneren Auseinandersetzungen zu tun hatte. Sie war ein mitmenschliches Unterfangen und mußte, bis in den Anrede-Plural hinein, mit-deutsch sein, obwohl Margarete Nielsen und Ilse Kürenberg dies so wenig waren wie Alexander Mitscherlichs und Keetenheuves Gedanken zur Unwirtlichkeit deutscher Städte. Was die sich in der Doppeldeutigkeit des Titels andeutende Unwilligkeit, über den deutschen Befund zu trauern, hinderte, dominant zu werden, war die therapeu-

tische Moral, die der Diagnostik übergeordnet blieb. Bei Koeppen gibt es diese nicht. Er ist die Geste Dr. Tulps. Er seziert eine Leiche.
Der Psychoanalyse verdanken wir die Denkfigur, die wir sonst nur in der *gothic novel* hätten: daß die Toten nicht tot sind. Für die Erkenntnis, daß es noch in einem Kadaver spuken kann, braucht die Psychoanalyse die Literatur.

## Anmerkungen

1 FREUD, S.: *Die Traumdeutung, Gesammelte Werke*, S. Fischer, Frankfurt am Main, seit 1960, Band II/III, S. 270.
2 a.a.O., S. 268.
3 a.a.O., S. 271.
4 MITSCHERLICH-NIELSEN, M.: Wie haben sich deutsche Schriftsteller gegen die Unfähigkeit zu trauern gewehrt? Dargestellt an Wolfgang Koeppens ›Der Tod in Rom‹, in: *Neue Rundschau*, 3/1983, Frankfurt am Main 1983, S. 137. In überarbeiteter Fassung in: *Erinnerungsarbeit; Zur Psychoanalyse der Unfähigkeit zu trauern*, S. Fischer, Frankfurt am Main 1987, S. 123 ff. Es sei mir in der Anmerkung gestattet, den dritten Satz so zu lesen, daß Koeppen der erste war, der mit drei Romanen usw.
5 a.a.O., S. 142.
6 a.a.O., S. 148.
7 a.a.O., S. 143. Die Koeppen-Zitate folgen der Zitierung im Text.
8 a.a.O., S. 145.

# Ellen Reinke
# Frühe Ichentwicklung und weibliche Selbstentwertung – eine moderne Variante weiblicher Emanzipation

Es gibt in der psychoanalytischen Literatur eine Reihe von Texten darüber, wie die Trennung vor allem des Mädchens von der Mutter erschwert wird. Danach vereitelt die »Macht der Mütter« die Autonomiestrebungen des Mädchens besonders stark, weil es nicht wie der Junge auf sein Anderssein, auf die Identifikation mit dem Vater als Geschlechtspartner der Mutter, zurückgreifen kann. Mir scheint aber, daß es auch eine Form frühzeitiger *Abweisung* des Mädchens durch die Mutter gibt, jedenfalls soweit die bedürftigen, passiven, rezeptiven und andere als weiblich verstandene Anteile in der Beziehung zur Tochter betroffen sind. Die Folge ist – zusammen mit einem bestimmten weiter unten skizzierten Verlauf der ödipalen Entwicklung – eine frühzeitige Entwicklung der Ichfunktionen noch vor der Zeit, in der eine genügend stabile emotionale Basis dem Mädchen die Sicherheit gibt, daß es nicht für seine Leistungen, sondern um seiner selbst willen geliebt und anerkannt wird.

Äußerlich betrachtet, können sich diese Töchter später zu beruflich sehr erfolgreichen und offenbar unabhängigen Frauen entwickeln, was allgemein und auch in der feministischen Bewegung als eine Form weiblicher Emanzipation von unerwünschten Abhängigkeitsverhältnissen anerkannt wird. Solche Frauen werden oft bewundert und beneidet, sind besonders »arbeitsfähig«, auch kontaktfähig und scheinen auf den ersten Blick auch keine Schwierigkeiten zu haben, längere heterosexuelle Beziehungen einzugehen. Es scheint ihnen nichts zu fehlen, und oft stößt ihre Absicht, eine psychoanalytische Behandlung zu suchen, in ihrer Umgebung auf Erstaunen: »*Du* doch nicht. Du bist doch stark, belastungsfähig etc.«

In meiner Arbeit mit Patientinnen ist mir im Laufe der Zeit aufgefallen, daß es eine bestimmte Art von Selbstverachtung, von Verachtung des Weiblichen gerade bei solchen erfolgreichen, oft feministischen Frauen gibt, die im Gewande eines speziellen Übertragungsangebots erscheint: als Angebot einer feministischen Allianz.

Bereits im Erstinterview fällt in der Regel auf, daß man diesen Frauen das Starksein, das Erfolgreichsein äußerlich ansieht. Sie sind harmonisch gekleidet, haben meist eine akademische Ausbildung und keine Schwierigkeiten, eine lukrative Stelle zu finden und im Beruf »ihren Mann zu stehen«. Sie sind von ihren Vorgesetzten als Mitarbeiter äußerst geschätzt und auch sonst in ihrer sozialen Umgebung anerkannt. Dies drücken sie in ihrem Auftreten aus, zu dem sie eine seltsame Diskrepanz durch die Klage herstellen, nicht mehr weiter zu können, kurz vor dem Zusammenbruch zu stehen. Der Analytikerin ist diese Not im Interview zunächst emotional nicht erlebbar. Sie hört die Worte, fühlt aber nichts. Passive, schwache, »kleine« Anteile der Patientin kommen zur Sprache, aber es ist, als rede sie von einer anderen, hypothetischen Person. Wird dies angesprochen, kann es zu einem vorübergehenden Zusammenbruch der »starken« Anteile der Patientin kommen, oft auch zur Mitteilung von seltenen, aber spektakulären und manchmal lebensgefährdenden Einbrüchen in der Lebensgeschichte.

Diese Patientinnen suchen zumeist bewußt eine Analytiker*in* auf, weil sie sich nicht vorstellen können, bei einem Mann eine analytische Behandlung zu machen. Sie teilen die in der feministischen Bewegung zum Teil stark vertretene Auffassung, Frauen seien für Frauen bessere Therapeuten, oder gar die, daß überhaupt nur Frauen Frauen behandeln können. Die meisten dieser intellektuell und oft auch beruflich erfolgreichen Frauen haben Kenntnis von der Psychoanalyse, insbesondere von der Freudschen Theorie der weiblichen Sexualität, und sie haben die entsprechende feministische Literatur rezipiert, in der Freud lange als typischer Vertreter eines frauenverachtenden Patriarchats dargestellt wurde. Unter den Psychoanalytikerinnen wenden sie sich, wenn möglich, an solche, die sich durch Veröffentlichungen oder Vorträge in feministischen Kreisen einen Namen gemacht haben. Wenn sie bei einer solchen Kollegin keinen Analyseplatz finden, so bitten sie zumindest um den Namen einer Kollegin, bei der sie nicht auf den »üblichen Quatsch mit dem Penisneid« festgelegt, sondern als Frau anerkannt werden.

Es hat den Anschein, als würde die Wahl der Analytikerin dem Wunsch entspringen, sich vor entwertenden Anpassungsversuchen männlicher Kollegen zu schützen, sich im Klima einer gegenseitigen weiblichen Wertschätzung entwickeln zu können. So einfach aber ist es nicht. Es ist zwar zunächst einmal festzustellen, daß die Patientinnen ein positives, ja, oft stark idealisiertes Bild ihrer Analytikerin haben, aber es stellt sich sehr schnell heraus, daß es auch ein sehr starres Bild ist. Die Analytikerin wird von ihrer Patientin oft als genaues, wenn auch erfolgreicheres Spiegelbild ihrer selbst angesehen: Sie ist ebenfalls intellektuell, sie ist ebenfalls kritisch und unabhängig, meist feministisch eingestellt. Sie hat eine hohe Meinung von ihren eigenen Fähigkeiten. Sie ist beruflich und sozial erfolgreich und Männern gegenüber souverän. In der Regel wird angenommen, daß wie die Patientin so auch die Analytikerin in ihrer Beziehung zu Männern die Überlegene ist, ihre Attraktivität für Männer steht außer Zweifel. Männer spielen nur als Lieferanten von Bestätigungen verschiedenster Art eine Rolle – der intellektuellen Fähigkeiten, der Leistungsfähigkeit, besonders der sexuellen Attraktivität. Es erscheint wichtig, sich der sexuellen Anziehungskraft für Männer immer wieder zu versichern, während eigene Wünsche, eigene Lust verneint und als Boten der Gefahr unerwünschter Abhängigkeiten angesehen werden, die es zu bekämpfen gilt. Andernfalls würden die Männer doch nur wieder ihre Macht über die Frauen zu deren Unterdrückung und ihrer eigenen Erhöhung ausnutzen.

Die konkreten Beziehungen zu Männern sehen verschieden aus: 1. Die Patientin steht zwischen zwei Männern, kann sich nicht für den einen oder den anderen entscheiden, obwohl beide drängen und »sie für sich allein haben wollen«. Sie wird beneidet, daß sie gleich von zwei Männern begehrt wird. In der Analyse stellt sich u. a. heraus, daß sie ein tiefes Mißtrauen in bezug auf die Verläßlichkeit der Liebesbeteuerungen ihrer Männer hat. Sie ist insgeheim davon überzeugt, daß sie ihren Wert für beide Männer verliert, sobald keiner mehr fürchten muß, sie an seinen Rivalen zu verlieren. 2. Die Patientin hat ein »festes Verhältnis« zu einem Mann, hat aber daneben wechselnde Liebesverhältnisse mit anderen Männern. Die Patientin wird ebenfalls beneidet, »sie kann jeden Mann haben, den sie will«. In der Analyse zeigt sich oft, daß das Verhältnis zum »festen Freund« eher geschwisterlich ist bzw. nach einer Anfangsverliebtheit wird. Sexuelles Empfinden hat sie nur mit den wechselnden Liebhabern. 3. Die Patientin lebt in einer geschwisterlichen Beziehung mit einem Mann zusammen, dem wie ihr an der Vermeidung von Sexualität, zugleich aber an einer heterosexuellen Fassade gelegen ist.

In der Behandlung erweist sich bald als größte Schwierigkeit, daß die Patientin an einem wirklichen Verstehen unbewußt nicht interessiert ist, ja, daß sie es sogar auf jeden Fall verhindern muß, weil die Analytikerin sozusagen als eine erfolgreichere Ausgabe der eigenen Person gesehen wird, d. h., sie *kann* kein Interesse an den abgewehrten passiven, schwachen, bedürftigen und »kleinen« Anteilen der Patientin haben. Die Patientin *weiß*, daß die Analytikerin so ist, und alles, was sie von ihr will, ist, daß sie an diesem Glanz partizipieren darf, um selbst noch erfolgreicher, noch wertvoller zu werden. Die Analyse dient in der bewußten Motivation der Patientinnen der weiblichen Selbstverwirklichung mit Hilfe einer Partnerin, die als überlegen eingeschätzt wird. Mit der unbewußten Motivation ist es schwieriger. Es bedarf einer sehr genauen Analyse der kontrollierenden und starren Abwehr der Patientin, ehe es möglich wird, unter dieser Form der Idealisierung den Versuch der Patientin wahrzunehmen, die Analytikerin quasi bewegungslos und ohnmächtig zu machen. Gerade *weil* die Patientin sich so sicher ist, daß die Analytikerin eine erfolgreichere Variante ihrer selbst ist, ist sie ebenfalls sicher, daß sie es der Analytikerin auf keinen Fall erlauben darf, etwas zu tun, was sie, die Patientin, nicht kontrollieren kann. Im Grunde ihres Selbst ist sie davon überzeugt, daß die Analytikerin sie nur verachten und gar nicht bereit sein kann, ihr, der Schwächeren, etwas von ihrem Glanz abzugeben. Die Patientin muß eine Form finden, das, was sie glaubt haben zu wollen, der Analytikerin zu entreißen und sie gleichzeitig so zu kontrollieren, daß sie es nicht merkt. Die Patientin fürchtet unbewußt nichts mehr als die Verachtung ihrer Analytikerin, deren sie sich sicher ist. Das Interesse der Analytikerin sieht sie darin begründet, daß sie dieser zur Erfüllung eigener Bedürfnisse nützlich sein kann, und sie trachtet mit viel Subtilität, diese Bedürfnisse herauszufinden.

Sie versucht, die Analytikerin im Übertragungsangebot einer feministischen Allianz zu binden. Was ich damit meine, soll eine Fallvignette illustrieren:

Frau M. war mit der deutlichen Vorgabe zu mir in Analyse gekommen, daß sie nur bei einer Analytikerin wie mir »so etwas« machen könnte. Sie hat erfolgreich ein Studium absolviert und arbeitet in einer Firma im Bereich der Medien. Ihre Chefin wird von ihr bewundert. Die Anerkennung ihrer Chefin ist ihr wichtig. Sie hält zusammen mit ihr ein Fortbildungsseminar, das sehr erfolgreich verläuft. Die Teilnehmer sind begeistert. Zum Abschluß des Seminars gibt es eine private Einladung von seiten der Chefin. Die Patientin freut sich darauf, etwas näher an die

Chefin heranzukommen, und erwartet als Anerkennung, quasi in den privaten Raum der Chefin hineingenommen zu werden. An dem entsprechenden Abend ist sie jedoch bereits tief enttäuscht, als sie die Aufmachung ihrer Chefin sieht: sie ist heute korrekt und kühl gekleidet, mit einer weißen, makellosen Bluse, die für die Patientin Abweisung signalisiert. Auch im Verlauf des Abends ist alles korrekt und »freundlich«, aber es kommt keine Wärme auf. Die Chefin hat es »meisterhaft verstanden, sie auf Distanz zu halten«. Sie hat zwar »privat« eingeladen, aber deutlich gezeigt, daß sie nicht wollte, daß man ihr näher kommt. Die Chefin sehe in ihr wohl doch nur eine Angestellte, deren Einsatz sie ausnützen könne, ohne ihr etwas dafür zu geben. Die Patientin schimpft bei mir über ihre Chefin, fühlt sich betrogen, entwertet und ausgebeutet. Sie sei die Dumme gewesen. Das habe mal wieder »bewiesen, daß es keine Wärme zwischen Frauen geben kann«. Die Patientin ist auch sehr enttäuscht über den Mann der Chefin, der sich von ihr kommandieren und einspannen ließ, gleichzeitig jedoch mit den anwesenden Frauen flirtete und verächtliche Bemerkungen über seine Frau machte.

In der Folge wird deutlich, daß die Patientin auch in der Analyse von mir keine wirkliche Nähe erwartet. Statt dessen geht sie davon aus, daß ich sie anerkennen und ihr etwas nützen werde, wenn sie sich mir für meine Zwecke interessant machen kann. Sie kompensiert den Wunsch nach wirklicher Nähe durch gemeinsames »Glänzen«, indem sie z. B. bei den Medienleuten ein Loblied auf ihre »tolle Analytikerin« singt. Gleichzeitig bietet sie mir an, ich könne sie zum Gegenstand eines Buches über weibliche Sexualität machen, das ich doch sicher zu schreiben gedenke. Unsere Allianz kann nur darin bestehen, daß wir gegenseitig unseren Glanz erhöhen. Es wird mir klar, daß die Patientin davon ausgeht, daß ich sie »deswegen«, jedenfalls nicht »ihretwegen«, genommen habe. Wenn sie nichts bietet, empfinde ich sie selbstverständlich als wertlos. Ihr Zorn und ihre Enttäuschung über dieses Arrangement, das zwar keine Nähe, aber wenigstens eine Interessenallianz ermöglicht, drücken sich in ihrer Schilderung des Verhaltens der Chefin und von deren Mann an jenem Abend aus. In meiner Gegenübertragung war ich an solchen Punkten oft mutlos und ärgerlich, wenn mir klar wurde, wie wenig ich zunächst gegen dieses »Wissen« der Patientin ausrichten konnte.

Die Patientinnen gehen mit diesem Arrangement durchaus konkretistisch um, sie passen auch Details meiner ihnen bekannt gewordenen privaten Verhältnisse in Form von Bestätigungen und Beweisen in ihre Vorstellung von mir ein und haben zunächst ganz offenbar keine Möglichkeit, sich von diesem Bild als einer *Vorstellung* von ihnen über mich zu distanzieren. Desgleichen konnten sie mir ihre Not nur konkret demonstrieren, indem sie sich häufig in Situationen brachten, in denen sie ihr Leben gefährdeten oder von Männern bedroht oder gar tätlich angegriffen wurden.

Das Verhältnis zu ihren Müttern beschrieben diese Patientinnen durchweg als völlig unbefriedigend. Sie berichteten von dem Gefühl, daß die Mutter für sie nie erreichbar gewesen sei. Eine Patientin war überzeugt, daß ihre Mutter sie niemals auf den Arm genommen habe, eine andere, daß die Mutter ihr niemals eine Mahlzeit bereitet habe. Aus welchen einzelnen Gründen auch immer fühlten sie sich »von Anfang an« von ihren Müttern fortgestoßen, denen das Arbeiten im Familienbetrieb, die eigene sportliche Karriere oder andere Dinge stets wichtiger gewesen seien als die Töchter. Die Töchter hatten das Gefühl, daß sie für ihre Mütter eine Belastung gewesen seien, und gleichzeitig klagten sie, sie seien von ihren Müttern überfordert worden. Es fällt auf, daß die Mütter häufig Krankheiten, z. B. Migräne, als weitere Mittel der Abweisung von Ansprüchen der Töchter einsetzten – Mittel, die sie ebenfalls zur Abweisung sexueller und anderer Ansprüche ihres Mannes gebrauchten. Im Gegenzug erfuhren sie Anerkennung, sobald sie Zeichen von »Selbständigkeit und Unabhängigkeit« zeigten und der Mutter »vom Rockzipfel« blieben. In der Wiederannäherungsphase scheint die Einigungsmöglichkeit zwischen Mutter und Tochter besonders gestört, so daß die Tochter auf den Vater ausweicht, der in dieser Zeit oft mütterliche Züge zeigt.

Mit sehnsüchtigem Bedauern berichten diese Patientinnen von den frühen mütterlichen Zügen ihrer Väter. Nicht Mutter, nein, Vater hat sie auf dem Arm getragen; Vater hat sie zu Bett gebracht und beruhigt; Vater hat die Hand auf ihre Stirn gelegt, wenn sie krank waren. Sie berichten aber ebenso vehement und verbittert davon, daß er sie dann doch enttäuscht und fallengelassen habe. In der Schilderung erscheinen die Väter eher schwächer als die Mütter oder als Pseudodespoten, denen die insgeheime Verachtung der Mutter galt. In ihrer Beziehung zum Vater drückten die Mütter oft eine starke Verachtung der Männer aus, in einigen Fällen wurden die Töchter explizit zur Partnerin von Gesprä-

chen gemacht, in denen die Mütter sich über die Wertlosigkeit der Männer allgemein und speziell ihres eigenen Mannes äußerten und als Begründung dafür nannten, daß »alles eben an ihnen hängen bliebe bzw. von ihnen abhinge«. Die Mütter waren »ständig überforderte Frauen«, die Männer/Väter nur eine Enttäuschung, die Töchter entweder eine Last oder »selbständig.«
Interessant ist, welche Rolle die Väter für die Töchter zu spielen scheinen. Im Gegensatz zur früher gezeigten Mütterlichkeit scheinen sie spätestens in dem Moment zu versagen, in dem sie ihre Rolle als ödipales Objekt für die Tochter zu spielen beginnen. Hatten sie der kleinen Tochter zumindest Passivität, Bedürftigkeit und Verwöhnungswünsche erlaubt, so weisen sie deren ödipale Wünsche gänzlich zurück. Diese Väter, die in der Beziehung zu ihrer Frau wenig Anerkennung finden, scheinen die Verführungsangebote ihrer kleinen Töchter als Gefahr zu erleben, der sie nur durch Abbruch der vorherigen verwöhnenden Haltung glauben entgehen zu können. Eine Triangulierung kann nicht stattfinden, weil die Mann-Frau-Beziehung der Eltern hierfür keine Basis bietet.
Die Enttäuschung ruft der Tochter sozusagen in Erinnerung, daß die Mutter dies »vorausgesagt« hatte: Sie ist nun ebenfalls eine Enttäuschte und wendet sich wieder der Mutter zu, um in der Allianz mit ihr wenigstens eine gewisse Sicherheit zu finden. In der nun veränderten Beziehung zum Vater erlebt sie auch, daß, ähnlich wie zuvor die Mutter, er ihre kognitiven Leistungen annehmen kann, ja, oft sogar stolz auf sie ist. So erhält die allzu frühe Betonung der Ichfähigkeiten auf Kosten emotionaler Bedürfnisse eine weitere Verstärkung, die sich in den späteren Sozialisationsinstanzen, insbesondere in der Schule fortsetzt: Der einzige Weg zur Anerkennung ist Leistung.
Ich habe den Eindruck, daß diese Patientinnen in der Beziehung zur Analytikerin etwas wiederholen, was sie in der Beziehung zur Mutter (und letztlich auch zum Vater) erlebt haben und was ihrer Meinung nach die einzig mögliche Beziehung zwischen Frauen ist: die gemeinsame Verleugnung tiefer Wertlosigkeitsgefühle in einer Art feministischer Allianz, die keine Männer zu brauchen scheint. Hier sind die Frauen sich genug, sind sozusagen komplett, das andere kommt nicht in Betracht. Ich sehe darin die Übereinkunft, gemeinsam den ödipalen Wunsch nach dem Vater bzw. den Wunsch nach einem gleichwertigen anderen zu verleugnen und damit auch passiv-weibliche Wünsche ab-

zuwehren. Die tiefe Enttäuschung dieser Patientinnen über den Vater, der für sie, wie oben beschrieben, bei ihren Versuchen, zu einer eigenen sexuellen Identität zu gelangen, nicht zur Verfügung stand, wirft die Tochter wieder auf die Mutter zurück, mit der es jedoch keine Nähe gab: Die Mutter wollte eine selbständige Tochter, eine starke, keine schwache Frau, die sie nur an ihre eigenen Enttäuschungen und Bedürftigkeiten erinnert. Als Pseudo-Starke kann sich die Tochter mit der Mutter dann doch verbünden, der Preis, den sie zahlt, ist allerdings, daß sie sich ihres eigenen Wertes niemals sicher ist. Sie hält auch daran fest, »für die Mutter« die Männer und alle ihre auf diese gerichteten Wünsche entwerten zu müssen. So bleibt weder das Weibliche noch das Männliche von Entwertung verschont.

Für Analytikerinnen, die mit solchen Patientinnen arbeiten, ist es äußerst wichtig, daß sie sich dieser Übertragungskonstellation bewußt werden. Ebenso wichtig ist es, diese erst einmal anzunehmen und nicht »wegzudeuten«, sie als die Form anzuerkennen, die die Patientin gefunden hat, um doch eine Beziehung aufnehmen zu können, die ihre Hoffnungen auf Angenommenwerden erfüllen könnte. Die Analytikerin muß während dieser Zeit den Wunsch der Patientin aufbewahren, wirklich verstanden zu werden, auch wenn sie bisweilen alles tut, um wirkliches Verstehen zum Scheitern zu bringen. Das führt zu schwerwiegenden Gegenübertragungsproblemen, die Analytikerin fühlt sich wertlos und ohnmächtig. Sie wird sich immer wieder bei den Gedanken ertappen, daß sie die Patientin »jetzt aber endlich rauswerfen wird«, »daß es ja alles doch nichts nützt«. Im allgemeinen aber stellt sich mit der Zeit doch eine Vertrauensbasis her, die geschilderte Übertragungskonstellation wird deutbar, und die Analyse kann sich den Trieb- und Beziehungsschicksalen der Patientin zuwenden. Bei anderen Patientinnen bleibt die Situation immer prekär. Trotz »stiller Erfolge« bricht die Fähigkeit der Patientin zur therapeutischen Ichspaltung immer wieder zusammen, sie fühlt sich in bestimmten Phasen der Analyse von ihrer Analytikerin abgelehnt, sie erlebt diese als rachsüchtig und neidisch, wertlos und ohnmächtig, womit sie zu verstehen gibt, wie sie sich gegenüber den frühen Beziehungsobjekten gefühlt hat und daß sie »so etwas nie wieder zulassen wird«. So mag sie zum Beispiel zugestehen, daß sich vieles verändert hat und sie besser leben kann, aber *das Eigentliche* sei bisher noch nicht passiert. Noch in der Endphase einer solchen Analyse kann die Patientin wieder die Überzeugung gewinnen, die

Analytikerin habe sie nun als hoffnungslos aufgegeben. Dieses Ende werde von ihr, der Analytikerin, gewünscht und beweise, daß sie aufatmen wird, wenn sie die Patientin endlich losgeworden ist.

Abschließend möchte ich auf einen Aspekt eingehen, der die beruflich-intellektuelle Leistungsfähigkeit dieser Patientinnen betrifft. Diese Fähigkeit wird von ihnen bewußt und unbewußt als Garant ihrer Emanzipationsmöglichkeit erlebt, und sie haben große Angst, daß die Analytikerin sie dieser Fähigkeit berauben wird, wenn sie sich der Analyse, d. h. dem wirklichen Verstehen, öffnen würden. Das heißt, daß sie fürchten, die Analytikerin wolle sie ihrer phallischen Möglichkeiten berauben und auf eine »Weibchen«-Rolle hin anpassen. Es ist erschütternd, bis zu welchen Grenzen der Überforderung solche Patientinnen in ihrer Leistungsbereitschaft oft gehen und wie leicht sie sich dann ausbeuten lassen. Diese Leistungsfähigkeit ist deutlich eine »für andere«. Auch die Analytikerin wird so erlebt: Die Analyse ist eine Prüfung, hier muß etwas geleistet werden etc. Es wird viel geredet, und es passiert viel, denn Schweigen oder Ruhe darf nicht sein. Diese Phantasie scheint mir noch am leichtesten bearbeitbar, denn im Laufe der Analyse gewinnen die meisten dieser Patientinnen sehr schnell die Fähigkeit, ihre in der Leistung untergebrachten phallischen Anteile zu integrieren. Ihre intellektuellen Fähigkeiten können sie sich so weitgehend zu eigen machen, daß diese ihnen auch »für sich selbst« sicher sind. Sie bleiben also weiterhin leistungsfähig, sind aber weniger ausbeutbar, da sie diese Fähigkeiten nicht mehr zur Abwehr von Selbstwertängsten einsetzen müssen. Anders ist es mit der *emotionalen* Sicherheit, was m. E. daran liegt, daß die gescheiterte Lösung des ödipalen Konflikts bereits eine Wiederholung darstellt, nämlich die von gescheiterten Einigungsversuchen mit der Mutter. Um die Wahrnehmung dieses Scheiterns abzuwehren, wird die feministische Allianz gesucht, deren Gewinn Erfolg und soziale Anerkennung sind, deren Preis aber Verzicht auf Nähe und wirkliches Verstehen.

# Alice Schwarzer
Tollkühn

Als wir uns das erste Mal begegneten, hat Margarete Mitscherlich die Arrangeure dieser Begegnung, glaube ich, von Herzen frustriert. Das war 1975. Die Erregung über den gerade erschienenen »Kleinen Unterschied« war gar nicht klein, und die Redaktion einer TV-Kultursendung hatte die listige Idee, Alice Schwarzer von Margarete Mitscherlich zur Sache interviewen zu lassen: Da meinem Buch nicht nur Unwissenschaftlichkeit und Feminismus vorgeworfen wurden, sondern ich darin, ganz *en passant*, auch Alexander Mitscherlich, ihren Ehemann, und Michael Balint, ihren Lehranalytiker, für groben Sexismus vors Schienbein getreten hatte, hätte aus der Begegnung leicht eine Konfrontation werden können (sollen?).
Was aber passierte? Licht und Kamera wurden eingestellt und – eine blendend gelaunte, hochamüsierte Freudianerin unterhielt sich, von Fachfrau zu Fachfrau, mit der Feministin. Um die männliche und weibliche Psyche ging es dabei und um Sexualität; Bereiche, in denen wir beide arbeiten, wenn auch mit unterschiedlichen Methoden. Überraschend war wohl nicht nur die Einigkeit, sondern auch die gänzliche Abwesenheit jeglicher Distanzierungssignale und Berührungsängste der etablierten Wissenschaftlerin gegenüber der als skandalös gehandelten Journalistin.
Das herzliche Gespräch irritierte nicht nur die Kollegen, es vergraulte auch den Ehemann: Alexander Mitscherlich zog sich demonstrativ in sein Arbeitszimmer zurück. Erst nach Abzug des Teams kochte er, nicht minder demonstrativ, Tee (für den er den Standort von Tee- und Zukkerdose und Tassen Stück für Stück erfragen mußte). Sodann trug er mir, trug er uns aufs vorwurfsvollste die Benachteiligung männlicher Hebammen-Kandidaten in Dänemark vor, die als Männer diesen Beruf nicht ausüben dürften...
Margarete war die erste, die ihrem Alexander schallend und ungehemmt ins Gesicht lachte. Und so wie sie lachte, das war klar, war es

nicht das erste Mal. Aufmüpfig ist Margarete wohl immer gewesen. Dafür hatte sie nicht auf die Frauenbewegung warten müssen. Daß sie sich jahrzehntelang dennoch in den weiblichen Part fügte – und das wohl weitgehender und länger, als es ihr guttun konnte –, ist auch eine Generationsfrage: Die so lange vor der Frauenbewegung aufbegehrenden Frauen waren zu allein mit ihrer Rebellion.

Warum einer Frau wie Margarete Mitscherlich (die ab den 70er Jahren zusätzlich auf ihrem dänischen Mädchennamen Nielsen bestand) rasch klar werden mußte, daß der Feminismus auch ihre Sache ist, wird bei einem Blick auf den Lebenslauf deutlich. Eine Wildfang-Kindheit auf dem dänischen Land, eine innerhäuslich dominante und lebenslang berufstätige Mutter (die einst in Berlin bei Helene Lange und Gertrud Bäumer in der Schule gewesen war!), die Entwurzelung der deutsch/dänischen Identität, das umständebedingte Alleinleben ab dem 16. Lebensjahr, das frühe Engagement gegen die Nazis, die unkonventionellen und sicher für sie auch harten ersten Jahre mit Alexander Mitscherlich (der zunächst noch mit einer anderen verheiratet gewesen war) und die uneheliche Geburt ihres gemeinsamen Sohnes – das alles sind Situationen, die einer Frau die Wonnen der Weiblichkeit gar nicht erst vorgaukeln.

Dennoch sind sie da, diese heute uns Frauen bestimmten Sehnsüchte, Prägungen und Grenzen. Heraus kommt ein »Ja, aber...« Ein Ja zur wenigstens relativen Eigenständigkeit, zum eigenen Denken, zum eigenen Willen, zum eigenen Schaffen. Ein Ja aber auch zum Leben an seiner Seite – an der Seite all derer, die für freie Frauen (noch) nicht gemacht sind. Ein Ja also auch zu Konzessionen. Und ein Ja zu dem exklusiven Wissen um den Standort von Zucker- und Teedosen.

Margarete und Alexander Mitscherlich waren nicht nur Lebenspartner, sie waren auch Arbeitspartner. Die wichtigsten Arbeiten von beiden sind während des gemeinsamen Lebens gemacht worden. Einiges haben sie zusammen getan und geschrieben, so »Die Unfähigkeit zu trauern«, das bekannteste Mitscherlich-Buch, dem ein Aufsatz von ihr den Titel gab, und das trotz gemeinsamer Signatur *de facto* lange vor allem ihm zugeschrieben wurde.

Darauf müssen Frauen gefaßt sein, wenn sie mit Männern arbeiten. Das blieb selbst dem weiblichen Teil des bedeutend unkonventioneller und formell unabhängiger lebenden Paares Sartre/Beauvoir nicht erspart. Sogar sie, die Frau, deren Name die Freiheitsbestrebungen von

Frauen in diesem Jahrhundert symbolisiert, sogar Beauvoir wurde an seiner Seite zum relativen Wesen degradiert. Privat wie beruflich. Sie wurde »la grande Sartreuse«, er allerdings nicht »le grand Beauvoirist«.
Um wie vieles stärker noch trifft es die Ehefrau. Nach Alexander Mitscherlichs Tod erschien aus der Feder eines gemeinsamen, engen Mitarbeiters in der »Frankfurter Rundschau« eine, gutgemeinte, Hommage. Die Bedeutendsten unter denen, mit denen Alexander Mitscherlich gearbeitet hatte, die ihn geprägt, die von ihm gelernt und die ihn begleitet hatten, passierten darin Revue. Nur ein Name fehlte: der seines wichtigsten Mitarbeiters. Der Name des Mitarbeiters, mit dem er in den 50er Jahren die kritische Psychoanalyse zurück nach Deutschland geholt hatte, mit dem er in den 60er Jahren das Sigmund-Freud-Institut gegründet hatte, mit dem er über Jahrzehnte quasi jeden neuen Gedanken diskutiert und manchmal auch revidiert hatte. Der Name dieses Mitarbeiters fehlte, weil es eine Mitarbeiter*in*, schlimmer noch, weil es die *eigene* Frau war. Bei Mit- und Zuarbeit sind Frauen – und schon gar die eigenen – traditionell eben nicht der Rede wert. Vermutlich hat es der gute, gemeinsame Mitarbeiter noch nicht einmal böse gemeint...
Doch beim Totschweigen blieb es nicht. Jetzt, da ER nicht mehr da war, ging die Hexenjagd erst richtig los. Zweier Vergehen hatte sich die Angeklagte schuldig gemacht: erstens des offenen Bekenntnisses zum Feminismus; zweitens der störrischen Verweigerung einer Witwenverbrennung.
Ein Beispiel nur von vielen möglichen: Als Margarete Mitscherlich Ende des Jahres 1983 zum Erscheinen des Gesamtwerkes ihres *Mannes* (der im Juni 1982 gestorben war) auf eine als Werbung für sein Werk gedachte Lesereise ging, heißt es in einem Bericht der »Rhein-Neckar-Zeitung« vom 28. 12. 1983: »Ein wenig Trauer, dachten wir, müßte ihr noch anzumerken sein, nicht einmal eineinhalb Jahre danach.« Mit diesen Worten beginnt der Artikel eines gewissen Harald Wiesendanger.
Daß die »attraktive Mittsechzigerin« nicht trauernd und gebückt, sondern selbstbewußt und eigenständig auftrat, schien dem Berichterstatter obszön und undankbar, denn: »Welche Witwe wird schon von einem Verlagsriesen auf Deutschlandtournee geschickt, die Werbetrommel für die Gesammelten Schriften eines Mannes zu rühren..., dessen Namen sie trägt?«

In dieser Zeit bekam Margarete Mitscherlich-Nielsen mit voller Wucht zu spüren, wie es einer engagierten Frau ergeht ohne Mann an ihrer Seite – in dessen Schatten, aber auch Schutz sie steht.

Mit »Müssen wir hassen«, ihrem ersten eigenen Buch, hatte Margarete schon 1972 auch als Frau Farbe bekannt. Den vollen Manneszorn aber zog sie sich erst 1977 zu, mit ihrem Beitrag zur allerersten EMMA, Titel: »Ich bin Feministin.« Ich fand das damals mutig und bemerkenswert. Daß es tollkühn war, begriff ich erst später. Tatsächlich war Margarete Mitscherlich damit weltweit die erste Analytikerin, die sich öffentlich zum Feminismus bekannte. Wer weiß, daß der Feminismus für die herrschende Psychoanalyse auch heute noch eine Art Vampirismus ist, ahnt die Folgen. Margarete muß sie gewußt haben. Sie hat trotzdem nicht gezögert, es zu sagen.
So wie sie nie zögert, wenn sie etwas richtig findet. So ist sie eben: impulsiv bis cholerisch, naiv bis ausgeflippt, feministisch bis spontaneistisch. Sie haßt jegliche Bürokratie und Hierarchie. In ihrer Welt (die der zwar kritischen, aber doch auch bürgerlichen und patriarchalischen Intellektuellen) hat sich Margarete Mitscherlich-Nielsen mit Schwung zwischen alle Stühle gesetzt. Und ist ja auch prompt aufgeknallt. Daß sie dennoch wieder auf beiden Füßen steht, dazu haben, glaube ich, nur ganz wenige aus ihrer Welt beigetragen. Sie verdankt das eher anderen und vor allem der Erkenntnis, daß sie als Frau in einer Männerwelt soviel nun auch wieder nicht zu verlieren hat.
Margarete wird 70. Sie selbst wird vermutlich darüber nicht weniger verblüfft sein als wir.
»Ich habe den getragenen Ernst des Erwachsenseins eigentlich nie so richtig akzeptiert«, hat sie einmal in einem Gespräch mit mir gesagt. Für die Zukunft wünsche ich ihr vor allem eines: Daß sie das auch weiterhin nicht tut! Daß sie die kindlich neugierige, spielerische und respektlose Person bleibt, die sie ist. Denn genau das macht sie, bei aller Dazugehörigkeit, so unvereinnahmbar.

Rudolf Schweikart
Spiegelungen
*Literarische Antworten auf die Frage
nach dem Selbst*

Keine Zeit hat die Frage nach der »eigenen« Person so aufdringlich gestellt wie die Moderne und dabei vor allem ihre mit dem Appendix »Post« versehene Phase, die das 20. Jahrhundert ausläutet. Was das Ende des Jahrhunderts marktschreierisch formuliert, war bereits Thema seines Anfangs und hat seine Wurzeln in der zweiten Hälfte des 19. Jahrhunderts: die Gefangenschaft in einer Welt der Sprache, die jeden Gedanken entwertet, weil sie ihn ihren Gesetzen unterordnet; die Eingebundenheit der eigenen Seele in eine Psychologie, die jede persönliche Eigenart auf eine äußere Kausalität zurückführt; der Verlust einer eindeutigen Wahrheit an eine reflexive Philosophie und eine statistische Physik. Kurzum, mit dem 20. Jahrhundert findet die vielfältige Bespiegelung einer gebrochenen Persönlichkeit statt.
Mauthner beginnt um die Jahrhundertwende sein Werk zur Sprachkritik mit dem Satz: »Der Mensch jedoch, solange er lebt, ist wie die lebendige Sprache und glaubt, er habe etwas zu sagen, weil er spricht.\* Aber die Frage geht weiter. Sie hat noch die voreilige Ausweisung eines Ichs der Rede zu hinterfragen, die für Mauthner selbstverständlich ist. Anhand von drei literarischen Figuren soll genauer betrachtet werden, wie Zeitgenossen des beginnenden 20. Jahrhunderts dieses Eine bestimmt haben, das spricht.

K. gibt sich im Dorf als Landvermesser aus, um nicht zurückgewiesen zu werden. Als er erfährt, daß er aufgenommen ist, wird die neue Situation bedacht:

>»K. horchte auf. Das Schloß hatte ihn also zum Landvermesser ernannt. Das war einerseits ungünstig für ihn, denn es zeigte, daß man im Schloß alles Nötige über ihn wußte, die Kräfteverhältnisse abge-

---

\* *Beiträge zu einer Kritik der Sprache*, Bd. 1, Frankfurt am Main et al. 1982 (Reprint der 2. Ausgabe von 1906), S. 2.

wogen hatte und den Kampf lächelnd aufnahm. Es war aber andererseits auch günstig, denn es bewies, seiner Meinung nach, daß man ihn unterschätzte und daß er mehr Freiheit haben würde, als er hätte von vornherein hoffen dürfen. Und wenn man glaubte, durch diese geistig gewiß überlegene Anerkennung seiner Landvermesserschaft ihn dauernd in Schrecken halten zu können, so täuschte man sich; es überschauerte ihn leicht, das war aber alles.«*

Ob K. Landvermesser ist oder nicht, wird an keiner Stelle des Romans explizit geäußert. Es geht nicht um diesen Sachverhalt selbst, er dient nur als Kommunikationsvorgabe. Dargestellt wird K.s Auslegung der Reaktion des Schlosses auf seine Behauptung, er sei Landvermesser. Damit ist noch nichts festgelegt, vielmehr wird dadurch erst alles in Bewegung gesetzt. Und diese Bewegung ist es, die Kafka literarisch entwickelt.

K. beurteilt sein Verhältnis zum Schloß anhand der vermeintlichen Beweggründe eines Gegenüber, das er nicht kennt, von dem er nicht weiß, wer in welcher Funktion hier eine Entscheidung getroffen hat. Nicht der Wahrheitsgehalt zeichnet diese Beurteilung aus, sondern eine Art Spiegelung der eigenen Person in der Reaktion des Schlosses. Durch die Personalisierung des Gegenüber wird eine Symmetrie hergestellt, die es K. ermöglicht, dem Schloß eine auf ihn gerichtete Aufmerksamkeit zu unterstellen. Gerade die wenig konkrete Faßbarkeit des Gegenüber macht die Deutungen von K. so offensichtlich und ist ein wesentliches Element des Romans.

In K.s Bemühen, Kontakt zum Schloß aufzunehmen, spielen die Diener und Sekretäre eine wichtige Rolle. K. sucht ihre Geneigtheit zu erlangen. Angesichts der Schwierigkeit dieses Unterfangens entwickelt K. immer wieder neue Vorstellungen und Strategien, um zu seinem Ziel zu gelangen, ja sein Ziel überhaupt zu bestimmen:

»Das ist es. Nach allem, was du erzählt hast, glaube ich, jetzt klar zu sehen. Barnabas ist zu jung für diese Aufgabe. Nichts von dem, was er erzählt, kann man ohne weiteres ernst nehmen. Da er oben vor Furcht vergeht, kann er dort nicht beobachten, und zwingt man ihn, hier dennoch zu berichten, erhält man verwirrte Märchen. Ich wundere mich nicht darüber. Die Ehrfurcht vor der Behörde ist auch hier eingeboren, wird euch weiter während des ganzen Lebens auf die

---

* *Das Schloß*, S. Fischer, Frankfurt am Main 1968, Kap. 1, S. 10.

verschiedensten Arten und von allen Seiten eingeflößt, und ihr selbst helft dabei mit, wie ihr nur könnt. Doch sage ich im Grunde nichts dagegen; wenn eine Behörde gut ist, warum sollte man vor ihr nicht Ehrfurcht haben. Nur darf man dann nicht einen unbelehrten Jüngling wie Barnabas, der über den Umkreis des Dorfes nicht hinausgekommen ist, plötzlich ins Schloß schicken und dann wahrheitsgetreue Berichte von ihm verlangen wollen und jedes seiner Worte wie ein Offenbarungswort untersuchen und von der Deutung das eigene Lebensglück abhängig machen. Nichts kann verfehlter sein. Freilich habe auch ich, nicht anders als du, mich von ihm beirren lassen und sowohl Hoffnungen auf ihn gesetzt, als Enttäuschungen durch ihn erlitten, die beide nur auf seinen Worten, also fast gar nicht, begründet waren.«*

Die genaue Beobachtung ist gefordert, doch der Beobachter ist Beteiligter, der den Regeln ausgesetzt ist, die er erst ergründen soll. K. selbst wäre zwar in seiner Selbsteinschätzung der bessere Beobachter, weil er sich größere Distanz und damit bessere Urteilskraft zubilligt; er wäre dies jedoch gerade aufgrund seiner noch unbestimmten Beteiligung. So befindet er sich an einem Ort, wo das Leben offenbar nach Regeln abläuft, die in einem Zusammenhang mit dem Schloß stehen, die er jedoch nicht kennt. Sein eigener Erfolg hängt davon ab, wie gut er diese Regeln beherrscht. Wobei weder gesagt werden kann, um welches Ziel es geht – denn letztlich hinge die Verwirklichung jedes Zieles von der Beherrschung der Regeln ab –, noch wie die Regeln selbst dingfest gemacht werden könnten. Alles, was sich überhaupt als beherrschbar darstellt, wären Regeln dieser Art.

Die Kafkaschen Figuren bewegen sich in dieser doppelten Unbestimmtheit: Weder läßt sich eine Richtung oder ein Ziel der Bewegung festmachen, noch lassen sich die Gesetze der Bewegung beschreiben. Das führt dennoch zu einem Bewegungsablauf, der recht genau nachvollzogen werden kann. Jede Äußerung und jeder Hinweis wird aufgenommen und im Hinblick auf die doppelte Unbestimmtheit überprüft und ausgewertet. Das erlaubt situative Bestimmungen, wie sie die beiden Textstellen belegen mögen. Auf seiten K.s resultiert daraus keine devote Abhängigkeit und keine Passivität; im Gegenteil, je geringer die Anhaltspunkte sind, nach denen das äußere Geschehen zu beurteilen

---

* ebd., Kap. 15, S. 175 f.

wäre, desto offensiver erfolgt die Ausdeutung der Situation einschließlich der Zuweisung einer eigenen Rolle. Ja, die Selbstzuweisung ist sogar der Kern dieses ganzen Deutungsprozesses. Die eigene Bedeutsamkeit K.s wird dabei nicht nur nie in Zweifel gezogen, sie kann sogar als das eigentliche Resultat gelten. Der Spiegel, in dem sich K. sieht, besteht aus dem gleichen Material wie das Bild, das er reflektiert. Das Gegenüber, dem er seine Selbstzuweisung verdankt, setzt sich aus seinen eigenen Deutungen zusammen; sie sind es, in denen er sich findet und verliert.

Am dichtesten an einer expliziten Formulierung des literarischen Prinzips liegt eine Textstelle, in der K. die Möglichkeiten der Ausdeutung, wie sie sich Barnabas im Schloß und im unmittelbaren Kontakt zu einem Sekretär eröffnen und wie sie K. verwehrt sind, beschreibt.

»...aber irgendeine Aufgabe hat er doch bei jenem Pult, irgend etwas liest er in seinem großen Buch, irgend etwas flüstert er dem Schreiber zu, irgend etwas denkt er, wenn einmal in langer Zeit sein Blick auf Barnabas fällt, und selbst wenn das alles nicht wahr ist und er und seine Handlungen gar nichts bedeuten, so hat ihn doch jemand dort hingestellt und hat dies mit irgendeiner Absicht getan. Mit dem allem will ich sagen, daß irgend etwas da ist, irgend etwas dem Barnabas angeboten wird, wenigstens irgend etwas, und daß es nur die Schuld des Barnabas ist, wenn er damit nichts anderes erreichen kann als Zweifel, Angst und Hoffnungslosigkeit.« *

Die Kafkaschen Erzählungen geben keinen Aufschluß über den Bedeutungsinhalt, sondern über den Prozeß des Deutens. Und die Helden schaffen sich ihre Welt und ihre Bezugspunkte in der Welt, indem sie auch die geringsten Hinweise zu Deutungen nutzen. Der Kafkasche Held klammert sich in einer existentiellen Verzweiflung an seinen Deutungen fest, weil ihm der Zugang zu einer Welt der unmittelbaren Erfahrung verwehrt ist. Sie allein erlauben es ihm, diese Verzweiflung nicht zu thematisieren – sie hätte keine Bedeutung. Insofern haben die Kafkaschen Romane auch keinen Ausgang. An der Unbestimmtheit als bedeutungsgebärendem Moloch ändert sich nichts. Die Faszination des Deutens bleibt erhalten.

---

* ebd., S. 176 f.

Ein Zeitgenosse Kafkas, Robert Musil, läßt seinen literarischen Helden Ulrich die Fragen nach der eigenen Existenz explizit stellen. Die Gefahr der Geschwätzigkeit liegt hier näher. Was das Ego des K. sei, wurde weder gefragt, noch bedurfte es darauf einer Antwort, sie lag im Text selbst. Die Unzugänglichkeit unmittelbarer Erfahrung macht bei Kafka ein Moment der Trauer aus, das jedoch nicht zu der Annahme verführen darf, die Trauer über den existentiellen Verlust einer personalen Eigentlichkeit sei durch eine Rückgewinnung zu überwinden. Das wird an Musils Weg der Thematisierung deutlich, die ihrem Helden die Antwort als Erfahrung außerhalb der reflektiven Erkenntnis vermitteln will.

Der Unbestimmtheit der Reflexionsfiguren, dem bloßen Sich-Spiegeln in den eigenen Deutungen, hält Musil die ›unio mystica‹ als eine ›tiefere‹ Form der Erkenntnis entgegen. An einer Textstelle, die im Roman den ›anderen Zustand‹ erstmals antizipiert, soll dies verdeutlicht werden. Ulrich begegnet nachts einer Prostituierten, die sich ihm anbietet, ohne daß er darauf eingeht. Dieses Erlebnis läßt ihn über den Frauenmörder Moosbrugger nachdenken, der seine Tat in einer ähnlichen Situation begangen hatte:

»Moosbrugger, der krankhafte Komödiant, der Prostituiertenjäger und -vertilger, der durch jene Unglücksnacht genau so gegangen war wie er heute. Als die kulissenhafte Unsicherheit der Straßenwände einen Augenblick stillhielt, war er auf das unbekannte Wesen gestoßen, das ihn in der Mordnacht bei der Brücke erwartete. Welch wunderbares Erkennen muß das gewesen sein, vom Kopf bis zu den Sohlen: Ulrich glaubte einen Augenblick es sich vorstellen zu können! Er fühlte, daß es ihn hochhob, wie das eine Welle tut. Er verlor das Gleichgewicht, aber er brauchte es nicht, dahingetragen in der Bewegung. Sein Herz zog sich zusammen, aber das Vorstellen verwirrte sich dabei in einer unbegrenzten Erweiterung und hörte alsbald in einer Art fast entmachtender Wollust auf. Er suchte sich zu ernüchtern. Er hatte offenbar so lange an einem Leben ohne innere Einheit festgehalten, daß er nun sogar einen Geisteskranken um seine Zwangsvorstellungen und den Glauben an seine Rolle beneidete! Aber Moosbrugger lockte ja nicht nur ihn, sondern alle anderen Menschen auch? Er hörte in sich Arnheims Stimme fragen: ›Würden Sie ihn befreien?‹ Und sich antworten: ›Nein. Wahrscheinlich nein.‹ – ›Tausendmal nein!‹ fügte er hinzu und fühlte trotzdem wie eine Blendung das Bild eines Handelns, worin das Zugreifen, wie es aus höchster Erregung folgt, und das Ergriffenwerden in einem unbeschreiblichen gemeinsamen Zustande eins wurden, der Lust von Zwang, Sinn von Notwendigkeit, höchste Tätigkeit von seligem Empfangen nicht unterscheiden ließ.«*

Gerade der wohlige Schauer, der dem Leser bei diesen Zeilen über den Rücken läuft, bewirkt auch einen faden Nachgeschmack. Ist es nicht der gleiche Schauer, den wir empfinden, wenn in einem Spielfilm der Gute seinen bösen Feind niederstreckt? Ist es nicht diese innere Gewißheit der Tat, die uns das Unterhaltungskino vor Augen führt und die das alltägliche Leben so selten zu bieten hat, die hinter Musils ›unio mystica‹ steht?

Reflexionsfiguren, die auf ihre semantische Stimmigkeit hinterfragt werden, lösen im Roman nicht die existentielle Frage nach dem Selbst. Der bloße Reflexion transzendierende ›andere Zustand‹, der sich oben als nachempfundene Gewißheit des Mädchenmörders andeutet und der sich später in der Liebe konkretisiert, die eine verstandesmäßig nicht länger gebrochene Nähe zum anderen eröffnet, hat seinen Orientierungspunkt außerhalb der Literatur. Er muß ihn außerhalb der Literatur haben, um dem Trivialen zu entfliehen. Denn auch die Liebe hätte bei aller Verklärung, wenn sie in Sprache umgesetzt werden müßte, ihren Hang zum Trivialen und Kitschigen. Musil weist in einer sprachbesessenen Zeit auf einen Bereich außerhalb der Sprache hin, der die Frage nach dem ›Wer spricht?‹ nicht allein innerhalb der Sprache beantwortbar sein läßt.

Der ›andere Zustand‹ wird hier sicher verkürzt auf die ›Gewißheit des historischen Augenblicks‹ hin ausgelegt, wie er – etwa mit seiner Zeitstruktur des ›Aufscheinens‹ – auch anderen literarischen Beispielen vertraut ist. Dabei ist die Liebe nur die harmlose Variante; die Gewißheit des historischen Augenblicks kommt für uns eher in der Begeisterung für den Faschismus zum Ausdruck und liegt in den Verlockungen, die das Aufgehen der Frage nach dem Selbst in einer Massenbewegung zu bieten hat. Es liegt eine Hoffnung in der Vermutung, daß der ›andere Zustand‹ in dem Unterhaltungsangebot der Massenmedien eine triviale Erfüllung erfuhr, denn diese verminderte die Furcht vor einer Wie-

---

* *Der Mann ohne Eigenschaften*, Reinbek 1981, Buch I/122, S. 652 f.

derholung der spezifischen Gewißheit, wie sie das Aufgehen in einer
›Bewegung‹ historisch darstellte.
Musil wirft Fragen auf, ohne Lösungen anbieten zu können. Der Roman hat keinen Ausgang; wenn die Selbstgewißheit als ›unio mystica‹ in der Erfahrung des emphatischen Augenblicks liegt, wie sollte sie dann erzählt werden. Sie bildet den nicht einholbaren Horizont der Erzählung, der ihren Fortgang sichert, nicht jedoch ihr Ende.

Bei der Frage nach dem Ich der Rede gibt Musil eine optimistische Antwort. Er verwaltet nicht nur einen Verlust, sondern verortet die Seelenrettung. Vielleicht ist deshalb sein literarisches Scheitern um so drastischer. Im Gegensatz dazu führte ein dritter Zeitgenosse, Robert Walser, das Verschwinden des Selbst zu einem aberwitzigen Grad an Explikation.

» Wozu Bedeutsames im Leben gewärtigen? Muß das sein? Ich bin ja etwas so Kleines. Daran, daran halte ich ungebunden fest, daran, daß ich klein, klein und nichtswürdig bin... Ach, all diese Gedanken, all dieses sonderbare Sehnen, dieses Suchen, dieses Hände-Ausstrecken nach einer Bedeutung. Mag es träumen, mag es schlafen. Ich lasse es einfach nun kommen. Mag es kommen.«*

Die asketische Erziehung im Institut Benjamenta befreit von der Sucht nach Bedeutung und lehrt die Unterwürfigkeit. Walsers Roman ist noch vor der Erfahrung des Ersten Weltkriegs und aus der Rolle eines Außenseiters im Literaturbetrieb entstanden. Seine Figur erlebt die Welt der Bedeutungen als etwas Fremdes und Unerreichbares, die durch andere Personen miterlebt wird, von der sich jedoch das eigene Ich nicht verlocken lassen darf.

Aus dieser ganz besonderen Situation heraus deutet sich die vielleicht erstaunlichste Antwort an, die die Literatur auf die Frage nach dem Selbst zu geben hat. Walser zerschlägt in seinen literarischen Figuren die Reflexivität der Bedeutungszuweisung, ohne sein Heil in einer anders vermittelten Eigentlichkeit zu suchen. Um die Verlockungen des Deutens wird gewußt, aber gerade deshalb läßt sich ihnen begegnen. Dem Spiegeln in den selbstgeschaffenen Bedeutungen, in deren Brennpunkt das Ich steht, wird vorgebeugt. Wohl verliert es sich auf diesem Wege nicht weniger als bei Kafka, doch läßt sich von hier aus die Frage

---

* *Jakob von Gunten*, Frankfurt am Main 1978, S. 141 f.

neu stellen. Damit könnte eine von Musils emphatischem Augenblick divergierende Ebene von Erfahrung benannt sein. Die Frage nach dem Ich der Rede weist nicht länger auf den Frager selbst zurück. Nicht das eigene Ich steht im Zentrum der Bemühungen des Selbst, sondern seine Aufgeschlossenheit für das umweltliche Begegnen der anderen. Die Antwort auf die Frage nach dem eigenen Selbst liegt damit in der Fähigkeit, sich auf andere und die Welt einzulassen und sich ihnen auszuliefern. Auch Erfahrung erhält ihre besondere Dignität nicht nur aus dem eigenen Erleben, dessen Hang zum Trivialen bereits benannt wurde. Sie gewinnt ihr Gewicht aus dem gemeinsamen Besorgen des Geschäftes der Welt, das auf die engagierte Teilhabe nicht verzichten kann. Wenn auch der emphatische Augenblick die Lebenszeit bestimmt, so wird doch Erfahrung erst dort sichtbar, wo sie im anderen begegnet.

Auch hier kommt die Zeit ins Spiel. Die überschäumende Emphase des Augenblicks hat keine Grenze. Wird sie zur Sprache, spiegelt sich das Ich in neuen Bedeutungen. Dagegen ist die sedimentierte Erfahrung eine geronnene Zeit, die den anderen als Medium der Darstellung braucht. Das Spiel der Deutungen, selbst wenn sie aus den eigenen Erinnerungen stammen, bleibt immer an die Gegenwart gebunden, in der sie sich aufdrängen. Auch dem engagierten Besorgen fehlt dabei die Unterscheidung zwischen Erfahrung und Torheit. Nur das Alter gibt im anderen den Blick frei auf ›jene große Dimension der Zeit‹, wie sie dem eigenen Erleben immer fremd bleiben wird.

Was spiegelt sich im Leben? Die Antwort verweist also nur scheinbar auf die Person des Fragers, sie begegnet vielmehr im anderen. In wenigen erlangt sie die Gewißheit einer Erkenntnis.

Volkmar Sigusch
Momente der Transferation

*Enterré vif.* Eine Professorin, die in Hessen Kultusminister werden soll, gilt der Öffentlichkeit als geeignet, weil sie sich »fernsehgerecht« bewege und »druckreif« spreche. In der exakten Wissenschaft begehen jetzt Zellen Selbstmord, Gene sind intelligent, Nukleotidketten lesen einander richtig oder falsch, Viren sind heimtückisch, enzymatische Reaktionen vernünftig. Die Brauerei serviert »ein sympathisches Bier«. Der Wirtschaftsminister verlangt von der Industrie, Jungen und Mädchen »auf Vorrat« auszubilden. In der Zeitung sucht ein Mann, der sich »31, 180, 65« nennt, einen »blonden Pferdeschwanz«. Das Beamten-Heimstätten-Werk schreibt: »Ja, ich will fair zu meinem Haus sein«; die Firma BP: »Wichtige Informationen für Ihr Auto.« In der Türkei hungern politische Gefangene unter der Losung: »Es lebe der Tod!« Bei uns »sterben immer mehr Bauernhäuser«. Die US-Bomber, sagt der Kommentator, haben eine »klare Sprache« gesprochen. Im sogenannten Falkland-Krieg sieht der »Guardian« die Sea-Dart-Raketen »graziös« ihr Ziel erreichen, »als ob eine eigene Choreographie für sie geschaffen worden sei«. Vermögen und Eigenschaften der Menschen scheinen an die toten Dinge überzugehen, die ihnen bedeuten, wie sie sich zu bewegen und zu sprechen, wie sie zu sein haben. Daß uns unsere abgetrennten Eigenschaften von unseren Produkten konkret als Abstrakta verlocken und verhöhnen, reicht offenbar nicht mehr. Nichtgegenständliches bewegt sich als fetischisierter Tauschwert in objektiven Formen, und die äußere Natur tritt menschenäquivok auf den Plan. Ist das individuelle Tun für den Gang des Ganzen belanglos, gewinnt der Kampf ums Überleben der Bäume großes Gewicht. Verstummt das Individuelle, sind die Fische beredt. Menschliches macht sich dinghaft, Dinghaftes scheint menschlich zu sein; Lebendiges stellt sich tot, Totes wird erweckt. Die Sprache der Kandidatin ist gedruckt, ihre Bewegung monitorisiert, die Rakete fliegt graziös, Chemikalien lesen und schreiben, Krankheitserreger machen Geschichte, das Bier ist sympathisch, die Begehrte nichts als ein Pferdeschwanz, die Jugend liegt auf Halde, das Reihenhaus wird fair behandelt, die Maschine informiert. Menschen sind bemüht, sich zu vergegenständlichen, weil das Unbelebte so erfolgreich ist. Sie wollen die toten Dinge anthropoisieren, wenn es schon nicht so einfach ist, ihre Grazie und ihren Effekt zu erreichen. Man weiß auch nicht, wozu es noch einmal gut sein wird, sich dem Reich der Dinge subjiziert zu haben und dieses sich. Noch den Angepaßtesten beunruhigt, nicht vollkommen identisch zu sein, weil nur das die Ruhigstellung garantierte. Mors ianua vitae, der Tod ist die Eingangspforte zum Leben, gilt seit der ersten Wissenschaft, also seit Jahrtausenden. Die Angst aber, nur noch mit dem Schein und im Schein, letztlich zum Schein zu leben, die heute gerade als okkulte und diffuse real genannt werden müßte, ist abstrahiert. Als die exakte Wissenschaft terminal wurde, befürchteten Menschen, lebendig beerdigt zu werden. Am Tag vor seinem Tod schrieb Chopin auf einen Zettel: »Comme cette terre m'étouffera je vous conjure de faire ouvrir mon corps pour que je sois pas enterré vif.« Das war damals individuell realistisch, allgemein aber romantisch. Heute müßten Menschen befürchten zu leben, obgleich sie schon beerdigt sind. Das wäre allgemein realistisch, individuell aber irrational. Inzwischen ist der Scheintod kein subjektives Problem mehr. Scheinbar haben sich die Zeiten geändert.

*Kalt und warm.* So kalt und despotisch wie es im Tractatus logico-philosophicus zugeht, so warm und untertänig sah es in der Seele des Verfassers aus. Der Satz »Was der Fall ist, die Tatsachen, ist das Bestehen von Sachverhalten« hat gegenüber dem Satz »Die Konfiguration der Gegenstände bildet den Sachverhalt« das »logische Gewicht«, sagt Ludwig Wittgenstein, von 2 zu 2.0272. Der logische Exzeß hängt mit der Verwirrtheit der Gefühle unmittelbar zusammen. Keine Abschweifung, kein Ton zuviel soll sein, wo die Affekte stürmen. Je ex-akter die Aussage, desto inter-akter der Grund.

*Fetischisierter Fetischismus.* Das Umfassen der Wirklichkeit mit dem Begriff, und sei er noch so dialektisch entfaltet, erinnert an das herrschende Prinzip der Kalkulation, an das frühbürgerliche Erkenntnisideal der Mathematisation des ganzen Lebens. Solange ein identisches

Subjekt-Objekt praktisch undenkbar ist, muß auch der Theorie des gegenständlichen Scheins selber etwas von den falschen Antinomien Subjekt und Objekt, Notwendigkeit und Freiheit, Individuum und Gesellschaft, Form und Inhalt, Wesen und Erscheinung anhaften. Solange die basale Verblendung nicht nur generell ist, sondern prinzipiell auch untilgbar, muß den Kategorien des Warenfetischismus und des verdinglichten Bewußtseins selber etwas von dem anhaften, was sie zu begreifen suchen. Und so gibt es in dieser Theorie einen Boden für die theoretische Fetischisierung des Fetischismus in Gestalt des Ökonomismus, Soziologismus, Psychologismus, Sexuologismus usw. Die Widersprüchlichkeit des Wirklichen kann von einer Theorie nicht außer Kraft gesetzt werden, steht in ihr selber nicht still. Ein theoretisch begründetes und empirisch waches Vermittlungsbewußtsein, welches Sein und Bewußtsein nicht parallelisiert, ineinander abbildet oder überhaupt zusammenfallen läßt, kann jedoch die Menschen und Dinge aus ihrer Fetisch-Isolation so weit herausdenken, daß das Negative im Positiven und das Positive im Negativen zutage tritt. Die ungeheure Warensammlung ist nicht nur die Hölle; die konkret-nützliche Arbeit ist auch einseitig, verschleißend und monoton; die Gen-Technologie kann auch Erbkrankheiten aus der Welt schaffen, und das Landleben hat etwas von Idiotie. Verdinglichung des Bewußtseins heißt ja nicht Stillstand des Denkens, sondern meint eine bestimmte Grundstruktur. Deshalb ist der Schleier, der über dem Ganzen liegt, ebensowenig ganz und gar undurchdringlich wie ganz und gar zu zerreißen. In Analogie könnte man sagen: Wie es verschiedene Ebenen und Grade seelischer Realität und Klarheit gibt – Primärprozeß, Traum, Tagphantasie, Symptombildung usw. –, so gibt es verschiedene Ebenen und Grade geistiger Realität und Klarheit, wobei das Trennen dieser von jenen wie die Isolation der Ebenen willkürlich ist, weil selber ein Produkt der allgemeinen mystifizierenden Versachlichung.

*Wege der Liebe.* Die öffentliche Veranstaltung trägt den Titel: »Die Liebe in die Politik!« In der Politik sagt der Kanzlerkandidat: »Ich bin verliebt in den Erfolg, ins Gelingen.« Der grüne Minister kontert: »Wir auch!« Vorher hatte uns schon der psychoanalytische Erfolgsautor beruhigt: »Ich gebe der Liebe noch eine Chance.« Denn, so der Sexologe: »In der Liebe ist alles normal.« Jetzt könnte begriffen werden, warum

Magnus Hirschfeld als erstes die »Naturgesetze der Liebe« entdeckte, warum Th. Zells Werk »Diktatur der Liebe« heißt und warum heute gesagt werden kann: »Safer sex ist eine Chance für die Liebe.« In Bremen wurde kürzlich die Gruppe LIEBE gegründet. Sie will eine »Beratungsstelle für Liebe« und eine »Schule für Liebe« eröffnen. In ihrem Prospekt soll man ankreuzen: »Ich möchte Mitglied in der LIEBE werden und bitte um die Zusendung eines Antrages« oder »Ich möchte der LIEBE eine Spende zukommen lassen«. Der Aspirant ist verliebt in Prozente, die LIEBE ist verliebt in die Liebe. Ein Quidproquo schiebt sich ins andere. Auch den tatsächlich Liebenden scheint nur noch das Entsubjektivierte, Abstrakte eigen zu sein. Von dieser Art zu lieben führt ein gerader Weg zu dem Lagerschergen, der vorher und nachher in jeder Hinsicht »unauffällig« war. Oder zu der Straßenpassantin, die dem Fernsehjournalisten in die laufende Kamera spricht: Die Hausbesetzer sollte man »alle totschlagen!«

*Sodomiten.* Einem Hund stehen im Zwinger gesetzlich neun Quadratmeter Fläche zu; für einen Asylanten sehen hiesige Behörden ermessensmäßig fünf Quadratmeter als ausreichend an. Der »Vater« der Neutronenbombe, Samuel T. Cohen, dem der Heilige Vater für seine Friedensarbeit gedankt hat, wurde in einem Interview gefragt, was ihm »das Liebste auf der Welt« sei. Er antwortete: »...mein Hund. Aber verraten Sie das bloß nicht meiner Frau und meinen Kindern.« Reiche US-Amerikaner sind ihren Hunden auch äußerlich sichtbar treu bis in den Tod. Egon Erwin Kisch hat in »Paradies Amerika« schon vor einem halben Jahrhundert darüber berichtet. Für gewöhnliche Menschen ist der Preis einer Grabstelle unerschwinglich. Wer weiß, wofür das gut ist. Namhafte Bildhauer nehmen für ein Denkmal minimal 80 000 Dollar. Die Epitaphe für die Tiere aber, die zu Menschen wurden, stammen von den Hinterbliebenen: Du warst unser Liebling – Wir beklagen unseren zarten Kameraden – Hier ruht Bella, unsere sonnige Freundin – Süß warst du, unser kleiner Bill – In liebender Erinnerung an alle meine treuen und ständigen Gesellschafter – Proud, sunny, loving – Beautiful, intelligent, heroic – Deine Liebe, Deine Anhänglichkeit und Dein Verständnis bereicherten unser Leben – Für Nigger, den alten Gentleman – Hier schlummert Ami, geliebtes Mitglied unserer Familie – Bébé, ewig beweint. Die Treue des Hundes entspricht der der Menschen am ehesten. Katzen, Ziegen, Pferde oder gar Kaninchen und Kanarienvögel bringen es nicht fertig, gleichzeitig treu und treulos zu sein wie sie. Deshalb haben sich die heutigen Sodomiten massenhaft mit ihren Antons und Bellas häuslich und steuerzahlend eingerichtet. Vorher aber mußte der alte Sodomit im Leben ausgerottet, im Gesetz- und Fachbuch gestrichen werden. Er mußte in der Normalität aufgehen, wegrationalisiert werden. Sonst wären die Liebhaber womöglich auf beschämende Weise daran erinnert worden, daß sie ohne ihre Haustiere überhaupt nichts Intimes mehr hätten.

*Optik.* Wer sich gefärbte Gläser aufsetzt, wird die Welt getönt finden. Der Sieg der neuen Sodomiten ist ausgemacht, da bestätigen ihn die Agenturen. Dpa: Das Münchner Landgericht (AZ 15 S 265/84) hat entschieden, daß die Klausel in einem Mietvertrag, wonach die Hundehaltung nur mit Genehmigung des Hausbesitzers zulässig ist, kein grundsätzliches Hundeverbot rechtfertigt. TVS: Das Model Natascha Giller hat in einer Fernsehsendung unter anderem gesagt: »Der Hund ist ein Teil von mir. Wer mich liebt, muß auch den Hund lieben. Er ist immer bei mir.« USN: In Florida legalisierte ein Mann namens Clifford Edwards sein Verhältnis zu einer Hündin namens Spunky, mit der er seit 13 Jahren zusammenlebt. Es gab ein rauschendes Fest mit Hunderten von Gästen. Nur der alte Beagle wußte nicht, was ihm geschah. Er verkroch sich nach der Hochzeitszeremonie vorsichtshalber unters gemeinsame Bett. Sicher ist sicher, wie die ganze Geschichte beweist.

*Psychosozial.* Der Wert einer Ware fließt aus ihren Eigenschaften, Zeit ist Geld, Zinsen sind natürlich, Kapital wirft Karnickel: die Verwertung des Werts als Selbstverwertung, seine Verwandlung in ein automatisch agierendes Agens: alles prima. Doch die Schleier waren immer zu durchsichtig. Allerlei Netze mußten geworfen werden, um den Blick flankierend zu trüben. Die, die mit unserer Hilfe geknüpft werden, heißen psycho und sozial. Offenbar hat die Sache einen großen Haken, ist es mit Freiheit und Bentham nicht so rosig bestellt. Ja, so kennen wir den Kapitalismus: Er zeigt sein »menschliches Antlitz« in dem Moment, in dem er es verliert, und er verliert es in dem Moment, in dem er es zeigt. Kommt es dabei zu Überdrehung oder Explosion, haben die

Individuen versagt oder, allerdings recht selten, »das Antlitz Gottes berührt«.

*Moraltrompeter.* Seitdem der Papst seine Auftritte von dem Regisseur Zeffirelli in Szene setzen läßt, hat er die letzte denkbare Berechtigung ans Als-ob verspielt, das Verhalten homosexueller Frauen und Männer unmoralisch zu nennen.

*Religatum de pelle humana.* Die Deutsche Bundespost erinnert an Kafkas 100. Geburtstag nach dem Motto: Wer sich auf unerfindliche Weise in ein ungeheueres Ungeziefer verwandelt hat, der müßte sich doch ebenso unerfindlich zur Briefmarke machen lassen. Ein Buchhändler, kritisch und empfindsam, bietet zwischen Abraham und Stekel »real existierende Bucheinbände und andere Objekte aus Menschenhaut« an. Die wunderschön gestalteten und inhaltlich ansprechenden Antiquariatskataloge rächen sich eines Tages für die Arglosigkeit, mit der man im weichen Pfühle die vielen kleinen Zeichen zu den Titanen der Erotik hat passieren lassen. Ein Herausgeber schreibt: »Ich lade Sie ein, zu einem Teil des von mir geplanten Buches zu werden.« Hoffentlich kommt es erst nach dem offiziellen Tod real dazu.

*Politik des Transsexualismus.* Niemand kann eine Abhandlung über sogenannte transsexuelle Menschen mit entspannter Seele lesen, nicht einmal der, der sie selber verfaßt hat. Der Wunsch nach Geschlechtswechsel zerrt an den Existentialien der Gattung Mensch und an der eigenen Geschlechtsidentität, die inwendig immer brüchiger ist, als das oft glatte Rollenspiel zu erkennen gibt. Folglich geht es zwieschlächtig und ambivalent zu. Im Berufsleben aber kommt kaum einer, der sich überhaupt auf diese Menschengruppe einläßt, darum herum, ja oder nein zu sagen. Doch vielleicht wird sich in den nächsten Jahrzehnten die prinzipielle Frage stellen, ob es sich bei den sogenannten Transsexuellen wirklich um Kranke handelt. Bestehen die Geschlechter, quasi naturgesetzlich, auf der einen Ebene der Wahrheit aus Männern und Frauen und sonst gar nichts, stimmt das auf einer anderen Ebene überhaupt nicht. Ähnlich ergeht es uns, wenn wir die Kriterien Gesundheit und Krankheit anlegen. Die Geschichte der Sexual- und Geschlechts-störungen belegt das. Homosexualität zum Beispiel, die es als Abgegrenztes gibt und wiederum auch nicht, hat die Medizin seit ihrer Entdeckung als Sexual- und Geschlechtsstörung betrachtet und auszuschneiden versucht. Heute wehren sich die Diskriminierten ebenso dagegen wie viele andere. Könnte es dazu nicht auch bei jenen »Sonderlingen« kommen, die wir seit kurzem Transsexuelle heißen und als unsere Patienten betrachten, obwohl sie von uns oft nicht mehr und nicht weniger haben wollen als Hormone, Atteste, Operationen und Gerichtsgutachten? Jedenfalls organisieren sich einige Transsexuelle schon, gehen auf die Straße, publizieren, machen Politik. So hatte es bei den sogenannten Homosexuellen auch begonnen, als sie sich als verfolgte, mißverstandene Minderheit begriffen. Möglicherweise erwarten wir aber von den Transsexuellen nur, daß sie auf diesem Weg vorankommen, weil es uns immer wieder an jener Klarheit mangelt, die nun einmal dem OP-Geist eigen ist.

*Präventivschlag.* Gefangene auf freiwilliger Basis zwangsweise durchgetestet, Angeklagte mit Gummihandschuhen vorgeführt, Kranke von den zuständigen Krankenhäusern abgewiesen, die Hochrechnungen noch einmal hochgerechnet, stolzes Entsetzen über den Rangplatz der Metropole, die Schwulen vom Barhocker aus per Diaskopie durch den Infektologieprofessor selber unterrichtet, den Fixern die verseuchten Nadeln gelassen, Strichjungen und Huren vom Volkskörper gelesen: Hessen bleibt vorn, auch bei AIDS.

*Collated psychoanalytic object.* In der Form der Perversion erreichen die partiellen Lüste keine andere Einheit als die verdinglichte. Gerade durch ihren psychischen Sucht- und Zwangscharakter sind sie starr und schematisch. Lustfeindschaft in der Lust herrscht hier wie ansonsten auch, kommt nur durch ein anderes seelisches Kommando zustande. Selbst in dieser Form aber stehen die partiellen Lüste dem verknöcherten Schein der Einheit des Konfektionierten kritisch gegenüber. Oft haben sie die Maske des falschen Glücks gar nicht aufgesetzt. In der Distanz zu den Zwecken sind sie dem Traum von der Freiheit dann so nahe, wie es das gesunde Volksempfinden befürchtet und ersehnt. Dem Schein der natürlichen Konvention widerspricht der Durchbruch perverser Strebungen durch größere Unmittelbarkeit und

Leibnähe. Er stellt sich verheißungslos vom Tauschwert frei und wird dadurch subversiv. Das holt die Wut jener hervor, die sich ihren Sexual- und Seelenfrieden durchs affektive Besetzen des Tauschwerts erkauft haben. Sie wollen unbehelligt durchs Leben gehen, ahnen aber im abgedunkelten Unbewußten, daß nur lebt, wer behelligt und wer behelligt wird. So widerspricht die Fremdartigkeit des Perversen der falschen Eigenartigkeit des Normalen, hat aber keine Kraft mehr, sobald sie sich manifestiert. Dann sind das perverse Ritual und die alltägliche Liebe gleich fern und nah, fremd und eigen. Daß die Sphären des Sexuellen eine Einheit des ungelösten Widerspruchs bilden, daß es keine in sich harmonische Möglichkeit des Sexuellen gibt, daß die große Liebe so zwieschlächtig ist wie die Perversion, geht manchem Psychoanalytiker nicht in den Kopf. Zuletzt hat uns das M. Masud R. Khan wissen lassen. Seine Perversionsformel lautet: Dissoziierte Primärobjekt-Introjekte, mütterlich, väterlich oder beides, werden unter Libidinisierung der Angst vor Desillusionierung oder drohender Vernichtung zum inneren Objekt montiert, das (sexualisiert) als perverser Fetisch funktioniert, wegen der (im Vergleich zu Psychosomatosen beispielsweise) mangelhaften Angstbindung immer wieder als vorhanden bestätigt, wegen seines Fremdkörper- und Fabrikatcharakters immer wieder erbrochen und wegen der Lustspende immer wieder benutzt werden muß als Seilakt zwischen Realität und Illusion, der durch Performance die ursprüngliche Desillusionierung niederhalten, überblenden soll. Der Perverse schiebe ein unpersönliches Objekt zwischen sein Verlangen und seinen »Komplizen«. Dieses Objekt, eine stereotype Phantasie, ein Fetisch, eine pornographische Darstellung, entfremde ihn sowohl von sich selbst als auch vom Objekt seines Verlangens. Die Perversen müssen also ihr enteignetes, apparatives Verlangen wie nach äußeren Gesetzen der Mechanik in Anschlag bringen und, sofern die Konstruktion stimmt und Kimme und Korn austariert sind, führt das auch zum kurzlebigen Erfolg. Von Übertragungen und Gegenübertragungen oder von der Psychogenese des montierten Objekts ist logischerweise in dieser Art von Psychoanalyse nicht die Rede, weil die Perversionen doch nur Handlungsreflexe auf ein triebloses Sachgeschehen sind. Am Ende der Behandlung stehen Glanzlosigkeit, Leere, Kastration. Hätte Masud Khan die Perversion als Spitze des Eisbergs genommen und sie nicht aus dem Reich der lebendigen Widersprüche herausgedrängt, hätte er den Mechanismus der Perversion als Ausdehnung des Reiches der Stereotypisierungen bis in sein angebliches Gegenteil hinein, Triebchaos und Triebdurchbruch, verstanden, hätte er einen pathognomonischen Beitrag zur Lage des Sexuellen und der Sexualität in dieser Kultur geliefert. Die Apparativität und Ichlosigkeit, die er der Perversion zudiktiert, ist, vielleicht in weniger auffälliger oder anderer Form, gang und gäbe, der Collagecharakter des Bildes von der Welt, das Nehmen der Verheißungen als bare Münze, die Bindungsschwäche, die Mechanismen der Angstbewältigung, die Fetischisierung des Sexuellen, seine Zwanghaftigkeit, das Streben nach Autonomie um jeden Preis, die Suche nach einem dritten Weg zwischen Realität und Illusion in effektiver Erregung. So aber muß man wieder einmal perversionstheoretisch und überhaupt durch eine *alienation in psychoanalysis* hindurch, die eine solistische, beinahe behavioristische, jedenfalls tegumentale Transferation der tatsächlichen Entfremdung ist und der gedachten.

*Antwort.* »Der Spiegel«: »Herr Professor, vor zwei Wochen schien die Welt noch in Ordnung...« Adorno: »Mir nicht.«
*Hinterland.* Spanisch la mariposa, französisch le papillon, englisch the butterfly, deutsch der Schmetterling. *Das* Fräulein, aber *die* Rübe. Kindergarten, Gemütlichkeit, Rucksack, Blitzkrieg, Weltschmerz, Zeitgeist, Berufsverbot und Waldsterben. Säuglingsalter, Galgenmacher, Maskengesellschaft, Eidbrecher, Sommernachtstraum und Sicherheitsklausel. Bemaulkorbt und heimatlos. Christoph Martin Wieland und die Mitscherlichs.

*Erregte Harmonie.* Das hohe Lied der Liebe klingt bekanntlich so: Mein Geliebter ist leuchtend rot, auserkoren unter Tausenden. Sein Haupt ist das feinste Gold, seine Locken sind rabenschwarze Dattelrispen, seine Augen sind wie die Augen der Tauben an den Wasserbächen, mit Milch gewaschen und in Fülle stehend, seine Lippen sind Blumen, die von fließender Myrrhe triefen, sein Leib ist reines Elfenbein, mit Saphiren geschmückt, seine Schenkel sind Alabastersäulen, gegründet auf goldenen Sockeln, sein Gaumen ist lauter Süße. Alles an ihm ist Lust. Er ist ganz lieblich. Wenn er mich doch küßte mit den Küssen seines Mundes! Auch an der Geliebten ist kein Flecken. Ihre Brüste sind wie zwei junge Rehe, die unter Rosen weiden. Doch als er sie küssen will mit den Küssen seiner Rosen, sind sie alle im Garten der Lust versiegelt: Milch und Honig, Granatapfel und Aloë, Narde, Safran, Zimt und Kalmus, all die edlen Früchte des Weihrauchs, die ihm das Herz genommen haben. Die Geliebte ist eine verschlossene Quelle, ein versiegelter Born lebendiger Wasser. Steht auf ihr Winde, muß er rufen, weht durch den Garten, daß seine Würzen triefen! So begann das niedere Lied der Liebe bereits vor Jahrtausenden, seine Verse zu suchen. Heute können wir sie alle im Schlaf hersingen, weil die Liebenden im salomonischen Lied der Lieder keine Pioniere mehr sind. Seit es unser Individuum gibt, jedenfalls auf dem Papier, sollen wir alle wie Daphnis sein oder wie Cloë. Auf den Schlachtbänken, die zwischen uns und den antiken Bürgern liegen, wurde ein neuer sittlicher Maßstab errichtet: Liebe als freie Übereinkunft autonomer Subjekte, als ein Menschenrecht beider, des Mannes und der Frau, ebenso erregend wie gewissenhaft. Diese Idee von der freien, gleichen, individuellen Geschlechtsliebe, die die Bourgeoisie zur allgemeinen erhoben hat, setzt den Menschen als Menschen und sein Verhältnis zur Welt als ein menschliches voraus. Dazu aber ist es im Leben nicht gekommen. Gebrannt, ungesättigt, irritiert, wie wir heute sind, klingt die Melodie, ob bei Oscar Wilde oder Carlos Fuentes, foudroyant: In jede Ader ergießt sich glühende Lava. Alle Nerven sind auf die Folter gespannt. Erschütternde Säfte überschwemmen uns mit Silber und Gift. Wir senken unseren Atem in den Flaum des Schambergs, in den jungen Duft der Achselhöhle, wir suchen den scharfen, süßen After, wir brüllen wie ein Tier, wir können uns nicht lösen, wir wollen uns nicht lösen, wir versinken im Fleisch, due in uno, uno in due, die verlorene Hälfte unseres Glücks ist wieder da, unserer Liebe, unseres Verstandes, unseres Lebens, unseres Todes. Der Mann faßt seine schwellenden Brüste an, die Frau führt ihr Glied in die pochende Scheide. Diesseits der Romane und Traktate müssen wir bescheidener sein. Von klein auf geängstigt, entwertet und maskiert, tagein, tagaus, wenn es hoch kommt, ein Rädchen in der Maschinerie des Bestehenden, eingestanzt ins Verhältnis von Herr und Knecht, sollen wir im Liebesleben das Gegenteil all dessen sein – plötzlich wir selber, lebendig und unverstellt, die Seele ganz gelöst. Und wie ist das möglich: gleichzeitig erregend und gewissenhaft? Wir sind tantalisiert von der Melodie, können nicht einschlafen, können sie nur als Bruchteil erinnern. Der Mund wurde uns wäßrig gemacht, der Kopf verdreht. Seither wünschen wir: daß die Masken fallen, daß das Leben beginnt.

# Thure von Uexküll
# Psychoanalyse und Biologie

Mein Beitrag soll ein Thema darstellen, das in meinen Gesprächen mit Margarete und Alexander Mitscherlich immer wieder eine wichtige Rolle gespielt und mich seitdem zunehmend beschäftigt hat: Wie die meisten Wissenschaftler seiner Zeit (z. B. auch Pawlow) war Freud ein überzeugter Reduktionist. Für diese Überzeugung ist Biologie eine noch ungereinigte Vorstufe der Chemie und Psychologie eine Vorübung für eine Erkenntnisstufe, auf der physikalische Formeln das Seelenleben regieren. Damit entstand für die Psychoanalyse eine grundsätzliche Schwierigkeit, wie sie die Beziehungen zwischen biologischen (somatischen) und psychischen Vorgängen verstehen und wie man sich als Therapeut dem Körper und den körperlichen Symptomen eines Patienten gegenüber verhalten soll.
Zu diesen Schwierigkeiten kam mit dem Entstehen der Soziologie als Wissenschaft der gesellschaftlichen Zusammenhänge eine weitere hinzu: Was in den Entwicklungsvorgängen eines Kindes soll als biologisch, was als psychisch und was als sozial bedingt gedeutet werden? Anders formuliert: Wo und wann hört das Biologische auf, wo und wann fängt das Psychische an, wo und wann das Soziale? Diese Frage ist nicht damit beantwortet, daß man sagt, alles würde zu gleicher Zeit miteinander in Wechselwirkung stehen; denn dann muß man angeben, was womit in welcher Weise an dieser Wechselwirkung beteiligt ist.
Eine befriedigende Antwort auf diese Fragen setzt eine befriedigende Definition der verschiedenen Bereiche voraus. Ein Reduktionist, für den alle Bereiche nur Abwandlungen eines einzigen sind, kann die Fragen ebensowenig beantworten wie der Positivist, der in den drei Bereichen Landschaften verschiedener »Seinsweisen« sieht, die man vorfindet und in denen man wie ein Goldgräber nur seine »Claims« abstecken muß.
Mehr Aussicht auf Erfolg verspricht eine Analyse der Anlässe, die Wissenschaftler mit verschiedenen Forschungsinteressen zwingen, so ver-

schiedene Verfahren und Terminologien zu entwickeln, wie sie Physiker, Biologen, Psychologen und Soziologen an den Tag legen. Eine Analyse, die den Wissenschaftler und sein Interesse nicht ausgrenzt, sieht in den Verfahren und Terminologien der Physiker, Biologen, Psychologen und Soziologen Niederschläge der Bereitschaft oder des Widerstrebens ihrer Umgebung, sich in einen Umgang einzulassen, der den begrenzten Zielsetzungen einzelner wissenschaftlicher Interessen dient.

So gesehen werden die privaten Erfahrungen wichtig, die der einzelne Wissenschaftler im Umgang mit den ihn interessierenden Ausschnitten seiner Umgebung – und im Falle des Arztes der einzelne Therapeut im Umgang mit den Problemen seiner Patienten – macht. Mit diesen Erfahrungen wird auch die Terminologie bedeutsam, mit der er seine Erfahrungen für sich selbst und zum Zweck der Mitteilung an die Wissenschaftler der gleichen Interessenrichtung beschreibt.

In exemplarischer Form hat Erik Erikson gezeigt, wie man auf diese Weise eine Antwort auf die Frage nach der Herkunft der drei Bereiche Biologie, Psychologie und Soziologie und nach ihren Beziehungen finden kann. Er macht die biologischen Gegebenheiten des Menschen zum Ausgangspunkt seiner Definitionen eines psychischen und eines sozialen Bereiches und untersucht das Problem der Terminologie, die ein solcher Ausgangspunkt für die Beschreibung der Phänomene und für die Verständigung mit anderen Wissenschaftlern erfordert. Er beschreibt zunächst die Wechselwirkungen zwischen dem sozialen Bereich der Familie und dem sich entwickelnden Kind als unauflösbares Ineinander (1957, S. 54 f.):

»Eltern [...] müssen sich zusammen mit ihren Kindern entwickeln. [...] Kleine Kinder beherrschen und erziehen ihre Familien genau so weitgehend, wie sie von jenen beherrscht werden. Wir können ruhig sagen, daß eine Familie ein Kind erzieht, indem sie von ihm erzogen wird.«

Von dieser Wechselseitigkeit zwischen Sozialem und Psychischem lenkt er den Blick auf den Bereich des Biologischen:

»Es könnte so aussehen, als gäbe ich diesen Gesichtspunkt (der Wechselseitigkeit) wieder preis, wenn ich nun zu einer Übersicht über das gesamte Gebiet dessen schreite, was Freud die prägenitalen Phasen und die erogenen Zonen der Kindheit nannte, und wenn ich versuche, eine Brücke zwischen den klinischen Erfahrungen und den Gesellschaftsformen zu schlagen. Denn ich werde [...] von *biolo*-

*gisch* gegebenen Möglichkeiten sprechen, die sich zusammen mit dem Organismus des Kindes entwickeln. Ich glaube nicht, daß ohne ihre *grundlegenden biologischen Formulierungen* die Psychoanalyse ein brauchbares Arbeitssystem bleiben könnte, so sehr diese Formulierungen (des biologischen Bereiches) auch der Überprüfung bedürfen« (ebd., S. 55; Hervorhebungen von mir, T. v. U.).
Nach der Formulierung dieser Zielsetzung trägt er den Schwierigkeiten Rechnung, die das Problem der Terminologie aufwirft. Er stellt fest, daß sein Vorhaben aus »semantischen und begrifflichen Gründen« für den Leser und für ihn selbst der schwierigste Abschnitt seines Vorhabens sei, »das Ufer der klinischen Betrachtungsweise« – und das meint den Boden einer beiden geläufigen Terminologie – zu erreichen. Damit macht er die Schwierigkeiten deutlich, vor denen jeder steht, der etwas Neues sagen will: Er wird unweigerlich aufgrund der verschiedenen semantischen Systeme (Eco, 1977, S. 85 f.), mit denen seine Leser seine Äußerungen interpretieren, auf verschiedene Weise mißverstanden. Um diese Schwierigkeit zu überwinden, macht er einen bemerkenswerten Vorschlag: Er breitet sein (neuartiges) semantisches System wie eine »Landkarte«, die seine Begriffe in ihren wechselseitigen Bedeutungsbeziehungen aufzeichnet, vor dem Leser aus und fordert ihn auf, nun sein (des Lesers) semantisches System mit dieser Landkarte zu vergleichen:

»Um mir meine Aufgabe zu erleichtern, werde ich [...] eine ›Landkarte‹ rekonstruieren, die ich vor über zehn Jahren [...] veröffentlicht habe. Landkarten – um Lincoln zu paraphrasieren – sind die Art Dinge, die der Art Leuten helfen, denen derartige Dinge helfen. Um dem Leser die vollste Möglichkeit zu geben, seine eigene Art zu bleiben, will ich versuchen [...], so zu schreiben, daß das, was überhaupt verständlich ist, mit und ohne Karte verstanden werden kann. Mit ›*Verständlichkeit*‹ meine ich, daß der Leser in der Lage sein sollte, sein Wissen und seinen Wortschatz mit meiner Art, das Problem in Worte zu fassen, zu vergleichen« (ebd., S. 55 f.; Hervorhebung von mir, T. v. U.).

Die Landkarte, die Erikson entwirft, enthält eine Beschreibung der »annähernden Reihenfolge der Stadien«, in denen im Laufe der kindlichen Entwicklung die wichtigsten Organe auf Grund ihrer reifenden nervösen Erregbarkeit und Koordination in eine Beziehung zu der Umgebung – in Gestalt »bedeutsamer Umweltpersonen« – treten. Die

Landkarte trägt die Überschrift: »ZONEN, MODI, MODALITÄTEN«, wobei, sehr kursorisch wiedergegeben, »ZONEN« die biologischen Organe, »MODI« die durch sie vorgegebenen Umgangsmöglichkeiten mit der Umgebung und »MODALITÄTEN« die aus dem »Zusammenstoß« mit den bedeutsamen Umweltpersonen resultierenden sozialen Varianten dieses Umgangs beschreiben.

Ich will auf die bekannte Darstellung dieser Zusammenhänge nicht weiter eingehen, sondern auf einen Punkt hinweisen, der für eine Definition des biologischen Bereiches und dessen Beziehungen zur Psychoanalyse bedeutsam ist: Erikson macht darauf aufmerksam, daß jede biologische Leistung (eines Organs oder des Organismus) einer Gegenleistung bedarf, die von der Umgebung erbracht werden muß, wenn die Leistung zustande kommen soll. Winnicott (1973) hat dies für jeden biologischen Vorgang unabdingbare Entgegenkommen der Umgebung mit dem Begriff einer »genügend guten Mutter« umschrieben, die später von einer »genügend guten Umgebung« abgelöst werden muß. Man kann die ergänzenden Gegenleistungen der Umgebung, auf die jede Aktivität eines Lebewesens angewiesen ist, unter den Begriff der »ökologischen Nische« subsumieren, um die ökologische Dimension dieses Beziehungsverhältnisses deutlich zu machen. Dieser Begriff weist darauf hin, daß die Natur für jedes Lebewesen und für jede Art einen Raum bereitstellen muß, in dem das Vorhandensein genügender Ressourcen und eine hinreichende Reduktion der Gefahren sichergestellt ist, wenn Lebewesen und Art überleben und sich vermehren sollen. In diesem Ergänzungsverhältnis bestimmen das betreffende Lebewesen und die betreffende Art, was jeweils unter Ressourcen und unter Gefahren zu verstehen ist.

Diesen für die Grundlegung einer Biologie als Wissenschaft vom Leben entscheidenden Zusammenhang einer Ergänzungsbeziehung zwischen lebendem System und Umgebung hat vor 150 Jahren der Physiologe Johannes Müller (1801–1858) als »Gesetz der spezifischen Sinnesenergie« formuliert. Dies Gesetz besagt, daß sich nicht nur die Rezeptoren der Lebewesen an die Umgebung, sondern ebenso die Umgebung an die Kreativität der Rezeptoren, mit denen sie in Verbindung tritt, anpassen müssen. Die dann im 19. Jahrhundert aufkommende mechanistische und reduktionistische Einstellung hat diesen Ansatz als naturphilosophische Spekulation bekämpft und das reduktionistische Paradigma der Rückführbarkeit aller Erscheinungen auf Physik zum Dogma der

Naturwissenschaft erhoben. Seitdem wurde Biologie mehr und mehr mit Biochemie verwechselt.
Die Verfechter einer Biologie als eigenständiger Wissenschaft der Lebenserscheinungen gerieten in Außenseiterpositionen. Trotzdem ist die Weiterentwicklung dieser Konzeption nie ganz abgerissen und wird heute wieder zunehmend interessant. Unter den Außenseitern war Karl Ernst von Baer (1792–1876), der Entdecker des Säugetier-Eis und der Keimbahn, einer der bedeutendsten und einer der entschiedensten Verfechter einer Naturbetrachtung, welche die Lebenserscheinungen nicht reduktionistisch entwertet, sondern auf jeder Stufe ernst nimmt. Er hat an vielen Beispielen die sich ergänzende Gegenseitigkeit von Umgebung und Kreativität der Organismen im Lebensgeschehen anschaulich und überzeugend dargestellt. So schreibt er in einem Zusammenhang, der das Verhältnis von Biologie und Psychologie beleuchtet:
»›Aber ist denn das Geistige in uns wirklich etwas Selbständiges? Ist es nicht ein Spiel der Nervenfäserchen, das wir aus Vorurteil für selbständig und für unser eigentliches Ich halten?‹ hört man jetzt wohl fragen, weniger von Naturforschern als von Dilettanten, die sich für sehr weise halten. Einem solchen kann man nur antworten: Wer das Bewußtsein der eigenen Selbständigkeit nicht in sich trägt oder sich durch sophistischen Zweifel abdisputieren läßt, dem dasselbe wiedergeben zu wollen, verlohnt sich nicht.
Aber ein Gleichnis darf man wohl geben, wie verschieden die Urteile ausfallen können, und selbst begründete Urteile, verschieden nach Standpunkten und Gesichtspunkten: Es hört jemand in einem Walde ein Horn blasen, und je nachdem er ein lebhaftes Allegro oder ein schmelzendes Adagio gehört hat, wird er vielleicht auf einen munteren Jäger oder einen zartsinnigen Musiker schließen, die er aber nicht sehen kann. Er wird sich vielleicht besinnen, ob er dieselbe Melodie nicht schon einmal gehört hat, aber daß er sie selbst abgespielt habe, wird ihm garnicht in den Sinn kommen.
Indem er die Melodie in sich zu wiederholen strebt, tritt zu ihm eine Milbe, die in dem Horne saß, als man anfing es zu blasen. ›Was Melodie, was Adagio! Dummes Zeug!‹ spricht sie. ›Ich habe es wohl gefühlt. Ich hatte eine stille und dunkle, gewundene Höhle gefunden, in der ich ruhig saß, als sie plötzlich von einem schrecklichen Erdbeben erschüttert wurde, erregt durch einen entsetzlichen Sturmwind, der mich aus der Höhle hinausschleuderte.‹ ›Torheit!‹

ruft eine gelehrte Spinne, die in physicis gute Studien gemacht und den Doktorhut cum laude erworben hat, ›Torheit! Ich saß auf dem Horne und fühlte deutlich, daß es heftig vibrierte, bald in rascheren, bald in langsameren Schwingungen, und ihr wißt, daß ich mich auf Vibrationen verstehe; fühle ich doch die leiseste Berührung meines Netzes, wenn ich auch tief in meinem Observations-Sacke sitze.‹ Sie hatte recht, die gelehrte Spinne, in ihren subtilen physikalischen Beobachtungen. Auch die Milbe hat richtig beobachtet, nur hatten beide kein Verständnis für die Melodie gehabt.«

In unserem Jahrhundert hat Jakob von Uexküll (1864–1944) den entscheidenden Zusammenhang zwischen einer sich wechselseitig definierenden Kreativität des Subjekts und der mit dieser in Beziehung tretenden Umgebung für eine Definition der Biologie als Lebenswissenschaft auf die Formel gebracht, da jeder belebte oder unbelebte Ausschnitt der Umgebung, der mit einem Organ eines Lebewesens in Beziehung tritt, sich in einen Bedeutungsträger verwandelt. Gleichgültig ob es sich bei dem Organ um den Mund, den After, die Genitalien oder die Lunge, die Haut, die Augen oder die Ohren handelt, in jedem Fall wird der Teil der Umgebung, der mit dem Organ in Beziehung tritt, zu einem Bedeutungsträger dieses Organs. In der Terminologie Eriksons würde das heißen: die Zonen bestimmen die Modi der Beziehung zwischen Lebewesen und Umgebung.

Dieser Punkt scheint mir für die Beziehung zwischen Biologie und Psychoanalyse entscheidend zu sein; denn er bringt zu den »klassischen Zonen« eine noch nicht überschaubare Zahl weiterer Zonen in unser Blickfeld, die nicht nur für die Modi, sondern auch für die sozial variierten Modalitäten unseres Umgangs mit uns selbst und unserer belebten und unbelebten Umgebung bedeutsam sind. Störungen in der Entwicklung der uns sozial zugemuteten und sozial tolerierten Modalitäten sind vermutlich nicht nur für die Pathogenese und Pathologie des Asthmas, des Ekzems, der Hypertonie, sondern auch für viele andere Leiden von Bedeutung.

Unter diesem Gesichtspunkt ist eine Anatomie und Physiologie des erlebten Körpers als Grundlage für ein neues Verständnis der Pathologie zu fordern. An diesem Unternehmen sollte die Psychoanalyse einen entscheidenden Anteil haben. Balint (1966) hat das klar gesehen und eine Revision der psychoanalytischen Theorie gefordert, die dieser Aufgabe

Rechnung trägt. In dem Postscriptum zu seinen Ausführungen über Liebe und Haß schreibt er:

»Es ist an dieser Stelle auf die geradezu himmelschreiende Einseitigkeit unserer Theorie hinzuweisen. Praktisch alle unsere technischen Bezeichnungen, die diese Frühzeit des seelisch-geistigen Lebens beschreiben, leiten sich von objektiven oder subjektiven Erscheinungen der Oralsphäre her, so Gier, Einverleibung, Introjektion, Verinnerlichung, Teilobjekte, Zerstören durch Saugen, Kauen und Beißen, Projektionen nach den Modi des Ausspuckens und Erbrechens usw. Leider haben wir es weitgehend unterlassen, unser Verständnis für die frühen, primitiven Erscheinungen durch Schaffung theoretischer Vorstellungen und technischer Bezeichnungen zu erweitern, welche die Erlebnisweisen, die Bilderwelt und die Bedeutung anderer Sphären in Rechnung stellen. Solche Sphären sind die Wärmeempfindung, rhythmische Geräusche und Bewegungen, leises unartikuliertes Summen, die unwiderstehlichen, überwältigenden Eindrücke von Geschmäcken und Gerüchen, naher Körperkontakt, taktile und Muskelsensationen, besonders an den Händen, und die unleugbare Macht jedes einzelnen dieser Phänomene und aller zusammen, Ängste und Argwohn, selige Befriedigung und bange, verzweiflungsvolle Einsamkeit hervorzurufen und wieder aufzuheben. Es ist sehr wahrscheinlich, daß wegen dieser Unterlassungen die Zeit kommen wird, wo man unsere gegenwärtigen Theorien als mangelhaft und einseitig verurteilen wird.«

In letzter Zeit hat sich die Landkarte, auf der die semantische Bedeutung der Termini eingezeichnet werden muß, für die Psychoanalyse zunehmend erweitert. Aber ein semantisches System für Termini, die beschreiben, was Balint fordert, ist noch weitgehend eine Aufgabe der Zukunft. Diese Aufgabe kann nur in enger Zusammenarbeit mit einer Biologie geleistet werden, die ihren »Landkarten« die »kontrapunktische« (J. von Uexküll) Beziehung zwischen Organismus und Umwelt zugrunde legt.

## Literaturverzeichnis

BAER, K. E. VON (1827): *Epistula de ovo mammalium et homini genesi.*
ders. (1837): *Entwicklungsgeschichte der Tiere.*
ders. (1983): Entwicklung und Zielstrebigkeit der Natur. In: *Schriften*, hrsg. v. K. Boegner. Stuttgart 1983.

BALINT, M. (1966): *Die Urformen der Liebe und die Technik der Psychoanalyse*. Bern, Stuttgart (Huber, Klett).
ERIKSON, E. H. (1950): *Kindheit und Gesellschaft*. Zürich, Stuttgart (Pan Verlag) 1957.
MÜLLER, J. P. (1835): *Handbuch der Physiologie des Menschen*. Coblenz (Hölscher).
UEXKÜLL, J. VON (1920): *Theoretische Biologie*. Berlin (Springer) 1928.

Rolf Vogt
Die Angst des Helden

Während der letzten beiden Jahrzehnte ist eine starke Bewegung in die Geschlechterbeziehung gekommen. Eine nicht endende Flut von Literatur über Frauenemanzipation beweist es. Selbst die politischen Gleichberechtigungsdeklarationen, deren real verändernde Substanz weit hinter ihrem demonstrativen Gestus zurückzubleiben pflegt, scheinen allmählich mehr Bodenhaftung zu bekommen. Jahrtausendealte männlich-weibliche Rollenklischees beginnen aufzubrechen; mit welchem Ergebnis, ist noch fraglich.
Wird der Mensch der Zukunft der entsprechend dem Maschinenmodell funktionalisierte, enterotisierte Einheitsmensch sein, bei dem die psychische Geschlechterdifferenz nach Null tendiert? Oder wird es der integrierte Mensch sein, der sich von der das Übel schärfer wahrnehmenden Leidensfähigkeit der Frau führen läßt und als Mann lernt, nicht mehr nur stark sein zu müssen, und als Frau sich der eigenen Stärke mehr bewußt zu werden und dies besser umzusetzen (Richter, 1975)? Wird es möglich werden, daß sich die beiden Geschlechter aus ihrer sadomasochistischen Verstrickung (M. Mitscherlich, 1985) lösen? Werden aufgeklärtere gesellschaftliche Verhältnisse auf die Dauer verhärtete psychologische Beziehungsstrukturen grundlegend verändern können, oder sind in den entscheidenden Entwicklungsabläufen körpernahe, relativ variationsarme Prozesse im Sinne von anthropologischen Konstanten doch von solchem Gewicht, daß der Spielraum für positive Veränderungen vielleicht begrenzter ist, als wir annehmen möchten?
Margarete Mitscherlich hat in ihren Schriften (1972; 1978; 1985) immer wieder darauf hingewiesen, wie wichtig für die Beziehung zwischen Mann und Frau die Art der Konfliktlösung in der Auseinandersetzung mit der prägenitalen und ödipalen Mutter ist, die von beiden Geschlechtern so gefürchtet, geliebt und gehaßt wird. Die psychoanalytische Interpretation des griechischen Mythos von Bellerophon soll

zeigen, wie klar und markant die uns klinisch wohlbekannte Angst des Mannes vor der Frau und seine Abwehr dagegen schon an den mythischen Wurzeln unserer abendländischen Kultur hervortritt. Bellerophons Kampf gegen die Chimäre macht ihn zum Inbegriff des abendländischen Helden. Er könnte wohl auch Herakles, St. Georg, Siegfried, Lancelot oder sogar Rambo heißen.

## I. Zur Methode psychoanalytischer Mytheninterpretation

Die Psychoanalyse faßt den Mythos auf als Manifestation bewußter und unbewußter triebbestimmter und narzißtischer Wünsche, deren Verarbeitung und Abwehr. Er ist also, psychoanalytisch gesehen, ein kollektives Phantasieprodukt, das den wunscherfüllenden und illusionsbildenden Mechanismen des Phantasierens und Träumens folgt. Das Modell des psychoanalytischen Mythenverständnisses ist die Traumdeutung (Freud, 1900). Nach Freud sind die Mythen »die Säkularträume der jungen Menschheit« (1908, S. 222). In der Psychoanalyse wird der Traum oder Tagtraum, den der Analysand in der Behandlungsstunde erzählt, gemeinsam von Analytiker und Analysand gedeutet mit Hilfe der *freien Assoziationen* des Analysanden. So zufällig und unzusammenhängend diese Einfälle auch scheinen, folgen sie doch einem latenten Strukturprinzip und führen so zur unbewußten Bedeutung des Traumes. Die Deutungsarbeit hat als Folie die Lebensgeschichte des Analysanden, den bisherigen Verlauf der Analyse, die momentane Übertragungsbeziehung des Analysanden zum Analytiker, die Gegenübertragung des Analytikers und den assoziativen Gesamtverlauf der Stunde, in der der Traum erzählt wird.

Da aber die psychoanalytische Mytheninterpretation nicht als klinischer Dialog erfolgen kann, stützt sie sich vor allem auf die *Lebensgeschichte* des mythischen Helden und auf die verschiedenen Versionen dazu, welche als *freie Assoziationen* analog den Einfällen zu einem Traum betrachtet werden. Der »soziale« und kulturelle Raum, innerhalb dessen die Geschichte Bellerophons spielt, wird repräsentiert durch die gesamte Geschichte und Mythologie Griechenlands von der archaischen bis zur hellenistischen Zeit.

## II. Der Mythos von Bellerophon (Bellerophontes)

### 1. Die Haupterzählung von Bellerophons Lebensgeschichte

Der Name Bellerophon bedeutet »der Töter (phonein = töten) des Belleros« (Kerényi, 1958), welcher »eine Schlange« oder »ein vorgriechischer Unhold« (von Geisau, 1979) gewesen sein soll. Sein Vater war Glaukos, »der Meergrüne« (Kerényi, 1958), der Sohn des Sisyphos. Von Glaukos ist bekannt (von Ranke-Graves, 1969, S. 208 f.), daß er die Macht der Göttin der Liebe, Aphrodite, verachtete und seine Stuten nicht zur Zucht zuließ, da er hoffte, »sie dadurch lebhafter als die Stuten der anderen Wagenkämpfer zu machen«. Sein Hauptinteresse galt diesen Kämpfen. Aphrodite war deswegen sehr erzürnt, sann auf Rache und beklagte sich bei Zeus darüber, daß Glaukos seine Stuten mit Menschenfleisch füttere. Als sie von Zeus die Erlaubnis erhielt, Glaukos nach ihren Gutdünken zu bestrafen, brachte sie eines Nachts die Stuten an einen ihr geweihten Brunnen, ließ sie davon trinken und ein Kraut namens »Hippomanes« fressen. Als Glaukos danach die Stuten an seinen Wagen spannte, rannten sie davon, warfen den Wagen um, schleiften ihn auf der Erde und fraßen Glaukos bei lebendigem Leibe auf.

Die Mutter Bellerophons ist in den meisten Werken der griechischen Mythologie gar nicht erwähnt. Lediglich Kerényi (1958, S. 91) weiß zu berichten: »Seine Mutter trug den Namen der Göttin Eurynome, einer Meerbeherrscherin und großen Zeusgattin in den Urzeiten, oder geradezu Eurymeda, wie eine weibliche Form von Eurymedon, dem ›Weithin Herrschenden‹ – gleichfalls dem Meerbeherrscher« (= Poseidon, Gott des Meeres).

Wegen eines Totschlags mußte Bellerophon seine Heimatstadt Korinth verlassen und wandte sich mit der Bitte um Reinigung von seiner Blutschuld an den König Proitos von Tiryns. Dabei verliebte sich Anteia, Frau des Proitos, in ihn und versuchte ihn zu verführen. Als er sie abwies, ging sie gekränkt und wütend zu ihrem Mann und sprach: »Sterben sollst du Proitos, oder töte Bellerophon, der mich gegen meinen Willen zur Liebe verführen wollte« (Kerényi, 1958, S. 94). Der König glaubte seiner Frau, wagte aber nicht, selbst Hand an den Gast zu legen, aus Angst vor der Rache der Erynnien. Er sandte Bellerophon daher zu seinem Schwiegervater, Iobates, dem König von Lykien, mit einem versiegelten Schreiben, das die Aufforderung enthielt, Bellerophon zu töten. Da auch Iobates zunächst davor zurückschreckte, seinen königlichen Gast an seinem Hofe umzubringen, schickte er ihn, die Chimaira (= Chimäre = Schimäre) zu töten, »ein feuerspeiendes, weibliches Ungeheuer mit dem Haupt eines Löwen, dem Körper einer Ziege und dem Schwanz einer Schlange« (von Ranke-Graves, 1969, S. 229). Das Ungetüm gehörte zu den Herden des Königs. Um sich für seine Aufgabe Rat zu holen, ging Bellerophon zu dem Seher Polyeidos, der ihm riet, er solle den geflügelten Hengst Pegasos fangen und zähmen. Er traf das Pferd auf der Akropolis von Korinth, konnte es aber nur mit dem goldenen Zaumzeug, das ihm die Göttin Athene schenkte, festhalten und zähmen. Beim Kampf mit der Chimaira, nach Kerényi (1958, S. 95) die einjährige Ziege, die einmal überwintert hat, erhob er sich mit Pegasos in die Luft, durchbohrte sie mit Pfeilen und warf ihr auch einen Klumpen Blei in den Rachen. Das Blei schmolz im feurigen Atem der Chimaira und verbrannte ihre Eingeweide.

Noch zweimal versuchte Iobates seinen Gast zu verderben, indem er ihn gegen den kriegerischen Volksstamm der Solymer und die mit diesen verbündeten Amazonen schickte. Beide besiegte der Held und säuberte auch noch die Ebene von Xanthos von karischen Seeräubern. Deren »Anführer war ein gewisser Cheimarrhos, ein wilder und prahlerischer Krieger, der in einem Schiffe, geschmückt mit einem Löwen am Bug und einer Schlange am Heck, das Meer befuhr« (von Ranke-Graves, 1969, S. 229).

Als Iobates immer noch nicht einlenkte, sondern die besten lykischen Helden in den Hinterhalt legte, tötete Bellerophon auch diese bis auf den letzten Mann. Dann betete er zu seinem Vater Poseidon, er möge seine Fluten über die xanthische Ebene schicken. Der Gott des Meeres erhörte ihn. Die Wellen folgten Bellerophon, als er auf den Palast des Iobates zuging. »Da ihn niemand überreden konnte, sich zurückzuziehen, hoben die xanthischen Frauen die Röcke über die Hüften, liefen ihm entgegen und boten sich ihm an, wenn er nur von seinem Ärger ließe. Bellerophon war davon so eingeschüchtert, daß er sich umdrehte und davonlief. Die Wellen zogen hinter ihm her« (von Ranke-Graves, 1969, S. 229).

Nach diesem Vorfall zweifelte Iobates an der Darstellung des Proitos, daß Bellerophon es auf die Tugend Anteias abgesehen gehabt habe. Er klärte das Mißverständnis mit diesem, gab ihm die Hälfte seines König-reiches und seine jüngere Tochter, die Schwester Anteias, zur Frau, die ihm später berühmte Kinder gebar. Bellerophon näherte sich auch wieder der noch immer verliebten Anteia, tat, als ginge er auf ihre Wünsche ein und wolle sie zu sich holen. Er nahm sie auf sein Flügelroß und stürzte sie dann ins Meer. Ein solcher Sturz war auch sein eigenes Schicksal. Aus Leichtsinn und Überheblichkeit oder aus Zweifeln an der Existenz der Götter versuchte Bellerophon mit Hilfe von Pegasos in den Olymp zu kommen. Dieser warf ihn aber auf den Befehl von Zeus ab, so daß Bellerophon schmerzhaft auf die Erde aufschlug und von da an halb lahm war.

## 2. Eine andere Version von Bellerophons Herkunft

Nach einer anderen Erzählung (Kerényi, 1958) war der Meergott Poseidon Bellerophons Vater und die schreckliche Gorgone Medusa seine Mutter. Anstelle von Haaren trug Medusa Schlangen, hatte riesige Zähne und eine heraushängende Zunge. Ihr Gesicht war so schrecklich, daß bei seinem Anblick alle sofort vor Angst erstarrten und versteinerten. Perseus tötete sie mit Hilfe Athenes, die ihm den Arm führte, indem er das Ungeheuer nicht direkt ansah, sondern sich an dem Spiegelbild der Medusa in seinem Schild orientierte. Als er ihr mit einer diamantenen Sichel den Kopf abschlug, entsprangen ihrem Körper der unsterbliche geflügelte Hengst Pegasos und der Krieger Chrysaor (= der mit dem goldenen Schwert) mit einem goldenen Schwert in der Hand. Nach Kerényi (1958) bekam Chrysaor später nach der Tötung des Belleros den Namen Bellerophon, der, auf seinem unsterblichen Bruder Pegasos reitend, die beschriebenen Heldentaten vollbrachte. Perseus erprobte die versteinernde Wirkung des abgeschnittenen Medusenhauptes verschiedene Male an seinen Feinden und schenkte es dann Athene, welche es zur Abschreckung an ihrer Aigis (= Ziegenfell) befestigte.

## III. Eine psychoanalytische Interpretation des Mythos von Bellerophon

Die psychoanalytische Deutung des Mythos anhand des Traummodells betont den unbewußt infantilen Aspekt der Inhalte. Das bedeutet eine um Bellerophon kreisende »egozentrische« Sicht, die bestimmt ist durch große Körpernähe (entsprechend der Erlebnisweise des Kindes) und durch die Familienkonstellation: Vater–Mutter–Kind. Die Einheit von Ort, Zeit und Person ist entsprechend der unbewußten Traumlogik aufgelöst. Verschiedene Bedeutungsspektren der eigenen Person Bellerophons (Bellerophon, Chrysaor, Pegasos), des Vaters (Glaukos, Poseidon, Perseus, Proitos, Iobates, Polyeidos, die Solymer, Cheimarrhos, Zeus) und der Mutter (Eurynome, Stuten des Glaukos, Medusa, Anteia, Chimaira, Athene, Amazonen, Schiff des Cheimarrhos, xanthische Frauen) spiegeln sich in einer großen Anzahl verschiedener Personen. Daß Glaukos und der Meergott Poseidon wohl ein und dieselbe Person bedeuten, geht aus dem Namen des Erstgenannten, der »Meergrüne«, hervor, und aus dem Umstand seiner Verheiratung mit der Meergöttin Eurynome, die dem Bereich Poseidons angehört und deren Name (= die Weithin-Herrschende) die weibliche Form eines Beinamens ist, den Poseidon selbst trägt.

Ebenso wird die Identität von Eurynome und Medusa dadurch nahegelegt, daß Medusa auch von Meergöttern abstammt. In anderer Gestalt erscheint die Mutter Bellerophons Eurynome (Medusa) in den Stuten des Glaukos. Darauf läßt auch der Umstand schließen, daß Poseidon das Pferd geschaffen hat und selbst häufig in Pferdegestalt Göttinnen beiwohnte, die sich in Stuten verwandelt hatten. Auch Medusa erscheint zuweilen in Pferdegestalt, worauf auch die Erzählung hinweist, daß sie das Pferd Pegasos geboren hat und ihr abgeschlagenes Haupt anstelle eines Pferdes als Hochzeitsgeschenk dienen sollte (von Ranke-Graves, 1969). Daß Glaukos (Poseidon) seine Stuten nicht durch Hengste beschälen ließ, damit sie besser für seine Wagenwettkämpfe mit anderen Männern geeignet seien, könnte in diesem Zusammenhang als sexuelle Vernachlässigung Eurynomes (Medusas) durch Glaukos (Poseidon) verstanden werden zugunsten einer mehr »homosexuellen« Ausrichtung. Die Stuten, welche, durch die Liebesgöttin Aphrodite aufgestachelt, den Glaukos auffressen, würden dann einer unbewußten männlichen Angstphantasie, die auch mit unbewußten weiblichen Wunschphantasien korrespondiert (vgl. Devereux, 1981), entsprechen, von der Frau (Mutter) in der sexuellen Raserei des Koitus (genital) verschlungen zu werden. (Die Stuten bekamen von Aphrodite das Kraut Hippomanes: Hippos = Pferd; manes = Mania = Raserei, Manie). Dazu paßt auch die andere Version vom Tode des Glaukos, wo er sich aus Gram über den Tod seines Neffen Melikertes ins Meer

(= Eurynome) stürzt und dessen Namen erhält (von Ranke-Graves, 1969). Das Wasser ist das Medium, das die entgrenzenden und symbiotisch verschmelzenden Aspekte der frühen Mutterbeziehung in unbewußten Phantasien am stärksten ausdrückt (vgl. Ferenczi, 1924). Die Gleichsetzung des ertrunkenen Glaukos mit seinem Neffen (Melikertes) versetzt ihn symbolisch eine Generation zurück, macht ihn aus dem Vater zum Sohn (= Neffen) und betont damit die mütterliche Seite des verschlingenden Meeres (= Eurynome, Medusa, Stuten).

Dieses Thema wird fortgeführt und von der Verschmelzungs- zur Kastrationsangst hin ergänzt durch den Aspekt, den die Medusa repräsentiert. Freud deutet in seiner postum erschienenen, wohl nicht mehr ganz ausformulierten Arbeit (1940) das abgeschnittene Medusenhaupt als symbolischen Ausdruck des weiblichen Genitales: »Kopfabschneiden = Kastrieren. Der Schreck der Meduse ist also Kastrationsschreck, der an einen Anblick geknüpft ist. Aus zahlreichen Analysen kennen wir diesen Anlaß. Er ergibt sich, wenn der Knabe, der bisher nicht an die Drohung glauben wollte, ein weibliches Genitale erblickt. Wahrscheinlich ein erwachsenes, von Haaren umsäumtes, im Grunde das der Mutter« (Freud, 1940, S. 47). Die in der Kunst so häufige Abbildung der Haare als Schlangen dienen nach Freud trotz ihres schrecklichen Aussehens »doch eigentlich der Milderung des Grauens, denn sie ersetzen den Penis, dessen Fehlen die Ursache des Grauens ist... Der Anblick des Medusenhauptes macht starr vor Schreck; verwandelt den Beschauer in Stein. Dieselbe Abkunft aus dem Kastrationskomplex und derselbe Affektwandel! Denn das Starrwerden bedeutet die Erektion, also in der ursprünglichen Situation den Trost des Beschauers. Er hat noch einen Penis, versichert sich desselben durch sein Starrwerden. Dieses Symbol des Grauens trägt die jungfräuliche Göttin Athene in ihrem Gewand. Mit Recht, sie wird dadurch zum unnahbaren, jedes sexuelle Gelüste abwehrende Weib. Sie trägt doch das erschreckende Genitale der Mutter zur Schau. Den durchgängig stark homosexuellen Griechen konnte die Darstellung des durch seine Kastration abschreckenden Weibes nicht fehlen« (S. 47 f.)

Diese sehr aus der Warte männlicher Ängste und entsprechender klinischer Erfahrung stammende Deutung Freuds findet ihre Unterstützung auch durch den Mythos von Medusa und Perseus. Perseus versprach dem König Polydektes, anstelle eines Pferdes das Haupt der Medusa als Hochzeitsgeschenk zu bringen, wenn er davon Abstand nehme, die

Zeusgeliebte Danae, die Mutter des Perseus, zur Frau zu begehren. Polydektes willigte zunächst ein, wurde aber wortbrüchig und bedrängte Danae, die sich vor ihm in einen Tempel geflüchtet hatte, auf gewalttätige Weise. Perseus kam seiner Mutter zu Hilfe, indem er dem Polydektes und dessen Gefolgsleuten das abgeschlagene Haupt der Medusa entgegenhielt, worauf alle zu Stein wurden.

Diese Geschichte zeigt, daß das Medusenhaupt auch die ursprüngliche Bedeutung hatte, den Mann vor dem sexuellen Eindringen in die Frau abzuschrecken. Die Frau erscheint hier in zwei voneinander isolierten und gegensätzlichen Aspekten. Die lusterregende, anziehende und Glück verheißende Seite erscheint in Danae, die bedrohliche Seite in dem Haupt der Medusa, das aber letztlich die bei Männern neben Begehren auch Kastrationsangst auslösende Eigenschaft des Genitales von Danae, d. h. des Genitales der Mutter, hat, da Danae als Geliebte des Göttervaters Zeus Mutterbedeutung für alle Menschen (auch Polydektes) und Götter bekommt. Die gut hierzu passende Interpretation Freuds wird noch dadurch bestärkt, daß aus der enthaupteten Medusa der geflügelte Hengst Pegasos und Chrysaor (= Bellerophon) mit erhobenem Schwert »schon ganz erwachsen« sprangen, die beide geballte männliche Potenz symbolisieren (der sich in die Luft erhebende Hengst, das erhobene Schwert = Erektion), als sei hier der Ort, wo diese einerseits gefordert, andererseits aber gefährdet sei und daher besonders demonstriert werden müsse. Die Genitalbedeutung des Medusenhauptes (Verschiebung von unten nach oben) geht auch daraus hervor, daß durch eine Manipulation daran (Abschlagen) eine Geburt ausgelöst wurde. Die Geburtsszene führt nun zu einer weiteren Bedeutung des Medusenhauptes, die von Freud nicht beschrieben wurde. Die Geburt von Pegasos und Chrysaor bzw. Bellerophon wurde ermöglicht durch die Tat des Perseus. Diese wird in dem Zusammenhang zu einem Befreiungsschlag. Wenn wir dazu bedenken, daß Perseus häufig dieselben Beinamen erhält wie Poseidon (Kerényi, 1951), bekommt er für Bellerophon (Chrysaor) – was von Kerényi auch so gesehen wird – Vateraspekte. Es ergibt wohl nicht viel Sinn, wenn wir dabei an die Ermöglichung der körperlichen Geburt durch den Vater denken. Ganz anders sieht es aus, wenn wir dafür »die psychische Geburt des Menschen« setzen im Sinne von M. Mahler (1975). Dann wird der Vater für das Kind ein Befreier, weil er als Dritter die Symbiose, die enge psychische Verquickung zwischen Mutter und Kind, sprengt und dem Kind

hilft, sich von der Mutter und dem von ihr ausgehenden regressiven (verschlingenden) Sog abzugrenzen und sich allmählich zu verselbständigen. In der Versteinerung beim Anblick des Medusenhauptes erscheint also nicht nur – wie Freud es beschreibt – die Erektion als Abwehr der daraus resultierenden Kastrationsangst, sondern ebenso die Abwehr der durch das mütterliche Genitale ausgelösten früheren Entgrenzungs- und Verschmelzungsangst. Die harte Oberfläche des zu Stein Erstarrten wird dann zum symbolischen Ausdruck der Abgrenzung und Nichtassimilierbarkeit gegenüber dem verschlingenden, verschmelzenden Aspekt des mütterlichen Genitales. Die von der Mutter (Medusa) ausgehende symbiotische Bedrohung ist für Bellerophon zunächst durch die Intervention des Vaters (Perseus) gebannt.
Nachdem er den symbiotischen Gefahren entronnen ist und, sich weiterentwickelnd, der ödipalen Phase nähert, begegnet Bellerophon in Proitos und Anteia den ödipalen Eltern. Er schreckt vor der sexuellgenitalen Verwicklung mit der Mutter (Anteia) zurück. Statt Befreiung von Schuldgefühlen (Reinigung wegen des Totschlages) droht zusätzliche väterliche Strafe, wobei bezeichnenderweise eigentlich nicht vom Vater die Bedrohung ausgeht, sondern von der Mutter (Fortsetzung der prägenitalen Fixierung in die ödipale Phase hinein). Der Vater wird als Agent einer bösen und rachsüchtigen Mutter wahrgenommen. In Anteia erscheint wieder etwas von der Schrecklichkeit der Medusa. Das wird noch durch die Erzählung unterstützt, daß Anteias drei Töchter vom Wahnsinn befallen waren, Reisende anfielen, Schafe und Rinder niederrissen und sie roh verschlangen. Hier schimmern wieder die menschenfressenden Stuten des Glaukos hindurch. In der Weiterreichung des Bellerophon an Iobates erscheint die väterliche Strafaktion prolongiert. Die Bedrohlichkeit der ödipalen Situation führt wieder zu einer Regression auf frühere symbiotische Beziehungsmodi gegenüber den Eltern (Anteia – Proitos, Iobates). Doch kommt Bellerophon auch dadurch nicht zur Ruhe. Das Bild Anteias, der ödipalen Mutter, und des Proitos (Iobates), des ödipalen Vaters, wird durch die regressive Abwehr zur Chimaira und nähert sich auf erschreckende Weise wieder der Medusa an. Der Umstand, daß Chimaira eine Mischfigur ist (Ziege, Löwe, Schlange), legt die Vermutung nahe, es handele sich hierbei um die bedrohliche Imago der vereinigten koitierenden Eltern (Ziege = Mutter = Anteia; Löwe, Schlange = Vater = Proitos, Iobates), wobei das mütterliche Element entsprechend der Namengebung (Chimaira =

Ziege) dominierend ist und das väterliche Element in sich birgt im Sinne einer Mutter mit Penis, wodurch gleichzeitig der Kastrationsangst auslösende Aspekt der mütterlichen Penislosigkeit abgewehrt wird.

Eine Bestätigung der Annahme, die Chimaira habe die Bedeutung einer vereinigten Elternimago, ist in der Version zu finden, wo Bellerophon den Seeräuber Cheimarrhos tötet, der ein mit Löwen- und Schlangenemblemen verziertes Schiff hat. Die Ähnlichkeit des Namens Cheimarrhos mit Chimaira und die Löwen- und Schlangenzusätze am Schiff explizieren die Bedeutung der Chimaira auf einer späteren (nicht symbiotischen, sondern ödipalen) Entwicklungsstufe. Die beiden Eltern erscheinen nun getrennt, wobei der Seeräuber Cheimarrhos Vateraspekte hat (vgl. die Parallele zwischen dem Seefahrer Cheimarrhos, dem Meergott Poseidon und Glaukos, dem »Meergrünen«) und das Schiff in seiner bergenden Symbolik auf die Mutter hinweist (vgl. die innere Beziehung zwischen Schiff und der Meergöttin Eurynome).

Die Tötung des Cheimarrhos ist dann als der ödipale Kampf mit dem Vater zu verstehen; dagegen betrifft die Auseinandersetzung mit der Chimaira primär die verschlingende Mutter, welche sogar (über den Koitus) noch den Vater in sich aufgenommen hat. Der Name Chimaira (= die einjährige Ziege, welche einmal überwintert hat; cheimon = Winter) legt nahe, daß es sich um eine Erlebniskonstellation handelt, die das Ende des ersten Lebensjahres betrifft. In der Art dieser Symbolbildung erscheint noch die symbiotische Verschmelzung zwischen Mutter und Kind, so daß ein Zustand des Kindes (Alter von einem Jahr) gleichzeitig auch dem inneren, phasenentsprechenden Erlebnisbild von der Mutter (Chimaira = einjährige Ziege) zugeschrieben wird. Mit der Regression von der ödipalen Ebene (Anteia – Proitos, Iobates), um den Gefahren von Inzest und Strafe zu entgehen, auf die symbiotische Stufe (Chimaira) kommt Bellerophon vom Regen in die Traufe.

Zur Abwehr der verschlingenden prägenitalen Mutter greift Bellerophon auf sublimierte, lenkende und leitende Aspekte von Vater und Mutter zurück, auf den Seher Polyeidos und die Göttin Athene, wo weder Symbiose- noch Inzestverwicklungen oder ödipale Rivalität drohen. Über den Einfluß dieser desexualisierten internalisierten Elternimagines kann er seine ungezügelten phallischen Triebbedürfnisse zügeln, d. h., Athene gibt ihm das Zaumzeug, mit dem er den Hengst Pegasos einfangen und zähmen kann. Er ist nun mit der integrierten phallischen Potenz (der gezähmte Pegasos) in der Lage, den Kampf mit der archaischen Mutter (Chimaira) zu bestehen.

Interessant ist, daß Chimaira nicht nur phallisch bekämpft (auf dem in die Luft gestiegenen Pegasos mit Lanze und Pfeilen), sondern sozusagen mit ihren eigenen Waffen geschlagen wird. Gerade die für Bellerophon so gefährliche verschlingende und mit ihrem Feueratem verschmelzende und auflösende Eigenschaft der Chimaira wird ihr Verderben, indem der von Bellerophon in ihren Rachen geworfene Bleiklumpen schmilzt und sie tötet.

Daß Athene für Bellerophon auch in die Reihe der verschiedenen Mutterimagines (Eurynome, Stuten des Glaukos, Medusa, Anteia, Chimaira, Schiff des Cheimarrhos, die Amazonen, die xanthischen Frauen) gehört, geht daraus hervor, daß sie das abgeschlagene Haupt der Medusa und das Fell der Chimaira trägt (Kerényi, 1951). Auch der Umstand, daß Bellerophon nach einer Version (von Ranke-Graves, 1969) von Poseidon und Medusa in einem Tempel Athenes gezeugt wurde und daß Athene darüber so wütend war, daß sie die ehemals schöne Medusa in das gräßliche Ungeheuer verwandelte, verweist auf die latente Identität von Medusa und Athene. Das desexualisierte, jungfräulich-idealisierte, aber auch vermännlichte Bild der Mutter, das sich in Athene ausdrückt, tritt als Schutz auf gegen das archaisch-triebhafte Mutterbild, wie es in Medusa und Chimaira erscheint. Athene hilft Perseus gegen die Medusa und Bellerophon gegen die Chimaira.

Nach der Auseinandersetzung mit der archaischen Mutter ist Bellerophon für die Gefahren der ödipalen Phase besser gerüstet. Er besteht den Kampf mit dem Vater (Cheimarrhos, die Solymer, die besten Helden des Iobates, Proitos). Die feindseligen Seiten der frühen Mutterbeziehung reproduzieren sich im Kampf mit den Amazonen nochmals auf einer späteren psychischen Entwicklungsstufe, d. h. auf phallischem Niveau, wo die Frau nicht verschlingend auftritt, sondern mit ihm auf männliche Weise (mit Pfeil und Bogen) um den Besitz des Phallus kämpft.

Die Wiederannäherung an den ödipalen Konflikt manifestiert sich auch prompt darin, daß Bellerophon nun von sich aus aktiv Kontakt zu Anteia aufnimmt, der verführenden ödipalen Mutter, die aber gleichzeitig alle bösen und gefährlichen Aspekte der präödipalen Mutterbeziehung (Chimaira, Medusa, Stuten des Glaukos) repräsentiert. Indem er sie unter Vortäuschung sexuellen Interesses verführt, mit ihm zu gehen, stürzt er sie ins Meer, von dem sie verschlungen wird. Mit dieser Rache schlägt Bellerophon Anteia ähnlich wie die Chimaira mit ihren eigenen Waffen. Die positiven und Glück ermöglichenden Seiten der ödipalen Mutter erscheinen wesentlich abgeschwächt und dadurch nicht mehr so bedrohlich in der jüngeren Schwester Anteias, die Bellerophons Frau wird.

Dieser Spaltung des Mutterbildes geht eine ähnliche Spaltung des Vaterbildes parallel. Proitos und Iobates sind die bedrohlichen und bestrafenden Vaterimagines. Poseidon, der Bellerophon mit seiner Flut zu Hilfe kommt und der ihm in einer Version (Kerényi, 1958) Pegasos zum Geschenk macht, ist der positive, den Sohn stärkende Vater, der zu der verschlingenden, »kastrierenden« und »kastrierten« Mutter intime Beziehungen haben kann, ohne dabei selber Schaden zu nehmen. Durch die Identifizierung mit diesem Vater reduzieren sich die Ängste des Sohnes vor der Mutter, d. h. vor der Frau, und entwickelt sich seine Männlichkeit (Pegasos = phallische Potenz). Die Verknüpfung Poseidons mit der Flut bedeutet wohl, daß dieses Vaterbild noch nicht ganz von der frühen Mutter (= Wasser) getrennt ist. Bellerophon nähert sich über die Identifizierung mit diesem stabilisierenden Vateraspekt auch gleichzeitig der Mutter (vgl. die Vermischung der beiden Elternbilder in der Chimaira) und identifiziert sich in Abwehr seiner eigenen Entgrenzungsängste mit den entgrenzenden, verschlingenden und Kastrationsangst auslösenden Seiten der Mutter.

Ebenso wie Perseus mit dem Medusenhaupt wendet sich auch Bellerophon, ausgestattet (über Identifikation) mit der Macht der Mutter und der stützenden, gegen die mütterliche Gefahr immun machenden Kraft des guten Vaters (Poseidon) gegen den bösen Vater (Iobates). Um die Parallele mit Perseus noch weiterzuführen, verhält sich Bellerophon ähnlich wie ein Krieger, der mit einer Abbildung des Medusenhauptes auf seinem Schild in den Kampf zieht (in der griechischen Kunst sind Darstellungen des Medusenhauptes auf dem Schild der Helden, vor allem bei Achilleus, dem Sohn der mächtigen Meergöttin Thetis, relativ häufig). Zu der männlich-väterlichen, d. h. phallischen Kampfbereitschaft (Pfeil, Lanze, Schwert) kommt noch das mütterliche Drohpotential (Medusenhaupt = Kastration, Entgrenzung, Tod). Der Krieger zieht also ausgestattet mit der Macht beider Eltern gegen den Feind. Daß diese allzu bedrohlich erlebten Eigenschaften der Frau den Griechen so sehr bewußtseinsfern nicht waren, mögen griechische Heirats-

verträge demonstrieren, »die von der Frau ausdrücklich verlangten, sie dürfe ihrem Mann nicht die Hoden zerquetschen« (Borneman in: Lessing, 1982, S. 263).
Daß der Vormarsch Bellerophons gegen Iobates durch die ihr Genitale entblößenden und sich ihm anbietenden xanthischen Frauen gestoppt wird, läßt die Deutung zu, er werde genau mit dem bedroht, durch das er sich schon immer bedroht fühlte (Medusa, Chimaira, Anteia) und mit dem er in identifikatorischer Angstabwehr nun selbst drohen will. Es wiederholt sich im Prinzip der Verführungsversuch Anteias. Bellerophons Angstabwehr bricht zusammen, und er weicht zurück. Er verzichtet auf seine Inzestwünsche gegenüber der Mutter (xanthische Frauen, Anteia), wodurch eine Versöhnung mit dem Vater (Iobates) möglich wird. Die guten (Poseidon, Polyeidos, Perseus) und bösen Eigenschaften des Vaters (Proitos, Iobates, Cheimarrhos, Solymer, Helden des Iobates) verbinden sich innerhalb einer Person (Iobates). Bellerophon wird eine vom Vater (Iobates) gutgeheißene Ersatzbefriedigung für die ödipale Mutter (Anteia, xanthische Frauen) zuteil, die jüngere Schwester Anteias. Damit sind die Gefahren gebannt.
In der Version, in der Bellerophon versucht, durch eine mächtige (symbolische) Erektion (Aufsteigen mit Pegasos) sich auf die Ebene des Vaters (Zeus, Olymp) zu begeben, die dem Sohn nicht zusteht, erfolgt prompt die Kastration und Bestrafung durch den Vater (Zeus). Pegasos wirft Bellerophon auf Geheiß des Zeus ab. Der Vater nimmt die (symbolisch) von ihm verliehene Potenz zurück. Der unsterbliche Hengst Pegasos wird in den Olymp aufgenommen zum Dienste des Zeus, wobei die Unsterblichkeit des Pegasos die in der fortlaufenden Generationenfolge Unsterblichkeit schaffende sexuelle Potenz repräsentiert.
Entsprechend der Auffassung, daß der Mythos gleichzeitig historische und kollektiv-psychologische Vorgänge widerspiegelt, zeigt die knappe psychoanalytische Interpretation des Mythos von Bellerophon die typische Angst des Helden, das, vor dem er flieht, und das, was er bekämpft. Gleichzeitig sind damit typische Krisenpunkte der psychischen Entwicklung des Mannes in der Beziehung zur Frau beschrieben.
Transponiert auf den basalen prähistorischen Ausgangspunkt solcher Mythen wie der von Bellerophon, geht es wohl um den Kampf des Menschen gegen die Übermacht der Natur (Chimaira, Medusa). Schon früh – und wohl nicht nur für den abendländischen Kulturbereich – erfolgte eine Gleichsetzung von Natur und Frau (vgl. Kurnitzky, 1979;

Vogt, 1986). Die gegenüber dem Kultur schaffenden Willen des Menschen widerständige Natur verwandelte sich in die geheime oder offene Widerständigkeit der Frau gegen die vom Mann dominierte Kultur.
Bezogen auf Griechenland, gehört Bellerophon zum Troß der olympischen Lichtgötter, die die patriarchalischen griechischen Eroberer an die Stelle der prähellenischen Muttergottheiten (Chimaira, Medusa) der Ureinwohner Griechenlands setzten (Durant, 1939; Thomson, 1949). Gleichzeitig spiegelt sich darin wohl auch die Unterwerfung und Niederhaltung der Frau in der griechischen Gesellschaft. Bezeichnenderweise ist es die Göttin Athene, die Perseus hilft, die Gorgone Medusa zu enthaupten, und die Bellerophon die Macht über das geflügelte Roß Pegasos verschafft, wodurch er in die Lage versetzt wird, die Chimäre zu töten. Athene ist die völlig mit dem olympischen Patriarchat identifizierte Frau, die von ihrem Vater Zeus nicht nur gezeugte, sondern auch die aus seinem Haupte geborene Tochter (nachdem er ihre schwangere Mutter Metis verschluckt hatte).
Die wirkliche Teilhabe Athenes an der väterlichen Macht hat einen hohen Preis: den Verzicht auf die Erfüllung als Frau. Die triebhaft-weiblichen Seiten werden abgewehrt und erscheinen in der verdrängungsbedingten Deformation als Chimäre und Medusa. Nicht zufällig trägt Athene das Fell der erlegten Chimäre (Aigis) und das abgeschlagene Haupt der Medusa als Trophäen. Der triumphale patriarchalische Glanz, der beide Trophäen umgibt, ist voller Trug. Er verleugnet die Niederlage Athenes, wodurch sie in eine verhängnisvolle Alternative gezwungen wird: entweder volle Teilhabe an der Welt des Mannes oder Erfüllung als Frau, aber nicht beides zusammen. Athene wählt das erste und muß auf das zweite verzichten. Ihr Leben ist geprägt durch die Ausübung von Macht, die Liebe spielt dabei keine Rolle. Sie ist in doppelter Weise die Tochter des Vaters, der eifersüchtig ihre Mutter verschluckte, damit das väterliche Prinzip über das mütterlich-weibliche stülpte und Athene ihrer Weiblichkeit beraubte.
Auch der Spielraum Bellerophons ist vorbestimmt. Der Held ist festgelegt auf Kampf, Sieg und damit auch auf die ständige Angst vor der Niederlage (»Kastration«). Es ist die väterliche Welt, die sich gegen alles wendet, was ihre hierarchische Ordnung bedroht, und die durch Kampf immer neu Ordnungen herstellt, die schon den Keim zu weiterem Umsturz in sich tragen.
Der mütterlich-weiblichen Welt, die auch immer etwas vom Jenseits

der (patriarchalischen) Kultur enthält, entstammt die Chimäre, deren Feueratem einerseits die Wärme des Lebens, andererseits die totale Vernichtung von Struktur und Form bedeutet. Ebenso ist das Wasser der Meergöttin Eurynome (Medusa) die Grundlage des Lebens, aber auch in seiner umhüllenden Gestaltlosigkeit gleichzeitig ähnlich radikal wie das Feuer, der absolute Widerpart jedweder Form und Gestalt.
Die Abgegrenztheit und Individualität Bellerophons, seine Geformtheit und die Ordnung der (patriarchalischen) Kultur, die ihn hält, werden hier in Frage gestellt.
Eine ähnliche Sogwirkung geht von dem Gesicht der Medusa aus. Diese war früher von betörender Schönheit, wurde aber von Athene in einem ihrer Tempel mit Poseidon bei der Liebe ertappt und zur Strafe für diese Ordnungswidrigkeit in ein häßliches Wesen verwandelt. Wie beschrieben, ist Bellerophon nur dann mit der Mutter, genauer mit ihrer bedrohlichen Macht, identifiziert, wenn es in die Strategie seiner Kampfesführung paßt. Darüber hinaus kann er sich dem weiblich-mütterlichen Bereich nicht aussetzen, nichts davon in sich integrieren. Wenn er es trotzdem versucht, sich dem anzunähern, vermag er das nur mit einer letztlich zu Stein verhärteten Dauererektion, die ihn davor schützen soll, sich zu verlieren. So mündet das männliche Lebensprinzip von Kampf und Sieg in die Versteinerung, in psychischen Tod, der jede emotionale Hingabe zur Selbstaufgabe und zum Selbstverlust in den züngelnden Flammen der Chimäre oder den spielenden Wellen der Eurynome (Medusa) ummünzt.
Der 3000 Jahre alte Mythos von Bellerophon enthält immer noch die Wirklichkeit von heute. Die Geschlechterbeziehung ist immer noch überschattet vom tragischen Gesicht Athenes und vom trügerischen Glanz der Siege Bellerophons.

# Literaturverzeichnis

BORNEMAN, E.: »Recht und Sexualität im griechischen Mythos«. In: E. Lessing (Hrsg.): *Die griechischen Sagen*, München 1982, S. 231–267.
DEVEREUX, G. (1981): *Baubo. Die mythische Vulva*. Frankfurt am Main.
DURANT, W. (1939): *Die Kunstgeschichte der Menschheit*, Lausanne: Recontre.
FERENCZI, S. (1924): Versuch einer Genitaltheorie. In: *Schriften zur Psycho-*

analyse, Bd. II, S. Fischer, Frankfurt am Main 1972; Fischer Taschenbuch 7317.
FREUD, S. (1900): *Die Traumdeutung. Gesammelte Werke* (G. W.). S. Fischer, Frankfurt am Main seit 1960, Bd. II/III.
ders. (1908): »Der Dichter und das Phantasieren«, G. W., VII.
ders. (1940): »Das Medusenhaupt«, G. W., XVII.
GEISAU, H. VON (1979): »Bellerophon«. Stichwort in: K. Ziegler und W. Sontheimer (Hrsg.), *Der Kleine Pauly. Lexikon der Antike*, München, Bd. 1, S. 857.
KERÉNYI, K. (1951): *Die Mythologie der Griechen*, I, Zürich.
ders. (1958): *Die Mythologie der Griechen*, II, Zürich.
KURNITZKY, H. (1978): *Ödipus. Ein Held der westlichen Welt*. Berlin.
LESSING, E. (Hrsg.) (1982): *Die griechischen Sagen*, München.
MAHLER, M., F. PINE, A. BERGMANN (1975): *Die psychische Geburt des Menschen. Symbiose und Individuation*, S. Fischer, Frankfurt am Main 1978; Fischer Taschenbuch 6731.
MITSCHERLICH, M. (1972): *Müssen wir hassen?* München.
dies. (1978): *Das Ende der Vorbilder*, München.
dies. (1985): *Die friedfertige Frau*, S. Fischer, Frankfurt am Main.
RANKE-GRAVES, R. VON (1955): *Griechische Mythologie*, Reinbek 1969.
RICHTER, H. E. (1975): *Lernziel Solidarität*, Reinbek.
THOMSON, G. (1949): *Frühgeschichte Griechenlands und der Ägäis*, Berlin 1980.
VOGT, R. (1986): *Psychoanalyse zwischen Mythos und Aufklärung oder Das Rätsel der Sphinx*, Frankfurt am Main.

# Barbara Vogt-Heyder
# Ist die Ehe überholt?*

Diese Frage hat etwas Provozierendes, vielleicht auch Ängstigendes für uns alle, seien wir nun verheiratet oder nicht. Nicht erst in unserer schnellebigen Zeit wird deutlich, daß die Institution Ehe ein Problem – ja einen Dauerkonflikt – in sich birgt. Dies hat Kierkegaard (1843) auf die prägnante Formel gebracht:

Heirate, Du wirst es bereuen,
Heirate nicht, Du wirst es auch bereuen,
Heirate, heirate nicht, Du wirst beides bereuen.

Ehekrisen sind keine speziell moderne Entwicklung. Es hat sie schon immer gegeben. Doch in den letzten Jahrzehnten scheint die Institution Ehe selbst in eine Krise geraten zu sein (Frisch, 1983). Dieser Prozeß beschränkt sich nicht mehr wie früher auf einige revolutionäre Zirkel, sondern ist zu einer breiten gesellschaftlichen Bewegung geworden. Zu dieser Auffassung muß man kommen, wenn man bedenkt, daß z. B. zur Zeit in der Bundesrepublik – statistisch gesehen – auf drei Eheschließungen fast zwei Scheidungen kommen. Bei Ehepaaren, die länger als 18 Jahre zusammenleben, hat sich die Zahl der Ehescheidungen auf mehr als 50 % erhöht, und besonders ehemüde scheinen die Frauen geworden zu sein. Denn nach jüngsten Erhebungen werden mehr als die Hälfte der Scheidungen von Frauen eingereicht.
Und es mehren sich die Stimmen, die dafür plädieren, die Institution Ehe ganz abzuschaffen, wohl in der Hoffnung, daß persönliche und intime Beziehungen, und damit auch Bindungen zwischen den Partnern, sich besser und dauerhafter entfalten können, wenn sie nicht durch gesetzlich-vertragliche Rahmenbedingungen – wie die Ehe mit ihren vielen Rechten und Pflichten – eingeengt werden.

* Überarbeitete Fassung eines Vortrags, gehalten auf den 10. Fortbildungstagen für praktische Sexualmedizin am 16.6.1986 in Heidelberg.

Alexander Mitscherlich hat bereits 1966 in einem Rundfunkvortrag darauf hingewiesen, daß selbst unter Berücksichtigung der spezifisch-menschlichen Chancen der inneren Entscheidungsfreiheit der Institution der christlich-bürgerlichen Ehe – neben dem Glück, das sie vermitteln kann – ein so unermeßliches Quantum an Leid, Mißverständnissen, Mißlingen und innerer Entfremdung anhaftet, daß es kaum glaubhaft erscheine, die Ehe als eine endgültige soziale Institution aufzufassen. Zumal wenn man an die zahllosen Übertretungen des Treueversprechens, die Lieblosigkeit und den Haß denke, die sich oft als ständiger Begleiter in der Ehe einfinden können.

Vor allem die juristischen Reglementierungen zwischen den beiden Ehepartnern sind seit der Aufklärung immer wieder in Zweifel gezogen worden, z. B. von Rousseau und Voltaire. Auch Wilhelm von Humboldt hat 1830 seine Bedenken im Hinblick auf die Einrichtung der Ehe geäußert: »Der Fehler (der auch der Fehler des bürgerlichen Gesetzbuches wurde) scheint mir darin zu liegen, daß das Gesetz befiehlt, da doch ein solches Verhältnis nur aus Neigung, nicht aus äußeren Anordnungen entstehen kann, und wo Zwang oder Leistung der Neigung widersprechen, diese noch weniger zum rechten Wege zurückführt. Daher, dünkt mich, sollte der Staat die Bande nicht nur freier und weiter machen, sondern überhaupt von der Ehe seine ganze Wirksamkeit entfernen, und dieselbe vielmehr der freien Willkür der Individuen und der von ihnen errichteten mannigfaltigen Verträge sowohl überhaupt als in ihren Modifikationen gänzlich überlassen. Die Besorgnis, dadurch alle Familienverhältnisse zu zerstören, oder vielleicht gar ihre Entstehung überhaupt zu verhindern... würde mich, insofern ich allein auf die Natur der Menschen und Staaten im allgemeinen achte, nicht abschrecken. Denn nicht selten zeigt die Erfahrung, daß gerade das, was das Gesetz löst, die Sitte bindet; die Idee des äußeren Zwanges ist in einem, allein auf Neigung und innerer Pflicht beruhenden Verhältnis, wie die Ehe, völlig fremdartig; und Folgen zwingender Einrichtungen entsprechen der Absicht schlechterdings nicht.«

Es wäre ein leichtes, noch weitere Befürworter dieser Thesen zur Abschaffung der Ehe und zur Rettung der Liebe, die ja – nach dem chinesischen Dichter Tschuang-Tse – das Kind der Freiheit (Moeller, 1986) ist, anzuführen.

Zunächst sei darauf hingewiesen, daß die Ehe, die oft auch als Keimzelle des Staates bezeichnet wird, juristisch bestimmt und festgelegt wird durch einen Vertrag, in dem es Rechte und Pflichten der Ehepartner gegeneinander und gegenüber den gemeinsamen Kindern gibt. Somit garantiert die Einrichtung der Ehe für die Betroffenen auch ein gewisses Maß an äußerer – und damit verbunden auch innerer Sicherheit.

Neben dem juristischen Aspekt kommt dem psychologischen zwischen den beiden Partnern, dem ich mich vor allem zuwenden möchte, eine bedeutende Rolle zu. Dieser psychologische Gesichtspunkt vermittelt ein Gefühl einerseits von Sicherheit, andererseits aber auch von Festgelegtheit und Eingeengtheit. Und es drängt sich die Frage auf: Was bedeutet dies im Zusammenhang mit der Sexualität, die ja ein wichtiger Faktor im Zusammenleben der beiden Partner ist?

Die reine Natur der Sexualität kennen wir nicht – sie ist eine Abstraktion. Denn auch hormonelle Vorgänge sind – wie wir wissen – eingebettet in psychologische Beziehungsstrukturen, und diese wieder sind abhängig auch von gesellschaftlichen Prozessen.

Daraus ergibt sich, daß die Sexualität in ihren Erscheinungsweisen abhängig ist von kulturellen, gesellschaftlichen und auch schichtspezifischen Einflüssen und zudem auch eine familiäre und individuelle Prägung erfährt. Für die Entwicklung der Sexualität bedarf es eines langen Lernprozesses, der schon in der frühesten Kindheit im Zusammenleben und damit auch in Identifikationen mit den frühen Bezugspersonen beginnt. Der Mensch muß die Fähigkeit zum Triebaufschub und zur Sublimierung erwerben. Triebbedürfnisse müssen auf kulturelle und von der Zivilisation anerkannte Ziele ausgerichtet werden. Kultur und Zivilisation beruhen, so gesehen, auf Triebunterdrückung. Nach Freud (1927; 1930) besteht ein unaufhebbarer Gegensatz zwischen Trieb und Kultur.

Die Zivilisation, die ein Zusammenleben eigentlich erst möglich macht, verleiht uns Sicherheit. Der Mensch bewegt sich somit gleichsam in einem »sozialen Uterus«. Er muß sich diese Sicherheit und Möglichkeit zur Triebbefriedigung mühsam erwerben. So entwickelt sich nach Freud die menschliche Sexualität von einer polymorph-perversen beim Kleinkind zu einer reifen, partiell zielgehemmten erwachsenen Sexualität.

Das Tier hingegen wird von seinen Instinkten geleitet, seine sexuelle Bedürftigkeit unterliegt zeitlichen Beschränkungen, so z. B. der Brunstzeit. Beim Menschen allerdings ist das sexuelle Bedürfnis dauernd vorhanden und wird höchstens durch rhythmische zyklische Veränderungen bestimmt. Das hat zur Folge, daß nicht nur die polymorph-perverse Sexualität der frühen Kindheit, sondern auch die polygamen Tendenzen des Menschen von außen, also durch gesellschaftliche Normen, reguliert werden. Die verhaltensregulierenden Funktionen, die bei Tieren von Instinktmechanismen übernommen werden, übernimmt für den Menschen zum großen Teil die Gesellschaft. Und die Geschichte zeigt, daß diese gesellschaftlichen Festlegungen einem deutlichen Wandel unterworfen sind.

Trotz dieser Variationen steht fest, daß alle uns historisch bekannten Kulturen auf einer triebunterdrückenden Organisation beruhen.

Wer nun die Ehe bejaht, in der es im allgemeinen keine ausgeprägten und zugelassenen polymorph-perversen, also z. B. auch keine homosexuellen und polygamen Befriedigungen gibt, der akzeptiert die oben beschriebenen Reglementierungen spontaner, triebbestimmter Wünsche. Diese Einengungen des einzelnen, die auf dieser Reglementierung beruhen, bringen ihm auf der einen Seite Sicherheit, auf der anderen Seite aber auch Frustrationen. Diese Tatsache – und das Klagen darüber – ist uns besonders aus unseren Therapien mit Einzelpatienten und auch Paaren vertraut; wir kennen es nicht zuletzt ja aus eigener persönlicher Erfahrung.

Die meisten Kulturen, so auch unsere westlich-abendländische, sind von Männern dominiert, also patriarchalisch. Die gesellschaftlichen Unterdrückungsprozesse haben sich längst verselbständigt und treffen nicht nur die Frauen, sondern auch die Männer. Letztere sind auf ein bestimmtes Klischee von Leistung, verbunden mit Unabhängigkeit von Gefühlen, d. h. Gefühlsverdrängung, und auf stärkere Toleranz gegen offene Aggressionen festgelegt (Richter, 1975). Die Frauen werden in besonderer Weise »Opfer« gesellschaftlicher Unterdrückungsmaßnahmen trotz bestimmter Freiheiten, z. B. durch die modernen Verhütungsmittel. Durch Schwangerschaft, frühe Mutterschaft und die Kinderaufzucht geraten die Frauen in eine ganz besondere Abhängigkeit, zunächst vom eigenen Kind, dessen vielfältigen Bedürfnissen sie gerecht werden müssen – und ja auch wollen. Ich denke hier an das seit Jahren wieder übliche längere Stillen. Aber auch vom Partner, der sich oft durch die Geburt des Kindes zurückgesetzt und auch vernachlässigt fühlen kann. So kommen sie oft unter Druck. Und schließlich, wenn diese Frauen noch berufstätig sind, geraten sie zudem unter einen Erwartungs- und Leistungsdruck von seiten des Arbeitgebers.

Wenn die Frauen versuchen, der Doppelbelastung von Familie und Beruf gerecht zu werden, so fühlen sie sich zwar – nicht zuletzt durch ihren eigenen Verdienst – etwas unabhängiger, aber sie leiden oft unter doppelten Schuldgefühlen. Dies trägt verständlicherweise auch zu Insuffizienzgefühlen im Hinblick auf Familie und Beruf mit bei, und oft sind weder der Arbeitgeber noch der Partner zu Hause, also der Ehemann, bedauerlicherweise in der Lage, diese Frauen in dem Maße zu entlasten, wie es erforderlich wäre. Das kann dann dazu führen, daß aus der einst beruflich erfolgreichen und auch sonst zufriedenen, attraktiven jungen Frau nun durch die Geburt des von beiden Partnern gewünschten Kindes eine übermäßig strapazierte, überlastete Frau wird. Für den heimkommenden, durch seine Berufswelt ebenfalls gestreßten Ehemann verliert die eben geschilderte überforderte berufstätige Frau immer mehr an Attraktivität. Und hinzu kommt, daß sie den Ehemann nun nicht mehr so gut wie vor der Geburt des Kindes seelisch, sozial und körperlich versorgen kann, damit er zufrieden und einsatzfähig für die »Leistungsgesellschaft« bleibt.

Die Erfahrungen mit und die Ängste vor solchen Situationen in der Ehe und im Zusammenleben sind wohl einer der Gründe dafür, daß viele Frauen sich oft nicht für ein weiteres Kind entscheiden können. Und andere gehen – im Hinblick auf die oben geschilderten veränderten Bedingungen in der Ehe und im Zusammenleben mit dem Partner – das Wagnis der Mutterschaft gar nicht erst ein. So gibt es viele berufstätige Frauen, die für sich selbst die Mutterrolle offen ablehnen und dies auch dem Ehemann mitteilen.

Andere Frauen verdrängen ihren Kinderwunsch, versuchen sich mit beruflichen Erfolgen und äußeren Genüssen des Lebens zu befriedigen – man kann auch sagen: zu trösten. Dann gibt es eine weitere Gruppe von Frauen, deren ambivalenter Kinderwunsch (der viele Wurzeln, etwa in der eigenen frühen Kindheit haben kann) in psychosomatischen und funktionellen gynäkologischen Beschwerden und Störungen zum Ausdruck kommt. Dies ist den betroffenen Frauen meist unbewußt und führt dazu, daß es bei ihnen zu komplizierten Schwangerschaften oder gar nicht erst zur Konzeption kommen kann. Solche Frauen sind vor allem den Gynäkologen bekannt. Sie lassen sich häufig wegen ihres Kinderwunsches beraten und behandeln, kommen auffallenderweise oft ohne den Ehemann, der ja eigentlich der Vater des gewollten Kindes werden sollte, in die Sprechstunde. Aufwendige Untersuchungen und Behandlungen beim Frauenarzt können sich bei dieser Patientinnengruppe oft über viele Jahre hinziehen, zuweilen bis zum Ende des gebärfähigen Alters, und dienen einerseits der Beruhigung und Beschwichtigung des Partners, aber vor allem auch, sicher vorwiegend unbewußt, der Gewissensentlastung der betroffenen Patientin selbst, die innerlich einfach nicht den Mut zum Leben mit einem Kind und damit zur einschneidenden Veränderung in ihrer bisherigen Ehe und Partnerschaft aufbringen kann. Erfahrungsgemäß überwiegen in solchen Partnerbeziehungen oft die symbiotischen Bedürfnisse, die das Zustandekommen einer Dreierbeziehung – oft mit Hilfe einer Vielzahl von Symptomen – verhindern.

Nun könnte man vermuten, daß die kinderlose Ehe im allgemeinen besser gelingen könnte als die mit Kindern. Aber statistische Untersuchungen der letzten Jahre sprechen dagegen. Denn die Scheidungsquote liegt bei beiden Gruppen etwa auf gleicher Höhe. Und es kommt noch hinzu, daß die Selbstmordanfälligkeit in kinderlosen Ehen sogar deutlich höher ist.

Besonders im Laufe der letzten beiden Jahrzehnte haben viele Paare versucht, der Ehe und der damit verbundenen Einengung zu entkommen, indem sie z. B. in Wohngemeinschaften ihre Zuflucht suchten und zum Teil auch fanden. Wie wir aber aus Einzel- und Paargesprächen wissen, bedeutet dies offenbar auch keine endgültige, überzeugende Lösung des Problems. Aber sie bietet Möglichkeiten, Ambivalenzen besser auszuleben und außerdem Schutz vor allzu ausschließlicher Intimität und vor Verlassenheitsängsten. In letzter Zeit jedoch scheinen viele Paare wieder die Tendenz zu haben, in eigener Wohnung für sich selbst es miteinander zu versuchen. Und wieder andere Paare – oft auch mit Kind – halten sich an der Vorstellung, Hoffnung und Phantasie fest, daß ein Zusammenleben ohne Trauschein mehr Freiheit, Toleranz und Glück garantiere.

Vor allem Frauen haben oft die Befürchtung, durch das Eingehen einer Ehe, das Aufgeben des eigenen Geburtsnamens ihre Autonomie, die oft mühsam erworben wurde, wieder zu verlieren. Aber genauer besehen, leben die Paare ohne Trauschein auch nicht anders als verheiratete. Und der gemeinsame Alltag, besonders mit Kind, scheint der gleiche wie bei Verheirateten zu sein. Denn die Realität holt alle ein. Und so kommt es, daß auch in der trauscheinlosen Verbindung beide Partner oft erwarten, voneinander besser und mehr berücksichtigt zu werden.

Auch in dieser Lebensgemeinschaft hat die Frau oft die Angst, beruflich hinter dem Mann zurückstehen zu müssen. Denn wenn z. B. einer – während eines Kongresses oder Vortrages – bei dem Kind bleiben muß, dann ist es eben am Ende doch meistens die Frau. Denn der Mann muß und will ja Karriere machen – ob mit oder ohne Trauschein. Und außerdem möchte die Frau auch keinen untüchtigen und unzufriedenen Mann an ihrer Seite haben. Sie möchte ihn weiter bewundern können wie früher. Denn wäre dies nicht möglich, wäre sie enttäuscht von ihm. Er würde für sie an Attraktivität verlieren. Sie müßte ihm dann zunächst in der Phantasie, später auch in der Realität untreu werden, was am Ende für das Paar zu erheblichen Konflikten führt.

Mir fallen in diesem Zusammenhang einige wenige Paare ein, die versucht haben, die herkömmlichen Rollen in der Ehe für einige Jahre zu vertauschen. Das sah so aus, daß der Mann als Vater und Hausmann das Kleinkind versorgte, während die Frau beruflich Karriere machte. Im Verlauf einer mehrjährigen Gruppentherapie habe ich in einem Fall miterleben können, wie der Mann, der sehr an der körperlichen und seelischen Entwicklung seiner kleinen Tochter interessiert war, immer stiller und resignierter in der Gruppe wurde. Die weiblichen Gruppenmitglieder sprachen ihn oft auf sein »Hausfrauen-Syndrom« an. Und ich stellte – nicht ohne Sorge – fest, daß es dem Gruppenpatienten tatsächlich von Monat zu Monat schlechter ging. Die Frau machte draußen Karriere, baute ein großes Labor auf. In der Mittagspause besuchte er sie zusammen mit dem Kind, anfangs, damit sie es stillen konnte, und später, damit sie nicht auf den Kontakt zum Kind während des ganzen Tages verzichten mußte. Er selbst wurde für seine Frau, weil er auch deutlich stiller und resignierter erschien, immer langweiliger.

In diesem Zusammenhang scheint sich Freuds Bemerkung zu bewahrheiten, daß wir alle an die Moralvorstellungen und gesellschaftlichen Leitbilder unserer Großeltern gebunden sind und somit eine im Vergleich zu den modernen Ideen veraltete Persönlichkeitsstruktur haben, die es uns unmöglich macht, so zu leben, wie wir glauben, leben zu sollen. (Das ist der Punkt, durch den verständlich wird, weshalb Revolutionen so oft scheitern.)

Anhand dieses Patienten wird deutlich, daß die konfliktreiche Situation in der Ehe bzw. Paarbeziehung durch einen Rollentausch allein nicht zu lösen ist.

Zweifellos gibt es schlimme Ehen, in denen Gewalt und Destruktion herrschen, in denen, wie Martin Walser es einmal ausdrückte, »lebenslang ohne Narkose aneinander herumoperiert wird«. Dies kann, wie uns aus Ehepaar-Therapien vertraut ist, zuweilen auf recht gnadenlosaggressive Weise und unter Zuhilfenahme von brachialer Gewalt, von Drogen- und Alkoholmißbrauch geschehen. In solchen Fällen kann ein Partner zum Symptomträger werden, während es dem anderen möglich ist, durch die Projektion seiner eigenen Enttäuschung, seiner narzißtischen Kränkung und destruktiven Tendenzen auf den anderen sich zunächst frei von lärmenden Symptomen zu halten und eher als das bedauernswerte, aufopfernde »Unschuldslamm« in der Ehe oder Beziehung zu erscheinen. Jeder von uns weiß, wie hartnäckig in manchen Ehen an solch einer Aufspaltung in Gut und Böse, Gesund und Krank festgehalten wird.

Es gibt aber auch in sogenannten idealen Ehen und Beziehungen oft nahezu verborgene, sehr sublime destruktive und autodestruktive Verhaltensweisen, die bei oberflächlicher Betrachtung keineswegs so gefährlich für die Beziehung, die Ehe und die Partner selbst erscheinen mögen. Und doch kann besonders in solchen Ehen eine Entwicklung dahin stattfinden, daß z. B. die nach außen hin so friedlich anmutende, charmante Frau aufgrund ihrer narzißtischen Verletztheit, die sich durch jahrelange selbstaufgebende Anpassung noch erheblich verstärkt hat, in sadomasochistische Verhaltensweisen flüchtet und damit die Beziehung erheblich belastet und gefährdet. Hinzu kommt oft noch die tiefe und beunruhigende Angst vor dem Verlust der oft erst spät – in der Adoleszenz oder gar im Erwachsenenalter – mühsam erworbenen und recht fragilen Autonomie. Diese Verunsicherungen hindern besonders weibliche Ehepartner oft so sehr daran, sich in einer Ehe auch als Persönlichkeit – trotz allen realen Anforderungen durch Haushalt, Kinder und berufliche Ambitionen – weiterzuentwickeln, daß das einstmals entworfene (sicher auch narzißtisch besetzte) Selbstbild nicht annähernd verwirklicht werden kann. Hierdurch kann es zu nicht unerheblichen Rachegefühlen in der Beziehung, vor allem gegen den männlichen Partner kommen. Eigentlich gilt aber diese »späte« Rache der frühen Mutter, die es dem kleinen Mädchen von damals, wohl durch eigene Probleme und Konflikte (im Umgang mit Aggressionen und Neidgefühlen) bedingt (Mahler, 1968), nicht ermöglichen konnte, in der Phase des »Rapprochement« das notwendige Maß an erforderlicher Autonomie für das Leben und auch für die Beziehung, die spätere

Ehe, zu entwickeln. Aber auch der Vater und die gesamte Umwelt der Mutter und des kleinen Mädchens von damals, der heutigen Ehefrau, sind an der unzureichenden Autonomieentwicklung ganz wesentlich mitbeteiligt. Da Schuldzuweisungen aber wenig hilfreich sind, sollte man bedenken, daß wahrscheinlich nur eine kritische Revision der traditionellen Rollenstereotypen Mann und Frau, also dem Paar, ermöglichen können, eine weitgehend entleerte und parasitär deformierte Beziehung in einer für beide Teile sinnvollen Weise umzugestalten (Richter, 1975). Dies verlangt vom Mann, wie Richter es beschreibt, daß er sein illusionäres Selbstbild von überlegener Stärke aufgeben und die daraus resultierenden Ansprüche in Frage stellen muß, von der Frau, die nach Emanzipation, Selbstverwirklichung (als Frau und Mutter) und zudem noch beruflichem Erfolg strebt, sich von der Vorstellung zu lösen, stets ein friedfertiges, kompromißbereites, dienendes, am Gewohnheitsunrecht der Frauen teilhabendes Wesen zu sein (M. Mitscherlich, 1985).

Der ständige Dialog in fairer Offenheit und die Zuwendung zum anderen ist sicher die beste Möglichkeit, eine Beziehung und Ehe lebendig zu erhalten. Trotz aller Bemühungen und Möglichkeiten und trotz aller psychoanalytischen Erkenntnisse scheint aber Kierkegaards Ausspruch aus dem Jahre 1843 auch heute noch – zumindest für uns Frauen – von Bedeutung zu sein:

> Heirate, Du wirst es bereuen,
> Heirate nicht, Du wirst es auch bereuen,
> Heirate, heirate nicht, Du wirst beides bereuen.

## Literaturverzeichnis

FREUD, S. (1927): *Die Zukunft einer Illusion. Gesammelte Werke* G. W., S. Fischer, Frankfurt am Main seit 1960, Bd. XIV.

ders. (1930): *Das Unbehagen in der Kultur*, G. W., Bd. XIV.

FRISCH, H. (1983): *Ehe?*, S. Fischer, Frankfurt am Main, Fischer Taschenbuch 3861.

HUMBOLDT, W. VON (1830): *Ideen zu einem Versuch, die Grenzen der Wirksamkeit des Staates zu bestimmen*, zit. nach Frisch, 1983, S. 159.

KIERKEGAARD, S. (1843): *Entweder oder*, Wiesbaden.
MAHLER, M. (1968): *Symbiose und Individuation*, Stuttgart 1972.
MITSCHERLICH, A. (1966): Rundfunkvortrag in der Sendereihe des Süddeutschen Rundfunks über »Die Krise der Ehe«.
MITSCHERLICH, M. (1985): *Die friedfertige Frau*, S. Fischer, Frankfurt am Main.
MOELLER, M. L. (1986): *Die Liebe ist das Kind der Freiheit*, Reinbek.
RICHTER, H. E. (1975): *Lernziel Solidarität*, Reinbek.

Herbert Wiegandt
Marginalien zur »Trauerarbeit« *

*16. Mai 1935, Heidelberg*
Gestern fand eine vom NS-Studentenbund veranstaltete Vollversammlung der Studentenschaft statt. Ein Vertreter des Reichsstudentenführers, Uniform mit glänzenden Schaftstiefeln, zuweilen die Arme unter gerecktem Kopf über der Brust gekreuzt (diese Mussolini-Pose ahmen manche der Parteiredner nach), richtete seinen »flammenden Appell« an die den Saal füllenden Studenten, unter denen nur wenige Uniformträger waren. Der zersetzende Liberalismus, von dem es immer noch Restbestände gäbe, müsse endgültig aus der Wissenschaft ausgemerzt werden, sie habe sich allein auszurichten an Volk, Blut und Rasse als den letzten und auch alle Geschichte bestimmenden Werten. An die Stelle eines wurzellosen Individualismus habe auch an der Universität das Erlebnis der Gemeinschaft zu treten, aber immer noch gäbe es die Ewig-Gestrigen, denen der Kampf angesagt werde. Studentsein heiße, im Dienst sein, und zwar soldatisch, das Fronterlebnis, das den Führer geprägt habe, sei auch für uns Junge Verpflichtung. Vor der neuen Kameradschaft hätten nun endgültig zu verschwinden jene bürgerlichen Cliquen, womit die Korporationen gemeint waren, für Schädlinge sei nun kein Platz mehr. (Ein Korps soll neulich hier in Heidelberg den Führer verhöhnt haben, indem dessen Unfähigkeit zum richtigen Spargelessen in einer ausgelassenen Darbietung im Kommerssaal nachgemacht wurde.) Drohend hieß es, auch die letzten Überbleibsel der Verjudung hätten zu verschwinden, womit ohne Zweifel auch Professoren wie August Grisebach und Karl Jaspers als »jüdisch versippt« gemeint waren. Es gelte nun, vorzustoßen zu einer artgemäßen, dem Volk und nicht einem blutleeren Geist verpflichteten, dienenden und wahrhaft deutschen Wissenschaft. Vom Studentenbund eingerichtete Arbeitsgemeinschaften sollen dieses Ziel, bei dem manche Professoren immer

* Aus dem unveröffentlichten Erinnerungsbuch *Inselexistenz. 1933–1945*

noch beiseite stünden, unterstützen. Die versammelten Studenten verhielten sich, zwar natürlich ohne jeden Ansatz zu Kritik (den es in München im vergangenen Sommer vor dem Röhm-Putsch noch hie und da gegeben hatte), doch zum überwiegenden Teil passiv und stumpf.

*29. Juni 1935, Heidelberg*
Am Abend war ich bei dem Kunsthistoriker Grisebach eingeladen, mit nur wenigen, die sich als gleichgesinnt kannten. Da konnte man noch etwas spüren vom geistigen Klima des früheren Heidelberg. Auch Frau Grisebach wirkt stark als Persönlichkeit; sie ist Jüdin, groß und schlank, der Kopf etwas wie eine Nana von Feuerbach in Blond, eher bedächtig neben ihrem lebhaft-impulsiven Mann. Wir sahen auch kurz die beiden Kinder, das etwas ältere Mädchen heißt Manon. Das Haus am Ufer auf der rechten Neckarseite, von dem aus man Stadt und Schloß sieht, hat französischen Stil und streng symmetrischen Grundriß, neben einem großen Mittelzimmer (in dem wir saßen) zu beiden Seiten je ein kleineres Kabinett und größere Eckzimmer. In dieser Wohnung hatte in seinen letzten Jahren Friedrich Gundolf gewohnt. Frau Grisebach erzählte manches von ihm, der doch sehr eindrucksvoll gewesen sein muß, jedenfalls sprachen beide von ihm als von einer singulären, wenngleich menschlich schwierigen Gestalt. Er habe in kleineren Kreisen hinreißend sein können, im Kolleg aber sei er gehemmt gewesen, habe später auch seltsame Angstzustände gehabt, zuweilen sein Auditorium mit Tierköpfen vor sich gesehen, weshalb er eigentlich nur monoton seine ausgefeilten Texte abgelesen habe. An der Universität, die in den zwanziger Jahren ihren Ruf zum Teil auch ihm verdankte, war er Außenseiter, vielfach angefeindet von der Durchschnittsprofessorenschaft, Grisebach zitierte den germanistischen Philologen Panzer, der beim Begräbnis formuliert habe: »Ob Friedrich Gundolf ein großer Gelehrter war, ob er mehr war, oder ob er weniger war, das muß die Nachwelt entscheiden.« Aber er meinte auch, daß es für einen Mann wie Gundolf gewiß gut war, 1933 nicht mehr erleben zu müssen, er war noch frei. Emigration hätte er kaum ertragen. – Die Stimmung wurde immer gelöster, je offener man wurde. Grisebach zeigte uns seine wunderschöne Bibliothek mit vielen Erstausgaben, auch einem Original-Totentanz von Holbein und eine Unterschrift Goethes. Hier herrscht echte alte und dabei ganz unprätentiös gelebte Kultur. Es wurde sehr spät, man spürte es Grisebachs so richtig an, wie es ihnen wohl tat,

einmal wieder, zumal mit jüngeren Leuten, so frei und ungezwungen zu reden und eine Bedrückung, die vor allem bei ihr wohl spürbar war, zu vergessen.

*13. August 1938, München*
Schon vor dem für mich entscheidenden Einschnitt im vergangenen Sommer, als Jaspers und Grisebach (und etwas später auch Heinrich Zimmer) entlassen wurden, war das frühere Heidelberg reduziert auf deren Seminare, wobei im kunsthistorischen bereits eine charakteristische Polarisierung stattgefunden hatte zwischen jenen, die noch bei Grisebach waren, und einer anderen, meist auch in Haltung und Mentalität anderen Gruppe, die sich um den a. o. Professor Hubert Schrade sammelte. Dieser, ein bocksbärtiger Mann mit hartem ostdeutschem Akzent, rhetorisch und darstellerisch durchaus begabt, wenn auch eitel, konnte kunsthistorische Vorlesungen halten, denen man mit Interesse zuhörte. Er kam noch her von der echten Wissenschaft, besaß überlegene Kenntnisse, war enorm fleißig. Aber er hatte sich früh korrumpieren lassen und gehörte, weil er wissen mußte, was er tat und worum es ging, zu den eigentlich hassenswerten Gestalten, die durch ihren äußerlich zunächst von niemand erzwungenen Kotau vor der Macht den Umfall, die widerstandslose Gleichschaltung der deutschen Universität 1933 mit zu verantworten haben. (»Widerstand« war dann eigentlich nur die Massen-Emigration, soweit sie nicht erzwungen, sondern freiwillig war.) Böhms Fall liegt etwas anders. Er ist ein jüngerer, wohl nicht eigentlich souveräner Mann, aber menschlich ganz sympathisch, man konnte ehrlich und ohne Vorbehalt mit ihm reden. Den »Bund« mit dem Ungeist, den er einging, hat er wohl doch als »Durchretten« der Substanz verstanden, vor allem geschieht solches heute bereits unter einem Zwang, der 1933 noch keineswegs existierte. Er hätte ja seine äußere Existenz opfern müssen. Im Grunde bodenlose Existenzen wie Schrade und nicht wenige andere haben vollzogen, was »an der Zeit war« (wenn man auch den »Zufall« der konkreten politischen Entwicklung nicht außer acht lassen darf) – den Verrat an ihrer für sie eben schon gar nicht mehr echten Herkunft, der sie doch noch ihre Stellung und Geltung verdankten. Freiwillig haben sie den »Bund« mit dem Ungeist geschlossen. Dann erst konnte der braununiformierte Volksschullehrer zur Gestalt der Zeit auch an der Universität werden, konnten die Kriecks oder in München die Tiralas, Schemms usw. ihre

Inferioritätsgefühle ins Gegenteil verwandeln. Mit satter Befriedigung konnten sie die Bücherverbrennungen durch deutsche Studenten erleben und dann, nun mehr und mehr die politische Macht hinter sich, an die »Ausmerzung« dessen, was sie »Liberalismus« nennen, d. h. des Wahrheitswillens, gehen und ihn ersetzen durch das neue »Wissenschafts«-Dogma: »Wahr« ist, was dem Volk nützt. In Heidelberg gab es ja schon früh eine »symbolische Handlung« dafür, als an der Neuen Aula die Pallas Athene mit Gundolfs Inschrift »Dem lebendigen Geist« ersetzt wurde durch einen etwas verstopft wirkenden Adler mit Hakenkreuz und nun der Parole: »Dem *deutschen* Geist.«

Krieck und seinesgleichen sind schlichte Emporkömmlinge, die sich nun in den Lehrstühlen räkeln, die sie vorher mit Neid und Mißgunst hoch über sich gesehen hatten. Im Grunde ahnungslos, gab es für sie eigentlich gar nichts, was sie verraten konnten. Schrade aber gehört zu einem andern Typus. Ursprünglich Germanist, der über die Mystik gearbeitet hatte, kam er zur Kunstwissenschaft über die Bibliothek Warburg und deren ikonologische Richtung, der er in seiner Betrachtungsweise weiterhin verpflichtet blieb. Daß ihr Gründer und zahlreiche Mitarbeiter Juden waren, war für Schrade damals kein Problem. Doch dann kam der »Umbruch«. Ich weiß von Teilnehmern, daß er, inzwischen trotz Widerstand z. B. von Ludwig Curtius in Heidelberg Professor geworden, im Wintersemester 1932/1933 eine Vorlesung über »Kunst der Gegenwart« hielt, in der er gegen Ende sich dezidiert ablehnend zu Künstlern, die er anfangs noch als wesentlich dargestellt hatte, wie Klee, Kandinsky u. a., äußerte. Er war nun eingeschwenkt auf die Linie des »Kampfbundes für deutsche Kultur« etc., in erschreckender Weise unter sein Niveau gehend. Allerdings in einer charakteristischen Spaltung: Er tut dies kaum in seiner Wissenschaft, soweit sie historisch gerichtet ist, wohl aber in seiner persönlichen Haltung. Spürbar zustimmend, ist er doch, obwohl Parteigenosse, nach außen hin kein Parteimann in Uniform, immer »Professor« und darum gefährlicher in seiner Wirkung. Das Persönliche ist wohl, wie meist, die Wurzel, das Sich-Durchsetzen, die Position. Er schreckte auch nicht zurück vor Infamien gegen seinen Kollegen Grisebach mit dessen geistig-aristokratischer und heiter-überlegener, wirklich menschlich »liberaler«, ihm gegenüber allerdings immer distanzierter Haltung, während ihm selbst etwas humorlos Plebejisches anhaftet – bis es ihm gelungen war, an Grisebachs Stelle zu treten. Er veröffentlichte ein Buch über Bauten des

Dritten Reiches, das die »Thingstätten« – wie u. a. eine in Heidelberg auf dem Heiligen Berg gebaut wurde, die zwar Goebbels selbst einweihte (den ich aus diesem Anlaß durch die Hauptstraße fahren sah), in der aber eigentlich nie etwas geschah, weil die erhofften sie erfüllenden Inhalte ausblieben – als die Krönung baulicher Verwirklichung für die Begehungen der Volksgemeinschaft aus germanischem Ursprung pries. Und dieser Schrade war es ja dann, der vor einem Jahr als Dekan der Philosophischen Fakultät es auf unsere Intervention fast höhnisch ablehnte, daß Jaspers noch seine Doktoranden weiter betreuen und vor allem prüfen dürfe, das gleiche galt für Grisebach.
Heidelberg war keine große Universität (wie nun wieder München). Innerhalb der Philosophischen Fakultät kannte man sich mindestens äußerlich, und die vielleicht 20 oder 30 Studentinnen und Studenten, die zum engeren, wenn auch im ganzen losen Kreis um Jaspers gehörten, waren für die andern gewiß eine Art von Gruppe, die sich in der Tat, auch wenn die Beziehungen im einzelnen unterschiedlich eng waren, verbunden fühlte, die diesen Mann in Denken, Sprache, Werten und menschlicher Haltung als für einen jeden persönlich maßstabsetzend bewußt erlebte. Aber wir waren doch nicht beeinträchtigt oder gar angegriffen, obwohl die auch politische Distanz fraglos war.
Man kann an der Universität noch tun und studieren, wie man will. Vielleicht gilt man für die Aktivisten als »Rest«. Es gibt bis jetzt keinen Zwang, dem NS-Studentenbund oder einer Parteigliederung beizutreten, auch nicht die weltanschaulichen Fachschaftsveranstaltungen zu besuchen. Das ist hier in München nicht anders. Es gibt auch wohl keine Überwachung; daß ich z. B. seit letztem Jahr mein Zimmer bei zwei jüdischen alten Damen habe, interessiert anscheinend niemand. Aber wenn man irgend etwas werden will, ein Stipendium oder ähnliches anstrebt, wäre dies für einen politisch Außenstehenden unmöglich. Die Aufnahme in den Staatsdienst oder in eine irgendwie verantwortliche Stellung oder gar an der Universität zu bleiben, sich zu habilitieren, hat als unabdingbare Voraussetzung die Parteimitgliedschaft, die Teilnahme an Dozentenlagern etc., ganz zu schweigen davon, daß dann auch die Inhalte dessen, was man schreibt oder äußert, nicht mehr frei sein können von Anpassung und Kompromissen, mögen sie noch so »listig« gedacht sein. Das wird das vielleicht schwerste Dilemma für uns in dieser Zeit sein: mitmachen, um zu »retten« (aber *geht* das noch: Retten?), oder sich isolieren, irgendeinen Schlupfwinkel suchen. Aber

auch solche Refugien schwinden. E. G. Winkler hat vor Jahren schon von seinem Gefühl geschrieben, in einer Glasglocke sich zu befinden, aus der langsam die Luft herausgepumpt wird. Oder, als ultima ratio, emigrieren? Aber wohin? Alle Bedingungen, alle Herkunft und Tradition, worin man menschlich und geistig, bis in die Sprache hinein, wurzelt, verlassen und aufgeben? Einem Techniker, auch einem Mediziner mag es – vielleicht – leichter fallen, sich, wenigstens äußerlich, einen neuen Boden zu bereiten. Und es gibt für uns die immer wieder erträumte, umkreiste, diskutierte Hoffnung als Halt, mag sie auch augenblicklich noch so fragwürdig und phantastisch sein, auf die große Veränderung. Die Geschichte war nie endgültig, immer gab es das Unvorhergesehene. Solche haltende Hoffnung steht freilich in einem Zeitbewußtsein, das seit 1933 alles, was geschah, in schrecklicher Konsequenz als jeweils zum Schlechteren hinführende Entwicklung erkennen mußte. Und gerade in diesen Tagen steht die Zukunft als finsteres Tor vor einem, scheint, was 1935 begann, in unaufhaltsamer Zwangsläufigkeit auf das Ziel des Krieges hin weiter fortzuschreiten.

*16. April 1940, Prag*

Bei meinem Besuch in Heidelberg erzählten mir Jaspers und seine Frau in großer Sorge von Frau Geheimrat Goldschmidt, mit der sie seit langem befreundet sind. Ihr verstorbener Mann hatte seinerzeit der Stadt Heidelberg seine wertvollen Sammlungen vermacht. Dennoch lebt die alte Dame als Jüdin in immer drückenderen Verhältnissen und nun auch in zunehmender Gefahr, abtransportiert zu werden. Sie stammt aus Prag, und dort leben ihre beiden Brüder, von Portheim. Jaspers' haben nun, da man ja sich an jeden Strohhalm klammert, die Idee, daß sie vielleicht noch zu diesen kommen könnte. Zwar scheint mir das Protektorat inzwischen mehr und mehr in das Reich mit seinen Zuständen einbezogen zu werden, wenn auch die Juden in Prag, soweit ich es selber bei meinen Besuchen auf dem Friedhof, im jüdischen Museum und den Synagogen wahrgenommen habe, noch ein gewisses Eigenleben führen können, jedenfalls bis jetzt noch. Schreiben, und noch dazu in einer solchen Angelegenheit, ist natürlich von Heidelberg aus unmöglich, und ich war darum selbstverständlich sofort bereit, zu versuchen, persönlich eine Verbindung zu den Brüdern, von deren derzeitigen Umständen freilich gar nichts bekannt ist, herzustellen und Erkundigungen einzuziehen, ob eine Übersiedlung oder sonst eine Rettungsaktion von

ihnen aus überhaupt im Bereich des Möglichen liegen könnte. Die Prager Adresse konnte mir Jaspers geben. Leider besitze ich in Prag keine Zivilkleidung, aber ich glaube nicht, daß es, bei einiger Vorsicht, allzu riskant sei.
Gestern nachmittag hatte ich frei und ging auf die Suche nach der Adresse. Die Straße zu finden, war nicht schwer, mehr schon das Haus, das fast versunken war und hinter einem hohen, ziemlich häßlichen Bretterzaun kaum hervorsah. Früher waren in dieser Gegend vor dem Tor Gärten und darin für sich liegende Landhäuser gewesen, jetzt ist alles ringsum gänzlich verbaut, die Straßen wurden erhöht, und das alte, um 1820 gebaute Haus ist wie ein letzter Überrest einer entschwundenen Zeit übriggeblieben. Es hat schon fast keine Luft mehr, rings umher sind die Pflasterstraßen und die großen Mietshäuser so nahe herangerückt, daß vom einstigen Garten gar nichts mehr übrigblieb, der letzte Rest ist ein Holzplatz, der einem Zimmermann gehört. Es ist wie ein Inselchen, über das die nächste Welle bald vollends hinweggehen wird. Ich trat durch ein unverschlossenes eisernes Tor und ging einen Gang zwischen der höher gelegenen Straße und dem Holzplatz zu dem Haus hinab, überrascht, statt eines, wie es von außen schien, verwahrlosten Bauwerks ein gepflegtes, in seinen Formen edles frühes Biedermeierhaus zu finden, das ohne die Melancholie des Verfalls sein Gesicht wahrte, wie manchmal verarmte Menschen auch in veränderter Umgebung und auch auf verlorenem Posten die zu ihnen gehörende Haltung bewahren. Ein Mann kam mir entgegen, offensichtlich überrascht und mißtrauisch durch das Auftauchen einer deutschen Uniform. Als ich nach den Herren von Portheim fragte und einiges Nähere über den Grund meines Kommens äußerte, ihm auch wohl keinen bösartigen Eindruck machte, wurde er freundlich und sogar gesprächig. Er war der Diener, der mit seiner Frau die zu ebener Erde liegenden Räume bewohnt. Neben diesen führt hinter einer Glastür eine mit dunkelrotem Läufer belegte gerade Treppe nach oben in den eigentlichen Wohnstock. Die Herren seien da, er ging hinauf, um mich anzumelden. Ich sah mich derweil etwas um. Gegenüber stand eine Art von kleinerem Wirtschaftsgebäude, das mit dem Haupthaus im Oberstock durch eine Galerie verbunden war, die eine torartige Überdachung der unter ihr liegenden Eingangstür bildete. Das Haus selber schien einen nicht ganz regelmäßigen Grundriß zu haben, der mir, da ich nicht herumgehen wollte, nicht ganz klar

wurde. Unter der Galerie hindurch sah man in einen steingepflasterten Hof.
Nach kurzer Zeit kam der Diener wieder, es sei eben eine Konferenz, aber der Herr Direktor lasse bitten, es werde wohl nicht so lange dauern. Oben gelangt man vom Ende der Treppe, indem man sich nach links wendet, sogleich in ein Wohnzimmer, einen Flur oder ein Vorzimmer gibt es in dem ehemaligen Landhaus nicht. Die Einrichtung war schönes Prager Biedermeier, ovaler Tisch in der Mitte, seidenbezogene Stühle und Sofa, Kommode mit Aufsatz, eine Vitrine mit edlem Porzellan, aber keinerlei Bilder, auf einer Etagère nur eine ziemlich wertlose Bronzeplastik des Handelsgottes Merkur von etwa 1890, die etwas aus dem Stil des Raumes herausfiel. Ich wartete kurz, dann ging die Tür zum Nebenzimmer auf, aus dem man Stimmen hörte, und herein trat ein kleiner, sorgfältig dunkel gekleideter Herr mit einem schneeweißen Backenbart, wie man ihn von Bildern des alten Kaisers kennt. Er sah mich prüfend an, verbeugte sich leicht, lud mich dann zum Sitzen ein und begann in österreichischem Tonfall eine allgemeine Konversation. Als ich bald zum Grund meines Besuches kam und ihn bat, mein Äußeres zu ignorieren, belebte sich seine distanzierte Miene und das Gespräch zu einer gewissen persönlichen Anteilnahme. Er war sichtlich interessiert, von seiner Schwester zu hören, mit deren Welt er wenig Kontakt zu haben schien (auch Jaspers war ihm kein Begriff). Doch als ich ihm Einzelheiten ihres Schicksals, auch von der Gefahr, in der sie sich befinde, erzählte, verschloß er sich, sein Gesicht bekam etwas Steinernes, er blieb weiter vollendet höflich, aber ganz zeremoniell. Es wurde nicht deutlich, ob er von dem Gehörten überrascht und betroffen war oder ob er mehr wußte, als er zeigte. Als ich dann dennoch die konkrete Frage wagte, die zu stellen ich ja übernommen hatte, war es, als ob er durch mich hindurchsehe. Langsam sagte er, nein, nein, er könne gar nichts tun und eine Reise hierher sei seinem Ermessen nach ganz unmöglich. Doch danke er mir für meinen Besuch und für die Überbringung der Nachricht, vielleicht könne er versuchen, selber zu antworten. Persönlicher ließ er das Gespräch nicht mehr werden, er nahm auch keinerlei Stellung zu irgendeiner der von mir andeutend angesprochenen Fragen der Zeit. Vielleicht war es nur sehr begreifliche Vorsicht, aber mehr schien es mir Abwehr eines Einbruchs in seine ihm noch vorhandene Welt. Es hatte etwas Geisterhaftes, wie dieser sehr alte Herr, gepflegt, in aufrechter, alles Gefühlsmäßige verhül-

lender Haltung vor mir sitzend, mit diesem Haus, mit dieser ganzen Atmosphäre in eines zu fallen schien. Das eigentliche Problem, dessentwegen ich kam und das in Heidelberg, aber auch uns allen zunehmend belastend und bedrückend war, schien seltsam außerhalb zu sein von dieser Insel vergehender altösterreichischer Kultur, in der hier auch das Jüdische wohl nicht aufgegangen, aber eingebettet war. Es war mir nicht klar, ob er überhaupt sich der ganzen Bedrohlichkeit der Lage, dessen, was im Reich faktisch geschah, bewußt war, ob er die ganze heutige Wirklichkeit des jüdischen und damit auch seines Schicksals erkannte, ob er sich nicht weniger als »Jude« denn als Herr von Portheim fühlte, der oder dessen Vorfahr vom Kaiser geadelt worden war, oder als tschechischer Unternehmer, als der er, wie die Konferenz im Nebenzimmer zeigen könnte, möglicherweise immer noch tätig war. Oder aber, ob nicht alles eine dann freilich ergreifende Haltung war, auch die scheinbare Gefühllosigkeit, eine sich abschließende Würde und Ataraxie vor dem kommenden Verhängnis als eine Form der uralten jüdischen Leidensfähigkeit und Leidensgewißheit. Es war beides möglich und lag vielleicht nicht weit auseinander.

Die Tür ging wieder auf, und der Bruder trat ein, im gleichen Alter und ganz ähnlichem Äußeren, vielleicht eine Spur lebhafter und freundlicher. »Der Herr kommt aus Heidelberg, er bringt uns Grüße von unserer Schwester«, stellte mich mein Gesprächspartner vor, doch war deutlich, daß er nicht die Absicht hatte, wenigstens in meiner Gegenwart, das, was ich mitgeteilt hatte, nochmals zur Sprache zu bringen. Wir waren beide aufgestanden, es wurde noch einiges Konventionelle ausgetauscht, dann hielt ich es für geboten, mich zu verabschieden. Beide begleiteten mich an den oberen Treppenabsatz, wo sie mich mit einem »hob die Ehre« entließen. Unten zeigte sich nochmals der Diener und wünschte mir freundlich einen »schönen Tag«. Ich befand mich in einer aus Erleichterung und Traurigkeit gemischten Stimmung, als ich das eiserne Tor hinter mir schloß. Mein Anliegen war, wie ich freilich erwartet hatte und wie es wohl nicht anders hatte sein können, erfolglos geblieben, Hilfe oder gar Rettung für die alte Dame in Heidelberg konnte es von hier aus nicht geben. Die Begegnung selbst war ein mehrschichtig tiefgehendes Erlebnis. Ich glaube, ich darf, auch nach dem Verhalten der beiden Herren, dabei das Gefühl haben, nicht als störender oder gar peinlicher Eindringling gewirkt zu haben, so schmal zwangsläufig die menschliche Brücke war. Die beiden weißumrahmten

Gesichter oben an der Treppe, die kleinen Gestalten nebeneinander, ihr leichtes Winken mit der Hand begleiten mich noch immer.

*26. Juli 1941, Ludsen (Lettland)*
Ein Eindruck von neulich ist mir geblieben: Es war beinahe schon dunkel, in einem kleinen Holzhaus stand ein Fenster offen, ich sah in ein fast leeres Zimmer, auf dessen Boden allerhand Plunder wüst durcheinander lag. In der hinteren Ecke an der rechten Seitenwand stand ein Klavier, an dem ein Mann in Zivil saß, die beiden Kerzen in den Leuchtern an dem schwarzen Instrument brannten, im Luftzug leise flackkernd. Und dieser Mann sang. Es war eine getragene Melodie, wohl ein slawisches Lied, zu dem er sich mit vollen Akkorden begleitete. Obwohl mich zuerst der Klang eines Klaviers überrascht aufhorchen ließ und die Stimme des Sängers schön war, so war es doch mehr noch das Bild, das mich berührte: der einsame Mann am Klavier mit den Kerzen in dem leeren, wüsten Zimmer, in sich versunken singend.
Aber es ist noch ganz anderes, was ich von hier als unvergeßlich mitnehmen werde. Man erfährt gewiß in einem Feldlazarett, zumal an Tagen wie den vergangenen, zuweilen Schreckliches, Wunden, Schmerzen, Verstümmelung und auch den Tod, aber es ist doch im Grunde aufgehoben in der menschlichen Anteilnahme und vor allem im ärztlichen Tun, an dem man ja Anteil hat. Man erlebt es niemals als grauenhaft.
Grauenhaftes aber, Unmenschliches, alle bisherige Erfahrung überschreitend, ereignet sich hier um uns außerhalb unseres Bereiches. Schon vor Tagen hatten einige von uns zufällig ein paar hundert Meter weit, im leeren welligen Gelände zwischen Steinen und dürrem Gras nahe beieinanderliegend zwei Tote entdeckt. Beide waren lang hingestreckt und hatten die Arme erhoben neben den Köpfen, die Hände hingen schlaff zu den Gesichtern herab. Die offenen Augen waren starr, die Münder leicht geöffnet. Sie trugen beide lange Hosen, die Jacke des einen war geschlossen, beim anderen war sie offen über einem weißen Hemd. Auch ich habe sie danach gesehen. Man war bei uns zunächst unschlüssig, was man tun sollte, doch waren sie später verschwunden.
Und dann habe ich vorgestern, als ich nach dem Mittagessen ein größeres Stück weit in das öde Gelände hinter unserem Gebäude hineinging, hinter einer kleinen Anhöhe eine bestürzende Szene erblickt. Eine An-

zahl von Männern, einige weißhaarige Alte darunter, waren dabei, mit Schaufeln und Hacken einen ziemlich langen, geraden Graben auszuheben, etwa metertief und ebenso breit, die Erde auf einer Seite entlang aufhäufend, nach Kleidung und Gesichtern zweifellos Juden. Lettisch Uniformierte und Halbuniformierte standen mit Gewehren und Maschinenpistolen als Wachen dabei und trieben mit rohem Geschrei an; wer von den Grabenden, von der ungewohnten Arbeit in der Hitze erschöpft, innehielt, wurde mit Kolbenstößen und Fußtritten traktiert. Ich stand unbeachtet in einiger Entfernung und mußte bald wieder zu meinem Dienst zurück.

Aus dieser Gegend waren in der letzten Nacht längere Zeit hindurch in rascher Folge Schüsse zu hören gewesen, ich hatte mich gewundert, aber nicht weiter darauf geachtet, es gab ja öfter Streifen gegen Partisanen oder Ähnliches und irgend etwas Kritisches war uns nicht angezeigt worden. Da nun auch gestern zur selben Zeit das Schießen wieder einsetzte, ging ich mit zwei anderen in dieser Richtung, aus der nun ein schwacher Lichtschein kam, doch war in der hellen Nacht alles in scharfer Deutlichkeit wahrzunehmen. Als wir an den Platz kamen, wo ich mittags gestanden hatte, sahen wir Folgendes:

Entlang dem Graben und mit den Gesichtern zu ihm stand eine Reihe von Männern und Frauen eng nebeneinander. Dann traten drei Gestalten, teils in Uniform, teils in Stiefelhosen und Ziviljacken, hinter sie und gaben, links beginnend, einem nach dem anderen der still und mit gesenkten Köpfen Stehenden einen Schuß oder Feuerstoß aus kurzer Entfernung ins Genick oder in den Rücken, worauf sie zusammenbrachen und nach vorn in den Graben hinabsanken. Wer am Rand liegenblieb, wurde mit den Stiefeln zu den unten Liegenden hinabgestoßen. Im Hintergrund stand dicht beieinander noch eine größere Gruppe von Juden, aus der darauf mit Gebärden und Schlägen die nächste Reihe an den Graben getrieben wurde. Sie gingen langsam und stellten sich ohne Widerstand und mit einer fast grauenvollen Geduld nebeneinander und erwarteten ihren Tod. Und dann begann etwas ebenso Herzbrechendes wie Entsetzliches: das Singen. Die immer noch zahlreichen, fast unbeweglich gedrängt stehenden Gestalten waren von der Seite angeleuchtet von einem Feuer, dessen Schein wir schon von ferne gesehen hatten und das, wie nun deutlich war, aus Holzscheiten bestand, und auf diese waren Bücher und lange Thorarollen mit ihren Holzgriffen geworfen, die nun lodernd verglühten. Und da fingen sie mit einem

Mal an zu singen, mit hohen schwachen und stärkeren tiefen Stimmen, gewiß uralte hebräische Weisen, in einer unsäglichen Klage in ihrem Glauben einander verbunden. Auch als die nächsten Schüsse zu knallen begannen, sangen sie eng zusammenstehend weiter. Es war da eine Würde im Äußersten, vor der das Mordgesindel noch mehr zu scheußlichen Un-Menschen wurde. Unter ihnen, die sichtlich Einheimische waren, standen auch einige in deutschen Uniformen mit den schwarzen Spiegeln der SS, die eine dirigierende Funktion hatten. Ob Deutsche oder ebenfalls Letten in ihnen staken, war nicht zu erkennen.

Eine Art Lähmung erfaßte mich und die beiden anderen. Sollten wir, konnten wir etwas tun? Wir hatten Pistolen, wir hätten vielleicht ein paar von den Schlächtern umlegen können, aber das wäre mit Sicherheit unser eigenes Ende gewesen. Es war die Wahl zwischen Feigheit und Selbstopfer. Dieses ist vielleicht nicht zu fordern, aber es bleibt damit eine Schuld, die ich nicht abtun können werde. Ich bin dabei nicht allein, auch dies gehört zu der Zeit, in die wir gestellt sind.

Wir konnten es nicht bis zum Ende aushalten, so gingen wir, während der Gesang dünner wurde, bevor die letzten der armen Menschen zum Graben geführt waren, in tiefer Erregung und Erschütterung zurück. Wir drei sprachen nachher nicht mehr darüber.

Darum also die vielen leeren Häuser. Natürlich wäre dies alles ohne deutsche Billigung oder gar Unterstützung und Leitung völlig unmöglich, überall im Land sitzen ja die deutschen Truppen und Dienststellen. Und ich gehöre zu diesem Volk.

*20. Juli 1944, Allenstein*

Mein Arm war mit der Zeit bis zur Hand leicht geschwollen und schmerzte allmählich stärker, auch hatte ich wohl Temperatur. Am Samstag, dem 15.7., kam der Zug endlich in Allenstein an. Ich wurde in ein Reservelazarett nach Kortau, vermutlich in eine frühere Schule, gebracht und kam in einen großen Saal, in dem etwa 60 Mann in zweistöckigen Holzfallen mit Strohsäcken lagen oder zum größeren Teil herumstanden. Es herrschte ein widerwärtiger negativer und dazu rüder Ton. Als sich dann am 19.7. beim Verbandswechsel zeigte, daß die Wunde zu eitern begann, wurde ich am 20. schließlich geröntgt und kam gleich in den Operationssaal. Als ich auf dem Tisch lag, teilte mir der noch jüngere, etwas schneidig wirkende Arzt mit, man müsse mit den Anästhesiemitteln sparsam umgehen und er werde mich deshalb in einer Blutleere operieren. Mit dieser Methode, die mir ausgesprochen scheußlich erschien, bei der der Arm oberhalb der Wunde scharf abgeschnürt wurde, bis meine linke Hand aussah, als sei sie schon eine Leiche, entfernte er dann einen ca. 2 × 3 cm großen zackigen Splitter, der nahe beim Ellbogengelenk saß. Ich lag danach apathisch mit Schmerzen und dem lästigen Nesselfieber, das auf Calcium noch nicht reagiert hatte, und zunehmenden Magenbeschwerden herum, als etwas Hocherregendes passierte: Am Spätnachmittag kam eine Sondermeldung des Deutschlandsenders: am Mittag dieses Tages sei im Hauptquartier ein Sprengstoffattentat auf den Führer verübt worden, das dieser aber unversehrt überstanden habe. Hinter der Tat stünde eine kleine Gruppe von verbrecherischen Ehrgeizlingen, die damit der kämpfenden Front in den Rücken fallen wollten. Und später, in der Nacht, kam Hitler selbst mit hocherregter, heiserer, fanatischer Stimme, auch er sprach von einer ganz kleinen Clique gewissenloser und zugleich verbrecherisch dummer Offiziere, die ihn selbst beseitigen und zugleich den Stab der deutschen Wehrmachtsführung ausrotten wollten. Dieser kleine Klüngel aber werde nun unbarmherzig selber ausgerottet. Und er nannte auch betont den Oberst Graf Stauffenberg, der die Bombe gelegt habe. Die Wirkung in dem 30-Betten-Saal war enorm, allerdings anders, als man vielleicht hätte erwarten können: etwa Enttäuschung, daß nun ein plötzlich wohl greifbar nahegerücktes Kriegsende gewiß wieder in weite Ferne gerückt war, oder gar über die mißlungene Befreiung, vielmehr genau das Gegenteil. Damit, daß eine elitäre »Clique« zu »Verbrechern« gemacht, ja des versuchten »Dolchstoßes« überführt wurden, war raffiniert an die richtigen Instinkte appelliert. Der latente Haß auf das, was man dumpf als etwas »Höheres« empfand, besonders im Zustand des Herausgerissenseins aus den gewohnten Ordnungen, sowie die unterschwellige Angst vor dem Kommenden, verstärkt in dieser Lazarettsituation – der Wehrmachtsbericht hatte gerade gemeldet, daß die von der Propaganda ohnehin von Anfang an zu »Untermenschen« gemachten Russen schon über der Memel westlich von Grodno stünden, also immer näherkamen –, dies alles konnte sich nun in Wutausbrüchen gegen plötzlich personalisiert greifbare »Schuldige« entladen, die zudem noch zu den »Herren« gehörten. Es entstand eine ungeheure Erregung. Von dem geretteten Hitler war dabei gar nicht die Rede, aber fast jeder hatte etwas zu erzählen von angeblichen »Sabotage«-Akten, von denen er gehört oder die er selbst erlebt haben wollte, schon im Frankreichfeldzug seien Granaten mit falschen Zündern geliefert oder sei Treibstoffnachfuhr verhindert worden usw. usw. – alles wurde geglaubt, jede Vernunft verschwand, auch normalerweise und von Mensch zu Mensch sonst ordentliche und umgängliche Leute steigerten sich wie in einen Rausch hinein mit dem Tenor: wir hätten längst gesiegt ohne diese Generalslumpen und adligen Schweinehunde, diese Verräter sind an allem schuld. Ich lag allein und zum Glück unbeachtet in meiner Ecke. Ich dachte, wie »Volkes Stimme« wohl geklungen hätte, wenn einer der Verschwörer die Beseitigung Hitlers und seiner Leute bekanntgegeben hätte? Wären dann umgekehrt diese zu Haßobjekten geworden? Zum Teil sicher, aber wahrscheinlich wäre die Stimmung, gewiß nicht wie jetzt geifernd aufgeputscht, gedämpfter, bei vielen auch irritierter gewesen; anstelle der Verblendung, des ausweglosen Hasses hätten sich aber wohl, ebenso emotionell, Ausblicke, Hoffnungen zu artikulieren begonnen. Aber das war ja nun müßig. Alles war vorbei. Wie oft hatten wir in den vergangenen Jahren von diesem Moment geträumt und phantasiert, sogar in der letzten Zeit immer konkreter. Nun mußte alles kommen bis zum bitteren Ende. Der Unmensch war am Leben geblieben. Der Deutschland verdorben und uns unsere besten Jahre gestohlen hatte, hatte eine Frist erhalten, die fürchterlich werden würde, in der noch Hunderttausende sinnlos ihr Leben lassen müßten und er sein Zerstörungswerk vollenden konnte, bevor er in sein Nichts stürzen würde. Wie hatte er vorhin in der Nacht in seiner bestechenden Logik geschrien: Er »ersehe« aus dem Fehlschlag »einen Fingerzeig der Vorsehung, daß ich mein Werk weiter fortführen muß und daher weiter fortführen werde«. Und es fiel mir wieder der unvergeßliche, trotz seiner läppischen Pathetik schrecklich realistische Satz ein, den Goebbels schon vor längerer Zeit im »Reich« geschrieben hatte: »Wenn wir einmal von der Bühne abtreten müssen, werden wir die Tür hinter uns zuschlagen, daß der Erdball erzittert.«

*2. April 1945, Bückeburg*
Mit dem frühen Morgen kommen wieder endlos Fahrzeuge, bestaubt, z. T. mit Tannenzweigen getarnt, auch kleine Trupps zu Fuß, von Westen her. Offiziere der Ersatzabteilung stehen auf der Hauptstraße und halten fest, was keinen ordnungsgemäßen Marschbefehl hat, das sind die meisten. Jedoch scheint es sich mehr um eine Art von militärischer Formsache zu handeln, es geht ohne Schärfe und Aufregung zu, es

steckt keine große Energie dahinter, der militärische Apparat ist eben noch immer, wenn auch nachlassend, in Gang und folgt noch seinen Gesetzen. Wie ich höre, gibt es aber keine Weisungen von oben, wie diese Versprengten wieder eingesetzt werden sollten. Es ist auch nichts wahrzunehmen von jenen düsteren Typen der Feldjäger mit ihren um den Hals gehängten Blechschildern auf der Brust, die bei ihren Kontrollen auf den Bahnhöfen und in den Zügen stets einen leichten Schrecken verbreiteten, und bei uns hier ist keine Spur wahrzunehmen von dem Durchhalte-Irrsinn, wie er sich in sog. »Feldgerichten« manifestiert, der sich ohnehin nur gegen einzelne oder kleine Gruppen austoben kann und bei diesen Massen unsinnig wäre. Die Leute selbst machen einen erschöpften Eindruck; von einer richtigen Front scheint nicht mehr die Rede zu sein, es ist noch nicht regellose Flucht, aber scheinbar unaufhaltsame Bewegung nach rückwärts. Am furchtbarsten beeindruckt sind sie von der feindlichen Luftwaffe.

Vormittags kommt Hunze in die Befehlsstelle und erzählt als Neuestes, der Kreisleiter und der Bürgermeister seien diese Nacht durchgegangen. Wie viele braune Uniformen und Hakenkreuzarmbinden werden wohl in diesen Tagen verbrannt oder vergraben! Wie es wohl in den Köpfen dieser Menschen jetzt aussieht? In ihrer Mentalität gibt es sicher kein eigentliches Schuldbewußtsein. Natürlich gibt es die Niederlage, die Zerstörung Deutschlands und die allgemeine Auflösung, dies aber ist für sie nur ein schreckliches Unglück, ein im Grund unverdientes Schicksal, ein womöglich »tragisches« Verhängnis, für das jedenfalls sie nicht verantwortlich sind. Sie haben doch mit aller Kraft nur das Beste für das Volk und das Deutschtum getan, sie haben doch aus ganzem Herzen *geglaubt*, und gibt es etwas Höheres als den Glauben, wie ihnen dies durch die Jahre hindurch immer eingetrichtert wurde, während fragendes, kritisches Denken doch nur negativ und »zersetzender« Intellektualismus war? Die noch Besseren unter ihnen sehen nun diesen Glauben vielleicht als einen Irrtum an, aber nur so, daß sie sich wehleidig getäuscht fühlen. Denn in einer solchen hierarchischen Struktur, in die dieses System die einzelnen raffiniert eingegliedert hat, gibt es ja für jeden den Höheren, der verantwortlich ist und auf den man die eigene Verantwortung abschieben kann, ja sogar muß. Das »Führerprinzip« war das zentrale Element dieses Staates. Der Grundsatz: »Führer befiehl – wir folgen!« entsprach doch absolut dem Selbstverständnis dieser Leute, von dem aus auch jede Untat als notwendig, richtig und »gerecht« verübt werden konnte bis hin zum nächtlichen Herumjagen von Juden in einem Brunnentrog im Schein der brennenden Synagoge in Ulm im November 1938 – und weiß Gott wieviel anderem noch. Sie fühlten sich völlig konform mit einer Ordnung, in der das »Marschieren« als solches, ohne ein Ziel als das, den einzelnen als uniformiertes Glied in einer Kolonne sich erleben zu lassen, das stets zelebrierte Ritual aller staatlichen Veranstaltungen bis hin zum sonntäglichen SA-Dienst war. Gewiß haben sie jetzt Angst, vielleicht sogar schlotternde, aber ganz sicher mehr vor den »Feinden« als vor den eigenen Volksgenossen, und ich fürchte, dies ganz mit Recht. Wäre es anders, so hätte es in diesem Volk längst Aufstände gegen ihre Herrschaft gegeben. Denn der braune Pöbel herrschte zwar, aber er war, trotz dem äußeren Anschein, nicht »das Volk«. Doch man darf den meist unsichtbaren, aber allgegenwärtigen, bis heute die Luft vergiftenden und sublimen Terror dieses Regimes nicht vergessen. Die Befreiung kommt von außen, von innen muß die Kraft dazu vielleicht erst langsam wachsen. Ob es dann noch zu einer Abrechnung kommt, die das Klima reinigen, einem wirklichen Neuanfang den Weg freimachen könnte – ich vermag bis jetzt keinen Ansatz zu erkennen. Doch wie kann ich das hier in meinem Keller? Zunächst muß es um mich selbst frei werden. So werden jene ihre Partei- und Rangabzeichen verschwinden lassen und fürs erste untertauchen in der allgemeinen Not, die sie verschuldet haben und die vielleicht so groß wird, daß man sie darin vergißt. Aber eines ist gewiß: ihre Zeit ist um. Und auch die Not wird einmal überwunden werden. Die Geschichte wird einmal das jetzt noch Verdeckte, auch was jetzt zu beseitigen und was später sicher von einigen umzulügen und zu verharmlosen versucht wird, ans Licht bringen, es im Bewußtsein zu halten und vom Menschen her die Wirklichkeit des Unmenschen als eine ständige Möglichkeit unserer Zeit aus unserer Erfahrung heraus wachzuhalten, das wird eine unserer künftigen Aufgaben sein, so wie wir auch diese Erfahrung nie mehr aus unserem Leben abtun können und dürfen. Die Verbrechen müssen gesühnt werden. Aber auch wenn die geistigen wie die physischen Täter selbst nicht mehr zu treffen wären, wenn sie sich der Gerechtigkeit zu entziehen vermögen: die Personen sind nicht das zuletzt Entscheidende – was Hitler *möglich* gemacht hat, ihn und seine Taten, was er bewirken *konnte*, das ist wichtiger als die menschlich ganz nichtige Figur selber.

*20. April 1945, unterwegs, südlich der Rhön*
Mitten im Wald stießen wir auf ein seltsames Holzbauwerk. Ein kreisförmiger, hoher und fester Palisadenzaun, über den ein Dach hervorsah, erhob sich vor uns am Rand einer kleinen Lichtung, auf die ein Weg mit Fahrspuren zulief. Kein Mensch war weit und breit. Eine Tür stand halb offen. Wir gingen hinein, ein schmaler Hof zog sich um ein mittelgroßes Blockhaus mit kleinen, vergitterten Fenstern. Auf der Rückseite war eine schmutzige Latrine. Eine Brettertür, an der eine Kette und ein schweres Schloß herabhingen, war angelehnt. Wir stießen sie auf, in dem schlecht belichteten Raum herrschte ein eigentümlicher, stechender Geruch, es waren ein Tisch, auf dem Blechgeschirr stand, und ein paar primitive Hocker da, an der Wand gegenüber lag aufgeschüttetes Stroh auf dem Boden, darauf mehrere schäbige Decken unordentlich hingeworfen. Dies war ohne Zweifel eine Unterkunft für Arbeitssklaven, wahrscheinlich Russen, die abtransportiert worden oder geflohen waren. Es ging ein beklemmender, finsterer Eindruck von der Anlage aus, irgend etwas Grauenhaftes lag in der Luft. Was mochte hier sich abgespielt haben. »Das sollte man abbrennen«, sagte als erster Ruther, und gemeinsam erfaßte uns in einer seltsamen Erregung die Lust, diese Zwingburg und Schinderstätte in Flammen aufgehen zu lassen, etwas auch wie eine Urlust am zerstörenden und reinigenden Feuer. Es hätte genügt, ein einziges Streichholz an die Schlafschütte zu halten. Und dann brachten wir es doch nicht über uns. »Ach komm, es ist schon so viel verbrannt«, sagte Brummer, der Landmann. Und auch in mir wurde die Hemmung stärker als die Verlockung. So zogen wir auf der Waldstraße weiter, bereuten zwar im Reden, es nicht getan zu haben, und waren doch im Grunde froh darüber.

# Mechthild Zeul
# Johanna die Wahnsinnige
*Versuch einer psychoanalytischen Deutung*

1

Johanna von Kastilien und Aragon, die Mutter Karls V., ist als Johanna die Wahnsinnige in die Geschichte eingegangen. Sie, die als Königin über ein politisch einflußreiches, mächtiges, unter den Katholischen Königen geeintes Spanien und über seine überseeischen Besitzungen hätte regieren können, wird jedoch fast 50 Jahre unter dem Vorwand ihres Wahnsinns zunächst als Gefangene ihres Vaters Ferdinand von Aragon, später ihres Sohnes Karl V. im Schloß von Tordesillas festgehalten. Durch ihre Internierung wurde sie politisch ausgeschaltet und ihrer Regierungsfähigkeit beraubt. Ihren modernen männlichen Biographen[1] gerät sie durchgängig zum politischen und emotionalen Opfer ihres Mannes, ihres Vaters und ihres Sohnes, zugleich halten alle Autoren an ihrem Wahnsinn fest, mit Ausnahme von Bergenroth[2], für den Johanna aufgrund ihrer angeblich ketzerischen religiösen Einstellung zum Opfer der Inquisition wurde. Das persönliche Selbstverständnis der Biographen ist verantwortlich dafür, Johannas Wahnsinn entweder als erblich bedingt zu sehen oder ihn aber auf ihre Lebensumstände zurückzuführen. Für Pfandl[3] wird sie zur Schizophrenen, für Rodriguez Villa[4] war sie verrückt aus Liebe. Andere wieder sehen in ihrem Verhalten nach dem Tod ihres Mannes ein untrügliches Zeichen ihres Wahnsinns[5]. Es wird aber auch die Auffassung vertreten, daß ihre Verrücktheit erst nach ihrer Einschließung in Tordesillas ausbrach[6]. Diese Arbeit versucht über die psychoanalytische Interpretation ausgewählter Primärquellen unbewußte Motivzusammenhänge aufzuzeigen, die das Verhalten und das politische Handeln Johannas bestimmt haben können; sie versucht eine Antwort darauf zu geben, warum sich die Königin politisch passiv verhielt und nie versuchte, die ihr zustehende Regierung Kastiliens zu übernehmen.
Für die zeitgenössischen Autoren ist Johannas Wahnsinn keineswegs

identisch mit einer psychiatrischen Geisteskrankheit im heutigen Sinn. Sie sprechen in ihren Texten vielmehr von der Manie der Königin, ihren Leidenschaften, ihren nicht näher bezeichneten Krankheiten und davon, daß sie besessen und von Sinnen war. Die Festlegung des Wahnsinns auf eine psychiatrisch definierte und klassifizierte Geisteskrankheit geht auf das Ende des 18. Jahrhunderts zurück. »Der abendländische Mensch hat seit dem frühen Mittelalter eine Beziehung zu etwas, was er vage benennt mit: Wahnsinn, Demenz, Unvernunft.«[7] Das Verjagen der Irren aus der Stadt, ihre Einschließung in Türme oder aber ihre Unterbringung auf Schiffen war im ausgehenden Mittelalter und in der frühen Neuzeit nicht ungewöhnlich. Die Tatsache, daß den Wahnsinnigen der Zutritt zur Kirche untersagt war, verweist auf die ihnen zugeschriebene Nähe zum Dämonischen. In der Malerei des 15. Jahrhunderts eines Bosch, Breughel oder Dürer kommt nach Foucault das dem Wahnsinn inwendige Dämonische, Teuflische, das Ende der Welt Herbeiwünschende, psychoanalytisch ausgedrückt: das Triebhafte zum Ausdruck. »Auf die zart phantastische Ikonographie des 14. Jahrhunderts... in der das Tier immer der traditionelle von der Jungfrau auf Distanz gehaltene Drache ist... folgt eine Vision der Welt, in der jede Vernünftigkeit ausgelöscht ist. Der große Sabbat der Natur ist angebrochen: die Gebirge stürzen zusammen und werden zu Ebenen, die Erde speit Tote, und die Knochen schmücken die Gräber; die Sterne fallen herab, die Erde fängt Feuer, jegliches Leben trocknet aus und kommt zu Tode.«[8]
Im Sinne ihrer Politik der Einkreisung Frankreichs verheirateten die Katholischen Könige, Isabella von Kastilien und Ferdinand von Aragon, Johanna, die 1479 als drittes ihrer Kinder in Toledo geboren wurde, mit Philipp dem Schönen, Erzherzog von Österreich und Herzog von Burgund. Wider alle Sitten und Gebräuche der damaligen Zeit liebten sich die beiden zukünftigen Eheleute, noch bevor das offizielle Heiratszeremoniell vollzogen war. Aus einer Ehe, die aus dynastischen und politischen Erwägungen gestiftet worden war, deren Sinn und Zweck ausschließlich in der Zeugung von Nachkommen bestand, die spanische Macht und Präsenz in Europa sichern sollten, war eine Liebesheirat geworden. Noch stand das Konzil von Trient 1563 aus, das die Ehe als Sakrament, ihre Unauflöslichkeit und die kirchliche Intervention in bezug auf ihre Gestaltung festlegte. Noch hatten berühmte spanische Theologen ihre Erläuterungen der im Konzil aufgestellten

Doktrin der Ehe nicht publiziert, in denen sie die Ehe zur Fortpflanzungsinstitution erklärten und eine peinlich genaue Regelung des Ehelebens durch die Kirche reklamierten. Zugleich vertraten sie die Auffassung von der unterschiedlichen Natur und der unterschiedlichen Verpflichtung der Eheleute. Der Mann galt ihnen als Haupt der Familie, dem von der Frau Respekt und Gehorsam entgegengebracht werden mußte. Man kann sicherlich mit Recht davon ausgehen, daß die in Trient und die in den Schriften der Theologen fixierte Ideologie der Ehe bereits Geltung hatte für die Beurteilung von Ehe und Moral durch die Zeitgenossen Johannas. Die Frau, die eine Ehe aus Liebe und aus dem Wunsch nach Befriedigung sexueller Bedürfnisse einging, weckte moralische Zweifel. Aus kirchlicher Sicht beging sie, wenn sie den Beischlaf vom Mann forderte, eine Todsünde; tat sie es doch, drohte sie kranke oder verkrüppelte Kinder zur Welt zu bringen. Die Theologen der Zeit unterschieden zwischen einer Liebe aus Achtung und sexueller Liebe, wobei die Frau ihrem Ehemann erstere entgegenzubringen hatte. Forderte sie trotzdem Sexualität, so drohte sie, die als die gefühlsmäßig Kältere galt, den Mann zu verwirren und ihm Unglück oder Tod zu bringen. Eine Ehe, die aus der Pflicht geschlossen wird, Nachkommen zu zeugen, galt der Kirche als Garant gegen sexuelle Lust, Affekte und Gefühle. Die Vorstellung vom gesunden, moderaten Sexualverkehr wird als psychisch falsch und moralisch skandalös denunziert. Während die Lasterhaftigkeit Tod und Verderben brachte, war die Enthaltsamkeit der beiden Ehepartner der moralisch erstrebenswerte, gottgefällige Zustand. Johannas Eifersucht und ihre Wutanfälle sind demnach einerseits moralisch skandalös. Zugleich aber gerät sie den Zeitgenossen zum Dämon, der dem Mann Unglück und Verderben bringt.

Nach dem frühen Tod der beiden älteren Geschwister Johannas und dem des Kleinkindes Miguel, des Sohnes ihrer verstorbenen Schwester Isabella, wird sie die Erbin der beiden Königreiche Kastilien und Aragon. 1502 reisen Johanna und Philipp nach Spanien, wo sie von den Cortes von Kastilien und Aragon als Thronfolger bestätigt werden. Das Interesse der Katholischen Könige am Eheleben Johannas nimmt durch diese Wendung der Dinge zu. Sie sind beunruhigt über Gerüchte, die von Streit und Auseinandersetzungen zwischen Johanna und Philipp, ihren Nachfolgern, und von der Nachlässigkeit Johannas ihren religiösen Pflichten gegenüber wissen wollen. Ein unbekannter niederländischer Chronist zeichnet ein Bild Johannas, das keineswegs den Beifall der Katholischen Könige und ihrer Ratgeber gefunden haben mag. »Bis jetzt habe ich Euch wenig oder gar nicht von der Königin von Kastilien gesprochen, weil ich nichts sagen möchte, was den Damen mißfallen könnte, und dies um so weniger, als sie die Mutter meines Herrn und Prinzen (gemeint ist Karl V.) ist. Trotzdem, obwohl sie gut, schön und jung ist, um vom besten Herrscher der Welt geliebt zu werden, und obwohl der mächtigste, schönste und ehrbarste Mann zufrieden hätte sein können mit ihrer Liebe und ihrer Person, ist es aber die Jugend, die jetzt so gierig ist auf alle freudenspendenden Dinge, und vor allem auf die Frauen, wenn sich das junge Herz erschließt, daß, obwohl sie sehr schön war und eine durch und durch vornehme Frau sowie die Frau mit dem gesündesten Körper, den man je hätte finden können, und die sich so hervorragend der ihr von der Natur auferlegten Pflicht entledigte, indem sie noch kein Jahr brauchte, um ein Kind zu empfangen und Leben in ihrem edlen Leib hervorzurufen, die gute Königin aber ziemlich eifersüchtig wurde wegen der Jugend des Königs, vielleicht auch wegen der jungen Berater, von denen er umgeben war. Die Königin ist derart eifersüchtig geworden, daß sie dies gar nicht mehr hat unterdrücken können, und sie ist damit dermaßen und so lange Zeit behaftet gewesen, daß diese Angewohnheit bei ihr zu einer schlechten Sitte geworden ist und sogar zum Liebeswahn, zu einer exzessiven und nicht auslöschbaren Wut derart, daß sie in drei Jahren nicht mehr zur Ruhe kam, als ob sie besessen oder von Sinnen sei. Um die Wahrheit zu sagen, sie hatte auch Grund für ihre schmerzhafte Leidenschaft, denn wie gesagt, ihr Mann war jung, stramm, und es schien, daß er die sinnlichen Freuden mehr genießen konnte, als ihm das ehrlicherweise erlaubt war. Andererseits war er umgeben von jungen Leuten, die nicht nur schamlos mit ihm sprachen, sondern die ihm auch die schönsten jungen Mädchen anboten und ihn häufig an zweideutige Orte mitnahmen, wo er Beziehungen und Umgang hatte, welcher total ungesund und sündhaft war.«[9]

Als Philipp Ende 1502 überstürzt aus Spanien abreist, Johanna dort die Geburt ihres vierten Kindes abwarten muß und später von den Eltern unter dem Hinweis auf die schlechte Zeit – der Landweg war durch einen neuerlichen Krieg mit Frankreich unsicher, der Seeweg nicht ratsam wegen des winterlichen Wetters – in Kastilien festgehalten wird, kommt es zu Auseinandersetzungen zwischen Johanna und ihrer Mutter Isabella, die schließlich zu einer vorübergehenden Einschließung Johannas im Schloß von Medina del Campo führten. Die Ärzte Julian und Soto, die die kranke Königin behandeln, schreiben an Ferdinand von Aragon: »Das Leben, das die Königin zusammen mit der Prinzessin (gemeint ist Johanna) führt, ist von großer Gefahr für ihre eigene Gesundheit, denn jeden Tag fürchten wir solche Vorfälle, und es möge Gott gefallen, daß die Dinge einen besseren Verlauf nehmen mögen als wir befürchten, daß sie ihn nehmen werden. Sie dürfen darüber nicht allzu erstaunt sein, denn es steht um die Prinzessin so, daß ihr Zustand nicht nur denjenigen, welcher so eng mit ihr verbunden ist, und sie so sehr liebt, sondern jedermann sogar Fremde schmerzlich berühren muß. Sie schläft schlecht, sie ißt wenig und zuweilen überhaupt nichts. Sie ist sehr betrübt und sehr mager, manchmal will sie nicht sprechen, so daß in dieser Hinsicht sowie bei anderen Verrichtungen, aus denen hervorgeht, daß sie von Sinnen ist, sich ihre Krankheit ernsthaft verschlechtert. Diese heilt man entweder durch Liebe oder durch Ermahnung oder durch Einjagen eines Schreckens. Aber auf Gewalt reagiert sie irritiert und manchmal mit so viel Gefühl, daß jede auch noch so kleine Gewalt notwendig Mitleid hervorruft bei denen, die sie ausüben, und keiner will das oder wagt es auch.«[10]

Johanna kehrt erst 1504 in die Niederlande zurück; dort angekommen, entdeckt sie Philipps Untreue. »Doña Johanna spürte die Veränderung, die im Prinzen (gemeint ist Philipp) vor sich gegangen war in bezug auf die Liebe, die sehr verschieden war von der, die er mit ihr zu haben pflegte; und als Frau, die ihren Mann sehr liebte, wollte sie wissen, worin die Ursache dafür lag; und als man ihr sagte, daß der Prinz eine Freundin hatte, eine adlige, sehr schöne und sehr von ihm geliebte Frau, ist sie so in Wut geraten wie eine wilde Löwin; sie ging dorthin, wo die Freundin sich aufhielt, und man sagt, sie habe sie verletzt und geschlagen und habe befohlen, ihr die Haare bis auf die Wurzeln der Kopfhaut abzuschneiden. Als dies der Prinz erfuhr, konnte er nicht davon absehen, zur Prinzessin zu gehen und sie mit Worten schlecht zu behandeln und ihr viele Schimpfworte zu sagen, und man sagt, er sei sogar tätlich geworden. Und da die Prinzessin, Doña Johanna, eine sehr delikate Frau war und durch ihre Mutter erzogen, empfand sie die Behandlung ihres Mannes so, daß sie sich krank zu Bett legen mußte, und sie verlor fast den Verstand.«[11]

Im November 1504 stirbt Königin Isabella, und Ferdinand läßt Johanna zur Königin ausrufen, veröffentlicht aber zugleich auch eine Klausel im Testament Isabellas, die im Verlauf des Kampfes um die Macht in Kastilien zwischen Philipp und Ferdinand die Möglichkeit bieten wird, Johanna aufgrund ihres vermeintlichen Wahnsinns von den Regierungsgeschäften auszuschließen. Philipp trägt sich bereits vor ihrer Reise nach Spanien, wo Johanna 1506 von den Cortes als rechtmäßige Königin, Philipp als ihr rechtmäßiger Gatte zum König und Karl als Erbe und Nachfolger anerkannt worden waren, mit der Absicht, seine Frau einsperren zu lassen, da sie seinem Anspruch auf Alleinherrschaft in Kastilien im Wege steht. In Spanien angekommen, kann er nur durch die Intervention eines hohen Adligen von einer Internierung Johannas abgehalten werden. Dieser hält eine solche Vorgehensweise für politisch unklug.

Johannas Verhalten lieferte den Zeitgenossen immer wieder Anhaltspunkte für Phantasien über ihre Eigenartigkeit und Andersartigkeit. Im Sprachgebrauch des Jahrhunderts war es möglicherweise gar nicht abwegig, sie als wahnsinnig zu bezeichnen. Ihren männlichen Gegenspielern jedoch diente ihre Andersartigkeit als Mittel, sie politisch kaltzustellen, sie von der Regierung auszuschalten.

Johannas Verhalten auf der Überfahrt nach Spanien im Januar 1506 gibt Anlaß zu neuen Spekulationen über ihre Eigenartigkeit. Die Schiffe der königlichen Flotte waren in einen heftigen Sturm geraten und drohten zu kentern. Johanna blieb im Gegensatz zu den Männern und insbesondere zum König gänzlich ruhig, so als sei das aufgewühlte, todbringende Meer ihr Element. Foucault verweist auf die Nähe des Meeres zum Wahnsinn in der Vorstellung des mittelalterlichen Menschen. »Als König Philipp mit der Königin Johanna die Reise aus den Niederlanden nach Kastilien antrat, wurde er auf See von einem schweren Sturm heimgesucht. Als man sich in großer Gefahr befand, hat man den König in einen Ledersack eingenäht, diesen aufgeblasen und hinten drauf geschrieben ›König Philipp‹. So lag er vor einem Heiligenbild und fürchtete, in jedem Moment verloren zu sein. Die Königin war ohne jede Angst und bat, daß man ihr eine Kiste mit Essen brächte. Die Edelleute und Matrosen legten allerlei Gelübde ab und stifteten alles, was sie bei sich hatten, unserer lieben Frau von Guadalupe. Als sie zur Königin kamen, öffnete sie ihre Geldbörse, worin sich ungefähr hundert Dukaten befanden, dazwischen ein halbes Dukatenstück. Sie suchte in aller Ruhe, bis sie es gefunden hatte und reichte es ihnen dann. Sie gab da-

durch zu erkennen, daß sie keine Angst hatte, und sagte, es sei noch niemals ein König ertrunken. In diesem Sturm übergaben sich einige und andere urinierten. Und einer, dessen Urin über einen anderen lief, sagte: ›Entschuldigen Sie, mein Herr, aber zum Teufel ich muß aus purer Angst pissen.‹« [12]
In Spanien angekommen, wird Johanna wieder zur ängstlichen, sich fast paranoisch um die Liebe ihres Mannes sorgenden Frau, »und ruhte nicht, bis alle Damen, die sie als Gefolgschaft mitgebracht hatte, in ihr Land zurückgeschickt waren. Wenn dies nicht geschehen wäre, wäre ihre Eifersucht und ihre Verrücktheit öffentlich demonstriert worden. So weit ging ihre Verrücktheit, daß sie allein gelassen wurde von allen Frauen mit Ausnahme einer Waschfrau... Es wirkte lächerlich, eine so vornehme Frau, die Königin über so viele schöne und wohlhabende Reiche, ohne weibliche Gesellschaft reisen zu sehen. Der gute König nahm sich das alles so zu Herzen, daß dies bestimmt eine der Hauptursachen seines Todes gewesen ist.« [13]
Im September 1506 stirbt Philipp nach kurzer Krankheit. Ferdinand hält sich außerhalb Spaniens auf. Die alten Fehden unter den kastilianischen Adligen flammen wieder auf. Während die ehemaligen Anhänger Philipps für eine Regentschaft Kaiser Maximilians im Auftrag seines Enkels Karl plädieren, optiert die Mehrheit des kastilianischen Adels, wenn auch mit Ambivalenz, für die Rückkehr Ferdinands. Cisneros, der Vollstrecker des Testaments der Katholischen Königin, macht den Vorschlag, Johanna für verrückt erklären zu lassen, so daß Ferdinand ohne ihre Zustimmung Maßnahmen treffen kann, die ihm politisch richtig und angemessen erscheinen. Johanna verhält sich passiv. Sie ist zwar gegen eine Regentschaft Maximilians und für die Rückkehr ihres Vaters, tut aber nichts, um ihn nach Spanien zurückzurufen. Der bereits erwähnte niederländische Chronist schreibt: »Nach dem Tode des guten Königs von Kastilien hatte die Königin Gelegenheit nachzudenken und sich auszumalen, was sie verloren hatte, weil sich sofort ihr Herz betrübte und der Verstand sich verstörte derart der Krankheit und der Leidenschaft, wie sie bereits erwähnt wurden, so daß ihr Gesicht keine Trauer über dieses Unglück zeigte, weder nach seinem Tod noch während seiner Krankheit, obwohl sie beständig an seiner Seite geblieben war. Und obwohl sie schwanger war, gab sie ihm selbst zu essen und zu trinken, so daß die, die beim König waren, fürchteten, daß sie und das Kind zu Tode kommen könnten. Glücklicherweise ist dies

nicht passiert, denn sie ist eine Frau mit großer Fähigkeit zu leiden und alle Dinge der Welt, ob gute oder schlechte, so zu sehen, ohne daß ihr Herz oder ihre Seele aus dem Gleichgewicht kommen würden. Und während der Krankheit und beim Tod ihres Mannes, den sie so sehr liebte, wenn es schien, daß sie sich ganz geängstigt fühlen müßte, zeigte sich das kaum im Gesicht der Frau, es blieb so ruhig, daß es schien, als ob ihr gar nichts passiere, immer ihren Mann ermahnend, auch noch in der Agonie zu essen und die von den Ärzten verschriebene Medizin zu nehmen. Sie war die erste, die sie versuchte, trotz ihrer Schwangerschaft... Und in diesem Zustand, als sie sah, daß ihr Mann starb, der der schönste Mann der Welt war, begann sie ihn zu küssen, und ich glaube, sie hätte so, ihn umarmend ihr ganzes Leben verbracht, wenn man sie nicht von dem Leichnam entfernt hätte... Sobald sie wußte, daß man den Leichnam ihres Mannes zur Kartause von Miraflores gebracht hatte, wollte sie dort hingehen, und sie ließ sich Kleider machen, jeden Tag neue, nach ihren Launen und manchmal hatten sie das Aussehen der Kleidung einer Nonne. Als sie in Miraflores ankam, befahl sie, daß man sie zum Grab bringen sollte, wo der Körper ihres Mannes lag, und nachdem sie an seiner Seite geblieben war während der gesamten Messe, befahl sie, den Sarkophag hochzuheben, das Blei und das Holz, aus dem er gemacht war, aufzubrechen und die in Wachs getauchten einbalsamierten Tücher zu zerreißen, in die der Leichnam eingewickelt war. Dann begann sie seine Füße zu küssen und verharrte so, bis es ratsam war, sie von ihm zu trennen, und man sagte ihr: ›Sie können ein anderes Mal wiederkommen, Ihre Hoheit, wann immer Sie wollen.‹ Und so tat sie es, sie kam jede Woche zurück, um die gleiche Handlung vorzunehmen und ihre Trauer zu zeigen bis zum Sonntag vor Weihnachten desselben Jahres 1506, an dem sie zur Kartause ging, befahl die Messe zu lesen, und nachdem sie sie gehört hatte, den Körper ihres Mannes aus der Kirche zu nehmen und ihn nach Granada zu bringen, um ihn neben dem Körper der Katholischen Königin zu bestatten, so wie er es befohlen hatte.

Die Königin setzte sich in Bewegung mit dem Sarg ihres geliebten Mannes, begleitet von vier Bischöfen, vielen Klerikern und Priestern der verschiedenen religiösen Orden. Der Trauerzug machte täglich halt, und die Königin wiederholte ihre schmerzliche Aufgabe, den Sarg zu öffnen, die Füße des Leichnams zu entblößen und ihn lange Zeit zu küssen mit der gleichen Weichheit und Innigkeit, als ob er lebe. So hätte sie ihre Reise bis Granada fortgesetzt, wenn sie nicht, als sie in Torquemada ankam, gefürchtet hätte, eine Frühgeburt zu haben.«[14]

Im Juli 1507 kehrt Ferdinand, von Johanna freudig begrüßt, nach Spanien zurück. Ihre Zuneigung für ihn ausnutzend, überredet er sie, zu seinen Gunsten auf die Ausübung der Regierung zu verzichten. Im Februar 1516 stirbt Ferdinand; 1517 kommt Karl nach Spanien, um dessen Nachfolge anzutreten. Formal aber ist und bleibt Johanna Königin von Kastilien und Aragon bis zu ihrem Tod im Jahre 1555. Daß Karl aus politischen Gründen kein Interesse daran hatte, seine Mutter aus ihrem Gefängnis zu befreien, liegt auf der Hand, denn seine politische Position als Ausländer ist ebenfalls ungesichert, ähnlich wie einst die Ferdinands. Er fürchtete, daß Johanna selbst oder andere in ihrem Namen ihm sein Königtum streitig machen könnten. Johannas sogenannter Wahnsinn diente ihm wie einst Ferdinand als Vorwand, sie eingesperrt zu lassen. Aus den Briefen des Marqués von Denia, den Karl als Gouverneur des Schlosses und der Stadt Tordesillas eingesetzt hatte, dessen Hauptaufgabe allerdings darin bestand, Johanna streng zu bewachen, und der Karl blind gehorchte, ist einerseits zu erfahren, welche Maßnahmen angewandt wurden, um Johanna vom politischen und familiären Geschehen fernzuhalten, beispielsweise ihr selbst auf Nachfrage den Tod ihres Vaters und später die Abwesenheit Karls von Spanien zu verschweigen. Andererseits sprechen die Briefe von den Reaktionen der Königin auf ihre Isolierung von allen Vorgängen außerhalb ihres Gefängnisses. Der Marqués hielt sie in einem Trakt des Schlosses fest und hinderte sie daran, es zu verlassen; jede Kommunikation mit der Außenwelt, die nicht durch den Marqués bzw. Karl V. genehmigt war, wurde untersagt. Johanna versucht, ihren Bewacher durch Überreden dazu zu bringen, sie ausgehen zu lassen. Als ihr dies nicht gelingt, reagiert sie mit Nahrungsverweigerung, Wutanfällen und mit der Weigerung, in ihrem Bett zu schlafen.

Die Revolution der Comunidades (der vereinigten kastilianischen Städte) gegen Karls antispanische Politik, der, das demokratische Mitbestimmungsrecht der Städte mißachtend, willkürlich versuchte, Steuererhöhungen durchzusetzen, und der hohe Regierungsämter mit Ausländern besetzte, hätte auch Johanna die Freiheit wiedergeben können. Die Comuneros, die sich als legitime Regierungsvertretung verstanden, benötigten, um ihre Ansprüche zu legalisieren, die Unterschrift Johannas, der sie als ihrer rechtmäßigen Königin ihre Dienste angetragen hatten. Juan de Padilla und andere Comuneros, die mehrere Unterredungen mit der Königin hatten, widersprechen der offiziell ausgegebenen Version vom Wahnsinn Johannas. Sie entlassen die Frauen, die die Königin bewacht und bespitzelt hatten, und verjagen den Marqués von Denia und seine Familie aus Tordesillas. Mit ihrer Unterschrift hätte Johanna indirekt der Junta die Möglichkeit gegeben, gegen ihren Sohn Karl vorzugehen. Karls Ratgebern und den Mitgliedern des Rates von Kastilien war klar, daß die Unterschrift der Königin Karl in ernste Schwierigkeiten als König von Kastilien und Aragon hätte bringen können. Ein Bürgerkrieg wäre nicht auszuschließen gewesen. Aber Johanna unterschreibt nicht und bleibt in ihrem Gefängnis. Hat sie politisch weitsichtig und klug gehandelt oder aber haben ihre Ausschließung aus dem Leben und ihre Einschließung auf der »Schwelle« zum Leben ihr eine Rückkehr unmöglich gemacht? Haben ihre Bewacher bereits bewirkt, daß ihre »Wahrheit... nur in dieser unfruchtbaren Weite zwischen zwei Welten, die (ihr) nicht gehören können«[15], liegt, nämlich im Wahnsinn, in der Leere? Nach der Niederlage der Comuneros in Villalar 1521 schließt sich für Johanna endgültig das Gefängnis. Aus dieser Zeit existieren Briefe der Prinzessin Katharina, ihrer jüngsten Tochter, die nach dem Tod Philipps geboren worden war und bis zu ihrer Heirat im Jahre 1524 das Gefängnis mit der Mutter teilte, an ihren Bruder König Karl, in denen sie sich über die schlechte Behandlung durch den Marqués, dessen Frau und dessen Kinder, beklagt. Sie dürfe zum Beispiel nur Briefe schreiben, deren Inhalt von diesem gutgeheißen werde, die Königin werde von der Marquesa daran gehindert, ihr Zimmer, das dunkel und nur durch Kerzen erleuchtet sei, zu verlassen. Gleichzeitig hielten sich die Kinder des Marqués ständig vor dem Zimmer der Königin auf, so daß sie, die die Familie des Marqués verabscheue und sie nicht sehen wolle, nicht wage, aus ihrem Zimmer zu gehen.

Kurz vor Johannas Tod stellen diejenigen, die sie vorgeblich aufgrund ihres Wahnsinns eingeschlossen bzw. ihre Einkerkerung nicht aufgehoben hatten, indirekt ihre eigene Überzeugung von deren Verrücktheit in Frage, indem sie den Jesuitengeneral Francisco de Borja nach Tordesillas schicken, damit er Johanna ermahne, zu beichten und zur Kommunion zu gehen. Da nach damaligem kirchlichem Usus Verrückte vom Sakrament des Abendmahls ausgeschlossen waren, bedeutet dies, daß Philipp II., der Borja zu Johanna schickte, offensichtlich nicht an den

Wahnsinn seiner Großmutter glaubte. Als Johanna bereits im Sterben liegt, läßt Borja einen der damals berühmtesten Theologen, Domingo de Soto aus Salamanca, rufen, weil ihm Zweifel gekommen waren, ob er Johanna, die als wahnsinnig galt, zur Kommunion zulassen durfte. De Soto kommt nach einer Unterhaltung mit ihr zu dem Schluß, daß sie bei klarem Verstand sei.

2

Der anonyme niederländische Chronist, der Johannas Beziehung zu Philipp schildert, kapituliert vor ihrer Wut und Energie, mit der sie sich dagegen wehrt, daß ihr die Liebe ihres Mannes durch andere genommen werden soll. Sie scheint zu wissen, was sie wert ist, und schlägt alle Angebote aus, die der Chronist ihr macht, nämlich sich »vom besten Herrscher der Welt lieben zu lassen«, sich damit abzufinden, daß »der schönste, mächtigste und ehrbarste Mann mit ihrer Liebe zufrieden ist«. Sie setzt den Maßstab ihrer Liebe und verlangt sexuelle Befriedigung und Treue. Ihre Eifersucht wird zum Skandal, weil sie sie äußert und nicht für sich behält. Damit verweist sie auf ihre eigenen sexuellen Bedürfnisse und deren Befriedigung. Wenn sie eifersüchtig auf Philipps sexuelle Ausschweifungen ist, die alle guten Sitten in den Wind schlagen, muß man ihr dann nicht unterstellen, daß sie sich mit ihm die verdorbenen und sündhaften Beziehungen wünscht, die er mit anderen unterhält? Als Johanna feststellt, daß Philipp ihr untreu ist – wenn er sich dabei auch durchaus im Rahmen normaler männlicher Verhaltensweisen des Jahrhunderts bewegt, das männliche Untreue nachsichtiger als weibliche beurteilte –, fühlt sie sich jedoch in ihrer Selbstachtung und in ihrem Selbstwertgefühl gekränkt und reagiert mit rasender Wut. Der Autor steht offensichtlich staunend vor Johannas innerer Hartnäckigkeit, die nicht etwa nach ihren ersten Wutanfällen resigniert. In seinen weiteren Ausführungen vermischt er diese mit ihrem sogenannten Liebeswahn. Wir haben bereits gehört, daß Johanna reichlich Anlaß hatte für ihre Eifersucht. Von einer wahnhaften Verkennung ihrer Situation aufgrund projizierter oder wahnhafter Eifersucht, die Freud immer auf eine vom Ich nicht tolerierte unbewußte Untreuephantasie zurückführt[16], kann aufgrund der vorliegenden Quellentexte nicht die Rede sein. Woher nimmt der Autor dann die Behauptung, es handele sich bei ihr um einen Wahn? Sollte er für ihn in ihrer Wut bestehen, darin, daß sie sich eben gerade nicht so verhält, wie es eine vornehme Frau zu tun hat, wie beispielsweise ihre Mutter Isabella, die verstand, ihre Wut über den Betrug ihres Mannes zu kontrollieren?

Aus dem Bericht der beiden Ärzte Soto und Julian geht hervor, daß Johanna offensichtlich auf die Trennung von Philipp depressiv reagiert. Sie schläft nicht, ißt nicht, ist sehr betrübt und will manchmal auch nicht sprechen. Gleichzeitig demonstriert sie offensichtlich ihrer Mutter auf diese Weise ihre Wut darüber, daß sie in Spanien festgehalten und dadurch von Philipp getrennt wird, denn die Ärzte sprechen von »solchen Vorfällen«, die eine Gefahr für die ohnehin angegriffene Gesundheit der Königin darstellen. So taucht selbst in der Depression Johannas etwas von ihrer Hartnäckigkeit und Beharrlichkeit auf, womit sie versucht, ihre Wünsche und Vorstellungen durchzusetzen. Zugleich sagt das ärztliche Bulletin unfreiwillig etwas über Johannes Fähigkeit aus, andere Menschen mit ihren Gefühlen zu beeindrucken. Offensichtlich war sie keineswegs von Sinnen, denn sie reagierte auf Gewaltanwendung entweder irritiert oder betrübt, und ihre Reaktion wiederum löste in denjenigen, die ihr mit Gewalt etwas aus- bzw. einreden wollten, Mitleid und Bedauern aus. Dieser Fähigkeit Johannas, in anderen, wider deren Willen, Gefühle auszulösen, konnte sich selbst ihr späterer Bewacher, der Marqués von Denia, kaum entziehen. In einem Brief aus dem Jahr 1519 schreibt er an Karl V.: »Und Ihre Majestät müssen mir glauben, daß sie (Johanna) Worte sagt, die Steine erweichen können.«[17] Daß die Ärzte Johanna, die Schlaf und Essen verweigert, als von Sinnen bezeichnen, kann einerseits auf Unkenntnis depressiver Symptome oder aber auch auf Ratlosigkeit Johannas Verhalten gegenüber beruhen; andererseits aber können die Ausführungen der beiden Ärzte auch politischen Zwecken dienen, nämlich langsam die Regierungsunfähigkeit Johannas vorzubereiten.

Auch der Autor der nächsten Quelle, der über Johannas Auseinandersetzung mit der Rivalin, mit der Philipp sie während ihrer Abwesenheit betrogen hatte, berichtet, erwähnt, daß sie eine Veränderung in Philipp spürte, weil er sie anders liebte als gewöhnlich. Die Fähigkeit, Unterschiede im sexuellen Verhalten des Partners nicht nur wahrzunehmen, sondern sie auch zu äußern, ist natürlich für das Jahrhundert ein Skandal, zeigt aber einerseits ihre Feinfühligkeit und Einfühlungsfähigkeit in den Menschen, den sie liebt, anderseits ihre Unerschrockenheit, ihre Gefühle zu äußern. Auffällig an den Ausführungen des Autors ist, daß Johanna, die – wie wir bereits hörten –, keine Angst vor Philipp hatte und ihn immer wieder in Eifersuchtsszenen verwickelte, diesmal nicht ihn, sondern die Rivalin zur Rechenschaft zieht. Man kann sich des Eindrucks nicht erwehren, daß der Kampf der beiden Frauen für den Autor etwas Amüsantes hat und offensichtlich problemloser hingenommen wird als die Auseinandersetzung mit dem eigenen Mann. Auf diese Weise bleibt Johanna die Dame, die sich, nachdem Philipp sie für ihre Vorgehensweise bestraft hatte, vornehm gekränkt ins Bett zurückzieht.

Auf der Überfahrt nach Spanien hat Johanna ihren Mann in der Hand, den man in einen Ledersack eingenäht hatte, auf dem »König Philipp« stand, und der um sein Leben zitternd vor einem Heiligenbild liegt. Sie hat keine Angst und ißt inmitten des auf dem Schiff ausgebrochenen Chaos. Sie beherrscht die Szene, sie ist die Königin, er ist nur ein Sack, auf dem steht: »König Philipp«. Gleichsam nur auf der Überfahrt, auf dem Meer ist sie die erste, später an Land, in Spanien, wird sie zu »ihrer eigenen Sklavin«[18]. Auf ihre unbewußten Phantasien jedoch, in denen Philipp zum Sack wird und sie die Königin ist, reagiert sie offensichtlich mit Schuldgefühlen. Als sie nach Philipps Tod tatsächlich die Königin und er der Leichnam im Sack ist, identifiziert sie sich mit dem Toten und wird schließlich lebenslang ebenso eingeschlossen wie Philipp in seinen Sack. Auch sie existiert nur noch als Aufschrift, nämlich in ihrer Unterschrift: »Königin Johanna«. In Spanien angekommen, schildert der Chronist Johanna als Königin, die eigentlich gar keine ist. Der Autor macht dies daran deutlich, daß sie ihre weibliche Gefolgschaft entlassen hatte. Der Chronist spricht davon, daß Johanna allein mit Philipp durch Kastilien geritten ist und daß diese Tatsache den König so gekränkt habe, daß sie die Hauptursache für seinen Tod gewesen sei. Diese Argumentation erscheint wenig überzeugend. Einleuchtend ist jedoch die Hypothese, daß Johanna versuchte, Philipp mit ihrer Liebe und Zuneigung einzuschließen, um ihn ganz für sich zu haben. Bei dem Chronisten lesen wir: »Ihr einziges Sehnen bestand darin, hinter ihm herzugehen, den sie mit solchem Wahnsinn und solcher Heftigkeit liebte, daß sie sich niemals Sorge darum machte, ob ihre Gesellschaft ihm angenehm war oder nicht.«[19] Sie liebt ihn offensichtlich dann am heftigsten, wenn er zum Sack wird und sich ihr nicht mehr entziehen kann. Diese Überlegungen machen verständlich, daß Philipp neben der politischen Motivation auch persönliche Gründe hatte, Johanna seinerseits einschließen zu lassen, um sich auf diese Weise vor ihrer Liebe, die ihn umzubringen drohte, zu schützen. Ihre Eifersucht bildet gleichsam nur die Oberfläche eines tieferliegenden Konflikts, der darin besteht, nur denjenigen lieben zu können, den sie ganz in ihrer Gewalt hat und der nicht seiner eigenen, für sie unkontrollierbaren Wege geht.

Ende September 1506 stirbt Philipp mit 27 Jahren. Wie im Sturm auf dem Meer zeigt Johanna sich während seiner Krankheit als Herrin der Lage. Der Chronist vermerkt mit Erstaunen ihre äußere Unbewegt- und Beherrschtheit; es zeige sich kein Kummer und keine Sorge auf ihrem Gesicht. Dank des Umstands, daß Johanna Gewalt über ihr Liebesobjekt braucht, um es lieben zu können, erstaunt ihre Reaktion nicht, denn nun, da Philipp zu sterben droht, wird er nie mehr von ihr weggehen können, wird er ihr ganz gehören. Ihr Gesicht hätte aber nur dann Trauer zeigen können, wenn der Tod Philipps für sie einen Verlust und nicht unbewußt eine Bereicherung bedeutet hätte. Nun endlich kann sie ihn so lieben, wie sie es sich unbewußt gewünscht hatte. Nun kann er ihr nicht mehr weglaufen wie damals, als er überstürzt aus Spanien abreiste und sie, von den Eltern zurückgehalten, ihn erst eineinhalb Jahre später wiedersehen sollte. Ihr Verhalten nach seinem Tod läßt die Vermutung zu, daß sie unbewußt eine sexuelle Vereinigung mit dem Leichnam phantasierte. So als wolle sie sich schön machen für ihn, läßt sie sich jeden Tag neue Trauerkleider schneidern, um zur Kartause von Miraflores zu gehen. Sie läßt den Sarkophag aufbrechen, um die Füße des Toten zu küssen. Psychoanalytische Autoren haben darauf hingewiesen, daß die Füße Penisbedeutung haben können. Das Küssen der Füße (des Penis) symbolisiert demnach eine sexuelle Vereinigung und verweist auf denselben oralen Modus von Sexualität, der schon in der Meeresszene zum Ausdruck gekommen war. Während um Johanna herum die Männer urinieren und sich übergeben, das heißt etwas aus sich herausstoßen, läßt Johanna sich eine Kiste mit Essen kommen und verspeist deren Inhalt. Neben der bereits erwähnten Schuldthematik spielt demnach schon auf dem Meer eine oral getönte sexuelle Vereinigung im Tod eine Rolle. Auch hier scheint sich Johanna mit dem Unlebendigen, dem Inhalt der Kiste bzw. des Sackes zu vereinigen, indem sie es verschlingt. Die mit den oralsadistischen Auslöschungs- und Zerstörungsphantasien verbundenen Schuldgefühle, die sich ins Unermeßliche steigern, weil Johannas unbewußte Phantasien durch den Tod Philipps vermeintlich Wirklichkeit wurden, sind offensichtlich Ursache dafür, daß einige der Trauerkleider Johannas das Aussehen von Nonnenkleidung haben. Aber diese Bußhaltung scheint angesichts der als erdrückend erlebten Schuld, die sie auf sich geladen zu haben glaubt, völlig unzureichend. Johanna, die unbewußt phantasiert, Philipp sowohl mit ihrer besitzergreifenden Liebe als auch durch ihren tödlichen Haß ausgelöscht zu haben, läßt sich selbst zum Nichts degradieren. Die phantasierte Vereinigung mit dem Toten läßt sie über dessen Einverleibung zur lebendigen Toten werden. Ich hatte bereits erwähnt, daß sie sich nach Philipps Tod politisch völlig passiv verhält und nicht regiert. Noch hatten sie weder Ferdinand noch Karl ihrer Regierungsfähigkeit beraubt, als sie sich bereits selbst zur Toten macht. So gesehen konnte sie die Chance, die ihr die Comuneros boten, nicht wahrnehmen, denn sie hatte sich bereits selbst liquidiert, sie existierte nicht einmal mehr als Sack mit der Aufschrift »Königin Johanna«. Sie verweigerte den Comuneros und den Ratsmitgliedern ihre Unterschrift, so wie sie vor der Rückkehr Ferdinands die zusammengetretenen Cortes durch ihre Unterschrift nicht legitimierte. Diejenigen, die sie drängen, dem Vater zu schreiben, um ihn um seine Rückkehr zu bitten, gehen ebenfalls leer aus. Daß während ihrer Lebzeiten alle Dokumente, die Karl als König von Kastilien und Aragon unterschreibt, vom Gesetz her auch von ihr als Königin unterzeichnet werden mußten, hatte für sie keine Bedeutung mehr.

Johanna wurde einerseits Opfer des politischen Machtstrebens der Männer, die sie umgaben – von Philipp, Ferdinand und von Karl. Sie hat andererseits die Einschätzung des Jahrhunderts von den Pflichten und den Normen, denen eine Frau unterworfen ist – auch als Königin –, mißachtet, sich damit für ihre Zeitgenossen in die Nähe des Dämonischen begeben und wurde deshalb zur Wahnsinnigen erklärt. So manifestiert sich in dem ihr zugeschriebenen Wahn Widerborstigkeit und innerer Aufruhr gegen die herrschende Moral. Ihr Handeln – auch das politische – ist gefärbt und eingeschränkt durch die Fixierung ihrer Liebe an das Tote und Unlebendige. Diese innere Festlegung und die Unmöglichkeit, diese unbewußte Festschreibung zu erkennen und zu durchbrechen, machte sie regierungsunfähig und ist dafür verantwortlich, daß sie fast 50 Jahre ihres Lebens als lebendige Tote eingesperrt gehalten wurde.

## Anmerkungen

1. Vgl. RODRIGUEZ VILLA, A.: *La Reina Doña Juana la Loca*, Madrid 1892; BROWER, J.: *Johanna die Wahnsinnige*, München 1978; PFANDL, L.: *Juana la Loca*, Madrid 1977; MILLER, T.: *Isabel und Juana*, München 1967; PRAWDIN, M.: *Juana la Loca*, Barcelona 1974.
2. BERGENROTH, S.: Suppl. to vol. I. and II. of letters of Statespapers etc., London 1868
3. PFANDL, L.: *Juana la Loca*, a.a.O.
4. RODRIGUEZ VILLA, A.: *La Reina Doña Juana la Loca*, a.a.O.
5. BROWER, J.: *Johanna die Wahnsinnige*, a.a.O.
6. MILLER, T.: *Isabel und Juana*, a.a.O.
7. FOUCAULT, M.: *Wahnsinn und Gesellschaft*, Frankfurt am Main 1969, S. 9.
8. Ebd., S. 41.
9. Anonymer Verfasser von Viaje de los Reyes-Archiduques á España 1506. In: RODRIGUEZ VILLA, a.a.O., S. 183 f. Diese und alle weiteren Quellentexte wurden von der Autorin dieser Arbeit aus dem Spanischen übersetzt.
10. Bib. de la R. Ac. de la Hist. – A 11, fol 380. In: RODRIGUEZ VILLA, a.a.O., S. 83.
11. Chronica de los Reyes Don Fernando y Doña Isabel, reyes de Castilla y de Aragon, comp. por Alonso Estanques. In: RODRIGUEZ VILLA, a.a.O., S. 92.
12. Sala 12, Est 16 grada 3°, num 188 – Ms de fines del siglo XVI. In: RODRIGUEZ VILLA, a.a.O., S. 135 f.
13. Anonymer Verfasser von Viaje de los Reyes-Archiduques á España 1506. In: RODRIGUEZ VILLA, a.a.O., S. 184.
14. ders. In: RODRIGUEZ VILLA, a.a.O., S. 185 f.
15. FOUCAULT, M., a.a.O., S. 29.
16. FREUD, S., Über einige neurotische Mechanismen bei Eifersucht, Paranoia und Homosexualität, G. W. XIII, S. 195 ff.
17. Vgl. RODRIGUEZ VILLA, a.a.O., S. 290.
18. Anonymer Verfasser von Viaje de los... In: RODRIGUEZ VILLA, a.a.O., S. 184.
19. ders., in: RODRIGUEZ VILLA, a.a.O., S. 184.

# Die Autorinnen und Autoren

SOPHINETTE BECKER, Jg. 1950, Diplom-Psychologin in psychoanalytischer Ausbildung; Assistentin an der Psychosomatischen Klinik Heidelberg. Veröffentlichungen über Psychoanalyse und Politik, Medizin im Nationalsozialismus, psychosoziale Aspekte bei AIDS.

KAROLA BREDE, Jg. 1941, Priv.-Doz., Dr. phil., Soziologin, Wissenschaftliche Mitarbeiterin am Sigmund Freud-Institut Frankfurt; Lehre an den Universitäten Frankfurt und Gießen; Buchveröffentlichung: Individuum und Arbeit – Ebenen ihrer Vergesellschaftung (Campus 1986).

JOHANNES CREMERIUS, Jg. 1918, Dr. med., o. Prof. für Psychotherapie und Psychosomatische Medizin an der Universität Freiburg, Ärztlicher Direktor der gleichnamigen Klinik im Klinikum der Universität Freiburg, Lehranalytiker der DPV. Zahlreiche Zeitschriftenveröffentlichungen. Bücher: Die Beurteilung des Behandlungserfolges in der Psychotherapie (1962); Die Prognose funktioneller Syndrome (1968); Zur Theorie und Praxis der Psychosomatischen Medizin (1978); Psychoanalyse, Über-Ich und soziale Schicht (1979); Vom Handwerk des Analytikers (1984).

HELMUT DAHMER, Jg. 1937, Prof. Dr. phil., lehrt Soziologie an der Technischen Hochschule Darmstadt. Er ist Mitherausgeber der Zeitschrift »Psyche«. Veröffentlichungen u. a.: Libido und Gesellschaft (1973); (Hg.), Analytische Sozialpsychologie (1980).

MARIO ERDHEIM, Jg. 1940, Priv.-Doz., Dr., phil., Ethnologe und Psychoanalytiker, lehrt an den Universitäten Zürich und Darmstadt Ethnopsychoanalyse. Zahlreiche Veröffentlichungen, u. a.: Die gesellschaftliche Produktion von Unbewußtheit (1982).

IRING FETSCHER, Jg. 1922, ist Professor für politische Wissenschaften an der Universität Frankfurt am Main. Er wurde als Autor und Herausgeber zahlreicher Standardwerke der Darstellung und Erforschung des Marxismus international bekannt. – Veröffentlichungen im Fischer Taschenbuch: Der Nulltarif der Wichtelmänner; Märchen – und andere Verwirrspiele (5806); Wer hat Dornröschen wachgeküßt; Das Märchen-Verwirrbuch (1446).

JOSÉ ANTONIO GIMBERNAT, Dr. phil., Mitglied des Philosophischen Instituts des Consejo Superior de Investigaciones Cientificas de Madrid. Buch- und Zeitschriftenpublikationen zur Philosophie der Religion und zur marxistischen Philosophie.

JOSÉ GONZALEZ, Dr. phil., Mitglied des Philosophischen Instituts des Consejo Superior de Investigaciones Cientificas de Madrid. Buch- und Zeitschriftenpublikationen zur Ethik und Philosophie.

JÜRGEN HABERMAS, Jg. 1929, Prof. Dr., hat von 1961 bis 1964 in Heidelberg Philosophie, von 1964 bis 1971 in Frankfurt Philosophie und Soziologie gelehrt, von 1971 bis 1983 war er Direktor des Max Planck-Instituts zur Erforschung der Lebensbedingungen der wissenschaftlich-technischen Welt in Starnberg. Seit 1983 lehrt er wieder an der Johann Wolfgang Goethe-Universität in Frankfurt am Main. Veröffentlichungen u. a.: Erkenntnis und Interesse (1968); Theorie des kommunikativen Handelns (1981); Die Neue Unübersichtlichkeit und der philosophische Diskurs der Moderne (1985).

UTE HABERMAS, Jg. 1930, Studium der Germanistik, Geschichte und Kunstgeschichte, lebt in Starnberg.

GERTRUD KOCH lebt als Filmkritikerin und Schriftstellerin in Frankfurt am Main. Sie hat in internationalen und deutschen Fachzeitschriften und Sammelbänden veröffentlicht. Sie ist Mitherausgeberin der Zeitschrift »Frauen und Film« und »Babylon«.

WILLI KÖHLER, Jg. 1935, Lektor und Publizist, lebt in Frankfurt am Main.

PIET C. KUIPER, Jg. 1919, Prof. Dr. med., Leiter der Psychiatrischen Universitätsklinik in Amsterdam. Veröffentlichungen u. a.: Die seelischen Krankheiten des Menschen. Psychoanalytische Neurosenlehre (Stuttgart 1966), Lehrbuch der Psychiatrie (holländ.); mehrere Artikel in der »Psyche«.

YELA LOEWENFELD, Jg. 1907, Dr. med., in New York praktizierende Psychoanalytikerin; Veröffentlichungen in Fachzeitschriften.

HANS-MARTIN LOHMANN, Jg. 1944, lebt als freier Publizist in Heidelberg. Zuletzt veröffentlichte er: Freud zur Einführung (1986) und Alexander Mitscherlich (1987).

ALFRED LORENZER, Jg. 1922, Prof. Dr., lehrt als Psychoanalytiker am Fachbereich Gesellschaftswissenschaften der Johann Wolfgang Goethe-Universität Frankfurt am Main. Buchveröffentlichunagen u. a.: Kritik des psychoanalytischen Symbolbegriffs (1970); Die Wahrheit der psychoanalytischen Erkenntnis (1974); Das Konzil der Buchhalter (1984); Intimität und soziales Leid. Archäologie der Psychoanalyse (1984).

EUGEN MAHLER, Prof. Dr. med., Direktor des wissenschaftlichen Zentrums für Psychoanalyse und psychosoziale Forschung an der Gesamthochschule in Kassel und Leiter des Alexander Mitscherlich-Instituts/Kasseler Psychoanalytisches Institut.

MAYA NADIG, Jg. 1946, Dr. phil., Assistentin am Ethonologischen Seminar der Universität Zürich und praktizierende Psychoanalytikerin. Veröffentlichungen zu Theorie und Praxis der Ethnologie der Frau; u. a. Die verborgene Kultur der Frau. Ethnopsychoanalytische Gespräche mit Bäuerinnen in Mexiko (Fischer Taschenbuch 42272).

PAUL PARIN, Jg. 1916, Dr. med., lebt als Psychoanalytiker und Ethnologe in Zürich. Veröffentlichungen zur Ethnopsychoanalyse und zu theoretischen und gesellschaftskritischen Aspekten der Psychoanalyse.

GOLDY PARIN-MATTHÈY, Jg. 1911. Psychoanalytikerin in Zürich. Verschiedene ethnopsychoanalytische Forschungen in Westafrika 1955–1971 mit F. Morgenthaler und P. Parin.

GABRIELE RAETHER, Jg. 1947, lebt als Studienrätin (Deutsch und Biologie) in Heidelberg. Zuletzt veröffentlichte sie: Alexandra Kollontai zur Einführung (1986).

JAN PHILIPP REEMTSMA, Jg. 1952, Philologe, lebt in Hamburg.

ELLEN REINKE, Jg. 1942, Dr. phil., arbeitet nach langer Forschungstätigkeit zur Zeit in eigener psychoanalytischer Praxis. Veröffentlichungen zur Methodologie und Erkenntnis in der Psychoanalyse, zur weiblichen Sexualität und zum psychoanalytischen Setting in der Therapie und Forschung auf dem Gebiet des dissozialen Syndroms.

ALICE SCHWARZER, Jg. 1942, arbeitet seit 1964 als Journalistin und ist seit 1970 aktive Feministin. Ihr 1975 bei S. Fischer erschienenes Buch »Der ›kleine Unterschied‹ und seine großen Folgen; Frauen über sich; Beginn einer Befreiung« (Fischer Taschenbuch 1805) markiert den Beginn der neuen bundesdeutschen Frauenbewegung. Neuere Veröffentlichungen: Mit Leidenschaft; Simone de Beauvoir heute. Alice Schwarzer ist seit 1977 Herausgeberin der Zeitschrift »emma«.

RUDOLF SCHWEIKART wandte sich nach einem naturwissenschaftlichen Studium der Soziologie zu und arbeitet zur Zeit in einem Projekt am Hamburger Institut für Sozialforschung über aktuelle Entwicklungen der Industriearbeit.

VOLKMAR SIGUSCH, Jg. 1940, Prof. Dr. med., lehrt Sexualwissenschaft an der Universität Frankfurt am Main. Letzte Buchveröffentlichungen: Vom Trieb und von der Liebe; Die Mystifikation des Sexuellen; Sexualtheorie und Sexualpolitik; Operation Aids.

CORDELIA STILLKE, Jg. 1951, Soziologin und Psychologin, lebt in Hannover.

THURE VON UEXKÜLL, Jg. 1908, Dr. med., Professor für innere Medizin, 1955–1965 Leiter der medizinischen Poliklinik, Universität Gießen. 1966–1976 Leiter der Abteilung für innere Medizin und Psychosomatik des Dept. für innere Medizin und Kinderheilkunde der Universität Ulm. Seitdem als Emeritus in Freiburg/Br. Veröffentlichungen zu wissenschaftstheoretischen Grundlagen und zur Praxis der Medizin und Psychosomatik.

ROLF VOGT, Dr. phil., Psychoanalytiker, lehrt Psychologie an der Universität Bremen. Zuletzt veröffentlichte er: Psychoanalyse zwischen Mythos und Aufklärung oder Das Rätsel der Sphinx (1986).

BARBARA VOGT-HEYDER, Dr. med., lebt als niedergelassene Psychoanalytikerin in Heidelberg. Veröffentlichungen zum Frauenbild in der Psychoanalyse, zur Psychosomatik in der Frauenheilkunde und zur psychoanalytischen Technik.

HERBERT WIEGANDT, emeritierter Professor für Geschichte, lebt in Stuttgart.

MECHTHILD ZEUL, Diplom-Psychologin, lebt als niedergelassene Psychoanalytikerin in Frankfurt und Madrid. Veröffentlichungen auf dem Gebiet der klinischen und angewandten Psychoanalyse. Sie ist Redaktionsmitglied der Zeitschrift »Psyche«.

S0-FLR-536

ANDREAS IACOVOU

# SHAKESPEARE UNPARADISED

**DEFINING** *Shakespeare*:
AN ESSAY CONCERNING HUMAN STUPIDITY

TEXT SELECTED AND EDITED BY
ANTONIOS IACOVOU

© Copyright 2005 Anreas Iacovou.
All rights reserved. No part of this publication may be reproduced, stored in a retrieval system, or transmitted, in any form or by any means, electronic, mechanical, photocopying, recording, or otherwise, without the written prior permission of the author.

Note for Librarians: A cataloguing record for this book is available from Library and Archives Canada at www.collectionscanada.ca/amicus/index-e.html
ISBN 1-4120-6029-x

Design, typesetting: Roy Diment VRG
www.members.shaw.ca/vrg

*Printed in Victoria, BC, Canada. Printed on paper with minimum 30% recycled fibre. Trafford's print shop runs on "green energy" from solar, wind and other environmentally-friendly power sources.*

## TRAFFORD
### PUBLISHING
*Offices in Canada, USA, Ireland and UK*

This book was published *on-demand* in cooperation with Trafford Publishing. On-demand publishing is a unique process and service of making a book available for retail sale to the public taking advantage of on-demand manufacturing and Internet marketing. On-demand publishing includes promotions, retail sales, manufacturing, order fulfilment, accounting and collecting royalties on behalf of the author.

**Book sales for North America and international:**
Trafford Publishing, 6E–2333 Government St.,
Victoria, BC V8T 4P4 CANADA
phone 250 383 6864 (toll-free 1 888 232 4444)
fax 250 383 6804; email to orders@trafford.com

**Book sales in Europe:**
Trafford Publishing (UK) Limited, 9 Park End Street, 2nd Floor
Oxford, UK OX1 1HH UNITED KINGDOM
phone 44 (0)1865 722 113 (local rate 0845 230 9601)
facsimile 44 (0)1865 722 868; info.uk@trafford.com

**Order online at:**
trafford.com/05-0930

10 9 8 7

# Contents

| | | |
|---|---|---|
| Prologue | | xi |
| Chapter 1 | THE FIRM GREEK SOLUTION | 1 |
| Chapter 2 | THE AESCHYLEAN OSMOSIS I<br>IPHIGENEIA EMBRACES HER FATHER | 7 |
| Chapter 3 | CARDANUS COMFORTS BUT DOES NOT CONSOLE | 35 |
| Chapter 4 | ENGLAND IS TWICE INVADED | 43 |
| Chapter 5 | EDMUND SPENSER | 63 |
| Chapter 6 | ROBERT GREENE | 79 |
| Chapter 7 | HENRY CHETTLE'S METTLE<br>HENRY CHETTLE IS NOT AFRAID OF DRAYTON | 83 |
| Chapter 8 | TRUE EQUALS RIGHT, BUT LOVE IS LOST<br>THE RUSSIAN TROOPS REACH SPAIN<br>BORIS GODUNOV IS CROWNED | 97 |
| Chapter 9 | EDWARD DE VERE SIGNS WITH W[ILLIAM] S[HAKESPEARE] AND DO[RIPALTOS]<br>THE LETTER OF 1601 | 103 |
| Chapter 10 | THE ARCHIMEDEAN METHOD:<br>SOUTHAMPTON IS REARRESTED | 115 |
| Chapter 11 | JONSON TRAVELS WITH SHAKESPEARE TO ERIDANUS | 133 |
| Chapter 12 | FROM GAINSBOROUGH TO PICASSO | 147 |
| Chapter 13 | THE DE VERE EMBLEMS | 177 |
| Chapter 14 | QUEEN ELIZABETH | 181 |
| Chapter 15 | SECRETS OF EDWARD DE VERE | 189 |
| Chapter 16 | GULIELMUS SHAXBERD IS SHATTERED | 205 |
| Chapter 17 | THE AESCHYLEAN OSMOSIS II<br>THE FIRM GREEK SOLUTION | 221 |
| Appendix A | | 265 |
| Appendix B | | 286 |

Andreas Iacovou

DEFINING *Shakespeare*:
AN ESSAY CONCERNING HUMAN STUPIDITY

(THE SOLUTION TO THE SHAKESPEARE AUTHORSHIP MYSTERY; otherwise, THE LIFE OF THE MAN WHO WROTE SHAKESPEARE'S PLAYS)

∽

This mystery remained undiscovered.
*The Winter's Tale*, 5.2.120.
What I here propound is true.
E. A. Poe, *Eureka*, (1848).
He [Edward de Vere] was the author, thou [Shaxberd] the instrument.
3 *Henry VI*, 4.6.18.

∽

N.B.: By 'the Stratfordian', 'butcher', 'Shaxberd', 'Gulielmus Shaxberd', 'Shagsper', 'Shagsberd' or 'Shaksper(e)', is meant the false Shakespeare, and by 'Oxford', 'Oxenford', or 'Edward de Vere', the real Shakespeare.

The bastardy of Edward's children, R3, 3.5.75, 3.7.4.
Drown desperate sorrow in dead Edward's grave
And plant your joys in living Edward's throne! ...

I will confess she was not Edward's daughter R3, 4.4.215.

## Picture Acknowledgements

The publishers would like to thank the following sources for their kind permission to reproduce pictures in this book:

Cover design: by courtesy of Luz Mónica Correa Ortúzar
and Roy Diment, VRG. .................................................................. front cover
Edward de Vere, 17th Earl of Oxford, by an unknown artist.
Private collection; on loan to the National Portrait Gallery,
London. .......................................................................................... front cover
Edward de Vere, drawing by courtesy of
Luz Mónica Correa Ortúzar. ........................................................................ iv
Portrait of Aeschylus, Patrimonial heritage of Greece. ....................... 02
Florence and Edith on the Staircase, etching by "Phiz"
(Halbot Knight Browne), 1848. Dickens' Dombey and son.
By courtesy of The Charles Dickens Museum, London. ..................... 19
Letter from Edward de Vere to Sir Robert Cecil, dated 7 October
1601. By courtesy of the Marquess of Salisbury. ............................... 105
Old map of the Mediterranean. Cartographic Collection.
By courtesy of the Bank of Cyprus Cultural Foundation,
Nicosia. ................................................................................................... 263
Archaeological map of Cyprus (2004). Courtesy of the Cyprus
Tourism Organisation, Nicosia. ........................................................... 264
Memorial to William Shakespeare (d. 1615), erected in
Trinity Church, Stratford-upon-Avon, probably before
the death of his widow, Anne Hathaway (1623).
By kind permission of Holy Trinity Church,
Stratford-upon-Avon. ................................................................... back cover

Every effort has been made to acknowledge correctly and contact the source and/or copyright holder of each picture, and the publishers apologize for any unintentional errors or omissions which will be corrected in future editions of this book.

This work is dedicated
to Virgin Mary
who has replaced
in the hearts of the Greeks
the worship of Pallas Athena,
patron goddess of Edward de Vere,
the true William Shakespeare.

∽

Το έργο αφιερούται
στην αειπάρθενο Μαρία Θεοτόκο,
η οποία αντικατέστησε
στις καρδιές των Πανελλήνων
τη λατρεία της Παλλάδας Αθηνάς,
προστάτιδας θεάς του Εδουάρδου Ουήρου,
του αληθινού Γουλιέλμου Σαιξπήρου.

'Ω γλυκύ μου έαρ!

O 'sweet', 'gentle' Shakespeare!

# PROLOGUE

Nothing could describe better the way in which the right identity of the true author of Shakespeare's works has been proved, beyond the shadow of a doubt, stone by stone, in the desert of Nicosia, Cyprus, from 27 February 1987 to the end of 2003.

∽

What your downy eyes will meet in this granite Study, begun 17 years ago in the desert of Nicosia, is nothing less than the irrefutable evidence that the one and only Shakespeare was none other than the 'ever-living' star of poets who was born in 1550 and died in 1604.

After three quarters of a century, real headway has been reached towards solving the Shakespeare Authorship Enigma, demonstrating beyond the shadow of a doubt, definitely and irrevocably, the candidacy of Edward de Vere as the real 'Shakespeare'. Δορίπαλτος [Doripaltos], means = 1. 'Spear-Shaking', 2. 'Right' (Right = True, LatinVerus): Thus 3. Vere!

The dream of Walt Whitman has, at long last, come true: the Shakespearean Cipher has been broken. God has enabled us to rescue the name of Edward de Vere from being 'blotted from the Book of Fame'(R2, 1.3.202).

We only expect that this book will pass into the annals of code-breaking as a worthy rival to Ventris' Greek solution of the Knossos Linear B script.

After all, what is more difficult, to prove Edward de Vere was the real William Shakespeare, or that William Shakespeare knew a century before Newton that the cause of the tides was the moon?

1) The fortune of us that are the moon's men, doth EBB and FLOW like the SEA, being GOVERNED, as the SEA is, BY THE MOON. (1H4, 1.2.30).

2) FORBID the SEA for to OBEY the MOON. (WT, 1.2.499).

3) That COULD CONTROL the MOON, make FLOWS and EBBS. (*The Tempest*, 5.1.308).

4) That EBB and FLOW BY the MOON. (*King Lear*, 5.3.20).

∽

The TIDES! Although Galileo took refuge under 'the protecting WINGS of the SUPERHUMAN Archimedes', yet he couldn't solve the PROBLEM of the tides. 'The marvellous problem I am addressing', Galileo wrote to Orsini, 'is that of finding the true cause of the ebb and flow of the sea, now fortunately LAID BARE by me. Because of the complexities of the sea movements, the principal cause turns out to be the COMBINATION of the Earth's TWO primary MOTIONS, the diurnal and the annual!' (Completely wrong!)

Coleridge, on 23 March, 1801, wrote to Thomas Poole:
'Deep thinking is attainable only by a man of deep feeling. The more I understand of Sir Isaac Newton's works, the more boldly I dare utter to my own mind, that the souls of five hundred Isaac Newtons would go to the making up of a Shakespeare or a Milton'.

Paradoxically, he prefixed his letter with Voltaire's saying, that there was more imagination in the head of Archimedes than in that of Homer.
But if we believe Leibniz, the inventor of calculus, who said that those who understand Archimedes and Apollonius, marvelled less at the discoveries of modern scholars, we must conclude that Coleridge could not understand Newton.

∽

Sudden commotion. The airplane already gains ground on the runway. How should one attack the greatest unsolved mystery, how should one begin attacking it, the way Maria Callas attacks 'Vieni t' affretta', 'Nel di della vittoria io le incontrai'. 'Or tutti sorgete, ministri infernali'?

What happens to the light when it is trapped for too long within a black hole? Is the velocity of light really always the same? Or does it depend on the amount of mass around it? What happens when an irresistible force meets an immovable object?

∽

It has been proposed by some historians that Queen Elizabeth and Edward de Vere were lovers, and that Henry Wriothesley, 3rd Earl of Southampton (the dedicatee of *Venus and Adonis* and *Lucrece*) was their offspring.

This cannot be proved by a study of Shakespeare's Complete Works alone, but, whatever truth there is in the above theory, it is an incontestable fact that the love Edward de Vere bore for Elizabeth as revealed by what little has been saved from his literary output and letters, is excelled only by Shakespeare's love for Southampton, and the 'warlike isle of Cyprus'.

'Warlike Cyprus', 31 December – 1 January 2004.

∽

How many intrepid pioneers have laboured on this issue, paving the way towards its preordained end, away from Stratford and towards Oxford? And, at least, seventeen geniuses of the first order, in the course of history (Gainsborough, Disraeli, Coleridge, Thomas Hardy, Bismarck, Nietszche, Emerson, Hawthorne, Whitman, Mark Twain, Henry James, Freud, Picasso, and Charles Chaplin among them) have rejected the candidacy of the Stratfordian usurer Gulielmus Shaxberd.

∽

Along with the definitive solution of the Authorship Enigma, this book solves many other critical (in both meanings of the word) Shakespearean questions, such as: What lurks behind the inscription in the Holy Trinity Church? Which is the correct route of Pericles' travels? Who is impersonating old Hamlet's ghost? What really enrages Othello against Desdemona? And, last but not least: Which is the island of *The Tempest*? We demonstrate that (a) this 'uninhabited island' can be none other than Cyprus, (b) Bermuda is excluded by Shakespeare himself from the very first scene, (c) Shakespeare provided enough information for us to see perfectly that the island in front of which the Turkish fleet is destroyed by a storm (a reenactment of the Armada destruction) is the same island from where Ariel energizes the storm that brings all Prospero's enemies under his mercy.

Andreas Iacovou

# CHAPTER 1

# THE FIRM GREEK SOLUTION

## A) THE FERMI SOLUTION

In *The Fermi Solution*, professor of physics Hans Christian von Baeyer feels the need to quote a verse from Milton's *Paradise Lost*:

' ... so EASY it seemed
Once found, which, yet unfound, most would have thought IMPOSSIBLE'. (VI, 501).

## B) PALLAS, INSPIRE ME!

British theoretical physicist Paul Dirac had propounded that everything in the universe is bathed in an imperceptible but ubiquitous ocean of fallen electrons known as the Dirac sea. There is no vacuum. Indeed, the American physicist Richard Feynman found the Dirac sea unacceptable, and suggested that Dirac's negative-energy solutions describe electrons travelling backward in time, which we experience as forward-moving positrons. This new subatomic void, called the quantum electrodynamic vacuum, is a busier and friendlier place than Paul Adrien Maurice Dirac's negative universe.

As a rule, the Americans are pioneers in rejecting Gulielmus Shaxberd, the Britons in defending him. Let us then, like Feynman, try and solve the Shakespeare Authorship Riddle, by following the Shakespearean electrons backward in time.

Aeschylus                    Edward de Vere

In Spring, 458 B.C. the Great Outdoors Theatre in Athens echoed and re-echoed with the verses of the greatest drama ever created by man:

κύριός ειμι θροείν όδιον κράτος αίσιον ανδρών
εκτελέων. έτι γαρ θεόθεν καταπνείει
πειθώ, μολπά δ' αλκάν σύμφυτος αιών.
όπως Αχαιών δίθρονον κράτος, Ελλάδος ήβας
ξύμφρονα ταγάν,
πέμπει ξυν δορί και χερί πράκτορι
θούριος όρνις Τευκρίδ' επ' αίαν,
οιωνών βασιλεύσι νεών
ο κελαινός ο τ' εξόπιν αργάς,
φανέντες ίκταρ μελάθρων χερός εκ δοριπάλτου
παμπρέμπτοις εν έδραισιν,

βοσκομένῳ λαγίναν ερικύμονα φέρματι γένναν,
βλάψαντε λοισθίων δρόμων.
αἴλινον αἴλινον εἰπέ, τὸ δ' εὖ νικάτω.

Of the omen which powerfully speeded
That voyage of strong men, by God's grace even I
Can tell, my age can still
Be galvanized to breathe the strength of song,
To tell how the kings of all the youth of Greece
Two-throned but one in mind
Were launched with pike and punitive hand
Against the Trojan shore by angry birds.
Kings of the birds to our kings came,
One with a white rump, the other black,
Appearing near the palace on the spear-arm side
Where all could see them,
Tearing a pregnant hare with the unborn young
Foiled of their courses.
Cry, cry upon Death; but may the good prevail.

(Aeschylus, *Agamemnon*, 104-121, transl. by L. Macneice).

Buried there, like the pearl in an oyster, lies the name 'Shakespeare'!

In the Denniston and Page edition, the phrase χερὸς εκ δοριπάλτου, (from verse 116 of *Agamemnon*) is commentated on as 'on the spear brandishing, i.e. on the right, therefore well-omened, hand'.

The 'Latin' word 'Hasti-vibrans', as Thomas Fuller (1608-1661) was the first to notice, means Shake-Spear. But 'Hasti-vibrans' is a mere translation of the Greek word 'Δοριπαλτος' (Aeschylean, but Ingleby, who was the first to understand that Fuller's Latin word 'Hastivibrans' derived from the Greek word, for all his genius, could not shed off the pro-Stratfordian husk and realise that the word used by Aeschylus in *Agamemnon*). 'Δοριπαλτος' is synthesized from δόρυ=spear, spike and 'πάλλω'=shake, brandish. Ingleby cites also another Greek word, 'Εγχέσπαλος', from 'έγχος'=spear, and 'πάλλω'=shake. But 'Δοριπαλτος' can also be used to denote 'right' (opposite of 'left'), as in Aeschylus' 'χερός εκ δοριπάλτου', 'on the right-hand side'.

But (a great 'but') it happens that, in English, the word 'right' can mean 'true' as well. As 'Vere', manifestly, derives from the Latin word for 'truth', we arrive unexpectedly (can you imagine anything more simple and more complicated?) to the astonishing conclusion that, when Edward de Vere decided to pass into history as 'Shakespeare', he did not so much as invent a pseudonym but as encrypt his own family name. His ingenious encryption is deceptively simple: SHAKESPEARE = DORIPALTOS = [on the] RIGHT = TRUE = VERUS, thus VERE!

Only a master magician could create such an effect.

Now, in case anybody would be reluctant to accept the above 'solution' as too complicated, let him be informed that Ben Jonson, in 1603, the year Elizabeth died, employed the same device, involving again the word 'right'. Ben Jonson's *Epigram* XLV, *On my First Son*, (his son died of the plague, that plague that would claim also the real Shakespeare), begins with:

'Farewell, thou child of my right hand, and joy'.

On the above apparently easy verse, George Parfitt expands: 'The boy's name was Benjamin, which in Hebrew means 'fortunate' or 'dexterous'. The latter has the root-meaning 'right-handed', so there is a kind of trilingual pun here, with the additional English sense of 'right-handed', meaning 'essential'.' (Dover Wilson titled, we remember, his monumental book, *The Essential Shakespeare!*)

But 'Δοριπαλτος' (spear-shaker), being a surname, needs desperately a first, a 'Christian' name. Shakespeare chose William, a 'Norman' name meaning 'will helmet'. Spear and helmet! The panoply of Athena is now complete!

In Benson's 1640 edition of *Shakespeare's Poems*, the Droeshout engraving is reversed, and the 'portrait' is extended downward to show the Poet's left hand clutching a spray of olive foliage, the symbol of Pallas, the Spear-Shaker. A poem in this edition, (almost never mentioned, and never published) is called *Achilles: his concealment of his sex in the Court of Lycomedes*. In it we read dangerous phrases, like 'Pallas in a helm', 'why should that RIGHT hand' and 'in thy hand the SPEAR of Pallas shake'.

Charlton Ogburn had the bright idea that the instruction underneath the bust in the Trinity Church at Stratford, 'Read if thou canst, whom envious death has placed within this monument Shakspeare' must refer to Shakespeare's manuscripts. To arrive at this conclusion Ogburn had been inspired by Poe's tale, *The Purloined Letter*. But there's another tale of Poe's, *The Gold Bug*, which serves as well, or better. In accordance with the theory we expound in this study, 'Shakspeare' here can only mean 'on the right' of the Stratford monument. Shakespeare's manuscripts must have (or had) been 'buried' on the RIGHT of the monument, whatever that may mean.

William (will-helmet) is not the only name in Shakespeare that is connected with Minerva. We have also: Gertrude = spear strength, Edgar = rich spear. A lion brandishing a broken spear was one of the emblems of the de Veres, and a poem composed in 1589 compares Edward de Vere, setting off to fight the Invincible Armada, with Goddess Pallas, the Spear-shaker.

ᑈ

'About the mysterious Mr. W. H. [the dedicatee of Shakespeare's Sonnets, 1609] many books and articles would be written offering solutions to a riddle that to this day remains unsolved'. (S. Schoenbaum). But could W.H. stand for the author, William Shakespeare, William 'Hastivibrans' in Latin? Or, BOTH for Writhosley Henry and William Hastivibrans?

In the 1588 celebrations for the destruction of the Great Armada, Edward de Vere will thus be commemorated by a contemporary poet, I.L:

'Pallas filled his breast with war-like fire!'

The solution of the mechanics of the derivation of the name 'Shakespeare', the real pearl in the oyster, was accomplished in as far back as 1988. Now, the combination of spear and helmet in 'William Shakespeare' leaves no doubt that this name is a pseudonym.

The word 'spear' is mentioned only 12 times in all Shakespeare; while the word 'sword', strangely, is mentioned 427 times! Ask now yourselves: If the Stratfordian's name was really 'William Shakespeare', would he have used 'spear' only 12 times to the

427 of 'sword'? But if 'William Shakespeare' was the pen name of somebody else [remember, the name was used very sparingly, the first and second time only INSIDE the books, just under the dedications to Southampton, and NOT ON THE COVER, of *Venus and Adonis* (1593) and *Lucrece* (1594), and the world had to wait until 1598 to see properly, for the first time in history, the name 'Wm Shakespeare', ON the cover (and not inside!) of the strange play *Love's Labour's Lost*]. Edward de Vere (or anybody else was using that pen name), for the very fact that he had to adopt a pseudonym, had to proceed very cautiously, in order not to give away his identity -- and that was what he actually did.

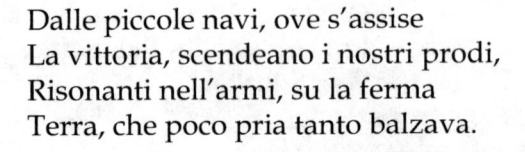

෴

Dalle piccole navi, ove s'assise
La vittoria, scendeano i nostri prodi,
Risonanti nell'armi, su la ferma
Terra, che poco pria tanto balzava.

## CHAPTER 2

## THE AESCHYLEAN OSMOSIS I
## IPHIGENEIA EMBRACES HER FATHER

One, two, three, but where is the fourth? (Plato, *Timaeus*).

Three supreme geniuses – Milton, Dickens and Melville – were aware of the identity of the one and only Shakespeare. But they chose to marshall their proofs of decoding the mystery in at least the same recondite way which the author of Shakespeare's plays employed in encrypting his earthly identity. Think of it! The four greatest writers in the English tongue, Milton, Dickens, Melville and Shakespeare, are linked with this great, and until yesterday unsolvable, Shakespearean Authorship Mystery.

The poet of *Hamlet* most ingeniously encrypted his identity among (and sometimes between!) the lines of his dramas, awaiting, in the fullness of time, the birth of his own Michael Ventris. Whitman clearly understood this – but he could not divine the name of the true author, although he knew that only 'a wolfish earl' (and a 'Norman lord' at that!) could have written Shakespeare's Historical Plays. But Milton, Dickens and Melville surpassed even Shakespeare in ingeniousness. They succeeded in decoding the Authorship Mystery without anybody else suspecting that there ever was any enigma at all!

Milton's knowledge of the Shakespearean fraud might have been communicated to him by one of his contemporaries (Milton was already 15 years of age when the First Folio saw the light of day) – maybe from Jonson himself, there's no way of knowing. It so affected Milton, however, that he never again dedicated any poem of his to any poet.

Dickens and Melville must have discovered the truth by themselves – unless Melville deciphered Dickens' decoding! There was even a kind of 'secret' communication between these two greatest of English novelists, which no one of their contemporaries suspected. Begun in 1836, with the hanging of Bill (William) Sikes in *Oliver Twist*, it only ended in 1891, with the hanging of Billy (William) Budd by Edward Fairfax Vere in Melville's last novel. And Billy Budd's last words were to be repeated by Melville himself on his death-bed, 28 September, 1891: 'GOD BLESS CAPTAIN VERE!'

## i. JOHN MILTON

Milton's youthful poem for Shakespeare is much more enigmatic than it seems. Manifestly, it is a poem against the Stratfordian Gulielmus Shaxberd. Otherwise, for what reason did Milton publish his poem ANONYMOUSLY in the second edition of Shakespeare's Plays, 1632? Why, in 1640, in Benson's *Shakespeare's Poems* was the poem published with only the initials, I.M.? And if he had not included it in his own collection of poems of 1645, how could we ever know that this poem is by Milton?

Before analyzing this poem, we will see some verses from Milton's long Latin poem *Elegia Prima ad Carolum Diodatum*, written in 1627, for the death of his youthful friend, Charles Diodati. These lines were claimed by C.M. Ingleby as containing a reference to Shakespeare's tragedies.

A prose translation of these verses runs like this:

'Sometimes raging Tragedy brandishes her bloodstained sceptre, with dishevelled hair and rolling eyes. The sight PAINS me, but I look, as there is PLEASURE in PAIN. Sometimes there is a SWEET BITTERNESS even in tears. As when an unfortunate youth leaves joys untasted, and is torn from his love to perish and be mourned; or when a cruel avenger of crime returns from the shades across the Styx, tormenting guilty souls with a deadly torch'.

Warton, 1791, thought that the unfortunate youth corresponds with Romeo, and the bloody avenger with either Claudius in *Hamlet* or Richard III. But in the first, Milton may well allude to Euripides' lost tragedy, *Phaethon*, and, in the second, to the same tragedian's *Hecuba*. The pain-pleasure duality of Tragedy will reemerge in 1632.

~

Prefixed to the second edition of Shakespeare's Works in 1632, this poem by the young Milton was claimed by him to have been written in 1630 when he was 22 years of age.

An Epitaph on the admirable Dramaticke Poet, W. SHAKE-SPEARE

What need,* my Shakespeare, for his honoured bones,  1645: needs
The labour of an Age, in piled stones?
Or that his hallow'd Reliques should be hid
Under a starre-ypointing Pyramid?
Dear Son of Memory, great Heir of Fame,
What needs thou such dull* witness of thy Name? 1640,1645: weak
Thou in our wonder and astonishment
Hast built thyself a lasting* Monument:   1640,1645: live-long
For whil'st to th' shame of slow-endevouring Art
Thy easy numbers flow, and that each part*  1640,1645: heart
Hath, from the leaves of thy unvalued Book,
Those Delphic Lines with deep Impression took
Then thou, our fancy of her* self bereaving,  1640: our,1645: it
Dost make us Marble, with too much conceiving;
And, so Sepulchred, in such pomp dost lie,
That Kings for such a Tomb would wish to die.

(a) Milton's poem of 1630, was to prove the first, and last, poem Milton ever dedicated to a literary artist. And even though he considered Aeschylus a far greater poet than Shakespeare, he never wrote a poem to the creator of the *Oresteia*.

(b) Milton's reference to Shakespeare's 'unvalued Book' cannot mean that Shakespeare's Book was undervalued, for the simple fact that in 1623 (7 years before the composition of Milton's poem) Ben Jonson had raised Shakespeare above all dramatic poets, even above 'thundering Aeschylus'. But, contrary to Jonson, Milton believed that Aeschylus, Sophocles and Euripides had never been equalled, either by Shakespeare or anybody else. So, Milton's 'unvalued Book' cannot mean that Shakespeare's works were 'undervalued'. Not at all. Milton's 'unvalued Book' is a rephrasing of Marston's 'unvalued worth'. The dramatist of *The Malcontent*, wrote in 1598:

> Far fly thy fame,
> Most, most of me beloved, whose SILENT NAME,
> ONE LETTER bounds. Thy true judicial style
> I ever honour, and, if my love beguile
> Not much my hopes, then thy unvalued worth
> Shall mount fair place when Apes are turned forth.

Who had a 'silent name' that 'one letter bounds'? Only E-dward de Ver-E! And Marston's 'unvalued worth' has no meaning, unless the worth is understood as being bestowed on the wrong person. So, Milton's 'unvalued Book' can only mean 'The Book attributed to the wrong man', not to Edward de Vere, that is, but to Gulielmus Shaxberd!

(c) Dear son of memory, great heir of fame,
What need'st thou such dull witness of thy name?

The 'dull witness' of Shakespeare's name can be nothing else than the butcher's bust in Stratford-on-Avon. Did Milton know of Jonson's two crucial initial lines from the poem 'To One that Desired Me Not to Name Him'?

(d) Milton's address to Shakespeare as 'dear son of Memory' recalls Lucy's evocation (in 1H6) to the ghost of Harry as 'that everliving man of memory, Henry the Fifth'. Shakespeare must have been a man of military extraction.

(e) Milton's address to Shakespeare as 'Great heir of fame', is Milton's way of pronouncing the author's name, without completely committing himself: 'Heir', sounds exactly like the sound of the Greek word ἔαρ, Springtime, Latin Ver, thus 'Vere'!

(f) 'Thou in our wonder and astonishment hast built thyselfe a lasting Monument'. That Shakespeare's work causes wonder is only natural, but why 'astonishment'? Milton is astonished at the enormity of the fraud in Shaxberd appropriating Shakespeare's mantle.

(g) The line 'Those Delphic lines with deep impression took', refers to the 'encryptions' which the real Shakespeare buried inside his dramas in order to facilitate future investigators to detect the name of the true Shakespeare.

(h) 'Dost make us Marble with too much conceiving': Nobody dare look on the true image of Shakespeare, out of fear of being turned into marble, as if Truth was the Medusa. But, Milton asserts, we can more easily be turned into stones of apathy by gazing at the wrong image of Shakespeare.

(i) Milton's reference to Shakespeare's 'hallowed relics' is a conscious echo from *Hamlet*: 'Tell why thy canonized bones, hearsed in death, have burst their cerements...' But did Milton know of the verbal similarities between the Ophelia scene and the enigmatic inscription at the base of the Stratford 'monument'?

(j) Milton's 'Starre-ypointing pyramid' looks not only back to Jonson's description of Shakespeare as 'star of poets', but 260 years into the future, to Melville's 'starry' Edward Vere.

Milton's poem on Shakespeare ends without anything being said on his dramas! Milton does not even imply that Shakespeare was a dramatist! Other, more important things were in his mind.

But, the rightest and brightest, paean ever addressed to Shakespeare, was written by a poet who never revealed his identity. Bearing the initials, I.M.S., (whether real or not) his poem was included in the second Folio of Shakespeare's Plays, 1632. Titled *On Worthy Master Shakespeare and his Poems*, it is signed by *The Friendly admirer of his Endowments*. Who was this I.M.S.? Many ventured a guess. Coleridge, Sidney Lee and arch-forger Collier had thought the poem possibly by Milton, though it had been also attributed to Jasper Mayne, John Marston, James Mervyn, James Mabbe, George Chapman, and John Donne. Embarasse de richesses! The great C.M. Ingleby, in *Shakespeare's Century of Praise*, 1879, set down five very important considerations: (a) 'This magnificent tribute to Shakespeare's worth is a sort of RIVAL to that of Ben Jonson'. (b) '[Jasper] Mayne might as well have composed a poem COMPARABLE to *PARADISE LOST*, as have written the elegy of the Friendly Admirer'. (c) 'It is not a poet that we require, but a VERY GREAT poet'. (d) 'The Friendly Admirer was an eminent RIVAL of Shakespeare's who bore him NO ENVY'. (e) 'NO English encomiastic poem has EVER come near this for graceful melodious verse and mastery of language'.

I.M.S. gives us some granite clues, nevertheless.

What story coldly tells, what Poets faine
At second hand, and picture without braine
senseless and soulless shows. To give a Stage
Ample and true with life, – voice, action, AGE,
AS PLATO'S YEARE, and new Scene of the world,
THEM UNTO US, OR US TO THEM HAD HURLED.

I.M.S.'s phrase 'picture without braine senseless and soulless shows' must refer to the man depicted in the Droeshout portrait.

The next clue is a real thunderbolt:

'AGE, AS PLATO'S YEARE and new Scene of the world
THEM UNTO US, OR US TO THEM HAD HURLED'.

Here, in these two lines, we have in the palm of our hand the earthly name of the true William Shakespeare. How could this be possible? 'Plato's yeare' (whether 'Plato's years', or 'Plato's year') is inexplicable, unless, and until, we understand that the phrase refers to the years Plato lived. Now, all books give it as 80 but why does I.M.S. bring in the number 80? No real Sherlock Holmes would spend more than ten seconds to understand that the only reason this number is introduced by I.M.S. is to entice (induce) us to subtract it from the year of the poem's composition, 1630. Milton's *Epitaph on the Admirable Dramatic Poet*, 1630, was published in 1632. So, by analogy, we deduce that the poem of I.M.S. was composed in 1630. 1630 minus 80 gives 1550. 1550? As mad as it may seem, I.M.S. has already given us the year of the birth of the true Shakespeare. Who was he? Has not I.M.S. given us, thus far, another very strong clue?

Is it fortuitous that the phrase 'Plato's yeare' is found in the 17th verse of the poem? To answer fully this simple question we have only to study the next line,

THEM UNTO US, OR US TO THEM HAD HURLED.

I.M.S. was playing a game. He deliberated until 1645, and then decided not to reveal his own name, then until 1671, but he again declined, then he could not wait anymore because he had already journeyed to Heaven.

THEM UNTO US, OR US TO THEM!!!

Virtually the same line was used by Edmund Spenser in 1591 in order to praise the real Shakespeare, the one for whom the Muses were,
THEY UNTO THEE, AND THOU TO THEM, MOST DEAR.
To Spenser's line, compare THEM UNTO US, OR US TO THEM HAD HURLED of I.M.S., and the name of the real Shakespeare is within our grasp.

Plato's earthly years were 80. The poem was written in 1630. So, SUBTRACTING 80 from 1630, we are left with 1550, the YEAR of Edward de Vere's BIRTH! The phrase 'THEM UNTO US, OR US TO THEM HAD HURLED' recalls a verse from Spenser's poem dedicated to Edward de Vere, for whom the Muses, (the *Heliconian Imps*) were, 'THEY UNTO THEE, AND THOU TO THEM MOST DEAR'. And this is echoed, loudly and clearly, in I.M.S.'s verse 'THEM UNTO US, OR US TO THEM HAD HURLED'!

Is not the phrase 'had hurled' a codification of 'hAD EARL'ed', a cryptic hint at Earl Ed[ward]?

In Spenser's poem for Edward de Vere the Muses are called the *Heliconian Imps*. I.M.S. disagrees:

The Plebean Imp, from lofty throne
Creates and rules a world, and works upon
Mankind by secret engines.

I.M.S.'s reference to 'the PLEBEAN IMP', which works upon mankind by "SECRET ENGINES", alludes to HIS (I.M.S.'s) Plebean Muse, in contradistinction to the Aristocratic Muse of Edward de Vere. (I.M.S., it is clear, was not an aristocrat). This Plebean 'Imp', I.M.S. continues, 'from lofty throne creates and rules a world, and works upon mankind with SECRET ENGINES'. In 1578 Gabriel Harvey called on Edward de Vere to 'throw away the insignificant pen', to 'throw away bloodless books', for now is the time 'to handle GREAT ENGINES OF WAR'. Your engines may be GREAT, I.M.S. says, but mine are SECRET.

Spenser's Muses are re-created by I.M.S.'s as the 'nine-fold Train'. Among them, I.M.S. gives preference to the Muse of Epic Poetry, Calliope, 'whose speaking silence daunts'. It is clear that, above Drama, I.M.S. puts Epic.

Towards the end of the poem, I.M.S. writes:

'And MORE than nature takes, our hands shall give,
In a less volume, but more strongly bound'.

I.M.S. (a very great poet, according to Ingleby) implies that HIS collected works, although less in volume than Shakespeare's, will be greater in poetical value!

The phrase 'well-lined vesture' recalls Ratsey's admonition (1605), to Shaxberd, 'when thou feelest thy purse well-lined, buy thee some Lordship or Place in the country'.

∽

By now we have established who was Milton's Shakespeare. (Reverse order). Now we will try and see who lies hidden under the three letters I.M.S. To do so, we must travel 41 years into the future (we are in c. 1631, you remember) to read some lines from the preface to a tragedy.

'Tragedy', the poet says, 'is said by Aristotle to be of power, by raising pity and fear, or terror, to purge the mind of these and such like PASSIONS, that is to TEMPER and reduce them to just measure with a kind of DELIGHT, stirred up by reading and seeing those PASSIONS well imitated. Nor is Nature wanting in her own effects to make good his assertion: for so in Physic things of

MELANCHOLIC hue and quality are used against melancholy'.

What this preface of 1671 says, 'by raising pity', 'to temper passions', 'with a kind of delight', is exactly what I.M.S. says in the following lines of 1630:

'Yet so to TEMPER PASSION, that our ears
Take PLEASURE in their PAIN. And eyes in tears
Both weep and smile, fearful at plots so SAD
Then, LAUGHING at our fear; abused, and GLAD
To be abused; affected with that TRUTH
Which we perceive as false, pleased in that truth
At which we start'.

I.M.S.'s pleasure/pain antimony harks back also to the *Elegia Prima* of 1627. ('There's PLEASURE in PAIN'. 'SWEET BITTERNESS even in TEARS').

In this preface on Tragedy of 1672, although Shakespeare is not named, he is scourged to death in such phrases as,

'to VINDICATE tragedy from the INFAMY which it undergoes at this day with other common Interludes: happening through the Poets' ERROR of intermixing Comic with Tragic sadness and gravity; or introducing TRIVIAL and VULGAR persons, brought in without discretion, corruptly to gratify the people', and

'this tragedy, coming forth after the ancient manner, [is] much DIFFERENT from what among us passes for best', and (what a thrust!),

'Division into ACT and scene referring chiefly to the Stage (TO WHICH THIS WORK NEVER WAS INTENDED) is here omitted', and,

'they only will best judge [my tragedy] who are not unacquainted with Aeschylus, Sophocles, and Euripides, the three Tragic Poets unequalled yet by any, and the best rule to all who endeavour to Write Tragedy'.

I.M.S., goes on:

'This, and much more which cannot he expressed,
but by himself, his tongue and own breast
Was Shakespeare's freehold, which his cunning brain
improved by favour of the ninefold train....
Calliope, whose speaking silence daunts'.

Calliope's speaking 'daunts silence'! An EPIC admirer!

The epitaph consists of 77 lines. The reason we have an odd number of lines in a poem consisting of rhyming couplets is that line 39, 'mould us anew. Stolen from ourselves --', breaks off suddenly, and what should have been line 40 is missing.

Was this anomaly caused by Censorship or was it of I.M.S.'s devise? It could be either, but it seems that I.M.S. deliberately broke off the poem at line 39 in order to make us wonder where line 40 has gone. Now, Jonson's poem of 1623, which this poem echoes in many places, is 80 lines long. By bisecting his poem in front of line 40, I.M.S. was inducing us to double 40 in order to get 'Plato's years'.

I.M.S.'s reference to PLATO'S YEARS occurs in line 17 of the poem! 17th Earl of Oxford!

Similarly, the first 16 lines of Jonson's eulogy of Shakespeare is a preamble. The real invocation of Shakespeare begins again at line 17, 'I, therefore, will begin, Soul of the Age!'

The sum of lines of I.M.S.'s poem is 77. But the 77 lines can be increased to 79 if we regard the lengthy title, *On Worthy Master Shakespeare and his Poems*, and the cryptic signature, 'The Friendly ADMIRER of his ENDOWMENTS', as lines of their own.

If you haven't divined the name of I.M.S. by now, we will give you a last clue: Turn to another poem contained in the 1632 Folio, completely anonymous and titled *An Epitaph to the ADMIRABLE DRAMATIC Poet W. Shakespeare*. Compare now the similarities between the titles of these two poems, *On Worthy Master Shakespeare and his POEMS / The friendly ADMIRER of his ENDOWMENTS* of the longer epitaph, against *An Epitaph on the ADMIRABLE Dramatic Poet, W. Shakespeare* of the shortest one. The similarities are too obvious: I.M.S.'s 'ADMIRER' echoes the anonymous' 'ADMIRABLE', and I.M.S.'s *Shakespeare and his*

*POEMS* resonate in I.M.S.'s 'dramatic POET'. Now we know that an anonymous comment on Edward's death stated that, 'He was a man in mind and body absolutely accomplished with honourable ENDOWMENTS'. By repeating this last word, 'endowments', I.M.S. identified Shakespeare as Edward de Vere! No doubt any longer exists that I.M.S. and the author of the anonymous poem of the 1632 Folio, (re-published in Benson's edition of 1640 with the initials, I.M.), is one and the same man. Milton included the smaller poem in his edition of 1645. Why he didn't do the same with the other poem signifies that this was a much more dangerous poem. John Milton Student!

What a discovery: Not only I.M.S. is found to be John Milton [Student!], but Shakespeare's endowments are none other than Edward de Vere's endowments!

In *The Reason of Church-Government*, 1642, Milton wonders 'whether those dramatic constitutions, wherein Sophocles and Euripides reign, shall be found more doctrinal and exemplary for a nation'.

Ancient and Modern Poets, (says Milton in *ΕΙΚΟΝΟΚΛΑΣΤΗΣ*: an answer to a Book entitled *ΕΙΚΩΝ ΒΑΣΙΛΙΚΗ*, 1649), and some English writers have been so mindful of decorum, as to put never more pious words in the mouth of any person than of a Tyrant.

'I do not know that English Man alive,
With whom my Soul is any jot at odds,
More than the Infant that is born tonight;
I thank my God for my Humility'.

Other stuff of this sort may be read throughout *Richard III* 'wherein the Poet departs from the Truth of History'.

In June 1652, the month of his double bereavement – he lost both his wife and son – and the darkest year of his life, a Greek, Leonard Philaras, ambassador to the French Court from the Duke of Parma, expressed his admiration for the great *Defensio* of Milton, saying that he could wish Milton's eloquence for the liberation of Greece.

Milton replied that he had studied Greek literature all his life and it had deeply influenced his own writing. He could do nothing, of course, to free modern Greece from the Turks. Indeed, he told Philaras, if he had the power to send the English army and navy on such a glorious errand, it would not be enough. Greece must first DESERVE liberty.

Two years later in September 1654, Milton welcomed his admirer as a 'brother and an affectionate friend'. Philaras awoke the blind poet to an unexpected hope: his eyesight might yet be restored. In Paris there was an eminent oculist, both a friend and a relative of his Greek guest.

On September 28, 1654, Milton wrote back:
'Many days of darkness are destined for everyone ... My own darkness has hitherto, by God's wonderful grace, been rendered easier to bear than the darkness of death, through the consolation *** of study, and the *** visits of friends. Sight depends not on the eyes alone, but upon the guidance and providence of God. I will cheerfully grant my eyes *** from their task, since so it had seemed good to Him. *** I now bid you farewell, my dear Philaras, with as much courage and composure as if I had the eyes of Lynceus'.

## ii. CHARLES DICKENS

**1**

Dickens' saturation by Aeschylus is well documented in John Lucas's book, *Charles Dickens: The Major Novels*.

Dickens could not in 1846 have known the edition of Aeschylus' plays by John Stuart Blackie, published in 1850. Everyone, Blackie claims, knows that sin has always a tendency to propagate its like, and the root of bitterness once planted in a family will grow up and blossom out luxuriantly until, in the fullness of time, it bears those bloody blossoms and fruits of perdition that are its natural product. (Virtue is its own reward, as discovered Spinoza).

Dickens' *Dombey and Son* bears out the assumption that the primal tragedy of the house of Atreus was well-known to him. We can tell this by glancing at the illustration of the staircase of Dombey's house.

# Shakespeare Unparadised

Dickens' Iphigeneia

Behind Edith (who is ready to flee Dombey's gold-bespangled palace in order to live in smoky rafters), looms a statue of Agamemnon about to sacrifice (slaughter!) his daughter, Iphigeneia. Florence, Dickens' Iphigeneia or/and Cordelia, attempts to console her father, is struck by him, and runs from the house. This blow marks the onset of a reversal of Dombey's fortunes.

Dickens sets up two forces, the sea against the railway, good against evil. And Florence is identified with the sea.

In Shakespeare's plays, daughters are associated with the sea. Cordelia crosses twice the English channel. Both Florence and Cordelia are banished by near-mad fathers, marry and then return to beg their father's forgiveness. On her return to England and Lear, Cordelia is treated by her father almost as though she is his wife:

'No, no, no, no! Come, let's away to prison.
We two alone will sing like birds i' th' cage:

When thou dost ask me blessing, I'll kneel down.
And ask of thee forgiveness; so we'll live,
And pray, and sing, and tell old tales, and laugh
At gilded butterflies, and hear poor rogues
Talk of court news...'      (V.iii.8-14).

'We two alone'. What of Cordelia's husband? In *Retribution*, chapter 59 of *Dombey and Son*, the broken, near-mad Mr Dombey sits alone in his house as he thinks. His thoughts are now all to Florence. And at that moment Florence is restored to him, kneels before him and tells him she is a mother and that her son's name is Paul (the name of her little brother's who died long ago while listening to Florence's voice describing for him the sea, a scene that Samuel Beckett transplanted almost verbatim in his play *Krapp's Last Tape*).

Florence has stayed faithful to her father.

'He [Dombey] knew, now, what it was to be rejected and deserted; now every loving blossom he has withered in his innocent daughter's heart was snowing down in ashes on him'.

Had Dickens' novel of 1848 been inspired by Blackie's 1850 introduction to *Agamemnon*? The only way is that Dickens had read Blackie's manuscript, or heard of the topic from Blackie, unless Blackie himself had been inspired to write his introduction to *Agamemnon* by the Aeschylean *Dombey and Son*!

In any case, there are two very important points of contact between Dickens and Aeschylus that are otherwise inexplicable. First, it cannot be fortuitous that Dombey's daughter is called 'Florence' ('blossom'), a reminder both of Blackie's and Aeschylus' 'bloody blossoms and fruits of perdition' leading to Dickens' reminder that Dombey had withered 'every loving blossom ... in his innocent daughter's heart'. Secondly, and most crucially, both Shakespeare (in *King Lear*) and Dickens (in *Dombey and Son*) -- in their scenes of reconciliation between guilty father and innocent daughter -- had been anticipated by more than two millenia by Aeschylus. But how could Aeschylus, one may ask, with Iphigeneia dead and buried for more than ten years, how could, even he, compose such an impossible and preposterous scene? Aeschylus could and did. For the elders of Argos, Clytaemnestra, who has just killed her husband (who, 'as if she was a beast' had 'sacrificed her own child', 'in order to charm the winds of Thrace'), sculpts her own distinctive reconciliation scene between (dead!) Agamemnon and (dead!) Iphigeneia. It is one of the glories of literature:

> CLYTAEMNESTRA: By my hand he fell, by my hand he died,
> And my hand shall bury him, to the accompaniment
> Of no weeping from the house.
> But gladly Iphigeneia, his daughter,
> As is fitting,
> Shall meet her father at the swift ferry of sorrows,
> And cast her arm round him and kiss him! (transl. Lloyd-Jones).

It is more than certain that both Dickens' and Shakespeare's reconciliation scenes were modelled on the above verses of Aeschylus. The 'base coin', in the formidable first chapter of *Dombey and Son*,

> 'But what was a girl to Dombey and Son! In the capital of the House's name and dignity such a child was merely a piece of base coin that couldn't be invested – a bad boy – nothing more',

had been dwelt upon by Aeschylus in *Agamemnon* more than 2300 years before:
(a) 'But the money-changer war, changer of bodies, holding his balance in the battle, home from Troy, refined by fire, sends back to friends the dust that is heavy with tears'.
(b) 'All cure is vain, there is no glozing it over, but the mischief shines forth with a deadly light, and like bad COINAGE by rubbings and frictions it stands discoloured and black under the test'.

Shakespeare in *The History of King Lear*, will write: 'No, they cannot touch me for COINING; I am the king himself'.

Last – but not least – is that the central idea of both *King Lear* and *Dombey and Son*, had been adumbrated in the following passages of *Agamemnon*:

(a) 'There is no defense for a man who in the surfeit of his wealth
Has kicked the great altar of Justice out of sight'.
(b) 'Justice shines beneath smoky rafters
And honours the righteous life; but the gold-bespangled halls
Where there are hands unclean She quits with eyes averted
And goes to what is holy, having no respect
For the power of wealth made counterfeit with praise'.

Was not Dickens' description of Florence as 'merely a piece of bad coin' determined by Aeschylus' 'bad coinage' and 'the power of wealth made counterfeit with praise'? Can we not recognize Dombey behind Aeschylus' man 'who in the surfeit of his wealth has kicked the great altar of Justice out of sight'? Can we not discern Florence and her father behind Aeschylus' Justice which 'shines [even] beneath smoky rafters' but 'quits with eyes averted' the 'gold-bespangled halls where there are hands unclean'?

## 2

But Dickens was equally saturated with Shakespeare and Elizabethan lore. A few examples:

(a) Backed up by Henslowe with a petition from the "Thames water men" (including William Dorritt, master of the Queen's barge), Shakespeare's company repeated their request that the "Rose" [theatre] might be opened. (Fripp, *William Shakespeare*, I,297).

William Dorritt reappears (without the last 't') in *Little Dorrit*. "Rose", the name of the Theatre becomes both 'Rosa', Oliver's mother, and 'Rosa' (or 'Rosebud') in the *Mystery of Edwin Drood*, which name ('Bud') will be resurrected by Melville in the protagonist of his last novel, Billy (William) Budd, 'hanged' by Edward Faifax Vere. [The implication is that Billy (William) Shakespeare's glory is 'sacrificed' by Edward Vere!!]

(b) Philip Sidney's poem *Astrophel and Stella* (1591) gave not only Philip (Pip) and Estella in *Great Expectations*, but also Sidney Carton in *A Tale of Two Cities*. Philip Sidney was the brother of Lady Pembroke, and she was the mother-in-law of Susann, the third of Edward de Vere's daughters. Lady Pembroke was described as a true Minerva. (Philip Sidney's edition of *The Countess of Pembroke's Arcadia* (1591) features one boar at the top and another at the bottom of the title page!)

(c) Again, Philip Herbert, Edward de Vere's son-in-law (and co-dedicatee of Shakespeare's 1623 First Folio), reappears in Philip Pirrip and Philip Pocket in *Great Expectations*, and in Mr. Herbert in *Barnaby Rudge*.

(d) The title of Dickens' novel *Barnaby Rudge* is a carbon copy of the name of Barnaby Riche, author of *Farewell to Military Profession* (1581), one of the sources of *Twelfth Night*. The title of Riche's work is echoed in Othello's 'Farewell the plumed troop and the big wars' (3.3.391).

(e) 'On or before 7 February 1592 arrived from Stratford Field's younger brother, Jasper, who was apprenticed to him for seven years on and from that date'. Did Dickens adopt the name from the fact that 'Jasper', his illustrator, was called Fildes?

(f) The identity of Shaxberd, the impostor posing as Shakespeare, was bisected by Dickens between Bill (William) SIKES, strangled in *Oliver Twist*, and John JASPER, the strangler of Edwin Drood, both stranglers connected with hanging. (SIKE(s) + (ja)SPER = SIKESPER!)

(g) Edwin Drood is an extremely subtle encoding of the name of the real Shakespeare, Edward de Vere. Edwin is almost identical with Edward (Edwin means prosperity + friend and Edward prosperity + guard). Edwin disappears from the novel, Edward disappears from dramatic history. DROOD is a very clever way of writing EDWARD backwards, EDWARD > DRAWDE! But, sadly, this was as far as Dickens could commit himself without any fear of being easily decoded.

(h) *OLIVER TWIST*. When you twist 'Oliver' it becomes 'VEROLIVE', denoting both the word VER (Springtime in Latin, from the Greek ἐαρ) which, when pronounced, sounds exactly like the word 'heir' ('Great heir of Fame' = 'Great ἐαρ' = 'Ver' = 'Vere of Fame'), and the OLIVE-tree, the symbol of the Greek goddess Pallas, SpearShaker Athena, both emblem and symbol of the de Veres. The word 'Twist' is also an encoding of 'Vere', because it can mean 'bend', and this leads to the elucidation of the otherwise unexplainable phrase 'our bending author' (Epilogue, *Henry V*) which must mean 'our VEER ing author'! The word 'veer' doesn't appear in all Shakespeare, but here the text demands 'our veering author', not only because it is much better than 'our bending author', but also because it is a most clever way of encoding the name of Vere, the true (veritable!) Shakespeare. 'Our author' is compared by the author of *Henry V*, to the wind, which, when it 'bends', it really 'veers'! As the reader will discover, the name Vere admits of at least three meanings: 1. Springtime, Ver, from Greek 'ἐαρ' (pronounced exactly like 'heir'). 2. Truth, true, from Vero, Veritas. (In *Love's Labour's Lost* Shakespeare compares women's eyes both to 'real Promethean fire' and 'true Promethean fire'!) 3. Boar: the word 'boar' (deriving from the Greek word ἐρραος) was a rebus of the de Veres, because the sound of 'boar' and 'Vere' is, or was, (almost) the same.

(i) Neville and Helena Landless in *Edwin Drood* remind us of King John Landless, step-brother of Coeur-de-Lion, the first foreign conqueror of Cyprus. See also 'The Nevils... whose dreadful swords' (2H6, 4.1.95). (Edward IV was the son of Cecily Neville).

(j) By creating Fagin in *Oliver Twist*, Dickens attempted to outdo Shakespeare's Shylock in *The Merchant of Venice* as the perfect portraiture of a Jew.

# 3

By the time of writing *Dombey and Son* (1847) Dickens had already solved the Shakespeare Authorship Enigma. We read and our eyes are immobilized:

(a) 'If he had had a Boswell', Dickens wrote of Shakespeare 'society wouldn't have respected his grave, but would calmly have had his skull in the phrenological shop-windows'. (1847,

in *Charles Dickens: Letters*, edited by G. Howarth and M. Dickens, page 173).
(b) 'It is a great comfort, to my way of thinking, that so little is known concerning the poet', Charles Dickens wrote, 13.6.1847. 'The life of Shakespeare is a fine mystery and I tremble every day lest something should turn up'.

What Dickens dreaded was that real Shakespeare's life would prove nothing like his own, which started (in Aeschylean terms) from 'smoky rafters' and terminated in 'gold-bespangled halls'. Impostor Shaxberd's life is presumed to have been exactly like Dickens', minus the genius!

## iii. HERMAN MELVILLE

Perhaps even subtler than Milton's and Dickens' 'Delphic' encryptions, are Melville's hints in his works, that leave no doubt about his awareness of the immensity of the Shakespearean Authorship Enigma, and of his – stone by stone, or rather wave by wave, decoding of the submerged name of the true author.

In the *White Jacket*, Melville excludes Shaxberd from being Shakespeare:

'How many great men have been sailors, White-Jacket! They say Homer himself was once a tar, even as his hero, Ulysses, was both a sailor and shipwright. I'll swear Shakespeare was once a captain of the forecastle. Do you mind the first scene in *The Tempest*, White-Jacket?'

A) *OLIVER TWIST*, 1836:

Melville realized immediately that Dickens' *Oliver Twist* was a parable on the lives of both the false and the true Shakespeare. Shaxberd, the wrong Shakespeare, ought to have been hanged for his crime against his fellow-citizens.

This is how Dickens describes Bill Sikes' hanging in *Oliver Twist*, 1836:

'He set his foot against the stack of chimneys, fastened one end of the rope tightly and firmly round it, and with the other made a strong running noose by the aid of his hands and teeth almost in a second. He could let himself down by the cord to within a less distance of the ground than his own height, and had his knife ready in his hand to cut it then and drop. At the very instant when he brought the loop over his head previous to slipping it beneath his arm-pits, ...looking behind him on the roof, threw his arms above his head, and uttered a yell of terror. 'The eyes again!'...Staggering as if struck by lightning, he lost his balance and tumbled over the parapet. The noose was on his neck. It ran up with his weight, tight as a bowstring and swift as the arrow it speeds. He fell for five-and-thirty feet. There was a sud den jerk, a terrific convulsion of the limbs; and there he hung, with the open knife clenched in his stiffening hand'!!!

Of all descriptions of the desired-for end of the Stratfordian corn-holder, this description by Dickens cannot be bettered.
*Oliver Twist*: Twist 'Oliver' and you have VER + OLIVE. Twist means bend ('our bending author') and bend means veer! Vere! And the olive-tree is the symbol of Minerva, the symbol of the de Veres! And like the false Shakespeare (Shaxberd), Oliver goes penniless to London and is found out to be the son of a great and rich family (like true Shakespeare's).

B) *MOBY DICK*, 1850:

Sixteen years after *Oliver Twist*, Melville borrows from Dickens for the culmination of his greatest novel. Ahab is accidentally killed by a rope, exactly like William Sikes. *Moby Dick*, 1850:

'Thus I give up the spear!
The harpoon was darted; the stricken whale flew forward, with igniting velocity the line ran through the groove, ran foul. Ahab stooped to clear it; he did clear it; but the flying turn caught him round the neck, and voicelessly as Turkish mutes bowstring their victim, he was shot out of the boat, ere the crew knew he was gone...'

You have observed the similarity between 'the noose' that 'swift as the arrow it speeds' (*Oliver Twist*) and the 'igniting velocity' with which 'the line ran through the groove' (*Moby Dick*). Also, the phrase 'as Turkish mutes bowstring their victims' from Melville's *Moby Dick* (1850) combines Shakespeare's verse 'our grave, like Turkish mutes, shall have a tongueless mouth' from *Henry V* (c. 1590?) with Dickens' noose that 'tight as a bowstring', 'swift as the arrow ... speeds' from *Oliver Twist* (1836).

C) *BENITO CERENO*, 1854:

Melville's tribute, both to Dickens and Shakespeare, is repeated in 1854, in *Benito Cereno*, with the hanging of the negro revolutionary, Babo. Babo, (in Greek, 'Βαβώ') means a 'nocturnal demon', and 'βωβός' ('vovós') means 'dumb', 'voiceless'.

'Some months after, dragged to the gibbet at the tail of a mule, the black met his voiceless end. The body was burned to ashes; but for many days the head, that hive of subtlety, fixed on a POLE in the Plaza, met, unabashed, the gaze of the whites... towards St. Bartholomew's church, in whose vaults...'

Babo's 'voiceless end', connects it with Shakespeare's line on 'Turkish mutes', and with the phrase 'voicelessly as Turkish mutes', from *Moby Dick*:
After finishing *Benito Cereno*, Melville fell into deep depression. Fearful for his sanity, his family urged him to travel. So, in October, 1856, he began the trip: Egypt, Palestine, Constantinople, Smyrna, Patmos, Greece, Italy. He visited cemeteries wherever he went. In Constantinople he found the houses 'so gloomy and grimy, [it]seems as if a suicide hung from every rafter within'. Finally, he made the obligatory visit to Stratford: 'Shakespeare's home – little old groggery abandoned – cheerless, melancholy Scrawl of Names'. But on the PREVIOUS day, May 2, 1857, Melville went to OXFORD, which he pronounced the 'MOST INTERESTING SPOT I have seen IN ENGLAND'.
On May 4, Melville arrived at Liverpool, where he met, for the last time, the man to whom he had dedicated *Moby Dick* seven years before. Melville's two words, 'Saw Hawthorne', were the epitaph of their friendship. Melville had, in 1850, said that 'Hawthorne is Shakespeare's equal'. It seems Hawthorne never forgave

Melville two things, first the following sentences Melville had sent to him seven years back: 'There are minds that have gone as far as Shakespeare into the universe. Believe me, my friends, that men, not very much inferior to Shakespeare, are this day being born on the banks of the Ohio'. Second, and much more important for Hawthorne, was that Melville, had dedicated to him the book that had eclipsed him. Hawthorne had failed, of course, to guess that Melville's next book would be one of the world's immortal masterpieces, and that he (Hawthorne) could never have written *Moby Dick*. The following morning Melville departed from Liverpool for America. No death can compare to absolute silence.

'Do not think, my boy, that *** I am of the number of the snobs who burn their turns of rancid fat at his [Shakespeare's] shrine. No, I would stand far off & alone, & burn Palm oil, the product of some overtopping trunk'.

### D) *THE MYSTERY OF EDWIN DROOD*, 1870:

Dickens was ready, in 1870, to pay Melville an honour by 'quoting' from him, but in that year the author of *The Mystery of Edwin Drood* died, leaving the novel half-finished, with the hanging of Edwin Drood for ever undescribed.

But Luke Fildes, the novel's illustrator, reported in 1905 a conversation with Dickens, in which Fildes had asked the novelist of the importance of Jasper's double necktie (the black scarf of the novel). Dickens replied, 'Can you keep a secret? I must have the double necktie. It is necessary, for Jasper strangles Edwin Drood with it'. Jasper stands for Shaxberd, and Edwin Drood for Edward de Vere, whose name, anagrammatized, gives the unimaginable 'Erev ed DRAWDE'(!) 'Ερεβος ed Dread! ('EREVos' in Greek means 'DARKNESS of HELL'!) And Rosa Bud, in *Drood*, will be resurrected as Billy Budd in Melville's last (unfinished?) novel of 1891.

Melville's 'hanging' of Ahab in *Moby Dick* (1850) and of Babo in *Benito Cereno* (1854) are transplanted, transfused and transformed, in the first paragraph of *The Mystery of Edwin Drood* (1870), Chapter I, called *The Dawn*:

'An ancient English Cathedral town? How can the ancient

Cathedral town be here! The well-known massive grey square tower of its old Cathedral? How can that be here! There is no SPIKE or rusty iron in the air, between the eye and it, from my point of the real prospect. What is the SPIKE that intervenes, and who has set it up? Maybe, it was set up by the Sultan's orders for the impaling of a horde of TURKISH robbers, one by one. It is so, for cymbals clash and the Sultan goes by in long procession'.

In a way, Dickens ended his career as it began. In 1868-1869 Dickens was giving public readings of selected excerpts from his early novels. The power of pathos displayed by "Little Paul" (Florence's brother, from *Dombey and Son*), gives way to 'Sikes and Nancy', where Dickens' command of the terrific – "Terror to the End", was his marginal stage direction as he approached the end – reaches its peak. On 14 November 1868 Dickens killed Nancy in front of his friends: beaten down, gasping and shrieking, to the ground, ('such flesh, and so much blood'), Dickens becoming all of them in turn. 'The audience were unmistakeably pale, and had horror-stricken faces'. On January 5, 1869, he gave his first public performance. 'I commit the murder again ... imbue my hands in innocent blood'. (The phantom of Iphigeneia rises its head again!) Many people believe that it was the effort of dramatizing Nancy's murder which in fact killed him. *Oliver Twist* was his first tragic novel. On Wednesday, June 8, 1870, Dickens continued with *Edwin Drood*: 'A brilliant morning shines on the old city', he wrote, echoing the very first sentence of his first novel, *The Pickwick Papers*, 'The first rays of light which illumines the gloom'. In *The Mystery of Edwin Drood* that stark light penetrates into the cold stone of the cathedral and manages to 'subdue its earthy odour', again a reminiscence from *Pickwick*, where he had described this same cathedral, 'Old cathedral too – earthy smell'.

Dickens came back from the chalet that evening and sat down to dinner with his sister-in-law. But he became very ill. 'Come and lie down', she told him. 'Yes', he said. 'On the ground'. His last words. Did Dickens remember the words of Louisa to her father in *Hard Times*, 'I shall die if you hold me! Let me fall upon the ground!' Dickens did not regain consciousness, and died just after six on the following evening.

## E) *BILLY BUDD, SAILOR*, 1891:

Twenty-one years after Dickens' *Edwin Drood*, in Melville's *Billy Budd* (1891 or earlier), the 'enigma' is, at long last, not only attacked, but utterly crushed. In this swan novel, left in disorder at the author's death,
(a) The captain is called Edward Fairfax Vere;
(b) The killer is called John Claggard;
(c) The victim is called Billy (William) Budd.

Melville's description of Billy Budd's execution closes the cycle of hangings: one demanded by the people of Stratford in 1598 for Shaxberd (via Essex through Burghley, Edward de Vere's father-in-law, but the butcher finally escaped), one meted out to Essex after his aborted rebellion against Elizabeth (but changed to death by axe at the last moment), one by Shakespeare, two by Dickens and three by Melville.

*Billy Budd*, (his name is a reminiscence of Rosa Bud in *The Mystery of Edwin Drood*) ends with another hanging:

'At sea in the old time, the execution by halter of a military sailor was generally from foreyard ... Billy stood facing aft. At the penultimate moment, his words, his only ones, words wholly unobstructed in the utterance, were these: 'God bless Captain Vere!'... Syllables too delivered in the clear melody of a singing bird on the point of launching from the twig... the vapory fleece hanging low in the East was shot through with a soft glory as of the fleece of the Lamb of God seen in mystical vision, and simultaneously therewith, watched by the wedged mass of upturned faces, Billy ascended; and, ascending, took the full rose of the dawn'.

'The full ROSE of DAWN'! The first chapter of *Edwin Drood* is called *The Dawn*, and one of its protagonists (Edwin's fiancee) is called ROSA Bud, or ROSEbud. Melville's 'vapory fleece hanging low in the East' is in tune with the Oriental atmosphere of *Edwin Drood*. And Billy Budd is almost mute in the novel, almost 'with a tongueless mouth'. And Melville's most complex character, Edward Fairfax Vere, is, like Jonson's 'star of poets' and Shakespeare's 'ever-living' king Henry V, is compared to a star, 'starry Vere'!

'Starry Vere': 'He loved books, never going to sea without a newly replenished library, compact but of the best'. Like Shakespeare and Melville, he is particularly fond of Montaigne. We happen to know that Edward de Vere spent fortunes to buy books, but Shaxberd owned none, his will mentions none, although books were much more expensive than the sword and the £20 Shaxberd bequeathed to the poor of his town.

Melville's uncanny killer is John Claggard. In Greek 'κλαγγή' (klangee) is the sound of spears hitting each other. Dickens' killer is called John Jasper, and John was the father of both the false and the true Shakespeare. The first syllable of SIKES and the last syllable of JASPER give SIKESPER, as close to the pronunciation of Shaxberd as possible. Sikes' first name is William and Jasper's John. John Shagsper's father was a butcher, and John Claggard is the man who butchers William Budd, who is hanged by William Vere, on the mast of a ship in the sea. And Billy Budd's last words were to be repeated by Melville himself on his deathbed, 28 September 1891: 'God bless Captain Vere!'

Melville's hero/killer of *Moby Dick* is the lame captain Ahab. Melville died in 1891, completely unknown; in the same year, three months later, there died in Marseilles, again unknown, one of the greater poets of the world, Arthur Rimbaud, whose first great poem, *The Drunken Boat*, is a kind of "Pequod". A month before, the doctors in the Marseilles hospital amputated Rimbaud's left foot. In the same year, 1891, Kostis Palamas, a Greek poet, wrote his greatest short story, *The Death of a Youth*. The youth of the title wounds his foot after treading on a fruit-skin and slipping down on the street, refuses stubbornly to have his foot amputated, and soon dies of infection.

Edward de Vere had injured a leg on his Italian journey of 1575. In March 1582, Thomas Knyvet attacked Edward with a sword, gravely wounding him before receiving (like Laertes from Hamlet) a wound himself.

From 1590 on, Edward's letters often refer to his ill health and some unspecified disability.

On 25 March, 1595, Edward wrote to Burghley, 'I will attend your lordship as well as a LAME MAN may at your house'. On September 8, 1597, he wrote that he could attend her Majesty at Theobald's because, 'I HAVE NOT AN ABLE BODY'. The occasion was the perseverance of Lady Pembroke in promoting a marriage between her son, William, and Edward's second daughter, Bridget.

Edward attended the sessions of Lords only intermittently. For the session under Elizabeth in 1601 he appointed Howard, the victorious Admiral against the Armada, to sit in his place and exercise his proxy. On November 22, 1601, he asked Cecil to excuse him for not answering his letter because 'BY REASON of SICKNESS I HAVE NOT BEEN ABLE TO WRITE'. So, the story first recorded by Aubrey, 1681, that Shakespeare 'when invited to write, he was in pain', refers to Edward, and to Edward alone! Soon after Elizabeth's death in March 1603, Edward wrote to Cecil that 'BY REASON OF MINE INFIRMITY I CANNOT COME AMONGST YOU [i.e. THE COUNCIL AND THE REST OF THE LORDS] as often as I wish'.

Echoing Aeschylus, that the gods do us a favour by being adamant on their decisions, Shakespeare writes that he was made lame 'by fortune's dearest spite'.

Suddenly Shakespeare feels 'not lame, poor or despised'. And then, 'Speak of my lameness, and I straight will halt'.

The 9th June, 1865, the day was clear and beautiful. Dickens and Ellen Ternan boarded the 'tidal' train. One third of the way there came a slight dip in the level country. Suddenly the driver slammed on the train brakes. The engine ran into the farther bank of the river bed. The Staplehurst train disaster was terrible and many died in the sight of Dickens. From then on, Dickens appeared to be very lame and entirely unable to walk alone. The vascular degeneration was affecting the right as well as the left leg. Dickens was so badly lamed that he hobbled everywhere, on a stick.

∽

October 25, 2000, afternoon in Nicosia, Cyprus. First fall of rain. A brainstorm: Billy Budd means William [Shake]Spear! In modern Greek (dialect of Cyprus) 'πολός' ('polós') means bud or plant-shoot. By transfer of accent 'polos' becomes pole, spear!

And this leads to the elucidation of one of the most difficult textual problems in all Shakespeare, the 'So frowned he once when in an angry parley he smote the sledded poleax/Polacks on the ice' in *Hamlet* I.i.62-63. The problem is whether Hamlet's father smote either his poleax or the Polish soldiers ("Polacks") on the ice. Whether poleax is the reading Shakespeare had in mind we may never know, but the word poleax is invaluable (not 'unvalued') for our study, because the middle name of the captain of the 'Indomitable', Fairfax, has the AX of Poleax in it, while Bud (Greek polos) has the Pole (πολός) of the Poleax!

So, the 'secret' meaning of *Billy Budd* is that Edward Fairfax Vere sacrifices Billy (William) Spear (Budd, bud, pole). Edward de Vere sacrificed his earthly name, in the altar of his most cherished 'invention', the pseudonym 'William Shake-spear'.

∽

But why so many hangings, one may ask. Not only for the fact that in November, 1849, Dickens interrupted his writing of *David Copperfield* in order to attend the public execution by hanging of Mr and Mrs Manning. (Dickens had gone to the place the night before to watch the behaviour of the crowd!) But what was Herman Melville doing, that chilly November morning, in the 'city of devils' (Dickens' phrase for London), watching public executions by hanging when he was contemplating his Epic of 'The Whale'? Something of what Melville saw may have gone into the description of Ahab's accidental 'hanging'. Did Melville see Dickens on that day of hanging?

Melville's Edward Vere was a ship-captain, and Edward de Vere, 17th Earl of Oxford, owned a ship *Edward Bonaventure*, with which he tried to take part in the battle against the Spanish Armada. Gulielmus Shaxberd never saw a ship, except from a distance.

The distance that separates the real from the false Shakespeare.

∾

Nel saluto che udiano eran le voci
Come mar burrascoso, e di repente
Diveniva la terra e la sua polve
Un Olimpo di gioie;

## CHAPTER 3

## CARDANUS COMFORTS BUT DOES NOT CONSOLE

Two weeks after joining his life to Anne Cecil's, Edward took a long step towards his dedication to literature. He contributed a preface in Latin to a work of translation. The translator, into Latin, was his former tutor at Cambridge, Bartholomew Clerke, and the book was Baldasare Castiglione's *Il Cortegiano*. The *Courtier*, written by the Genoese diplomatist in 1514, was published in 1528, the year before his death. Edward presented the work boldly under the full panoply of his titles:

Edward Vere, Earl of Oxford, Lord Great Chamberlain of England, Viscount Bulbeck and Baron Scales and Baldesmere, to the Reader --- Greeting. ... Given at the Royal Court on the 5th of January 1571 [1572 new style].

Edward's 1,100-word preface would be judged by Gabriel Harvey, seven years later, as more polished than the writings of Castiglione.

A frequent and earnest consideration of Castiglione's Italian work, which has now for a long time been undertaken and finally carried out by my friend Clerke, has caused me to waver between two opinions: debating in my mind whether I should preface it by some writing and letter of my own, or whether I should do no more than study it with a mind full of gratitude. The first course seemed to demand greater skill and art than I can lay claim to, the second to be a work of no less good-will and application. To do both, however, seemed to combine a task of delightful industry with an indication of special good-will.

'Praises of every kind' may appropriately be given to a 'work descriptive of a Courtier' --

For what more difficult, more noble, or more magnificent task has anyone ever undertaken than our author Castiglione, who has drawn for us the figure and model of a courtier, a work to which nothing can be added, in which there is no redundant word, a portrait which we shall recognize as that of the highest and most perfect type of man. And so, although nature herself has made nothing perfect in every detail, yet the manners of men exceed in dignity that with which nature endowed them; and he who surpasses others has here surpassed himself, and outdone nature which by no one has ever been surpassed.

... that art, which you say adds to nature, is an art that nature makes. WT.

After stressing that Castiglione 'has been able to lay down principles for the guidance of the very Monarch himself', Edward continues:

Again, Castiglione has vividly depicted more and even greater things than these. For who has spoken of Princes with greater gravity? Who has discoursed of illustrious women with a more ample dignity? No one has written of military affairs more eloquently, more aptly about horse-racing, and more clearly and admirably about encounters under arms in the field battle. I will say nothing of the fitness and excellence with which he has depicted the beauty of chivalry in the noblest persons. ... Whatever is heard in the mouths of men in casual talk and in society, whether apt and candid, or villainous and shameful, that he has set down in so natural a manner that it seems to be acted before our very eyes.

After praising Clerke for restoring Latin to its former polish and dignity, Edward declares:

All this my good friend Clerke has done. ... He deserves all the more honour, because that to great subjects -- and they are indeed great -- he has applied the greatest lights and ornaments.

For who is clearer in his use of words? ... Or who can conform to the variety of circumstances with greater art? If weighty matters are under consideration, he unfolds his theme in a solemn and majestic rhythm; if the subject is familiar and facetious, he makes use of words that are witty and amusing. When therefore he writes with precise and well chosen words, with skillfully constructed and crystal-clear sentences, and with every art of dignified rhetoric, it cannot be but that some noble quality should be felt to proceed from his work. ...

To me indeed it seems, when I read this courtly Latin, that I am listening to Crassus, Antonius, and Hortensius, discoursing on this very theme.

Commending Clerke for having dedicated his translation to the Queen, 'in whom all Courtly graces are personified', Edward, having obtained 'the protection of that authority', acclaims Elizabeth as one 'to whom alone is due all the praise of the Muses and all the glory of literature'!!

## 1) ENTERS THOMAS BEDINGFIELD

Thomas Bedingfield was the son of Sir Henry Bedingfield, whose unenvied task had been to keep the girl Elizabeth in confinement when Queen Mary had accused her of plotting her death. Edward de Vere's father was one of the noblemen chosen to conduct Elizabeth from her seclusion at Hatfield House to the coronation.

This symbolic, but potent, bond existing between Edward de Vere and Thomas Bedingfield, linking both to Elizabeth's survival, would be further tested in summer, 1574. Edward de Vere, without royal permission, left hastily England in July, 1574, and fled to Brussels, where he was reported to be conferring with exiled English rebels AGAINST the Queen!

Elizabeth, furious and distressed, dispatched Bedingfield to FETCH HIM HOME! Edward readily returned, contrite, with his wife and father-in-law pleading for him to the Queen. Elizabeth, out of gratitude to Edward's father and Henry Bedingfield, quickly forgave and restored him to favour.

## 2) MATHEMATICIAN GIROLAMO CARDANO PHILOSOPHIZES

*De Consolatione* had been brought out in Venice in 1542, the work of the Milanese mathematician (philosopher and poet as well) Girolamo Castellione Cardano, better known as Jerome Cardan. The author explains that he had written it out of the experience of many disappointments to help him bear those the future might bring. In a further confession he sums up for us a lifetime of instruction in the perceptions of a noble and humane soul. 'This work' he says, 'was at first called *The Book of the Accuser*, because it contended against the vain passions and false persuasions of mankind; afterwards it was changed to *Consolation* because it appeared that there was a far greater number of unfortunate men needing consolation than of fortunate ones in need of blame'.

3) A MATHEMATICAL POEM

In 1573, a year before the event described above, Edward had sat down to compose a poem entitled 'The Earl of Oxford the Reader of Bedingfield's *Cardanus Comfort*'.

The labouring man that tills the fertile soil,
and reaps the harvest fruit, hath not indeed
the gain, but pain; but if for all his toil
he gets the straw, the Lord will have the seed.

4) *Cardanus Comfort*

In that year, Thomas Bedingfield presented Edward de Vere with a manuscript copy of his translations of a Latin work, *De Consolatione*, a meditation on death by the great Italian mathematician Geronimo Cardano. Bedingfield made his translation under Edward's encouragement, and was asking Edward de Vere to write a preface to the translation, apologizing, at the same time, for having busied himself in philosophy rather than in 'some discourse of ARMS (YOUR Lordship's PROFESSION AND MINE also)'. He also wrote to Edward that, 'A needless thing I know it is to comfort you, whom nature and fortune hath not only inured but rather upon whom they have bountifully bestowed their grace: notwithstanding sith you delight to see others acquitted by [of] their cares'.

Edward readily agreed. But, Bedingfield suddenly affected to be too bashful to publish his work. Oxford, however, who undoubtedly sponsored the book, and undertook the costs of the publication, had already decided that it should be presented to the public at all costs.

Edward's prefatory 'letter' shows Oxford in his happiest and most inspired mood. Along with Plato's Seventh Epistle, it is one of the greatest letters ever written. After sweetly chiding Bedingfield for wanting to withhold his literary virtues from the world – 'your request for differing from the desert of your labour' -, he writes that, in issuing the book against his friend's wishes, he is merely playing the role of the expert physician who, although his patient, 'in the extremity of his burning fever is desirous of cold liquor or drink to qualify his sore thirst', for the danger that might ensue, the 'mediciner' denieth him the deadly wish.

Nobody has ever explained (and probably nobody ever will) why Shakespeare uses the word 'comfort' (and its cognates) 268 times in his corpus, while the word 'consolation' appears only 3 times in his works. Was it owed to the fact that Cardano's *Consolatione* was translated by his friend as *Comfort*? In Schoenbaum's words, 'Freud beckons'.

When at last published, Thomas Bedingfield's translation of Cardano's *De Consolatione* (as *Cardanus Comfort*) was dedicated to Edward de Vere.

Oxford's eloquent prefatory epistle to Bedingfield's translation of *Cardanus Comfort*, is the only prose composition that we know Oxford wrote with great care and deliberation and meant to be published. Apart from its intrinsic merits, it may prove the strongest single proof of Oxford's authorship, not only of the Sonnets, but of all Shakespeare's works.

## 5) CARDANO AND EDWARD DE VERE IN SHAKESPEARE
### i) SHAKESPEARE'S SONNETS

The Sonnets bear detailed similarities to Oxford's 1573 letter to Thomas Bedingfield.

Edward's 1573 prefatory letter to Thomas Bedingfield's translation of *Cardanus Comfort*, written when he was twenty-three, employs much the same style of argument, imagery, and general vocabulary as the Sonnets, with a density that rules out any likelihood of coincidence. Just as the Sonnets argue that the youth has no right to withhold his beauty from the world, Oxford argues that Bedingfield has no right to withhold his book from his countrymen. Just as the Sonnets promise that they will be the youth's eternal 'monument', Oxford assures Bedingfield that his book will be a 'monument' after Bedingfield is 'dead and gone'. Just as Sonnet 31 tells the young man, 'Thou art the grave where buried love doth live', Oxford affectionately scolds Bedingfield for seeming determined to 'bury and insevil your work in the grave of oblivion'.

The Bedingfield letter uses images of roses, jewelry, and ornaments; medicine, fever, and salve; murder, imprisonment, and military spoils, so do the Sonnets.

ii) *Hamlet*

No play bears more convincing witness to Oxford's life and personality than *Hamlet* (unless it be *Pericles*). Hamlet himself is the very model of the courtier described by Baldesare Castiglione, whose fashionable book *The Courtier* had been translated into Latin in 1572, under Oxford's patronage, and dedicated to him.

In 1845 Joseph Hunter noticed that *Cardanus Comfort* 'seems to be the book which Shakespeare placed in the hands of Hamlet'. His reason stemmed from a passage in *Comfort* headed 'Old men's company is unpleasant', in which Cardano remarks of senile bores 'Their senses serve not their bodies, their bodies obey not their minds ... How many old men have been, for whom it had been better to have died in youth'. To which compare *Hamlet*: 'Old men ... have a plentiful lack of wit, together with most weak hams'.

Dr. Lily B. Campbell writes of *Comfort* 'I should like to believe that Hamlet was actually reading it or pretending to read it as he carried on his baiting of Polonius'. And Hardin Craig (albeit pro-Stratfordian) found Hamlet's mind so steeped in *Cardanus* that he describes it as "Hamlet's book". Specifically, Hamlet's great soliloquy on death was found by Lily B. Campbell, Hardin Craig and others to have taken its inspiration from *Cardanus Comfort*, which lies behind many other themes in Hamlet's soliloquy.

Hamlet is the only one of Shakespeare's heroes we can imagine writing Shakespeare's works, and still more, and especially, of the *Sonnets*.

6) See Appendix A. EDWARD DE VERE'S INTRODUCTION TO THOMAS BEDINGFIELD'S TRANSLATION OF CARDANO'S *De Consolatione*, AND ITS INNUMERABLE SIMILARITIES OF DICTION AND MEANING WITH SHAKESPEARE'S WORKS, 20 YEARS INTO THE FUTURE!

7) SIMILARITIES BETWEEN CARDANO AND SHAKESPEARE

We give below some excerpts from *Consolatione*, in order to show how Cardano's thought influenced Shakespeare's work:

Alas, what EVIL can it be to want HUNGER, THIRST, GRIEF, LABOUR, SADNESS, FEAR, and finally the whole HEAP OF EVILS, which, the SOUL being PARTED from the BODY, we must of NECESSITY want?

Therefore Socrates was wont to say that DEATH might be resembled either to SOUND SLEEP, a LONG JOURNEY, or DESTRUCTION, as in the DEATH of BRUTE BEASTS.

What should we account of DEATH to be resembled to anything better than SLEEP ... Most assured it is that such sleeps be most SWEET as be most SOUND, for those are best wherein like unto DEAD MEN we DREAM NOTHING. The BROKEN SLEEPS, the SLUMBER, the dreams FULL OF VISIONS, are commonly in them that have WEAK AND SICKLY BODIES... But if thou compare DEATH to LONG TRAVEL [For] there is nothing that doth better or more truly prophesy the END OF LIFE, than when a man dreameth that he doth TRAVEL and WANDER into FAR COUNTRIES [and chiefly if he imagineth himself to ride upon a white horse that is swift] and he traveleth in COUNTRIES UNKNOWN WITHOUT HOPE OF RETURN...

We are assured not only to SLEEP, but also to DIE ... Death doth take away more evils than it bringeth, and those more certain.

Only HONESTY and VIRTUE of MIND doth make a man HAPPY, and only a COWARDLY and CORRUPT CONSCIENCE do cause thine UNHAPPINESS.

Good or evil FORTUNE importeth nothing to BLESSED LIFE. (*)

Who so doth mark it well shall find that for the most part WE ARE CAUSES OF OUR own EVIL.

A man is NOTHING BUT HIS MIND: if the mind be DISCONTENDED, the man is all DISQUIET, though all the rest be well, and if the mind be CONTENDED, though the rest misdo, it foreseeth LITTLE. (**)

Private CALAMITIES MANIFOLD we accompt those when a man by many mishaps at one instant is molested. (***)

(*) Cf. 'For thou hast been as one in suffering all that suffers nothing. A man that Fortune's buffets and rewards hath taken with equal thanks, and blest are those blood and judgment are so well commingled that they are not a pipe for Fortune's finger to sound what stop she please'.
 (**) Cf. 'O God, I could be bounded in a nutshell and count myself a king of infinite space, were it not that I have bad dreams'.
 (***) Cf. 'When sorrows come, they come not single spies, but in battalions'.
 (All three excerpts from *Hamlet*).

∽

e in pianti e in grida,
Verso la testa degli eroi divina,
Stendean le braccia a modular parole
Degne dei vati, perocché ciascuno
L'anima si sentia d'anime piena.

## CHAPTER 4

## ENGLAND IS TWICE INVADED

A)THE TURKS ARE INVADING ENGLAND!
EDWARD DE VERE'S YOUTH

Elizabeth ascended the English throne in November 1558, succeeding her half-sister, the hated Catholic Queen Mary. During Mary's dismal reign, the 16th Earl of Oxford had been forced, because of his adherence to the Anglican Church, to seek refuge at Castle Hedingham. He was to be one of the noblemen that conducted Elizabeth from her seclusion to the Coronation.

On 19 August, 1561, Queen Elizabeth arrived with her retinue at Castle Hedingham in order to visit the 16th Earl of Oxford and his 11-year-old son, Edward de Vere. This was her third year on the throne, but even SHE could not imagine that she would rule for another 42 years! Unmatched in governing ability, she was worshipped by her subjects. A champion at tennis and archery, Elizabeth was an indefatigable huntsman, rider and falconer. She had already learned to speak French, Italian and Spanish fluently, and she was acquiring proficiency in Latin and Greek, and even in Welsh. Her teacher, Roger Ascham, said that he had never seen a quicker apprehension or a more retentive memory. Her handwriting was of unbelievable beauty.

According to Macauley, the de Veres was 'the longest and most illustrious line of nobles that England has seen'. Their ancestor was Aubrey de Vere, from Ver, near Bayeux, France, who held an important command during the Norman invasion of England in 1066, at the right side of William the Conqueror. Aubrey's ancestors came from Veer, in Zeeland, Denmark. The 15th Earl of Oxford carried the crown at the coronation of Ann Boleyn, the mother of Elizabeth. The 16th Earl, the one that offered Queen

Elizabeth the crown, and the one she is visiting today, will die a year later. His wife, Margaret Golding, within a few months (like Queen Gertrude in *Hamlet*) overhastily will marry Charles Tyrrell, who bore the name of a murderer in Shakespeare's works, a point that greatly impressed Freud.

## EDWARD IS EQUATED WITH ACHILLES

In July, 1578, Queen Elizabeth, bringing the whole Court with her, stopped off at Audley End in Essex, during a Progress to Cambridge. Gabriel Harvey came down from the University to meet the august retinue, and de Vere, addressing him in Latin verses:

'Your splendid fame demands, even more than in the case of others, the services of a poet possessing lofty eloquence. Your merit does not creep along the ground, nor can it be confined within the limits of a song. It is a wonder which reaches as far as the heavenly orbs. O great-hearted one, strong in your mind and your fiery will, you will conquer yourself, you will conquer others; your glory will spread out in all directions beyond the Arctic Ocean; and England will put you to the test and prove you to be a native-born Achilles. Do you but go forward boldly and without hesitation. Mars will obey you, Hermes will be your messenger, Pallas sriking her shield with her spear shaft will attend you.

For a long time past Phoebus Apollo has cultivated your mind in the arts. English poetical measures have been sung by you long enough. Let that Courtly Epistle – more polished even than the writings of Castiglione himself – witness how greatly you do excel in letters. I have seen many Latin verses of yours, yes, even more English verses are extant; You have drunk deep draughts not only of the Muses of France and Italy, but have learned the manners of many men, and the arts of foreign countries. It was not for nothing that Sturmius himself was visited by you; neither in France, Italy, nor Germany are any such cultivated and polished men. O you hero worthy of renown, throw away the insignificant pen, throw away bloodless books, and writings that serve no useful purpose; now must the sword be brought into play, now is the time for you to sharpen the spear and to handle great engines of war.

On all sides men are talking of camps and of deadly weapons; war and the Furies are everywhere, and Bellona reigns supreme. Now may all martial influences support your eager mind, driving out the cares of Peace. Pull Hannibal up short at the gates of Britain. Defended though he be by a mighty host, let Don John of Austria come on only to be driven home again. Fate is unknown to man, nor are the counsels of the Thunderer fully determined. And what if suddenly a most powerful enemy should invade our borders? If the Turk should be arming his savage hosts against us? What though the terrible war trumpet is even now sounding its blast? You will see it all; even at this very moment thou art fiercely longing for the fray. I feel it. Our whole country knows it. In your breast is noble blood, Courage animates your brow, Mars lives in your tongue, Minerva strengthens your right hand, Bellona reigns in your body, within you burns the fire of Mars. Your eyes flash fire, your countenance SHAKES SPEARS; who would not swear that Achilles had come to life again'?

So, Edward's writings were much more voluminous than those that have come down to us under his name, which include none of his Latin verses! And Gabriel Harvey associates him with spears and spearshaking, indicating that by 1578 Edward de Vere was USING the pseudonym 'SHAKESPEARE'!

Harvey's reference to the Turks, is most probably an indication that Edward de Vere had already written, or was writing, his tragedy of *Othello*.

Gabriel Harvey's enigmatic comparison of Edward de Vere with Achilles, twice in his address, has been found, at long last, to refer to Achilles' concealment in Skyros (in order to avoid his participation in the Trojan War). Edward's 'concealment' hints also at his hiding behind the pseudonym 'Shakespeare': 'Thy countenance shakes spears'. Cf. Ben Jonson, 1623, 'A lance as brandished at the eyes of ignorance'.

What Gabriel Harvey said to Edward de Vere in the presence of Elizabeth in July, 1578, has never been fully understood. In reality he said to him two things: First, You are really a great writer, and your fame one day will spread throughout the universe. And, secondly, You must behave now not as the writer William Shakespeare, but as Spear-shaking Minerva, and Mars, and Bellona. Actually, you have to combine within yourself not only Aeschylus, from whom you took your awe-inspiring name, but you have to handle great engines of war, like Archimedes, because our island, like Sicily of Archimedes, is threatened with invasion and death. (Behave not like a Ulysses now, your fatherland needs you to become a real Achilles).

Cf.'For ACHILLES' image stood his SPEAR, gripped in an armed hand', (*Lucrece*, 1424). And, 'Whose smile and frown, like to ACHILLES' SPEAR is able with the change to kill and cure', (2H6, 5.1.101-102).

We could not understand why Gabriel Harvey in 1578 compared (twice!) Edward de Vere to Achilles, until a line in Ogburn's book led us to the poem *Achilles: his concealment of his sex in the Court of Lycomedes*, contained in John Benson's 1639-40 edition of *Shakespeare's Poems*. This edition was reissued in 1885, in just 250 copies. We asked the British Library for a facsimile of this particular poem. We were sent the book for perusal, but, unfortunately, their 1885 Re-issue (No. 184) lacked a leaf, the very leaf (as it transpired) on which the poem *Achilles* must have been printed, because all remaining leaves did not contain it! Fortunately, we were able to secure, from Montreal, a facsimile of this poem through another copy (No. 121) of the 1885 Re-issue of Benson's 1639-40 edition of Shakespeare's Poems. And reading it, it became suddenly clear that Gabriel Harvey, by comparing Edward de Vere to Achilles, was hinting at the same kind of 'concealment' – referred to in the Benson poem given below – that Shakespeare employed by his 'invention', the Aeschylean pseudonym 'Shakespeare'!

> Achilles: his concealment of his sex in the Court of Lycomedes
>
> Now from another World doth sail with joy,
> A welcome daughter to the King of Troy,
> The whilst the Grecians are already come,
> (Moved with that general wrong 'gainst Ilium:)
> Achilles in a Smock, his Sex doth smother,

And lays the blame upon his careful mother,
What mak'st thou great Achilles, teazing Wool,
When PALLAS in a HELME should clasp thy Scull?
What doth these fingers with fine threads of gold?
Which were more fit a Warlike Shield to hold.
Why should that RIGHT hand, Rock or Tow contain,
By which the Trojan Heifer must be slain?
Cast off thy loose veils, and thy Armour take,
And in thy hand the Spear of Pallas SHAKE.
Thus Lady-like he with a Lady lay,
Till what he was, must her belly betray,
Yet was the forced (so should we all believe)
Not to be forced so, now her heart would grieve:
When he should rise from her, still would she cry,
(For he had armed him, and his Rock laid by)
And with a soft voice spake: 'Achilles, stay,
It is too soon to rise, lie down I pray'.
And then the man that forced her, she would kiss,
What force (Deiadamea) call you this?

Manifestly, the above is not a poem OF Shakespeare, but a poem FOR Shakespeare. But who wrote it? Who wrote it may prove immaterial, but the fact that Spenser in 1590 speaks of Edward as living 'under a shady veil' and the 1640 poem calls on Achilles to 'cast off his loose veils' may prove decisive and crucial.

The 1640 poem on Achilles reverberates Gabriel Harvey's 'Thine eyes flash fire, thy countenance shakes spears', in his 1578 Latin address to Edward de Vere.

Back to 1590:

Just preceding the Ignoto poem addressed to Edmund Spenser's *Fairy Queen*, there is a poem on the theme of Achilles' sojourn in Skyros, signed by W.L. Could this 'signature' stand for 'William Lance-shaker'?

E.K. Chambers's enumeration of the contents of the 1640 edition of *Shakespeare's Poems* is distorted beyond belief. Why?

Otherwise Chambers is very accurate for what he reveals, if unendurable for what he conceals!

Is it possible that Chambers chose to conceal the existence of the poem *Achilles* that connects Shakespeare with Achilles and Minerva? Did Chambers know of Gabriel Harvey's comparison of de Vere with Achilles and Minerva? Did Chambers know that Shaxberd was not the real Shakespeare?

EDWARD DE VERE AND THE TURKS

After visiting Sicily in 1575, Edward de Vere wrote, on 17th March, 1575, to Burghley, his father-in-law, in England:

> 'For fear of the inquisition I dare not pass by Milan, the bishop whereof exercizeth such tyranny; whereof I take my way to Germany, where I mean to acqaint myself with Sturmius, with whom – after I have passed my journey which I now have in hand – I mean to pass some time'.

De Vere did visit Sturmius ('the stormy', from the Greek word 'στρόμβος'), for three years later (in 1578) Gabriel Harvey, addressing Edward de Vere, in the presence of Queen Elizabeth, said: 'It was not for nothing that Sturmius himself was visited by thee'.

And in 1609, five years after the real Shakespeare died, the Anonymous introduction to *Troilus and Cressida* refers to the inquisition, as Edward did in 1575:

> 'And believe this, that when he [Shakespeare] is gone and his comedies out of sale, you will scramble for them, and set up a new English Inquisition'.

The way *Inquisition* is described, both in Edward's letter of 1575 and in the 1609 dedication of *Troilus and Cressida*, indicates that this dedication was composed by the author itself.

And the main 'hero' of TC is, of course, Achilles.

After narrating his sojourn in Venice in 1575, Edward says:

> 'If the Turks come – as they be looked for – upon the coasts of Italy or ELSEWHERE, if I may will see the service; if he [the Turk]

cometh not, then perhaps I shall bestow two or three months to see Constantinople, and some part of Greece'.

The reason why Edward de Vere wanted to visit Constantinople was that 'Oxford' means Bosporus ('βοῦς+πόρος'= strait of the Cow, the Cow being Io, who encounters Prometheus, in the Aeschylean tragedy), and Bosporus is the gate to Constantinople.

Did Shakespeare visit Cyprus? (Cyprus was always a priceless member of the Greek world). Compare to the above, the passage in *Henry V* (5.2.208 ff.) where 'that ever-living man of memory Henry the Fifth' (1H6, 4.3.51-2) announces that he and his wife Katherine must bear a son who 'shall go to Constantinople and take the Turk by the beard'.

Compare also, from Harvey's address to Edward, July 1578:

'And what if suddenly a most powerful enemy should invade our borders? If the Turk should be arming his savage hosts against us?...
Thou wilt see it all; even at this very moment thou art fiercely longing for the fray', which not only echoes almost verbatim what Edward says of the Turks, 'if the Turks come *** upon the coasts of Italy or elsewhere', – but even uses the very verb, 'see'(Harvey, 1578: 'Thou wilt SEE it all', Edward de Vere, 1575: 'I will SEE the service').

In Shakespeare's works we have:

'I love not to SEE... duty in his SERVICE', MND, 5.1.90.
'to SEE the Tuscan SERVICE', AW, 1.2.16.
'He did LOOK far into the SERVICE', AW, 1.2.32.

So, it was not just in Harvey's imagination that Edward de Vere was really ready and prepared to fight against the Turks, it is there in Edward de Vere's letter as well. *Othello* must have not been a fortuitous work as far as Cyprus is concerned, because the island was captured within a year from Edward's marriage.

In 1571, the year of the capture of Cyprus by the Turks, Edward de Vere married Burghley's daughter, Anne Cecil. To commemorate this coincidence, Shakespeare inserted a scene in *Othello* in which the people of Cyprus are urged to celebrate both the victory of Othello's fleet over the Turks and the marriage of Othello with Desdemona.

Incidentally, the storm in *Othello* contributes to the destruction of the Turkish fleet in the same way that the storm was responsible for the destruction of the Spanish Armada. (This strengthens further the connection of *The Tempest* with Cyprus). Gabriel Harvey's reference to a possible Turkish invasion of England is hint that *Othello* had been largely composed by, or even before, 1578.

∽

A Spanish source has been discovered for *Romeo and Juliet*. Did Shakespeare know the Spanish language? Did he know Cervantes, who fought in the Battle of Lepanto against the Turks, a few days after the capture of Cyprus by the Turks, and four years before Edward de Vere's visit to Sicily in 1575? But conversely, as Ingleby discovered, Cervantes' *Don Quixote*, Part II, 1615, has traces of *As You Like It* and *Macbeth*. In 1578, at the sea-battle against the Armada in which the Spanish fleet was destroyed by the storm, (in the same way the Turkish fleet attempting to invade Cyprus in *Othello* is annihilated by another storm), Edward de Vere attempted unsuccessfully to imitate Aeschylus at Salamis.

∽

E i fanciulletti, e le pudiche, e schive
Degli sguardi e del sol, greche matrone,
Le fenestre occupar fiori gittando,
Con mani che parean quelle dell'alba.


B) DEATH AND DESTRUCTION: THE ARMADA
EDWARD DE VERE JOINING THE BATTLE

Seventeen years after the capture of Cyprian Salamis in Cyprus by the Turks, and the sea battle of Navpaktos (*Lepanto*), a great naval force was ready to sail off from Lisbon to escort Parma's invading vessels from Flanders for an invasion of England. But admiral Medina Sidonia was not so sure of victory. 'To undertake so great a task with forces equal to those of the enemy would be inadvisable', he wrote to King Philip, 'but to do so with an inferior force, as ours is now, with our men lacking in experience, would be still more unwise'. But King Philip ordered him to obey and proceed.

In England the reports on the Armada's movements were very confusing, as Shakespeare describes the meeting:

> 1 EARL: My letters say a hundred and seven galleys
> Make for England.
> ELIZABETH: And mine a hundred and forty.
> 2 EARL: And mine two hundred.
> ELIZABETH: They all confirm
> A Spanish fleet and bearing up to England.
> SAILOR: The Spanish preparation makes for Lisbon.
> ELIZABETH: This cannot be. When we consider
> The importancy of England for the Spanish,
> We must not think Spain is so unskillful
> To leave that latest which concerns her first.
> MESSENGER: The Catholics, steering toward Corunna,
> Hath there injoined them with an after fleet.
> QUEEN: How many, as you guess?
> MESSENGER: Of thirty sail,
> Bearing their purposes toward England.
> QUEEN: Valiant Howard, we must straight employ you
> Against the general enemy Philip.

On July 19, 1588, the Spanish Armada reached Lizard Point. At the sight of land, admiral Medina Sidonia ordered his great flag to be hoisted, showing the Crucifixion with Maria Magdalene and the Virgin Mary kneeling beside the cross, her eyes upraised in supplication: 'Arise, O Lord, and vindicate thy cause!' It was the banner blessed by the Pope.

The English were caught unprepared. The largest part of their fleet was at Plymouth, dead to leeward. But the Spanish, instead of attacking without any delay, decided to follow King Philip's stupid command not to engage the English fleet unless provoked.

So, their biggest (and only, as it turned out) chance of winning the war, and avoiding disaster, was lost.

Edward de Vere, joined the battle with his own ship, the *Edward Bonaventure*. A contemporary poet, I.L. describes the gathering of the English sea-warriors:

> De Vere, whose fame and loyalty hath pierced
> The Tuscan clime, and through the Belgic lands
> Like warlike Mars upon the hatches stands,
> His tusked BOAR 'gan foam for inward ire,
> While PALLAS filled his breast with warlike fire.

The trapped English ships at Plymouth, by a neat night manoeuvre (undetected by the Spaniards!) were able to get west of the Armada, thus gaining the tactical initiative. In three encounters, off Plymouth on 21 July, at Portland Bills on 23, and off the isle of Wight on 25, the English harassed the Spanish fleet at long range, easily avoiding all attempts by the Spaniards to bring them in close action, but were able to inflict only limited damage on the Spanish formation.

Edward de Vere, for unknown reasons, was forced to leave the English fleet and on July 27, arrived at Tilbury. That same day marshal Leicester invited the Queen to come and inspect her troops at Tilbury.

In the afternoon of that same day, the Armada, manned by seamen (Cervantes's comrades-at-arms among them plus Lopez de Vega!) who had defeated the Turks at Lepanto 17 years earlier, crossed the channel and anchored at an ominously exposed position off Calais, waiting for Parma's transport ships to sail off. The English also anchored in front of them, and were reinforced by squadrons that had been guarding the narrow seas. Parma at once began embarking his invasion troops.

But at midnight, 28/29 July, the English launched eight fireships into the Spanish fleet, forcing the Spanish ships to cut or slip their cables and stand out to sea to avoid catching fire. Their formation was thus completely broken.

Dawn, 29 July, broke, and the long-awaited battle began. The English attacked at long range the disorganized ships off Gravelines, between Calais and Dunkirk. Three Spanish ships were sunk or driven ashore, others were badly damaged.

A fierce northwesterly wind threatened to engulf the whole Spanish fleet glued on the dismal and deadly lees shore. For eight hours, the English struggled to destroy the enemy ships trapped against the sandbanks.

But, now, as in Greek Tragedy, unexpected things began happening:

First, the English were obliged, by shortage of ammunition, to break off the action at the most crucial hour of the battle. Second, one of the Catholic saints intervened to save the Armada. It was St. Lawrence's day, and the wind suddenly shifted to southwesterly. The catastrophic drift of the Spanish ships on the treacherous sandbanks ceased, unpinning the colossal Armada. The Spanish found themselves in deeper waters and temporary salvation. Third, the Spanish were also short of ammunition. Fourth, neither fleet realized anything of the ammunition shortage of the enemy.

The invincible Armada, in spite of its serious losses, was still the greatest fleet in history. ('All the world never saw such a force as theirs was': Howard). But Medina Sidonia no longer believed in victory. Little powder was left, of great shot almost none at all. To avoid both the English fleet, the destructive winds and the English narrows, he decided to turn northwards. (Did it ever cross Sidonia's mind for a moment that Darius' naval force was once destroyed off Mount Athos, not by human agents, but by the waves and the winds?) If he had read Aeschylus' *Persians*, he would not have hesitated to cross the English Channel without second thought.

With the fate of the Armada still undecided, Queen Elizabeth, deliberated the possibility of visiting Tilbury, 'despite fears of some of her safety' (Neale). 'Good sweet Queen', Leicester wrote, when she informed him secretly of her decision, 'alter not your purpose'. She sailed on the ebb tide in her royal barge towards Tilbury – a day's travel nearer the enemy. Her arrival, on 8 August, is described by Shakespeare with the persuasiveness of an eye-witness:

LEICESTER: O behold, the riches of the ship
Is come on shore!
OXFORD: O my fair warrior!LEICESTER: My dear Edward!
Tempests themselves,
High seas, and howling winds,
The guttered rocks, and congregated sands, --Traitors
Ensteeped to clog the guiltless keel,
As having sense of beauty, do omit
Their mortal natures, letting go
Safely by the divine Elizabeth!
ESSEX: You men of England, let her have your knees.
LEICESTER: Hail thee, lady, and the grace of heaven,
Before, behind thee, and on every hand,
enwheel the round.
ELIZABETH: Thank you, Leicester.
LEICESTER: Give renewed fire to our extincted spirits,
And bring all England comfort.
Ye men of Tilbury, let her have your knees!

'Lord bless you all', she cried, 'as the men fell on their knees and prayed for her.' (Neale). 'Every man the Queen passed fell to his knees and called on God to preserve her'. (Carolly Erickson).

A strongly built youth, with dark visionary eyes, stood at the Queen's left. Robert Devereux, 2nd earl of Essex, the Queen's cousin.

Elizabeth came back next morning, 9 August. Mounted on a noble white charger, with Leicester at her side, dressed 'as armed Pallas', a corselet over her magnificent apparel, a page bearing her white-plumed helmet, she rode the ranks of her army, with a marshal's baton in her hand, bareheaded. The pikes, lances, and colours of each company lowered in homage as she passed, courageous and smiling, amid the affectionate plaudits of the animated soldiery.

Elizabeth's dauntless address to the troops at Tilbury teems with expressions from tragedies that would be published many years later, by the nonexistent Shakespeare! (Gulielmus Shaxberd, 24 years of age, was that day killing as many a pig as he could lay his hands on at his father's butchery at Stratford!)

On the authenticity of Elizabeth's Tilbury speech, see Neale, *Essays in Elizabethan History*.

MY LOVING PEOPLE,
So dear the love my people bore me (TEM)
I love the people (MM)
Why do people love you? (AYL)
We love our people well (1H4)
one that hath always loved the people (COR)
loves not the common people (COR)
He loves your people (COR)
your people, I love them (COR)
not indeed loved the common people (COR)
'Tis he the common people love so much (COR)
our slippery people, whose love is never (AC)
The people love me, and the sea is mine (AC)
that hath outlived the love of the people (TNK)
I will restore to thee the people's hearts (TA)

WE HAVE BEEN PERSUADED BY SOME THAT
ARE CAREFUL OF OUR SAFETY,
counsel and aid them, for their better safety (WT)

TO TAKE HEED HOW WE COMMIT OUR SELVES
TO ARMED MULTITUDES,
His army is a ragged multitude (2H6)
what! multitudes, and fear? (3H6)

FOR FEAR OF TREACHERY;
A treacherous army levied (TEM)
To kings that fear their subjects' treachery? (3H6)

BUT I ASSURE YOU I DO NOT DESIRE
TO LIVE TO DISTRUST MY FAITHFUL
AND LOVING PEOPLE.
LET TYRANTS FEAR,

I knew him tyrannous, and tyrants' fears (PER)
tyranny tremble at patience (WT)
fearing of time's tyranny (SONN)
I think, you fear the tyrant (PER)
'Tis time to fear when tyrants seem to kiss (PER)
whose beauty tyrants fear (E3)
A foe to tyrants, and my country's friend (JC)

I HAVE ALWAYS SO BEHAVED MYSELF THAT,
UNDER GOD, I HAVE PLACED MY CHIEFEST
STRENGTH AND SAFEGUARD IN THE LOYAL
HEARTS AND GOOD-WILL
with all good will, with all my heart (MND)
heart and good will you might (CE)
of a child's goodwill (KL)
let me have your goodwill (MW)
And give thee half my kingdom in good-will? (KL)
May answer my good will (CE)

OF MY SUBJECTS; AND THEREFORE I AM COME
AMONGST YOU, AS YOU SEE, AT THIS TIME,
NOT FOR MY RECREATION AND DISPORT,
BUT BEING RESOLVED, IN THE MIDST
AND HEART OF THE BATTLE,
TO LIVE AND DIE AMONGST YOU ALL;
I have many other ways to die (AC)
Cleopatra died, I have lived in such dishonour (AC)
I have hope to live, and am prepared to die (MM)
to sue to live, I find I seek to die (MM)
to live or die (MM)
come, lady, die to live (MA)
I will live in thy heart, die in thy lap (MA)
one hero died defiled, but I do live (MA)
if I live to be as old as Sibylla, I will die (MV)
Whether I live or die (AW)
whether they live or die (MAC)
Come, side by side together live and die (1H6)
That I must die here and live (KJ)

In that I live and for that will I die (R2)
I am merrier to die than thou art to live (CYM)
if thou live remembered not to be, die (SONN)
only live and die (SONN)
To live or die I hold indifferent (E3)

TO LAY DOWN FOR MY GOD, AND FOR
MY KINGDOM, AND FOR MY PEOPLE,
MY HONOUR AND MY BLOOD
Are thou of blood and honour? (TC)
Or bathe my dying honour in the blood (AC)

EVEN IN THE DUST.
And lay the summer's dust with showers of blood (R2)
and shed my dear blood drop by drop in the dust (1H4)
Write in the dust this sentence with thy blood (3H6)
now my glory smear'd in dust and blood! (3H6)

I KNOW I HAVE THE BODY BUT
OF A WEAK AND FEEBLE WOMAN
Feeble the woman's tailor (2H4)

BUT I HAVE THE HEART AND STOMACH OF A KING,
be stomachers to my heart (CYM)
Golden quoifs and stomachers for my lads (WT)

AND OF A KING OF ENGLAND TOO,
Doth not the crown of England prove the king? (KJ)
Of England's true-anointed lawful king (3H4)
great England's lawful king (2H6)
Great king of England (2H6)

AND THINK FOUL SCORN THAT PARMA OR SPAIN,
And take foul scorn (1H6)

OR ANY PRINCE OF EUROPE,
Of any king's in Europe (CYM)

SHOULD DARE TO INVADE THE BORDERS OF MY REALM;
invade the region of my heart (KL)
France invades our land (KL)
this realm, this England (R2)
the king and realm (1H6)
the king his realm (2H6)
unpeople this my realm (3H6)
I weigh'd the danger which my realm stood (H8)


TO WHICH RATHER THAN ANY DISHONOUR
SHALL GROW BY ME,
I MYSELF WILL TAKE UP ARMS,
to take up arms against a sea of troubles (HAM)


I MYSELF WILL BE YOUR GENERAL,
Are you content to be our general? (TG)


JUDGE, AND REWARDER OF EVERY ONE
I do refuse you for my judge (H8)
Heaven is my judge (OTH)
You shall judge (TG)
You shall not be my judge (H8)
I will reward you for this venturous deed (2H6)
Who shall reward you better (R3)
he should reward them well (PER)


OF YOUR VIRTUES IN THE FIELD.
I KNOW ALREADY, FOR YOUR FORWARDNESS
why doubt'st thou of my forwardness (1H6)
This cheers my heart, to see your forwardness (3H6)
I will requite thy forwardness (3H6)


YOU HAVE DESERVED REWARDS AND CROWNS,
AND, WE DO ASSURE YOU IN THE WORD OF A PRINCE ,
THEY SHALL BE DULY PAID YOU.
may have their wages duly paid 'em (H8)

IN THE MEANTIME, MY LIEUTENANT GENERAL
SHALL BE IN MY STEAD, THAN WHOM NEVER
PRINCE COMMANDED A MORE NOBLE OR WORTHY
SUBJECT; NOT DOUBTING BUT
BY YOUR OBEDIENCE TO MY GENERAL,
the obedience to a master (WT)
our obedience to the king (H5)
my best obedience to the queen (WT)
I am your most obedient servant (AW)
BY YOUR CONCORD IN THE CAMP, AND
YOUR VALOUR IN THE FIELD,
the reward of valour (2H4)
should reward valour (1H4)

WE SHALL SHORTLY HAVE A FAMOUS VICTORY OVER
THOSE ENEMIES OF MY GOD, OF MY KINGDOM,
AND OF MY PEOPLE.
if you fight against God's enemy (R3)
chief enemy to the people (COR)
as enemy to the people and his country (COR)
given your enemy your shield (COR)
The people's enemy is gone, is gone! Citizens. Our enemy is banish'd! (COR)
You have been a scourge to her enemies (COR)
Your enemies, with nodding of their plumes (COR)
He was your enemy (COR)
Marcius your old enemy (COR)
Your enemies are many, and not small (H8)
Know Banquo was your enemy (MAC)
enemy of the people (COR: 3 times)

Three questions arise now, for what happened in the lapse 27 July - 8 August 1588:
  (a) Was Elizabeth's address actually written by William Shakespeare, i.e. Edward de Vere?
  (b) Was Edward's flight from the battle dictated by a secret message from Elizabeth? 'But the Queen again recalled him, for unknown reasons', informs us Joseph Sobran.

(c) Was Edward's and Elizabeth's arrival at Tilbury – within the space of two weeks – not fortuitous, but prearranged by Elizabeth, to secure Edward's safety, and grant him ample time to compose the historic address? (The Queen was invited by her Leicester to come to Tilbury on the very day in which Edward arrived there!)

Alone, alone, all all alone, alone on a wide, wide sea.
And never a saint took pity on my soul in agony.
I looked upon the rotting sea, and drew my eyes away.
I looked upon the rotting deck, and there the dead men lay.

After crossing mountainous passages between Norway and Scotland, the Armada turned south to reach Ireland for supplies. But unprecedented storms and gigantic waves welcomed them, proving more destructive than the English cannons. Medina's despair is the same as Shakespeare's Pericles:
MEDINA SIDONIA:
Thou god of this great vast, rebuke these surges,
Which wash both heaven and hell; and thou that hast
Upon the winds command, bind them in brass,
Having called them from the deep! O, still
Thy deafening, dreadful thunders; gently quench
Thy nimble, sulphurous flashes.

Many of the ships foundered in the open sea, while others smashed onto the west coasts of Ireland and were wrecked. Nineteen ships were destroyed. Of the rest, only 60 ships are known to have reached Spain, many of them too badly damaged to be repaired, and perhaps 15,000 of the Spanish force perished.

The greatest military fleet was defeated by the elements and destroyed on the western coasts of Ireland.

1 SAILOR: What from the cape can you discern at sea?
2 SAILOR: A segregation of the Spanish fleet.
For do but stand upon the foaming shore,
The chidded billow seems to pelt the clouds.
The wind-shaked surge, with high and monstrous main,

Seems to cast water on the burning Bear,
And quench the guards of the ever-fixed pole.
I never did like molestation view
On the enchafed flood.
1 SAILOR: If that the Spanish fleet
Be not ensheltered and embayed, they are drowned.
It is impossible to bear it out.

The Persian inhabitants rejoiced prematurely when they heard that Athens had been captured by Xerxes, to be awakened by the destruction at Salamis. So did the Spanish when they heard that their Armada had captured Drake.

While Medina Sidonia was lying ill in his palace, the Spanish populace chanted outside his windows that Drake was coming to fetch him. Miguel de Cervantes, wrote a satire against Sidonia, not forgetting to mention the Earl of Essex, 'el Conde':

Tronó la tierra, obscurecióse el cielo,
Amenazando una total ruina.
Y al cabo en Cádiz, con mesura harta
Ido ya el Conde, sin ningún recelo,
Triunfando entró el gran Duque Medina.

The ultimate fate of the Armada would be the same as that of the Turkish fleet off the coasts of Cyprus, as described by Shakespeare in *Othello*.

MEDINA SIDONIA: O, insupportable! O heavy hour! Me thinks
It should be now a huge eclipse of sun and moon,
And that the affrighted globe should yawn at alteration.
Here's my journey's end, here is my butt, and very SEA-mark
Of my outmost SAIL. Where should Sidonia go?
MIGUEL DE CERVANTES: Our wars are done, the Spanish are drowned.
MEDINA SIDONIA: Whip me, ye devils, from possession
Of this heavenly sight. Blow me about in winds. Roast me

In sulphur! Wash me in steep-down gulfs of liquid fire.

The English did not lose a ship. 'After the dissipation of the Spanish Armada accounted invincible', Elizabeth, 'among the meanest of her people, confessed, Non nobis Domine, non nobis; sed nomini tuo Gloria', wrote Henry Chettle. November 24, 1588:

1 EARL: Tempests themselves, high seas and howling winds,
The battered rocks, and congregated sands,
Traitors ensteeped to clog the guiltless keel –
2 EARL: The divine Elizabeth!
ELIZABETH: Thank you, the valiant of this warlike isle.
HOWARD: The desperate tempest hath so banged the Spanish
That their designment halts:
DRAKE: A grievous wreck
and sufferance on most of their fleet.
'The noble Earl of Oxford then, High Chamberlain of England,
Rode right before Her majesty, his bonnet in his hand.
The Earl of Essex after her did ride the next indeed
Which by a costly silken rein did lead her Grace's steed ***.
The Earl of Oxford opening then the windows for her grace,
The Children of the Hospital she saw before her face'.

'Ελέναυς That Drake saw the Armada & sea caves', wrote Ezra Pound.
'Helenavs' is Aeschylus' Helen, the 'ship-destroyer', Drake's Elizabeth.
Pound's 'sea caves' is a conscious echo from Aeschylus' description of the sea-battle at Salamis, 'ὄρθιον δ' ἅμα αντηλάλαξε νησιώτιδος πέτρας ηχώ'.

∽

La vittoria così, Vate, talvolta
Coronar si solea; ma or tu col canto
Offri ad altra vittoria altra corona.

## CHAPTER 5

# EDMUND SPENSER

A) *TEARS OF THE MUSES*

In 1595 *The True Tragedy of Richard Duke of York and the Good King Henry the Sixth* was published, but it was written, (as all pro-Stratfordian critics go on repeating), before 1592, possibly in 1591 because a line from this play is (mis)quoted in Greene's *Groatsworth of Wit* of 1592, as 'Tiger's heart wrapped in a player's hide'! The line in Shakespeare is 'O Tiger's heart wrapped in a woman's hide!'

But – what nobody else had previously thought of – 'True Tragedy' was alluded to as early as 1591 (or earlier) by none other than Edmund Spenser. Melpomene, the Muse of Tragedy, laments in Spenser's *Tears of the Muses*:

But I that in TRUE tragedies am skilled
The flower of wit, find NOUGHT to busy me.

Now Spenser, with these two lines, achieves not one but two effects in one stroke: First, by bringing in the two crucial words of the de Vere coat-of-arms -- 'true/nought' ('nihil/verius') -- he creates, as it were, Edward de Vere poetically, and, secondly, by 'mentioning' the name of the tragedy, ('... true tragedies ...') he implies that Edward de Vere was the author of *The True Tragedy*, and thus we have the first (barring Gabriel Harvey's testimony of 1578) clear, real and unmistakable identification of Edward de Vere with the author of one of William Shakespeare's plays (3 *Henry VI*). Can anybody explain away Spenser's 'unvalued' testimony differently?

Spenser's tragic Muse, Melpomene, then, in 1591, one year before Greene's *Groatsworth of Wit*, finds 'nought to busy' her. These lines are identical in meaning with 'that same gentle spirit' lamented (in *Tears of the Muses* again) by Thalia, the Muse of Comedy, that 'doth rather choose to sit in idle cell than so himself to mockery to sell'.

If the poet who chose 'to sit in idle cell' was really Shakespeare, as every Shakespearean scholar (pro- or anti-Stratfordian alike) has asserted, then the identification of Shakespeare with Edward de Vere is inescapable.

As almost every Shakespearean scholar (Ingleby is a great exception) has long ago understood, the following three stanzas from Thaleia's lament in Spenser's *The Tears of the Muses* must refer to William Shakespeare:

> And he, the man whom NATURE self had made
> To mock herself, and TRUTH to imitate,
> With kindly counter under Mimic shade,
> Our pleasant Willy, ah is dead of late:
> With whom all joy and jolly merriment
> Is also deadened, and in dolour drent.
>
> Instead thereof scoffing Scurrility
> And scourning Folly with contempt is crept,
> Rolling in rymes of shameless ribaudry
> Without regard, or due decorum kept,
> Each idle wit at will presumes to make,
> And doth the learned's task upon him take.
>
> But that same GENTLE Spirit, from whose pen
> Large streams of HONEY and SWEET nectar flow,
> Scorning the boldness of such base-born men,
> Which dare their follies forth so rashly throw,
> Doth rather choose to sit in idle Cell
> Than so himself to mockery to sell.

Eric Sams, in his pioneering book *The Real Shakespeare* has convincingly maintained that, in Spenser's *Tears of the Muses*, some 'further references to scoffing Scurrility' and 'rhymes of shameless ribaudre' assort well with, respectively, the religious pamphleteering known as the Marprelate Controversy and the obscene verses called *The Choice of Valentines*. Thomas Nash had contributed to the former and written the latter; his satirical style is well described as 'scoffing scurrility'. 'It seems then that Shakespeare', according to Spenser's information, 'had resolved to withdraw from the theatre scene in 1590 rather than endure public mockery from Nash, already notorious for his invective and obscenity'. Thus Sams, eons ahead of his times. But even Sams, trapped in his Procrustean bed of Stratfordian planks, has failed to observe the following simple 'co-incidences':

1) Spenser's reference to "such base-born men" (which he repeats more strongly in Polyhymnia's lament, 'but suffer her [Poetry] profaned to be of the base vulgar, that with hands unclean dares to pollute her hidden mysteries') is equivalent to the motto from Ovid, which Shakespeare included in *Venus and Adonis*, "Vilia miretur vulgus; mihi flavus Apollo Pocula Castalia plena ministret aqua" (translated by Marlowe as 'Let base-conceited wits admire vile things, fair Phoebus lead me to the Muses' springs!'), and two equivalent phrases from the dedication of the 1609 *Troilus and Cressida* ('a new play, never staled by the stage, never clapper-clawed with the palms of the vulgar', and 'not being sullied with the smoky breath of the multitude'). ...

2) Spenser's 'the man whom Nature self had made to mock herself' is in agreement with what most of the Elizabethans believed about Shakespeare, and which persisted until Coleridge.

3) 'That gentle spirit' described by Spenser can be none other than Shakespeare, because he, more than any other Elizabethan, was called 'gentle', and Spenser must have known it.

4) 'From whose pen large streams of honey and sweet nectar flow': This description by Spenser clearly points to Shakespeare because he, more than any other Elizabethan, was so described. This identification of the most 'wilde' Shakespeare with honey and nectar was an ingenious way of pinpointing to his parents, his father being JOHN de Vere (the connection with the 'mellifluous' JOHN CHRYSOstom (GOLDENmouthed) was assisted by the rare coincidence that his mother's name was Margaret GOLDING.

5) 'Scoffing Scurrility' must refer, as Sams has discovered, to the poem *Choice of Valentines* of Nashe, dedicated to Lord S. This lord has not been identified with certainty, but Spenser's testimony that 'the man' who imitated "Truth", 'scorning the boldness of such base-born men' who 'dare their follies forth so rashly throw', can be none other than 'that same gentle Spirit' who took offense by Nashe's poem. He cannot be Lord Southampton, he cannot be Lord Strange, or anybody else whose name begins with 'S'. He is Shakespeare himself. Thomas Nashe, in the prefatory sonnet dedicated 'to the right honourable the lord S.' of his long (345 lines) licentious poem *The Choice of Valentines* addresses lord S. thus:

> Pardon sweet flower of matchless poetry,
> And fairest bud the red rose ever bore,

indicating that Lord S., like Edward de Vere, was a Lancastrian.

6) Spenser, in his *Fairy Queen*, begins his sonnet addressed to Edward de Vere thus:

> 'Receive most noble Lord in gentle gree,
> The unripe fruit of un unready wit'.

In his *Choice of Valentines*, Nash concludes his introductory sonnet, dedicated to 'Lord S.', thus:

> 'Accept of it Dear Lord in gentle gree,
> And better lines ere long shall honour thee'.

Now, if Nashe was deliberately inspired for the above two lines of the dedicatory poem that Spenser addressed to the 'Earl of Oxenford' (Edward de Vere), then the identification of Shakespeare with Edward de Vere becomes almost certain.

The similarity between the two couplets is such as to exclude the possibility of not identifying Edward Oxenford with 'Lord S', Nash's addressee. So 'S' must stand for 'Shakespeare', and not for 'Lord Strange', or 'Southampton', or anybody else.

7) Spenser's information that Shakespeare 'doth rather choose to sit in idle cell than so himself to mockery to sell' may explain why so many long stretches of Shakespeare's life were so secretive.

8) 'Under mimic shade' accords almost exactly with Spenser's description of Edward de Vere as living 'under a shady veil', and the verse 'Shake off thy veiled ...' from the poem in praise of Shakespeare in Benson's *Shakespeare's Poems* of 1640.

B) *COLIN CLOUT'S COME HOME AGAIN*

In *Colin Clout* (1591-4), Spenser wrote:

And there, though last not least is Aetion,
A gentler shepherd may nowhere be found:
Whose Muse, full of high thought's invention,
Doth like himself Heroically sound.

C. M. Ingleby's comment on this quatrain of Spenser's cannot be bettered:
'That Spenser's stanza on Aetion really refers to Shakespeare is established by the fact that no other heroic poet ... had a surname of heroic sound'.

But nobody, as far as we know, has thought of connecting Spenser's use of the word 'invention' with the most stumbling block of Shakespearean criticism, the 'difficult' phrase in the dedication of *Venus and Adonis*: 'But if the first heir of my invention prove deformed...'

The 'invention', to which Spenser alludes, Charlton Ogburn discovered, is none other than that of which *Venus and Adonis* was the first heir, i.e. the pseudonym 'William Shakespeare'. Every other explanation of Shakespeare's sibyllic phrase, 'the first heir of my invention', leads either to blatant contradiction or to unnecessary confusion.

Spenser's reference to 'high thought's invention', can only allude to Shakespeare's 'first heir' of his 'invention', the ingenious penname 'William Shakespeare', whose first heirs were the two narrative poems of 1593-4.

Spenser's 'last but not least' may be Spenser's way of paying Shakespeare a compliment, by referring to Lear's address to Cordelia, 'But now our joy, although the last, not least in our dear love', *King Lear*, Q1, 1608 changed to the much inferior 'Now our joy, although our last and least', in F1, 1623.

John Webster, in the last paragraph of his dedication to *The White Devil* (1612), pays to Shake-speare an analogous compliment. After referring to the works of Chapman, Johnson, and Beaumont & Fletcher, he writes: 'And lastly (without wrong last to be named) the RIGHT happy and copious industry of M. Shake-speare'.

Edmund Spenser's address to Edward de Vere in 1590, 'which by thy countenance doth crave to be defended from foul Envy's poisonous bit', is an echo of Gabriel Harvey's address to Edward de Vere in 1578, 'Thine eyes flash fire, thy countenance shakes spears', in the same way that Spenser's 'foul Envy's poisonous bit' is echoed in Jonson's 1623 poem on *My Shakespeare*: 'to draw no envy' and 'crafty malice'.

Sams proposed 'Aithon' (Greek word meaning 'Flaming') as a possible explanation of Spenser's Aetion. Could 'Etion' also stand for AISION, 'propitious', one of the meanings of the word 'doripaltos'? 'Aithon', in Ovid's *Metamorphoses*, is one of the horses that drew the chariot of the sun-god Apollo. Cf. 'Flavus Apollo' in the Dedication of VEN.

To show that under Spenser's "Willy" lies Shakespeare, we have but to see that the basic expressions about Shakespeare found in *Tears of the Muses* (1590) and Colin Clout's *Come Home Again* (1591) were copied by all subsequent commentators on Shakespeare: THOUGH LAST NOT LEAST (*Colin Clout*, 1591): lastly [without wrong (rightly!) last to be named] the right happy industry of M. Shake-speare...

AETION (*Colin Clout*, 1591):

Falcon is one of the symbols of the de Veres, 'bought' by Shaxberd in 1596.
GENTLEST SHEPHERD (*Colin Clout*, 1591)
GENTLE SPIRIT (*Tears of the Muses*, 1590):

'FRIENDLY Shakespeare', Skoloker, 1604
'DEAR-LOVED a neighbour', Barksted, 1607
'GOOD Will', 'honestly thou sowest', Davies, 1611
'COLIN, we are SHEPHERDS but in vain', Edwards, 1595
'GENTLE Shakespeare', Jonson, 1623 (twice)
'as SMOOTH a comic vein', Drayton, 1627
'GENTLE Shakespeare', Milton, 1636-1641
'my FRIEND Mr. William Shakespeare', Suckling, 1636-41
'HONOURED', Anonymous, 1637
'Shakespeare's GENTLER Muse', Denham, 1647
'thy GENTLE and ingenious Shakespeare', Cokain, 1658
'GENTLE Shakespeare had a fluent wit', Cavendish, 1662

'SCORNING THE BOLDNESS OF SUCH BASE-BORN MEN' (*Tears of the Muses*, 1590):

'BASE-MINDED men all three of you' (!), Greene, 1592
'never staled with the stage, never clapper-clawed with THE PALMS OF THE VULGAR', TC, 1609
'NOT BEING SULLIED WITH THE SMOKY BREATH OF THE MULTITUDE', TC, 1609
'companion for a KING', 'a KING among the meaner sort', Davies of Hereford, 1611
'thou has a REIGNING wit', Davies, 1611
'your SERVANT Shakespeare', Heminge, 1623
'STAR of poets', Jonson, 1623
'But Sh. the PLEBEAN DRILLER was foundered in Pericles and must not pass', Tatham, 1652
*Plebean Imp*, I.M.S., 1632
'Shakespeare's power is SACRED as a KING'S', Dryden, 1667
'PROMETHEAN-LIKE', Flecknoe, 1670
'HEAVEN made his men, but S. made his own', Dryden, 1672
'Shakespeare's SACRED NAME', Dryden, 1676
'DIVINE Shakespeare', Dryden, 1678
'INCOMPARABLE Shakespeare', Dryden, 1679

FULL OF HIGH THOUGHT'S INVENTION (*Colin Clout*, 1591):

'your admired inventions', Greene, 1592
'lofty Shakespeare', Warren, 1640
'thy high-tuned strain', Warren, 1640
'Hastivibrans or Shakespeare', Fuller, 1643-1662
'enraged, his shivering spear did shake', Spenser, 1590
'they laugh to scorn the shaking of the spear', Davies of Hereford, 1609
'he shakes his furious spear', Marston, 1610
'Brave Shakespeare flowed', Berkenhead, 1647
'brave Shakespeare', Lovelace, 1660

LIKE HIMSELF HEROICALLY SOUNDS (*Colin Clout*, 1591):

'BRAVE Shakespeare', Anonymous, 1603
'and SHAKE A SCENE', Jonson, 1623
'THUNDERING Aeschylus', Jonson, 1623
'to SHAKE a LANCE as BRANDISHED', Jonson, 1623
'Britain's BRAVE', Holland, 1623
'as STRONG a CONCEPTION and as CLEAR A RAGE', Drayton, 1627
'Thou hast so used thy pen or SHOOK THY SPEAR,
That poets startle, nor thy wit come near', Bancroft, 1639
'HASTI-VIBRANS or Shakespeare', Wistaneley, 1684
'RARE tragedian', Wistaneley, 1684
'HONEST', Langbaine, 1691
'GREAT', Radcliffe, 1682

TRUTH TO IMITATE (*Tears of the Muses*, 1590):

'ever truly', Webster, 1612
'true-filed lines', Jonson, 1623
"'tis true', 'echoes "Right!"', 'the truth', Jonson, 1623

UNDER MIMIC SHADE (*Tears of the Muses*, 1590):

'Sh. no glory was allowed his sun quite shrunk beneath a CLOUD', Sheppard, 1651

LARGE STREAMS OF HONEY AND SWEET NECTAR FLOW (*Tears of the Muses*, 1590):

1. 'Tiger's heart' (=Margaret GOLDING) + absolute JOHANNES factotum
2. 'SWEETEST veins', Southwall, 1594
3. 'Lucretia SWEET Shakespeare', Clarke, 1595
4. 'HONEY-tongued Shakespeare' / 'SUGARED tongues', Weever, 1595
5. 'MELLIFLUOUS & HONEY-TONGUED Shakespeare' / 'SUGARED sonnets', Meres, 1598
6. 'Shakespeare .. HONEY FLOWING vein' / 'Lucrece SWEET', Barnfield, 1598
7. 'his SWEETER verse', Anonymous, 1601-2
8. 'SILVER-TONGUED Melicert' / 'HONEYED Muse', Chettle, 1603
9. 'The HOG has lost his PEARL' [on *Pericles*], Taylor, 1614
10. 'SWEET swan of Avon', Jonson, 1623
11. 'SWEETEST Shakespeare', Milton, 1632-38
12. 'MELLIFLUOUS Shakespeare', Heywood, 1635
13. 'Thy Muses', 'SUGARED dainties', Bancroft, 1639
14. 'SWEETLY composed poems', Benson, 1640
15. '"Pericles", his SWEET and his to be admired play', Sheppard, 1646
16. 'SWEET swan of Avon', Anonymous, 1647
17. 'the SWEETEST swan of Avon', Daniel, 1647
18. 'SWEET companion', Wild, 1668

C) "IGNORANCE" IN SPENSER AND SHAKESPEARE

Edmund Spenser (in the *Tears of the Muses* especially) is extremely crucial to the solving of the Shakespearean authorship mystery. In MND Shakespeare alludes to this poem of Spenser's:
'The thrice-three Muses mourning for the death
of learning, late deceased in beggary'.

Now, in the whole wide world, there exist no writers, other than Spenser and Shakespeare, who castigated Ignorance so strongly, and in such similar terms. First Spenser:

'Image of HELLISH HORROR, Ignorance, borne in the bosom of the BLACK ABYSS and fed with FURIES' milk...

And him beside sits ugly BARBARISM, and BRUTISH IGNORANCE, crept of late out of DREAD DARKNESS of the DEEP ABYSM *** they dwell in lowly DUST, the sons of DARKNESS and of IGNORANCE, *** So all is turned into wilderness, whilst IGNORANCE the MUSES doth oppress.

What wrath of Gods, or wicked influence of stars conspiring wretched men to afflict, hath poured on earth this NOXYOUS PESTILENCE, That mortal mindes doth inwardly INFECT with LOVE of BLINDNESS and of IGNORANCE to dwell in DARKNESS without soustenance?

What difference twixt MAN and BEAST is left, When th' HEAVENLY LIGHT of KNOWLEDGE is put out, And th' ornaments of WISDOM are bereft? Then wandreth he in error and in doubt, Unwecting of the danger he is in, through flesh's frailty and deceipt of sin.

In this wide world in which they wretches stray, it is the only comfort which they have, it is their LIGHT, their LODESTAR in their day; But HELL and DARKNESS and the grislie GRAVE is IGNORANCE, the enemy of grace, that minds of men borne HEAVENLY doth debase'.

In 1896, John Owen, in his very important book, *The Five Great Skeptical Dramas of History*, wrote:
'That Shakespeare was fully convinced of the general advantages of knowledge over ignorance is a truth needing no demonstration; it is impressed on every page of his works'. Biron in *LLL* terms it the "angel knowledge". Ignorance, on the contrary, is a monster, barbarous, dark, barren, unweighing, etc.

Shakespeare juxtaposes them in the well-known passage:

'Ignorance is the curse of God,
Knowledge the wing wherewith we fly to heaven'.

From 2H6. To Owen's examples we add: From the same drama, 'O gross and miserable ignorance'. From TC: 'The common curse of mankind, folly and ignorance'. From KJ: 'barbarous ignorance'. From *Hamlet*: 'O, answer me! Let me not burst in ignorance'. From the *Sonnets*: 'heavy ignorance', 'rude ignorance'. But the following excerpt, from TN, is not only one of Shakespeare's best, but the most Spenserian as well:

MALVOLIO: Do not think I am mad; they have laid me in hideous darkness.
CLOWN: I say there is no darkness but ignorance;
MALVOLIO: I say this house is as dark as ignorance, though ignorance were as dark as hell.

## D) THE MYSTERIOUS IGNOTO

In 1590 Edmund Spenser published the first part of his masterpiece *Fairy Queen*. The work was preceded by half a dozen tributes in verse from other poets. The last of them is by *Ignoto*.

To looke upon a worke of rare devise
The which a workman setteth out to view,
And not to yield it the deserved prise,
That unto such a workmanship is dew,
Doth either prove the judgement to be naught
Or els doth shew a mind with envy fraught.

To labour to commend a peece of worke,
Which no man goes about to discommend,
Would raise a jealous doubt that there did lurke,
Some secret doubt, whereto the prayse did tend.
For when men know the goodness of the wyne,
T' is needless for the hoast to have a sygne.

True then to show my judgement to be such
As can discern of colours black and white,
As else to free my mind from envy's touch,
That never gives to any man his right.
I here pronounce this workmanship is such,
As that no pen can set it forth too much.

And thus I hang a garland at the dore,
Not for to shew the goodnes of the ware:
But such hath beene the custome heretofore,
And customes very hardly broken are.
And when your tast shall tell you this is trew,
Then looke you give your hoast his utmost dew.

In Ignoto's third stanza we notice again the black and white colours, the word RIGHT, the 'workmanship' of Spenser's poem. In the first, second, and fourth stanzas we find expressions like 'a work of rare device', 'deserved prize', 'NAUGHT', 'jealous doubt', 'secret doubt', 'TRUE', 'a mind with envy fraught'. In the sonnet addressed by Spenser "To the right Honourable the Earl of Oxenford, Lord High Chamberlain of England, etc." we find expressions like 'deserved from foul Envy's Poisonous bit', 'RIGHT well', 'TRUE nobility', the *Heliconian Imps* (= the Muses).

Edmund Spenser in "FQ" addressed to Edward de Vere the following sonnet:

To the right Honourable the Earle of Oxenford Lord high Chamberlayne of England. &c.

Receiue most Noble Lord in gentle gree,
The unripe fruit of an unready wit:
Which by thy countenaunce doth craue to bee
Defended from foule Enuies poisnous bit.
Which so to doe may thee right well besit,
Sith th' antique glory of thine auncestry
Under a shady vele is therein writ,
And eke thine owne long liuing memory,
Succeeding them in true nobility:
And also for the loue, which thou doest beare

> To th' Heliconian ymps, and they to thee,
> They unto thee, and thou to them most deare:
> Deare as thou art unto thy selfe, so loue
> That loues and honours thee, as doth behoue.

Although dedicated to Edward de Vere, Spenser's sonnet looks like the best answer to Ignoto's address. The inference is easy – Ignoto is Edward de Vere!

But that is only the beginning. What is more than curious is that Shakespeare himself borrows from IGNOTO!

In 1599 William Shakespeare wrote in a sonnet of *The Passionate Pilgrim*:

> Dowland to thee is dear, whose heavenly touch
> Upon the lute doth ravish human sense;
> Spenser to me, whose deep conceit is such,
> As passing all conceit, needs no defence.

There can be no question that Ben Jonson was harking back to the 'such/touch' lines of Ignoto, (and not to their reverberation 'touch/such' in *The Passionate Pilgrim*) when he commenced his 1623 eulogy of Shakespeare, a third of a century after Ignoto's Poem to Spenser, with

> To draw no envy (Shakespeare) on thy name,
> Am I thus ample to thy Book and Fame.
> While I confess thy writings to be such,
> As neither Man, nor Muse, can praise too much.

Jonson's 'name/fame' couplet harks back to his own verses addressed 'To One That Desired Me Not to Name Him':

> Be safe, nor fear thyself so good a fame,
> That, any way, my book should speak thy name.

What is exrtraordinary with Jonson's 'such'/'much' couplet is that it borrows both the wording and the rhyme of Ignoto's couplet.

And although Shakespeare's verses on Spenser intervened in 1599, [from where Shakespeare borrows both the wording and one (the 'touch/much') of Ignoto's two rhyme-pairs], we, to our wonder and astonishment, realize that Jonson does not even borrow the rhyme-pair that Shakespeare 'copied' from Ignoto, but he borrows the other Ignoto rhyme-pair ('such/much'), the one that Shakespeare left untouched!

Anybody can notice what is remarkable here. Ben Jonson uses two of the Ignoto rhymes ('such/much'), Shakespeare uses two other of the Ignoto rhymes ('touch/much'), but Ben Jonson does not use the Shakespeare rhyme but the Ignoto one. Why does Ben Jonson (in a poem addressed to HIS Shakespeare!) not use the Shakespeare rhyme, but the Ignoto rhyme of 1590? Why did Jonson choose to go 33 years back, to unearth a rhyme by the – seemingly – nonentity *Ignoto*?

A way out of this crisis is to compare what Spenser said of Edward de Vere in 1590, 'Sith the antique glory of thine ancestry' to what Ben Jonson said of Shakespeare in 1623: 'Look how the father's face lives in his issue, even so, the race of Shakespeare's mind, and manners brightly shines...'

It can be counterargued that Shakespeare's tribute to Spenser was actully written by one Richard Barnfield, and not by Shakespeare.

But, even so, the question remains: Why did Jonson in 1623, when praising Shakespeare (for the first and last time, let it be remembered!) take refuge in a poem written 33 years earlier, by the, apparently, non-entity 'Ignoto'?

None else, we think, than to facilitate future investigators of the Shakespearean Mystery to discover the dramatist's identity: Ignoto is Shakespeare is Edward de Vere.

Ignoto's influence was a very potent one. It lived to influence both Chettle in his 1603 dirge for Elizabeth, and the anonymous editor of *Othello*, 1622.

Kelainos, argas, voskomenan, molpan, ailinon: all the concepts in Aeschylus' passage from where Shakespeare took his name, are to be found both in Ignoto's third stanza of his 1590 tributary poem to Spenser, and in Chettle's dirge on the death of Queen Elizabeth in 1603. Chettle even uses two words, 'shepherd' and 'rape', to cover both meanings of the Greek word 'voskomenan'.

Incidentally, Bacon cannot be the author of *Othello*: In the 1622 Quarto edition, Thomas Walkley states that,

> 'the author being dead, I thought to take that piece of work upon me'.

It was not until 1626 that Bacon died.
But Walkley continues, commenting on *Othello* (1622):
'To commend it I will not, for that which is good, I hope every man will commend without entreaty; and I am the bolder because the author's name is sufficient to vent his work. Thus, leaving everyone to the liberty of judgement, I have ventured to print this play, and leave it to the general censure'.

The above paragraph contains, almost verbatim, what Ignoto (1590) said of the FQ in the second stanza of his tributary poem to Spenser:

> 'To labour to commend a piece of work which no man goes to discommend ... For when men know the goodness of the wine, 'tis needless for the host to have a sign'.

~

Grande e bella, o Cantor, l'alma dell'uomo.
Sotto il riso d'un ciel che non ha nube,
Stan soffermate a ragionar fra loro,
Quinci un Anglica prua, quindi una Greca.

# CHAPTER 6

# ROBERT GREENE

1) 'SHE-WOLF OF FRANCE!'
Whitman wrote in *November Boughs* (1888):

'Only one of the 'wolfish earls' so plenteous in the plays themselves [Shakespeare's Historical Plays,] or some descendant and knower, might seem to be the true author of these amazing works -- works in some respects greater than anything else in recorded Literature'.

'Only one of the wolfish earls'? But there is no reference at all, in all Shakespeare, to any 'wolfish earl'! Was, then, Whitman led astray? Not exactly. What must have precipitated Whitman's statement was none other than the following line from 3 *Henry VI* (1.4.111):

'She-wolf of France, but worse than wolves of France'!
This line is followed, half a page later, by the immortal line
'O tiger's heart wrapped in a woman's hide!'

It is, of course, the line parodied in *Greene's Groatsworth of Wit* of 20 September, 1592, as:
['O] Tyger's heart wrapped in a Player's hide'!

This 'she-wolf' ('with a tiger's heart') is none other than MARGARET d' Anjou.
In Act 3, Scene 3, of the same play, (first published, we remember, as *The True Tragedy of Richard Duke of York, and the Good King Henry the Sixth*) our eyes are arrested by one of the most astounding passages in all Shakespeare -- astounding both as literature

and as encryptional masterstroke. The Earl of Oxford is urged by Warwick to forsake the House of Lancaster and call Yorkist Edward 'King'.

Oxford refuses:

Call him 'my KING', by whose injurious doom
My elder brother, the Lord Aubrey Vere,
Was done to death? [...] While life upholds this arm,
This arm upholds the house of Lancaster.
WARWICK: And I the house of York.
LOUIS: Queen Margaret, Prince Edward, and Oxford ...

Can anybody, in Oxford's refusal to succumb to Edward IV, fail to discern an all too clear x-ray of the genealogical tree of Edward de Vere, the true writer of Shakespeare's plays? Aubrey was the name of the founder of the House of the Oxfords, Margaret (not d' Anjou, of course, but Golding) was his mother's name, Edward his own (hated!) name, and Oxford the title of his family. Even in 'Warwick' we catch a glimpse of the man from Stratford-on-Avon, Warwickshire, Gulielmus Shaxberd, the 'deceitful Warwick', the 'impudent and shameless Warwick'.

2) TIGER'S HEART

One of the great religious figures of the fourth century A.D. was Ioannis Chrysostomus, whose Liturgy was set to music, 15 centuries later, by Rakhmaninov. ('Chrysostomus' means 'golden tongued').

It is one of the greatest ironies in the annals of coincidences that Edward's parents lie hidden in 'John Chrysostom'. It needs no particular intelligence on the part of anybody to see this. Ioannis Chrysostomus' only point of contact with John de Vere is the name JOHN, and Mary GOLDing's name and CHRYSOstom's share GOLD because 'chryso' is the Greek word for that metal, GOLD.

John Chrysostom was known as being 'μελίρρυτος', exactly mellifluous.

Now, it is not difficult to see that all the description of Shakespeare by his contemporaries as being 'mellifluous' and words to that effect, owe their existence to the fact that Edward de Vere's parents were JOHN and Margaret GOLDing and that JOHN CHRYSOSTOM was praised as 'mellifluous river of wisdom'.

Now, the meaning of "Johannes factotum" is exactly that of "MARGites" in the Greek poem attributed to Homer. Of "MARGites" it is written that 'he knew many jobs and knew them all badly'.

So, the secret of Shakespeare's identity was known by many of his contemporaries. Why nothing by his contemporaries has survived equating Edward de Vere with the author of Shakespeare's plays is extremely difficult to explain. Due either to chance, or the product of satanic design, now that the equation William Shakespeare=Edward de Vere proves valid by the evidence brought together and analyzed, this lack of documents identifying Edward de Vere as William Shakespeare need neither deter nor torment us any longer. It seems that there was a design, but nobody can ever know whether Greene's cryptic allusion to Shakespeare as 'shake-scene', his avoidance of writing even the word 'Shakespeare', his alteration of Shakespeare's line on MARGARET d' Anjou, and his assertion that the "shake-scene" was an 'absolute JOHANNES factotum' were due either to Greene's literary style, or Elizabethan censorship alone is to blame.

> 'Base-minded men all three of you, if by my misery ye be not warned: for unto none of you (like me) sought those burres to cleare, those puppets (I mean) that speak from out mouths, those Antics garnished in our colours. Yes, trust them not: for there is an upstart Crow, beautified with our feathers, that with his 'TIGER'S HEART WRAPPED IN A PLAYER'S HIDE', supposes he is as well able to bombast out a blank verse as the best of you: and being an absolute "JOHANNES FACTOTUM", is in his own conceit the only SHAKE-SCENE in a country. O that I might entreat your rare wits to be employed in more profitable courses: & let these Apes imitate your past excellence, and never more acquaint them with your admired inventions'.

This is the central part of *Greene's Groatsworth of Wit* (1592), discovered by Thomas Tyrwitt in 1766.

'So you over-green my bad, my good allow', (Shakespeare's sonnet 112). 'Over-green' is surely a reply to Greene's 'Shake-scene'. It is a word coined for the purpose, and never used again. (Fripp).

We have rediscovered what everybody in Elizabethan times knew, and what nobody now knows, what almost nobody will easily believe and what only a few will easily accept: 'William Shakespeare' was a pseudonym constructed (translated rather) by Edward de Vere, and his own 'invention' (dedication to *Venus and Adonis*) was nothing less than the pseudonym 'William Shakespeare'.

The chance that another poet of Shakespeare's time may be found to lie hidden under Greene's attack on 'shake-scene' (in his *Groatsworth* of 1592) is not only infinitesimal, it is not only nonexistent, not even Archimedes' inspiration would be able to construct a more ingenious coincidence.

Greene's description of Shakespeare as the 'only shake-scene' (1592) was to return in 1623 with the verse 'to hear the buskin tread and shake a stage' of Ben Jonson's First Folio eulogy on Shakespeare.

In 1887 Whitman wrote:
'Rich Shakespeare, luxuriant as the sun...'

The phrase 'luxuriant as the sun' is virtually the same as the one by which George Chapman, a contemporary of Shakespeare, described Edward de Vere, 17th Earl of Oxford:

'He was beside of spirit passing great,
Valiant and learned, and liberal as the sun'.

∽

La gran donna del mar chiese: "Ove vai?"
E a lei la disarmata navicella: "Vo camminando dall'un mare all'altro". "Ces a tosto e mi segui ov'io ti tragga,
Tu che dall'uno all'altro mar cammini".

## CHAPTER 7

## HENRY CHETTLE'S METTLE
## HENRY CHETTLE IS NOT AFRAID OF DRAYTON

As soon as Elizabeth died in 1603, cowardice tied up every tongue. Mary Stuart's son, King James of Scotland, was descending on England. But, alone of all Elizabethans, Henry Chettle in his *England's Mourning Garment*, found the courage to call on the prominent men of letters to come out of their hiding and mourn the dead Queen.

Among the prominent writers of the age, Shakespeare loomed large, if not largest of all. But Chettle, for reasons of his own, chose to paraphrase the names of the addressees, as if composing a kind of riddle or crossword. Manifestly, the main reason for this was fear of possible punishment by James against anybody who chose to lament Elizabeth, the woman who, sixteen years earlier, had his mother beheaded (precipitating the coming of the Spanish Armada).

But why, one may ask, was Chettle so bold as to lament publicly his Queen?

Many ballad-writers published poems on the Queen's death, but the greatest poet of the era refrained judiciously. It was a 'dangerous' theme, as arch-deceiver Drayton demonstrated by following the most safe way: to welcome King James' "Entrance":

It was my hap before all other men
To suffer shipwreck by my forward pen
When King James entered: at which joyful time
I taught his title to this Isle of rhyme
And to my part did all the Muses win
With high-pitch'd paeans to applaud him in;
When cowardice had tied up every tongue,
And all stood silent, yet for him I sang.

What Drayton refrained from stating, is that all stood silent not out of fear of praising James, but out of fear of mourning Elizabeth. And when a poet like Drayton says that at the time when 'all stood silent' before Elizabeth's loss, 'yet for him I sang', one can only imagine what it needed on Chettle's part, not to praise James, but to write a whole book lamenting Elizabeth!

Shakespeare was no "coward", of course, but he had already done honour to Elizabeth in an unpublished as yet play whose title -- *All is True* -- is a paraphrase of his own emblem "Vero Nihil Verius". He stood silent even when called upon personally:

> You poets all, brave Shakespeare, Jonson, Greene,
> Bestow your time to write for England's Queen.

The above couplet is from *A mournful Ditty entitled Elizabeth's loss, together with a Welcome for King James*. But Greene was ten years dead – he died just after the composition (or the publication) of *Groatsworth*, in 1592, whence a sarcastic reference to John Cooke's *Epigrams* (22 May 1604) to him who 'craves for help of spirits in their sleeping graves'.

It was very easy for Drayton to gather the courage he really needed in order to praise the King James. 'When COWARDICE had tied up every tongue, and all stood silent. Yet for him I sang', he wrote, but what had Drayton to fear? James hated Elizabeth, who had beheaded his mother. 'Cowardice had tied up every tongue' not for praising James, as Drayton pretended, but for lamenting Elizabeth. Of all Elizabethan authors, geniuses and poetasters alike, only Henry Chettle had the real courage to write a whole book of dirges to lament the deceased Queen, at a time when James was marching cautiously towards the City, seeking a safe place to be crowned King of all Britain.

Replying to Drayton's bravado, Chettle wrote: 'The negligence of many better able, hath made me bold to write a small epitomy, touching the abundant virtues of Elizabeth, our late sacred Mistress, being a lady borne, living, dying all for England's good. Affection exceedeth eloquence, and I have shown no much art; but expect the duty of a loving heart. Let your love to our loyal Lord be shown: who hateth hypocrites, as just men hate hell. Farewell all of you that give the dead Queen a sad Farewell, and the living King a glad welcome. The rest are time-pleasers, and I write not to them'.

Drayton was the most arch- 'time-pleaser' of them all, a sheer 'foot-licker' (Shakespeare's coinage), or, at least, a mere 'foot-kisser' (Emily Bronte's improvement of the term).

Chettle's supreme monument of astounding heroism in the annals of literature, is called *England's Mourning Garment: A Mournful Ditty entitled Elizabeth's loss together with a welcome for King James*, ends with, 'Farewell, farewell, farewell, brave England's joy. Gone is thy friend. Full four and forty years, four months, seven days she did maintain the realm in peace always. In spite of Spain's proud Pope, with traitorous plots... her realms, her laws, and Gospel to deface, God was her defence, till for himself he took her .. what grief she endured.. The Phoenix rare on earth but seldom seen ... with angels' wings she pierced the starry sky, when death shut her mortal eye. You poets all brave, Shakespeare, Jonson, Greene, write for England's queen. Now is the time that we must all forget thy sacred name of sweet Elizabeth'.

Chettle – whether intentionally or not – managed to reveal Shakespeare's earthly identity in two unequal doses. First, in the two stanzas, beginning with 'He that so well...' and ending with 'I guess he cannot sing but weep', he establishes the crucial connection between Shakespeare and Elizabeth. Then, after two stanzas devoted to some other Elizabethans (Chapman and Jonson), he again returns to Shakespeare, establishing now, for the first time in recorded history, the mortal man that wrote under the immortal name of 'William Shakespeare'.

The first two stanzas of Chettle's, which provide one of the most potent keys we possess in order to solve the mystery of Shakespeare's identity, are these:

He that so well could sing the fatal strife
Between the royal Roses white and Red,
That praised so oft Eliza in her life
His Muse seems now to die, as she is dead.
Thou, sweetest song-man of all England's swains,
Awake for shame, honour ensues thy pains.

But thou alone deservedest not to be blamed:
He that sang forty years her life and birth,
And is by English Albion's so much famed,
For sweet mixed lays of majesty with mirth,
Doth of her loss take now but little keep;
Or else I guess he cannot sing, but weep.

All commentators (even great Ingleby was deceived!) claim that the first stanza cited above refers to Samuel Daniel (1562-1619), author of *The Civil Wars Between the Houses of Lancaster and York*, of whose seven books four were published in 1595, the fifth in 1599, the sixth in 1603 and the seventh in 1609.

The second stanza is thought by all scholars to refer to William Warner (1558-1609), author of *Albion's England* (1586).

But a closer look betrays both Chettle's ingeniousness (under his apparent or assumed ingeniousness), chosen to deceive the unitiated and profane. The first stanza could refer to Daniel's saga of the War of the Roses if, and only if, Shakespeare's Ennealogy (R2, 1H4, MW, 2H4, H5, 1H6, 2H6, 3H6 and R3) was never written or if it didn't exist for Chettle. But to that saga, Shakespeare, incidentally, had devoted nine whole plays. They could eventually cover none less than one fourth of the thirty six plays of the 1623 Folio! Could Chettle have been unaware of the existence of the Shakespeare's nine plays, offering the account of the War of the Roses? Shakespeare's phrase in 1H6, 'this brawl today shall send between the red rose and the white a thousand souls to death' is thinly disguised by Chettle's 'tatal strife between the royal Roses white and red'.

Shakespare's juxtaposition of the 'fatal colours' waging war against each other extends beyond the Ennealogy:

'Such war between white and red within her cheeks' (TS)
'This silent war of lillies and of roses' (LUC)
'When shame assailed, the red should fence the white' (LUC)
'The fighting conflict of her hue, how white and red each other did destroy' (VEN)

## FATAL STRIFE

Chettle's 'fatal strife' resounds, loudly and clearly, in Shakespeare's 'the fatal colours of our striving houses' and 'the fatal instruments of war' in the third part of *Henry VI*, first published in 1595 under the title *The True Tragedy of Good King Henry the Sixth, with the whole Contention between the two Houses Lancaster and York*, where "contention" is, of course, another word for "strife". Similarly, Shakespeare's second part of *Henry VI* was published in 1594 as *The First Part of the Contention of the Two Famous Houses of York and Lancaster with the Death of the Good Duke Humphrey*. And, beyond the Ennealogy, the image returns in the 'fatal brawl' and 'the fatal cannon's womb' of RJ and 'Our too memorable shame when Cressy battle fatally has struck' of H5, where Chettle's 'strike' alliterates with Shakespeare's 'fatal strife'.

## THE ROYAL ROSES WHITE AND RED

Chettle's 'royal Roses white and red' can be paralled by tens of similar expressions by Shakespeare in the Ennealogy:

> The red rose and the white are on his face, the fatal colours: 3H6
> Lest bleeding you do paint the white rose red: 1H6
> shall dye your white rose in a bloody red: 1H6
> between the red rose and the white: 1H6
> The red rose and the white are on his face: R3
> we will unite the white rose and the red: R3
> ... my sweet lily-white ...red rose: MND

At least eight plays of the Ennealogy (2H4 in 1594, 3H6 in 1595, R2 and R3 in 1597, 1H4 in 1598, H5 and 2H4 in 1600, and MW in 1602), that is all but one play (1H6) had already been published during Elizabeth's reign, and we cannot believe, that Chettle could have been unaware of their existence. For one *Groatsworth of Wit* of 1592 (whether by Chettle or by Chettle's friend Greene) had alluded to one play of the Ennealogy, 2H6, which must have existed before 1594. The fact that six of these eight plays all but two were published anonymously (in 1598, R3 and R2 were published as 'by William Shakes-Speare' and 'by William Shakespeare' respectively) is not proof enough that Chettle did not know that all eight plays were by Shakespeare.

And even if Chettle was not aware of the authorship of the Ennealogy, could he be unaware of its existence? Whose poet's saga of this long civil war can compare with Shakespeare's Ennealogy? Even Whitman, three centuries later, would acknowledge the supremacy of English historical plays. No, there is nothing in Chettle's stanza that precludes Shakespeare from being the author praised by Chettle as the man 'that so well could sing the fatal strife between the royal Roses White and Red'. On the contrary, there are many signs indicating that it was the Ennealogy that was in Chettle's mind. Chettle's 'fatal strife' is an obvious and conscious echo of the 'fatal colours' of that strife. Samuel Daniel may had 'praised so oft Eliza in her life', but we do know that Edward de Vere wrote many poems in praise of Elizabeth, and we know also that Shakespeare devoted the last scene of Henry VIII (original title *All is True*, an ingenious paraphrase of Edward's emblem, "Vero Nihil Verius") in praise of Elizabeth.

Again, we do not know whether Daniel's Muse 'seem[ed] now' (that is , in 1603) 'to die, as she [was] dead', but, again, we do know that Elizabeth's death really wrecked Edward's life, precipitating his death a year later. Chettle's description 'sweetest song-man of all English swains' does not accord at all with Samuel Daniel, but 'sweet' is one of the cherished epithets bestowed to Shakespeare. Meres calls Shakespeare as 'mellifluous and sweet-mouthed', betraying thus the secret: John Chrysostom (Ιωάννης Χρυσόστομος), John the Golden-mouthed was described as 'ο μελίρρυτος ποταμός της σοφίας', 'the mellifluous (honey-flowing) river of wisdom'. 'Awake for shame, honour ensues thy pain' is the last line of Chettle's invocation. Is it possible that Chettle did not know of Shakespeare's dithyramb for Elizabeth at the end of *Henry VIII*?

That Chettle's three stanzas refer not to three different writers but to three facets of the same writer can be provided by a manuscript note from the hand of Gabriel Harvey, found in his copy of Speght's *Chaucer*, published in 1598. So, the signature on the title page, "Gabriel Haruey 1598", could date from any day between the book's acquisition , 1598, and the opening weeks of

1601 preceding the Essex rebellion of February 1601 because of what Gabriel Harvey has noted in his Chaucer about the Earl of Essex: "The Earl of Essex much commends Albion's England". Essex was beheaded on 25 February, 1601, so, if Harvey's note were posterior to it, Harvey would have written "The Earl of Essex much commented" and not "commends".

The Earl of Essex much commends Albion's England: and not unworthily for divers notable pageants, before & in the Chronicle. Some English and other Histories nowhere more sensibly described, or more inwardly discovered. The Lord Mountjoy makes the like account of Daniel's piece of the Chronicle, touching the usurpation of Henry of Bolingbroke. Which indeed is a fine, sententious, and politic piece of Poetry: as profitable, as pleasurable. The youngest sort takes much delight in Shakespeare's *Venus and Adonis*: but his *Lucrece*, and his tragedy of *Hamlet*; Prince of Denmark, have in them to please the wiser sort. Or such poets: or better: or none.

Warner's Albion's England, Daniel's *The Civil Wars Between the Houses of Lancaster and York*, and William Shakepseare's *Venus and Adonis*, *Lucrece*, and *Hamlet* are mentioned by Harvey in quick succession. And that is the reason why the critics were deceived into believing that Chettle, a few years later than Harvey, should follow much the same pattern.

But in the same year that Harvey bought his Chaucer (1598), Francis Meres, in his *Palladis Tamia*, distinguished about three distinct aspects of Shakepeare. After stating that 'the sweet witty soul of Ovid lives in the mellifluous and honey-tongued Shakespeare, witness his Venus and Adonis, his Lucrece, his sugared Sonnets among his private friends', he added that, as regards comedy and tragedy, 'Shakespeare among the English is the most excellent in both kind of the stage'.

So, Meres distinguished between an epico-lyric (epics VEN and LUC and lyric Sonnets), a comic and a tragic Shakepseare. (Meres, quite perceptively, regarded the historical plays as tragedies).

In 1623, even though the Sonnets, Lucrece, and Venus and Adonis were excluded, Shakespeare was again presented under three facets, his plays divided into Histories, Tragedies and

Comedies. (Janus-like).

So, not only Daniel and Warner, but Gulielmus Shagberd are excluded by Chettle from being Shakespeare.

But what of Edward de Vere? He was born in 1550, and , if he started singing for Elizabeth as early as 1563 -- when he, 13 years of age, came to Elizabeth's palace as a ward of Cecil -- he could have completed the forty years' duration demanded by Chettle's poem.

The theme of this stanza, that the author 'is by English Albion's so much famed', is both dubious and double-edged. Chettle's 'English Albion' could not necessarily allude to William Warner's England. Chettle's disclosure that our man is so much famed 'for sweet mixed lays of majesty with mirth' points to Shakespeare, and to Shakespeare alone, who incorporated in the cycle both majestical tragedy and merry comedy, in Richard II, Harry and Henry VI, and Falstaff. The fatal colours of the War of the Roses offer mirth: 'Let's be red with mirth' (WT), 'a rose mirth, snow' (LLL), and 'rose, my dear rose, be merry' (AYL).

'Thou, sweetest song-man of all England's swains', has been taken by Ingleby to refer to Samuel Daniel. But "sweet" is a trademark associated principally with Shakespeare. Meres calls Shakespeare as "mellifluous and sweet-mouthed". John the Golden-mouthed was described as «ο μελίρρυτος ποταμός της σοφίας», "the mellifluous (honey-flowing) river of wisdom". An echo of Edward's mother's name, Margaret GOLDing, can be discerned here. Also, the eponymous hero of Shakespeare's first-published work, Adonis, plays on both the etymological sources of the Greek words, Ionic Adon (Singer, nightingale) and the Doric Greek Ady, sweet. (The English word "sweet" derives from this Greek word). How can we know that Warner alone did 'take now but little keep; or else I guess he cannot sing, but weep'?

Chettle's exegesis, in the last line of the "Warner stanza", that Warner 'cannot sing [for Elizabeth] but [can only] weep' fits Edward de Vere's reaction to the death of his Queen more than perfectly.

The second stanza seems extremely enigmatic, but, on closer look, it becomes even more revealing than the first. Apart from the phrase "English Albion", which seems to refer to Warner's *Albion's England* (and maybe it was put by Chettle in order to confound the uninitiated) there is nothing else in the whole stanza that could associate Warner with it, and everything that could dissociate him for ever as the addressee. 'But thou alone diservedest not to be blamed', Chettle writes. 'Not to be blamed', that is, for not lamenting Elizabeth. Could this be Warner, and nobody else? And why? But it is high time for us to say goodbye to Warner. Because Chettle's description, 'he that sang forty years her life and birth', doesn't fit with Warner's chronology at all, and it is very curious that nobody ever noticed it. Because Warner, sadly for them (if not for him), was born in 1558, and to have 'sung for forty years [Elizabeth's] life and death', he should have started his singing of Elizabeth in 1563, when he was only five years old! Impossible, even for a genius of the calibre of William Warner. Chronology, in the end, is against all attempts to distort and falsify history. Gulielmus Shagsberd, too, in order to have been Shakespeare, should have started singing Elizabeth's 'life and death' two months before he was conceived! But, of course, things impossible by God, are possible by the Stratfordolators!

After two stanzas devoted to Chapman and Jonson, Chettle penned the following stanza:

> Nor doth the silver-tongued Melicert
> Drop from his honeyed Muse one sable fear
> To mourn her death that graced his desert
> And to his lays opened her royal ear.
> Shepperd, remember our Elizabeth,
> And sing her 'Rape', done by that Tarquin, Death.

Ingleby wrote: 'It is probable that Chettle had more rhyme than reason in calling Shakespeare Melicert. No allusion could have been intended to the story of Palemon'.

What nobody ever understood (except Shakespeare himself, maybe not even he!) is that this extraordinary stanza, for which Chettle will remain immortal, is an ingenious rephrasing of the same stanza of the Aeschylean ode, from which Shakespeare was inspired ("Pallas inspire me", TIT) to adopt his literary name, *Shakespeare*.

That Chettle, in these three distinct stanzas of the central section of his *Garment*, alludes to one and the same writer, is certain. What we do not know is whether Chettle himself was aware that the three writers he praised in these three stanzas were not three different writers, but three distinct facets of the same genius. Was Chettle aware (Meres seems was not) that Edward de Vere and William Shakespeare were one and the same man? We cannot be sure. But it is easy to see that Roses stanza describes a writer of Historical works (the works on the war of the Roses, 1,2,3 Henry VI and Richard III), the forty-years stanza a writer of Comical works (the Falstaff plays included), while the Melicert stanza a writer of Tragical works (in which has now included, as he ought, *Lucrece*).

> He that so well could sing the fatal strife
> Between the royal Roses white and Red,
> That praised so oft Eliza in her life,

is clearly the author of Ennealogy.

But,

> His Muse seems now to die, as she is dead.
> Thou, sweetest song-man of all England's swains,
> Awake for shame, honour ensues thy pains

excludes Shagsberd for ever.

Next Chettle, with

> But thou alone deservedest not to be blamed:
> He that sang forty years her life and birth,
> And is by English Albion's so much famed,
> For sweet mixed lays of majesty with mirth,

addresses the writer of the Comedies. But, alas, he the author,

Doth of her loss take now but little keep;
Or else I guess he cannot sing, but weep.

Elizabeth has died. But, sadly nobody dare lament her.

Nor doth the silver-tongued Melicert
Drop from her honeyed Muse one sable tear
To mourn her death graced his desert
And to his lays opened her royal ear.

Chettle now addresses Shakespeare as 'shepherd', exactly the same way that Shakespeare himself had lamented Marlowe's death: Shakespeare's epitaph for Marlowe, in AYL 'dead shepherd...' is consciously copied by Chettle with 'Shepherd...' in order to inprint on us the notion that Shakespeare, like Marlowe, was already 'dead' (or dying) in March 1603.

Shepherd, remember our Elizabeth,
And sing her 'Rape', done by that Tarquin, Death.

| Aeschylus' *Agamemnon*, verses 104-111 | | Chettle's stanza on Melicert |
|---|---|---|
| κύριος ειμί θροείν | I have the power to sing | his lays |
| μολπάν αλκάν | my strength in song | sing |
| βασιλεύσι νεών | the kings of the ships | royal ear |
| βασιλεύς ο κελαινός | black king (of birds) | one sable tear |
| ο τ' εξόπιν αργάς | the white-rumped one | silver-tongued |
| χερός εκ δοριπάλτου | on the spear-shaking arm | [Melicert] (meli=honey) |
| βοσκόμενοι λαγίναν | 1. feeding upon the she-hare | her rape |
|  | 2. shepherding the she-hare | Shepherd |
| βλαβέντα | checked | her Rape/Tarquin |
| λοισθίων δρόμων | from her final course | her death |
| Αίλινον, αίλινον ειπέ | Sing Sorrow, Sorrow | to mourn her death |

Now, if anybody would be bold enough as to assert that the similarities cited above between Aeschylus and Chettle, although astounding, are within the law of coincidence, the further similarities between Aeschylus, Ignoto, Spenser, and Chettle, should immobilize anybody on his damaged tracks.

Ignoto, in his address to Spenser, uses some very remarkable expressions, like:

1. (a) "my judgement", "the judgement to be nought". The second phrase recreates the de Vere emblem, "VERO NIHIL VERIUS", because "nought" means "nothing", NIHIL, and VERUS is TRUE is RIGHT, is JUST[ice] is JUDGMENT!
(b) "his right", "this is true". The Greek word Doripaltos, as we saw, means both "spear-shaking" and "right", and "right" means "true"! Shakespeare himself, in LLL, corrected "RIGHT Promethean Fire" into "TRUE Promethean fire"!
2. "a mind with envy fraught", "to free my mind from envy's touch".
3. "a jealous doubt", "some secret doubt".
4. "to commend", "to praise".
5. "as can discern of colours black and white".

But, remarkable as Ignoto's praise is, it pales before Spenser's praise of Edward de Vere, both for the strength of the praise, and for the inner meaning of the verses.

"in gentle gree" harks back to Nashe's poem *Valentines* dedicated to Lord S.

1. Spenser's praise of Edward de Vere of 1590, "by thy countenance..." harks back to Harvey's praise of Edward de Vere, "thy countenance shakes spears" of 1578. (Harvey was a great friend of Spenser, exercising a terrible influence on Spenser's youth).
2. "foul envy's poisonous bit[e]" is a conscious answer to Ignoto's lines for Spenser, "a mind with envy fraught", and "to free my mind from envy's touch".
3. "To free my mind..." is a constant Aeschylean point, recurring both in Edward de Vere's youthful poems, and in Shakespeare's plays.
4. "may thee right well besit" links Right with Truth, true, Veritable, Vere.

5. Spenser's praise of Edward de Vere's "antique glory of thine ancestry" in 1590, will reappear, 33 years later, in Jonson's praise of Shakespeare in the First Folio of 1623, "Look how the father's face lives in his issue, even so, the race of Shakespeare's mind".
6. Spenser's "under a shady veil" reappears by the anonymous poet of the poem *Achilles* in John Benson's 1639 edition of Shakespeare's Poems, as ever-living.
7. "thine own long loving memory", Cf. Henry V.
8. "in true nobility", True is Verus, Ver.
9. The Heliconian Imps , i.e. the Muses, reemerge as not only Chettle's "honeyed Muse", but more importantly, Milton's "Plebean Muse" of IMS's secret poem of 1630-32.
10. "they unto thee and thou to them, most dear". Relives in IMS's poem *On Worthy Master Shakespeare and his Poems*.
11. "dear as thou are unto thyself".

We have left Chettle's greatest "invention" last. Not being ready (or not wanting) to indicate too obviously who Shakespeare was, he bisected his description of Shakespeare into two different places of his *England's Mourning Garment*. The second part is that on silver-tongued Melicert. But we have already seen that meli is greek for honey, and the phrase "silver-TONGUED MELIcert" re-creates the John CHRYSOSTOM (=GOLD-MOUTHED), the MELLIFLUOUS (MELIRRHYTOS) river of wisdom.

The two stanzas dedicated to him "who sang the mortal strife of the Roses" and the stanza on "Melicert" are interrupted by two stanzas dedicated to George Chapman ("Coryn") and Ben Jonson ("the English Horace"). The choice of these two poets is not fortuitous because Chapman praised Edward de Vere, and Ben Jonson praised Shakespeare. It is remarkable that Chapman incorporated a description of Edward de Vere – "valiant and ... generous as the sun" in one of his plays, while the fatal strifes between Jonson and Shakespeare are too numerous to halt us here. Perhaps, Chapman and Jonson will prove the two most potent keys in unlocking Shakespeare's earthly identity.

Recapitulating, we can say that Chettle, in 1603, used all the resources of his imagination and all the capabilities of his modest pen to reveal the identity of the true Shakespeare – at the very least, he did not try to conceal it and to provide an aid to solve the enigma, shows that he was endowed with something of the genius of Edward de Vere and with none of the dullness of Gulielmus Shagsberd, 'the wicked man'.

∾

Or se tu canterai la nobiltate
Di chi fermò ebbe il cor, la nobiltate
Dell'Anglo che il cor volse al suo bel segno.
Godendo come suo l'atto divino,
Fia che sorga una voce e fia che dica:

## CHAPTER 8

## TRUE EQUALS RIGHT, BUT LOVE IS LOST
## THE RUSSIAN TROOPS REACH SPAIN
## BORIS GODUNOV IS CROWNED

Eight years after the 'Doripaltos' and the 'William-helmet' discoveries, an independent proof that our intuition was correct was provided by the new Oxford edition of *Hamlet*. The editor, G. R. Hibbard, states (on pages 127-8) that we have 'at least one incontrovertible instance' of Shakespeare revising his text: Q1 of *Love's Labour's Lost* prints, 'by a happy accident', (happy for whom?) both the first draft, some twenty-three lines, and the revised version of Berowne's praise of women's eyes. In the 'first draft', the three crucial lines run as follows:

> From women's eyes this doctrine I derive,
> They are the Ground, the Books, the Academes
> From whence doth spring the TRUE Promethean fire.

In the 'revised' version these Shakespearean lines become:

> From women's eyes this doctrine I derive:
> They sparkle still the RIGHT Promethean fire – They are the books, the arts, the academes,
> That show, contain, and nourish all the world;
> Else NONE at ALL in AUGHT proves excellent.

Hibbard seems to have followed omniscient Fripp in considering the first 'version' both as inferior and anterior to the second, and, as a consequence, he believed that the first draft was written first!

But how could anybody know of Shakespeare's methods? *Love's Labour's Lost* was Shakespeare's first published play to bear his name, ('By W. Shakespeare'), on it, and how can anybody be sure that Shakespeare, in his first official onslaught on World Drama, would be so negligent as to allow to be published BOTH the original and the revised version of a long passage of his first officially 'sealed and signed' play? Untidy Shakespeare can be ( it is one of the features he shares with Beethoven) but not THAT untidy. No, something else must have guided Shakespeare's hand.

*Love's Labour's Lost* is the play on which Dover Wilson had written: 'To credit the authorship of that amazing piece of virtuosity to a BUTCHER BOY who left school at thirteen, and whose education was only what a provincial borough could provide, is to invite one either to believe in miracles, or to disbelieve in the man of Stratford.' Yet, every pro-Stratfordian scholar, (not excepting Dover Wilson himself!) has chosen to believe in miracles than abandon the Stratfordian maltster-turned-monster mirage.

From what we have already expounded, it is more than clear that, on the issue of women's eyes, Shakespeare had other aims in his mind: How can we be sure that he did not leave both 'versions' to pass into history in order to facilitate future investigators to notice what by now must be manifest:

Changing 'true' to 'right' (sense 1, i.e. 'correct') is tantamount to changing the ancient Greek word 'Doripaltos'! (sense 2, 'opposite of left') to Shakespeare! This strange interchangibility of 'right' with 'true' is met many times in Shakespeare: The phrase 'TRUTH and virtue' in LUC is metamorphosed as 'the RIGHT and virtue' in JC! Why? Simply because of 'the virtue of his Will' (Hamlet). And, again, 'his VIRTUE by her election may be TRULY...' of CYMBELINE has been anticipated by the phrase, 'maiden VIRTUE rudely strumpeted and RIGHT...' of the Sonnets. And, (not again!), 'the ghost of VIRTUE'S office never breaks men's TROTH' in *Love's Labour's Lost* reappears, in full armour as 'O VIRTUOUS fight, when RIGHT with RIGHT wars' of "TROILUS". Ingenious by far? But more is yet to come: The English word 'spring' (met in the phrase 'from whence doth spring' of the first 'draft') means (apart from 'derive', 'issue') 'Springtime' as well. But Springtime in Latin is Ver, i.e. Vere. 'Se non e vero, e ben trovato'? The coat-of-arms of the de Veres bore the legend 'Vero Nihil Verius' (not 'Vero Nil Verius', as the DNB wrongly states), meaning 'Nothing Truer than the de Veres', and 'Nothing Truer than the True one'. Don't we see the de Vere coat-of-arms in the above passages? We have caught Shakespeare changing 'true' into 'right' in order to lead us to 'Shakespeare'. Now, by combining 'true' (of the first 'draft') and 'none at all in aught' = 'nothing' (of the second 'draft') we get, suddenly, but not unexpectedly, the exact words of the de Vere coat-of-arms!

But in case some would be too reluctant to accept our suggestion, then, , Shakespeare himself has provided for them. He ENDED his play with the phrase 'This Ver, the spring. Ver, begin'. As *Love's Labour's Lost* was Shakespeare's first eponymously published play, could not the phrase 'Ver, begin' mean 'Vere, begin your publishing dramatic career'?

Shakespeare, employs exactly the same device in the BEGINNING of *The Two Noble Kinsmen*: '... And sweet thyme TRUE; Primrose, firstborn child of Ver, merry springtime's harbinger'.

And any objection that these particular verses of TNK were written not by William Shakespeare but by his associate, John Fletcher, can be counteranswered thus: How can we know that Fletcher did not know of Edward de Vere's Shakespearean identity, and, by writing the verses above, was not paying him thus a compliment analogous to the 'Ver' passage in LLL?

∽

An indication that Shakespeare had in mind Aeschylus' *Agamemnon* when writing *Love's Labour's Lost* is the fact that he incorporates innumerable phrases from Aeschylus' play:

*Agamemnon*, 729, ἔρωτος ἄνθος, is rendered as 'blossoms of your love', LLL, 5.2.829. This 'similarity' was discovered by Churton Collins. The great scholar discovered also that the phrase, in LLL, 'to the death' is precisely the Greek expression, 'εἰς φθόρον', an imprecation: 'No – to the death! we will not move a foot' (*Love's Labour's Lost*, 5.2.149). What Churton Collins failed to notice is that this Greek expression can again be found in Aeschylus' *Agamemnon*, 1267. It is the phrase uttered by Cassandra, when she grabs and destroys the crown from her head, εις φθόρον.

## ENGLAND AND RUSSIA: PARALLEL STORIES
## IVAN THE TERRIBLE/QUEEN ELIZABETH and BORIS GODUNOV/EDWARD DE VERE

In, or soon after, 1581-2, Ivan the Terrible attempted to arrange a marriage with the English princess Mary Hastings - specially when he became more convinced than ever that he might be forced to flee Russia - assuring Queen Elizabeth that his present wife could be put away. (A woodcut that has survived depicts Ivan the Terrible with the head of one of his foes on his lance). Even after the English Queen squelched the idea, he did not abandon hope for an English bride. But before his life could take any more bizarre turns, he died in 1584, at the age of fifty-three.

There was a large exchange of letters between the two monarchs. Ivan: 'A subject of yours, had come to Narva, by name Edward Goodman ... and we commanded him to be searched for letters, and we found many letters. And in these letters were written words not allowable against our princely state and empire'.

Vladimir II, called the Monomakh (1050-1125), was the grandson of the Byzantine emperor Constantine Monomakhos, whose daughter had married his paternal grandfather. Vladimir, the son of a Byzantine princess and the grandson of Swedish princess, married Gyda of England, daughter of King Harold II, who had been killed in the battle of Hastings by William the Conqueror.

### 1550-1605
Edward de Vere's and Boris Godunov's lives almost overlap.

Boris Godunov was born in 1550, during the reign of Russian Tsar Ivan IV, known as "The Terrible". The Godunov family was not of Boyar lineage (!), but descended from one of the first Tatar princes to swear allegiance to the Grand Princes of Moscow. (!) Boris became Ivan's most trusted counsellor after the programs carried out against the Boyars. (!) In 1580, Ivan took a seventh wife. At the same ceremony he married his second son, Fyodor, to Boris Godunov's sister. The double wedding was both the source of the Godunovs' ascendancy and to their nemesis.

Dimitry, whose name was to haunt Boris's life, was the child of the Tsar's marriage (a marriage that was never recognized by the Church), while Fyodor's marriage gave Boris equal status with the representatives of the Shuisky and Romanov families, who already had legitimate claims to the throne.

Fyodor became Tsar in 1584, and Boris gained increasing control of the government in his name.

In 1591, Dimitry met a violent death in Uglich near Moscow. Many, led by his mother's family and the Godunov's enemies, suspected that Boris had ordered the child's murder, to assure his path to the throne. Boris made every effort to clear his reputation by appointing a hostile boyar, Shuisky, to conduct the official enquiry. He reported that Dimitry had fallen on his knife during an epileptic fit. (!)

Seven years later, Fyodor, the last of the Rurik dynasty, which had ruled for twenty-one generations, died naming his wife as his heir. She refused to rule as Tsaritsa and became a nun; then she begged her brother to accept the crown instead. Boris retired to a monastery for prayer and the guidance of God.

After miracle-working icons had been brought to the monastery, Boris yielded to the entreaties of his supporters. His coronation was celebrated in 1598 (LLL!) with an exceptional magnificence that astounded all observers - the more to impress on them his right for the throne. In the following year, a monk formerly in the service of Romanovs, Grigory Otrepyev, fled to Lithuania and claimed to be Dimitry. He was excommunicated by the Orthodox Church.

In 1601, a terrible famine caused by extraordinary climatic conditions, was interpreted as a sign of God's curse on Boris. 500,000 died in Moscow alone. (!) The Romanovs spread rumours that Dimitry had somehow survived the "murder". Catholic Poland was inevitably opposed to Orthodox Russia and Grigory found many supporters among the Poles who were willing to support his claims, whether or not they believed them. He asked to marry

Marina Mniszek, daughter of an impoverished Polish nobleman. The union was agreed on four main conditions: that he enter the Catholic Church; that the marriage would not be solemnized until he was crowned; that he promise to bring Russia into the Catholic Church; and that he reward the Mniszek family with enormous estates and wealth.

Boris, after a rapid decline, died suddenly from unknown causes. Although the King of Poland withdrew his troops from the Pretender's army when it crossed into Russia, a rabble swelled his forces. Their advance had been halted at Kromy by the Tsar's generals, when news of Boris's death was brought.

In the ensuing years of chaos, Fyodor and his mother were killed; Xenia was raped and forced to become a nun. Grigory reigned with Marina for less than a year before he was murdered. Shuisky followed him as Tsar, but was forced to abdicate. The "Time of Troubles" only ended in 1613, when the Romanovs established the dynasty which was to last until 1917.

Ivan the Terrible – Elizabeth 1533

∼

Salve, d'eterna terra inclito figlio,
Ove grande fu sempre il canto e l'opra.
Nelle prospere sorti e nell' avverse;
Ove la pietra e l'arid'erba è buona;
E ove barbaro giunsi e tal non sono.

## CHAPTER 9

# EDWARD DE VERE SIGNS WITH W[ILLIAM] S[HAKESPEARE] AND DO[RIPALTOS] THE LETTER OF 1601

The very latest, and maybe the greatest, of all the 'findings' related to the Shakespeare Authorship Mystery was (unintentionally, of course) provided by G. R. Hibbard, who, in his superb introduction to the new Oxford edition of *Hamlet*, 1994, refers to Shakespeare's well known tendency (first noted by Dover Wilson) to use a capitalized initial c in his plays, amply demonstrated in *Sir Thomas Moore* D and in *Coriolanus*, ed. Dover Wilson, p. 133.

'It is, perhaps, no accident that of the twenty-seven examples of more or less unexpected capitalization listed by Nosworthy (p. 148), [in *Hamlet*], the largest number, six in all, is made up of words beginning with the letter C'.

Before we proceed in order to read carefully Edward Oxenford's letter of 7 October, 1601, addressed to Robert Cecil, – we cite both a transcription and a facsimile of it – we provide two magnifications: 1) Edward Oxenford's signature, and 2) the last 'd' of 'Edward' and the first 'O' of 'Oxenford', uncannily junctured as 'DO', the first syllable of the Greek word 'Doripaltos' (=1. Spearshaking, 2. Right side), and just above it, the letters 'WS', the initials of Edward's 'invention', the pen name William Shakespeare.

WS  
Edward Oxenford

WS  
d Ox

The line under Edward Oxenford's name is transversed by seven vertical little lines. The first line is just under the last 'd' of Edward, and the last (seventh) line is just the 'x' of Oxenford. Now, the 7 lines added to 'd' (the initial letter of the Greek word 'deca', 10) give 17. Similarly, the seven lines added to the letter 'x' (Latin for 10) give again the number 17, the sacred number of the 17th Earl of Oxford, alias DOripaltos (Shakespeare).

1. Transcript of Edward de Vere's letter of 7 Oct. 1601:

> My very good Brother, yf my helthe hadd beene to my minde I wowlde have beene before this att the Coorte, aswell to haue giuen yow thankes for yowre preSence, at the hearinge of my Cause debated as to have moued her Mtye for her reSolutione. As for the matter how muche I am behouldinge to yow I neede not repeate, but in all thankfulnes acknowlege, for yow haue beene the moover & onlye follower therofe for mee, & by yowre onlye meanes, I have hetherto paSsed the pykes of So many adverSaries. Now my desyre ys, Sythe them Selues whoo have oppoSed to her Mtyes ryghte Seeme SatiSfisde, that yow will make the ende anSuerable, to the reSt of yowre moste friendlye procedinge, for I am aduiSed, that I may paSse my Booke from her MageStie, yf a warrant may be procured to my CoSen Bacon and Seriant Harris to perfet yt. Whiche benige doone, I know to whome formallye to thanke, but reallye they shalbe, and are from me, and myne, to be Sealed up in an aeternall remembrance to yowre selfe. And thus wiShinge all happiness to yow, and Sume fortunat meanes to me, wherby I myght recognise Soo diepe merites, I take my leaue this 7th of October from my House at Hakney. 1601.  
> Yowre moSt aSsured and louinge  
> Broother.  
>     - WS -  
> Edward Oxenford  
> ----- | | | | | | | ------

## 2. Facsimile of Edward de Vere's letter of 7 Oct. 1601.

> My very good Brother, yf my helthe hadd beene to my mynde I wowlde have beene before this att the Coorte, as well to haue quien yow thankes for yowre presence, at the hearinge of my Cause debated as to haue moued her M.tye for her resolutione. As for the matter, how muche I am behouldinge to yow I neede not repeate, but in all thankfulnes acknowlege, for yow haue beene the moover & onlye follower therofe for mee, & by yowre onlye meanes, I have hetherto passed the pykes of so many adversaries. Now my desyre ys. Sythe them selues whoo have opposed to her M.tyes ryghte seeme satisfisde, that yow will make the ende ansuerable to the rest of yowre moste friendlye proceedinge. for I am aduised, that I may passe my Booke from her Magestie, yf a warrant may be procured to my Cosen Bacon and Seriant Harris to perfet yt. whiche beinge doone, I know to whome formallye to thanke but reallye they shalbe, and are from me, and mync, to be sealed vp in an æternall remembrance to yowre selfe. And thus wishinge all happines to yow, and sume fortunat meanes to me, wherby I myght recognise soo diepe merites. I take my leaue, this 7.th of October from my House at Hakney. 1601.
>
> Yowre most assured and Louinge Brother .
>
> Edward Oxenford

In this letter of Edward de Vere, William Shakespeare's initials, WS, suddenly reveal themselves, above the earthly name of the great tragedian, 'Edward Oxenford'. Observe the similarity between the shape of WS with that of the same letters in Edward's letter. Equally amazing is the magic union, by Oxenford's hand, of the end letter of the word 'Edward' with the initial letter of the word 'Oxenford', which form the syllable DO, the first syllable of the ancient Greek word 'doripaltos' used by Aeschylus in *Agamemnon*, which word, as we saw, means 'Spear-shaker'.

SOME OF THE ASTOUNDING SIMILARITIES BETWEEN EDWARD DE VERE'S LETTER OF 7TH OCTOBER 1601 TO HIS BROTHER-IN-LAW ROBERT CECIL AND THE PLAYS OF SHAKESPEARE

DE VERE'S LETTER of 7/10/1601

I) UNINTERRUPTED PHRASES
　　line 1:　　　　　'if my health had been to my mind'
　　Cf.JC, 4.3.39:　　'have mind upon your health'

　　line 3:　　　　　'the hearing of my Cause'
　　Cf. MM, 2.1.132:　'the hearing of the cause'
　　MM, 2.2.1:　　　'he is hearing of a cause'
　　2H4, 1.32.1:　　　'have you heard our cause'
　　1H6, 5.3.106:　　'give me hearing in a cause'
　　COR, 2.1.67:　　'in hearing a cause'
　　JC, 3.2.14:　　　'hear me for my cause'
　　2H4, 1.3.1:　　　'you heard our cause'

　　line 3:　　　　　'my Cause debated'
　　Cf. 2H4,1.1.217:　'his quarrel and his cause'
　　KJ, 5.7.95:　　　'his cause and quarrel'

| | |
|---|---|
| 1H6, 4.1.137: | 'this quarrel and the cause' |
| | |
| line 5-6: | 'in all thankfulness acknowledge' |
| Cf. TNK, 5.6.100: | 'acknowledge to the gods our thanks' |
| | |
| line 6: | 'the mover and only follower' |
| Cf. 2H6, 4.8.62: | 'only my followers' base' |
| | |
| line 8: | 'the pikes of so many adversaries' |
| Cf. R3, 5.3.117: | 'the usurping helmets of our adversaries' |
| VEN | 'bristly pikes that ever threat his foes' |
| | |
| line 9: | 'opposed to her Majesty's |
| Cf. RJ, 2.3.27: | 'two such opposed kings' |
| 2H6, 5.1.135: | 'oppose himself against his king' |
| | |
| line 9: | 'to her majesty's right seem satisfied' |
| Cf. HAM, 5.2.351: | 'and my Cause aright to the unsatisfied' |
| | |
| line 10-11: | 'Your most friendly proceeding' |
| Cf. H8, 2.4.18: | 'of equal friendship and proceeding' |
| 3H6, 4.2.11: | 'a feigned friend to our proceedings' |
| 1H6, 5.4.162: | 'proceeding in hostility' |
| | |
| line 11-12: | 'my Book from her Majesty' |
| Cf. 2H6, 4.7.68: | 'my book preferred me to the king' |
| | |
| line 11-12: | 'my Book from her Magesty, if a warrant' |
| Cf. MA, 4.1.171: | 'seal doth warrant the tenure of my book' |
| Ded.Lucrece: | 'this pamphlet ... the warrant I have' |
| | |
| line 16: | 'thus wishing all happiness' |
| Cf.Ded.Lucrece: | 'I wish long life still lengthened with all happiness' |
| Ded.Sonnets: | 'all happiness' |
| | |
| line 20: | 'Your most assured and loving Brother' |
| Cf. 2H4, 5.2.65: | 'You are, I think, assured I love you not' |

## II) COMBINED PHRASES
### A) with Edward de Vere's 'Cause'

| | |
|---|---|
| line 3 & 5: | 'my Cause' & 'in all thankfulness' |
| Cf. H5, 2.2.32: | 'great cause of thankfulness' |
| | |
| line 3 & 9: | 'my Cause' & 'her Majesty's right' |
| Cf. 2H6, 2.1.215: | 'whose rightful cause' |
| R2, 1.3.55: | 'thy cause is right' |
| | |
| line 3 & 9: | 'my Cause' & 'right seem satisfied' |
| | |
| Cf. JC, 3.1.48: | 'nor without cause will he be satisfied' |
| HAM, 5.2.351: | 'my cause aright to the unsatisfied' |
| | |
| line 3 & 9: | 'my Cause' & 'who have opposed' |
| Cf. KL, 5.1.27: | 'heavy causes make oppose' |
| | |
| line 3 & 11: | 'my Cause' & 'friendly proceeding' |
| Cf. R3, 3.5.66: | 'proceedings in this cause' |
| | |
| line 3 & 11: | 'my Cause' & 'I may pass my Book' |
| Cf. TIT, 4.1.25: | 'throw my books and fly causeless' |

### B) with Elizabeth's 'resolutions'

| | |
|---|---|
| line 4 & 8: | 'for her resolutions' & 'who have opposed' |
| Cf. WT, 4.4.41: | 'Your resolution cannot hold when it is opposed' |

### C) with Edward de Vere's 'Book', etc.

| | |
|---|---|
| line 6, 15: | 'the mover and only follower', 'in an eternal remembrance' |
| Cf. 2H6, 3.3.20: | 'O thou eternal mover of the heavens' |
| Ded.Sonnets: | 'The only begetter ... and that eternity' |
| | |
| line 12 & 15: | 'my Book' ... 'sealed up' |
| Cf. 1H4, 3.1.267: | 'our Book is drawn, we'll but seal' |

| line 12, 12, 15: | 'my Book', 'if a warrant', 'sealed up' |
| Cf. MA, 4.1.171: | 'seal doth warrant the tenure of my book' |

| line 15, 16: | 'in an eternal remembrance', 'wishing all happiness' |
| Cf. Ded.Sonnets: | 'All happiness and that eternity promised' |

Who could ever believe that a 'well-known tendency' (Dover Wilson's phrase) of Shakespeare's would one day come to the rescue in establishing Edward de Vere as the veritable Shakespeare? In Edward de Vere's letter of '7th October from my House at Hakney 1601', addressed to Sir Robert Cecil, we find the addresser following (or, rather, initiating) the same 'well known tendency': In this letter, Vere capitalizes every word beginning with c, ('the Coorte', 'my Cause', 'Cosen Bacon'). Every other c is not capitalized. Verily, 'it strikes a man more dead than a great reckoning in a little room', doesn't it, Christopher Marlowe of Canterbury?

Writes Dover Wilson in his introduction to *Coriolanus*: 'Another trick of Shakespearean penmanship was the practice of using a capital C initially, for no apparent reason. \*\*\* But a compositor might be led seriously astray by a capital of this kind, which he would take as making the beginning of a new sentence. We have a case of this at I4.I.5, which should run:

That common chances common men could beare,

but which the Folio prints:

That common chances. Common men could beare.

Of the four words in this line beginning with c Shakespeare elected to spell one with a capital letter; small blame to the compositor for supposed a fresh sentence was intended and inserted a period'.

The remaining three C's, Dover Wilson thought, were not written by Shakespeare in capital C's, and that is the reason the compositor was able to recognize them. But is it natural for a writer like Shakespeare to change suddenly style within a sentence? No! The manuscript of Shakespeare, like the letter of 7 October 1601, must have had all four initial C's of the line capitalized. Between the four capital C's of the line, it would be very easy for the compositor to understand that they did not all signal the beginning of a new sentence. Could anybody print Shakespeare's line,

'that Common Chances Common men Could beare' as 'that. Common. Chances. Common Men. Could beare'?

Never! Even a moron of a type-setter could never decompose Shakespeare's line like this. It is very easy to see that the easiest mistake would appear where the compositor made it. Moreover, his 'deciphering' of Shakespeare's reason for his capital C's has not only some, but much meaning. But with three more periods Shakespeare's sentence becomes completely meaningless, and that even an insignificant compositor would not allow.

This brings us to the most damaging corruption in the whole text of *Coriolanus*. Dover Wilson concludes:

> Enter to
> Volumnia and Virgilia at I.3.25 a gentlewoman announcing the approach of Valeria. Whereupon follows a discourse which the Folio concludes thus:
> The brests of Hecuba
> When she did suckle Hector, look'd not louelier
> Then Hectors forhead, when it spit forth blood
> At Grecian sword. Contenning, tell Valeria
> We are fit to bid her welcome.
>
> The last line but one, as Collier finally rectified it, should read:
>
> At Grecian sword, contenning. Tell Valeria.

Here finishes Dover Wilson. But, we may ask the "doyen of Shakespeare scholars", how was it humanly possible for the Folio compositor to corrupt Shakespeare's text so absurdly as to need a forger of Collier's calibre to rectify it? (It cannot be ruled out that Collier deliberately forged some documents by way of irony at the much greater forgery of Shagsberd passing as Shakespeare. Have we not all been unfair to great Collier?) To Dover Wilson exegesis, that Shakespeare led astray the compositor first by beginning "Contemnning" with his favourite capital C, and then by writing the "mn" with a minim short so that it became [or it looked like] an "nn", and then by taking the word as the name of the gentlewoman, and, for that reason, he then set it up in italics, and then inserted a period to make all well, thus making it all wrong, is basically correct. But let great Dover Wilson, from the Paradise of Critics where he now resides, let him but read with us the French letter which Edward de Vere wrote in August 1563, then only 13 years of age. This letter is very important for many things, but it is unique for a very strange peculiarity on the part of its author: In this letter, Edward, for reasons of his own, put full stops in the place of every comma, and commas in the place of every full stop. In other words, in that juvenile letter, full stops and commas have been interchanged by the adolescent Earl!

Now imagine Edward de Vere -- allowing for a moment that Edward was really Shakespeare --, some years later, while composing Coriolanus, he decided to write the line about the Grecian swords. Wouldn't he, following his own method to writing (exemplified as far back as his French letter of 1563), instead of writing down the line as

At Grecian swords, Contenning. Tell Valeria

would he, exchanging commas for full stops, write it down as

At Grecian swords. Contenning, tell Valeria,

wouldn't he? He would. Of course, the compositor, unaware of Edward's double idiosyncrasy -- capitalizing initial Cs and interchanging commas with full stops -- could not easily divine that Shakespeare had transposed the punctuation signs, and so he could not but set the line as

At Grecian swords. Contenning, tell Valeria,

thinking that the word "Contenning" (or what he took for "Contenning") in de Vere's manuscript was a legitimate proper (feminine) name!

But the genius of Collier worked a double miracle. Not even knowing of Shakespeare's idiosyncrasy, he not only restored the new punctuation by transposing the punctuation signs (in the same way, decimals now are indicated by commas and the thousands by full stops), he also corrected the compositor's failure to read "contemning" under the poet's apparent "Contenning". Shakespeare's well-known tendency of capitalizing the initial "Cs", first noted by Dover Wilson, was anticipated two centuries earlier. This, from a forger! And the forger did what nobody else had, or has, done, he gave us back a very beautiful Shakespearean line,

At Grecian swords, contenning. Tell Valeria…

Another, otherewise inexplicable, similarity between Edward de Vere's letter of 1601 and Sonnet 116, involving the concepts of 'alteration' and 'tempest/storm', from the letter of Edward de Vere to Robert Cecil, spring 1603:

'to try my fortune among the alterations of time and chance, either without sail whereby to take advantage of any prosperous gale, or with anchor to ride till the storm be overpast'.

To this compare Shakespeare's Sonnet No. 116:

'Love is not love which alters when it alteration finds, or bends with the remover to remove; Oh, no. It is an ever fixed mark, that looks on tempests, and is never shaken'.

## FRENCH LETTER
19 August 1563

### MONSIEUR TRESHONORABLE

MonSieur i'ay receu voz lettres, plaines d'humanite et courtoySie, & fort reSemblantes a vostre grand'amour et Singuliere affection enuers moy. comme vrais enfans dueument procreez d'une telle mere. pour la quelle ie me trouue de iour en iour plus tenu a v.h. voz bons admoneStements pour l'obSeruation du bon ordre Selon voz appointements, ie me delibere (dieu aidant) de garder en toute diligence. comme choSe que ie cognois et conSidere tendre eSpecialement a mon propre bien et profit, vsant en cela l'aduis et authorite de ceux qui Sont aupres de moy. la diScretion desquels i'eStime Si grande (S'il me conuient parler quelque choSe a leur aduange) qui non Seulement ilz Se porteront.Selon qu'un tel temps le requiert, ains que plus eSt Seront tant que ie me gouuerne Selon que vous aues ordonne et commande. Quand a l'ordre de mon eStude pour ce qu'il requiert vn long diScours a l'expliquer par le menu, et le temps eSt court a ceSte heure. ie vous prie affectuelement m'en excuSer pour le preSent. vous aSseurant que par le premier paSsant ie le vous ferai Scauoir bien au long. Cependant ie prie a dieu vous donner Sante.

Edward Oxinford

∽

But, to conclude, which, which is the 'Booke' referred to in Edward de Vere's letter of 7 October, 1601? Could this be Shakespeare's Complete Works, or *Hamlet*, or what? What is the 'Cause' referred to in the same letter, and what is the connection with 'Cause', in Hamlet's dying speech? Who was 'Serjant Harris', and what is his connection with 'this fell serjant Death', again in Hamlet's dying speech?

'Seriant Harris' could well be William Harris, a Catholic divine, born in Lincolnshire in c. 1546, and admitted at OXFORD, in 1564. Renouncing protestantism, he was ordained priest at Louvain. In 1575 he was sent on his ENGLISH MISSION. In 1590 we find him at Cowdray, the seat of Viscount Montagu. He is described as 'a tall man, blackish hair of head, and beard'. His writings were 'as obscure among protestants as eminent with the popish party'. His magnum opus seems to have been "THEATRUM, seu Speculum verissimae et antiquissimae Ecclesiae Magnae Britanniae". Harris died in England in 1602. Shakespeare in *Hamlet* calls death 'this fell sergeant Death'. But in 1688 John Fulman threw away Shaxberd's literary pretences, by writing of the author of Shakespeare's plays: 'He died a Papist'. There is no more anti-Catholic work in the world than *King John* (unless it be *The Troublesome Reign*, Shakespeare's earlier version of *King John*, as Eric Sams proved in 1986). But we know that Edward de Vere died an enemy of the Catholics, while Gulielmus Shaxberd, according to Fulman, 'died a Papist'.

Catholicism was the church in which fifteen Earls of Oxford had been christened, married, and buried. Edward de Vere, and several of his friends, made a secret profession of adherence to the Roman faith. But when it transpired that Don John of Austria (the victor of Lepanto) was planning to subjugate the Low Countries, then invade England, marry the Queen of Scots, and establish her as the Queen of England, Edward de Vere broke his ties with Rome. Elizabeth feared that her kingdom would be invaded from the North by France, and from the South by Spain, in order to check the French expansion. The War of the Roses would be fought once again in Britain, but this time by foreign (and Catholic!) ravagers. Faced with such a nightmare, Edward denounced his erstwhile associates, Henry Howard, Charles Arundel and Francis Southwell.

∽

In breve spazio strinsersi concordi,
Tutti silenziosi e tutti fisi,
Cogli sguardi lucenti, all'erta face,
E all'ampio mar, che accoglierà fra poco
I devoti ad onor corpi distrutti.
E già è presso alla polve la favilla,
Ma corse l'Anglo e l'impedì col grido.

ΜΑΝΣΟΥΡΑ, ΣΕ ΚΥΚΛΩΣΑΝ ΤΑ ΧΕΡΙΑ ΜΟΥ,
ΜΑΝΣΟΥΡΑ, ΘΕΛΩ ΝΑ ΜΕ ΚΥΚΛΩΣΟΥΝ ΤΑ ΧΕΡΙΑ ΣΟΥ,
ΜΙΣΩ ΚΑΙ ΤΗΝ ΖΩΗ ΚΑΙ ΤΟΝ ΘΑΝΑΤΟ,
ΤΩΡΑ ΠΟΥ ΣΕ ΤΥΛΙΓΕΙ ΤΟΥ ΦΕΓΓΑΡΙΟΥ ΤΟ ΣΚΟΤΑΔΙ,
ΚΑΙ ΓΕΡΝΕΙ, ΚΑΙ ΠΕΦΤΕΙ, ΚΑΙ ΣΠΑΖΕΙ ΚΑΙ ΑΛΛΑΖΕΙ,
ΚΑΙ ΔΕΝ ΗΣΥΧΑΖΕΙ.

(Andreas Iacovou's poem *Mansoura*)

## CHAPTER 10

## THE ARCHIMEDEAN METHOD: SOUTHAMPTON IS REARRESTED

I. THE SEVENTEEN PROPOSITIONS

(1) 7/2/1603. The dedication of *Troilus and Cressida*, 1609.

In this dedication, we encounter a strange phrase, 'When he [the author] is gone.' Manifestly, the dedication was written before Shakespeare died, otherwise what meaning would the phrase have? The play was entered on 7/2/1603, a clear indication that on that date the dramatist was alive.

The unanimous position of all pro-Stratfordians, that TC was written in c. 1601 may be correct, but the dedication must had been written immediately before February 7, 1603. In that year, the Stratfordian genius Shaxberd was only 38 years of age. Can anybody, in his right mind, envisage the death of an author of only 38 years of age? But if the phrase is applied to Edward, it must refer to the last dramatic year of his life. Now the phrase describes a man of 54, and acquires solid sense. ('When he is gone' implies a prolonged illness, and is equivalent to Ratsey's phrase to Shaxberd in 1605, 'if one man were dead').

(2) March, 1603: Elizabeth died on 24 March, 1603. On that day (and until, at least, 25/4/1603) we are sure that William Shake-

speare was alive, because Henry Chettle, in a poem of his on the death of the Queen, castigated Shakespeare for not writing a dirge for the Queen (S.R. 25/4/1603):

'Nor doth the silver-tonged Melicert,
Drop from his honied muse one sable teare
To mourne her death that graced his desert,
And to his laies opend her Royall eare.
Shepheard, remember our Elizabeth,
And sing her Rape, done by that Tarquin, Death'.

That 'the silver-tongued Melicert' who did not 'drop from honeyed Muse one sable tear' is Shakespeare, is clear not only from the fact that Spenser's word 'shepheard' when he praises Aetion (the Aeschylean word 'βοσκομέναν' means both 'shepheard' and 'rape'), but also from the poem's continuation: How did Elizabeth grace Shakespeare's desert? With her annual allowance to Edward de Vere of £1000. [Note: all the ideas contained in this stanza of Chettle are contained in the Aeschylean ode from which Edward de Vere took the word 'Doripaltos' (Shakespeare)]. But what nobody until now had observed, is that Chettle's last two lines hark back to *Romeo and Juliet*, IV, v, 38-40:

'O son, the night before thy wedding day
Hath death lain with thy wife. There she lies,
Flower as she was, deflowered by him'.

So, the debate whether Melicert is Shakespeare or not, finishes in favour of Shakespeare, if, and only if, *Romeo and Juliet* is by Shakespeare.

(3) DECEMBER, 1603. The last time we read of William Shakespeare as being alive is in December, 1603, when Lady Pembroke wrote, from her House at Wilton, to her son, William Pembroke, to bring King James I from Salisbury to see a performance of *As You Like It* at Wilton House, adding, 'WE HAVE THE MAN SHAKESPEARE WITH US'. The historian who first recorded the above event, William Cory, was regarded by E. K. Chambers as

'a competent historian'. So, Shakespeare the man, whoever he was (he cannot be nobody), was alive in December, 1603. (It is recorded that one of the only two roles Shakespeare played was Adam in AYL, the other being the ghost in *Hamlet*).

But, if Edward de Vere is identical with 'the man Shakespeare', the pro-Stratfordians may ask, what was he doing in Lady Pembroke's house? The answer was to be given some months later, when Lady Pembroke's second son married Edward de Vere's third daughter! And, surprise of surprises, not only 'the man Shakespeare', but also the Earl of Southampton, the dedicatee of *Venus and Adonis* and *Lucrece*, was present at Wilton in December, 1603. Southampton, we remember, was chosen by Burghley to marry Edward de Vere's daughter, but he refused, and – for his refusal – was fined £5000 by Burghley, Edward de Vere's father-in-law. Why? The answer is provided by *Pericles*: the supposed daughter of Edward de Vere, like Antiochus' daughter Hesperid, was not only Burghley's grand-daughter, but his daugther as well!

'We suppose Shakespeare to have ceased to act in the summer of 1604', wrote John Payne Collier, and this sentence was repeated verbatim by Sir Henry Irving in 1927. And Honigmann, in *Shakespeare's Impact on his Contemporaries*, wrote: 'It is significant, too, that Shakespeare drops out of the actor-lists after *Sejanus* (1603)'.

So, December 1603 is the last known terminus ad quem of Shakespeare's life.

But throughout the whole 1604, we no more hear, or read, of Shakespeare as being alive. What happened? Soon after, Delphic voices speak of Shakespeare as inhabiting in the Elysium.

(4) 1603, or soon after.

No play (or poem) of Shakespeare's is based on any source later than 1603! This fact was challenged (Chambers being an important exception) by postulating a later source of *The Tempest*, Strachey's Bermuda letter. This letter is dated 15 July 1610, but, unfortunately for the Stratfordians, it was not published until 1625! But the pro-Stratfordians are very resourceful, even in defeat. They found a neat way out of their inescapable trap.

Shagsberd, they say, must have read this long letter in manuscript! They may as well say that Shagsberd read also the letter that Strachey wrote in order to send it to him, but, for unknown reasons, did not.

The second argument of the Stratfordolators is based on Bermuda. Of the six hundred shipwrecks recorded until 1604, they choose only the very last one, that of 1609, as if Shakspere had to wait for the last possible year necessitated by their biased chronology!

But the shipwreck of *The Tempest* is not a shipwreck at all, and even if it was, it bears no specific resemblance to the wreckage of the *Sea-Venture*. No magician, no daughter, no creatures even remotely resembling Ariel and Caliban.

As for the phrase 'still-vexed Bermoothes', they want us to believe that Prospero is so stupid as to say to Ariel: 'We are in Bermuda. Do you remember the day I sent you to fetch me something from Bermuda?'!!! (The three exclamation marks are appropriate).

(5) In 1603-1604 we have an unshakable, independent testimony, based on absence of evidence (like the dog that didn't bark in Sherlock Holmes's story) that Shakespeare's death happened much closer to the earliest limit (1604-5) than to the latest (1609). And even if all three of the first records had been lost, we would still be sure that something very serious happened to Shakespeare in the period 1604-5.

The evidence is to be found in Chambers' huge *William Shakespeare: A Study of Facts and Problems*, Part II, pages 394 to 395. There we see that, between 1593 and 1604, 15 original plays of Shakespeare were published: TIT, 2HVI, 3HVI, R2, R3, RJ, 1HIV, LLL, HV, 2HIV, MA, MND, MV, MW, HAM. If we add to them the poems VEN (1593), KL (1594) and *The Phoenix and Turtle* (1601) we have 18 works in 12 years, averaging 3 works per 2 years.

But suddenly, after the publication of *Hamlet* Q1, 1603, the publication of any NEW work by Shakespeare, as if by signal, abruptly stops. This very long void will not be broken until 1622, when *Othello* Q1 is published. This 19-year void is broken only once, in the period 1608-9, when *Lear* (1608), *Pericles*, *TC* and the

*Sonnets* (1609) are published. So, the long, still unaccounted for, 5-year gap, from *Hamlet* to *Lear*, is succeeded by the unimaginably immense, 13-year gap, from the *Sonnets*, 1609, to *Othello* Q1, 1622. What was, then, Gulielmus Shaxberd doing from 1603 to 1616? Or, to be more merciful to him, what was he doing for the last seven years of his life, from 1609 to 1616? The answer is 'Nothing'. He wasn't Shakespeare.

But why do the flood of the new plays by Shakespeare dry up in 1604? The reason is not difficult to be guessed at. SHAKESPEARE DIED ABOUT 1604 (the year in which the Q2 of *Hamlet* was published) and the 18-year gap that followed upto 1622 (*Othello*) and 1623 (the First Folio, containing 36 of Shakespeare's Plays), was interrupted only for the period 1608-1609, because at that period the wife of Edward de Vere (he died on 24.6.1604) moved to another house. To use Fripp's argument for the *Sonnets*, not only the *Sonnets* (1609), but *Pericles* (1609), *Troilus and Cressida* (1609) and *Lear* (1608), owed their sudden publication to 'the break-up of the Countess of Oxford's establishment at King's Place in the village of Hackney'. Or, to let Fripp speak again, they 'may have escaped from the papers of the incoming occupant, Sir Fulke Greville'.

The gap of 1604-1622 is owed to the fact that Shakespeare, being a mortal, died in, almost certainly, c.1604. Unless we believe that his works were written by God.

(6) c. 1603-1604?

John Benson, in his address "To the Readers" of his 1640 edition of *Shakespeare's Poems*, writes that the poems he publishes (chiefly the *Sonnets*) 'had not the fortune, by reason of their INFANCY IN HIS DEATH, to have the due accommodation of proportionate glory, with the rest of his ever-living works'. The Sonnets were first published in 1609, but they were first alluded to by Francis Meres in his *Palladis Tamia* of 1598 ['his (Shakespeare's) sugared sonnets among his private friends...'] and if they were indeed 'infants' (i.e. newly-written) at the author's death, Shakespeare's death must have occurred between 1598 and 1609 – the dividing line being the period 1603-1604! If luck is with us, Shakespeare must have died in one of the 731 days of this two-year period!

(7) In 1604, the year of Edward's death, Shaxberd abruptly absents himself from London – at least we find no further trace of his presence there until May, 1612, when he testifies to the Mountjoy lawsuit. Strangely, on 25 November of that same year, Edward's widow dies, leaving a sum of pounds to 'my dombe [dumb] man', Shaxberd? What kind of fiendish coincidence is this, some months before Edward's widow dies!

(8) That Shakespeare died about the year 1604 may – just may – be provided by another work, *Willobie his Avisa*, first published in 1594. To the edition of 1605, the editor, Hadrian Dorrell, adds these remarkable words:
'If any notwithstanding will continue the ERROR of their unsatisfied minds they must for EVER rest in their RIGHTless ERRing, till the author (now of late gone to God) return from heaven to satisfy them farder touching his meaning. And so farewell. OXFORD this 30 of June 1596'.

Why '1596' for an 'apology' written for the edition of 1605? In the edition of 1605, Dorrell says that the author 'fained an individuum: to this fained individuum, he gave this fained name *Avisa*'. In the *Apology* of 1635, Dorrell added:
'There is something of TRUTH hidden under the SHADOW... *Avisa* is not a TRUTHless invention... The substance of all this hath been VERified, and in many things the VERy words specified...'
The *Apology* records that Henry Willobie left 'many other pretty things of his devising and a poem called *Susanna*'. A poem called *The Victory of English Chastity* is printed next to the *Apology*.

Who Susanna was has never been determined, nor her abode.

Dorrell continues:
'The poetical fiction was penned by the Author at least for thirty and five years since (as it may be proved) and lay in waste papers in his study, as many other pretty things did of his devising; and so might have continued still (as his *Susanna* yet doth) had not I, contrary to his knowledge, with pain collected it and published it'.

Now, to use Ingleby's logic, 35 from 1605 leaves 1570, so that, according to Dorrell's statement, Henry Willobie had written his *Avisa* in June 1570. [From] the poem, showing no sign of immaturity, we must conclude that he was nearly of age at that date; which will throw his birth back to about 1549-50. Taking that year as a basis of computation, HE MUST HAVE BEEN FROM 53 TO 56 AT THE TIME OF HIS DEATH! (Edward died at 54). Is Willobie a persona of Edward de Vere? Is Susanna Edward's namesake daughter?

The name of Willobie is found in a marginal note in William Clerke's *Polimanteia*, 1595, where he is referred to as one of those of OXFORD who 'are able to sing SWEETLY when it please thee'.

(9) Shakespeare's name appears in a roster of players in MARCH, 1604, three months before Edward's death, but is not mentioned in a similar list in August.

(10) Would Shakespeare leave such a magnificent piece of work as the first half of *Macbeth*, and to leave the second half in such a sorry state (after the murder of Macduff's family?) The play SEEMS to have been written in Spring 1603-Summer 1604, and it seems to have been written to honour the ascension of James. The strongest explanation is that the author did not live to finish it, and the manuscript was given to Middleton to put the play in order. (Something similar happened with the manuscript of Melville's *Billy Budd*, where many decades were spent by many in order to put the pages of the manuscript in order).

(11) A FORGER DIVINES THE TRUTH!
(Summer of 1604)
John Payne Collier was one of the greatest forgers in history. And yet, Collier failed, by a mere word, to articulate one of the supreme sentences in the annals of criticism. In 1856 he wrote: 'We suppose Shakespeare to have ceased to act in the summer of 1604, and in the winter of that very year we find the King's players giving offense to 'some great counsellors'.' Had Collier written 'We suppose Shakespeare to have ceased to live in the summer of 1604', he would be the originator of one of the greatest

discoveries in the annals of literary criticism.

Shakespeare's name drops out of the actor-lists after Jonson's *Sejanus* (1603).

(12) Soon after Edward's death, several plays not written by Shakespeare were published as if by him, as *The London Prodigal* in 1605 and *A Yorkishire Tragedy* in 1608. As it would be unimaginable for anybody to take advantage of the assets of the name of a living author, we have no alternative but to own that Shakespeare had died soon before the influx of all those pseudo-Shakespearean works.

(13) 1604-1605: Suddenly, in a book published in 1605, and most probably written at the end of 1604, we have the first serious intimation that Shakespeare was either dead or dying.

Gamaliel Ratsey was the most notorious highwayman of Shakespeare's time, had fought in youth in Ireland. He wore a hideous mask, and combined rough humour with his daring. Shaxberd of Stratford was among his auditors. But poor Gamaliel was betrayed by his confederates, and was hanged at Bedford, on 26 March, 1605.

*Ratsey's Ghost*, published in 1605, is an account of 'the Mad Pranks and Robberies' of this famous highwayman. The author (his name is unknown) tells how Ratsey met with a troupe of players at an inn (Shaxberd liked very much the inns, especially Davenant's mother's inn at Oxford!) and asked them to entertain him with music ('let me hear music, for I have often gone to plays more for music's sake, than for action'). A week later, he met the same players at an other inn, and 'was desirous they should play a private play before him, which they did'. He paid them forty shillings, a generous fee, only to waylay them the next day and demand the return of the forty shillings with interest. Gamaliel deigns address the notorious "Player".

∽

'The very best' of players, says the protagonist, 'have sometimes been content to go home at night with fifteen-pence apiece; others, whom Fortune hath favoured, by penny sparing and long practice of playing, are grown so wealthy that they have expected to be knighted, or at least to be conjunct in authority and to sit with men of great worship on the bench of justice'.

Gamaliel tells a man who is surely – even immaculate Fripp agrees! – the Stratfordian 'genius':

'And for you, sirrah', (saies he to the chiefest of them) 'thou hast a good presence upon a stage, me thinks thou darkenst thy merit by playing in the country. Get thee to London, for if one man were dead, they will have much need of such a one as thou art.

There would be none, in my opinion, fitter than thyselfe to play his parts: my conceipt is such of thee, that I durst venture all the money in my purse on thy head, to play Hamlet with HIM for a wager. There thou shalt learne to be frugal (for Players were never so thrifty as they are now about London) & to feed upon all men, to let none feed upon thee; to make thy hand a stranger to thy pocket, thy heart slow to perform thy tongue's promise: and when thou feelest thy purse well-lined, buy thee some Place or Lordship in the Country, that, growing weary of playing, thy money may there bring thee to dignity and reputation: then thou needest care for no man, nor [sic] not for them that before made thee prowd, with speaking their words upon the stage'.

'Sir, I thank you' (quoth the Player) 'for this good counsel. I promise you I will make use of it, for, I have heard indeed, of some that have gone to London very meanly, and have come in time to be exceedingly wealthy'.

'And in this presage and prophetical humour of mine', says Ratsey, 'kneel down, Rise up, Sir Simon two shares and a half: Thou art now one of my knights, and the first knight that ever was player in England'.

Ratsey robbed the rich (a tapster, a grazier, a lawyer) and gave to the poor: 'I spare not them that are rich!' Wealth is wickedness, so the rich 'player' – who watched the poor in front of his grainstore ('New Place'!) die of hunger, while HE, undisturbed, composed the last act of *King Lear*! – so Gulielmus Shaxberd, the 'rare tragedian', was regarded by Gamaliel Ratsey not as a dramatic genius but as a treacherous monster.

E. K. Chambers' only comment: 'The weary player is more likely to be Alleyn'. But Alleyn was a Londoner-born, so why should he go to London? The phrase fits the glover's son like a glove. Alleyn initiated the purchase of Dulwich on 25 October 1605, whereas *Ratsey's Ghost* was entered on 31 May 1605. But Shaxberd had bought New PLACE in 1597, and his father had applied for the grant of Oxfordian arms in 1596, so 'some PLACE or LORDship' is a peculiarly appropriate – and doubly deadly thrust.

Ratsey's phrases 'if one man were dead' and 'to play *Hamlet* with him' have been taken by all commentators to mean the actor Richard Burbage (1567-1619). But why Burbage? There is no report of Burbage being ill or dying in 1604-5, or before. He was three years younger than Shaxberd, and he survived him by three whole years, dying in 1619. No, the phrase can only be applied to the real William Shakespeare, who was then either dead or dying.

Ratsey's 'if ONE MAN WERE DEAD' refers to, or was inspired by, Lady Pembroke's letter, 'We have the MAN Shakespeare with us'. [at Wilton].

Ratsey's 'prophetical humour' recalls the phrase 'O my prophetic soul!' of *Hamlet*, and 'Sir Simon two shares and a half' recalls not only the announcement in the Q2 of *Hamlet* that, compared to Q1, Q2 'is enlarged to almost as much again as it was', but 'Sir Simon' is a hint that the man knighted by Gamaliel is guilty of simony, selling or buying spiritual values! Did Shaxberd buy Shakespeare's manuscripts? That's what torments my conscience, all these years!

And Gamaliel Ratsey's advice to Shaxberd to go to London, for if one man were dead (i.e. the real Shakespeare) 'THEY WILL HAVE MUCH NEED OF SUCH A ONE AS THOU ART' (and, also, 'TO FEED UPON ALL MEN' and 'THY HEART SLOW TO PERFORM THY TONGUE'S PROMISE') is doubly ironic, because, first, here a highwayman addresses a corn-holder (a CORMORANT, as the people of Stratford described him in 1598) with contempt, and, secondly, Gamaliel Ratsey's fate was to be hanged some months later, (26/3/1605) while Shaxberd, who ought 'to be hanged on a gibbet' at his own door, not only escaped death, but appropriated all of Shakespeare's works as well.

(14) In c. 1605: The second serious indication that Shakespeare was dead by, or before, the year 1605, is to be found at the end of the poem *Myrrha*, published in 1607, but, most probably, written two years earlier. [By analogy with John Weever's dedication to his book *The Mirror of Martyrs* (1601), where the poet states that his book 'some two years ago was made fit for the Print', i.e. it was written two years before its publication].

The narrative poem *Myrrha, The Mother of Adonis*, by William Barksted, deals with the events that purposedly preceded the events in Shakespeare's *Venus and Adonis*. Myrrha refuses Cupid's love; to punish her, Cupid kindles in her 'an infernal and unnamed desire' - Myrrha lusts for her father (the spectre of *Pericles* rises its head again!), conceives a child by him, is turned into a tree, (in *The Tempest* Prospero saves Ariel from a cloven pine, where Sycorax had confined him) and brings forth a child, Adonis; the child grows up, and Venus falls in love with him. Barksted concludes *Myrrha* by attempting to begin the beginning of Shakespeare's *Venus and Adonis* (1593) – but suddenly Barksted breaks off, out of respect for his 'neighbour' Shakespeare!

But stay my Muse, in thine confines keep,
And wage not war with so dear-loved a neighbour,
But having sung thy day song, rest and sleep,
Preserve thy small fame and his greater favour:

His Song was worthie merit (Shakespeare he),
Sung the fair blossom, thou the withered tree,
Laurel is due to him, his art and wit
Hath purchased it, Cypress thy brow will fit.

Honigmann wrote:

'Biographers who report no more than that Barksted called Shakespeare 'so dear-loved a neighbour' may lead readers to imagine that the two writers lived next door, and that neighbour Shakespeare, sweet and gentle, inspired affection. But Barksted more probably refers to literary territory, not personal domicile: the poets' literary 'confines' adjoin, so they are literary neighbours. That Shakespeare the man was 'so dear-loved' remains possible; the context suggests, however, that Barksted was thinking of the popularity of *Venus and Adonis*, a poem that had run through nine or ten editions by 1607, whose author was 'dear-loved' by the general public'.

But, unbeknown to the great scholar Honigmann, Barksted did mean what he wrote! He was Shakespeare's 'neighbour' in the very literal sense of the word. In point of fact, he was more than Shakespeare's neighbour. Actually, he lived under Shakespeare's roof! The proof is provided by the DNB, which, in the entry under 'Barksted, William (fl. 1611), actor and poet', registers:

> It was doubtless as 'actor' that he [Barksted] became acquainted with Henry, earl of Oxford, and Elizabeth, countess of Derby. The former he calls, in the verse-dedication of *Hiren*, 'the Heroicke Heros'. The renowned Countess of Derby is addressed as 'Your honor's from youth obliged'.

Henry, Earl of Oxford was, of course, Edward de Vere's son by his second wife, Elizabeth Trentham, and the Countess of Derby is Elizabeth Vere, Edward's eldest daughter, to whom Barksted, on his own testimony, was 'from youth obliged'. Elizabeth was the girl turned down by Southampton, because, as rumour has it, she was an incestuous off spring. She was the girl born in 1575, when Edward de Vere was in Europe, and he declined to recognize her as his own daughter. Shakespeare's 'greatest favour' referred to by Barksted may be taken literally, Barksted's obligation to Shakespeare was not only literary, but financial as well. Many poor actors lived under aristocratic roofs. And the cypress that will fit Barksted's brow at the end of his poem may be a compliment to his 'neighbour' Shakespeare, whose heroine Venus flew to Paphos of Cyprus (KYPROS) after the killing of Adonis by a boar, in Greek KAPROS, or ERRAOS, the Greek source-derivation of 'Boar'. And Venus is the only Goddess to whom Shakespeare consecrated a sustained scene. Charlton Ogburn's only comment on Barksted's poem in his huge book (which, incidentally, omits any reference to *Ratsey's Ghost*!) is this short paragraph:

'That the dramatist was dead by 1609, when the Stratford man had seven more years to live, there is other evidence. William Barksted, in a poem of 1607, addressed to his muse [sic!], exclaimed, 'His song was worthy merit (Shakespeare he) ... Laurel is due to him': not his song IS, but his song WAS'.
Of course!
So, according both to the unknown author of *Ratsey's Ghost* and to William Barksted, Shakespeare was dead by c. 1605.

(15) 1609: The Dedication to the first edition of *Shakespeare's Sonnets*, 1609.

*Shakespeare's Sonnets* were published in 1609 with their author characterized in the dedication as 'our **ever-living** poet'. But 'everliving' (with hyphen, or as one word) is a term never applied to a person who is physically alive! As Charlton Ogburn testifies, a search in the leading English dictionaries, from Dr. Johnson's to the great *Oxford* and *Century*, besides the glossaries of seven major poets, from Milton to Shelley, has revealed 23 occurrences of the word 'ever-living', not one applied to a person who was still alive.

Another clear indication that the author was dead by 1609, was the title under which the *Sonnets* were registered and published, that is as *Shake-speares Sonnets*, rather than as "[by] *William Shakespeare/Sonnets*" in the 'more urbane collocation of words', as Sidney Lee says, 'invariably' expected 'by living authors'.

In 1874 C. M. Ingleby wrote about *Greene's Groatsworth of Wit*:

'It was one of Greene's posthumous works, and was revised and curtailed by his literary executor, Henry Chettle, before it saw the light. At that day Greene's name had an extraordinary prestige, owing to the quantity and popularity of his literary productions, both in prose and verse, dramatic and lyric. Accordingly Chettle puts Greene's name first, not only to bespeak the interest, and provoke the curiosity, of the public, but also to remind the reader of Greene's recent death and Chettle's editorship'.

In 1970 Anthony Burgess wrote in his *Shakespeare*:

'The Countess of Pembroke, was 42 years old in 1603 – beautiful, gracious, learned, a female paragon to match the male paragon who was her dead, but ever-living brother, Sir Philip Sidney'. (Sidney was killed in Flanders, in 1586, 17 years before 1603).

But what decides the issue, once and for all, is that Shakespeare himself, in his one and only use of the word 'ever-living', applies it – as he ought! – to a recently deceased person:
'The conquest of our scarce-cold conqueror,
That ever-living man of memory,
Henry the Fifth'. (1H6, 4.3.50-2).

Unbelievable! By using Shakespeare's sacrosanct logic, we arrive at the inescapable conclusion that Shakespeare was dead by 1609. A last, finishing touch, (if ever one was needed), is provided by that most devout of pro-Stratfordian biographers, Edgar Fripp (he writes that 26 of Shakespeare's sonnets came out of Edward de Vere's house!).

Fripp writes:
'On 20 May [1609], while Shakespeare [i.e. Shaxberd] was in Kent or Sussex, a collection of his [!] sonnets was entered at Stationers' Hall to Thomas Thorpe as 'a book called *Shakespeares Sonnettes*'. It had fallen into the hands of this piratical publisher and notorious procurer of manuscript, [Lee, pp. 672-85] possibly on the break-up of the Countess of Oxford's establishment at King's Place in the village of Hackney. The mansion passed this year, 1609, into the possession of Sir Fulke Greville [B. R. Ward, *National Review*, September 1922]. The conjunction of names is suggestive. The late Earl of Oxford (he died in 1604) possessed, we may assume, a copy at least of Sonnets I-XXVI, wherein young Southampton was urged to accept the hand of his daughter, Elizabeth de Vere, and as a poet and patron of poets and players, he [i.e. Edward de Vere] would value anything from Shakespeare's [Fripp means Shaxberd's] pen. The Countess, his second wife, Elizabeth Trentham, may have let the manuscript go, consisting of 154 Sonnets and *A Lover's Complaint*, ignorant of its nature and

literary worth. On the other hand, it may have escaped from the papers of the incoming occupant, the litterateur and sonnetteer, Sir Fulke Greville'.

*Lear* was registered on 26/11/1607, but the Countess of Oxford sold King's Place, Hackney, in 1608. This fact absolves Greville and incriminates her as the sole responsible for the selling of *Lear*, *Pericles*, *Antony and Cleopatra*, *Troilus and Cressida* and the *Sonnets*. Did she sell them directly to Shaxberd?
NOTE:
Shakespeare's *Venus and Adonis* and *Lucrece* are almost without any typographical errors, while the 1609 Sonnets abound with every kind of mistake. What reason did Shaxberd have (supposing for a moment that Shakespeare's Sonnets were written by him!) to leave his most personal work, his most inmost confession, to its typographical fate? Answer: He could not have been the author of the Sonnets, unless he had died before 1609, or had been incapacitated during, or before, 1609.

(16) c. 1611:
In John Davies' poem, *To our English Terence, Mr. Will. Shakespeare*, the three past tenses ('hadst thou not', 'thou hadst been', 'been') in the first four lines of the poem, strongly imply that the author William Shakespeare was already dead by 1611:
Some say (good Will) which I, in sport, do sing,
HADST thou not played some kingly parts in sport,
Thou HADST BEEN a companion to a King;
And, BEEN a King among the meaner sort.

(17) Before 1612:
Webster excludes Shaxberd.
A faint indication (it is nothing more at first sight) that Shakespeare was dead by, or before 1612, is provided by the tragedian John Webster who, in the dedication to his tragedy *The White Devil*, 1612, after addressing 'maister Chapman', 'maister Jonson', 'maister Beaumont & maister Fletcher', he continues: 'And lastly (without WRONG last to be named) the RIGHT happy and copious industry of M. Shakespeare...' The four men addressed by

Webster as 'maister' were alive in 1612. Is the sudden diversion to 'M.' after the four 'Maister' any indication that M. Shakespeare was already dead by 1612? Perhaps only Webster or God could enlighten us on this point.

## II. THE FINAL PROOF

Archimedes' Method strangles the day:
24 June, 1604

Now we will bring the 17 cases into order.

'Had he [Shakespeare] died of the plague in 1603, or been hanged after the Essex rebellion, he would still be the greatest poet of all time'.

Thus Peter Levi, in page 212, of his book *The Life and Times of William Shakespeare*. But, suppose the real Shakespeare did die of the plague of 1603! (The plague continued unabated through 1604). Is there a sign that something extraordinary happened between December 1603 and spring 1605? Something related to Southampton, perhaps, the dedicatee of *Venus and Adonis* and *Lucrece*, 10 years before? And, suddenly, we recognize that something not only extraordinary, but inexplicable to this day, really happened: On June 24, 1604, the Earl of Southampton, the man who narrowly escaped Elizabeth's axe after the abortive Essex Rebellion, Southampton, who was imprisoned for life until King James released him from the Tower, on 10 April 1603, the man who was with 'the man Shakespeare' at Wilton in December 1603, along with King James, Queen Anne, Lady Pembroke (the sister of Sir Philip Sidney), her two sons, William and Philip (the future Earls of Pembroke and Earl of Montgomery, joint dedicatees of the First Folio of 1623!) on the evening of June 24, 1604, this same Southampton, was arrested by order of King James, to be released the next morning.

A search in the chronological dictionaries reveals that on 24 June, 1604, another Earl died, of the plague: Edward de Vere, 17th Earl of Oxford, whose daughter Elizabeth, Southampton, for reasons unknown, refused to marry (paying for this the enormous fine of £5000 to her grandfather, Burghley)! Oxford's house, in 1608, according to Fripp, was inundated with Shakespeare's Sonnets! Why not also *Pericles, Troilus and Cressida* and *King Lear* as well?

Edward de Vere's death on 24 June, 1604, coincided not only with the day of Southampton's temporary arrest on James's orders, but it was accompanied by an equally astonishing parallel event: From mid-1604 through 1611, Shaxberd does not appear in any London record (except as a partner in a purchase that would not have required his presence). Four documents place him in Stratford during this period. But these were the seven critical years during which Shakespeare is described by the establishment as composing his greatest plays. Shaxberd retired to Stratford, leaving *Othello, King Lear, Macbeth, Antony and Cleopatra*, and *The Tempest* to be written by the Holy Ghost! Incredibly, and ominously, he abandoned London between the publication of *Hamlet* Q1 and *Hamlet* Q2. Only when we arrive at 1612 do we retrace his presence in London, but, by then, Prospero and Miranda are on their way back to the heart of Lombardy, which Edward de Vere knew so very well!

The Mystery of Shakespeare's deathdate is FINISHED.

Edward de Vere's death inspired the following Requiem by an anonymous author: 'Of [Edward de Vere] I will only say what all men's voices confirm: he was a man in mind and body absolutely accomplished with honourable endowments'.

I.M.S. (John Milton) in 1634 will sign his long poem on Shakespeare as an 'Admirer of his endowments'!

⁓

Ma allor terra non più, né mar, né cieli
Né presente alcun dio: ma Libertade
In que'petti ponea tutta sé stessa,
Ed in pensieri onnipotenti e molti
Ragionava la dentro, ed esultava
Siccome in mezzo all'oceano il sole.

ΑΠΟ ΤΗ ΣΑΛΑΜΙΝΑ ΩΣ ΤΟΥΣ ΣΟΛΟΥΣ
Ο ΗΛΙΟΣ ΤΗΣ ΜΑΝΣΟΥΡΑΣ ΜΑΣ ΒΑΡΑΙΝΕ,
ΜΑΣ ΒΑΡΑΙΝΕ ΑΠ' ΤΙΣ ΑΚΤΕΣ ΤΟΥ ΑΚΑΜΑΝΤΑ
ΤΟ ΣΚΟΤΕΙΝΟ ΜΕΓΑΛΕΙΟ ΤΗΣ ΥΛΗΣ.
(Andreas Iacovou's poem *Mansoura*)

## CHAPTER 11

# JONSON TRAVELS WITH SHAKESPEARE TO ERIDANUS

Jonson's dedicatory poem to Shakespeare in the First Folio, 1623, begins:
To draw no envy (Shakespeare) on thy name,
Am I thus ample to thy Book, and Fame:
While I confess thy writings to be such,
As neither Man, nor Muse, can praise too much.

The first two lines point to two lines from a little poem written by Ben Jonson at an unspecified time before 1616, most probably in, or before, 1604:

TO ONE THAT DESIRED ME NOT TO NAME HIM

Be safe, nor fear thyself so good a fame,
That, any way, my book should speak thy name.

The similarity between these two lines and the first two lines of Jonson's poem of 1623 cannot be fortuitous. The man that asked Jonson not to name him can be none other than 'my' (Jonson's, that is) Shakespeare.
The next two lines of 1623,

While I confess thy writings to be such,
As neither Man, nor Muse, can praise too much,
echo, as many scholars have noticed, two lines from Ignoto's

dedicatory poem in honour of Edmund Spenser, 1590:
> I here pronounce this workmanship is such
> As that no pen can set it forth too much.

Again, the similarity is unmistakeable. But what reason did Jonson have in 1623, to glance back to a, seemingly, unimportant poem, written by such a non-entity as 'Ignoto', 33 years earlier?

The reason begins to dawn upon us when we realize that Ignoto's poem is very important in many ways. It consists of four 6-line stanzas, and it contains such words as 'workmanship' (twice), 'judgement' (twice), 'naught', 'with envy fraught', 'jealous doubt', 'secret doubt', 'colours black and white', 'to free my mind from envy's touch', 'his right', and 'this is true'. What is most remarkable is that Edmund Spenser's sonnet in 'The Fairy Queen' dedicated to 'the right Honourable the Earle of Oxenford, Lord high Chamberlayne of England, &c.' is, or seems strongly to be, a direct answer to Ignoto's poem.

Spenser's poem in praise of 'Oxenforde' (exactly like Jonson's 1623 poem for Shakespeare) is all laudation. It contains words like 'countenance', 'defended from foul Envy's poisonous bit', 'right', 'the antique glory of thine ancestry under a shady veil', 'thine own long living memory succeeding them in true nobility', (words and mean ings echoing Ignoto's poem for Spenser) and it ends with the following five unusually ecstatic lines:

> And also for the love which thou dost bear
> To th' Heliconian imps, and they to thee,
> They unto thee, and thou to them most dear:
> Dear as thou art unto thy self, so love
> That loves and honours thee, as doth behove.

Shakespeare's Sonnet 84, 'Who is it that says most, which can say more, Than this rich praise: that you alone are you?' is astonishingly similar to the concluding two lines above.

Spenser's poem for 'Oxenford' is a direct answer to Ignoto's poem for Spenser, and, so, 'Ignoto' must be another persona of Edward.

Juxtapose now the following three excerpts:

1) 'THEY to thee, THEY UNTO THEE, and thou to THEM most dear: dear as thou art to THYSELF...'
2) 'to waste THYSELF UPON thy virtues, THEY ON THEE...'
3) 'THEM UNTO us or us TO THEM had hurled...'

The first is, of course, from Spenser's hymn to Edward de Vere; the second, from Shakespeare's *Measure for Measure*; and the third, from the 1632 hymn to Shakespeare by I.M.S. (John Milton Student). It needs no Edgar Allan Poe to understand that Spenser, by imitating a line of Shakespeare in a poem dedicated to Edward, creates a connection between the two authors. And Milton (under the initials I.M.S.), by imitating both Shakespeare's line in MM, and Spenser's line on Edward, assures us that the connection we have established between Edward and Shakespeare is not fortuitous, but more than real. In effect, Edmund Spenser and John Milton, both separately and jointly, suggest what Looney was to discover three centuries later: 'EDWARD DE VERE IS SHAKESPEARE!'

For seeliest Ignorance on these may light,
Which, when it sounds at best, but echoes 'Right!'

Jonson's assault on Ignorance is almost as savage as Shakespeare's and Spenser's. In fact, Spenser in the *Tears of the Muses* castigates Ignorance and praises Knowledge in virtually the same terms as Shakespeare does in 2 *Henry VI*, in *Twelfth Night*, in *Troilus and Cressida* and in many other plays.

And now Jonson is ready to launch one of the most debated lines in world criticism:

And though thou hadst small Latin and less Greek ...

It is silly to argue that Jonson's verse says that Shakespeare knew little Latin and – even less – Greek. On the contrary: Jonson actually says that Shakespeare's knowledge of the Greek language was superior to his great knowledge of Latin.

C. M. Ingleby, as far back as 1874, had emphasized that Ben does not assert that Shakespeare had 'little Latin and less Greek', but, 'Even if thou hadst little scholarship, I would not seek to honour thee by calling thee, \*\*\* by the names of the classical poets, but would rather invite them to witness how far thou dost outshine them'.

One J. M. Robertson wasted his invaluable time and the space of his *True Baconian Heresy* by arguing that Jonson had said that Shakespeare knew little Latin and even less than little Greek, because, he says, such a construction as Jonson's line is an impossibility in the English language! How, then, was Jonson able to do it?

Robertson went a little closer to the abyss, when he added that if Jonson meant what Ingleby believed, Jonson would have written 'small Latin and small Greek', because – O, but listen to him! – 'when making a supposition, intentionally and obviously false, one does not suppose a false quantitative distinction between the two false details supposed'!

This is sheer madness. Manifestly, Jonson meant what he wrote, and wrote what he meant. But Gibson, in his book *The Shakespeare Claimants*, thought that Robertson had demolished Greenwood by that silly argument! Why, but why should Ben Jonson suppose what Robertson would suppose about what Jonson should have meant, three centuries earlier? Why should Jonson say 'small' Greek and 'small' Latin if what he meant was quite different from what Robertson and Gibson preferred? Let us suppose that Jonson intended to say that Shakespeare knew much Latin and much more Greek. How would Robertson express it in about nine words? We attempt, not being poets of Jonson's calibre,

'And even if you didn't know vast Latin and vaster Greek...'

This 'even if' doesn't sound poetical. Let us exchange it with another word. It happens that the only word we can exchange it with is 'though'! We try again:

And though thou hadst small Latin, and less Greek... [Jonson]
And though you haven't vast Latin and vaster Greek... [ours]
And though you knew not vast Latin and vaster Greek... [ours]
And though you haven't immense Latin and immenser Greek ... [ours]

It is immaterial which of the four lines is the best poetically. Algebraically, all four verses are equivalent. So, when changing the negative 'small' into the corresponding positive 'vast' and the negative 'less' into the possitive 'vaster', the only thing we have to do, in order to maintain Jonson's meaning correct, is to remember to change the sign. And that is exactly what we did in our three variants to Jonson's verse. Let Robertson, or Gibson, or Samuel Johnson (pending) explain to us, what need had Jonson to charge Shakespeare with the unendurable blame,

'Shakespeare, you knew small Latin and less Greek', or, the equivalent,

'Shakespeare, you knew not vast Latin and vaster Greek', if what, and all, he meant was that Shakespeare's Greek was poorer than his poor Latin? In a poem where Shakespeare is repeatedly made a giant, what need had Jonson to dwarf him by a single line? None!

Gibson claims that Jonson's verse, 'is a most unpleasant line from their [i.e. the anti-Stratfordians'] point of view, for clearly [!] it can apply only [!] to the dramatist' [!] But if it can apply only to the dramatist of Shakespeare's works, why should Jonson's line be unpleasant to anybody? What Gibson really fears is that among the *Shakespeare Claimants* there is no room for Gulielmus Shaxberd. He is not even a 'claimant'!

So destructive is laziness that even Samuel Johnson, misreading or misquoting Jonson's line, wrote that 'Jonson affirms, that 'he [Shakespeare] had small Latin and NO Greek'!

As Charlton Ogburn has observed, this line of Jonson's is the ONLY one in his entire poem to which a derogatory intent may be imputed. But this would ruin not Shakespeare, but Jonson's incomparable poem. No, that will not do. It is refuted not only by Saint Paul but by Kipling as well.

It is – much more significantly – refuted by Shakespeare's three greatest heroes, Cordelia (once), Hamlet (twice) and Macbeth (six times):

CORDELIA: ... Mine enemy's dog,
Though he had bit me, should have stood that night
Against my fire.

HAMLET: I'll speak to it though hell itself should gape
And bid me hold my peace [...] Foul deeds will rise,
Though all the earth overwhelm them.

MACBETH: Though you untie the winds and let them fight
Against the churches, though the yeasty waves
Confound and swallow navigation up,
Though bladed corn be lodged and trees blown down,
Though castles topple on their warders' heads,
Though palaces and pyramids do slope
Their heads to their foundations, though the treasure
Of nature's germens tumble all together
Even till destruction sicken, answer me.

When apostle Paul writes 'Though I speak with the tongues of men and of angels...', he does not mean he does speak with their tongues; he means even if he did. (Paul's Greek word, translated as 'though', is simply 'εάν', 'if'). When Kipling says, 'Though all the dead were all forgot...', he does not mean that the dead are all forgotten, but 'IF', or 'EVEN IF', they are forgotten.

∞

The hush is already deadly by now. Appropriately so, because Jonson is preparing to invoke Aeschylus, the poet of silences:

But call forth thundering Aeschylus ...

Though Jonson knew that without Aeschylus, there could be no Shakespeare, he is not ready at all to stay too much in such a thunderstorm. But we, like Lear, will!

As far as we know, nobody has ever understood the deeper meaning of Jonson's phrase, 'But call forth thundering Aeschylus'. In a poem like Jonson's, where almost everything is reduced to nothing in front of Shakespeare's sun, what is the reason of addressing Aeschylus in such a way, what is the reason of such an exceptional treatment?

Jonson's inner psyche here unveils something of the truth about the real Shakespeare. Like Prospero, Jonson's phrase travels us 33 years back into the abyss of time, counseling us to read another piece of poetry congenial to his:

'And there, though last not least, is Aetion,
A gentler shepherd may nowhere be found:
Whose Muse, full of high thought's invention,
Doth like himself heroically sound'.

These four lines of Spenser's hold five keys for solving the Shakespeare authorship enigma. The fifth key is concealed under the fourth line. Who is this man, Spenser asks, 1) Who though last, is not least, 2) Who is Aetion, 3) Who is the gentlest shepherd in the whole world, 4) Whose Muse is full of high thought's invention, and 5) Whose Muse sounds heroically like him?

Shakespeare, as we have seen, took his name (which heroically sounds) by translating the Greek word 'Doripaltos', from Aeschylus' *Agamemnon,* to which he added the hidden helmet of 'William'. Spenser's stanza is the only text on which almost all agree, pro-Stratfordians and anti-Stratfordians alike, that it refers to Shakespeare the dramatist. Aeschylus is called forth first, out of respect, Jonson implying that he is, maybe, the world's greatest tragedian (The eagle 'aetos' was the bird of Zeus, the king of the Gods. And Aeschylus calls the eagles 'kings of the birds'). Spenser's 'though last not least' underlines Spenser's belief that in the long line of great tragedians, from Aeschylus, through Sophocles and Euripides and Seneca upto Shakespeare, the English dramatist, though LAST in time, is not the least in greatness.

Jonson continues, offering us another clue on the chronology of Shakespeare:

And all the Muses were in their prime
When like Apollo he came forth to warm
Our ears, or like Mercury to charm!

It was easy for Ogburn to see that Jonson here is reminding us that Shakespeare, unlike Shaxberd, came early to the English stage. But the great American scholar failed to notice that Jonson's last two lines are nothing but a reverberation of the sibyllic last line of *Love's Labour's Lost*, spoken by Armado:

ARMADO: The words of Mercury are harsh after the songs of Apollo. You that way; we this way.

Just a song's duration earlier, the same Armado had said:

ARMADO: This side is Hiems, Winter -- this Ver, the Spring; the one maintained by the owl, the other by the cuckoo.
Ver, begin.

'Ver, begin', that is 'Edward de Vere, begin your dramatic Career'. (LLL was published in 1598, and was the first of Shakespeare's works to have the author's name on its cover). Owl is the symbol of Pallas Athena ('doripaltos', i.e. 'the Spear-shaking Minerva'), and the cuckoo is not only the symbol of spring (Ver), but of parasites and usurpers as well, as Gulielmus Shaxberd, the false Shakespeare, certainly was. [Incidentally, winter in French is hiVER, so that "Conte d' hiver" ("Winter's tale") sounds exactly like 'Comte de Ver', 'Count (Earl) of Vere!'] 'Ver', Springtime, appears also in the beginning of *The Two Noble Kinsmen*.

Ben Jonson proceeds:

For a good Poet's made, as well as born.
And such were thou.

Jonson here is burying the picture of Shakespeare as a born genius who owed his excellence to Nature alone. Even Coleridge, in spite of his pro-Stratfordian blinkers, succeeded, at least for a priceless second, to see the light of truth.

∽

We are approaching the end of Jonson's Ode. But the terrain suddenly becomes very unfamiliar and odd-looking:

... Look how the father's face
Lives in his issue, even so, the race
Of Shakespeare's mind, and manners brightly shines
In his well-torned, and true-filed lines.
In each of which, he seems to shake a Lance,
As brandished in the eyes of Ignorance!

The first part of this passage was anticipated in the 1590 poem of Spenser dedicated to Edward de Vere:

The antique glory of thine ancestry
Under a shady veil.

By reverberating Spenser's description of Edward de Vere, Jonson hints that Shakespeare is none other than Oxenford.

Jonson's compliment about Shakespeare's 'well-torned and truefiled lines' is, of course, an echo from Shakespeare's sonnet LXXXV, 'and precious phrase by all the muses filed'. This poem must have been composed by 1598, because Meres, in that year, wrote about Shakespeare's 'fine-filed phrase'.

Jonson is preparing to close his poem, but not before delivering a thunderbolt of an oracle:

Sweet Swan of Avon!

Ogburn has long since annulled the Stratfordian 'Proof' that this has to be a reference to the Stratfordian Shaxberd: The Avon River, on its way to Stratford, passes through Rugby, where Edward de Vere had a home – Bilton.

Prepare now yourselves for one of the greatest riddles enshrined in the annals of poetry and the chronicles of ciphering:

But stay, I see thee in the Hemisphere
Advanced, and made a Constellation there!

Jonson suddenly sees (or has!) Shakespeare advanced in the Hemisphere and made a Constellation there!

In 1604, the year of the death of Edward de Vere, a supernova occurred in the constellation of Cygnus, 'the Swan'. A supernova is an exploding star which can shine brightly for many weeks, but to the observers of Jonson's times it seemed that a new star had appeared in the heavens. Johannes Kepler recorded his observations on the supernova in *De Stella Nova*, Prague, 1606. (Roughly, Shakespeare's career started with the supernova of 1571, and ended with the supernova of 1604!)

Nobody has ever succeeded in fathoming the meaning of Jonson's passage about Shakespeare advancing in the Hemisphere and made a Constellation there because it is a tremendously recondite passage.

But, although unimaginable, there can be but one explanation.

It is concealed towards the end of another poem of Jonson's, again dealing with a swan, the great *Ode Allegoric*:

> Among the stars should be resigned
> To him, and there shrined;
> Or Thames be rapt from us
> To dim and drown
> In Heaven the sign of old Eridanus:
> How they would frown!
> But these are mysteries
> Concealed from all but clear prophetic eyes.

'These are mysteries concealed from all but clear prophetic eyes!' Of course! The similarity between the two passages of Jonson's two poems on swans and rivers is such as to leave no doubt that Jonson now is referring to the same genius praised in his 1623 poem as 'Sweet Swan of Avon'! 'Among the stars ... and there shrined ... In heaven the sign of old Eridanus'! Eridanus? The constellation in the southern hemisphere? 'Eridanus'! ERI Danus! 'You were a Dane'! ('This is I, Hamlet the Dane'!) Edward de Vere, the true Shakespeare, died in 1604, the year of the supernova called by Jonson a 'star', was of Danish descent, and AVON is an anagram for the NOVA of 1604. (The possibility that Jonson had in mind the constellation of Coma Berenices, in Greek Κόμη Βερενίκης, Vere-Nikis, victorious Vere, cannot be ruled out).

The constellation of Eridanus, not visible to observers in the northern hemishere, was, (and is) called by the Greeks 'potamos', river. This is the river of Jonson's poem, and not the insignificant English river Avon, called 'hideous' by Davenant in 1637. Avon, according to Davenant, is not even a river. It is only 'a shallow brook' (ρύαξ), where 'each tree' is 'unwilling now to grow', and whose vegetation has made 'a night beneath the boughs than shade'. 'Beware', Davenant cries, do not 'tread the banks of Avon!'

The de Veres came to Normandy's Ver (near Bayeux) via Veer, Zeeland, Denmark. A de Veer married the daughter of a Count from Flanders, in direct line from Charlemagne, and these two were the forefathers of Edward de Vere, the true and only William Shakespeare.

The numerous echoes between Jonson's two 'swan' poems leave no doubt that the one is complementary to the other.

Jonson's swan poems may have been inspired by Ronsard's great 'prophecy' about the birth of a great poet on the banks of Thames.

The almost Aeschylean sense of awe that Shakespeare inspired to Ben Jonson and Spenser, and to most of their contemporaries is only equalled: 1) by Spenser's reference to Edward de Vere's 'countenance', 2) by Harvey's address to Edward de Vere in 1578, 'Thine eyes flash fire, thy countenance shakes spears', 3) by Chapman's description of Edward as 'valiant and learned and liberal as the sun', 4) by Lyly's description of Edward de Vere, a few days before the routing of the Great Armada, 'his tusked Boar 'gan foam for inward ire, while Pallas filled his breast with warlike fire', and 5) by the fact that Meres' and Peacham's lists, of

1598 and 1622 respectively, of the greatest dramatists and poets of their times, are headed by none other than Edward de Vere, 17th Earl of Oxford. (In Peacham's list the name William Shakespeare does not even appear).

That Eridanus is really the constellation to which Shakespeare is 'advanced' is corroborated by the recent book *Homer's Secret Iliad* (1999), by F. and K. Wood, where we read that Thetis and her nymphs are symbolized by the constellation of Eridanus, whose brightest star, Achernar, represents Achilles, Thetis' son. And Edward de Vere was compared to Achilles, twice, by Gabriel Harvey in his address to Edward de Vere, in the presence of Elizabeth, in 1578. (when Shaxberd was only 14 years of age!) and by an anonymous Poet, in Benson's *Shakespeare's Poems* of 1640.

When Jonson wrote of Shakespeare that 'all the Muses still were in their prime', he did not only exclude the Stratfordian as the real Shakespeare – Shaxberd was born in 1564, and that is not at all early, as far as the Elizabethan stage is concerned – he did something more ingenious:

Achilles' mother, Thetis, is described by Homer as ιερίη (early-rising) and ιερίη sounds almost exactly like 'Vere'. The only time Homer uses a variant of ηερίη, the word is ηριγένεια, early-born. [None can now deny that the word 'early' derives from Greek 'ἠρι' (eeri)].

'Vere' is 'encoded', as it were, in Shakespeare's *King Henry V*. This drama ends with 14 lines (it is in fact a sonnet, lament and paean at the same time for King Henry V) that nobody ever thought as connected with Edward de Vere.

Under the phrase 'our bending author' we discern Edward de Vere, because the phrase cannot mean 'humble author'; it is equivalent to 'our veering author', which makes a better sense, (whether it is an encryption of 'VERE' or not), whereas 'our bending author' is meaningless and undeserving (if it means humble or prostrate) both of king Henry V and the matchless poet who 'never undertook anything comical vainly'. (Ded. TC).

The phrase, 'This star of England' in Henry V is repeated ingeniously by Jonson in his 1623 poem for Shakespeare as 'thou star of poets'. Jonson's 'But stay...' in his Folio eulogy is similar to the phrase 'stay, passenger' on the Stratford 'monument', making it more certain that Jonson 'wrote' the 2 Latin and the 6 English lines of the Trinity 'Monument'.

'DE STELLA NOVA' ('The New Star'), Kepler's description of the 1604 supernova in the constellation of 'Cygnus' (swan) gave Jonson the inspiration to anagrammatize Nova as Avon, and construct 'sweet swan of Avon'! (The small river Avon, passes by one of Edward de Vere's houses, at Bilton!) Jonson was very clever (and dubious!) – but not immensely so!

∽

In 1852, a 3.200-word anonymous article titled *Who Wrote Shakespeare?* was published in an Edinburgh journal. It contains one of the most ingenious, and – as far as pro-Stratfordians go – unanswerable questions:

'But if Southampton really knew him to be the author of the dramas, how comes it that Raleigh, Spenser, and even Bacon – all with genius so thoroughly kindred to the author of 'Hamlet'- have all ignored his acquaintance? Raleigh and Bacon seem not to have known of his existence; while Spenser, if he alludes to the works, takes care to avoid the name. In short, Heywood, Suckling, Hales, and all the others who are recorded to have spoken of Shakespeare 'with great admiration', confine themselves to the works, and seem personally to avoid the man – always excepting 'Rare Ben Jonson'.

And why this one exception? Because Jonson was 'bound by the strongest ties to KEEP his SECRET, if secret there were'.

'O, that Jonson is a pestilent fellow!' (Anonymous, 1601-2).

## BREAKING JONSON'S CODE

Ignorance is the common denominator in both William Shakespeare and Edmund Spenser. Shakespeare's ignorance is the curse of God, knowledge the wing wherewith we fly to heaven (2H6), is echoed in many places of Spenser's *The Tears of the Muses*.

Now, bring together two crucial passages of Jonson's 1623 elegy on William Shakespeare:

'Tis TRUE, and all men's suffrage. But these ways
Were not the Paths I meant unto thy praise:
For SILLIEST IGNORANCE on these may light
Which, when it sounds at best, but echoes "RIGHT!"
Or blind affection, which doth nE.VER advance
the TRUTH, but gropes, and urgent all by chance;

Look how the father's face
Lives in his issue, even so, the race
Of SHAKE-SPEARe's mind, and manners bRIGHTly shines
In his well-torned, and TRUE-filed lines:
In each of which, he seems to SHAKE a LANCE
As BRANDISHED at the eyes [ice] of IGNORANCE.
SWEET SWAN of AVON!

Here we have everything we need to re-construct Edward de Vere from scratch, by using Jonson's words to resurrect Edward's coat-of arms and other emblems of his family: 'Tis TRUE, RIGHT, nE.VER, SHAKESPEAR, TRUTH, SHAKE-SPEARe's, bRIGHTly,TRUE-filed, SHAKE a LANCE (from the Greek 'λόγχη', Cyprus idiom 'λάγκα'!) – as BRANDISHED at the ICE of ignorance.

Jonson's 'when it sounds at best, but echoes RIGHT!' refers to Spenser's quatrain from *Colin Clout* addressing Aetion, whose muse, 'doth like himself heroically sound'. 'When it SOUNDS at best but echoes 'Right!' – 'Right', (Doripaltos!) from Aeschylus, means Shakespeare! But Spenser's Aetion also 'heroically SOUNDS'. 'Thundering' Aeschylus! Thus we have, in Jonson's poem, not only one, but two, evocations of Aeschylus, the poet of silences, who after fighting the Persians in the sea-battle of Salamis, wrote the world's greatest tragedies, and died, at the age of Elizabeth I, at the southern town of Gela, in Greek Sicily, where Edward sojourned in 1575.

## CHAPTER 12

# FROM GAINSBOROUGH TO PICASSO

### SEVENTEEN GENIUSES

The only geniuses that have attacked the Shakespeare Authorship problem and were not only able to survive but also succeeded in weathering the storm towards a haven, albeit in complete secrecy, were, as we have already seen, Milton, Dickens and Melville, the three greatest writers of the English tongue. Of the others, Gainsborough, Emerson, Hawthorne, Walt Whitman, Mark Twain, Henry James, Bismarck, Thomas Hardy, Coleridge, Nietzsche, and Disraeli knew that William Shagsper could not be the real Shakespeare, but they could not divine the identity of the true Author. And, after 1920, when Looney first proposed Edward Oxenford as the real Shakespeare, Freud denounced his previous belief in the Stratfordian actor and espoused the candidacy of Oxenford. And as recently as 1964, Charles Chaplin (in *My Autobiography*) rejected the Stratfordian fallacy. There are, of course, many other great names that have joined the ranks of Edward de Vere, like novelist Galsworthy, statesman de Gaulle, poet Whittier, and film-maker Orson Welles, but the first list of seventeen more than amply suffices.

A whole cluster of eminent writers did not believe that the Stratfordian Shaksper was the real Shakespeare. Among them, seventeen supreme geniuses.

Just think of it! Seventeen of the world's greatest geniuses have utterly rejected the Shakespearean candidacy of the man baptized in Stratford-on-Avon on the 26th of April 1564 as 'Gulielmus filius Johannes Shaksper' -- the very same man that in 1598, tolerated to watch his co-citizens die in the streets by not granting them grain from the stores of New Place, 'in the expectation of plenty'!

Seventeen geniuses did not believe that the man depicted by Dugdale in 1656 was the real Shakespeare.

Seventeen supreme spirits did not succumb to the greatest fraud of all time. Respectable professors of Cambridge and Oxford regard the dethronement of the false Shakespeare as an offence against the real Shakespeare (supreme illogicality!) who, for them, is none other than the 'Stratford boor', Gulielmus Shaxberd.

Seventeen geniuses! And among them eight of the greatest English writers of all time (including the two greatest Britain writers, Milton and Dickens, and the six greatest American writers, Emerson, Hawthorne, Whitman, Melville, Mark Twain and Henry James), the greatest painter of the English race, Gainsborough, two of the greatest politicians of Europe, Bismarck and Disraeli, the greatest genius in film-making, Charles Chaplin, and the greatest psychologist of all time, Freud. Yes! Although the creators of *Paradise Lost, Little Dorrit, Representative Men, The Scarlet Letter, Leaves of Grass, Moby Dick, Huckleberry Finn,* and *The Wings of the Dove* rejected the candidacy of the Stratfordian usurer, this arch-criminal continues to this hour to be regarded as the William Shakespeare of history. What went wrong, and the Stratfordian boor sustained the salvo of such an august regiment? And -- Milton, Dickens, and Melville (to speak only of the three greatest writers in English) failing to restore the correct man to his place -- what would anybody really expect to achieve by writing just another book exposing similar ideas and arguments?

Fortunately, the arguments and the evidence amassed in this book, are much more substantial and decisive, more conclusive and definitive than the arguments of all previous books brought to bear on the Shakespearean Authorship Enigma.

So, instead of any unnecessary preamble, let us plumb the ocean for the evidence that went unnoticed by the pleiad of the Shakespearean scholars, pro- and anti-Stratfordian alike.

This ocean is marked by thirteen flags.
And the first is Milton, the blind poet.

Of all seventeen geniuses that knew the Shakespearean secret, after the false Shakespeare was an established fact (after the publication of the First Folio), Milton is the only one of whom we cannot be sure that he divined the truth by himself (the truth might have been communicated to him by people that knew both the false and the real Shakespeare and were alive in 1630 when Milton composed his first poem – by Ben Jonson – there is no way of knowing). In any case, Milton knew the very name of the real Shakespeare, and set it down in code.

The only other writers that divined the identity of the true Shakespeare were only two, but these were the two greatest English novelists, Dickens and Melville. Freud in 1920, after falling for a time in the Stratfordian trap, changed his view completely after reading Looney's book of 1920, where, for the time, not implicitly but explicitly, the real Shakespeare was identified. But by then not only the Stratfordian usurer, but a host of other false Shakespeares were propounded. Whitman in 1888 came as close as he could in identifying the true Shakespeare when he wrote the article *What Lurks Behind Shakespeare's Historical Plays?*, that 'only one of the wolfish earls so plenteous in the plays themselves, or some born descendant and knower, might seem to be the true author of those amazing works -- works in some respects greater than anything else in recorded literature' and in the article *Robert Burns as Poet and Person* that 'the Shakespearean compositions portray the spirit and letter of the feudal world, the Norman lord, ambitious and arrogant, taller and nobler than common men'.

When he came, the real Shakespeare turned out to be both an Earl (but not so 'wolfish'), in whom the 'old Norman lordhood quality' was 'crossed with that Saxon fiber from which twain the best current stock of English springs'.

'I sold not name, I lost not Normandy'.(2H6, 4.7.61).
'The false revolting Normans thorough thee'. (2H6, 4.1.91).
'Normans, but bastard Normans, Norman bastards!' (H5, 3.5.10).
' – A Norman, was 't? – A Norman'. (*Hamlet*, 4.7.99).

'Charles the Great subdued the Saxons'. (H5, 1.2.63).
'I am more an antique Roman than a Dane'. (*Hamlet*, 5.2.354).
'I'll call thee Hamlet, king, father, royal Dane!' (*Hamlet*, 1.4.47).

## 1. THOMAS GAINSBOROUGH (1727-1788)

Seventeen years before John Adams and Thomas Jefferson visited Stratford-on-Avon, the "Shakespeare Industry" had been launched in earnest with the Shakespeare Jubilee celebration (1769), the actor, and theatre promoter, David Garrick, stayed there.

David Garrick, England's greatest actor of his time, the man who organized the Shakespeare Jubilee of 1769, began to investigate the possibility of giving Stratford both a statue and a portrait of Shakespeare.

The first artist he approached about the picture was Thomas Gainsborough, an old friend. Garrick wrote explaining what he wanted, suggesting that Gainsborough use the Droeshout engraving adorning (?) the 1623 First Folio as a model.

Gainsborough's forthright reaction was quite unexpected:
'Damn the original picture of him, with your leave; for I think a stupider face, I never beheld. *** I intend, with your approbation, my dear friend, He could do a portrait to take the form from his pictures and statues, just enouph to preserve the likeness, past the doubt of all blockheads at first sight, and supply a SOUL from his WORKS; it is impossible that such a mind and ray of heaven could shine with such a face and pair of eyes as the picture has; so, as I said before, damn that!'

Dismayed, Garrick wrote back suggesting that Gainsborough take a look at the Stratford bust. A long delay followed. On August 22, 1768, Gainsborough wrote back:
'What can one do in such weather as this -- continual rains! My genius is so damped by it, that I can do nothing to please me. I have been several days rubbing in and rubbing out my designs of Shakespeare, and damn me if I think I shall let it go or let you see it at last. I had a notion of showing where that inimitable poet took his ideas from, by an immediate ray darting down upon his eye turned up for the purpose; but God

damn it, I can make nothing of my ideas, there has been such a fall of rain from the same quarter ... Shakespeare's bust is a silly, smiling thing, and I have not sense enouph to make him more sensible in the picture, and so I tell ye, you shall not see it'.

Gainsborough proposed instead to 'give it an old look, as if it had been painted at the time he lived; and there we shall fling them, damn me'.

This further blasphemy of his god was too much for Garrick. In a rage he scribbled on the back of the letter, 'Impudent scoundrel! Blackguard', and promptly cancelled the commission.

There was still a work to be produced: the picture of Garrick himself to be hung alongside that of Shakespeare inside the Town Hall of Stratford. He wanted to be quite sure that he and Shakespeare were preserved together. As soon as he got the permission, Garrick turned to Gainsborough. This time Gainsborough set to work with a will, and produced a masterpiece. Sixty guineas. The portrait was worth the money.

Thomas Gainsborough, who was reared in Sudbury, near Heddingham, the ancestral home of the real Shakespeare, ascribed his first love of art to the beauty he saw around him.

1786:

One day in April 1786, two Americans stopped for the night in Stratford-on-Avon, to visit the famous Birthplace of the Bard of Avon. Seventeen years earlier, the Shakespeare Jubilee celebrations were staged there by the actor and theatre promoter David Garrick.

The two diplomats were John Adams and Thomas Jefferson. John Adams was not impressed by what he saw:

> 'There is nothing preserved of this great genius which is worth knowing -- nothing which might inform us what education, what company, what accident turned his mind to letters and the drama. His name is not even on his grave-stone. An ill-sculptured head is set up by his wife by the side of his grave in the church'.

Adams concluded by that the sculpture cannot do justice to Shakespeare's fame; his genius is 'immortal'.

## 2. SAMUEL TAYLOR COLERIDGE (1772-1834)

'It is not possible to find in all geometry more difficult and intricate questions, or more simple and lucid explanations. Some ascribe this to his genius; while others think that incredible effort and toil produced these, to all appearances, easy and unlaboured results'.

Although Samuel Taylor Coleridge quoted the above rhesis of Plutarch on Archimedes, he failed to apply it on Shakespeare. Disregarding Ben Jonson's middle position on Shakespeare ('Yet must I not give Nature all: Thy Art, my gentle Shakespeare, must enjoy a art, ... for a good Poet's made, as well as born') Coleridge succumbed, like almost anybody else, to the early Stratfordian exegesis of the Shakespeare phenomenon, granting ALMOST EVERYTHING to Nature, ALMOST NOTHING to Art:

'That gift of true Imagination, that capability of reducing a multitude into unity of effect, or by strong passion to modify series of thoughts into one predominant thought or feeling -- those were faculties which MIGHT be cultivated and improved, but could NOT be acquired. Only such a man as possessed them deserved the title of 'poeta' who 'nascitur non fit' -- he was that child of Nature, and NOT THE CREATURE OF HIS OWN EFFORTS'.

But suddenly Coleridge sees the light of truth. In a flash of rare inspiration, by fixing his eyes to the WORKS of Shakespeare, and not to the Stratfordian simalacrum, was able to realize, at long last, and just for once, that the REAL Shakespeare could NOT be the poet who warbled 'native woodnotes wild':

'Shakespeare, no mere CHILD OF NATURE; no AUTOMATON of genius; no PASSIVE vehicle of inspiration possessed by the spirit, not possessing it; first STUDIED patiently, MEDITATED deeply, UNDERSTOOD minutely, till KNOWLEDGE, become habitual and intuitive, wedding itself to his habitual feelings, and at length GAVE BIRTH to that stupendous POWER, by which he stands ALONE, with no EQUAL or second in his own class; to that power which seated him on one of the TWO glory-smitten SUMMITS of the poetic mountain, with Milton as his COMPEER, not rival'.

Does Coleridge, contradict himself? Of course he contradicts himself. Like Whitman, he contains multitudes.
But Coleridge succumbs again to the Stratfordian phantasm:

'Shakespeare's poetry is characterless; that is, it does not reflect the individual Shakespeare; but John Milton himself is in every line of *Paradise Lost*'.

Of course the Shakespearean poetry does not reflect the Stratfordian corn-hoarder Gulielmus Shaxberd. But it does reflect, absolutely and perfectly, the true and only Shakespeare, Edward de Vere!
'How well we seem to know Chaucer! How absolutely nothing do we know of Shakespeare!'
That is, how absolutely nothing worth remembering do we know of Shaxberd, how much more do we need to know about the true and real Shakespeare!
Swinburne regarded Coleridge as the greatest poet the world has known, thus contradicting himself that Sappho was the greatest poet, and (again!) that Aeschylus and Shakespeare shared first place in world poetry.
But, after all, only mathematicians agree between themselves that the world's three greatest mathematicians are Archimedes, Newton, and Gauss.

## 3. RALPH WALDO EMERSON (1803-1882)

'Shakespeare', Emerson wrote in his *Representative Men*, 'is the only biographer of Shakespeare'. In his estimate, the Stratfordian's credentials come 'only just within the possibility of authorship' and 'Shakespeare's true identity', Emerson wrote to Delia Bacon, 'posed the first of all literary problems'.

He remarked also on 'the absence of all contemporary panegyric' concerning Shakespeare, what was to be repeated 60 years later by Mark Twain.

In the year of revelations, 1848, a revelation in the Shakespearean Studies was made: The American Joseph C. Hart, in his *The Romance of Yachting*, rejected the Stratfordian deer-stealer and poacher as the author of Shakespeare's works.

In the year after Hart's publication, the disturbing gulf between the character of the reputed author and the qualities of the plays and poems was openly recognized by his fellow countryman. Ralph Waldo Emerson wrote in *Representative Men*:

> 'The Egyptian verdict of the Shakespeare Societies comes to mind, that he was a jovial actor and manager. I cannot marry this fact to his verse. Other admirable men had led lives in some sort of keeping with their thought; but this man in wide contrast'.

Thomas Gainsborough was defeated by the same problem.

The year 1856 was to bring the first open proposals for a concrete alternative to Shaxberd as the author. With encouragement from Emerson, and an introduction by Nathanael Hawthorne, Delia Bacon had written her exegesis of Shakespeare, which would be published the next year in London.

Shakespeare's 'mind is the horizon beyond which, at present, we do not see', wrote Emerson. Emerson's admirer, Nietzsche, wrote of his idol: 'He does not know how OLD he is already, or how YOUNG he is still going to be'.

## 4. NATHANAEL HAWTHORNE (1804-1864)

Hawthorne had visited the Birthplace and described it in a touching essay. He had felt, he said 'not the slightest emotion while viewing it, nor any quickening of the imagination'. For 'the Shakespeare whom I met there took various guesses, but had not his laurel on'. And one suspects that Henry James, knowing this essay, must have very early accepted Hawthorne's view, so close to his own, that 'it is for the high interests of the world not to insist upon finding out that its greatest men are *** very much the same kind of men as the rest of us, and often a little worse'.

Hawthorne also said that:
'when Shakespeare invoked a curse on the man who should stir his bones, he perhaps meant the larger share of it for him or them who should pry into the perishing earthliness, the defects or even the merits of the character that he wore in Stratford, when he had left mankind so much to muse upon that which was imperishable and divine'.

The year 1856 would bring a severe blow on the chances of Shaxberd to remain Shakespeare for long. With encouragement from Emerson, Delia had demolished the supposed Shakespeare, and her study would be published in 1857 in London, Hawthorne putting up money toward the English publication of her book.

'No man or woman has ever thought or written more sincerely', Hawthorne declared. *** 'If she has failed, her failure will be more honourable than most people's triumphs'.

Delia Bacon believed that Shakespeare's works were written by Bacon, Raleigh, Spenser, and others. The evidence, she claimed, would be found in Shakespeare's tomb.

If only Delia knew that the word *Shakespeare* in the fifth line of the inscription meant 'on the Right', she would have saved Shakespeare's manuscripts, which were possibly there in 1856, but by now may have been removed or destroyed by the elements of Nature.

Hawthorne's fear proved right. The book was an utter failure. The distraught authoress, living in retirement in Stratford-on-Avon, went insane. Hawthorne took care of her maintenance until a nephew of hers took her to America, where she died.

## 5. BENJAMIN DISRAELI (1804-1881)

Owing to the suppression of James Wilmot's theories, the distinction of being the first to make a serious public statement of explicit disbelief in the accepted Shakespeare belongs to Benjamin Disraeli, Lord Beaconsfield, who voiced it through the hero in a discussion between Lord Cadurcis and Herbert, in his novel *Venetia*, 1837:

'And who is Shakespeare!' said Cadurcis. 'We know of him as much as we do of Homer. Did he write half the plays attributed to him?
Did he ever write a single whole play? I doubt it. He appears to me to have been an inspired adaptor for the theatres, which were then not as good as barns. I take him to have been a botcher-up of old plays. His popularity is of modern date, and it may not last'.

Cadurcis is said to have been modeled on Lord Byron. Did Disraeli know of Lord Byron's letter to James Hogg, Albany, March 24, 1814?

Disraeli, although bold enough to challenge the accepted picture of the Bard, was not equally perceptive to differentiate between Shaxberd and Shakespeare, and that the Stratfordian money-lender could never write 'a single whole play'.

## 6. PRINCE EDWARD LEOPOLD VON BISMARCK (1815-1898)

Prince Otto von Bismarck supports Whitman's and anticipates Chaplin's opinion:

'I could not understand how it were possible that a man, however gifted with the intuition of genius, could have written what was attributed to Shakespeare, unless he had been in touch with the great AFFAIRS OF STATE, behind the scenes of political life, and also intimate with all the social courtesies, and refinements of thought, which in Shakespeare's time were only to be met with in the highest circles'.

*Affairs of State* was the title under which Shakespeare's *Venus and Adonis* and *Lucrece* were published for the first time together in 1707.

Shaxberd cannot be Shakespeare. Bismarck regarded it as simply:

'incredible that a man who had written the greatest dramas in the world's literature, could of his own free will, whilst in the prime of life, have retired to such a place as Stratford-on-Avon, and lived for years cut off from the intellectual society and out of touch with the world'.

## 7. WALT WHITMAN (1819-1892)
1) To his biographer, Horace Traubel, Walt Whitman said:
'I am firm against Shaksper – I mean the Avon man, the actor'.

2) WHAT LURKS BEHIND SHAKESPEARE'S HISTORICAL PLAYS?
(abridged)

We all know how much MYTHUS there is in the Shakespearean QUESTION as it stands to-day. Because A FEW foundations of proved facts are engulfed far more DIM and ELUSIVE ones, of deepest importance -- tantalizing and HALF-SUSPECTED -- suggesting explanations that one DARE not put in plain statement. The English historical plays are to me not only the most eminent as dramatic performances (my maturest judgment confirming the impressions of my early years, that the distinctiveness and glory of the Poet reside not in his vaunted dramas of the passions, but those found on the contests of English dynasties and the French wars), but form, as we get it all, the CHIEF in a COMPLEXITY of PUZZLES. Conceived out of the fullest heat and pulse of European feudalism -- personifying in unparalleled ways the mediaeval ARISTOCRACY, its towering spirit of ruthless and gigantic casts, with its own peculiar AIR and ARROGANCE (NO MERE IMITATION -- only ONE of the 'WOLFISH EARLS' so plenteous in the plays themselves, or some BORN DESCENDANT and KNOWER, might seem to be the TRUE AUTHOR of those amazing works -- works in some respects greater than anything else in recorded literature).

The start and germ-stock of the pieces on which the present speculation is founded [is] undoubtedly *Henry VI, First Part*, -- afterward developed and DEFINED his plan in the Second and Third Parts, and ... systematically enlarged it to majestic and mature proportions in *Richard II, Richard III, King John, Henry IV, Henry V*... For it is impossible to grasp the whole cluster of those plays, ... without thinking of them as ... the result of an ESSENTIALLY CONTROLLING PLAN. What was that plan? Or, rather what was veiled behind it? -for to me there was certainly something so veiled. Even the episodes of Cade, Joan of Arc, and the like ... may be meant to foil the possible sleuth, and throw any too acute pursuer off the scent. In the whole matter I should specially dwell on ... that inexplicable element of every highest poetic nature which causes it to cover up and involve its real purpose and meanings in folded removes and far recesses. Of this trait -- hiding the NEST where common seekers may NEVER find it -- the Shakespearean works afford the most numerous and marked illustrations known to me. I would even call that trait the leading one through the whole of those works...

Speaking of the special English plays, my friend William O'Connor says:

> 'They ... carry to me a LURKING SENSE of being in aid of some ULTERIOR DESIGN – probably well enough understood in their AGE, which perhaps TIME and CRITICISM will reveal. ... Their atmosphere is one of barbarous and tumultuous gloom, -- they do not make us love the times they limn, ... and it is impossible to believe that greatest of the Elizabethans could have sought to indoctrinate the age with the love of feudalism which his own drama in its entirety ... certainly and subtly saps and mines'.

Reading the just-specified plays in the light of Mr. O'Connor's suggestion, I defy any one to escape such new and deep utterance-meanings, like magic ink, warmed by the fire, and previously invisible.

... While the more, the rich and tangled jungle of the Shakespearean area is traversed and studied, ... it is possible a future age of criticism, diving deeper, mapping the land and lines freer, completer than hitherto, may descover in the plays named the scientific (Baconian?) unauguration of modern Democracy... -- may penetrate to that hard-pan, far down and back of the ostent of to-day.

3) a poem:
Shakespeare-Bacon Cipher (1887)

I doubt it not -- then more, far more;
In each old song beqeathed -- in every noble page or text,
(Different -- something unrecked before -- some unsuspected author),
In every object, mountain, tree and star – in every birth and life,
As part of each -- evolved from each -- meaning, behind the ostent
A mystic cipher waits infolded.

4) Some remarks by Whitman on the Shakespeare authorship riddle:
(a) Rich Shakespeare, luxuriant as the sun, artist and singer of feudalism in its sunset, with all the gorgeous colors, OWNER thereof, and using them AT WILL.
Cf. 'valiant and learned, and liberal as the sun':
(George Chapman, 1608, on Edward de Vere).
(b) The conquest of England eight centuries ago, by the Franco Normans -- the obliteration of the old ...-- the Domesday Book.
(c) In Shakespeare [lives] the dragon-rancors and stormy feudal splendor of mediaeval casts.
(d) The Shakespearean composition ... portray ... the spirit and letter of the feudal world, the Norman lord, ambitious and arrogant, taller and nobler than common men.
(e) Shakespeare, and with the greatest warrant, has been called monarchical or aristocratic (which he certainly is).
(f) That feudalism which the mighty English dramatist painted in all the splendors of its noon and afternoon.

But Whitman, with all his perceptiveness, could not even imagine that in the following two excerpts from his prose works, he had the two complementary x-ray photographs needed in order to locate the real Shakespeare: The Cygnus supernova of 1604 and Minerva the SpearShaker.
(a) 'The Swan with outspread wings was flying down the Milky Way'.
(b) 'Swallows on the River: Some time ago, for an hour, in a

huge old country barn, watching these birds flying, recalling the 22nd book of the *Odyssey*, where Ulysses slays the suitors, bringing things to eclaircissement, and Minerva, swallow bodied, darts up through the spaces of the hail, sits high on a beam, looks complacently on the show of slaughter, and feels in her element, exulting joyous'.

## 8. MARK TWAIN (1835-1910)

Mark Twain's interest in the authorship question began when he read a book by Delia Bacon. 'I only believed [Sir Francis] Bacon wrote Shakespeare, whereas I knew Shakespeare [sic] didn't'.

When dealing with mysteries and codes and decipherings, as Samuel Clemens from Florida, Missouri, did all his life, even one word may prove fatal. Not being able to differentiate between Shakespeare and Shagsper, he believed that Shakespeare did not write Shakespeare's works, but ... Bacon!

In 1909, shortly before his death, Twain wrote *Is Shakespeare Dead? From my Autobiography*, the last book of his lifetime. He makes three main points:

(a) Nothing literary about Will Shakspere in his lifetime has been found;

(b) His death went totally unnoticed; And

(c) Lawyers find extensive, accurate, and subtle references to the law throughout the poems and plays.

Mark Twain's jibed, that Shakespeare's biography, like a museum dinosaur, consists of a few bones and lots of plaster.

'I am the Brontosaurian who doesn't really know which of them did it [wrote Shakespeare's Works], but is quite composedly and contendedly sure that Shakespeare [Shaxberd] DIDN'T.'

Twain concluded that Shakespeare was -- along with Satan -- a fraud.

On the half-title page of Greenwood's *The Shakespeare Problem Restated* Twain wrote: 'this book reduces him [Shakespeare] to a skeleton & scrapes the bones'.

'It was the 22nd of April, 1864, the next morning would be the three-hundredth anniversary of Shakespeare's (sic) birthday -- and what better theme could I want than that? I got the Cyclopaedia and examined it. There wasn't enough of what Shakespeare had done to make an editorial of the necessary length, but I filled it out with what he hadn't done -- which in many respects was more important and striking and readable than the handsomest things he had really accomplished. But next day I was in trouble again. There was no more Shakespeare to work up.
Isn't it odd, when you think of it, that you may list all the celebrated Englishmen, Irishmen, and Scotchmen of modern times, clear back to the first Tudors -- a list containing five hundred names, shall we say? -- and you can go to the histories, biographies, and cyclopaedias and learn the particulars of the lives of every one of them. Every one of them except one – the most famous, the most renowned -- by far the most illustrious of them all -- Shakespeare!
About him you can find n o t h i n g. Nothing of even the slightest importance. Nothing that even remotely indicates that he was ever anything more than a distinctly commonplace person'.

The 'small village' to which he was native, 'did not regard him as a person of consequence, and had all but forgotten all about him before he was fairly cold in his grave'. And why are we so ignorant of the Stratfordian's life-history? Mark Twain's answer is, 'He hadn't any history to record. There is no way of getting around that deadly fact'.
When Shakespeare died in Stratford it was NOT AN EVENT. It made no more stir in England than the death of any other forgotten theatre actor would have made. NOBODY CAME DOWN FROM LONDON; there was NO LAMENTING poems, NO eulogies, NO national TEARS -- there was merely SILENCE, and nothing more. A striking contrast with what happened when Ben Jonson and Francis Bacon, and Spenser, and Raleigh and other distinguished literary folk of Shakespeare's time passed from life! No praiseful voice was lifted for the lost 'Bard of Avon'; even

Ben Jonson waited several years before he lifted his.

What Mark Twain missed was the most obvious. Shakespeare works were written by Shakespeare, but the man from Stratford was only Shaxberd, not Shakespeare the Bard.

If Mark Twain knew that there were two contenders, what a greater *The Prince and the Pauper*, what a superb novel *Pudd'nhead Wilson* would be!

## 9. THOMAS HARDY (1840-1928)

In 1916, the tercentenary of the Stratfordian's death, Thomas Hardy wrote a very strange poem:

To Shakespeare
After Three Hundred Years

Bright baffling Soul, least capturable of themes,
Thou, who display'dst a life of commonplace,
Leaving no intimate word or personal trace
Of high design outside the artistry of thy penned dreams,
Still shalt remain at heart unread eternally.

Through human orbits thy discourse to-day,
Despite thy formal pilgrimage, throbs on
In harmonies that cow Oblivion,
And, like the wind, with all-uncared effect
Maintain a sway
Not fore-desired, in tracks unchosen and unchecked.

And yet, at thy last breath, with mindless note
The borough clocks but samely tongued the hour,
The Avon just as always glassed the tower,
Thy age was published on thy passing-bell, but in due rote
With other dwellers' deaths accorded a like knell.

And at the strokes some townsman (met, maybe,
And thereon queried by some squire's good dame
Driving in shopward) may have given thy name,
With "Yes, a worthy man and well to do; though as for me,
I knew him but by just a neighbour's nod, 'tis true."

"I' faith, few knew him much here, save by word,
He having elsewhere led his busier life;
Though to be sure he left with his wife".
"Ah, one of the tradesmen's sons, I now recall. ...
Witty, I've heard. ...
We did not know him. ... Well, good-day. Death comes to all".
So, like a strange bright bird we sometimes find
To mingle with the barn-door brood awhile,
Then vanish from their homely domicile
Into man's poesy, we wot not whence.
Flew thy strange mind,
Lodged there a radiant guest, and sped for ever thence.

The poem's phrases 'least capturable of themes', 'a list of commonplaces', 'leaving no personal trace', 'few knew him much', is Hardy's way of saying that there is huge confusion on the identity of the dramatist.

'A life of commonplace, leaving no intimate word of personal trace of high design', 'shalt remain at heart unread eternally', and 'a worthy man and well-to-do' refer to Shaxberd.

'Bright baffling soul, least capturable of themes'
'Shalt remain at heart unread eternally', 'thy strange mind lodged there a radiant guest, and sped for ever thence' refer to the real Shakespeare.

Hardy probably did not know the name of the true Shakespeare, but, at about the same time that Hardy published his poem on Shakespeare (1917), a schoolteacher from the island of Man, by combining and adding all the characteristics of the author of Shakespeare's works, arrived at the inescapable conclusion that the man he was searching for was none other than Edward de Vere, 17th Earl of Oxford.

10. HENRY JAMES (1843-1916)
It needs something more than supreme literary ability, like Milton's, Dicken's, and Melville's; it needs courage as well, to

divine the ultimate truth. If you happen not to be supreme in both, you will never realize what superhuman courage it needed to say that the Stratfordian Gulielmus Shaxberd's usurpation and appropriation of William Shakespeare's laurels 'is the biggest and most successful fraud ever practised on a patient world', as Henry James very courageously dismissed 'the man from Stratford' once and for ever.

James's astounding sentence (sentence of death for the Stratfordian) can be read in a letter of his, sent to Violet Hunt on 26 August, 1903. The letter continues:

'The more I turn him ['the man from Stratford'] round and round the more he so affects me. But this is all -- I am not pretending to treat the question or to carry it any further. It bristles with difficulties, and I can only express my general sense by saying that I find it ALMOST as impossible to conceive that Bacon wrote the plays as to conceive that the man from Stratford, as we know the man from Stratford, did'.

And yet, for a long part of his life, Henry James lived in the de Vere Gardens, without realizing that the real Shakespeare's earthly name was all around him!

In 1877, Henry James visited Stratford. He found a 'torment' in Shakespeare's 'unguessed riddle'. If this was 'the richest corner in England', it was also 'the most mysterious'.

James had always mocked the legend of Stratford-on-Avon: He had spoken of 'the lout from Stratford'. He argued that the facts of Stratford did not 'square' with the plays of his genius. The facts spoke for a commonplace man; the plays for the greatest genius the world has ever known. This was 'the most attaching of literary mysteries'. James wrote to a friend:

'The plays and the sonnets were NEVER written, but by a Personal Poet, a Poet and NOTHING else, a Poet, who being NOTHING else, could never be a Bacon'.

In his short novel *The Birthplace* James never specifically mentions Shakespeare or Stratford. 'Was he really born in the Birth chamber? There's very little to know. He wasn't there in the Birth place, in the same sense that Goethe was at Weimar'.

Late in his life, Henry James wrote an introduction to *The Tempest*: 'How did the faculty so radiant here contrive, in such perfection, the arrest of its divine flight?'
May be, James answered, the Creator died of the superhuman effort spent on writing his works.

## 11. FRIEDRICH NIETZSCHE (1844-1900)
Friedrich Nietzsche wrote: 'Shakespeare conceived the type of Caesar. Such things a man cannot guess -- he either is the thing or he is not'. And:
'The great poet draws only from what his own experience -- to such an extent that later he can no longer endure his own work'.
(*Ecce Homo*).

Maybe Nietzsche had in mind Chataubriand's dictum:
'The great writers have put their history in their works. The better part of genius is composed of memories'.
Frank Harris wrote:
'Sincerity is the birthmark of genius, and we can be sure that Shakespeare has depicted himself for us with singular fidelity'.
John Wain wrote of James Joyce:
'His work is autobiographical both on the grand and on the minute'.

Sir Victor S. Pritchet said that Hans Christian Andersen's fairy tales are 'transfigurations of his own life'.
It was not until the publication of the starkly autobiographical *Long Day's Journey into Night* in 1956 and 'the recognition of its autobiographical content, that it became possible to discern how very autobiographical many of his earlier plays had been'. (Barbara Gelb).
Havelock Ellis: 'Every artist writes his own autobiography'.
Edward Albee: 'Your source material is the people you know, not those you don't know'.

Samuel Butler said that, 'Every man's work is a portrait of himself, and the more he tries to conceal himself, the more clearly will his character appear'.

Nietzsche believed that Shakespeare's supreme masterpiece was *Julius Ceasar*. ('The title is wrong', he commented. And 'what is the melancholy of Hamlet compared to the melancholy of Brutus?')

## 12. SIGMUND FREUD (1856-1939)

Freud began reading Shakespeare's plays at the age of eight, but he opposed the Baconian authorship theory on the grounds that if Bacon wrote Shakespeare's works, he 'would have been the most powerful brain the world had ever borne'. [Freud urged Ernest Jones to contrast the methods of the Baconians with psychoanalytic approach. But Jones, being English, shied away from the assignment].

Was Shakespeare, Freud wondered, really a Frenchman? Around 1923, Freud read Looney's book. So, if 'Shakespeare' was not actually a Frenchman, at least he was a Norman!'

At the celebration of his 70th birthday in 1926, Freud expounded the de Vere theory. 'I remember my astonishment', Jones wrote, 'at the enthusiasm he could display in the subject at two in the morning'.

(* In 1928 Freud asked Jones again to invetsigate what new psychoanalytic conclusions would follow from assigning the plays to Edward de Vere. But Jones, being an Englishman, again declined).

'I no longer believe in the man from Stratford', Freud wrote in 1930. That year, Freud made his views public:

'It is undeniably painful to all of us that, even now, we do not know who was the author, whether it was in fact the untutored son of the provincial citizen of Stratford, or whether it was, rather, the declassé aristocrat, Edward de Vere'.

Lear had three daughters; so too had de Vere. If Shakespeare was Lord Oxford, Freud wrote in 1934,

'the figure of the father who gave all he had to his children must have had for him a special compensatory attraction, since Edward de Vere was the exact opposite. If he was Shakespeare, he had himself experienced Othello's torments'.

Freud composed a note for the 1935 edition of *An Autobiographical Study*. The translator explained to Freud the English connotation of the name 'Looney'. Freud yielded -- but in the American edition he came back. 'The same sort of narcissistic defense need not be FEARED over there', he snapped at the translator, Strachey.

On 2 April 1937 Freud wrote to Arnold Zweig: 'I do not know what still attracts you to the man of Stratford. He seems to have nothing at all to justify his claim whereas Oxford has almost everything. It is quite inconceivable to me that Shakespeare should have got every thing second-hand -- Hamlet's neurosis, Lear's madness, Macbeth's defiance and the character of Lady Macbeth, Othello's jealousy. It almost irritates me that you should support the notion'.

In London in 1938, Freud received a letter of welcome from Looney.

'Dear Mr. Looney', the great man replied, June 1938, 'I have known you as the author of a remarkable book'.

For his last revision of *An outline of Psychoanalysis*, published in 1940, Freud added:

'The name 'William Shakespeare' is most probably a pseudonym behind which there lies concealed a great unknown: Edward de Vere, who lost a beloved and admired father while he was still a boy and completely repudiated his mother, who contracted a new marriage very soon after her husband's death!' [Echoes of Gertrude!]

After Freud's death, it was found that his library in Hampstead had fourteen anti-Stratfordian works, most of them pro-Oxfordian, and only eight by pro-Stratfordians.

## 13. CHARLES CHAPLIN (1889-1977)

From his *My Autobiography* (1964):

'I cannot pretend to enjoy Shakespeare in the theatre. Hamlet's mother could have slept with everyone at court and I would feel indifferent to the hurt it would have inflicted to Hamlet.

On the way to Manchester I stopped at Stratford-on-Avon, a place I had never visited. The night was pitch-black but I instinctively turned on a street and stopped outside a house, lit a match and saw a sign: "Shakespeare's Cottage".

In the morning Sir Archibald Flower, the Mayor of Stratford, called at the hotel and conducted me over Shakespeare's Cottage.

I can by no means associate the Bard with it; that such a mind ever dwelt or had its beginnings there, seems incredible. It is easy to imagine a farmer's boy emigrating to London and becoming a successful actor and theatre owner; but for him to have become the great poet and dramatist, and to have had such intimate knowledge of foreign courts, cardinals and kings, is inconceivable to me. I am not concerned with who wrote the works of Shakespeare, whether Bacon, Southampton or Richmond, but I can hardly think it was the Stratford boy. Whoever wrote them had an aristocratic attitude.

His utter disregard for grammar could only have been the attitude of a princely, gifted mind. And after seeing the cottage and hearing the scant bits of local information concerning his desultory boyhood, his indifferent school record, his poaching and his country bumpkin point of view, I cannot believe he went through such a mental metamorphosis as to become the greatest of all poets. In the work of the greatest of geniuses humble beginnings will reveal themselves somewhere -- but one cannot trace the slightest sign of them in Shakespeare'.

## BUT WHO IS THE SEVENTEENTH GENIUS?

The three geniuses in Chapter 2 (Milton, Dickens, Melville), and the thirteen geniuses in this Chapter add to only sixteen, so where, and who, is the seventeenth genius? For once, choice is impossible, and we are stuck.

This seventeenth genius is neither J. Thomas Looney, the first to propose Edward de Vere as the real William Shakespeare in his book *Shakespeare Identified as Edward de Vere*, in 1920. Edward was the 59th of the candidates put forward as the real Shakespeare, by Looney!

Nor John Galsworthy, novelist and Nobel-prize winner, who called Looney's *Shakespeare Identified as Edward de Vere* of 1920 (published in England as late as 1949!) as 'the best detective story I have read', and gave many copies to friends.

Nor Gallett Burgess, novelist, who said of Looney's book: 'Once having read the book, I doubt if anyone, friend or foe, will ever forget it'.

Nor John Dover Wilson, who spoke of the Stratford effigy's 'general air of stupid and self-complacent prosperity... All this might suit well enough with an affluent and retired BUTCHER, but does gross wrong to the dead poet'. He also laments that the engraving which J. C. Squire had called 'the pudding-faced effigy of Droeshout' [should] stand between us and the true Shakespeare, being 'so obviously false' to 'the greatest poet of all time that the world turns from [it] in disgust and thinks it is turning from Shakespeare himself'.

'To credit that amazing piece of virtuosity [LLL] to a BUTCHER boy who left school at 13 or even to one whose education was nothing more than what grammar school and residence in a little provincial borough could provide is to invite one either to believe in miracles or to disbelieve in the man of Stratford'. ('How did he reach the wit, the humour and the assure mastery of verse exhibited in a delightful early comedy like *Love's Labour's Lost*, asks George Sampson, 'these are some of the questions to which we desire an answer; but answer is there none').

Nor poet John Greenleaf Whittier who said, 'Whether Bacon wrote the wonderful plays or not, I am quite sure the man Shaksper [sic] neither did nor could'.

Nor Orson Welles, dramatic actor, and director of some of the greatest films, like *Citizen Kane*, who said, 'I think Oxford wrote Shakespeare. If you don't, there are some awfully funny coincidences to explain away'.

Nor Lord Palmerston, who, after a long life in politics, included among the three things he 'rejoiced to have lived to see ... the explosion of the Shakespearean illusion'.

Nor J. Enoch Powell, who after twenty years in politics, admitted:

'Reading the historical plays ... I was struck by the early date of the plays which showed the keenest insight... The relish and verve with which Shakespeare's characters speak the language of ambition, intrigue and policy is not synthetic or theoretical – it could only be drawn from experience of the political struggle ...

They span the entire diapason of political emotions and exhibit the human personality in the coveting, the enjoyment and the loss of supreme power. The appetites, the hatreds and the exhilarations of the most absorbing of human pursuits are depicted with the immediacy of a participant'.

Nor W. H. Furness, who admitted, 'I am one of the many who have never been able to bring the life of William Shaksper and the plays of Shakespeare within planetary space of each other'.

Or statesman John Bright who said, 'Any man who believes that William Shakespeare [sic!] of Stratford wrote *Hamlet* or *Lear* is a fool'.

Nor Vladimir Nabokov, 'the greatest living novelist' according to *Time*, 1969.

Nor John Bucham, historian, or David McCullough, Sir John Gielgud, Michael York, Kenneth Branagh, or W. Barton Leach, or David Cavers, or Leslie Howard, actor, Maxwell Perkins, Herbert A. Kenny, Kevin Kelly, Clifton Fadiman, or Charles de Gaulle.

But what for Daphne du Maurier (1907-1989)? If not for her literary merits, at least for her passion for truth, and for her love for Emily Bronte. And her most beautiful name, Daphne (from 'δάφνη' = laurel), -- like the Emily (from 'αιμός' = forest) and the Brontes (from 'βροντή' = thunder!), -- is so Greek, as Edmund Spenser's *Daphnaida*.

When Daphne undertook her most absorbing work of non-fiction, two volumes analyzing the lives and times of Antony and Francis Bacon, she had been drawn to the subject by the memory of her mysterious uncle who searched diligently the bed of the River Vye for proof that Bacon composed the plays of Shakespeare. Daphne inclined to the view that Francis, at least, had had a significant influence on some of the plays.

In the first volume Daphne found evidence that Francis' brother, Antony Bacon, while supplying spymaster Francis Walsingham with information, had been publicly accused of sodomy. Antony narrowly escaped execution by the intervention of his friend Henry of Navarre. It is remarkable, writes Daphne, that amongst the state documents for 1586-7, there is not a single one referring to the charge brought against Antony Bacon. 'If any ever existed it must have been DESTROYED'. Daphne's discovery shook Elizabethan historians. Daphne also unearthed new material on Antony last year, the year when he was deeply involved with the Earl of Essex, and to the 'rebellion' that ended with the execution of the man who was Queen Elizabeth's greatest favourite, the man who paid the expenses for Spenser's burial in 1599! Several of Essex's associates died with him, the aristocrats by the axe, their less fortunate colleagues by hanging; but Antony, ill and crippled, remained out of sight, and although his name was mentioned several times during the prosecution of Essex, a prosecution in which his brother Francis played a leading role, he was never arraigned. But within two months of Essex's death, Antony himself was dead.

How and where he died, and where he was buried was unknown throughout the centuries until Daphne came across the register of St Olave's Church, and here she found the entry, -- 'unnoticed for centuries'! -- of Antony's burial: 'May 17th, 1601 Mr Antony Bacon buried in the chamber within the vault'. Was he, Daphne wondered, buried secretly at night? Astonishingly, Shakespeare's name is not once mentioned in the trial that sent the Earl to the block, although it was his play – *Richard II* – and his scene – the deposition of that king – that Shakespeare's troupe played, at the request of Southampton, the night before Essex's move against the Palace. As the other close associates of Essex confessed their guilt -- or not -- and met their deaths, did Antony decide to die by his own hand? Or, ill as he was, did he lose the will to live once his beloved Earl was dead? It is a fascinating puzzle, but Daphne died before she had time to solve it. In her second volume on Francis Bacon, Daphne attempted to trace resemblances between Bacon's life and work and Shakespeare's plays. Little did Daphne suspect that any resemblances between Bacon and Shakespeare are owed to the fact that Bacon was stealing from Shakespeare, who was living next room to Bacon in the palace of Elizabeth, under the earthly name of Edward de Vere, and who addressed Francis Bacon as his 'cousin'.

On ... But no, a greater genius than Daphne's is needed.

∽

On 8 April 1964, Pablo Picasso faced a creative problem as big as Gainsborough's, when the Englishman failed to portray the soul of Shakespeare. To portray the Stratfordian butcher was unimaginable for Gainsborough. But the Spanish painter did exactly that. This means not the creator of Cordelia and Iago but the Stratfordian equivocator with that unique expression of a cormorant!

PABLO PICASSO (1881–1973)

With Picasso, the wheel, as Edmund says, comes full circle, and a Spanish one. We had left the Spanish genius outside Sidonia's place, Autumn, 1588. 376 years later, on 8 April, 1964 Pablo Picasso would solve, at long last, the creative problem Gainsborough unsuccessfully tackled in 1769, when the English painter failed to portray Shakespeare as Shaxberd, or, even worse, to portray Shaxberd as Shakespeare. [To portray the Stratfordian butcher (Shakespeare or no Shakespeare) as a genius was unimaginable for Gainsborough]. But the Spanish painter found a way out of the problem – much like Lobachevsky solved the question of Euclid's fifth postulate – by depicting the Stratfordian butcher not as a genius but as a criminal! There is even the hunch that Picasso depicted the Stratfordian equivocator exactly the way the starving citizens of Stratford described him in 1598! Whether consciously or unconsciously, the painter from Malaga dared depict William Shakespeare with the lineaments of a predator, not as the noble lord, but as the proverbial summit of rapacity, the cormorant.

> Thin in beard, and thick in purse;
> Never man beloved worse:
> He went to th' grave with many a curse:
> The Devil & He had both one nurse

Search as you may, you can find no verses better suited to accompany Picasso's painting of 18 April, 1964, than the quatrain above, first recorded by clergyman Francis Peck (1692 – 1743), in *Exemplary and Critical Notes on Shakespeare's Plays*, appended to his *New Memoirs of Milton* (1740). The quatrain is described by Peck as an epitaph by Shakespeare for Tom a Combe, alias "Thin-Beard". But can anybody believe that Shakespeare the dramatist could condescend to write such a rigmarole for anybody, other than his Bolinbroke? No, to all intents and purposes, the above epigram (epitaph rather), whether by Shakespeare or not, is a poem for, and on, Gulielmus Shaxberd, and fit only to accompany the bust inside the Holy Trinity Church at Stratford. Peck's only comment on the quatrain: 'This is very sour'.

> "Thick in purse" accords perfectly with Ratsey's admonition to Shaxberd, and the whole poem is a fit epigram on the Stratfordian corn-hoarders (among them Shaxberd), more like to cormorants than to real men.

Picasso's painting of Shagsberd bears the date "18 April 1964". But Gulielmus Shagsberd was baptized on April 26, 1564, legend alone locating his birthday as occurring on 23 April (never as back as 18 April), but, even so, there is a week's discrepancy on Picasso's dating of his painting. We may ask ourselves, why didn't Picasso date his picture "23 April" or "26 April"? A study of all relevant facts reveals that Edward de Vere was born on 12 April, 1550, so Picasso's date is 6 days late as regards Vere's birth day, and 8 days early as regards Shagsberd's baptizing, or 5 days early as regards his supposed birth anniversary. At first, it seems unimportant that Picasso's dating, either deliberate or not, is most clearly a compromise between the birthdays of Shagsberd and Vere. But the plot thickens when we take into account that Shagsberd's monument in Stratford gives Shakespeare's age as "aetatis 53", a clear compromise between the 52 years Shagsberd lived, and the 54.2 earthly years of Edward de Vere.

Edward de Vere was born on 12 April, 1550, Shagsberd on 22 or 23 April 1564. Edward's day, in new style, is 22 April, and if Shagsberd's date is new style, then, we arrive at the satanic co-incidence both the false and the true Shakespeare to have the same birthday anniversary.

∽

    Queen Margaret, Prince Edward, and Oxford 3H6
    And Hastings as he favours Edward's cause 3H6
    And what is Edward but a ruthless sea 3H6
    Edward's sacred blood R3
    Go comfort Edward R3
    Edward – he is gone R3
    Edward is thy constant friend 3H6
    Edward's greatest friend 3H
    King Edward's friends must down 3H6
    the love of Edward 3H6
    Why should they love Edward more than me 3H6
    Edward's well-meant honest love 3H6
    Edward's love 3H6
    For love of Edward's offspring 3H6
    my lovely Edward's death R3

'He had three daughters, of which two lived to be married', Rowe wrote in 1709. But Rowe's description is very strange, for Shagsberd had only two daughters, both of which, of course lived to be married. But Edward de Vere had three daughters, all of which lived to be married.

Edward de Vere was the 59th candidate put forward as an alternative to other Elizabethans (Stanley, Bacon, Marlowe, Rutland) for the mantle of Shakespeare. The man who unearthed him was J. Thomas Looney, a school-teacher from the island of Man, in his book *Shakespeare Identified* in America in 1920. With so many candidates, somebody was bound to hit on the correct man, but what is very curious is that Edward de Vere waited for so long. The reason is that, with Shagsberd posing as the only Shakespeare, it is very difficult to see the correct one; it is only when Shagsberd is out of the game that Edward de Vere looks not only the best, but the only reasonable, alternative.

## CHAPTER 13

## THE DE VERE EMBLEMS

The coat-of-arms of the de Veres, depicting two boars, a star, a shield, and an angel- (or girl-) headed falcon, bore the legend 'Vero Nihil Verius', (not 'Vero Nil Verius' as the DNB erroneously states), meaning 'Nothing Truer than Truth (or the True').

The two crucial words on the de Vere coat-or-arms, 'truth' (and its cognates) and 'nothing' (and its equivalents) must have exerted a great psychological influence on the real William Shakespeare, Edward Oxenford, if Looney's theory of 1920, that Edward Oxenford is in fact the real William Shakespeare, is correct.

Among the emblems of Edward de Vere was a lion brandishing a broken spear, and he was a champion with that weapon -- once in Palermo, Sicily, on the 21-century anniversary from the death of Aeschylus. 'I hath hetherto passed the pikes of so many adversaries', wrote Edward de Vere to Robert Cecil, on the 7th October, 1601, a phrase echoed in *Richard III*, 4.3.117, 'the usurping helmets of our adversaries'.

Shakespeare = Doripaltos = Right = True = Vere = Spring, 'Εαρ. 'Ω γλυκύ μου 'Εαρ! Sweet, gentle Shakespeare! (O my sweet Springtime)!

Vere, Lear, Real, Earl!

Sometimes Shakespeare brings the opposite of the two de Vere emblematic words together, as in *King Lear*: 'They told me I was everything. 'Tis a lie'. We remember that the words 'nothing' ('nihil') and 'true' ('verius') are the two crucial words on the de Veres coat-of-arms.

Bathing in this 'true' ocean of 'nothing' is very easy: You get a Concordance to Shakespeare, (Bartlett's or Spevack's will do), and take note of all the contexts where Shakespeare uses the words 'nothing/nought' and 'true/real' and their cognates. After this, you transfer the indications of the Concordance inside a Complete edition of Shakespeare's Works, and then you run through the pages in search for 'right'/'nothing' clusters. You will be astonished at how many 'true/nothing' clusters you will gather.

The rebus (symbol) of the de Veres, the Boar, was the symbol of the Pembrokes as well. The Earl of Montgomery, Lady Pembroke's son, was to marry Edward de Vere's daughter, Bridget Vere. His brother, Philip, actually married another daughter of Edward de Vere! And he, and his brother, William Pembroke, were the dedicatees of the 1623 edition of Shakespeare's Complete Plays. (They may have been the initiators of the edition).

And not only the Boar! Thomas Nashe, in his preface to the 1591 edition of Sidney's *Astrophel*, wrote that 'arts do adore [the Countess of Pembroke] as a second Minerva, and poets extol [her] as the patroness of their invention'. (Lady Pembroke's son married Edward de Vere's daughter).

"Two Gentlemen of Verona", "All's Well that Ends Well", "The True Tragedy of Richard": Words (or their opposites) taken from the de Vere coat-of-arms! (Cf. "Le conte d' hiver!")

"The Winter's Tale", in French, becomes "Le conte d' hiver", which sounds exactly like 'le comte de Ver', Earl of Vere! Did Shakespeare use "Winter's Tale" knowing that the title when translated in French would reveal the sound of his name?

In Sonnet LXXVI Shakespeare writes:

.... to compounds strange?
Why write I still all one, ever the same,
And keep invention in a noted weed,
That every word doth almost tell my name,
Showing their birth, and where they did proceed?
(compound strange = the word 'Shakespeare'; 'invention'= the same.

'noted weed' = a no longer guarded persona; 'every word doth almost' = the word 'every' is, almost but no quite, 'Vere'. 'Every word' anagrammatized becomes 'Edword Ver').

In 1392 Robert de Vere, Richard II's greatest friend, was killed in a boar-hunt, in Brabant, by a boar. In 1592 Shakespeare, in *Richard III* and *Venus and Adonis*, commemorated this event! The bulk of Shakespeare's use of the word 'boar' (28 times) is, otherwise, unnaturally concentrated in these two works alone, both of c. 1592, 11 times in R3 and 17 times in VEN, out of 41 uses of 'boar' in all Shakespeare!

'I don't like to have my myths tampered with', Sir Winston Churchill is said to have replied when it was proposed that he read J. Thomas Looney's *Shakespeare Identified*. Yet, irony of ironies, he concluded his chapter on the Spanish Armada in *A History of the English-Speaking Peoples*, with the final words of Shakespeare's *King John*,

Come the three corners of the world in arms,
And we shall shock them. Nought shall make us rue
If England to itself do rest but true,

without realizing that he was quoting the two crucial words, 'nought' and 'true', of the coat-of-arms of the man that Looney was the first to propound as the real Shakespeare!

Incidentally, *King John* contains the phantom, as it were, of Cyprus: Richard Coeur-de-Lion, John's step-brother, captured Cyprus in 1191. The remembrance of this was not lost on the author of *The Tempest*, who treats the 'uninhabited' isle (actually Cyprus) as being British. (Prospero rules Ariel and Caliban).

∽

(Hamlet)

Jonson's 'eyes of ignorance' may mean also (and may mean only!) 'ice of ignorance', referring to *Hamlet* I.i.74, which the Penguin Classics *Hamlet* (edited by T.J.B. Spencer) reads: 'in an angry parle, he [old Hamlet] smote the sledded poleaxe on the ice'. Q1 and Q2 read 'sleaded pollax', correct phrase is 'sledded Polacks' (Poles on their sleighs), referring to a different event than that with the King of Norway. But the king is frowning during heated verbal negotiations ('angry parle') and this is not an appropriate moment for him to throw poles and axes upon the Poles, as the Russians did against the Teutonic knights on the frozen lake. [In *LLL*, V.ii.609, the word 'poleaxe' is spelt 'Polax' by Q1 (1598), 'Pollax' by F (1623) and Q2 (1631). And LLL is the only work by Shakespeare which refers to Russians].

ΜΑΝΣΟΥΡΑ, ΣΕ ΡΗΜΑΞΑΝ. ΑΝΚΑΙ ΕΣΥ
ΜΟΝΟ ΔΕ ΘΑ ΠΕΘΑΝΗΣ ΠΟΤΕ,
ΚΙ' ΑΚΟΜΑ ΡΙΓΟΥΝ ΚΑΙ ΠΑΛΛΟΥΝ ΤΑ ΣΤΗΘΗ ΣΟΥ
ΓΙ' ΑΠΑΤΕΣ ΚΑΙ ΑΜΑΡΤΙΕΣ ΑΙΩΝΩΝ,
ΩΣΤΟΣΟ ΣΕ ΡΗΜΑΞΑΝ. ΑΥΤΟΙ ΚΙ' ΕΚΕΙΝΟΙ.

(Andreas Iacovou's poem *Mansoura*)

## CHAPTER 14

## QUEEN ELIZABETH

1

*Venus and Adonis* was given the licence to be published by that most severe of European censors, John Whitgift, the Archbishop of Canterbury, while the publication of much less outspoken works was prohibited by him. [Marlowe's *Hero and Leander* of the same year (1593) stayed in manuscript form for many years]. The only explanation of the incident is that the author of *Venus* was of, at least, equal power as Whitgift, and, consequently, Shaxberd of Stratford will not do as Shakespeare, while Edward de Vere cannot be excluded.

2

In 1601, on the eve of the Essex rebellion against Elizabeth, Shakespeare's historical tragedy *Richard II*, with the deposition scene included, was staged, in spite of the fact that representations on scene of dethronements were strictly prohibited by Elizabeth.

Queen Elizabeth, East Greenwich, 4 August 1601, was with William Lambard, antiquary, keeper of the records in the Tower, who presented her Majesty with his pandecta of rolls, bundles, membranes, and parcels. (He died August 19, a few days after his conversation with the Queen). Elizabeth proceeded to further pages, when she fell upon the reign of King Richard II, saying, 'I am Richard II, know ye not that?' W.L.: Such a wicked imagination was determined and attempted by a most unkind Gent., the most adorned creature that ever your Majesty made. Her Majesty: He that will forget God, will forget his benefactors; this tragedy was played 40 times in open streets and houses. But the inexplicable fact still remains, and haunts us: Although Elizabeth knew of the 'sacrilege', neither Shaxberd, nor anybody else was arrested to pay for the offense. Again, the only explanation is that the author of the play held such power in the government (see *Affairs of the State*!) that Elizabeth was reluctant to go further than she did.

To this curious inactivity on the part of Elizabeth against Shaxberd compare what Thomas Kyd, Christopher Marlowe and Ben Jonson suffered: On 12 May 1592 Thomas Kyd the dramatist was arrested in London 'for having Arian writing in his possession', which he declared to be Marlowe's. He was PUT TO TORTURE IN BRIDEWELL. On 18 May 1593 a warrant was issued by order of the Privy Council for the arrest of Marlowe at the house of master Thomas Walsingham. Ben Jonson (with £4 borrowed from Henslowe) quickly found himself in the Marshalsea prison with Gabriel Spencer and Robert Shaw for companions. But on 22/9/1598 Ben Jonson killed his fellow actor and late fellow prisoner in the Marshalsea, Gabriel Spencer.

3

When 22 years old, Edward de Vere wrote in his introduction to Clerke's translation of Castiglione's *The Courtier* about Queen Elizabeth 'in which all courtly graces are personified', and 'to whom alone is due praise of all the Muses and all the glory of Literature'.

(Cf. Spenser's poem in honour of Edward de Vere, and especially Spenser's reference to the *Heliconian Imps*, i.e. the Muses, and Jonson's reference to 'all the Muses' in his dedicatory poem of 1623).

Thirty-one years later, at the end of his life, Edward de Vere wrote about Queen Elizabeth, who had just died, again employing the word 'glory'.

'I cannot but find great grief in myself to remember the Mistress which we have lost, under whom both you and myself from our greenest years have been in a manner brought up; and although it hath pleased God after an earthly kingdom to take her up into a more permanent and heavenly state, wherein I do not doubt but she is crowned with glory'.

Again, after thirty-one years, the same 'glory' for 'the Mistress'.

4

In 1575, exactly 21 centuries from Aeschylus' birth were completed. And in this memorable year, we find Edward de Vere in Sicily. In Sicily, in 456 B.C., Aeschylus died. We propound the theory that Edward de Vere visited Sicily to pay tribute to his 'ancestor', Aeschylus the Athenian. Aeschylus, in the epigram he composed to adorn his grave at Gela, Sicily, commemorated only that he fought against the Persians at Marathon, without mentioning at all his dramatic achievement. We suggest that one of the two possible reasons Edward de Vere chose (or accepted) to let his name be erased from the annals of Poetry and Philosophy was dictated by Aeschylus' example.

But the initial, and maybe the major, reason, why Edward de Vere succumbed to his fate, and allowed himself to pass into history only as 'William Shakespeare', was Elizabeth's objection to anybody bearing a Norman name, like 'Edward de Vere', to pass into history as the greatest writer of her era.

Wasn't, after all, the stamp of Erward de Vere's name and his ancestry all too clear in all of his works?

(a) It was in *Venus and Adonis* [Adonis is killed by a BOAR exactly 200 years after the slaughter of his ancestor Robert de Vere, 9th Earl of Oxford, a friend of Richard II, by a boar. Drowned in River Thames during a battle, he reappeared in Brabant, Belgium, only to be killed by a boar during a hunt in Brabant in 1392],
(b) In Shakespeare's invention of the name Brabantio for Desdemona's father in *Othello*, in "Edward from Belgia", (3HVI, IV.viii.1) in "where stood Belgia", (CE 3.2.130),
(c) In Venus's final arrival in Paphos in *The Tempest*, after the

killing of Adonis by a boar,

(d) Wasn't the 'Norman' provenance of Edward de Vere made all too clear by Edward's sojourn in Sicily in 1575, where he took part in real jousts, echoed in *Pericles* ("The gods of Greece protect you") with the jousts of Pericles in Pentapolis for the hand of Thaisa?

(e) And, above all, in Edward de Vere's numberless selfdepictions: as Bertram, brought unknowingly, like Edward in Anne's, to Helena's bed. We have, also, Jacques and Touchtone and Euphues as Edward, William as Shaxberd in AYL. Posthumus as Edward in CYM, Hamlet as Edward, Gertrude as Elizabeth, Claudius as Leicester, Polonius as Burghley, Ophelia as Anne Cecil, Laertes as Thomas Cecil, Horatio as Horace Vere, the old king as Sussex in HAM, Prince Hal as Edward, Glendower as in 1H4, Williams in H5, Faulconbridge as Edward in KJ, Lear's three daughters as Edward's three daughters (Elizabeth, Bridget, and Susan), Edgar as Edward in KL, Berowne as Edward, Rosaline as Anne Vavasor, Boyet as Sidney in LLL, Duke and Angelo as Edward, Mariana as Anne Cecil in MM, Antonio as Edward, Shylock as Lok and Burghley (two in one), Portia as Elizabeth in MV, Anne as Anne Cecil, Fenton as Edward, Slender as Sidney and Aguecheek in MW, Benedick as Edward, Beatrice as Anne Vavasor and Rosaline in MA, Othello as Edward, Desdemona as Anne Cecil, Brabantio as Burghley, Iago as York (plus Howard) in OTH, Romeo and Mercutio as Edward, Tybalt as Knyvet (plus Bonetti), Rosaline as Elizabeth, the Oxford-Knyvet frays likened to the Montague-Capulet street duels, in RJ, Petruchio and Katherina as Mary Vere and Bertie in TS, Stephano as Gulielmus Shaxberd in TEM, Cressida as Elizabeth in TC, Malvolio as Hatton, Olivia as Elizabeth, Feste as Edward, Sir Toby and Maria as Bertie and Mary Vere in TN, Valentine and Proteus as the two sides of Edward, Silvia as Elizabeth, in TG, and Leontes as Oxford in WT.

And if Lillian Schwartz is right in identifying Gower's portrait of Elizabeth as the basis of the Droeshout portrait, it becomes more probable that the Queen was behind the whole scheme of eliminating the name of Edward de Vere from the annals of Drama. (In 1623 Jonson wrote that the Droeshout portrait was 'for gentle Shakespeare cut', a portrait FOR him, not OF him). But why did not King James I, who succeeded Elizabeth in 1603, a year BEFORE Edward de Vere died, change Elizabeth's plan?

5

The reason why Essex's sentence was altered from hanging to beheading is that it would be too monstrous and cruel that, the man whom the people of Stratford awaited to liberate them from Shagsper and his likes (and have them hanged on gibbets in front of their own doors) should suffer the kind of death ultimately avoided by Shagsper! The real William Shakespeare might have intervened with the Queen.

6

On 19 March 1603 the Queen was dying. Essex proved fatal to Elizabeth. Her mind was more afflicted than her body. She was night and day troubled with sorrow for the executed Earl. This inner ferocious struggle was now out of control. She lost the power of speech. Stage-plays in London were forbidden in view of her imminent death. When asked for her successor, she gestured that she did not object for the son of Mary Stuart, whom she beheaded seventeen years ago, under pressure from Burghley, had not only filled her with insufferable remorse, but nearly cost her the throne, because the Spanish Armada set off to take revenge. On the 24th at Richmond, at two in the morning, she passed away.

Three heralds and a trumpeter were sent to proclaim the news to the Tower jail: the prisoners rejoiced, especially the Earl of Southampton, in whom all signs of great gladness appeared.

Ballad-writers published poems on the Queen's death and King James "Entrance", but the chief poet refrained judiciously. It was a dangerous theme, Drayton the poet says:

'It was my hap before all other men / to suffer SHIPWRECK by my FORWARD pen / when King James entered: at which joyful time / I taught his title to this Isle of rhyme / and to my part did all the MUSES win / with high-pitch'd paeans to applaud him in; / When COWARDICE had TIED up every TONGUE, / and all stood SILENT, yet for him I sang'.

Shakespeare was no 'coward', but he had already done honour to Elizabeth in *All is True*. He stood silent even when called upon personally:

'You poets all, brave Shakespeare, Jonson, Green, / bestow your time to write for England's Queen'. *A mournful Ditty entitled Elizabeth's loss, together with a Welcome for King James*. Greene was ten years dead -- he died just after *Groatsworth* (1592): whence a sarcastic reference to John Cooke's *Epigrams* (22 May 1604) to him who 'craves for help of spirits in their sleeping graves' and again when Henry Chettle, fat and foolish, appealed to him:

'Nor doth the silver-tongued Melicert / drop from his honeyed muse one sable tear / to mourn her death that graced his desert / and to his lays open'd her royal ear. / Shepherd, remember our Elizabeth / and sing her 'Rape', done by that Tarquin, Death.
(*England's Mourning Garment*, 1604).

7

Of all tributes to Elizabeth, Swinburne's stands out as the best:

'Elizabeth, so shamefully [Mary Stuart's] inferior in personal loyalty, fidelity, and gratitude, was as clearly as superior on the one all-important point of patriotism. The saving salt of Elizabeth's character, [with all its wellnigh incredible mixture of heroism and egotism, meanness and magnificence], was simply this, that however much she loved herself, she did yet love England better'.

Southampton was released from the Tower on 10 April, while the King was yet on his journey to London. A malignant outbreak of plague, the first since 1594, diverted the royal procession from the City to Whitehall, and thence to Greenwich, whither it arrived on 13 May.

The King was crowned on 25 July at Westminster; but he

avoided the plague-stricken City, deferring his State-entry until 'the angry hand of God had worked the will of His all-commanding power' and not until 'the infection ceased'.

But James proved no Elizabeth. Courtiers said openly: 'Rex fuit Elizabeth, nunc est Regina Jacobus'.

8

In his dirge for the passing of Queen Elizabeth, Drayton says that it was his fate to suffer shipwreck for his courage to mourn the Queen. Edward de Vere, in his letter on the subject of the Queen's death, alludes to Drayton's poem: 'In this common shipwreck mine is above all the rest'. Can the 'shipwreck' of *The Tempest* be another allusion to Elizabeth's death?

And, moreover, Shakespeare had already written Elizabeth's elegy and his own eulogy, all in one, in the last pages of *Henry VIII*:

> Nor shall this peace sleep with her; but as when
> The bird of wonder dies, the maiden phoenix,
> HER ashes new create another HEIR,
> As great in admiration as HERself.
> So shall SHE leave HER blessedness to ONE --
> When heaven shall call HER from this cloud of darkness, --
>
> Who, from the sacred ashes of HER honour
> Shall STAR-like rise as great in fame as SHE was,
> And so stand fixed: peace, piety, truth, terror
> That were the servants of this chosen infant,
> Shall then be HIS, and like a vine grow to HIM:
> Wherever the bright sun of heaven shall shine
> HIS honour and the greatness of HIS name
> Shall be, and make new nations: HE shall flourish,
> And, like a mountain CEDAR, reach HIS branches
> To all the plaines about him: our children's children
> shall see this and bless Heaven.

Not another elegy, not another paean was needed.

## CHAPTER 15

## SECRETS OF EDWARD DE VERE

1. *Hamlet* Q2 was published in winter 1604/5, with 'head-title, under ornament with royal arms' (E.K. Chambers). Why? Could Shaxberd use this device?

2. Aubrey, the name of Edward de Vere's ancestor, in MND, becomes Oberon, (diminutive of Aubrey), and is placed next to Titania!

3. In 1562, when Edward de Vere was thirteen, a poem called *The Tragical History of Romeus and Juliet*, by one Arthur Brooke, was published. According to E. K. Chambers, this poem was 'substantially the source' of Shakespeare's tragedy *Romeo and Juliet*. D. S. Ogburn attributed Brooke's poem to Edward de Vere. And Charlton Ogburn found the reasons for attributing this poem to Edward de Vere: George Turberville, in 1567, wrote *An epitaph on the death of Master Arthur Brooke drounde in passing to New Haven*. It is the only report we have of him.

The reason, Ogburn suggested, is that he never existed. The epitaphist says in his brief valedictory to Brooke:
... for sure his virtues were
As many as his years in number few.
The Muses him in learned laps did bear
And Pallas' dug this dainty Bab did chew.

Now, Charlton Ogburn discovered that the sound of the first two letters in 'Arthur' may be transposed to give us 'Rother' (the o as in 'bother'), 'an animal of the Ox kind', which makes 'Rother Brooke' a play on both de Vere's titles, Earl of Oxford (ox-ford, ford being a 'tract of shallow water', i.e., 'brook') and Viscount

Bulbeck (bullbeck, 'beck' being 'a brook or a stream'). What we have is an ingenious double pun. Brooke's lumbering fourteeners,

> The proverb saith unminded oft are they that are unseen.
> And as out of a plank a nail doth drive,
> So novel love out of the mind the ancient love doth rive,

reappear in Shakespeare's *Romeo and Juliet* as

> Even as one heat another heat expels,
> Or as one nail by strength drives out another,
> So the remembrance of my former love
> Is by a new object quite forgotten.

The question is, of course, What need did Shakespeare have to 'copy' a poem by another insignificant poet, unless he was perfecting a poem of his own? Shakespeare did the same with his three surviving versions of *Hamlet*.

4. Ezra Pound regarded Golding's translation of Ovid's *Metamorphoses* (1565-1567) as 'the most beautiful book in the [English] language', adding: 'my opinion and I suspect it was Shakespeare's'. Golding was Edward de Vere's uncle.

4A) The distinction between art and nature that was to torture English criticism from Jonson to Coleridge, is the following:
(from Edward de Vere's introduction in Clerke's edition of *The Courtier*, by Castiglione, 1572):
'Although nature herself has made nothing perfect in every detail, yet the manner of men exceed in dignity that with which nature has endowed them, and he who surpasses others has here surpassed himself, and has even outdone nature which by no one has ever been surpassed'.

To this compare WT, 4.4.103:

> PERDITA: 'There is an art which in their piedness
> shares with great creating nature.

POLYX.: Say there be, yet nature is made better by no mean but nature makes that mean. So over that art which you say adds to nature is an art that nature makes. [...] This is an art which does mend nature -- change it rather; but the art itself is nature'.

5. 'Oxford' is the English equivalent for 'Bosporus'. Shakespeare never mentions Bosporus, unless somebody tampered with the text of the following passage from *Othello*:

'Never, Iago. Like to the Pontic Sea,
Whose icy current and compulsive course
Never feels retiring ebb, but keeps due on
To the Propontic and the Hellespont'.

(The intervention should have occurred between the words 'Pontic Sea' and 'Propontic').

Othello's description of himself bears a striking similarity with the report that has come down to us of Edward de Vere's cousin, Horatio Vere, that:

'it was true of him what is said of the Caspian Sea, that it doth never ebb nor flow, observing a constant tenor neither elated nor depressed'. Cf. also Hamlet's description of Horatio, beginning 'For thou hast been ...'

6. OXFORD IN CONSTANTINOPLE

Edward's intention to visit Constantinople in 1575 was dictated by the fact that the Queen visit lies next to Bosporus, and Bosporus means exactly the same as the word Oxford. (The name Bosporus, we remember, was given to that strait in order to commemorate the passage of Io (see Aeschylus' *Prometheus Bound*) from there.

7. HELENA'S TRICK PRACTISED ON VERE

Edward, earl of Oxford, who married Lord Burghley's daughter Anna, in 1571 and was father on 2 July 1575 of Elizabeth Vere (whom the young Southampton declined to marry in 1590),

Shakespeare's sonnets i-xxvi [ and Burghley's fine on Southampton of the astronomical sum of £5000! ] notwithstanding, owed his parentage of this young lady, so it was said, to his wife's recourse to Helena's [in the play *AW*] deceit. (Fripp).

All these to cover up Elizabeth Vere's father. The fact is that not only Elizabeth, but Edward's second daughter was rejected by Lady Pembroke's son in 1603-4.

8. Spenser's reference to that supreme Spirit which despises 'such base-born men', is virtually the same as the motto from Ovid adorning the dedication page of *Venus and Adonis*, 'Vilia miretur vulgus; mihi flavus Apollo pocula Castalia plena ministret aqua', and (twice) in the dedication page of *Troilus and Cressida* (1609).

9. Clapham, Burghley's secretary, in 1592, wrote a Latin poem, named *Narcissus*, in which he urged Southampton to marry Burghley's grand-daughter, Elizabeth (Edward de Vere's daughter). *Venus and Adonis,* according to Ted Hughes, was a counterblast to Clapham's poem. And the (masked) incest theme in VEN lends credence to the theory that Anne Vere's first daughter was conceived in the same way as Adonis was conceived by Myrrha. (We remember that Barksted wrote a whole poem on the incestuous love of Myrrha for her father).

10. 'First heir of my invention': With this phrase, Edward de Vere, is pronouncing his family name in Greek, because 'heir' sounds exactly like the Greek word for Springtime, Ver in Latin! 'Εαρ, Ver in Latin! And Ἑρραος (erraos) is a Greek word for boar, the de Vere symbol.

11. On 'invention' again: In January, 1602, Edward de Vere wrote to Cecil of the 'many inventions of delay', using the word 'invention' in exactly the same meaning as the same word in the phrase 'first heir of my invention' of VEN has. QED.

12. About *Venus and Adonis*, 1593: 'One phrase in particular --'the first heir of my invention' -- would give pause to those

confronted with the task of establishing the chronology of Shakespeare's writings. Surely he cannot be saying, as late as 1593, that *Venus and Adonis* is his first composition. Had he not already established himself as a playwright? The phrase must have some special meaning' (S. Schoenbaum, *Shakespeare's Lives*, 1970). Yet, although Schoenbaum has not since fathomed the 'special meaning' of *Venus and Adonis*, he opted to delete the above passage from the 'revised' edition of his book, in 1991. Why? And why should 'first heir of my invention' mean 'my first composition', a violation of meaning?

12A) ELIZABETH VERE'S WEDDING

*A Midsummer Night's Dream* was most probably played before the Queen, on Sunday evening, 26 January, 1595, on the occasion of the wedding of the young Earl of Derby to Elizabeth Vere, daughter of the Earl of Oxford, and grand-daughter to Lord Treasurer Burghley -- the same young lady who five years previously had found the Earl of Southampton frigid for declining to marry her. Stow says they were married at the Court then at Greenwich.

13. Encyclopaedias: 'The Folger Library has manuscript copy of Nashe's *Choice of Valentines* (before 1597), giving name of the dedicatee, Lord Strange, in full'. Either the name was put there by someone else, or Nash dared not write the name of the correct dedicatee, Edward de Vere, the real Shakespeare.

13A) In a book of fulminations against human iniquity (printed anonymously in 1598) John Marston breaks into a poem with lines that have virtually nothing to do with the rest of the poem and are totally out of keeping with the book as a whole, exclaiming:

> Far fly thy fame,
> Most, most of me beloved, whose silent name,
> One letter bounds. Thy true judicial style
> I ever honour, and if my love beguile
> Not much my hopes, then thy unvalued worth
> Shall mount fair place when Apes are turned forth.

Charlton Ogburn noted: 'Who had a 'silent name' that 'one letter bounds'? Who but E-dward de Ver-E'? But the great scholar failed to realize that Marston's reference to 'thy unvalued worth' was to be echoed 32 years later by Milton's reference to the works of Shakespeare as 'thy unvalued Book'. 'Unvalued', in both Marston and Milton, has no logical meaning unless we understand that 'unvalued', in the context of Marston's and Milton's poems, can only mean 'whose value have been bestowed to a wrong person'. In this light, Milton's poem acquires new and undreamed-of meaning.

This point may provide the reason why Milton's youthful poem *On Shakespeare* was the first and last poem he ever dedicated to a poet throughout his long life.

14. At the end of *King John* there is a reference to 'the three corners of the earth in arms'. It is only by turning back to *The Troublesome Reign* that we understand which these three corners are:

'If England's peers and people join in one
Not Pope, nor France, nor Spain can do them wrong'.

The two plays must have been written by the same author.

15. John Lane in 1600 describes Tarquin's rape of Lucrece as 'incest'. This must refer to the personal life of Edward de Vere's wife and his father-in-law.

16. THE GHOST IN *Hamlet*

The Ghost in *Hamlet* is none other than Francisco (or Bernardo) in disguise. The reason:

(a) After Francisco says 'I am sick at heart' he leaves, PUTS ON THE GHOST'S ATTIRE, and reappears, in full armour, as the Ghost of Hamlet's father. The Ghost in *Hamlet* contrary to practice is a walking ghost, and after it leaves, it descends to a cellar, from where it binds the friends to swear to secrecy.

(b) The Ghost, in the scene between Gertrude and Hamlet, in the first Quarto of 1603, is dressed in nightgowns.

(c) Francisco has seen the murder of Hamlet's father by Clau-

dius and wants to communicate his knowledge to Hamlet. He is afraid of Hamlet's reaction, so he dresses, first in his armour (Act I, scenes 1 and 4-5) and then in nightgowns (3,4) because he is inside the Palace, and being in armour would unveil his identity as the Ghost of Act I.
(d) Francisco, when addressing Hamlet as his father, lapses when describing the murder, into third person sentences ('If thou dids't ever... thy dear father love' 'The serpent that did sting thy father's life...'?) Francisco is almost betrayed by himself. Barbara: 'he she loved proved mad and did forsake her. [...] I called my love false love if I couch with more women, you'll couch with more men'. Desdemona is deserted by her lover (Casio?) and then she did 'couch with more men'.

17. Reading the *Hamlet* ghost scenes very carefully one cannot fail to realize that the Ghost is none other than Francisco dressed as a ghost. (Francisco had witnessed the murder of Hamlet's father by Claudius, and, for safety reasons, chose to act the ghost. The Ghost deigns to speak only to Hamlet!) The idea was given us by Jenkins' intelligence that the 'author' of *Hamlet* Q1 was the actor playing the part of Marcellus. The ghost in *Hamlet* is a pedestrian, cellar-descending, ghost, and, in Q1, it appears in its night-gowns! Mozart observed that the Ghost, like the deus ex machina in *Idomeneo*, is a subterranean voice.

18. 'Can Polonius have resembled some nickname of Burghley? I do not profess to solve the mystery', writes E. K. Chambers (WS, I, 418). 'The figure of Polonius is almost without doubt intended as a caricature of Burleigh'. (J. D. Wilson, T.E.S., page 104). But the 'mystery' can be solved only in one and unique way:
'Polonius' is a contraction of 'Apollonius', the original name of Shakespeare's Pericles, while 'Pericles' is a rebus of the genitive of the word 'Burghley'. Shakespeare, by immortalizing the 'good' name Apollonius in the 'bad' figure Polonius, and by 'enshrining' the 'bad' Burghley in the 'good' character Pericles, was laying clues for future investigators, in order to facilitate them in their attempts to solve the Shakespeare Authorship Riddle. Ingenious by far? But there can be no other solution.

19. Similarities between the contestants in *Pericles* and the seven warrior chiefs in the *Seven Against Thebes* of Aeschylus have been noticed. Also, and more significant, the incest theme is common to both.

## 20. OTHELLO'S RAGE

Othello is, at most, only some days married to Desdemona, so why is he quick to believe Iago that she had commited adultery with so many in so short a time?

However mad Othello is, it is impossible to agree that he really believes such an impossibility. What really bothers Othello is not (and he cannot afford to admit it even to himself) what has intervened between Desdemona's marriage to him and the present, but what preceded Desdemona's marriage to him.

In other words, Othello either discovered or suspected that Desdemona was not a virgin. The 'thousands of soldiers that have tasted Desdemona's body' can only refer to Desdemona's past and not her near present (from her marriage to Othello) until now.

We get a glimpse of what Desdemona feels, in her song about Barbara. Barbara is Desdemona's way of lamenting herself (and her past before Othello), without committing herself to an admission of her not so innocent past, the real and unspoken reason of Othello's rage. Othello's address to the 'chaste stars' gives him away.

## 21. QUEEN ELIZABETH DIES

On the 24th March 1603 Queen Elizabeth passed away, at two in the morning. The Lords sent three heralds and a trumpeter to proclaim the news to the Tower: at the hearing whereof; as well as others, prisoners rejoiced, namely (especially) the Earl of Southampton in whom all signs of great gladness appeared. The Earl of Southampton was released from the Tower on 10 April, 1603, while the King was yet on his journey to London. A malignant outbreak of plague, the first since 1594, diverted the royal procession from the City to Whitehall, and thence to Greenwich, where it arrived on 13 May. Edward de Vere was to die of this plague.

22. On the day of the death of Edward de Vere, (24 June, 1604) Southampton was arrested and held for a day by King James I. Why, of all people, did James choose to imprison Southampton, the same Earl that he [James] put out of prison (as his first official act as King of England), in Spring 1603? So, there was a political connection between the Earls of Oxford and Southampton beyond the literary connection between Shakespeare's *Venus and Adonis* and *Lucrece* on the one hand and Southampton on the other.

23. For what reason was Shagsper, arguably the greatest writer of England, not buried at Westminster?

On this subject, Percy Allen has made an astonishing discovery. In a book entitled *The Arms, Honours, Matches and Issues of the Ancient and Illustrious Family of Veer* by Percival Golding, Arthur Golding's youngest son and Edward's first cousin, he found, on page 51, the following: 'Edward de Vere ... Earle of Oxenford ... lieth buried at Westminster'. (There is, however, no mention of the 17th Earl of Oxford in the burial records of the Abbey). So William Shakespeare was really buried at Westminster, after all!

24. 'A never writer, to an ever reader' (from the first edition of TC, 1609): An E.VER writer ...?

25. An emblem in Peacham's *Minerva Britanna* (1612), depicts a proscenium curtain drawn to conceal a figure whose hand has written on a scroll the words 'Mente Videbor' ('By the mind I shall be seen'). On the bays surrounding the emblem are words in Latin meaning, 'One lives in one's genius, other things pass away in death'. The laurel signifies that poetic genius is intended. In the background appears Parnassus -- 'the bi-cliff hill' of the Muses. Who could be the concealed author? The real Shakespeare?

26. In a book published in 1616 (the year of Shagsper's death) a prophetic emblem is included. Fortune stands on a globe, and with one hand is thrusting from the pinnacle of fame a man dressed as a comedian. With the other hand she is raising a man whose face is hidden. Who is he? Edward de Vere?

27. It is completely inexplicable, but it seems that nobody has ever noticed that the inscription under the bust inside the Trinity Church at Stratford-on-Avon bears striking similarities with phrases from Ophelia's burial scene in *Hamlet*.

## 28. OPHELIA'S BURIAL AND STRATFORD

It seems unbelievable that, with so many thousands of sages sounding the depths of the Shakespearean abyss, nobody ever sensed that the eight lines above the wheat hoarder's monument at Stratford are modelled on snatches from Ophelia's burial scene in *Hamlet*. It may be mad, but there's method in it.

29. It may come as a shock, but the name William appears only 41 times in all Shakespeare, whereas the name Edward appears 191 times in the Shakespearean corpus! (It seems Edward de Vere adopted the name William Shakespeare rather late in his career).

The fact that the name *Shakespeare* was used only in 1593 and 1594 (VEN and KL, but not on the cover, only under the dedication) and then it was not used on any play until LLL in 1598, (where for the first time we see the name 'Shakespeare' on the cover) shows what difficulty the author had to use this name.

As everybody knows, the inscription upon the 'Shakespeare' monument, in Stratford-upon-Avon, runs:

> Iudicio Pylium, genio Socratem, arte Maronem,
> Terra tegit, populus maeret, Olympus habet.
> Stay passenger, why goest thou by so fast?
> Read if thou canst, whom envious death hath plast
> With in this monument Shakespeare: with whome,
> Quick nature dide: whose name doth deck this tombe,
> Far more then cost: sieh all, that he hath writt,
> Leaves living art, but page, to serve his witt.
> Obiit anno domini 1616,
> Aetatis 53, die 23 Aprilis

Ophelia's burial scene (Act V, end of scene 1) is only a page long. But Ben Jonson ('thou art the man' that composed the Stratford inscription!) has succeeded in stealing words, phrases, and lines from one of the most renowned scenes in all Shakespeare, and having them grafted on Shakspere's monument without anybody suspecting anything for almost four centuries. Here are the main similarities:

(a) 'Iudicio Pylium' is translated as 'Nestor in judgement', without anybody realizing that the following line from *Hamlet*, 'to overtop old Pylion or the skyish head of blue Olympus' encompasses not only 'Pylium' but also 'Olympus habet'. So, it is very doubtful 'Pylium' means 'Nestor'. It may well mean 'Pylion'.
(b) Gertrude's lines
'I thought thy bride-bed to have decked, sweet maid,
And not have strewed thy grave'
correspond to the monument's 'whose name doth deck this tomb'.
(c) Claudius's 'This grave shall have a living monument' and Hamlet's 'me leaving in her grave', correspond to the monument's 'within this monument', 'leaves living art', and 'this tomb'.
(d) 'Populus maeret' [people weep] on the monument echoes Hamlet's 'Woul't weep?'
(e) Hamlet's 'Buried quick with her' and Laertes' 'upon the quick and the dead' correspond to 'With whom quick nature died' of the monument.
(f) The monument's 'stay passenger, why goest so fast' is answered by Hamlet's 'Couch we awhile and mark' and Laertes' 'Hold off the earth awhile'.
(g) 'Envious death' in Stratford echoes the priest's 'her death was doubtful'.
(h) 'Terra tegit' of Stratford echoes Laertes' 'Hold off the earth awhile' and the priest's 'she would in ground unsanctified have lodged', and 'Hold of the earth awhile till I have caught her once more in my arms'.
(i) The monument's 'with whom quick Nature died' resound in Hamlet's 'Be buried quick with her' and Laertes' 'Now pile your dust upon the quick and dead'.

(j) Laertes' praise of Ophelia's 'ingenious sense' in *Hamlet* corresponds to the monument's 'to serve his wit'.
(k) 'Iudicio' and 'his wit' of the monument echo Hamlet's words to Laertes 'thy wiseness fear'.
(l) The monument's to 'serve his wit' is similar to the priest's 'the service of the dead'.
(m) The monument's 'populus maeret' equates with 'whose grief bear such emphasis', and 'whose phrase of sorrow' of Hamlet.
(n) Claudius' 'wait upon him' resembles 'stay, passenger' of the monument.
(o) Claudius' 'Gertrude, set some watch over your son' is repeated in the monument's 'Read if thou canst'.
(p) 'Genio Socratem' and 'serve his wit' on the Stratford tomb translate Laertes' 'thy most ingenious sense'.

The sudden word SHAKESPEARE in the fifth line of the monument ('SHAKESPEARE, with whom') does not refer to the Stratfordian, but it means 'ON THE RIGHT SIDE'. The manuscripts of Shakespeare, whoever he is, are buried on the right side of the monument, whatever that may mean. (Charlton Ogburn). (Remember: Shakespeare = Doripaltos = Right!)

Last, but not least, in the last scene of *Hamlet* Fortibras's 'O proud death, what feast is toward in thine eternal cell' is equivalent to 'whom envious death hath placed within this monument'.

30. The many references, by Shakespeare, and the many same references, applying to Edward de Vere: living under a shade, in a veil, his name receives a brand, 'loss of my good name', 'my name is lost', 'poor wounded name'. Also, the bed trick in AW and MM.

31. Shakespeare's obsession with 'wounded name' (twice) and Edward de Vere's dirge for the 'loss of his good name', in one of his poems. Edgar (a 'cover' for Edward?) in *King Lear*: 'My name is lost'.

32. Hamlet's description of himself that he is mad 'north-north-west', refers either to the Quest for the North-Western Passage, to which Edward de Vere contributed tremendous money, or to a passage in Bright's book on melancholy, or to both. Cf. *The Tempest*.

33. Shakespeare knew Northern Italy, and must have travelled there. But, it may be asked, if the author of Shakespeare's plays was so well acquainted with Northern Italy, how does he come to connect Verona and Milan by a waterway in *The Two Gentlemen of Verona*? In *The Nineteenth Century* for August 1908, Sir Edward Sullivan has placed the answer beyond all doubt in his article on *Shakespeare and the Waterways of North Italy*. He proved by quotations from Italian writers of, and prior to, the 17th century, and with the aid of a map of Lombardy, published in 1564, that the high road from Milan to Venice was by water, and that a journey from Verona to Milan could have been performed by water -- at any rate, for the greatest part of the distance.

Ignorant of this, the author of the 'Shakespeare' entry in the DNB wrote: 'But the fact that he represents Valentine in the TG (I.i.72) as travelling from Verona to Milan by sea, and Prospero in *The Tempest* as embarking on a ship at the gates of Milan (I.ii.126-150), renders it almost impossible that he could have gathered his knowledge of northern Italy from personal observation'.(!)

34. Fripp: 'Shakespeare's familiarity with country-law is among the main hallmarks of his workmanship'. Halliday: 'There are few scenes in Shakespeare without some legal reference or other'.

Sams: 'The Sonnets are redolent of the law in line after line'.
Knight: 'There's scarcely a sonnet which fails to contain a legal reference'.

Edward de Vere studied law at Cambridge. There's no proof that Shaxberd studied law anywhere.

35. In 1622 Henry Peacham published a 250-page work on education. In a chapter on Poetry he calls the reign of Elizabeth 'a golden age', then lists by rank those 'who honoured poesie with their pens and practice' as follows:

Edward Earl of Oxford, the Lord Buckhurst, Henry Lord Paget, our phoenix, the noble Sir Philip Sidney, M. Edward Dyer, M. Edmund Spenser, Master Samuel Daniel, with sundry others whom (together with those admirable wits yet living and so well known) not out of envy, but to avoid tediousness, I overpass.

Ogburn's comment: 'Inasmuch as it would have been unthinkable to deny Shakespeare, the greatest of all, an express place among the poets who had made Elizabeth's a golden age (and orthodoxy's 'Shakespeare' in 1622 could not, like Ben Jonson, George Chapman, and Michael Drayton, be excluded as among 'those admirable wits yet living'), it can only be that his name was subsumed in another's', i.e. William Shakespeare's!

36. In 1707 *Venus and Adonis* and *Lucrece* were, for the first time, published together in a book 'oddly' (F. T. Prince, in the Arden edition of the *Poems*) or 'curiously' (John Roe in the New Cambridge edition of the *Poems*) titled *Poems on Affairs of the State*.

Of course, in the case Shaxberd was the author of these two poems, the title is very odd and curious indeed. But if they were written by Edward de Vere, the title is very natural, for we can view the struggle of Venus with Adonis as an 'affair of the state', Venus representing Elizabeth Vere, and Adonis the Earl of Southampton, and the rape of Lucrece alluding to the 'rape' of Anne Vere by her father. (See Chettle's poem on the death of Queen Elizabeth, using (again)! the rape motif).

37. So faithfully did the members of the Ipswich Philosophical Society honour their vow to keep secret Wilmot's ideas on the Baconian explanation of Shakespeare's works, that Cowell's papers of 1805 (which contained a report on Wilmot's astounding findings, that nobody around Stratford-on-Avon knew anything about the great writer William Shakespeare!) became known to the public only when the University of London fell heir to a collection of books in which they were included, and Professor

Allardyce Nicoll reported on them in the *Times Literary Supplement* of 25 February, 1932.

If the Ipswich philosophers managed to keep their secret for 127 years, small wonder that the Shakespearean Authorship secret remained undiscovered for four centuries.

∽

*Hamlet* 1603-4

Between 1604 (Q2 *Hamlet*) and 1622 (Q *Othello*), that is for 18 (!) whole years, no new work of Shakespeare was published, except for four works in the critical year of 1608-9, when *King Lear* (1608), *Pericles* (1608), *Troilus and Cressida* (1609) and *Shakespeare's Sonnets* (1609) were published. The reason for this sudden flurry of activity was the selling of the house of de Vere's widow to Sir Fulke Greville. Fripp supplies the decisive information that a number of Shakespeare's Sonnets were in de Vere's house, and, possibly, passed into the hands of Fulke Greville. The same must have happened with the three Shakespearean plays plus the *Sonnets* volume, all four works first published in 1608-9.

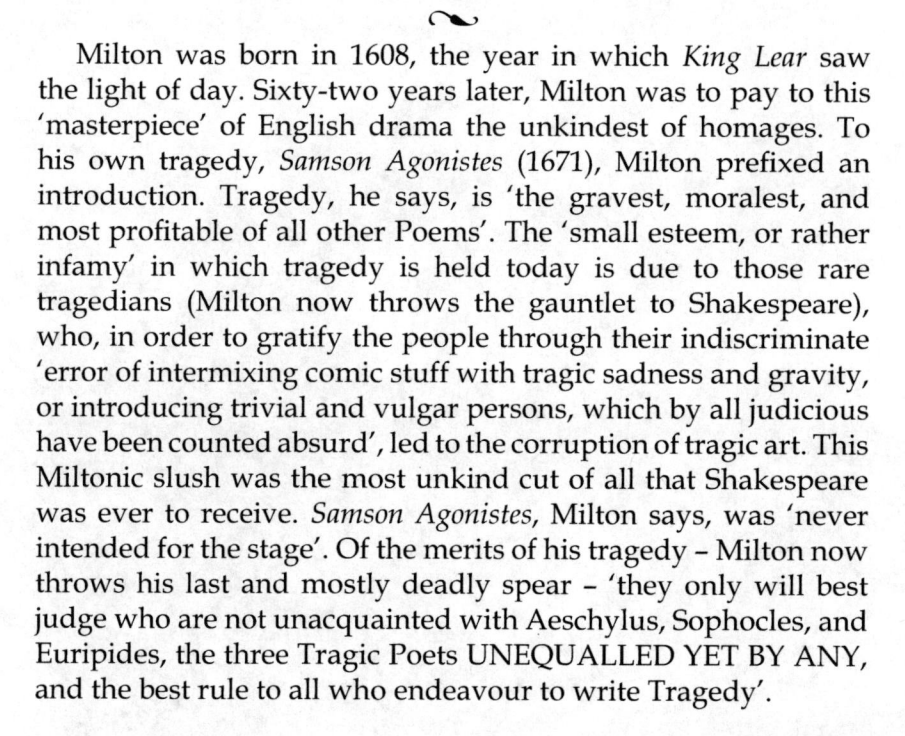

∽

Milton was born in 1608, the year in which *King Lear* saw the light of day. Sixty-two years later, Milton was to pay to this 'masterpiece' of English drama the unkindest of homages. To his own tragedy, *Samson Agonistes* (1671), Milton prefixed an introduction. Tragedy, he says, is 'the gravest, moralest, and most profitable of all other Poems'. The 'small esteem, or rather infamy' in which tragedy is held today is due to those rare tragedians (Milton now throws the gauntlet to Shakespeare), who, in order to gratify the people through their indiscriminate 'error of intermixing comic stuff with tragic sadness and gravity, or introducing trivial and vulgar persons, which by all judicious have been counted absurd', led to the corruption of tragic art. This Miltonic slush was the most unkind cut of all that Shakespeare was ever to receive. *Samson Agonistes*, Milton says, was 'never intended for the stage'. Of the merits of his tragedy – Milton now throws his last and mostly deadly spear – 'they only will best judge who are not unacquainted with Aeschylus, Sophocles, and Euripides, the three Tragic Poets UNEQUALLED YET BY ANY, and the best rule to all who endeavour to write Tragedy'.

## CHAPTER 16

## GULIELMUS SHAXBERD IS SHATTERED

Shaxberd's history is a history connected with crimes. Chambers writes that in 1248, in Gloucestershire, William Shakspere, of Clopton in Kiftesgate Hundred, was hanged for robbery. This contradicts the claim in the DNB article on Shakespeare that 'Its first recorded holder is John Shakespeare, who in 1279 was living in Freyndon, perhaps Frittenden, Kent'.

'At least one other William Shakespeare was during the period a resident in Rowington. As a consequence, the poet has been more than once credited with achievements which rightly belong to one or other of his numerous contemporaries who were identically named' (DNB). But could DNB's 'other William Shakespeare' be as mean and murderous as Shaxberd?

☙

In 1598 Shaxberd committed a crime against humanity. As Anthony Burgess has it in his 'Shakespeare' of 1970:

'Shakespeare presumably felt no shame at making a profit on cereals in a time of near famine'.

Could this man be Shakespeare, the author of *King Lear*? British poet laureate Ted Hughes wrote in 1993:

'Throughout his life, notoriously, the money-lending, corn-chandlering, property-speculating, wheeling and dealing dramatist [i.e Shaxberd], displayed a flexible opportunism, nimbly attuned to market forces'.

Could this man be Shakespeare, the creator of Cordelia?

'Corn-hoarding' is particularly referred to in two plays, *Coriolanus* and *Pericles*. This must have a bearing on the crime of Shaxberd -- he let people die in the streets of Stratford by refusing them wheat to eat! The word 'cormorant' is used by

Shakespeare four times, once in *Coriolanus* (the word does not occur in Plutarch). Why? Because the corn-hoarders of Stratford-on-Avon were termed 'cormorants' by the Stratford populace in their petition to Lord Burghley! They wanted to see Shaxberd and the other corn-merchants hanged on gibbets in front of their own doors, and they were even awaiting Essex to redeem them from Shaxberd (the false Shakespeare) and his likes!

*Coriolanus* again: In Plutarch, the initial discontent of the Roman people is directed against the usurers, and not, as in Shakespeare, against the corn-holders. It is undeniable that usury is a lesser evil than corn-holding, at least it was for the famished people of 1598 at Stratford. Now, assuming that Shaxberd was the author of *Coriolanus*, why would he choose corn-holding as the cause of the discontent of the Roman populace, and not usury, as in Plutarch, usury being a much lesser evil than corn-holding? (Shaxberd was both a usurer and corn-holder). It is psychologically impossible for a writer to change history in order to emphasize his greater (and unpardonable) vice. No! *Coriolanus* cannot have been written by Gulielmus Shaxberd.

## WHAT REALLY HAPPENED IN STRATFORD IN 1598: SHAXBERD'S UNPARDONABLE CRIME

To prove that the Stratfordian butcher's criminality is not a figment of our imagination we cite what happened at Stratford-on-Avon in 1598 – a most eventful year – France and Spain signed a pact, Shakespeare first play with his name on it (LLL) was published, on 4 August Burghley died, and Southampton seized the opportunity when London was crowded with 500 lordly mourners, to come over in secret and marry his betrothed.

Three wet summers in 1594, 1595, and 1596 had produced a serious dearth of corn, leading to high prices, poverty, and discontent. The position was aggravated by the engrossing and forestalling of corn – that is, holding supplies in bulk FOR A RISE OF PRICE and purchasing direct from farmers instead of in the open market; and by the excessive use of barley for malt.... Stratford maltsters were bound over not to make malt on 4 November, and a return of cornholders was made 7 December. Shakespeare's [i.e. Shaxberd's] name does not appear; he was not yet a house holder in Stratford.

The matter was still occupying Lord Burghley in preparation for the parliament in 1597 and a Coucil letter of 22 August called upon the Justices for a fresh inquisition upon the engrossers, 'A NOMBER OF WICKED PEOPLE IN CONDICIONS MORE LYKE TO WOLVES OR CORMERANTS THAN TO NATURALL MEN'. ... The dearth appears to have been particularly felt in south-west Warwickshire ... There was wild hope of leading them IN A HALTER, AND 'IF GOD SEND MY LORD OF ESSEX DOWN SHORTLY, TO SEE THEM HANGED ON GIBBETS AT THEIR OWN DOORS'. (E. K. Chambers).

Sturley gives a lively account of local discontent caused by the high price of corn and the widespread discontent [24/1/1598]:

You shall understand, brother, that our neighbours are grown, with the wants they feel through THE DEARNESS OF CORN, MALCONTENT. They have assembled together in a great number...There is a meeting here expected tomorrow. The Lord knoweth to what end it will sort. Thomas West returning from the two knights of the Woodland [the forest country on the right bank of the Avon] came home so full that he said to Master Baily [Gibbs] that night, HE HOPED WITHIN A WEEK TO LEAD SOME OF THEM IN A HALTER, meaning the maltsters; and I HOPE, saith John Grannans, IF GOD SEND MY LORD OF ESSEX DOWN SHORTLY, TO SEE THEM HANGED ON GIBBETS AT THEIR OWN DOORS. ... I am left in the greatest need of £30, ... in truth, brother, to you it be spoken and to none else... DET DEUS MISERICORDIA E PLACITUM SUUM [=God, the Lord of Mercy, give an issue according to his good pleasure].

'On 9/2/1598 the Parliament was dissolved, after voting three subsidies for the defence of the realm of 4s. in the £ on land, 2s.8d. in the £ on goods, and six-fifteenths on personalty. FROM THESE TAXES STRATFORD MEN, INCLUDING SHAKESPEARE [i.e. Shaxberd!], sought exemption'. (E. Fripp).

Shaxberd is incorrigible.

In 1605 he invested another £440 in a half-interest in a lease of 'tithes of corn, grain, blade and hay' in the Stratford hamlets. In May 1607 there was an outright revolt in Northumber landshire, spreading to Shaxberd's Warwickshire, specifically due to corn prices. *Coriolanus*, and *Pericles*, may well have been written a little later – not by Shaxberd, of course, but by one who knew of his actions.

The Stratfordian criminal Gulielmus Shaxberd must not be judged solely by the quantity of corn he was withholding. He must be judged by the number of people in Stratford that died owing to his actions (rather inactions).

Why was Gulielmus Shaxberd so bad and evil?

'Evil, Theodorus, can never pass away, for there must always remain something which is antagonistic to good. It has no place in heaven, so of necessity it haunts the mortal nature and this earthly sphere. Therefore we ought to escape from earth to heaven as quickly as we can; and to escape is to become like God, as far as is possible; and to become like him is to become holy, just and wise. God is never in any way unrighteous – he is perfect righteousness – and those of us who are most righteous are most like him' (Plato, *Thaetetus*, 176). Neither in the Bible, nor outside it, passages like the above from Plato's *Thaetetus* (176) can be equalled.

Why do some people, like Shaxberd, thrive on crime? And why do some people lead a life of virtue and sacrifice? Is there justification in Nature for justice, truth, honesty, charity, mercy, pity, selfrestraint, or any other category of humanity or virtue? Or are they all fictions of religious or social authority? This question Plato answered with ruthless completeness. The beginning of the second book of the *Republic* shows how fully Plato faced it.

'Suppose' says Adeimantus, 'that a man has the choice between two alternatives – the first alternative is to be bad, to defraud and ill-treat men, thereby to acquire wealth, honour and power, and yet to escape detection and get a reputation for goodness, to be assured through life of happiness and prosperity, and to be able to purchase exemption from any risk of punishment in the next world by gifts for religious purposes out of his superfluous wealth; the second alternative is to be good, but to be misjudged and misconceived, to get the reputation of wickedness and its punishment, to be scourged and crucified with no hope of redress in a future life'. (Rep. 361 f.) 'Offered the choice between these alternatives any one', says

Adeimantus, 'would choose the first. Indeed it would be a very embarassing choice. But if we hesitate for a moment as to our decision, we do not really believe in goodness. We admit that virtue has not absolute value'.

Edward de Vere tried the second alternative, but he failed. Gulielmus Shaxberd tried the first and triumphed, going down in history as a great dramatist.

## AN EASY QUESTION ADDRESSED TO POET LAUREATE TED HUGHES

The facts of his life prove that he was a man of business, and almost a Shylock in his hard dealings. (Robert Eagle).

His business interests and associates have a smack of Shylock about them: he that toucheth malt shall be defiled. (Honigman).

Shylock, like his prototype Barabas, is a monster. Sympathy with minorities must not blind us to his rapacity and ferocity. (Fripp).

After Othello maltreats Desdemona in Act IV, scene I, of *Othello*, Lodovico, dismayed asks:

'Is this the noble Moor whom our full senate
call all-in-all sufficient? – Is this the nature
Whom passion could not shake? – Whose solid virtue
The shot of accident nor dart of chance
Could neither graze nor pierce?'

To which Iago answers:
'He is much changed'. [Shaxberd did not change! The leopard cannot change its spots].

Lodovico continues:
'Are his wits safe? Is he not light of brain?'

Iago replies:
'He is what he is'. ['I am that I am' is Iago's motto].

After some more exchanges between Lodovico and Iago, Lodovico summarizes:
'I am sorry that I am deceived in him'.

The same remarks of Lodovico about Othello, we can ask about Shaxberd, the supposed Shakespeare: 'Are his wits safe? Is he not light of brain? I am sorry that I am deceived in him'.

## WHEN DID SHAXBERD WRITE THE SONNETS?

John Benson, in his address "To the Reader" of *Shakespeare's Poems*, 1640, wrote a few things that have not been properly understood, or rather have been – intentionally or unintentionally – misunderstood.

1) THE POEMS APPEAR IN THE SAME PURITY THAT THE AUTHOR HIMSELF AVOUCHED.
(a) The fact that some sonnets in Benson's edition differ a little from the Sonnets of 1609, is proof enough that the 1609 edition, with the numerous typographical mistakes, is always more accurate in mistakes of a different type?
(b) How do we know that Benson's restructuring of the sonnets into unities is not Shakespeare's? Maybe Benson had the poet's manuscript. The fact that eight (18, 19, 43, 56, 75, 76, 96, 126) sonnets of the 154 are not included by Benson may reflect the possibility that Benson's manuscript was not the same as that of the 1609 edition, but an earlier and more reliable, and the sonnets missing were not yet written or were his last ones. What other reason did Benson have not to include these eight sonnets? He could have picked them from the 1609 edition, but he didn't. The only other possibility is that these eight sonnets were written much EARLIER than the others, and Benson knew it. Maybe, these eight sonnets are the ones described by Meres in 1598 as 'his sugared sonnets among his private friends'.

2) THE POEMS 'HAD NOT THE FORTUNE BY REASON OF THEIR INFANCY IN HIS DEATH, TO HAVE THE DUE ACCOMMODATION OF PROPORTIONABLE GLORY WITH THE REST OF HIS EVER-LIVING WORKS':
(a) 'Infancy in his death' clearly means that the poems were the last works Shakespeare composed. The fact that they were published in 1609 has nothing to do with the date of their com-

position. Observe that Benson's assertion goes a long way into explaining the mystery of the many typographical mistakes found in the sonnets edition of 1609. Nobody can disprove Benson on this.

(b) That Shakespeare's sonnets had not the due accommodation with the rest of Shakespeare's Works is proved by the strange fact that the Folio editions of 1623 and 1632 print 36 of Shakespeare's plays, but neither edition prints any sonnets or any other works by Shakespeare.

(c) Benson calls the dramas of Shakespeare 'ever-living'. 'Ever-living' was what Shakespeare himself was called in the dedication of the sonnets edition of 1609, and 'ever-living' is used by Shakespeare himself to lament the newly-dead King Henry the Fifth.

Is the use of this word by Benson not fortuitous, but a hint that Shakespeare, in Benson's view, was already dead by 1609? In any case, Benson by Shakespeare cannot mean the Stratfordian genius Gulielmus Shaxberd because he, unfortunately, died in 1616, seven years after the publication of the Sonnets. For Shaxberd to have had a chance of not being excluded from being Shakespeare, the Sonnets ought to have been composed around 1615. So, if Benson means what he says about the 'infancy' of the sonnets at the author's death – and what reason Benson had to fabricate such a situation? – Shaxberd had nothing to do with the Sonnets.

(d) And since 'ever-living' is never used, in correct English, for a living author, but always for a dead one, Shakespeare must have not lived beyond 1609. The fact that Shakespeare himself used the word for Henry the Fifth put a gravestone on any literary ambition on the part of anybody who died after 1609.

CIRCUMSTANTIAL EVIDENCE

The road from Stratford-on-Avon to London passes through the city of Oxford, where Shaxberd, as rumour has it, in one of his stayings, fathered the poet Sir William Davenant. In his collection *Madagascar, with other poems* (1637), Davenant included a poem, *In Remembrance of William Shakespeare: ODE*.

It seems unbelievable, but nobody ever understood the poem for what it really is: a masterpiece comparable to Jonson's Folio Ode for Shakespeare, and much superior to Milton's juvenile-looking poem of 1630. Davenant destroys the Stratfordian myth:

Beware, delighted poets, when you sing
To welcome nature in the early spring,
Your num'rous feet not tread
The banks of Avon; for each flower
(As it ne'er knew a sun or shower)
Hangs there the pensive head.

Each tree, whose thick and spreading growth hath made
Rather a night neneath the boughs than shade,
Unwilling now to grow,
Looks like the plume a captive wears,
Whose rifled falls are steeped i'th' tears
Which from his last rage flow.

The piteous river wept itself away
Long since, alas, to such a swift decay,
That read the map and look
if you a river there can spy,
And for a river your mocked eye
Will find a shallow brook.

1. Beware, when you sing to welcome EARLY SPRING [Cf. ιεριη (early) Spring = Ver] your feet NOT TREAD the banks of AVON; for each flower hangs there the pensive head.

2. Each tree, unwilling now to grow, looks like the plume a captive wears! (What a description for a genius!)

3. The PITEOUS river wept itself away long since, alas, to such a swift decay. For a river your MOCKED eye will find A SHALLOW BROOK.

Is this not a poem against Stratford?
Clergyman Gastrell brought down Shaxberd's 'New Place'. As

Chambers has it: 'New Place was sold to the Rev. Francis Gastrell, who pulled the house down in a fit of pique with Stratford, 1759'. But did Gastrell (clergyman!) know about both the authorship fraud and Shaxberd's unpardonable crime of 1598, and decided, in holy indignation, to erase it from the face of the earth?

Shakespeare's 'Jubilee' celebrations were staged five whole years after 1764. Why?

DIVERSE FRAUDS

Stratfordian fraud No.1: Shaxberd's father did not buy the now called the 'Birthplace' until 1575 -- eleven years after the birth of William -- yet visitors are shown a room on the first floor as being that in which the 'poet' was born!

Stratfordian fraud No.2: Among other imaginary 'relics' within the fictitious 'Birthplace', there is a desk from the Grammar School, known as 'Shakespeare's desk', although there is not a scintilla of evidence that Shaxberd ever attended the school.

Stratfordian fraud No.3: The following paragraph is one of the most tremendous ever recorded on the Shakespeare Authorship Issue: 'An illustration of the original Monument appeared in Dugdale's *History of the Antiquities of Warwickshire* in 1656. It shows the bust of an elderly man, of somewhat melancholy aspect, who presses to his body a curious oblong bag shaped somewhat like a headless pig. It was a monument more appropriate to a tradesman than a poet' (Roderick Eagle). 'Like a headless pig'! Of course, a headless boar! The emblem of the de Veres, has passed into the Stratfordian's hands. He has won! So, there is sarcasm in the monument, too!

Dugdale in 1656 depicted a man completely different from the Stratfordian bust as it stands today inside the Trinity Church of Stratford-on-Avon. In 1709 Rowe depicted the Stratford bust in almost the same way as Dugdale. H.N. Gibson, in *The Shakespeare Claimants*, writes: 'Nicholas Rowe, who published the first biography of Shakespeare in 1709, includes a similar sketch [to Dugdale's], but as he obviously copied Dugdale's engraving, this is of no importance'.

But Rowe's depiction is of the utmost importance, because he did NOT copy Dugdale! A mere glance at the two engravings, leaves no doubt that Rowe's is an independent portrait. The reason? Rowe cites more words of the monument inscription, not fewer! So, it was impossible for Rowe to copy Dugdale!

All pro-Stratfordians assert the impossible:

First, the sculptor (Gerard Johnson) was very incompetent and completely misrepresented the Stratfordian genius inside the Trinity Church of Stratford! (1)

Secondly, Sir William Dugdale, who made an engraving of Johnson's monument in 1656, must have misrepresented the misrepresentation of Johnson!! (2)

Third, and much more important, Nicholas Rowe, who made an engraving of Johnson's monument in 1709, instead of reproducing Johnson's monument, he did nothing of the sort, but simply reproduced – absolutely correctly! – Dugdale's misrepresentation of Johnson's misrepresentation!!! (3)

Fourth, somebody must have tampered with the original monument.

Can you imagine anything more mad?

∽

(1) Of the bust, as it stands today (at least, the fourth representation but Dover Wilson thought it was the first!), John Dover Wilson said:

'All this might suit well enough with an affluent and retired butcher, but does gross wrong to the dead poet'.

(2) But Dugdale is, arguably, the greatest engraver of England. Anthony a-Wood, could not find language adequate to describe how his 'tender affections and insatiable desire of knowledge was ravished and melted down by the reading of that book'.

(3) But, Rowe's is an independent representation of the monument as it stood initially, for the simplest of reasons: Rowe's engraving contains more of the text (as it exists today), than Dugdale's, not less.

∽

## STOLEN SYMBOLS

All the symbols, purchased or usurped by Shaksper are all, without exception, symbols of the de Vere family!

"Non, Sanz Droict", Shaxberd's acquired acquisition, ("No, Without Right") the same crucial words of the de Vere coat-of-arms, was, by omitting the comma, changed into "Non Sanz Droict", "Not Without Right", the double negative making it to mean just "Rightly"! (Vere!)

Dethic's involvement in the official disapproval of the grant of 'arms' (and de Vere arms at that)! to a 'player by garter', i.e. Shaxberd, and the indignation such a blatant 'stealing' generated on Dethic.

Circe (= falcon, hawk) metamorphosed men into pigs. Shaxberd, the "headless pig-skin-holder" in Dugdale's and Rowe's engravings (Roderick Eagle's ingenious – and unsung! – phrase), was metamorphosed into the 'greatest of poets'! [Edward de Vere's symbols, the boar (pig) and the falcon (or eagle) are united in the Circe legend!]

Edward de Vere's death on 24 June 1604, coincided not only with the day of Southampton's temporary arrest on James's orders, but with an equally astonishing parallel event: From mid-1604 through 1611, Shaxberd does not appear in any London record (except as a partner in a purchase that would not have required his presence). Four documents place him in Stratford during this period. These were the seven critical years during which he is described as composing his greatest plays. He retired to Stratford, leaving *Othello*, *King Lear*, *Macbeth*, *Antony and Cleopatra*, and *The Tempest* to be written by the Holy Ghost! Incredibly, and ominously, he abandoned London between the publication of *Hamlet* Q1 and *Hamlet* Q2. Only when we arrive at 1611 do we retrace his presence in London, but, by then, Prospero and Miranda are on their way back to Milan!

It was two months after Shaxberd's wife's death that the First Folio of 1623 was at last published. Why? Anne could easily have given the secret away!

Schoenbaum, 1970: 'He [i.e. Shaxberd] died in rainy April'. But what is important is not whether it is usually raining (in Stratford-on-Avon) during April, but whether, on the 23rd of April, 1616, it was actually raining there. Judging from what Shakspere did in 1598, no God would shed tears for him, eighteen years later.

Raleigh despised King James, preferred Arabella Stuart for his sovereign, and in July was imprisoned in the Tower, to remain there until 30 January, 1916!

In the book *The Shakespeare Conspiracy* the Stratfordian is described as a paid spy. He it was, according to the book, that betrayed Sir Walter Raleigh and had him jailed until Spring 1616, when Raleigh (at long last) released from prison, had his revenge by sending men to Stratford to murder Shaxberd!

Hill relates that Shaxberd was murdered by Ben Jonson by way of putting arsenic into his drink, when Jonson visited him at Stratford. Could this refer to the same, well-known event, according to which Shaxberd died after a drinking bout with his 'friends', Jonson and Drayton?

'Shakespeare, Drayton and Ben Jonson had a merry meeting and, it seems, drank too hard, for Shakespeare dies of fever there contracted'.

William T. Still, in the Greek translation of his book on the 'World New Order' issue, quotes a testimony from Manly P. Hall's *Collection of Emblems* that Ben Jonson was sent by his close friend Francis Bacon to kill the Stratfordian by putting arsenic into his beer.

DISSIMILARITIES

There is in Billesley Hall, 5 kilometres from Stratford, a room known as 'the Shakespeare room'. Billeslay had been owned, for more than 400 years by the Trussel family, of which Edward de Vere was an offshoot through his maternal grandmother, Elizabeth Trussel, who married the 15th Earl of Oxford. It is asserted, that Billesly was part of her inheritance as an heiress of the wealthy Edward Trussel, and, by some, that it passed to Edward de Vere. Shaxberd was, evidently, also derived on his mother's side from a Trussel family. According to local rumour, AYL was written in Billesley Hall.

Richard F. Whalen wrote in 1994 that 'despite intensive research', no links between Gulielmus Shaxberd and Southampton have been found, 'neither before nor after the *Venus* and *Lucrece* dedications'. But Eric Sams, the Schubert authority, in 1995, disproved him: 'He [Southampton] was the son and heir of a staunchly Catholic family, in a branch related by marriage to that of Shakespeare's [i.e. Shaxberd's] mother'.

So, in addition to the remote marriage connection between Gulielmus Shaxberd and Edward de Vere, there was a remote marriage relation between Southampton and Shaxberd! That, seems, had attracted Shaxberd to London.

## SHAXBERD AT OXFORD, AND OXFORD AT STRATFORD!

### 1. SHAXBERD SLEEPS AT AN INN IN OXFORD!

How near, and how far!
The road from Stratford-on-Avon to London passes through Oxford, where Shaxberd, as rumour has it, in one of his stayings there, on c. 1/6/1605, fathered the poet, and furure Laureate of England, Sir William Davenant. If correct, this must be regarded as Shaxberd's greatest feat, in a very unremarkable life.

### 2. THE EARL OF OXFORD ARRIVES AT STRATFORD!

In 1737, the then "Earl of Oxford", accompanied by the engraver Vertue, visited various regions of England, including Oxford, and, on their return, they visited Shakespeare Hart, a descendant of Shaxberd's sister. S. Schoenbaum thinks that they discussed the issue of the Stratfordian's nest of crime ("New Place") in Stratford, but actually nobody knows what went between them. Did the Earl of Oxford raise the issue of the usurpation of Shakespeare's plays by Shaxberd?

The forest of the Shakespeare Mystery is a real Jungle.
Even at the precincts of this jungle, Red Riding Hood encounters the following strange 'coincidences':

| The True Shakespeare: | The False Shakespeare: |
|---|---|
| NAME William Shakespeare (pen-name of Edward de Vere) | Gulielmus Shagsberd (real name) |
| MONEY RECEIVED £1000 from Elizabeth (annually, for 12 years!) | £1000 from Southampton (just once) (rumour) |
| FATHER John | John |
| WIFE Anne | Anne |
| GOES TO LONDON from Oxford | through Oxford |
| CLOSE RELATIVE Margaret (mother) | Margareta (sister) c.1562 |
| DANISH CONNECTION Danish extraction | Verses from Ophelia's funeral inscribed on Stratford monument |
| DAUGHTER Susan, b. 1587 | Susanna, b. 1583 |
| HOUSE MYSTERY The *Sonnets* and three Plays escaping (1607-9) | Not a grain of wheat allowed to escape (1598) |
| AGE WHEN ALLUDED AS AUTHOR 28! (1578, by Harvey), true | 28! (1592, Greene), false! |
| HOUSE River Avon | River Avon |
| 1592 Career stops! (false) | Career begins! (false) |
| LANDS/ESTATES Sells many | Buys many |
| LEGAL CONNECTION Education degree in Law at Cambridge | Sues many and is sued by many |
| SOUTHAMPTON Remote blood relation | Remote marriage relation |
| EMBLEM 1 Vero Nihil Verius ('True' = 'Right') | 'Non, Sanz Droict' (= No, Without Right) changed to 'Non Sanz Droict' (= Rightly)! |

| | |
|---|---|
| EMBLEM 2  BOAR | flayed 'headless Pig' (R. Eagle) |
| WAS DEPICTED HOLDING  A BOAR (alive!) * (portrait attributed to Marcus GHEERAEDTS, the elder) | A BOAR or Pig (dead!) ** (bust by Gerard Johnson, son of GHEERART Janssen) |
| BOAR/PIG  Ancestor attacked and KILLED by a boar | He and father SLAY many pigs (butchers) |
| EMBLEM 3  Falcon | Falcon (bought) |
| EMBLEM 4  Spear | Spear (bought) |
| PARTIAL RESIDENCE  Close to STRATFORD, London | STRATFORD-on-Avon |
| LAST HOUSE  Sold to FULKE Greville | Bought from FULKE Underhill's father |
| USURY  Attacked it | Practised it |
| CORN-HOLDING  Attacked it ("Cor." and "Pericles") | Practised it |
| EARLY YEARS ATTRACTION  Oxford TRINITY College | Stratford TRINITY Church |
| PLAGUE 1603 EPIDEMIC  (succumbs to it in 1604) | 1564 (survives it at birth) |
| DEATH, Violent (plague) & REACTION OF PEOPLE  Nobody mourns him, because nobody knows that he WAS Shakespeare! | Violent (poison administered by Jonson?) *** Nobody mourns him, because everybody knows that he CANNOT be Shakespeare! |
| AGE AT DEATH  54,2 | 52 **** |

It has been revealed by X-ray photographs that the Ashbourne portrait of Shakespeare was painted over a portrait of Edward de Vere and retouched in order to look like the imaginary portrait of the assumed Shakespeare!

(\*)     'his [Edward de Vere's] tusked Boar': I.L., 1589.
(\*\*)    'a self-satisfied pork butcher': Dover Wilson, 1931.
(\*\*\*)   The killing of Shaxberd was by an agent of Raleigh, according to the book *The Shakespeare Conspiracy*.
(\*\*\*\*)  The Stratford 'monument' gives 'Aetatis 53', mean between the two!

The road from Stratford-on-Avon to London passes through (and stops dead at) Oxford!

ΑΡΓΑ ΞΥΠΝΗΣΑΜΕ ΑΠ' ΤΟΝ ΥΠΝΟ ΜΑΣ,
ΓΟΡΓΑ ΣΤΗΣΑΜΕ ΤΗΝ ΕΝΕΔΡΑ
ΚΑΤΑΜΕΣΙΣ ΣΤΟ ΔΑΣΟΣ,
ΚΙ' ΟΤΑΝ Ο ΗΛΙΟΣ ΧΑΡΑΞΕ, ΕΜΕΙΣ ΤΟΝ ΕΙΔΑΜΕ
ΜΑ ΕΚΕΙΝΟΣ ΔΕΝ ΜΑΣ ΕΙΔΕ.

(Andreas Iacovou´s poem *Ambush*)

## CHAPTER 17

## THE AESCHYLEAN OSMOSIS II
## THE FIRM GREEK SOLUTION

'Like the lated traveller, I spur apace to gain the timely inn', writes John Middleton Murry in his *Shakespeare*, p. xii, thinking that he is quoting the lines of the murderer C,

'The west yet glimmers with some streaks of day:
Now spurs the lated traveller apace
To gain the timely inn',

from *Macbeth*, 3.3.7-9, but what he is quoting is, of course, sheer Aeschylus:

'Hurry, the chariot of the night draws on the dark. The hour falls, the traveller cast his anchor in an inn where every stranger feels at home'. (*Choephoroe*, 660-2).

∽

'Lear is a king more sinned against than sinning', writes John Dover Wilson in *The Essential Shakespeare*, page 124, believing that he is quoting *King Lear*, 3.2.60, but what he is quoting is nothing less than verses 266-7 of Sophocles' *Oedipus Coloneus*,

'Mine acts have been in suffering rather than in doing'.

∽

Indeed the Ghost goes out of its way to keep Gertrude out of it. He says,
'Taint not thy mind, nor let thy soul contrive
Against thy mother aught',

writes Isaac Asimov in his *Asimov's Guide to Shakespeare*, Vol. II, pages 101-2, thinking that he is quoting from Shakespeare's *Hamlet*, 1.5.90-1, but what he really quotes is encapsulated in Euripides' *Orestes*, v. 287-91,

'I think now if I had asked my dead father at the grave if I should kill her, he would have begged me, gone down on his knees before me, and pleaded, implored me not to take my mother's life'.

∽

'We are sure that Shakespeare did not read Aeschylus', wrote Gilbert Highet. How can anybody be sure on such matters? What does 'sure' mean for Highet? If he is sure on this, how can anybody be doubtful on everything else?

But we may ask Gilbert Highet to tell us what prevented the genius of Shakespeare from exploring the original texts of Greek dramatists.. (Were they forbidden texts to him?) Or, whether Shakespeare had any obligation to parade the sources of his literary osmosis, to Gilbert Highet, or anybody else.

What is the need to perpetuate the fable of an uneducated, illiterate Shakespeare? Just to show that he wrote his tragedies in absentia of Aeschylus?

## THE GREEK LANGUAGE

I. Coleridge, in his 1811-12 Lectures, compared ENGLISH, GERMAN, FRENCH, ITALIAN, SPANISH and GREEK Languages:

ENGLISH and GERMAN: English excels in the number of its practical words. It is a language made out of many, and it has many words [with] different shades of meaning. To translate into homogeneous German Gray's 'the pomp and prodigality of heaven', it would be necessary to say 'the pomp and spendthriftness of heaven', because the German has not one word with two distinct meanings. The monosyllabic character of English enables it [also] to express more meaning in shorter compass.

FRENCH: French is perhaps the most perspicuous and pointed language, attaining its object by peculiar and felicitous turns of phrase, like the beautifully coloured dust on the winds of a butterfly. It appears as if it were all surface and had no substratum.

GERMAN and GREEK: German is incomparable in its metaphysical and psychological force. In another respect it nearly rivals the Greek, 'the learned Greek, rich in fit epithets, blest in the lovely marriage of pure words'. I mean its capability of forming compound words.

ITALIAN, SPANISH, and GREEK: Italian is the sweetest and softest language, Spanish the most majestic. All these have their peculiar faults. Italian, though sweet and soft, is not deficient in force and dignity. Italian can only be deemed second to Spanish, and Spanish [second] to Greek, which contains all the excellences of all languages.

II. Coleridge thought that it was an advantage of the English to have multi-edged words. Conrad disagreed.
Conrad's DISLIKE for the English language was EXTREME, his CONTEMPT, UNRIVALLED. He ENVIED the French writers. Conrad's terrible HATRED of English extended to poetry. His HATRED of English reached TERRIBLE heights. When writing *Nostromo*, Conrad broke down: 'Oaken' in French means 'made of oak wood' – nothing more. 'Oaken' in English connotes stolidity, resolution, honesty, blond features, relative unbreakableness, absolute unbendableness – also, 'made of oak'. The reader is always uncertain as to the exact meaning of the word intended. Thus, all English prose is blurred.

III. Compare Coleridge's polite dislike of the French language, and Conrad's unfathomable hatred of the English! In 1824,

Claude Fauriel, the great French editor of Greek folk 'songs', actually folk poems, greatly admired by Goethe – wrote in his *Chants Populaires de la Grèce Moderne*:

> 'The modern Greek language, having a profundity equally homogeneous as the German, but richer than it, being equally clear as the French, more subtle than the Italian and more harmonious than the Spanish, lacks nothing, at present, in order to be considered as the most beautiful language of Europe, being, also, indubitably, the most perfect'.

IV. In 1786, Sir William Jones, an English judge serving in Calcutta, Bengal, made what the great linguist Colin Renfrew describes as 'a quite extraordinary discovery'. Actually, Jones made not one, but two discoveries, the first one very extraordinary, indeed. But the second was extremely superfluous, irresponsible and preposterous, leading to the creation of what Renfrew characterizes as "The Indo-European Problem":

'The Sanskrit language, whatever may be its antiquity, is of a wonderful structure; more PERFECT than the GREEK, more COPIOUS than the LATIN, and more exquisitely REFINED than either, yet bearing to both a stronger AFFINITY, both in the roots of VERBS and in the forms of GRAMMAR, than could possibly have been produced by ACCIDENT; so strong [is the affinity] indeed, that no philologer could examine them all THREE, without believing them to have sprung from some common SOURCE, which, perhaps, no longer exists'.

Jones' 'extraordinary discovery' consisted in his realizing the deeper 'affinities' between Sanskrit, Greek and Latin. In this he was a pioneer. His great mistake – a huge blunder actually – was that, because there are many affinities between these three languages, they, necessarily, must 'have sprung from some common source, which, perhaps, no longer exists'. The objections to his conclusion are these: In the first place, this 'common source' may have never existed, for the simplest of reasons: When, at a seaside of Cyprus, you see three beautiful girls looking at the sea, and bearing a strong resemblance among them, our first thought is that the girls are sisters, or, to use Jones' words, that they have 'common' parents. Is it possible, that the real possibility that one of the three girls is the mother of the other two never passed from Jones' mind? How Sir William Jones was sure that the Greek language is not the 'mother' of every other language, including the Sanskrit and the Latin? And yet, Mr. Jones had all the elements at his disposal to help him arrive at the correct solution. Because, from the very beginning, he had said that 'the Sanskrit language, WHATEVER MAY BE ITS ANTIQUITY [is] more PERFECT than the GREEK, more COPIOUS than the LATIN'. Now, the Greek is not only ten times richer than the Latin, but, according to Jones, richer than the Sanskrit as well. This richness, combined with the fact that the Sanskrit is 'more perfect than the Greek', should lead Jones to this conclusion: A richer language can never be a daughter of one much less rich language, for the simplest of reasons: Words can be rejected by a daughter language, but how can they be created? So, the perfection of the Sanskrit is the strongest proof of the seniority of the Greek language. 'WHATEVER MAY BE ITS ANTIQUITY', says Jones of the Sanskrit, but this antiquity is the real heart of the problem. Antiquity is paramount. The richness of the Greek language, not only in comparison to Sanskrit, but to any other language in the world, is the clearest of signs that Greek is the most ancient language in the world. And it is the most ancient language in the world because it is the richest, and it is the richest because it is the most ancient. This richness is the greatest proof of the priority and independence of the Greek language. The English is a Greek sub-dialect. The Great Oxford Dictionary denies that the origin of the word 'lance' is the Greek 'λόγχη'. But, in ancient Cyprus, for 'λόγχη' they had the idiomatic 'λάγκα' (lanka, lanca), as close to 'lance' as it can be! The Turkish is a Greek subdialect, cut off for centuries by the mountains around the Taklamakan desert. The Greek is the mother of all other languages – actually the word 'Greece' comes from the word 'Graia', 'the old one', because of its 'ANTIQUITY'. There is no Indo-European group of languages. Jones was wrong. All 'languages' have to be called 'sub-dialects' of the Greek, nothing more – and nothing else.

Q.E.D.

# SHAKESPEARE'S KNOWLEDGE OF THE GREEK LANGUAGE

### A) HENRY V

Shakespeare's knowledge of the Greek language was immense, we have but to take a quick look at a short scene from *Henry V*, Act III. scene 4.

This small scene (less than a page long) is written entirely in French. In it, Katharine, the daughter of the French King, asks her chambermaid, Alice, how some French words are rendered into English.

The above nine English words, added to their French equivalents suggested by Alice, would add up to 18 words. But Shakespeare, being de Vere, by a twist (bend, veering) of genius, reduces the words to 17, because the French word 'pied' and the English word 'foot' are actually one word, deriving from the Greek word 'pous', accusative 'podha'. The number 17 was a sacred number for the 17th Earl of Oxford. And it cannot be by chance alone that all the 17 words involved, English and French alike, are indisputably Greek in origin. Seeing is believing!

| | | | |
|---|---|---|---|
| la main | < μάνη, Μάνη (μάρη) | de hand | < χανδάνω |
| les doigts | < δείκτης, δάκτυλον | de fingers | < θιγγάνω |
| les ongles | < ονυχίλιον | de nails | < ἦλος |
| le bras | < βραχίων | de arm | < αρμός |
| le coude | < κάμπτω, κύπτω | de elbow | < ωλένη + βιός |
| le col | < καυλός | de neck | < ινικόν |
| le menton | < μηνωτόν (μήνη) | de chin | < γένυ |
| le pied | < πούς, πόδι | de foot | < πούς, πόδι |
| la robe | < ρόβα | de coun | < ούλινον |

The impossible has been achieved. The future wife of Henry V, Katharine, and her chambermaid, Alice, in their English lesson, have used 17 Greek words!

'Roba' means also 'loose woman, prostitute'. See 2HIV, III. 2. 21: 'We knew where the bona-robas were'. For 'gown', see Florio, 1598: 'good stuff'.

Katharine says 'bilbow', confusing the 'elbow' with the finely tempered swords made at Bilboa (Bilbao?) of Gascony, the 'naked bilboes'.

After Alice answers Katharine's question 'comment appellez vous la pied et la robe?' with 'de foot et de coun', Katharine is infuriated: 'De foot et de coun! O Seigneur Dieu! ce sont mots de son mauvais, corruptible, gros, et impudique, et non pour les dames d' honneur d' user'.

Katharine, in her mind, confuses the word 'foot' with the French word foutre = coition. Foutre derives from the Greek word 'φυτεύω' = plant. Similarly she confuses the word gown (mispronounced by Alice as coun) with the French word con = female organ, derived from the Greek word 'κωνωτόν' (κώνος = cone). Cf. the word 'figo' in HV, III.6.56, derived from the Greek word 'σῦκον' (f and s are inter changeable). The two words that infuriate Katharine are suggested in Iris' words in *The Tempest*, 'these fresh nymphs encounter every one in country footing'.

Nobody now can ever believe that Jonson's most debatable line on Shakespeare, 'and though thou hadst small Latin and less Greek', can mean 'and in spite of the fact that thou ..', but, as C. M. Ingleby first recognized two centuries ago, it can only mean 'and even if thou hadst small Latin and less Greek', a sentence that analyzed, means that, 'although Shakespeare's knowledge of Latin was great, his knowledge of Greek was even greater'.

B) *Othello*: This drama, unfolding in the Greek island of Cyprus (Shakespeare's most beloved island) has some special Greek features:

I. "Ο Θυέλλων"?
Othello's name is Shakespeare's invention. Nobody has ever managed to decode it. But it can mean nothing less, and nothing more, than what Othello does in the first Cyprus scene: He destroys the Turkish fleet. Oth-elon, in Greek, means exactly this, 'destroyer of Oth[omans]'. The word 'elon,' we remember, is found in the same Aeschylean passage from which the poet 'invented' his name, 'Shakespeare'. (Thyella, in Greek, means storm!)

II. Ogburn had the bright idea that the name of Desdemona's father, not found in Cinthio, was suggested by the death of an ancestor of Edward de Vere, who was killed by a boar in the forests of Brabant, in 1392, exactly 200 years before Shakespeare wrote about Adonis' death by another boar. Venus, exasperated, decides to go to Paphos, where she intends to stay for ever. As she travels, she sees Miranda and Ferdinand, and works some of her magic on them in order to make them fall in love. This detail is crucial and decisive in identifying the uninhabited island of *The Tempest* as none other than the island of Cyprus, the same Cyprus where the greater, and better, part of *Othello* unfolds.

IIIA) Shakespeare, in the death scene of *Othello*, does not follow Cinthio, but an episode from the Byzantine Greek epic *Dighenis Akritas*. (A. H. Krappe, *A Byzantine Source of Shakespeare's Othello*, MLN, xxxix, 1924, pp. 156-61). Did Shakespeare read the Epic in the Greek original?

IIIB) William Shakespeare, we may be sure, could even read Byzantine Medieaval Greek, Asia Minor dialect. A literary parallel was found in the tenth-century Byzantine epic from Asia Minor, *Dighenis Akritas*. There the son of a Moorish Emir and a Byzantine lady falls in love with a general's daughter, Eudocia [incidentally, the meaning of Eudocia's name, "prosperity" (Cf. Prospero!) is the exact opposite of "Desdemona" ("Dysdaemon", is Greek for "unfortunate", Shakespeare's "ill-starred wench")], and woos her with the lyre. They elope and are pursued, but, after a battle, reconciliation is effected. Eudocia follows her husband to the wars. When he is dying he kisses her good-bye, then suddenly, in a paroxysm of jealousy lest she marry again, he chokes her to death. The Greek epic contains elements not in Cinthio: an elopement, a happy married life, death by suffocation. Did Shakespeare read the epic, or another version, fuller and containing more of the story, in the Greek original?

# CYPRUS AND TEMPESTS/STORMS

## I. STORMS IN CYPRUS MYTHOLOGY, c. 1207-119 B.C.

1. Paris and Helen, after consummating their love on the island of Cranae, steer for Troy, but a great storm sent by Hera, forces them to touch at Cyprus. Thence they sail to Sidon, Paris murders the king, and stays in Phoenicia, Cyprus and Egypt, until, at last, he reaches Troy.

2. Agapenor of Tegea (an Arcadian hero of the war against Troy), driven by storms (after meeting ferocious storm) near the shores of Cyprus on his way home from Troy (*), anchors at the western coast of Cyprus, finds Paphos and builds a sanctuary of Aphrodite. And fittingly so, for "Agape" in Greek means Love. The word 'love' derives from the Greek verb Λάω, Λώ, I desire. (That is the only reason why the vowel of the "English" word 'love', while pronounced a, written with an o).

(*) But the course of Agapenor's travels seems even more silly than the accepted route of Pericles. A mere glance at the map shows that Cyprus is not in the way from Troy to the Peloponnese.
Later, Agapenor's daughter Laodike (LAO-DIKE) despatches from Paphos, Cyprus, a veil (peplos) to the temple of Athena at Alea in Tegea, Peloponnese. (At Tegea, Agapenor's homeland, in the Peloponnese, there was a temple of Aphrodite Paphia).

3. Brothers Demophon and Acamas
(a) Demophon, from Troy, steers a south-easterly course for Cyprus, where he settles.
(b) Storms delay Acamas' return from Troy, and he dies of sorrow, and is metamorphosed into an almond-tree. Another story associates Acamas with the Akamas peninsula in north-western Cyprus.

## II. STORMS IN CYPRUS HISTORY

1. c. 1000 B.C. The Egyptian tale Wenamun describes a voyage of an Egyptian merchant, whose ship is caught by strong winds and blown to Cyprus ("Alashya"), as he attempts to return home from Byblos in Phoenicia.

2. 327-328 A.D. 'Helen, the mother of great Constantine' (1H6, 1.2.144) seeks refuge in Limassol during a terrible storm. She finds the island deserted of its inhabitants.

3. 1191. The "English" [Norman] King Richard Coeur de Lion arrives in Limassol amidst a terrible storm.

4. 1571. The remnants of the defeated Turkish fleet at Lepanto, are destroyed off Tenedos by terrible storms.

## III. CYPRUS STORMS IN LITERATURE AND ART

1. c. 1571-1588: Shakespeare opens the main part of his *Othello* with a terrible storm in front of a 'port in Cyprus'. 1588 (*Pericles*).

2. c. 1603-4. Shakespeare begins his *Tempest* with a terrible storm near an "uninhabited island" (which, for reasons given below, can be none other than Cyprus).

3. 1727. Handel stages an opera, *Ricardo Primo*, which opens with a storm in front of the city of Limassol. (Scenes containing a character called "Corrado", disappear in the final version).
Handel commands thunder and lightning in *Ricardo Primo* and *Joshua*. The opera begins with a splendid storm scene on the Limassol beach, followed by a dialogue between the shipwrecked Constanza (Handel's name for Berengaria) and Benardo growing out of the subsiding storm. Soon, Richard directs the siege of Limassol.

(We have to wait until Gluck's greatest opera, *Iphigenie en Tauride* – which, again, begins with a storm -- for anything as spirited as Handel's storm scene).

4. 1816. Rossini composes his opera *Otello*. A storm plays about the murder scene.

5. 1886. Verdi stages an opera, *Otello*, commencing with a terrible tempest in front of a Cyprus port.

## WHY DOES SHAKESPEARE DESIGNATE THE ISLAND OF *The Tempest* AS "UNINHABITED"?

Granting only that Shakespeare was well-versed in history, he should know that, of all islands in history, Cyprus had the unenviable privilege of having been made virtually uninhabited not once, but at least three times in the course of its history:

1. In 116 A.D., in Trajan's emperorship, the Jews of Cyprus, under the leadership of one Artemion, revolted against Rome. But, instead of attacking the Romans, they (according to Xiphilinus) massacred 240.000 of the Greeks of Cyprus. Salamis, numbering then a population of 120.000, was destroyed. The Roman revenge was quick. The Jews, on penalty of death, were ordered out of Cyprus.

2. In 327-328 A.D. St Helen, the mother of Constantine the Great, finds Cyprus (specifically, the region around Limassol) deserted of its people.

3. Between 632 (first serious raid, by Mohammed's father-in-law, against Cition) and 964 (liberation of Cyprus by Nicetas Khalkoutsis) the island suffered no less than 24 serious raids. And so, in 689, the whole population of Cyprus (in order to be saved from the Arab raids) was temporarily transferred by the Byzantine Emperor Justinian II to a region near Constantinople, "New Justiniana", where it remained for 10 years. In *The Tempest*,

Sycorax (Caliban's mother) has come to Cyprus as a fugitive from Arabic Algiers, this making it safe to locate the time of the action of *The Tempest* as some indeterminate afternoon falling within the absence of the Cypriots at Constantinople.

## THE ISLAND OF *The Tempest*

The island of *The Tempest* cannot be other than Cyprus, otherwise reason has no meaning. Why? The answer is so easy!
*Venus and Adonis* (1593), William Shakespeare's first work in book form to bear the name *William Shakespeare* in it, ends with six lines describing Venus' abandonment of the place where Adonis was slain by the boar:

> Thus weary of the world, away she [Venus] hies
> And yokes her silver doves; by whose swift aid
> Their mistress, mounted, through the empty skies
> In her light chariot quickly is conveyed,
> Holding their course to Paphos, where their queen
> Means to immure herself, and not be seen.     Harfleur.

*The Tempest*, almost unanimously held to be the last-written of all Shakespeare's plays, contains a very strange scene: called a Masque, this scene is enacted by Prospero, with the help of Ariel. In it Iris, the 'many-coloured messenger' of the gods, summons Ceres to approach in order to entertain Juno, 'the wife of Jupiter'. 'Why hath thy queen summoned me hither'? asks Ceres. It soon transpires that this meeting of the three goddesses has to do with the marriage of Ferdinand and Miranda. Ceres wants to know whether Venus now attends Juno. Iris' reply is crucial for our theory:

> I met her deity [Venus]
> Cutting the clouds towards Paphos; and her son
> Dove-drawn with her; here thought they to have done
> Some wanton charm upon this man and maid...
> [Ferdinand and Miranda]

Beyond, and apart from, their dramatic function, Iris' words quoted above were put by Shakespeare in order to locate exactly where the 'uninhabited island' of *The Tempest* lies.(*) It cannot be Bermuda, because Antonio's ship was between Tunis and Naples when it was 'wrecked' by Ariel on Prospero's orders. It cannot be any other island on earth except the island where Venus is heading for -- both in *Venus and Adonis* and *The Tempest* -- in order 'to immure herself, and not be seen' again. It can be no other island except the one in which Paphos is situated. In short, the island of *The Tempest* can be none other except Cyprus. Actually Shakespeare is more precise. As we have seen, Iris has seen Venus 'cutting the clouds towards Paphos'. Now, if the scene of *Venus and Adonis* was Syria or Egypt, then the exact locality of *The Tempest* must be somewhere on the Akrotiri peninsula in southwestern Cyprus, most possibly the forest around the shrine of Apollo Ylates ("Apollo of the Woods"), next to the Curium theatre. The Curium theatre is, after all, a perfectly ideal place for Prospero's theatrical production of his *Masque*. If the locality of *Venus and Adonis* is Asia Minor or the Aegean – Cythera, let us say – then the locality could well be the Akamas peninsula (Baths of Aphrodite) in northwestern Cyprus. If the scene of *Venus and Adonis* is an eastern part of Cyprus – let us say Salamis – then the locality could well be near Petra tou Romiou (Birthplace of Aphrodite)... or the ancient city of Palaipaphos (Sanctuary of Aphrodite)...

(*)
Ceres addresses Iris as 'heavenly bow,' an exact, ingenious and unexpected 'translation' of the Greek term 'ουράνιον τόξον' ('celestial bow'). Did Shakespeare know Greek?

∽

It is not only the spectacle of Venus in *The Tempest* – as exact a continuation of the last scene of *Venus and Adonis* as can be found nowhere else in world literature -- that assures us that the location of Prospero's cell is hidden somewhere in western Cyprus. But, when transferring Venus' journey from *Venus and Adonis* to *The Tempest*, Shakespeare added something completely new. The goddess of love is now not alone. Venus' son is now 'dove-drawn with her'. Why? Not only because Venus is too sad after Adonis' death to wish to do 'some wanton charm' upon Ferdinand and Miranda, but, mainly, because causing Miranda and Ferdinand to fall in love is, after all, Cupid's speciality. Cupid's presence in *The Tempest* is a dramatic necessity.

Now, suddenly, the silliness of the view that the location of *The Tempest* is Bermuda (or Java, or Hispaniola, or Madagascar, or any other island, real or imagined) is manifest. How could 'they' (Venus and Cupid) do 'some charm' upon Ferdinand and Miranda if 'this man and maid' were not at that particular time just below Venus's chariot, which was 'cutting the clouds towards Paphos'? How could she otherwise spot Prospero's daughter and Alonso's son and use her charm to have them fall in love during that long afternoon which encompasses the whole action of *The Tempest*? Could Venus, in her chartered flight from Syria, or Egypt, or Asia Minor or the Aegean (or eastern Cyprus for that matter) cast her spell on Ferdinand and Miranda in Paphos if 'this man and maid' were in Bermuda, or any other island in the whole universe? No, the island of *The Tempest* can be none other except Cyprus. QED.

(a) That the locality of *The Tempest* is not Bermuda, but some Mediterranean island, becomes more than apparent if we bear in mind that the ship of the usurpers is off Tunis (ancient Carthage) when it is led (drawn actually) aground by Ariel. The straight line that joins Cyprus with Tunis (where Prospero's magic engulfed the ship of Alonso) is bisected by Cythera, the other birthplace of Venus. Furthermore, all the vegetation of Shakespeare's 'uninhabited island' is clearly Mediterranean (pines, cedars). 'Bermuda' is not even implied in the play. And in case of any remote doubt, Ariel's words to Prospero,

'...where once Thou call'dst me up at midnight to fetch dew from the still-vexed Bermoothes', are alone sufficient to exclude automatically Bermuda because nobody ever living in England will ever ask another person also living in England, 'Do you remember when you sent me to England?' It is simply impossible, unless the questioner (Ariel in this instance) is completely insane.

(b) As to the argument that Cyprus is not an uninhabited island, we may leave it to Sophocles to answer us why he – contrary to Aeschylus – made of Lemnos in his *Philoctetes* of 408 B.C. an uninhabited island. But Shakespeare's uninhabited Cyprus has more verisimilitude than meets the eye. Who can preclude that Shakespeare, well-versed in history as well, knew that in the Middle Ages Cyprus was made uninhabited when its entire population, laiety and clerics alike in order to be saved from the Arab raids, was transferred to a region near Constantinople? The remembrance of this incident can be seen in the title *Archbishop of New Justiniana and all Cyprus*.

In *The Tempest*, Sycorax (Caliban's mother) has come to Cyprus as fugitive from Arabic Algiers, this making it safe to locate the time of the action of *The Tempest* as some indeterminate afternoon falling within the absence of the Cypriots at Constantinople.

Further on the issue of the Cyprus locality of *The Tempest*, the Greek word for boar, (the animal that killed Adonis), is kapros, and this word, κάπρος, can serve as a rebus of the word 'Cyprus'. Actually Cyprus is a rebus of 'kapros' (boar), in the same that boar is a rebus of de Vere. In Greek another word for 'boar' is 'ἔρραος', from which word the English word 'boar' derives.

Ariel means 'airy' (cf. 'fairy', and only in Greek the fairies are called 'αερικά' ='airy ones'). Moreover, Aerias was a legendary king of Paphos, and 'Aeria' was an eponym of Venus, and ancient Cyprus itself was called 'Aeria'.

In the great speech of Prospero, which is borrowed from Ovid, the Roman poet does not mention pines or cedars. In Prospero's lines:

the strong-based promontory
Have I made SHAKE; and by the SPURS plucked up

The pine and cedar, were modified by Shakespeare for specific reasons. They conceal not only the name SHAKESPEARE (SHAKE+SPURS), but serve also to locate the precise place where *The Tempest* unfolds. Only opposite the Akamas peninsula in northwestern Cyprus do we find the 'Valley of Cedars' adjoining the more common pine vegetation of the Cyprus forests, and in this peninsula (Akamas is almost an island), the drama of Prospero, Ariel and Miranda is enacted.

Footnote: The Latin word 'cupere' ('I desire') comes from 'Cyprus', as does 'copper'. Skeat, the great etymologist suggests that the word 'hope' comes from the Latin 'cupere', which comes from the Greek word 'Kypros' ('Cyprus'), for 'Cyprian' Aphrodite.

## Desert THE AKROTIRI PENINSULA

We have expressed earlier the hunch that Akamas might be the specific region where the action of *The Tempest* unfolds, on the basis that this peninsula occupies the most westernmost part of Cyprus, its geography needed to link Tunis with Prospero's cell. It is also important that on the Akamas peninsula are located many place-names related to Venus, and, even more important, it is only next to Akamas that we encounter the only region in Cyprus with pines and cedars (Shakespeare, we saw, has added the pines and cedars to the Ovidian Medea's monologue). And, other factors being equal, Akamas would be the ideal place of *The Tempest*. But, some very important details (one of them crucial) in the text conspire to pinpoint to another region in western Cyprus, the southwestern Akrotiri peninsula, as the only locality in Cyprus which satisfies all prerequisites of Shakespeare's play.

1. Caliban accompanies his very first entrance in the play, with the following curse on his imperialist master, Prospero, and his daughter, Miranda:

As wicked dew as ever my mother brushed,
With raven's feather from unwholesome fen,
Drop on you both! A south-west blow on ye,
And blister you all over.

Caliban's "soth-west" wind pinpoints south-western Cyprus, where Akrotiri lies. (For any "south-west" to have any bite, the wind has to come from the sea. Only the Akrotiri peninsula satisfies this condition).

As to why Prospero mentions pines and cedars in his great speech, an answer can be found in the opinion that, even if Akrotiri is the exact locality of the play of *The Tempest*, yet Akamas seems to have been the abode and retreat for his secret studies.

2. Ben Jonson, who knew Shakespeare very well, calls Venus "the Idalian Queen", i.e. the Queen from Idalium, an ancient town in central Cyprus, lying on the banks of the second longest river of Cyprus. Now, if the locality of *Venus and Adonis* was Idalium (and for what reason would Jonson, Shakespeare's "friend", designate Venus as the Queen of Idalium?), the straight line joining Idalium with Paphos (that is, Palaipaphos) passes just in front of the Akrotiri peninsula (but a little too far from the Akamas peninsula). That settles the matter.

The poem in which Jonson calls Venus "the Idalian queen" is poem CV of his Epigrams of 1616. The fact that the poem preceding it, is titled *To Susan, Countess of Montgomery* (she was Edward de Vere's third daughter) and poem CII, is dedicated "To William, Earl of Pembroke" (Montgomery's brother) may mean something.

3. Caliban's accusation that Prospero had tied him 'on this hard rock, while you do keep from me the rest of the island', may refer to the rock now known as "Petra tou Romiou", associated not only with the hypothetical spot of Aphrodite's emergence from the waves, but also bearing Digheniean undertones that link *Othello* with the Byzantine epics.

4. 'the foul lake struck their feet': (TEM, 4.1.201). It could be the salt lake at Akrotiri.

5. 'Hills, brooks, standing lakes, and groves' (TEM, 5.1.39). Again 'standing lakes' may refer to salt lakes, because a freshwater lake that never dries can never be 'standing'. Only a salt lake can be. Caliban also says: 'All the infections that the sun sucks up, from bogs, fens, flats, on Prosper fall'.

6. The modern city of Lemesos (Limassol) lying very close to the Akrotiri Salt Lake, owes its name to the λίμνη (limni, lake) of Akrotiri. Lemesos's initial name must have been something like Λιμνηοός (Limnesos), i.e. city by the Lake. Similarly, the city of Larnaca owes its name to the great larnaca (hollow) close to the city, that every six months each year (like the Akrotiri lake) fills with sea water.

7. Ferdinando is said to have first wrecked in 'an odd angle of the island'. This 'odd angle' seems to be none other than the Akrotiri Peninsula.

After the storm, the plot of *The Tempest* unfolds on three main locations, all three around the Akrotiri peninsula, west of Limassol.

Being a little more specific, we would say that,

1. Prospero's cave (where his cell) lies somewhere near the village of Akrotiri.

2. The forest where we first encounter the usurpers lies somewhere between Episkopi and Akrotiri, most possibly the forest around the shrine of Apollo Ylates ("Apollo of the Woods"), next to the Curium theatre. The Curium theatre is, after all, a perfectly ideal place for Prospero's theatrical production of his "Masque".

3. The "wreckage" must have happened at a point on the coast near Episkopi.

SIMILARITIES BETWEEN *The Tempest* and *Othello*

That the action of *The Tempest* must unfold on Cyprus (and more specifically on the Akrotiri peninsula) is corroborated by the fact that another play of Shakespeare's, *Othello*, which also unfolds on Cyprus, bears similarities to *The Tempest*.

Apart from the organic similarity between the two plays, that while both *Othello* and *The Tempest* unfold mainly on an island, the introduction to the action for both plays does not take place on the island itself, but many miles away. In *Othello*, after the Venetian Act I, the four remaining acts, beginning with a deserted harbour in Cyprus during a storm, take place at a city on the island of Cyprus (empty and deserted most of the time), ending with the departure of the protagonist, Iago, for an Italian harbour city, Venice. Similarly, in *The Tempest*, although the first scene unfolds on a ship during a storm in the sea, from then onwards (that is from the second scene of Act One to the very end), the action develops on a nominally uninhabited island, ending with the departure of the protagonist, Prospero, for an Italian harbour city Naples (and, then, for Milan). But the events on the island of *The Tempest* bear many other potent similarities with the Cyprus action of *Othello*. For one (and this is a very important one), both Brabantio (Desdemona's father in *Othello*) and Prospero (Miranda's father in *The Tempest*) begin linking their life to death as soon as their daughters fall in love and begin distancing themselves from them. (Brabantio actually dies of this, while Prospero says that, from now on, every third step of his shall be his death).

But, before enumerating the similarities, three negative similarities (or contrasts):

First, Prospero's name, has been noticed, is the complete antithesis of Desdemona's. Secondly (and even more importantly), while, at the end of the two plays, both Prospero and Iago are in the process of leaving the place of their stage-managing (Prospero the island of *The Tempest*, Iago the island of Cyprus), Prospero leaves having been put to chains. Thirdly, the names of Prospero and Desdemona.

*Othello* and *The Tempest* are the only plays where Shakespeare uses the word "semi-devil".

Othello, after being addressed by Emilia as "you the blackest devel", asks Iago:

"Will you, I pray, demand that semi-devil why he hath ensnared my soul and body?" (5.2.346). "This semi-devil had plotted with them to take my life" (5.1.310) is how Prospero designates "this thing of darkness", Caliban.

See Appendix B. PRELIMINARY SIMILARITIES BETWEEN *The Tempest* AND *Othello*

## EGYPT AND CYPRUS

Despite Martin Bernal (and with special regards to Mary Lefkowitz) the word "Egypt" is Greek (and not Egyptian). The Greek name of the region derives from the Greek verb εγκύπτω ("egkypto", from "en-kypto"), I lower down. What lowers down in Egypt is, of course not Bernal's perverted mind, but the Nile.

A strange, but very potent, link connects small Cyprus with mighty Egypt (although, in terms of area, Cyprus and Egypt are equispatial. "Egypt" stands, of course, only for the Nile delta, the "triangular country" as Aeschylus called it in *Prometheus Vinctus*). In the primeval times of the Tethys Ocean, Cyprus and Egypt may have been conterminous.

1. Hecataeus wrote of Cypriot "island" in the Nile during the Archaic period. (Stephanus of Byzantium noted the existence of a "Libyan" Cyprus).

2. The Egyptian tale of Wenamun, dated c. 1100 B.C., describes a voyage of an Egyptian merchant, whose ship is caught by strong winds and blown, to Cyprus ("Alashya"), as he attempts to return home from Byblos (or Tyre) in Phoenicia.

3. Homer, in Odyssey 17.448, has Irus threaten Odysseus, 'lest you quickly come to a bitter Egypt and Cyprus'.

4. In Aeschylus *Supplices*, the suppliant maidens, newly-arrived from Egypt, converse with the king of Argos, Pelasgus, in fluent Greek. So, Pelasgus' mention of the "foreign language" can only refer to a different accent in their voice (analogous to the difference of British and American English).
(v. 3) 'Nile-nurtured cheeks'.

> KING: 'Who is this non-Greek-dressed multitude with foreign dress? ...You look more like African women, and not at all with local women. Such an offspring is nurtured by Nile, or even a Cyprian haragma in feminine figures...'

Aeschylus' suppliant maidens sing:

'And passing from the mountains of Cilicia and Pamphylia, and rivers with the never dried up waters, and the wealth-bearing renowned land of Aphrodite with abundant wheat. She arrives … to the holy all-nurturing valley to the snow-covered meadow beaten by Typho's wild apsada, and to the waters of the Nile…'

5. Similarly, Euripides, in his Bacchae, echoes the Aeschylean excerpt of a half-century earlier, by linking Cyprus and Paphos with a great river:

'O that I might come to Cyprus, Aphrodite's island, where the Loves range, beguilers of the minds of mortals; and to Paphos, which the hundred-mouthed streams of the alien river make fruitful, fed by no rain!'

Euripides' Asian Bacchantes are again, like Aeschylus' Danaids suppliant women, "foreigners", and in their prayers for escape (Aeschylus; Suppliant women also pray for escape) are treated by Euripides not dissimilarly from the Danaids. The bacchantes think of Cyprus because it was the birthplace of Aphrodite, goddess of love and reconciliation. Venus was also occasionally associated with Dionysus in cult – perhaps of the fertility aspects of each. The alien river fed by no rain is most obviously the Nile.

There must have been a story (otherwise unattested) that the great African river ran under the sea and came up in Cyprus, just as the Alpheius was imagined as coming up in Syracuse.

6. Plutarch (in North's translation of *The life of Marcus Antonius*) writes of Antony that 'he did establish Cleopatra Queen of Egypt, of Cyprus, of Lydia, and of the Lower Syria'. In Shakespeare's *Antony and Cleopatra* (3.6.10) Octavius says of Cleopatra that Antony 'Unto her he gave the establishment of Egypt, made her of Lower Syria, Cyprus, Lydia, absolute queen'.

Shakespeare: '... of Egypt, made her of Lower Syria, Cyprus, Lydia'.
Plutarch: '... of Egypt, of Cyprus, of Lydia, and of Lower Syria'.

7. 'κύπρινον δὲ προκέκριται το εν Αιγύπτω'. Διοσκορίδης (1.55).

8. Shakespeare's *Othello*, speaking from his castle in Cyprus (OTH, 3.4.56) says that 'that handkerchief did an Egyptian to my mother give; She was a charmer, and could almost read the thoughts of people', and 'there's magic in the web of it'.

9. In 1791: Mozart sketches out but does not live to write an opera based on *The Tempest*.

10. 1792: Mozart composes *The Magic Flute*.

Edward D. Dent, in his *Mozart Operas* (1913) has found the following similarities between Mozart's *The Magic Flute* to Shakespeare's *The Tempest*. The opera's heroine, Pamina, has well been compared to Miranda, and Sarastro to Prospero. (This has been pointed out by R.A. Streatfeild, *Modern Music and Musicians*, London, 1906). Tamino is indeed not far removed from Ferdinand, and there is a curious similarity between the direct yet reticent understanding of the two pairs of lovers. We might even find something of Ariel in the Genii, and of Caliban in Monostatos, though Caliban is by far the less pleasant character of the two. (Mozart's sinister Queen of the Night has a foremother in Shakespeare's Sycorax). It is very probable that Karl Ludwig Giesecke, the originator of the opera's libretto, was acquainted with *The Tempest*, while the repertory of Emanuel Schikanender (the opera's librettist) had included several plays of Shakespeare, *King Lear*, *Hamlet*, and *Macbeth*.

Now, when it has been proved, beyond any reasonable doubt, that Cyprus is really the island of *The Tempest*, one wonders whether Giesecke and Schikanender chose to place the action of the Mozart's opera in Egypt by accident, or whether, while restructuring *The Tempest* as *The Magic Flute*, they knew the links of Cyprus with Egypt, and so it was, for them, to transplant the locality of Cyprus to Cyprus' alter ego, Egypt. The issue reaches a critical point when we learn that Mozart died immediately after accepting a libretto based on *The Tempest*, 'though such a peculiar one that it is difficult to imagine him setting it as it stood', notes Winton Dean (*Essays on Opera*, 1990). It is impossible to believe that Mozart would have not spotted the following similarities between his opera and Shakespeare's play. 'The chief attraction of *The Tempest*, especially for German composers, had been the opening it gives for symbolism and allegory'. This is reinforced by the striking resemblance of the characters of *The Tempest* to those of Mozart's opera: Prospero offers a parallel to Sarastro, Miranda to Pamina, Ferdinando to Tamino, Caliban to Monostatos. Trinculo (or Stephano) will do at a pinch for Papageno, and Ariel – who, moreover, plays a **magic pipe** – for the Three Genii. There is even a potential Queen of Night in Sycorax, who (though she is only mentioned in the play) appears as a character in several *Tempest* operas. Mozart's Queen of Night is but an extension of Sycorax.

It is no accident that this play sired a whole brood of German operas in the decade after Mozart's *Die Zauberfloete*. Nor is it surprising that they are nearly all very bad. This has been an unlucky play in the opera house. It is a very odd fact that the Germans, who have probably the best translations of Shakespeare, have achieved almost no success in turning him into opera.

THE TRAVELS OF PERICLES

The travels (eight in number) of Pericles, as depicted in the Penguin Shakespeare edition, 1976, by Philip Edwards, page 6, are manifestly wrong, because they defy feasibility.
Travels 1 and 2, from Tyrus to Antioch and back again to Tyrus are correct. But from then on, the troubles begin.
Travel 3, from Tyrus to Tarsus, is completely wrong, for two simple reasons: a) Tarsus is not a sea-port, and how could any ship unload wheat to an inland city? This difficulty could easily

be surmounted, of course, by regarding "Tarsus" as "the epineion of Tarsus". But b) is insurmountable: Tarsus lies northwest of Antioch (just north from the north-easternmost point of Cyprus), and Pericles would be mad to flee Tyre (which lies farther south from Antioch) in order to escape his pursuers from Antioch, and go to Tarsus, passing thus in front of the capital of his enemy at Antioch! No, Pericles went to Thasos, the most northern island of the Mediterranean Greece, in the Aegean. Julius Ceasar mentions "Tarsus" instead of Thasos, as the island lying next to Philippi, but as this was a too obvious mistake, it has been spotted and corrected long ago by the forger Collier.

But what was the logic of Prince Pericles' going from Tyre to so remote an island, Thasos? For the most logical of reasons: The very name, Thasos, was given to the island by one of Agapenor's sons, Thasos. Agapenor, the father of Cadmus, the king of Phoenicia (of which Tyre was the capital), sent his son Thasos to search for his sister, Europa, who had been abducted by Zeus. Herodotus relates that he has seen the mines of Thasos, discovered by Tyrians, and also that he has seen in Tyre a temple dedicated to the Thasian Hercules, and that in Thasos he had seen a temple of the Tyrian Hercules.

Travel 4 is again wrong. Pericles' ship flees from Thasos (not from Tarsus) in order not to be blocked within the Aegean, but is wrecked on the Dorian Pentapolis (Cos, or Rhodes, or adjacent Cnidos), and not on the Pentapolis of Cyrenaica (Libya).

Travel 5 is again wrong. Pericles' ship is wrecked as soon as it sails off from Cnidos (or Rhodes, or Cos), and Ephesus is much closer to Cnidos than from Cyrenaica, thus making much more explicable Thaisa's body washed at Ephesus.

Travel 6 may be wrong, the ship can go from Cnidos either to Thasos (back) or go to Tarsus (forward) but, in the second case, Pericles' ship would sail towards an unfamiliar destination, because Antioch now poses no threat for Pericles, and even if it did, Pericles' approach to Antioch would be via the southern coast of Cyprus, thus avoiding to pass in front of Antioch.

Travel 7 could be from Tarsus to Tyre through the northern coast of Cyprus (Antioch posing now no threat), but the objection is now why to go to Tarsus, a completely unfamiliar locality for

Pericles. It is more natural to have the ship setting from Thasos, and then arriving to Tyre by way of the southern coast of Cyprus.

Travel 8 is again completely wrong. From Tyre Pericles goes to Thasos, he has absolutely no reason to go to Tarsus. And it is from Thasos that Pericles makes his last two voyages, to nearby Mytilene and Ephesus.

Travel 9, to Mylilene and Travel 10, to Ephesus, now look quite natural, while, to have Pericles travel from Tarsus to Mytilene is very time-consuming to say the least.

All these wrong travels, capture everyone's eyes, as did Philip Edwards's. He writes of Act III. Scene i. v.81:

> "By break of day": Many hundreds of miles separate Tarsus from Ephesus. It is impossible that on the morning after the storm, Thaisa's body should be washed up in Ephesus [from Cyrenaica?], and Pericles' ship reach Tarsus... Moreover, if the gale was from the north, a ship blowing from [Cyrenaican] Pentapolis to Tyre would not have been driven north towards Ephesus and Tarsus.

But it would, if the ship was blown from Cnidos, in Dorian Pentapolis. A ship sailing from Cnidos can reach very easily Ephesus, and then, quite easily Thasos (not Tarsus, of course!), especially if the wind blew south-west.

Isaac Asimov, in his Guide to Shakespeare was well aware of these irreconcilable discrepancies in the text of Pericles. He writes that if the text's "Tharsus" is taken to be Tarsus, many strange things follow:

> (a) "To Tarsus"(I.ii.124-125): No city named Tharsus can be found, the name is similar to Tarsus. [III, Chorus, 47: 'the grisled north disgorges such a tempest forth'. IV.i.55: 'Is this wind westerly that blows? South-west. – When I was born the wind was north']. Tarsus, however, is only 170 miles west (actually NW) of Antioch and was as firmly in the Seleucid grip as was Tyre itself.

There are places in the play where Thasos would fit well. (III. i.77-78).

'To go from [Cyrenaican] Pentapolis to Tyre and be driven by the storm toward Tarsus is within belief, but it is much less credible if it is Thasos', writes Asimov. Yes, but if you substitute Dorian Pentapolis for Cyrenaican Pentapolis, and Thasos for Tarsus – then, to go from Cnidus to Tyre and be driven by the storm towards Thasos is now within belief, but it is much less credible if you are driven to Tarsus. From Cnidus, a ship can much more easily and quickly reach Thasos than Tarsus.

The Queen's body was consigned to the sea at a time when the ship was near Tharsus and (if Tharsus was Tarsus) to reach Ephesus would require it to drift westward the length of Asia Minor and then northward, half the length of the Aegean coast of that peninsula – a 600-mile journey! To drift at 120 miles an hour is a picture – a real speed-boat actually!

On the other hand, suppose the storm that claimed Thaisa had driven the ship to Thasos. From there to Ephesus would be only 250 miles, which would make a drift of 50 miles an hour a cruise.

But there remains only one last, very perplexing, difficulty: At "Tharsus" Pericles asks when Tyre can be reached and a sailor says: 'By break of day, as the wind cease'. On the sailor's reply to Pericles, Asimov writes:

'From Thasos to Tyre is more than a night's journey. So it's best to ignore geography'.

Not at all! The sailor, not Shakespeare, is the one that is ignorant of geography. Not every character in tragedy necessarily speaks the truth, tragedy does not exclude even false statements, either in ignorance or on purpose. There is also the possibility that a word has been lost from Shakespeare's text. The sailor's answer could well be, "By break of next day".

Pericles' ship, returning from Tharsus to Tyre, passes by Mytilene. If "Tharsus" is Tarsus, it is impossible. But if "Tharsus" is Thasos , it is very possible.

What confounded things is the fact that the novel of Apollonius (Greek original text lost, only the Latin translation exists) was woven on both facts and legends based on the life of the semi-mythical Greek philosopher Apollonius of Tyana. Like Shakespeare's Pericles, Apollonius of Tyana travelled throughout the Greek world. Both possessed, or were possessed by, the same adamant chastity.

When only 14 of age, Apollonius of Tyana visited Tarsus. (Tarsus is very close to Tyana). At nearby Aspendos in Pamphylia, Apollonius heard that the people there were suffering from famine, because some rich wheat-mongers had held the wheat, waiting for its price to rise. (The same tactics were used by the assumed Shakespeare, the idol of Auden, Gulielmus Shagsberd). Apollonius threatened the wheat-mongers with a curse, forced them to open the storehouses and fill the market with wheat! (Something neither Burghley nor Essex were able to do for famished Stratford in 1598!)

Apollonius visited many of the places Shakespeare's Pericles did, such as Antioch, Ephesus, Mytilene, Rhodes. He also visited Cyprus. An echo of his visit to Cyprus has survived in Shakespeare's verses on Dionyza's ugly daughter, 'Philoten contends in skill with absolute Marina, so with the dove of Paphos might the crow vie feathers white'. One of Apollonius' acquaintances was the philosopher Philolaus of Kitium, Cyprus. But what is really special with Cyprus for Shakespeare's *Pericles*? Simply this, that, if we adopt Tharsus for "Tarsus", all of Pericles' travels take place around Cyprus, like a belt! But the route Tyre-Thasos-Rhodes-wreck-Thasos-Mytilene-Ephesus, is the most logical (and economical!) route of all!

Apollonius, like his contemporary Christ, resurrected a maiden. An echo of this feat is provided by Shakespeare with the rescue of virgin Marina, which results in Pericles' spiritual resurrection, in a scene -- 'Thou that begettest him that did thee beget' -- perhaps inspired by the verse 'Vergine madre, figlia del tuo figlio' from Dante's *Paradiso*.

That "Tharsus" must stand for Thasos is corroborated by the fact that Shakespeare invents the name Thaisa for Pericles' unnamed wife, a clear anagram of "Thasia", woman from Thasos.

(In the novel, Apollonius' wife is unnamed, and his daughter is called Tharsia, evidently a corruption of "Thasia"). The name "Thasos" is buried in the name Marina (Shakespeare's invention), an ingenious translation of the Greek "Thalassia" (contracted to "Thasia", which means "Thasian girl" as well), i.e. "Sea Girl", Marina.

∽

'My days are past the best', writes Shakespeare of himself in the Sonnets. In Dantean terms, Shakespeare was well over 35 at the time. He may well have been as old as forty (Cf. 'When forty winters', SONN 2) but surely not younger than 35. The first 17 sonnets, according to many, were written in 1590 (to urge, or induce, Southampton to marry Elizabeth Vere) when Edward de Vere was exactly forty years of age! But Shagsberd, in 1590, was only 26 years of age. And, even if Dover Wilson were correct in asserting that Southampton would be too old for being the addressee of the Sonnets, Dover's Sonnets year, 1597 (when William Herbert was induced by his mother, Lady Pembroke, to marry Elizabeth Vere), Shagsberd, being then not more than 33 years of age, could not possibly write of 'forty winters'. But Sobran speaks of the predominant view when he writes that William Herbert 'would have been too young in any case' for being the addressee of the Sonnets. So, Southampton, is, in spite of Dover, more likely to have been the young man of the Sonnets.

'Considering that we know Shakespeare as a transcendent genius, and that Southampton was merely a rich young man who was no more than twenty years old when Venus and Adonis was published, there is something unpleasantly sycophantic about the dedication. Shakespeare pretends to worry, for instance 'how the world will censure me for choosing so strong a prop to support so weak a burthen'. (Dedication) Can he really doubt his own power so, or overestimate the young man so egregiously? Surely not. Can he be indulging in sarcasm? That would be foolishly risky, and nothing in Shakespeare's career would lead us to suppose him a devil-may-care. He was rather the reverse. ...Is he really buttering a patron with a fat money belt? Perhaps so. But, to be complete, it is also possible that there was a homosexual attachment, and Shakespeare was writing out of love. ... But too little is known of Shakespeare's life to go any further than this'.

The above were written by Isaac Asimov, the great science-fiction writer. But, although being one of the most important pages written on the mystery of the relations between Shakespeare and Southampton, it ultimately fails on two accounts. (It seems that Asimov, although one of the best writers of science-fiction, could never become a great detective novelist, like Arthur Conan Doyle). Consider, for example, two of his blatantly contradictory statements:

(a) Nothing in Shakespeare's career would lead us to suppose him a devil-may-care. He was rather the reverse.
(b) But too little is known of Shakespeare's life to go any further than this.

Even supposing that Shagsberd was the only Shakespeare imaginable by Asimov, how could the great science-fiction writer be sure that 'nothing in Shakespeare's career would lead us to suppose that he was the reverse of a devil-may-care', when, as Asimov admits, 'too little is known of Shakespeare's life'? But, it is more than obvious, Asimov is only pretending to know every aspect of Shagsberd's known career, for, if he knew everything, he should have wondered how Ben Jonson, born in 1572, could baptize one of Shagsberd's children (or vice versa), as legend has it, when Shagsberd's last-born children (the twins Hamnet and Judith) were born in 1585, when Jonson was only 13 years of age! But, moreover, Asimov should know that Shagsberd's twins were baptized on 2 February, 1585, by Hamnet Sadler and wife, Judith Staunton. So, the only chance Jonson had to baptize a child of Shagsberd's was to have baptized his first-born child, Susanna, who was christened on 26 May, 1583, when Jonson was only 11 years of age, and a nullity in world drama history. But, even so, is there any historical record of people of 11 acting as godfathers? There is no record of Jonson ever visiting Stratford before his adolescence, is there?

Asimov has also failed to visualize (or, if he visualized it, he failed to set it down in his book) that there is at least one other kind of love between two men other than homosexual love, and that one is a very ideal subject for lyrical poetry, and that is a paternal-filial love! What blocked the horizon of Asimov's reasoning was his belief that there was only a 9-year difference between Shakespeare and Southampton. But, if Shakespeare was really Edward de Vere, then the difference in age between the two extends to 23 years, and now nobody can preclude a priori that the relation between the two was not of the father-son type.

Asimov, sensing that the poet who speaks in the Sonnets doesn't match Gulielmus Shagsberd at all, yet fails to articulate this. Tied to salvage Shagsberd's claims to their authorship he opines that they have no factual basis.

But, alas, Asimov was also, like almost anybody else, led astray in his attempt to interpret Shakespeare's mysterious description of Venus and Adonis as the 'first heir of my invention'. He was deluded in believing that "invention" means only "the power (or the ability) of inventing", and not, also, "the product of the power of invention", as in the phrase "Archimedes' inventions", or, "every invention is owed to the power of invention". So, the sage from Russia opined that (listen to him!) Venus and Adonis was the 'first piece of Shakespeare's writings that actually appeared in print', and it was in that sense only, Asimov says, the 'first heir' of Shakespeare's "invention".

Charlton Ogburn was the first, and only, scholar who had understood that the phrase means "the first printed book of mine having the honour of being the inheritor of my invented name William Shake-Spear". But Ogburn failed to fathom that the very name, "William Shake-Spear", is nothing else but an ingenious translation of the name "Edward de Vere". Put algebraically, the etymological fingerprint of the name, "Will-Helmet Shake-Spear" equates Ed-Ward (Happy Protection) de Vere = True = Right ("not false") = [Greek] Δορύπαλτος = both Spear-Shaking and Right! The Greek word δορύπαλτος [doripaltos], while etymologically meaning "Spear-Shaking", it can metaphorically be used to mean (and it was used by Aeschylus poetically to mean) "on the right-arm side".

## PARK HONAN

"Shakespeare: A life", by one Park Honan, is a double misnomer. First, it is (or desperately tries to be) a biography of Shagsberd, not Shakespeare, and, secondly, and much more importantly, -- as Shagsberd did not live a life worthy to be written of --, no biography of him could be worth the Greek name of the term. What is extraordinary with Honan's book, is that he felt strong (or audacious) enough to walk where feared to tread: he attempted to disprove... Milton!

'It has been said (obviously with Greek dramas in mind) that *Hamlet* is the first great tragedy to be written in two thousand years. To quarrel with that view is perhaps only to quarrel with the relative term, "great". *Hamlet* is of higher order of art than any drama before it, and, indeed, arguably only three plays written after it are of its uniquely high order: *King Lear*, *Macbeth*, and *Othello*. (If other plays from any time are to be thought their equals one would have to turn, not to Aeschylus or Sophocles, surely, but to Shakespeare). As remarkable as the play is, its text is still unsettled. *Hamlet* exists in three contrasting versions ...'

By his coward phrase, 'It has been said', Honan did not dare disclose the names of Anne Barton and Tony Tanner, who dared compare *Hamlet* with Aeschylus' *Oresteia*.

Tony Tanner (Everyman Library, 1980), wrote:

'Western tragedy opens at night-time with an apprehensive guard on the roof of the palace of Agamemnon, watching for signals concerning the outcome of the War against Troy. Something which he dare not articulate is wrong within the palace.
The long drama of the *Oresteia* has begun. Two thousand years later, *Hamlet*, the first great European tragedy since the time of the Greeks, will open in the same way – on a guard platform,

at midnight, with a jittery guardsman asking apprehensive questions in the darkness, and confessing that he is 'sick at heart'. The similarity betokens to indebtedness of Shakespeare to Aeschylus, whose work he could not have known.

Shakespeare does not start where Aeschylus left off; he starts where Aeschylus started. When, in the *Choephoroe*, Orestes confronts his mother, she begs for pity, reminding him that he drew milk from her breasts':

ORESTES: What shall I do, Pylades? Be shamed to kill my mother?
PYLADES: What then becomes Apollo's oracle? What of sworn oaths?
Count all men hateful to you rather than the gods.
ORESTES: I judge that you win. Your advice is good.

'This is the most crucial moment in the emergence of western drama. In this brief moment, Orestes has introduced a break in the circle. He steps back from the ordained act and looks at it from the outside. It is terrible to kill your mother.

'What shall I do?' It is the first time that question has been asked. Laertes, in *Hamlet* is an adherent of the old revenge code. He 'will cut Hamlet's throat in the church'. But this points the way back to chaos. 'Revenge should have no bounds', says murderer Claudius. This is the nightmare which Aeschylus dramatized in the *Oresteia*. What for Orestes was a very short 'pause' and a very brief 'scan', becomes, in *Hamlet*, virtually the whole of the play'.

And Anne Barton (Penguin Books, 1992), wrote:

'The first truly great tragedies which have survived from ancient Athens and from Elizabethan England – are the *Oresteia* and *Hamlet*. It is unlikely that Shakespeare knew Aeschylus. There is, nonetheless, an uncanny resemblance between the opening of *Hamlet* and of the *Oresteia*. In both, an apprehensive and mysteriously dispirited sentinel on the roof of the palace in which there is something terribly wrong, scans the night sky for a portent. This sign, when it comes, unleashes the pent-up violence of the past upon the present. Both tragedies involve the killing of a great king and the adultery of his consort. Both impose upon the son of the dead man a task which – either way – will cost him dear.

Like Hamlet, Orestes is both a passionate and a reluctant avenger. Transforming a now lost revenge play by Kyd, Shakespeare created the first tragedy for over two thousand years which invites and also can support comparison with the *Oresteia'*.

After all these, some questions are in order for Mr Park Honan:

a) Was Mr Honan unaware of what Goethe, Milton, Nietzsche, Jaeger, Rimbaud, Swinburne, Byron, Victor Hugo, Dostoyevsky, Tolstoy, Gide, said of Aeschylus and the ancients?

b) We have at least four "Hamlets" to choose from (Q1, Q2, Folio, and the German *Der bestraafte Brudenmort*. And, arguably, the German version is as good (or as bad as Q!) The question Mr Honan is asked to answer is which of the four versions is of 'higher quality' than the *Oresteia*? How can a play existing in three 'contrasting versions' ('contrasting', indeed!) be spoken of as 'is' (and not as 'are'), as 'it' (and not as 'they')?

c) How can a play, existing in three different versions (Honan's 'contrasting'), can be spoken of as 'is'. And how can a play whose text is still so 'unsettled' be Honan's masterpiece 'of higher order of art than any drama before it'? And Honan's lamentable phrase 'indeed, arguably', is indeed, not arguably, ridiculously stupid. 'Indeed' and 'arguably' are mutually exclusive. That is, you cannot, Mr Honan, on no account, use both words at the same time. There is no meaning at all in saying that 'Othello is indeed, arguably, superior to Goethe's Faust'.

d) And a much simpler and easier question, which we are sure Mr Honan will not be able to answer: Which Hamlet of the two, the Q2 or the First Folio one is the greatest? (With no 'buts', or 'arguablys', but only with 'indeeds'!)

As printed by the Stratfordian Richard Field, the dedication of

VEN to Southampton ends with the name "William ShakeSpear". The author of the biography of Shakespeare, Park Honan, is very observant. He writes:

> The spelling is interesting. Field possibly inserted a neutral "e" between the two syllables of the last name – "Shak" and "Speare" – because, in a Tydor press, both "k" and the long letter "S" kerned (that is, the face of each letter projected beyond the tiny body behind it, and when set together such letters bent or broke in printing). None of the poet's [Honan means none of Shagsberd's!] six known signatures shows an "e" in the middle of the last name, but surnames were not thought of as fixed. Out of habit, or to the extent that he cared, he [Shagsberd, that is – and not of course Shakespeare!] was perhaps happy to be "Shakspere", or "Shakespeare". Thus speaks Honan.

But, disaster lies in ambush for Honan because, unbeknown to him, what Honan describes as this 'long letter S' on page 172, is a constant graphological feature of the real Shakespeare, Edward de Vere, in all the manuscripts that have been preserved from his pen, from 1563 to 1603, that is for the span of four decades. We find this 'long letter S' innumerable times in every one of Edward de Vere's manuscripts. We find it, for once, 32 times in the French letter of August, 1563, when Edward was 13 years of age (MonSieur, courtoySie, reSemblantes, Singuliere, admoneStements, obSeruation, Selon, choSe, conSidere, eSpecialement, Sont, diScretion, eStime, Si, S'il, choSe, Seulement, Se, Selon, eSt, Seront, Selon, eStude, diScours, eSt, ceSte, excuSer, preSent, aSseurant, paSsant, Scauoir, Sante), we find it 22 times in his letter of 7/10/1601, addressed to his 'brother' Robert Cecil (preSence, reSolutione, paSsed, So, adverSaries, Sythe, Selues, oppoSed, Seeme, SatiSfisde, anSuerable, reSt, aduiSed, paSse, MageStie, CoSen, Sealed, wiShinge, Sume, Soo, moSt, aSsured). The fact that Edward did not abandon his habit of employing two ways of writing the letter "s" in forty years' time is in accordance with Ignoto's dictum of 1590 that 'customs rarely broken are'!

Even Honan will admit that the writing "William Shake-Speare" obeys only to Edward de Vere's habit and method, and to none other's, least of all to the unknown compositor's, and that Honan's whole rhetoric and detective ingenuity – irrespective of being either sound or unsound – collapses like a paper tower. Edmond Malone had expressed doubt that Joseph Greene, a curate of Stratford and Oldys' contemporary, had any other authority for declaring 23 April as the birth-date other than the monument's "anni 53". It has been said to be 'especially appropriate' that Shakespeare should have been born on St George's Day, the day of England's patron saint; but this devout wish certainly does not add up to a solid fact. Had his birth and death really occurred on two 23rds of April, such a coincidence would surely have been noted within a hundred years of his death and commented on. Yet we have no sign of this.


## AUDEN'S CRIME

For four hundred years the whole world has genuflected before a bogus actor as being the greatest writer that has ever lived.

George Steiner, in an article published in the *New York Times Book Review*, 19 April 1964, 'Why, He Doth Bestride the Narrow World Like a Colossus', wrote: 'No other writer will surpass Shakespeare ... Shakespeare is not only the greatest writer who has ever lived, but will ever live'. This statement contradicts the opinion of two of England's greatest writers, Milton and Coleridge. Milton in the introduction to *Samson Agonistes* of 1671 (67 years after the death of the true Shakespeare, Edward de Vere) wrote: 'Aeschylus, Sophocles, and Euripides, the three tragic poets unequalled yet by any, and the best rule to all who endeavour to write Tragedy' -- not 'surpassed', but 'unequalled' yet by any! And Coleridge, while praising Shakespeare, felt the need to stress the fact that Milton was not inferior to, but the equal of, Shakespeare – changed by John Middleton Murry, in an act of heinous sacrilege, both to Coleridge and to Milton, to 'almost the equal of Shakespeare'! There are forgeries more damaging than

Collier's – Collier is an angel when juxtaposed to the devilry of Middleton Murry.

But even Middleton Murry was to be excelled in sacrilege by Auden, who had the unparalleled audacity to pen the following ridiculous paragraph, a real sacrilege, both to Shakespeare and to Aeschylus:

'There is no single Greek literary work of art as great as *The Divine Comedy*; there is no extant series of works by a single Greek literary artist as impressive as the complete plays of Shakespeare; as a period of sustained creative activity in one medium, the 75-odd years of Athenian drama, between the first tragedies of Aeschylus and the last comedy of Aristophanes, are surpassed by the 125 years, between Gluck's *Orpheus* and Verdi's *Othello*, which comprise the golden age of European opera'.

Auden cites the above as sound criticism, thinking that in this way he is striking a fatal blow on Greece, while what he is striking at is only his 'barbarous ignorance', not only of Aeschylus, Sophocles, and Euripides, but of Verdi, and Mozart too. Because, although Auden hurries to include Aristophanes' inferior *Wealth* in his list, he fails to take into account Verdi's supreme masterpiece (and an English one at that!) -- *Falstaff*. He even hurries to include what time has not spared us, 'the first tragedies of Aeschylus'!

But Milton – the equal of Shakespeare in genius, (according to Coleridge), regarded Aeschylus, Sophocles and Euripides as superior to Shakespeare. What else? Imagine Milton, Dickens and Melville (and Shakespeare!) all in one, and then you may have Aeschylus. Dear Mr. Auden, *Oresteia* is greater than the *Divine Comedy*, Plato's "series" of Dialogues is more impressive than the Complete Plays of Shakespeare, and the one-tenth of the tragedies of Aeschylus, Sophocles and Euripides that has survived (32 tragedies in all) transcends *Le Nozze di Figaro*, *Don Carlos* and *Das Ring*.

D. H. Lawrence, in his poem *When I Read Shakespeare* managed to capture both Shakespeare's virtues and shortcomings:

'When I read Shakespeare I am struck with wonder that such trivial people should muse and thunder in such lovely language. Lear, the old buffer, you wonder his daughters didn't treat him rougher, the old chough, the old chuffer!

And Hamlet, how boring, how boring to live with, so mean and self-conscious, blowing and snoring his wonderful speeches, full of other folks' whoring!

And Macbeth and his Lady, who should have been choring, such suburban ambition, so messily goring old Duncan with daggers!

How boring, how small Shakespeare's people are!
Yet the language so lovely! like the dyes from gas-tar.'

It is no accident that the two greatest dramatists in music, Mozart and Verdi, have been able to describe Shakespeare's two greatest defects.

Mozart, in a letter to his father, 29/11/1780, wrote:
'If the speech of the Ghost in *Hamlet* were not so long, it would be far more effective. It is quite easy to shorten the speech of the subterranean voice and it will gain thereby more than it will lose'.

And Verdi, in a letter of 29 June, 1853, to Antonio Somma, who had just finished a first outline of the *Re Lear* libretto, wrote:
'The one thing that has always kept me from using Shakespearean subjects more frequently has been precisely this necessity of changing scenes all the time. When I went to the theatre it was something that made me suffer immensely, it was like watching a magic lantern. In this the French are right: they arrange their dramas so that they need only one scene for each act'.

Walt Whitman, even more pro-Shakespeare than he imagined, gave Shakespeare his due:
'As depicter and dramatist of the passions, at their stormiest outstretch, though ranking high, Shakespeare (spanning

the arch wide enough) is equalled by several, and excelled by the best of old Greeks (as Aeschylus). But in portraying medieval European lords and barons, the arrogant port, so dear to the inmost human heart, (pride, pride! dearest, perhaps, of all touching us, too, of the States closest of all – closer than love), he stands alone, and I do not wonder he so witches the world'.

But let us revert to George Steiner. In an interview on 22 May, 1981, he said:
'I believe there was one Shakespeare. I believe he is the man of Stratford, but I refuse to dismiss one haunting problem which is this: We know through his will ... that he dies checking everything that belongs to him, and he does not mention sixteen major, gigantic plays not yet printed at his death in any form. Hence, if existing at all, on the floor of the theatre, somewhere in London, in rough papers and rough actors' parts. And that psychological riddle, that a man would make no reference to that; I have no answer for, and find it haunting'.

Steiner seems not to have realized that the only reason he had no answer was none other than that his 'one Shakespeare' – who ever said of two Shakespeares? – could not be, and never was, and never will be 'the man of Stratford'.

Steiner's 'haunting problem' was anticipated, by none other than John Payne Collier, a most curious mixture of forger and supreme literary critic: 'It is one of the problems in the life of our great dramatist that will never be solved', he wrote in 1856, (*) 'how it happened that he, who could write such plays, could be so indifferent to their appearance in print'. (Of course, the 'problem' has been solved. The Stratfordian Shaxberd was 'so indifferent' simply because he was not the author of the plays, and Edward de Vere, the real Shakespeare, was 'so indifferent to their appearance in print' because he was dead by 1604).

In his latest book, *No Passion Spent* (1996; essay: *A Reading Against Shakespeare*) George Steiner writes: 'Much in the inward relations between Milton and Shakespeare remains to be explored. What is manifest is the considered thrust of Milton's statement in the brief preface to *Samson Agonistes* that the plays of the antique tragedians, of Aeschylus, Sophocles and Euripides, are 'unequalled yet by any'. The force, the implication of this verdict, coming as it does 65 years after *King Lear*, must not be underestimated. It entails a fundamental dissent'.

Steiner, in 1961, (*The Death of Tragedy*, page 31) had written: 'Unequalled yet by any' -- the words were written 63 years after the publication of *King Lear*. The judgement they convey and the tragedy they introduce are the great counterstatement in English literature to Shakespeare and to all 'open' forms of tragic drama.

---

(*) a most memorable year: In this year the anti-Stratfordians Delia Bacon and William Henry Smith found a candidate for the mantle of Shakespeare – none less than Francis Bacon! It wasn't, though, until 1920 that the real Shakespeare was identified.

---

'Ελέναυς, wrote T. S. Eliot on a postcard sent to Ezra Pound, on 2 December 1919, never suspecting that in the above Aeschylean word ('destroyer of ships' *Agamemnon* 689) he had the solution to the problem adumbrated by him a few months earlier, in *The Egoist*, May 1918:

> 'Who has first-hand opinion of Shakespeare? Yet I have no doubt that much could be learned by a serious study of that semi-mythical figure'.

But at the same time Eliot was pondering on the nature of Shakespeare, a schoolteacher from the Isle of Man had succeeded in identifying the real Shakespeare.

'Beethoven's great heart' -- nobody could speak of 'Shakespeare's great heart', wrote Wittgenstein.

But Wittgenstein fell into the same trap that Coleridge did. He focused his eyes not on the work of Shakespeare, but on the man from Stratford.

Wyndham Lewis was very well aware of this trap:

'Anyone who defines in the body of Shakespeare's work a

personality and traces of passion and opinion, is rescuing him for us from the abstract in which he might eventually disappear where less important men would survive'.

None but Edward de Vere can rescue William Shakespeare from being Gulielmus Shaxberd.

EXODUS

It is finished. All honour to us. And to Him! Farewell. 27.1.2004.

'Such is truth! Men dare not look her in the face, except by degrees: they mistake her for a Gorgon, instead of knowing her to be a Minerva!', wrote Lord Byron.

But John Milton, two centuries before, had gone beyond Byron:
'Truth is but JUSTICE in our KNOWLEDGE, and Justice is but TRUTH in our PRACTICE. Truth is properly no more than CONTEMPLATION, but justice in her essence is all STRENGTH and ACTIVITY, and hath a SWORD put into her HAND to use against all VIOLENCE and OPPRESSION on the earth'.

Shakespeare had written in *Pericles*:
'Thou lookst modest as Justice, and thou seemst a palace for the crowned Truth to dwell in'.

And even Victor Hugo stressed in *Ninety-Three*:
'Above revolutions, Truth and Justice remain like the starry sky above the storm'.

Before bidding our master 'aye good night', let us pause and reflect: Since, by establishing Edward de Vere as the genuine Shakespeare, everybody else is irrevokably excluded, what need did we have to eliminate the Stratfordian maltster-turned-monster so many times? Logically none, but it is so beautiful to eliminate him by every conceivable method. After all, the mind wants to know the reason why, for four hundred years, the whole world, sat, enchanted and paralyzed, like Titania, before an ass!

> OBERON: Now, my Titania, wake you, my sweet queen.
> TITANIA: My Oberon, what visions have I seen!
> Methought I was enamoured of an ass.
> OBERON: There lies your love.
> TITANIA: How came these things to pass?
> O, mine eyes do loathe his visage now!

The above dialogue is from *A Midsummer Night's Dream*, which, according to a tradition recorded by Edmund Chambers, was performed at the wedding of Edward de Vere's daughter Elizabeth with William Stanley, Earl of Derby! (Elizabeth was the girl rejected by Southampton).

Shaxberd's lack of anything that could connect him with William Shakespeare reminds us of Arthur Conan Doyle's *The Adventure of Silver Blaze*, in which Sherlock Holmes is struck by the fact that the guard dog at the stables did not bark. Rather than focus on something that happened, Holmes focused on something that did not happen. (The failure of the dog to bark meant, of course, that the crime had to have been done by someone living at the stables, someone familiar with the dog).

When Shaxberd died in Stratford-on-Avon, in April 1616, nobody lamented him. (Schoenbaum wrote that Shaxberd's death 'evoked no great outpouring of homage'. That is wishful thinking, made in Stratford. Absolutely nobody took notice of his demise). There survives no contemporary dirge for him, but in honour of playwright Beaumont, who died in the same year, a whole host of lamentations honouring his passing filled the press. If Shaxberd was Shakespeare, could his passing from this world be so unremarkable as to pass completely unnoticed? Most unnatural.

Chambers ends the First Volume of his colossal *Shakespeare: A Study of Facts and Problems* with a seemingly irrelevant sentence:
'There is no reference to the inn [Davenant's mother's inn at Oxford] in Davenant's will'. [Shaxberd is supposed to have fa-

thered the poet Sir William Davenant (1606-1668) in one of his stays at his mother's inn at Oxford].

Chambers will bear us no enmity, I think, if we conclude OUR study of the definitive Solution of the Shakespearean Authoship Riddle with an analogous sentence:

'William Shakespeare never mentions Stratford, but he mentions Oxford 28 times!'

∾

e suoni a festa Tutta Cipro.
Esultate! L'orgoglio musulmano
Sepolto è in mar, nostra e del ciel è gloria!
Dopo l'armi lo vinse l'uragano.

FINIS

Old Map of the Mediterranean, Akrotiri Peninsula, Cyprus

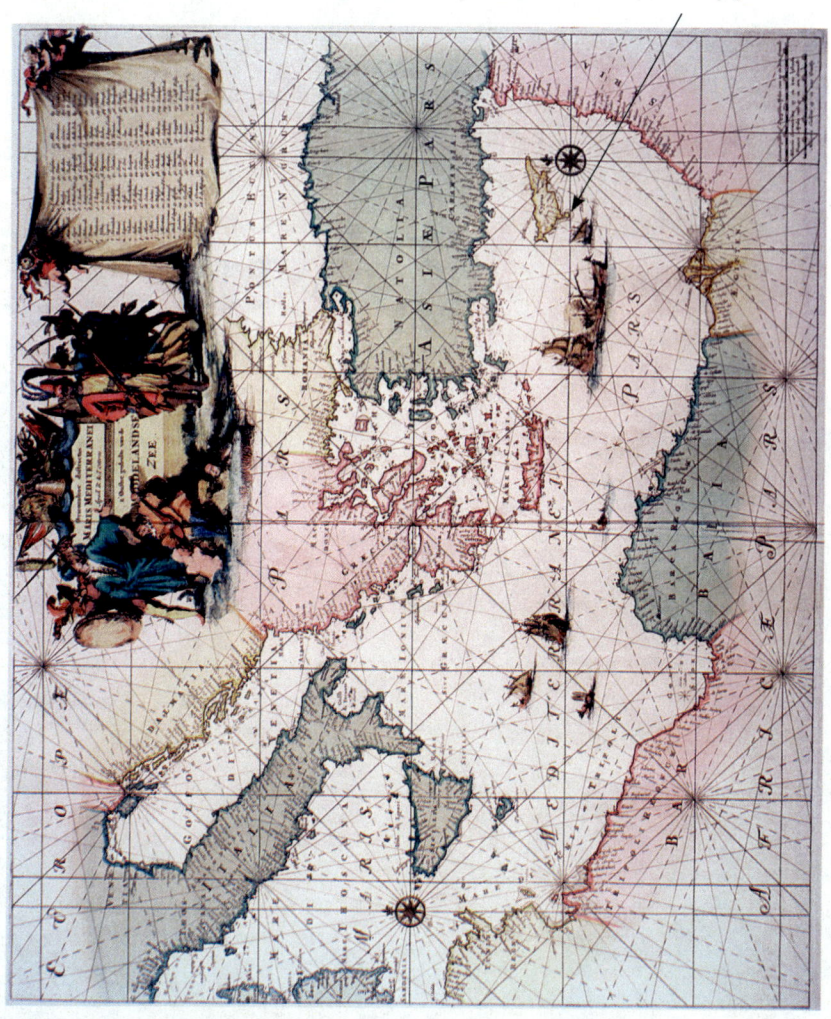

Archaeological map of Cyprus

# APPENDICES

# APPENDIX A

Edward de Vere's introduction to Thomas Bedingfield's translation of Cardano's *De Consolatione*, and its innumerable similarities of diction and meaning with Shakespeare's works, 20 years into the future!

*CARDANUS' COMFORTE*, translated and published by commaundement of the right Honourable the Earle of Oxenforde.

Go comfort Edward (R3)
my friend, and comfort (WT)
our loves and comforts (OTH)
love comforteth like sunshine after rain (VEN)

TO MY LOVING FRIEND THOMAS BEDINGFIELD, ESQUIRE,
loving haste of these our friends (R3)
a poor esquire of Kent that loves his king (2H6)
Esquires and gallant gentlemen (H5)
my loving friend (TIT)
my loving friends (R2)
loving friends (R3)
my most loving friends (R3)
your loving friend (MA)
some loving friends (TIT)
our loving friends(3H6)
my friends and loving countrymen (1H6)
loving farewell of our several friends (R2)
loving me you should love the friends (H5)
dearer than a friend, for love (TG)
or love of you, not hate unto my friend (TG)

my friends and all, for love (TG)
and love my friend (TG)
love is the offender friended (MM)
his love and friendling (HAM)
loving haste of these our friends (R3)
love, obedience, troops of friends (MAC)
in love who respects friend (TG)
faith or love, for such is afriend (TG)
love that which is my friend hates (MA)
gentle friend for love (MND)
beloved and approved friend (TS)
loves my flesh and blood is my friend (AW)
a poor friend of yours that loves you (AW)
loving me, you should love the friend (H5)
love lord, ay, husband, friend (RJ)
your friend that loves you (JC)
love my friend (JC)

ONE OF HER MAJESTY'S GENTLEMEN PENSIONERS.
earls, nay, which is more, pensioners (MW)
I serve the Fairy Queen…the cowslips tall her pensioners be (MND)
(Spenser's Fairy Queen is her Majesty Queen Elizabeth)

AFTER I HAD PERUSED YOUR LETTERS,
perused the letters (1H6)
you peruse the letter (TN)
peruse this letter (KL)
peruse this writing (PER)
peruse what I have written (COR)
perusing over these notes (KJ)
papers of state he sent me to peruse (H8)
peruse this writing (R2)
peruse that letter (TN)
peruse this paper as though goest (MV)
have you perused the letters from the Pope? (1H6)
I have perused the note (TS)
of folded schedules had she many a one,
which she perused (LC)

peruse this paper (TG)
peruse this letter (TG)

GOOD MASTER BEDINGFIELD,
good master(s): 33 times in all Shakespeare!

FINDING IN THEM YOUR REQUEST FAR DIFFERING FROM
THE DESERT OF YOUR LABOUR,
Cf. Love's Labour's Lost
my desert unmeritable shuns your high request (R3)
the knowledge of mine own desert (SONN)
labours than shalt reap the gain (3H6)
your most high deserts (SONN)
labour's recompense (R2)
you shall not be the grave of your deserving (COR)

I COULD NOT CHOOSE BUT GREATLY DOUBT
be great, I doubt not (3H6)
cannot choose but [TEM (2), TG, MW (2), MV, WT]
I cannot choose but (TC)
I cannot but (COR)
canst not choose (TEM)
cannot choose [MV, TEM, 1H4 (3), 2H4, R3, TC, COR, TIM, HAM (2), KL, OTH, CYM (2), TNK, TS, VEN, SONN]
greatly care (OTH, AC)

Cf. IGNOTO, SPENSER, SONNETS

WHETHER IT WERE BETTER FOR ME
whether 'tis nobler (HAM)

TO YIELD YOU YOUR DESIRE,
nor being desired yielded (LUC)
I'll force thee yield to my desire (TG)
quick desire hath caught the yielding prey (VEN)

OR EXECUTE MINE OWN INTENTION TOWARDS THE PUBLISHING OF YOUR BOOK.
all the unpublished virtues (KL)
publicly been read (H8)
the tenure of my book (MA)

FOR I DO CONFESS THE AFFECTIONS THAT I HAVE ALWAYS BORNE TOWARDS YOU COULD MOVE ME NOT A LITTLE. BUT WHEN I HAD THOROUGHLY CONSIDERED IN MY MIND OF SUNDRY AND DIVERS ARGUMENTS
opinions ...divers (H8)
sundry weighty reasons (MAC)
divers reasons (1H4)
new opinions, divers and
dangerous (H8)
for divers unknown reasons (R3)

WHETHER IT WERE BEST TO OBEY MINE AFFECTIONS OR THE MERITS OF YOUR STUDIES, AT THE LENGTH I
studies and my books [1H6 (2)]

DETERMINED IT BETTER TO DENY
repent my unlawful solicitation (OTH)

YOUR UNLAWFUL REQUEST
let his virtue join with my request (CYM)
he did contemn what he requested (COR)

THAN TO GRANT OR CONDESCEND TO THE CONCEALMENT
'twere a concealment ... theft ... traducement,
to hide your doings (COR)

OF SO WORTHY A WORK.
to virtue and to worthiness (JC)

WHEREBY AS YOU HAVE BEEN PROFITED IN THE TRANS-
LATING
our virtues lie in the interpretation (COR)
language and my profit (TEM)
profit by a tongue (AYL)

SO MANY MAY REAP KNOWLEDGE
angel knowledge (LLL)
great heap of your knowledge (AYL)
knowledge [is] the wing wherewith we fly to heaven (2H6)
good knowledge and literatured (H5)
not live in ignorance (HAM)

BY THE READING OF THE SAME,
profit you in what you read (TS)
profit thee and much enrich thy book (SONN)
profit in strange concealments (1H4)

THAT SHALL COMFORT THE AFFLICTED,
Comfort/Consolation, Tilbury (RT)

CONFIRM THE DOUBTFUL,
having no witness to confirm my speech (MAC)

ENCOURAGE THE COWARD,
valour is the chiefest virtue (COR)
the littlest doubts are fear (HAM)
confirm the amity (3H6)
doubts to them that fear (R2)
doubts and fears (MAC)
courage to the coward (VEN)
virtue with valour (R2)
valiant and virtuous, full of haughty
courage (1H6)

AND LIFT UP THE BASE-MINDED MAN TO ACHIEVE TO ANY

The Oxford Dictionary cites "base, fearful, and despairing Henry" (3H6, 1.1.178) as the first use of "base" as a quality of character in English, but this fails against
a base mind [2H4 (2)]
teach a mind a most inherent baseness (COR)
baser birth (AYL)
base mind (2H4)
base men (OTH)
base-born (2H6, 3H6)
the baseness of thy fear (TN)
this base and humble mind (2H6)
base Indian (OTH)
some base notorious knave, some scurvy fellow (OTH)
thou art too base to be acknowledged (WT)
base intruder (TG)
cowards and base things sire base (OTH)
base, ignoble wretch (1H6)
most recreant coward base (2H4)
so base a thought (MV)
a base and obscure vulgar (LLL)
scorning the base degrees (JC)

Spenser's line, 'Scorning the boldness of such base-born men' echoes, or is echoed, in Shakespeare's line, spoken by Brutus of Caesar, 'Scorning the base degrees' (JC)
Cf. Spenser, 1590
Greene, 1592

TRUE SUM OR GRADE OF VIRTUE, WHERETO OUGHT ONLY THE NOBLE THOUGHTS OF MEN TO BE INCLINED.
rich in virtue and unmingled (TC)
noble mind [HAM (2)]
of all that virtue love (LLL)
virtuous duke (LLL)
virtue of your eye (LLL)

noble gentleman (LLL)
noble lord (LLL, MM)
noble ancestry (MV)
how noble in reason (HAM)
noble minded (1H6, TIT)
as noble as my thoughts (PER)
base noble, old young, coward valiant (TIM)
noble thoughts most base (AW)
bring noblest minds to basest ends (TIM)

AND BECAUSE NEXT TO THE SACRED LETTERS OF DIVINITY,
the temple of virtue was she (CYM)
the virtues which our divines lose by them (COR)
virtuous and holy (1H6, R3)
ever virtuous and holy men (MV)
the holy suit which fain it would convince (LLL)

NOTHING DOTH PERSUADE THE SAME MORE THAN PHILOSOPHY,
more things in heaven and earth
than dreamed of in your philosophy (HAM)

OF WHICH YOUR BOOK IS PLENTIFULLY STORED,
sacred store-house (MAC)
their store-houses crammed with grain (COR)
Thy store's account (SONN)

I THOUGHT MYSELF TO COMMIT AN UNPARDONABLE ERROR, TO HAVE MURDERED THE SAME
O, 'tis a fault too unpardonable (3H6)
murderous [youth] [SONN (2)]
murdered with a kiss (VEN)
In my death I murder shameful scorn (LUC)
[Adonis' eyes] murdered this poor heart of mine (VEN)
thou smotherest honesty, thou murderest troth (LUC)
[eyes] as murdered with the view [of dead Adonis] (VEN)
so in thyself art made away; a mischief worse than civil home –

bred strife, ... theirs whose desperate hands themselves do slay, or butcher sire that reaves his son of life (VEN)

The Oxford Dictionary gives "Macbeth does murder sleep" as the first use of the verb "murder" in figurative sense, but Edward de Vere (the 17th Earl of Oxford!!) gives the dictionary the lie, unless this dictionary implies that Macbeth is anterior to 1573 A.D., in which year the Stratfordian genius was barely 9 years old (having been born in 1564).

IN THE WASTE BOTTOMS OF MY CHESTS;
proper as to waste thyself upon my virtues (MM)

AND BETTER, I THOUGHT, IT WERE TO DISPLEASE ONE, THAN TO DISPLEASE MANY: FURTHER CONSIDERING SO LITTLE A TRIFLE
small trifle (MV)
careless trifle (MAC)

CANNOT PROCURE SO GREAT A BREACH OF OUR AMITY,
breach, friends (H5)
the division of our amity (2H4)
dissolutions of ancient amities, division (KL)

AS MAY NOT, WITH A LITTLE PERSUASION OF REASON, BE REPAIRED AGAIN.
again repair (MND)
again, repair (COR)
our friends repair (3H6)

AND HEREIN I AM FORCED LIKE A GOOD AND POLITIC CAPTAIN
good captain [AW (2), H5 (2), R3 (2)]
good morning, noble captain (AW)
good master corporal captain (2H4)
good my lord captain (2H4)
good attending captain (SONN)
good captain Pistol [2H4 (2)]

good captain, Peesel (2H4)

OFTENTIMES TO SPOIL AND BURN THE CORN OF HIS OWN COUNTRY,
our overplus of shipping will be burn (COR)
thrush the corn, then after burn the straw (TIT)

LEST HIS ENEMIES THEREOF DO TAKE ADVANTAGE.
lest he should take (TG)
lest it should burn (TG)
I will take the advantage (TNK)
the advantage of his absence took the king (KJ)
take all the sweet advantage (R3)
taken the advantage (COR)
the next advantage will we take (TEM)
take an ill advantage (MW)
make use of time, let not advantage slip (VEN)
to take advantage of the absent time (R2)
to take advantage of presented joy (VEN)
take advantage of the field (KJ, R2)
advantage being here I took it up (OTH)
taking advantage of our misery (PER, TIT, VEN)

FOR RATHER THAN SO MANY OF OUR COUNTRYMEN SHOULD BE DELUDED THROUGH MY SINISTER MEANS
sinister usage (TN)
sinister measure (MM)

YOUR INDUSTRY IN STUDIES
secret studies (TEM)
ingenious studies (TS)
experience is by industry achieved (TG)

WHEREOF YOU ARE BOUND
in duty I am bound (1H6)
virtually bound (TIM)
in grateful virtue I am bound (TIM)

IN CONSCIENCE
conscience does make cowards of us all (HAM)

TO YIELD THEM AN ACCOUNT
bound with an oath to yield (COR)
sum my count (SONN)
thy stores' account (1H6)
'account': 4 times in the *Sonnets*

I AM CONTENT TO MAKE SPOIL AND HAVOC OF YOUR REQUEST,
treasons, stratagems, and spoils (MV)
our spoils he kicked at (COR)
wide havoc made (TN)
made this havoc (TN)
made such havoc of my means (MA)
some countenance at his friend's request (2H4)

AND THAT, THAT MIGHT HAVE WROUGHT GREATLY IN ME
wrought fears in me (KJ)
wrought this hellish mischief (1H6)
great business must be wrought (MAC)
the greatest miracle that ever ye wrought (1H6)

IN THIS FORMER RESPECT, UTTERLY TO BE OF NO EFFECT OR OPERATION:
yet effect doth operate (TC)
effect rare issues by their operance (TNK)

AND WHEN YOU EXAMINE YOURSELF,
examination yourself (MA)
examine your conscience (MA)
examine himself (MA)

WHAT DOTH AVAIL A MASS OF GOLD TO BE CONTINUALLY IMPRISONED IN YOUR BAGS,
his imprisoned pride (SONN)

Prisoner pent in walls of glass (SONN)
The imprisoned absence of your liberty (SONN)
Prison by heart I thy steel bosom's ward (SONN)
A lily imprisoned in a jail of snow (VEN)
Prisoned ih her eye like pearls of glass (VEN)
the wind imprisoned in the ground (VEN)
[darkness stows away] in a vaulty prison (LUC)
true respect will prison false desire (LUC)
life imprisoned in a body dead (LUC)
taken prisoner by the foe (LUC)
polluted prison of her soul (LUC)
entombed in men's eyes (SONN)

AND NEVER TO BE EMPLOYED TO YOUR USE?
legitimate use, forbidden usury (SONN)
gold that's put to use more gold begets (VEN)
beauty unused, beauty's youth (SONN)
beauty must not die unused (SONN)

I DO NOT DOUBT EVEN SO YOU THINK OF YOUR STUDIES AND DELIGHTFUL MUSES.
from every flower the virtuous sweets (2H4)
pity the world, or else thus glutton be, to eat the world's due, by the grave of thee (SONN)
delightful measures (R3)
muse do please (SONN)
muse, my love's sweet (SONN)
study me how to please the eye (LLL)
the pale-clipt vineyard, and the sea-marge (TEM)

WHAT DO THEY AVAIL, IF YOU DO NOT PARTICIPATE THEM TO OTHERS?
is it a work to hide virtues in? (TN)
't were a concealment … no less than a traducement to hide your doings (COR)

WHEREOF WE HAVE THIS LATIN PROVERB:
SCIRE TUUM NIHIL EST, NISI TE SCIRE HOC SCIAT ALTER.
If our virtues do not go forth of us, 'twere as if we had
them out (MM)
Torches are made to light, jewels to wear,
Dainties to taste, fresh beauty for the use,
Herbs for their smell, and sappy plants to bear.
Things growing to themselves are growth's abuse.
Seeds spring from seeds, and beauty breedethbeauty (VEN)

WHAT DOTH AVAIL THE TREE UNLESS IT YIELD FRUIT
UNTO ANOTHER?
The fruit of such a goodly tree (3H6)
the tree yields bad fruit (AYL)
the tree may be known by the fruit, as the fruit by the tree (1H6)

WHAT DOTH AVAIL THE VINE UNLESS ANOTHER
DELIGHTETH IN THE GRAPE?
They were but sweet, but figures of delight (SONN)
the rose looks fair, but fairer we deem it for the sweet odour
(SONN)
of their sweet deaths are sweetest [odours] made (SONN)

WHAT DOTH AVAIL THE ROSE UNLESS ANOTHER TOOK
PLEASURE IN THE SMELL?
Gloss on the rose, smell of the violet (VEN)
The rose looks fair, but fairer we deem it for the sweet
odour (SONN)
Of their sweet deaths are sweetest [odours] made (SONN)

WHY SHOULD THIS TREE BE ACCOUNTED BETTER THAN
THAT TREE BUT FOR THE GOODNESS OF HIS FRUIT?

WHY SHOULD THIS VINE BE BETTER THAN THAT VINE,
Cf. goodness of the wine! IGNOTO

UNLESS IT BROUGHT FORTH A BETTER GRAPE THAN THE
OTHER?

one sweet grape who will the vine destroy (LUC)
grapes were made to eat (AYL)
good wine (H8, OTH)
good wine needs no blush [AYL (2)]

WHY SHOULD THIS ROSE BE BETTER ESTEEMED THAN THAT ROSE,
calls virtue hypocrite, takes off the rose (HAM)

UNLESS IN PLEASANTNESS OF SMELL IT FAR SURPASSED THE OTHER ROSE?
Sweet cell of virtue and nobility (TIT)
Sweet roses ... Their sweet deaths (SONN)

AND SO IT IS IN ALL OTHER THINGS AS WELL AS IN MAN. WHY SHOULD THIS MAN BE MORE ESTEEMED THAN THAT MAN, BUT FOR HIS VIRTUE,
virtuous man (1H4)
A man of sovereign parts, peerless esteemed (LLL)
The king of every virtue gives renown to men (PER)
My name be put in the book of virtue (WT)
The people [praise] her for her virtues (WT)
He lives in fame, that died in virtue's cause (TIT)
If virtue no delighted beauty lack (OTH)
how is the man esteemed (CE)

THROUGH WHICH EVERY MAN DISERETH TO BE ACCOUNTED OF?

THEN YOU AMONGST MEN I DO NOT DOUBT, BUT WILL ASPIRE TO FOLLOW THAT VIRTUOUS PATH, TO ILLUSTER YOURSELF WITH THE ORNAMENTS OF VIRTUE.
their sacred paths (MW)
bedecking ornaments of praise (LLL)
true ornaments to know a [holy] man (R3)
will show more bright as seem more virtuous (AYL)
[fair] ornament that truth doth give (SONN)
the world's fresh ornament (SONN)

our mistress' ornaments are chaste (LUC)
fair virtue's [glosses] (LLL)
if virtue's gloss (LLL)
ornament of virtue (1H4)
ornament of beauty (SONN)
Sweet ornament that decks a thing divine (TG)
Spenser: ornament
Sweet ornament that decks a thing divine (TG)
holds honour far more precious than life (TC)
our mistress' ornaments are chaste (LUC)
true ornaments to know holy men (R3)
sweet ornaments (TIT)
brags of his substance, not of ornament (RJ)
all the ornaments of honour (TNK)
the sweet ornament of his cheek (MA)
that sweet ornament which truth doth give (SONN)
the ornament of beauty is suspect (SONN)

AND, IN MY OPINION, AS IT BEAUTIFIETH A FAIR WOMAN TO BE DECKED WITH PEARLS AND PRECIOUS STONES,

Decking with liquid pearls the blades grass (MND)
Decked with five flower-de-luces (1H6)
Decked with diamonds and Indian stones (3H6)
To deck my body in gay ornaments (3H6)
To deck thy body with his ruffling treasure (TS)
Go though to Juliet, help to deck up her (RJ)
Women are as roses (TN)

SO MUCH MORE ORNIFIETH A GENTLEMAN TO BE FURNISHED IN MIND WITH GLITTERING VIRTUES.
yellow, glittering, precious gold (TIM)
precious gold (TIM)
deck his fortune with his virtuous deeds (TS)
garnished and decked (LLL)
and deck the temples of the gods (TNK)
in black my lady's brows be decked (LLL)
glittering golden characters (PER)

furnished with plate and gold (TS)
precious diadem (HAM)
precious stones (KL)
most precious diamond (CYM)
precious jewel (VEN, AYL, R2)
precious jewels (MV)
precious stone (R2)
And gave the tongue a helpful ornament (1H4)
Gentleness, virtue, youth (TC)
right noble mind, illustrious virtue (TIM)
To deck his fortune with his virtuous deeds (TG)

WHEREFORE CONSIDERING THE SMALL HARM I DO TO YOU,
I can do you little harm (MM)
little harm (VEN)
a little harm done (LUC)
he does little harm (AW)
there's no harm done (TEM)
no harm (TEM)

THE GREAT GOOD I DO TO OTHERS,
the great care of goods (CE)
a virtuous sin (TC)
Love is my sin, and thy dear virtue hate (SONN)

I PREFER MINE OWN INTENTION TO DISCOVER YOUR VOLUME BEFORE YOUR REQUEST TO SECRET THE SAME;
can virtue hide itself? (MA)
his virtue like a hidden sun breaks (TNK)

WHEREIN I MAY SEEM TO YOU TO PLAY THE PART OF THE CUNNING AND EXPERT MEDICINER OR PHYSICIAN, WHO ALTHOUGH HIS PATIENT IN THE EXTREMITY OF HIS BURNING FEVER
virtue and cunning were endowments greater (PER)
the physician of my love (SONN)
tyrant fever burns me up (KJ)

infirmities ... are burning fevers (VEN)
burning fever (2H4)
love fever, physician (SONN)
the patient dies while the physician sleeps (LUC)
my love is as a fever (SONN)

IS DESIROUS OF COLD LIQUOR OR DRINK
this distilling liquor (RJ)
liquor hath this virtuous property (MND) drink cold water (TIM)
desire to drink (TC)
In that cold hot-burning fire doth dwell (LUC)

TO QUALIFY HIS SORE THIRST, OR RATHER KILL HIS LANGUISHING BODY,
like a willing patient I will drink in my pride so fair a hope is slain (VEN)
makes both my body pine and soul to languish (PER)

YET FOR THE DANGER HE DOTH EVIDENTLY KNOW BY HIS SCIENCE TO ENSUE, DENIETH HIM THE SAME.
what perils past, what crosses to ensue (2H4)
men's minds mistrust ensuing danger (R3)

SO YOU BEING SICK OF TOO MUCH
Be great, I doubt not (3H6)

DOUBT IN YOUR OWN PROCEEDINGS,
virtuous things proceed (AW)

THROUGH WHICH INFIRMITY YOU ARE DESIROUS TO BURY AND INSEVILL YOUR WORKS IN THE GRAVE OF OBLIVION.
Deeper than oblivion do we bury (AW)
Sepulchred (LUC)
turning their books to graves (2H4)
Damned oblivion is the tomb (AW)
Buried in a tomb (VEN)
Thou art the grave where buried love doth live (SONN)

Long lives this, and this gives life to thee (SONN)
My love shall in my verse ever live young (SONN)
In black ink my love may still shine bright (SONN)
In the deep bosom of the ocean buried (R3)
I'll bury thee in a triumphant grave (RJ)
Buried in my sorrow's grave (R2)
We need no grave to bury honesty (WT)
obscure grave (R2, MV)
thine own bud buriest thy content (SONN)
ornament, buriest, waste, grave (SONN)
a common grave, entombed in men's eyes (SONN)
you shall not be the grave of your deserving (COR)

YET I, KNOWING THE DISCOMMODITIES THAT SHALL REDOUND TO YOURSELF THEREBY (AND WHICH IS MORE, UNTO YOUR COUNTRYMEN) AS ONE THAT IS WILLING TO SALVE
willfully seeks her own salvation (HAM)
Salving thy amiss (SONN)
such a salve (SONN)
the humble salve (SONN)
earth's sovereign salve (VEN)
to see the salve makes the wound ache more (LUC)

SO GREAT AN INCONVENIENCE, AM NOTHING DAINTY TO DENY YOUR REQUEST.
much to dainty (LLL)
no shape but his can please your dainty eye (1H6)

AGAIN, WE SEE IF OUR FRIENDS BE DEAD,
death of a dear friend (MND)
friends greet in the hour of death (1H6)

WE CANNOT SHOW OR DECLARE OUR AFFECTION MORE THAN BY ERECTING THEM OF TOMBS;
I'll erect a tomb (1H6)
erect in this age his own tomb (MA)

WHEREBY WHEN THEY BE DEAD INDEED, YET MAKE
WE THEM LIVE AS IT WERE AGAIN, THROUGH THEIR
MONUMENT;
'monument': 81 times
Your monument shall be my gentle verse (SONN)
And thou in this shall find thy monument (SONN)
No marble nor the gilded monuments of princes shall outlive this powerful rhyme (SONN)
the grave shall have a living monument (HAM)
Our graves shall send those a ...back, our monuments (MAC)
Your name from hence immortal life shall have... when entombed in men's eyes shall lie. Your monument shall be my gentle verse (SONN)
You still... mouths of men (SONN)
So in thyself... his son of life (VEN)
Thyself thy foe, to thy sweet self too cruel (SONN)
Thy unused beauty must be tombed with thee (SONN)
You still shall live, such virtue hath my pen (SONN)

BUT WITH ME, BEHOLD, IT HAPPENETH, FAR BETTER;
FOR IN YOUR LIFETIME I SHALL ERECT YOU SUCH A
MONUMENT,
Cf. Stratford monument
erect his statue (2H6)
living monument (HAM)
so, in spite of death, thou dost survive (VEN)

THAT, AS I SAY, [IN] YOUR LIFETIME, YOU SHALL SEE HOW
NOBLE A SHADOW OF YOUR VIRTUOUS LIFE
virtue and nobility (TIT)
Virtuous wish would bear your living (SONN)
Thy beauty's image and thy virtue (3H6)
Virtuous, know hime noble (TN)

SHALL HEREAFTER REMAIN WHEN YOU ARE DEAD AND
GONE.
Greene, Chettle
When thou art gone (SONN)

you still shall live, such virtue hath my pen (SONN)
Thine may live when thyself art dead (VEN)
He is gone, but his wife is killed (OTH)
He is dead and gone, lady, he is dead and gone (HAM)
I, once gone, to all the world must die (SONN)
I must be gone and live or stay and die (RJ)
live when thou thyself art dead, live twice (SONN)
in spite of death survive likeness alive (VEN)
a swallowing grave seeming to bury that prosperity (VEN)
thine may live when thyself art dead (VEN)

AND IN YOUR LIFETIME, AGAIN I SAY, I SHALL GIVE YOU THAT MONUMENT AND REMEMBRANCE OF YOUR LIFE,
like a virtuous monument (LUC)
tombless, with no remembrance over them (H5)
grave, bury, obscurity, slain (VEN)
to feed oblivion with decay of things (LUC)
Time's glory is to fill with wormholes
Stately monuments, long lives this and this gives life to thee (SONN)
To feed oblivion with decay of things (LUC)

WHEREBY I MAY DECLARE MY GOOD WILL, THOUGH WITH YOUR ILL WILL AS YET THAT I DO BEAR YOU IN YOUR LIFE. THUS EARNESTLY DESIRING YOU IN THIS ONE REQUEST OF MINE
he wishes earnestly (WT)
let his virtue join, with my request (CYM)

(AS I WOULD YIELD TO YOU IN A GREAT MANY) NOT TO REPUGN THE SETTING FORTH
stubbornly he did repugn the truth (1H6,
Ded. LUC, SONN, OTH)
how shall we part with them in setting ... forth? (1H4)
was setting forth (MAC)

OF YOUR OWN PROPER STUDIES, I BID YOU FAREWELL. FROM MY NEW COUNTRY MUSES AT WIVENGHOLE,
these fresh nymphs encounter every one in country footing (TEM)
imp out our drooping country's broken wing (R2)

WISHING YOU, AS YOU HAVE BEGUN, TO PROCEED IN THESE VIRTUOUS ACTIONS.
virtuous deeds (TS, 3H6)
deed so virtuous (TNK)
virtuous deed (LUC)
the deed so far, that it becomes a virtue (MM)

FOR WHEN ALL THINGS SHALL ELSE FORSAKE US, VIRTUE YET WILL EVER ABIDE WITH US, AND WHEN OUR BODIES FALL INTO THE BOWELS OF THE EARTH,
virtues and traitors too (AW)
The bowels of the harmless earth (1H4)
…common grave (SONN)
bowels of the land (R3)
his country's bowels (COR)
A swallowing grave seeming to bury that posterity (VEN)
His vice 'tis to his virtue a great equinox (OTH)
dark obscurity (VEN)
devouring time (SONN)
will I turn her virtue into pitch (OTH)
Fame's eternal dare, for virtue's praise (TIT)
doomed a common grave (SONN)
Of comfort no more speak. Let's talk of graves, of worms and epitaphs, make dust our paper, and with rainy eyes write sorrow on the bosom of the earth (R2)

YET THAT SHALL MOUNT WITH OUR MINDS INTO THE HIGHEST HEAVENS.
my comfort is that heaven (R2)
comfort's in heaven (R2)
Now is the sun upon the highmost hill (RJ)
Overlooks the highest-peering hills (TIT)
The highest point of all my greatness (H8)
her heavenly comforts of despair (MM)
Our friends in heaven (KJ)
The brightest heaven of invention (H5)
you mount on high (R2)
The summit of the highest mount (HAM)

With this strange virtue, he hath a heavenly (MAC)
high heaven (MM)
by your own virtues infinite (HAM & TNK)
O infinite virtue (AC)
the roof of heaven (AC)
heaven-kissing (HAM)
Altitude of his virtue (COR)
live twice in a son and in the … rhyme (SONN)
my love shall in my verse ever live young (SONN)
in blank ink my love shall shine bright (SONN)
Your name from hence immortal life shall have,
Though I, once gone, to all the world shall die.
The earth can yield me but a common grave,
When you esteemed in men's gentle eyes shall lie.
You still shall live – such virtue hath my pen –
Where breath most breathes, even in the
mouths of men (SONN)
Both heaven and earth friend thee for ever (TNK)
Assure thee if I do vow a friendship (OTH)
Edward fall, which peril heaven (3H6)

BY YOUR LOVING AND ASSURED FRIEND,
EDWARD OXENFORD.
the loving haste of these our friends (3H6)
he is a friend, but I assure you (JC)
a friend, and most assured (R3)
my most loving friends (R3)
Edward fall, which peril heaven (3H6)
Edward is their constant friend (3H6)
why should they love Edward more than me (3H6)
Edward's greatest friend (3H6)
Edward's well-meant honest love (3H6)
this proveth Edward's love (3H6)
the love of Edward's offspring (3H6)
king Edward's friends (3H6)
Edward fall, which peril heaven (3H6)
in Oxfordshire shalt muster up thy friends (3H6)

## Appendix B

A preliminary list of similarities between *Othello* and *The Tempest*.

It is of the utmost importance that more than a hundred very significant similarities between *Othello* and *The Tempest* have been discovered so far. No doubt, there are many more awaiting their Columbus.

ACT I

TEM: To hear thee speak of Naples (1.2.504)
OTH: I pray you, hear her speak (1.3.190)
OTH: Why, stay, and hear me speak (3.3.33)

TEM: the direful spectacle of the wrack (1.2.31)
OTH: hath seen a grievous wrack and sufferance (2.1.24)

TEM: set a mark so bloody on the business (1.2.165)
OTH: what bloody business ever (3.3.521)

TEM: a noble Neapolitan, Gonzalo (1.2.188)
TEM: O Stephano, two Neapolitans 'scaped (2.2.114)
[Naples: 21 times in TEM]
OTH: have your instruments been in Naples (3.1.3)

TEM: the fire and cracks of sulphurous roaring (1.2.234)
OTH: burn like the mines of sulphur (3.3.368)
OTH: roast me in sulphur (5.2.322)

TEM: The goddess on whom these airs attend (1.2.489)
TEM: Is she [Miranda] the goddess (5.1.210)
OTH: Thou hast killed the sweetest innocent that ever did lift up eye (5.2.231)
OTH: O, she was heavenly true (5.2.161)

TEM: "Hell is empty and all the devils are here" (1.2.247)
OTH: all the tribe of hell, thou shalt enjoy her (1.3.381)
OTH: Divinity of hell, when devils will the blackest sins put on (2.3.351)

TEM: Hell is empty (1.2.247)
OTH: The town is empty (2.1.57)

TEM: in troops I have dispersed them about the isle (1.2.256)
OTH: a segregation of the Turkish fleet (2.1.10)

TEM: by the devil himself upon thy wicked dam (1.2.377)
OTH: let the devil and his dam haunt you (4.1.164)

TEM: that vast of night (1.2.385)
OTH: hell and night must bring this monstrous birth to the world's light (1.3.424)
OTH: the night grows to waste (4.2.266)
OTH: it is a heavy night (5.1.44)

TEM: Thou shalt be as free as mountain winds (1.2.592)
OTH: No, I will speak as liberal as the north [wind] (5.2.254)

TEM: damned witch Sycorax (1.2.311)
TEM: the foul witch Sycorax (1.2.304)
TEM: the damned, which Sycorax (1.2.339)
OTH: Virtue! A fig! (1.3.342) OTH: blessed fig's end (2.1.272)
OTH: the poor soul sat sighing by a sycamore tree (4.3.43)
Cf. purple grapes, green figs, and mulberries (MND)
Cf. plum, a cherry,... a fig (KJ)
The fig of Spain (H5)

TEM: And showed thee all the qualities of the isle (1.2.396)
TEM: I'll show thee every fertile inch of the island (2.2.149)
TEM: taste some subtilties of the isle (5.1.133)
OTH: for this fair island (2.3.139)

TEM: ope thine ear  (1.2.44)
TEM: to be asleep with eyes wide open  (2.1.226)
TEM: as mine eyes opened I saw their weapons drawn  (2.1.356)
TEM: open your mouth  (2.2.85)
OTH: torments will ope your lips  (5.2.351)

TEM: I had peopled else this isle with Calibans  (1.2.410)
OTH: as would store [=populate] the world they prayed for  (4.3.93)
(Aeschylus, LUC Collins)

TEM: would not infect his reason  (1.2.240)
OTH: Are his wits safe? Is he not light of brain?  (4.1.294)

TEM: great master  (1.2.219)
TEM: That's my noble master  (1.2.352)
OTH: my very noble and approved good masters  (1.3.87)

TEM: the liberal arts  (1.2.87)
OTH: liberal heart  (3.4.39)
OTH: A liberal hand  (3.4.48)

TEM: put thy sword up, traitor  (1.2.551)
TEM: Draw thy sword  (2.1.323)
OTH: keep up your bright swords  (1.2.72)
OTH: wrench his sword from him  (5.2.331)

TEM: There's no harm done. –O, woe the day. –No harm  (1.2.16)
OTH: No further harm  (3.3.108)
OTH: Not meaning any harm  (4.1.7)
OTH: and not mean harm  (4.1.8)
OTH: I saw no harm  (4.2.4)
OTH: Not half that power to do me harm  (5.2.192)

TEM: come forth (1.2.378 &2.2.105), gone forth (1.2.523), bring forth (5.1.187, 2.1.88, 2.1.167)
OTH: go forth (2.1.62)
OTH: Uncle, I must come forth (5.2.296)

TEM: I might call him a thing divine (1.2.483)
OTH: the divine Desdemona (2.1.79)

TEM: a word, good sir (1.2.516)
TEM: one word more (1.2.525 & 1.2.560)
OTH: I would speak a word with you (5.2.108)
OTH: a word or two before you go (5.2.388)

TEM: A brave vessel who had, no doubt, some noble creature in her (1.2.6)
OTH: A noble ship of Venice... is here put in, a Veronesa (2.1.23)

TEM: water with berries in it (1.2.393)
OTH: strawberries (3.3.484)

TEM: some fresh water (1.2.187), the fresh springs (1.2.397)
OTH: the fresh streams ran by her, and murmured her moans (4.3.47)

TEM: This island's mine, by Sycorax my mother, which thou takest from me (1.2.390)
(Setebos)
OTH: of being taken by the insolent foe and sold to slavery (1.3.151)

TEM: Graves at my command have waked their sleepers, oped (5.1.53)
TEM: dreadful thunder-claps (1.2.233) Cf.PER: dreadful thunders
TEM: his dread trident shake (1.2.237)
OTH: immortal Jove's dread clamours (3.3.398)

TEM: [ARIEL, Prospero's "slave" demands:] My liberty (1.2.287)
OTH: I am not bound to that all slaves are free (3.3.155)


ACT II

TEM: though this island seem to be desert (2.1.35)
OTH: antres vast and deserts idle [=desolate, empty] (1.3.154)

TEM: who hath cause to wet the grief on it (2.1.124)
OTH: I warrant it grieves my husband as if the cause were his (3.3.3)

TEM: all foison, all abundance (2.1.168)
TEM: Earth's increase, foison plenty (4.1.120)
Cf. AC: if dearth, or foison follow (2.7.20)
TNK: breath blows down the teeming Ceres' foison (5.1.52)
MM: teeming foison (1.4.45)

TEM: Nay, good my lord, be not angry (2.1.192)
OTH: Is my lord angry? (3.4.146)

TEM: I find not myself disposed to sleep (2.1.211)
TEM: there shalt thou find the mariners asleep (5.1.103)
OTH: I find it still when I have list to sleep (2.1.116)

TEM: Do you not hear me speak (2.1.222)
OTH: I pray you, hear her speak (1.3.190)
OTH: Why, stay, and hear me speak (3.3.33)

TEM: 'Tis as impossible that he's undrowned as he that sleeps here swims (2.1.257)
TEM: I have no hope that he is undrowned (2.1.259)
TEM: I hope now thou art not drowned (2.2.111)
OTH: I hope to be saved (2.3.102)

TEM: open-eyed conspiracy (2.1.334)
TEM: the minute of their plot is almost come (4.1.154)
TEM: Had plotted with them to take my life (5.1.311)
OTH: or some unhatched practice made demonstrable here in Cyprus (3.4.157)

TEM: we heard a hollow burst of bellowing (2.1.346)
OTH: Arise, black vengeance, from the hollow cell (3.3.497)
OTH: within the hollow mine of earth (4.2.89)

TEM: This is some monster of the isle with four legs (2.2.70), Cf. TEM: four legs and two voices: a most delicate monster (2.2.92)
OTH: Your daughter and the Moor are now making the beast with two backs (1.1.124)

TEM: prithee, no more (2.1.177)
OTH: prithee, no more (3.3.83)

TEM: prithee say on (2.1.247)
OTH: prithee say true (4.1.142)

TEM: touch me (2.2.102)
OTH: touch me not so near (2.3.222)

TEM: this puppy-headed monster (2.2.155)
OTH: drown cats and blind puppies (1.3.360)

TEM: All the infections that the sun sucks up from bogs, fens, flats, on Prosper fall (2.2.1)
OTH: Poison, or fire, or suffocating streams (3.3.434)

TEM: the strong-based promontory have I made shake (5.1.51)
OTH: Will shake this island (2.3.122)

## ACT III

TEM: there were such men whose heads stood in their breasts (3.3.59)
OTH: and men whose heads do grow beneath their shoulders (1.3.158)

TEM: I'll die your maid (3.1.99)
OTH: A guiltless death I die (5.2.145)

TEM: O my father, I have broke your hest to say so  (3.1.44)
OTH: She has deceived her father, and may thee  (1.3.317)
OTH: She did deceive her father, marrying you (3.3.230)

TEM: heavens rain grace  (3.1.89)
OTH: the grace of heaven, before, behind thee  (2.1.93)
OTH: to heaven and grace  (5.2.29)

TEM: They all do hate him [Prospero] as rootedly as I  (3.2.92)
OTH: I hate the Moor [Othello]  (1.3.390)
OTH: I do hate him as I do hell-pains  (1.1.165)

TEM: Admired Miranda, indeed, the top of admiration (3.1.46)
TEM: all torment, trouble, wonder and amazement  (5.1.109)
OTH: to make heaven weep, all earth amazed  (3.3.414)

TEM: Give me thy hand  (3.2.110 & 4.1.241)
TEM: Give me your hands (5.1.242)
OTH: Give me your hand  (3.4.37)
OTH: give me thy hand  (4.2.231)

TEM: to the dulling of my spirits (3.3.7)
OTH: give renewed fire to our extincted spirits (2.1.88)

TEM: thought is free  (3.2.123)
OTH: free speech  (3.4.143)
OTH: free of speech  (3.3.209)

TEM: When Prospero is destroyed (3.2.145)
OTH: No, he must die (5.1.22)

TEM: this island where man doth not inhabit (3.3.70)
TEM: in this most desolate isle (3.3.95)
OTH: still as the grave (5.2.112)

TEM: I have made you mad (3.3.72)
OTH: Othello shall go mad (4.1.116)
OTH: I am glad to see you mad (4.1.258)

TEM: Like poison given to work a great time after (3.3.123)
OTH: make after him, poison his delight (1.1.70)
OTH: The Moor already changes with my poison (3.3.364)

TEM: O, it is monstrous! Monstrous! (3.3.111)
OTH: 'Tis monstrous (2.3.218)
OTH: O monstrous, monstrous (3.3.474)
OTH: O monstrous act (5.2.220)

TEM: Poor worm, thou art infected (3.1.37)
OTH: the raven over the infected house (4.1.24)

TEM: my sweet mistress weeps (3.1.11)
OTH: So hangs, and lolls, and weeps (4.1.155)

TEM: I saw such islanders (3.3.37)
OTH: the generous islanders (3.3.313)

TEM: my noble lord (3.2.36)
OTH: my noble lord (3.3.103)

TEM: By this light, thou shalt be my lieutenant, monster (3.2.15)
OTH: to make me his lieutenant (1.1.8)
OTH: in good time, must his lieutenant be (1.1.31)
OTH: Now art thou my lieutenant (3.3.532)

TEM: The beauty of his daughter, he himself calls her a nonpareil (3.2.98)
OTH: What an eye she has (2.3.23)
OTH: her body and beauty (4.1.219)

TEM: O, forgive me my sins (3.2.130)
OTH: God forgive us our sins (2.3.106)

TEM: the elements of whom your swords are tempered (3.3.76)
OTH: It is a sword of Spain, the ice-brook's temper (5.2.295)

TEM: O heaven, O earth, bear witness to this sound (3.1.80)
OTH: heaven is my judge (1.1.60)

TEM: for which foul deed (3.3.87)
OTH: and hates the slime that sticks on filthy deeds (5.2.175)

TEM: Be not afraid (3.2.134)
TEM: of her society be not afraid (4.1.100)
OTH: be not afraid (5.2.309)     (Aeschylus)

TEM: But one fiend at a time, I'll fight their legions o'er (3.3.119)
OTH: O, 'tis the spite of hell, the fiend's arch-mock (4.1.83)

TEM: the folly of this island (3.2.4)
OTH: 'tis [jealousy] a monster begot upon itself, born on itself (3.4.177)


ACT IV

TEM: dusky Dis my daughter got (4.1.97). –I have lost my daughter.
–A daughter?...–When did you lose your daughter? (5.1.165, 169)

OTH: thieves! thieves! thieves! Look to your house, your daughter (1.1.81).
-Gone she is (1.1.171). -O thou foul thief, where hast thou stowed my daughter? (1.2.75). -My daughter! O, my daughter. -Dead? -Ay, to me (1.3.65). I have taken away this old man's daughter (1.3.88). -I won his daughter (1.3.104)

TEM: bloody thoughts (4.1.241)
OTH: my bloody thoughts (3.3.508)
TEM: O King Stephano, O peer (4.1.242)
OTH: King Stephen was a worthy peer (2.3.86)

TEM: What do you mean? (4.1.250)
OTH: Who is it you mean? (3.3.48)
OTH: What dost thou mean? (3.3.176)
OTH: What do you mean by this haunting of me? (4.1.163)
OTH: What did you mean by that same handkerchief? (4.1.164)
OTH: How do you mean? (4.2.252)

TEM: I give thee power, here to this place (4.1.41)
OTH: my place have in them power (1.1.110)

TEM: and are melted into air, into thin air (4.1.164)
OTH: go, vanish into air, away (3.1.20)

TEM: Shortly shall all my labours end (4.1.284)
OTH: Here is my journey's end, here is my butt (5.2.310)

TEM: Sir, I am vexed (4.1.173)
OTH: I see this hath a little dashed your spirits (3.3.241)

TEM: [Venus'] waspish-headed son [i.e.Cupid] has broke his arrows (4.1.108)
OTH: Of feathered Cupid seel with wanton dullness (1.3.289)

TEM: Ceres, most bounteous lady, thy rich leas  (4.1.67)
OTH: to be free and bounteous  (1.3.285)
OTH: Bounteous madam  (3.3.8)

TEM: thy pole-clipped vineyard, and thy sea-marge  (4.1.75)
OTH: and very sea-mark of my utmost sail  (5.2.311)
Cf. MND: in the beached margent of the sea  (2.1.86)

TEM: with full and holy rite  (4.1.18)
OTH: holy writ  (3.3.363)

TEM: incite them to quick motion  (4.1.42)
OTH: drugs or minerals that weaken motion  (1.2.87)
OTH: Of spirit so still and quiet that her motion  (1.3.106)

TEM: To make cold nymphs, chaste crowns  (4.1.73)
OTH: cold, cold, my girl  (5.2.318)

TEM: the white cold virgin snow  (4.1.61)
OTH: chaste stars... (5.2.2) nor scar that whiter skin of hers
than snow, and smooth as Monumental alabaster (5.2.5)
OTH: O ill-starred wench, pale as thy smock  (5.2.315)
Cf. VEN 363: snow or ivory in an alabaster band

TEM: Put off that gown, Trinculo  (4.1.247)
OTH: You are robbed! For shame, put on your gown  (1.1.89)


ACT V

TEM: both in word and deed  (5.1.76)
OTH: in discourse of thought or actual deed  (4.2.178)

TEM: O, touch me not  (5.1.325)
OTH: touch me not so near  (2.3.222)
OTH: If it touch not you  (4.1.212)

TEM: Mine eyes..., fall fellowly drops (5.1.68)
OTH: each drop she falls (4.1.267)
Cf. OTH: as the Arabian trees their medicinal gum (5.2.400)

TEM: enforce them to this place (5.1.105)
OTH: The time, the place, the torture, O enforce it (5.2.421)

TEM: Let grief and sorrow still embrace his heart (5.1.243)
OTH: the sorrow that, to pay grief (1.3.231)

TEM: I have bedimmed the noon-tide sun (5.1.46)
OTH: now a huge eclipse of sun and moon (5.2.117)

TEM: of truth, their words are natural breath (5.1.173)
OTH: And weigh'st thy words before thou givest them breath (3.3.136)

TEM: our master capering to eye her (5.1.269)
OTH: Her eye must be fed (2.1.244)

TEM: blessings of a glad father (5.1.200)
OTH: Poor Desdemona, I am glad thy father's dead (5.2.237)

TEM: his tears run down his beard like winter's drops from eaves of reeds (5.1.18)
OTH: drops tears as fast as the Arabian trees (5.2.400)

TEM: I long to hear the story of your life (5.1.352)
OTH: Still questioned the story of my life (1.3.143)

TEM: the best comforter to an unsettled fancy, cure thy brains, now useless (5.1.63)
OTH: It plucks out brains and all (2.1.141)
OTH: to steal away their brains (2.3.294)

TEM: calm seas, auspicious gales (5.1.356)
OTH: If after every tempest come such calms (2.1.199)

TEM: with my nobler reason against my fury  (5.1.30)
OTH: I understand a fury in your words, but not the words  (4.2.37)
(In Greek 'logos' means both 'word' and 'reason')

TEM: And deal in her command without her power  (5.1.309)
OTH: Your power and your command is taken off  (5.2.381)

TEM: Home both in word and deed  (5.1.76)
OTH: either in discourse of thought or actual deed  (4.2.178)

TEM: gentle breath of yours my sails must fill  (epilogue)
OTH: and swell his sail with thine own powerful breath  (2.1.85)

TEM: but you, my brace of lords  (5.1.136)
OTH: Three lads of Cyprus, noble swelling spirits  (2.3.54)

TEM: MIRANDA: Sweet lord, you play me false
FERDINAND: No, my dearest love, I would not for the world
MIRANDA: Yes, for a score of kingdoms you should wrangle, and I would call it fair play  (5.1.189)
OTH: DESDEMONA: Wouldst thou do such a deed for all the world?
EMILIA:   Why, would not you?
DESDEMONA: No, by this heavenly light
EMILIA: Nor I either, by this heavenly light, I might do it as well in the dark  (4.3.72)

TEM: This thing of darkness, I acknowledge mine  (5.1.313)
OTH: is now begrimed and black as mine own face  (3.3.432)

TEM: This semi-devil had plotted with them to take my life  (5.1.310)
OTH: Will you, I pray, demand that semi-devil why he hath ensnared my soul and body  (5.2.346)

TEM: Sycorax
OTH: Desdemona

Porspero, the enacter of the plot (and the drama) of *The Tempest*, bids Ariel, at the end of the play, fare well:

TEM: then to the elements be free, and fare thou well  (5.1.360)

Iago, the enacter of the plot (and the drama) of Othello, says, at the beginning of the play, of the 'ill-starred' (*Othello*, 5.2.315) Desdemona:

OTH: She's framed as fruitful as the free elements  (2.3.342)

(N.B. While Desdemona means 'ill-starred', Prospero means 'prosperous')

TEM: let me not......dwell in this bare island  (epilogue)
TEM: uninhabitable, and almost inaccessible  (2.1.37)
OTH: How silent is this town  (5.1.70)

Ennealogy
R2: Wipe off the dust that hides our sceptre's gilt  (2.1.295)
R3: and bid her wipe her weeping eyes withal  (4.4.285)

Weep: Miranda
3H6: to bid the father wipe his eyes withal  (1.4.139)

ISBN 141206029-X
9 781412 060295